국가정보론

문 정 인 편저

博 英 社

서　　문

한국과 같이 국가안보가 중차대한 의미를 갖는 국가도 드물 것이다.

국가안보를 위해 강력한 군사력 구축은 필수적이다. 그러나 그 못지않게 중요한 것이 국가정보 능력의 고양이다. 사실 탈냉전과 세계화의 새로운 국제 질서 속에서 국가정보의 중요성은 과거 어느 때보다 증대되고 있다. 최근 미국의 9·11 사태가 국가정보 실패에서 유래했다는 것을 감안할 때 국가정보의 필요성을 아무리 강조해도 지나침이 없을 것이다. 그러나 국가정보의 중요성에도 불구하고, 한국에서 이 분야에 대한 연구와 교육은 지극히 부진한 실정이다. 국가정보에 대한 자료 접근상의 제약도 그 원인 중 하나이지만, 과거 권위주의 정부하에서 왜곡되어진 국가정보기관의 정치적 이미지와 그에 따른 정통성의 약화가 이러한 현상을 야기시켰다고 볼 수 있다.

그러나 문민정부 출범 이후 한국의 국가정보기관 역시 새롭게 거듭나려는 움직임을 보이기 시작했다. 이러한 추세에 부응하여 당시 서울 시립대 김진현 총장을 중심으로 30여 명의 학자, 언론인들이 국가정보연구회를 결성했고 그 첫 사업으로 1995년 10월에 탈냉전, 민주화, 국가 정보－비교론적 시각에서라는 국제 학술회의를 개최하기도 했다. 특히 이 회의에는 미 CIA 국장을 역임했던 William Colby와 소련 KGB 해외 총국장을 지냈던 Vadim Kirpichenko 장군이 참석하여 그 의의를 더 해주었다. 그뿐만 아니라 연구회의 일부 회원들이 소속 대학(연세대, 중앙대, 경희대)에서 국가정보론을 정식 과목으로 개설, 강의하기 시작했다.

그 과정에서 가장 큰 어려움으로 등장했던 것은 강의 교재였다. 국가안보 전반에 관한 교과서는 다수 있으나 국가정보를 전문적으로 다루는 문헌은 거의 전무한 실정이어서, 주로 영어 교재에 의존해야만 했다. 이러한 폐단을 극복하고 대학생들뿐만 아니라 관심 있는 독자들에게 국가안보와 국가정보를 개괄적으로 소개하기 위해 이 책자를 발간하게 되었다.

이 책자는 세 가지 측면에서 특별한 의미를 지닌다. 가장 큰 의의는 이 책자가 국가정보를 '제임스 본드'류의 흥미물이나 '남산의 부장들'이라는 폭로형 취재 대상으로 다루지 않고 객관적 학문 영역의 하나로 다루고 있다는 점이다. 즉, 하나의 학문체계로서의 국가정보학을 부각시키고 있다는 데서 그 의미를 찾을 수 있다. 둘째, 기존 문헌들이 국가정보에 대한 일반론이나 미국중심의 사례분석에 치중하고 있는 데 반해 본서는 이러한 주제는 물론이거니와 한국의 국가정보기관에 대해서도 심층적으로 다루고 있다. 과거 한국에 대한 사례 연구가 금기시되어 왔다는 점을 감안할 때 이는 자못 신선한 접근이라 할 수 있다. 마지막으로 집필진의 다양성을 들 수 있다. 학자뿐만 아니라 언론인과 국가정보원 전직 간부 요원들까지 집필진으로 참여하고 있어 이 책자의 내용이 이론과 실제 모든 면에서 크게 충실해질 수 있었다는 점을 지적하고 싶다.

처음 생각했던 것보다 이 책자를 편집하는 일이 쉽지 않았다. 수정과 재수정 요청을 수용해 주시고 끝까지 옥고를 내주신 집필자 여러분께 진심으로 감사드린다. 그리고 여러 차례 워크숍을 갖는 과정에서 좋은 지적을 해주신 워크숍 참여자 여러분께도 이 자리를 빌어 감사드린다. 특히 서울대 하영선, 고려대 현인택, 연세대 김우상, 국방대학의 이석수, 그리고 경희대 박한규 교수께 사의를 표하는 바이다. 이 프로젝트에 직접 참여하면서 국가정보의 실제에 대해 일깨워 주신 정영철, 염돈재, 권민웅 님께도 감사드린다. 이와 더불어 국가정보에 대한 국민적 이해의 필요성에 공감을 표하며 적극적인 격려와 지원을 아끼지 않으신 대통령외교안보 특별보좌관 임동원 님과 월드컵, 아시아 게임 안전대책 통제본부장 권진호 님께도 사의를 표하는 바이다. 마지막으로 이번 책자를 편집하는 과정에서 헌신적으로 봉사해 준 배종윤, 전병준, 류화정과 국가정보론 수강생, 그리고 출판 과정에서 도움을 주신 박영사의 조성호 과장에게도 감사를 표한다.

아무쪼록 이 책자가 국가안보와 국가정보를 이해하는 데 귀중한 길잡이가 될 뿐 아니라 이 책자의 발간을 계기로 국가정보론 강좌가 여러 대학에서 개설될 수 있기를 바라는 바이다.

2002년 7월

문 정 인

차 례

제 1 편 **국가안보와 국가정보**

제 2 편 **국가정보론**

제 4 편　한국의 국가정보체계

제 1 편

국가안보와 국가정보

제 1 장

국가안보와 국가정보

문 정 인

1. 머 리 말

국가정보라는 용어처럼 우리에게 익숙하면서도 금기시 되어온 것도 없을 것이다. 중앙정보부에서 국가안전기획부, 그리고 국가정보원에 이르기까지 한국의 국가정보기관은 정권안보, 비밀정치공작, 그리고 각종 의혹, 비리, 권력남용의 온상인 것처럼 비추어 왔다. 법적, 제도적 이유 때문에 국가정보기관에 대한 접근이 어렵기도 했지만, 바로 이와 같은 대중적 이미지 때문에 국가정보에 대한 체계적 연구, 분석이 도외시 되어 왔다. 그뿐만 아니라 최근 탈냉전, 세계화, 민주화 추세에 맞추어 국가정보기관 무용론까지 대두되고 있는 실정이다. 남북 관계가 화해 무드로 들어가고 냉전구조가 해체되는 마당에 국가정보기관을 존속시킬 필요가 있느냐는 주장이 바로 그것이다.

그러나 여기서 유념해야 할 것은 국가라는 단위가 존재하는 한 국가안보는 국가정책의 최우선적 영역을 차지할 수밖에 없고, 국가정보는 국가안보관리에 있어 가장 필수적 투입변수라는 것이다. 사실, 국가정보의 효과적 활용 없이 안보환경에 대한 객관적 평가와 국가안보전략의 체계적 수립을 기대하기는 어렵다. 특히, 탈냉전, 세계화의 시대에 국가안보는 군사안보에 국한되지 않는다. 경제, 생태, 사회, 사이버 분야에 이르기까지 국가안보는 다중적 성격을 띠고 있다. 이러한 다중적 안보 위협을 효과적으로 관리해 나가기 위해서도 건실한 국가정보체계의 구축은 필수적 선결 조건이라 할 수 있다. 아마 9·11 사태처럼 국가안보 패러다임의 변화와 국가정보의 중요성을 웅변적으로 보여주는 사례는 없을 것이다.

바로 이러한 변화에 주목하면서 제 1 장에서는 탈냉전, 세계화시대의 국가안보개념을 재조명하고, 그에 따른 새로운 국가정보 패러다임의 성격을 개괄적으로 규명하고자 한다. 이와 더불어 국가정보의 당위성과 유효성을 논함과 동시에, 마지막으로 서론을 대신하여 본 책자의 구성을 전반적으로 소개하고자 한다.

2. 탈냉전, 세계화, 그리고 국가안보

국가정보기관의 존립 목적은 국가안보에 있다. 그러면 국가안보란 무엇을 의미하는가? 국가안보란 국가의 사활적 가치(vital values)를 보존하는 것을 뜻한다. 일반적으로 국가의 사활적 가치란 국가의 생존(survival), 번영(prosperity), 위신(prestige), 그리고 안정(stability) 등을 의미한다.[1] 그러나 아놀드 월포스(Arnold Wolfers)가 지적하고 있듯이 국가안보의 개념은 절대적일 수 없다.[2] 안보의 개념은 시대와 상황에 따라 변한다. 왜냐하면 국가안보란 국가의 사활적 가치나 이익과 직결되어 있고 이것은 다분히 주관적 평가를 기본전제로 하고 있기 때문이다. 그래서 그라우스 노르(Klaus Knorr)는 "한 국가의 핵심적 가치나 이익이라는 것은 고정되어 있는 것이 아니고 주어진 맥락에서의 주관적 평가에 의해 수시로 변하는 것이다"[3]라고 주장하고 있다.

〈표 1〉이 예시해 주고 있듯이 국가안보는 다원적 측면에서 접근할 수 있

---

1) Edward Azar and Chung-in Moon(eds.), *National Security in the Third World* (Hants, Eng.: Edward Elger Publishers, 1988); Bary Buzan, *People, States, and Fear: An Agenda for International Security Studies in the Post-Cold War Era*, 2nd Edition(Boulder: Lynn Rienner, 1991); Mohammed Ayoob, *The Third World Security Predicament* (Boulder: Lynn Rienner, 1995); Barry Buzan, Ole Waever, and Jaap de Wilde, *Security: A New Framework for Analysis*(Boulder: Lynn Rienner, 1998).

2) Arnold Wolfers. *Discord and Collaboration*(Baltimore : Johns Hopkins Univ. Press, 1962).

3) Klaus Knorr and Frank T. Trager(eds.), *Economic Issues and National Security* (Lawrence, KS: Univ. Press of Kansas, 1977) p. 8.

다. 그 첫째는 군사안보이다. 군사안보는 주권국가의 가장 우선적인 가치라 할 수 있는 생존에 목표를 둔다. 생존은 바로 영토와 주권의 보존에서 가능해진다. 물론 탈냉전시대에 군사안보의 중요성이 많이 약화되긴 했지만 아직도 '약육강식'의 현실주의 논리가 국제질서의 기본을 구성하고 있다고 할 수 있다. 특히 국제체제에 있어 불가침의 원칙에 기초한 웨스트팔리아적 주권(Westphalian sovereignty) 개념이 약화되는 반면에 경험적 주권(empirical sovereignty)이라는 강자의 논리가 지배하는 주권 개념이 확산되면서 군사안보의 필요성이 또 다시 크게 대두되고 있다.[4] 군사안보는 기본적으로 주변의 안보환경과 장

〈표 1〉 탈냉전기 국가안보의 다원적 구조

구 분	국가이익/가치	위협형태	위협성과	관리능력	정책대안
군사안보	영토 및 주권의 보존	전쟁/국경분쟁/테러리즘	명시적/외생적/행태적	군사력/경제력/효과적 전술, 전략	상황적, 전략적, 전술적 대응/동맹관리
경제안보	성장, 복지, 배분, 고용, 시장의 확보, 확충	체계적 취약성/쌍무적 민감성/구조적 종속	명시적·묵시적/내생·외생적/구조·인지적	내부적 탄력성/사회조직능력/가치전환	발전전략/산업구소의 전환/집단행동을 통한 국제질서 개편
생태안보	국민의 유기적 보존 및 번성	인구폭발/자원 결핍/환경위기/전염병	명시적·묵시적/내생·외생적/구조·인지적	내부적 탄력성/사회조직능력/가치전환	발전전략의 수정/인구 및 소비의 억제/가치제제의 선환
사회안보	사회적 안정 및 총화	마약/조직범죄/종족갈등/테러리즘	명시적·묵시적/내생·외생적/형태·구조적	내부적 통제력	예방/사회적 합의/국제협력
사이버 안보	생존, 번영, 안정	통신·컴퓨터 시스템 마비/컴퓨터해킹/안보체계 마비	명시적/내생/형태/네트워크	내부적 통제력/기술관리능력	국제협력/민관협력/기술관리 체계

출처: 문정인, "탈냉전과 제 3 세계 국가안보의 재조명"-「현대사회」 40호(1992 봄·여름), p. 91의 〈표 1〉을 재구성

4) 웨스트팔리아적 주권과 경험적 주권에 대해서는 Stephen Krasner, *Sovereignty*(Princeton: Princeton University Press, 1994) 참고.

차전의 양상에 대비하여 전략·전술을 수립하고 전력구조, 무기체계, 군사배치를 효과적으로 기획하는 동시에 이에 필요한 군사력을 확보할 때 가능해진다. 따라서 전통적 의미의 군사안보에 있어서는 국력의 신장, 신축성 있는 안보전략의 구축, 그리고 신뢰할 수 있는 동맹체제의 확보 등이 필수적이며 경제, 외교정책도 군사안보정책의 일부로 파악하는 경향이 있다.[5)]

두 번째로는 경제안보를 들 수 있다. 전통적인 국가안보 문헌에서는 경제안보를 군사안보의 하위개념으로 다루고 있다. 특히 국력을 군사력으로 파악하고, 군사력은 경제력과 과학기술력의 총합으로 이해하는 것이 전통적 국가안보와 국력의 시각이었다. 그러나 탈냉전, 세계화의 국제질서 등장과 더불어 경제안보는 군사안보 못지않게 중요한 국가안보 목표로 등장하고 있다. 왜냐하면 핵전쟁과 같은 명시적 군사위협이 사라지면서 나라마다 번영, 복지, 경제적 안정이란 비 군사목표에 더 큰 역점을 두고 있기 때문이다. 사실 1980년대 중반 이후 국제정치의 지형은 심오하게 변해 왔다. 세계화와 자유무역 질서의 공고화는 국가간의 경쟁을 첨예화시켜 왔고, 무한경쟁의 세계화 추세하에서 자국의 경제적 번영과 복지, 고용, 그리고 안정을 확보하는 것이 새로운 시대적 소명으로 등장했다. 여기에서 핵심적인 것은 바로 국제경쟁력이다. 국제경쟁력이 있는 국가만이 경제적으로 존속할 수 있기 때문에 과학기술력의 확보는 필수적이라 하겠다. 버클리 국제경제라운드 테이블(BRIE)만큼 이를 예리하게 간파한 그룹도 없을 것이다. BRIE는 21세기 국가안보는 경제변수, 특히 과학기술력에 의해 좌우될 것이라 강조하면서 미래의 국가안보는 군사안보에서 경제안보로 급속히 전이될 것으로 예측한 바 있다.[6)] Lester Thurow 역시 *Head to Head*라는 그의 저서에서 세계경제질서는 미국, 유럽, 일본 3개 영향권으로 재구성되어가고 있으며 이들간의 대립과 갈등이 새로운 국제분쟁을 야기 시킬 것으로 전망하고 있다.[7)] 이와 같이 국제경쟁력 확보를 둘러싼 경제안보가 21세기 국가안보의 주요 화두로 자리잡고 있는 것이다. 사실 1997년 외환위기를 겪은 한국으로서는 경제안보의 중요성을 아무리 강조해도 지나침이 없을 것이다.

세 번째, 경제안보 못지않게 국가안보의 중요 의제로 자리잡고 있는 것이

---

5) D.J. Kaufman and T.J. Leney, *US National Security Security: A Framework for Analysis*(Lexington, M.A.: Lexington Books, 1985), p. 5.

6) Wayne S. Sandholtz,, et. al. *The Highest Stakes: The Economic Foundation of the Next Security System*(New York: Oxford Univ. Press, 1992).

7) Lester Thurow, *Head to Head*(NewYork: William Morrow and Co. 1992).

생태안보이다. 여기서 생태안보란 국가의 기본 구성단위인 국민(national population)을 하나의 유기체(有機體)로 보고, 주어진 영토와 자원이 한 제약 하에서 국민들이 얼마나 안정된 삶을 영위할 수 있는가를 의미한다.[8)] 국민의 유기체적 보존과 번성을 목적으로 하는 생태안보는 인구, 자원, 소비라는 세 가지 변수군에 의해 좌우된다. 제한된 자원에 인구와 소비가 증가할 때 생태안보는 심각히 위협받게 된다. 이러한 위협의 정도를 North와 Choucir는 편무적 압력(lateral pressure)이란 용어로 표현하고 있는데 바로 이러한 압력이 18세기 이후 서구라파 식민주의 팽창의 원인이 되었다고 파악하고 있는 것이다.[9)] 이러한 편무적 압력을 대외적 적응을 통해 극복하지 못할 때 실패한 국가(failed state)들이 발생한다는 것이다. 사실, 토인비, 슈펭글러, 맥닐 같은 역사가들은 한 국가나 제국의 흥망이 외부 위협이나 경제관리의 실패보다는 기후 변화, 전염병, 그리고 기근 등 생태적 조건에 의해 크게 좌우되어 왔다고 설파한 바 있다.[10)] 최근 지속적 가뭄 등 생태계 변화에 따른 사하라 남부 지역 국가들의 국가해체 및 생태난민의 등장은 이를 단적으로 보여주고 있다. 그러나 생태안보는 자원문제에 국한되지 않는다. 오존층 파괴나 온실효과와 같은 환경위기, 그리고 아프리카를 포함한 제 3 세계에 창궐하고 있는 AIDS 등 전염병은 생태안보의 중요성을 다시 한번 일깨워주고 있다.[11)] 엄격한 의미에서 북한의 식량 및 에너지 위기도 생태안보의 적실성을 단적으로 보여주는 사례라 하겠다.

네 번째, 사회안보를 들 수 있다. 사회안보란 대내외적 위협으로부터 사회적 안정과 총화를 구축하고 이를 바탕으로 총체적인 국가안보를 강화시키는 것이라 정의 내릴 수 있다. 전통적으로 사회안보는 국내지안의 영역에 속해 왔다. 그러나 세계화의 심화와 더불어 사회안보의 위협요소들이 국내와 해외의 경계를 모호하게 만들면서 국가안보에 대한 치명적 위협으로 등장하기 시작했다. 특히 대부분의 사회안보에 대한 위협들이 초국가적 세력들과 국내세력간의

8) Dennis Pirages, *Global Ecopolitics*(North Situate, ME: Duxbury, 1978); Lester Brown, *Redesigning National Security*(Washington, D.C.: World Watch Institute, 1977).

9) Robert North and Nazli Choucri, *Nations in Conflict*(San Fransisco: Freeman Press, 1977).

10) Arnold Toynbee, *A Study of History*(London: Oxford University Press, 1961); William McNeil, *The Human Condition: An Ecological and Historical View*(Princeton: Princeton University Press, 1980).

11) Andres T. Price-Smith, *The Health of Nations: Infectious Disease, Environmental Change and Their Effects on National Security and Development*(Cambridge: MIT Press, 2001).

교묘한 연계를 통해 가시화되고 있다는 점을 감안할 때 단순한 국내 관리 영역을 벗어나고 있는 것이다. 이미 미국을 중심으로 한 대다수의 국가들은 국제마약조직과의 전쟁을 선포했고, 국제마약사범을 국가정보기관에서 우선적으로 다루고 있는 실정이다.12) 특히 대부분의 국제마약조직이 국제테러와 연계되면서 국가안보수준의 주목을 받고 있다. 이미 러시아를 포함하여 동구권 국가들과 일부 아시아 국가들에서 나타나고 있듯이 국제조직범죄 역시 단순한 국내치안의 영역을 벗어나고 있다.13) 9·11사태를 계기로 가장 첨예화된 국가안보사안은 바로 국제테러리즘이다.14) 미국 같은 경우, 대량 살상무기의 확산과 더불어 국제테러리즘은 가장 사활적인 국가안보 사안으로 등장했다. 한국도 월드컵 및 아시아 게임과 관련하여 국정원 중심으로 테러리즘 방지법을 재정비하는 등 이 분야에 대한 국가안보 차원의 노력을 보이고 있다.

마지막으로 사이버 안보를 들 수 있다. 정보화 혁명은 국제관계뿐만 아니라, 국가안보에도 심오한 변화를 가져왔다. 왜냐하면 정보전(information warfare)이 국가안보에 대한 새로운 위협으로 등장하고 있기 때문이다. 제 9 장에서 정보전에 대해 상술하고 있지만 사이버 안보는 적의 정보, 정보처리과정, 정보체계, 그리고 컴퓨터 네트워크를 교란시킴으로써 정보의 우위를 확보하는 것을 의미한다.15) 그러나 정보전의 파괴력은 적의 지휘, 통제, 통신, 정찰, 감시 체계를 교란하고 적의 사이버 공간에 침투하여 컴퓨터 체계를 파괴하는 군사부문에만 국한되지 않는다. 경제, 사회, 문화, 과학기술 등 거의 모든 분야가 디지털화 되어 있는 현실에 비추어 컴퓨터 해킹이나 컴퓨터 바이러스 또는 웜의 확산은 한 국가의 운영체계나 생활공간을 일격에 마비시킬 수 있는 것이다. 특히 국가사회의 작동원리를 마비시킴으로써 엄청난 혼란과 불안정을 초래할 수 있다.

이상에서 살펴본 바와 같이 탈냉전, 세계화, 정보화 시대의 국가안보는 다중적 성격을 띠고 있다. 더 이상 한 국가의 생존과 보존을 목적으로 하는 군사

12) CIA. *General Counter-Drug Intelligence Plan: A Report to the President*(Feb. 11. 2000).

13) Phil Williams, "Transnational Criminal Organizations: Strategic Alliances" *Washington Quarterly 18:1*(1994).

14) U.S. Department of State, *Patterns of Global Terrorism*(Washington, D.C.: US Dept. of State, 2001).

15) Martin Libiki, "Information War, Information Peace," *Journal of International Affairs*, 51:2(1998); 이상현, 「정보화 사회의 국가안보」(서울: 세종연구소, 2001).

안보만으로 국가안보의 모든 것을 설명하기 어렵게 되었다. 그러면 이러한 변화가 국가정보에 주는 시사점은 무엇인가?

3. 전환기의 국가정보와 새로운 패러다임의 등장

탈냉전, 세계화, 정보화 시대의 국가안보 목표에 신축성 있게 부응하기 위해 국가정보체계도 더불어 변화해야 한다. 왜냐하면 기존의 패러다임만으로는 국가정보의 고유기능을 충실하게 이행할 수 없기 때문이다. 그러면 국가정보체계는 어떠한 전환기에 직면하고 있는가? 몇 가지 중요한 현안들을 중심으로 개괄적으로 검토해 보기로 하자.

첫째, 탈냉전, 세계화 시대에 있어 국가정보체계는 다중적 위협을 포괄적으로 다룰 수 있어야 한다. 물론 국가안보에 대한 다중적 위협의 성격은 나라마다 다르다. 미국처럼 패권구상하에서 포괄안보(comprehensive security)를 추구하는 국가의 경우, 국가정보체계가 다루어야 하는 위협현안의 폭은 넓을 수밖에 없다.[16] 그러나 한국 역시 다중적 위협에 직면하고 있는 것이다. 무엇보다 남북한 군사대치가 아직 끝나지 않은 상황하에서 군사안보는 최우선적 중요한 위상을 차지할 수밖에 없다. 따라서 조기경보라는 기존의 정보업무를 지속하는 가운데 경제안보, 생태안보, 사회안보, 그리고 사이버 안보 등에 대한 추가 위협을 다루어야 하는 실정이다. 따라서 탈냉전, 세계화가 국가안보에 대한 위협을 감소시킨 것이 아니라 오히려 증대시켰다고 평가할 수 있다.[17)]

탈냉전, 세계화 시대의 위협은 여러 가지 특징을 보여주고 있다.[18] 무엇보다 과거 냉전 시기는 미·소 핵 대결처럼 그 위협이 명시적이었다. 그러나 새로운 위협들은 얼굴이 없을 뿐 아니라 만성적이고 장기적 위협의 성격을 띠고 있는 것이다. 국제 테러, 마약밀매, 조직범죄, 그리고 대량 살상무기의 위협가

16) 미국의 포괄적 안보위협과 국가정보의 역할에 대해서는 다음 문헌참고 바람 The Director of the Central Intelligence Agency, *Annual Report of the U.S. Intelligence Community*(연도별 보고서 참고). /cia /publications/fy99intellrpt/dci_annual_report_99-1.html

17) 전웅, "국가정보와 안보정책,"「국제정치논총」, 36:3(1997), p. 219.

18) Gregg Treverton, *Reshaping National Intelligence for an Age of Information*(Cambridge: Cambridge University Press, 2001), pp. 43-45. 9·11. 사태이후 미국의 부시 대통령은 안보환경 변화에 따른 정보기관의 수집활동에 대한 전반적인 재점검을 지시한 바 있다.「조선일보」(2001년 5월 14일), p. 11.

능성을 가진 불량국가, 이 모든 위협들은 단기간에 해소될 수 있는 것이 아니다. 뿐만 아니라, 환경안보와 생태안보에서 볼 수 있듯이 일단 위협이 가해지면 손상된 생태계를 회복하기란 쉽지 않다. 아마존 열대림의 파괴는 쉽게 복구될 수 없다. AIDS가 휩쓸고 간 아프리카 국가들을 재건하기란 쉽지 않다. 더욱 문제시되는 것은 이들 새로운 안보위협들을 다루는 데 있어 국내적 지지를 확보하기가 어렵다는 것이다. 과거 미·소 대결시처럼 소련을 악의 제국이라 명명하고 대내적 지지를 구하기는 비교적 용이했다. 그러나 환경안보와 AIDS와 같은 사안을 가지고 국민적 지지를 확보하기란 쉽지 않다. 이와 더불어 탈냉전, 세계화 시대의 새로운 위협들은 국가안보에 국한되지 않는다는 것이다. 경제, 생태, 사회, 사이버 안보위협들은 국가안보뿐만 아니라 인간안보(human security)와 지구안보(global security)와도 직결된다. 때문에 한 국가만의 노력으로 다루어질 수 없다. 그 위협의 성격상 다자주의 협력과 공조가 절실히 요청되는 것이다.

둘째, 국가정보체계에 대한 새로운 도전으로 등장하고 있는 것은 국제관계에 있어서 새로운 행위자의 확산이라 할 수 있다. 냉전하의 국제관계는 현실주의 시각에서 이해되어져 왔다. 현실주의 시각에 따르면 국제관계의 가장 기본적인 행위자는 국가이다. 그리고 국가간의 거래는 외교라는 창구를 통해서만 이루어져 왔다. 이러한 웨스트팔리아적 주권개념에 따른 국제질서론은 외교와 동맹을 국제관계의 기본기제로 부각시켜 왔다. 그러나 탈냉전과 세계화의 대두는 이러한 국가 독점주의적 국제질서에 구조적 균열을 가져왔다. 국가는 더 이상 국제관계에 있어 독보적 존재가 아니다. 각종 국제기구에서 NGOs(Non-Governmental Organizations; 비정부기구)에 이르기까지 새로운 국제정치의 행위자들이 등장하고 있고 이들은 국제관계의 구조와 과정에 미치는 영향은 자못 심오한 것이다.[19)]

국가정보체계의 고충은 바로 여기에 있다. 이제는 주권국가만이 위협의 원천이 아니다. 9·11사태가 명시적으로 보여주고 있는 것처럼 테러리스트 조직이 국가 행위자보다 더욱 파괴적인 위협이 될 수도 있다. 그뿐만 아니라 국내외 NGOs들도 국가이익에 대한 위협적 요소가 될 수 있다. 1999년 시애틀 세계무역기구총회(WTO)가 자유무역체제에 반대하는 NGO 연합의 시위로 마비되었던 사실 역시 이러한 새로운 경향을 반영해 준다. 새로운 행위자는 여기에

19) Treverton, 전게서, chapter 2 참조.

그치지 않는다. 1997년 아시아 외환위기 사례에 비추어 볼 때 투기성 국제자본 역시 한 국가의 경제안보에 위협적 요소로 전환할 수 있다. 여기에 다국적기업, 국제마약밀매자들, 그리고 국제조직범죄집단 등 여러 분야에 걸쳐 다양한 형태의 국가안보 위협이 등장하고 있는 것이다. 특히 문제시 되고 있는 것은 얼굴도 없고 국경도 없는 사이버 테러리스트의 등장이다. 열려진 사이버 공간에서 특정한 의도 없이 무작위적으로 국가안보를 위협하는 새로운 행위자의 확산은 국가정보체계의 역할을 과거 어느 때보다 절실하게 해주고 있다.

국가정보 패러다임의 변화를 촉진하는 세 번째 주요 변수는 세계화의 추세와 더불어 국가의 안과 밖의 구분이 더욱더 불분명해지고 있다는 점이다. 전통적으로 국가안보는 국내와 국외의 명확한 구분을 전제로 한다. 그래서 국내위협은 치안의 문제로 분류되고, 외부로부터의 위협들만이 국가안보사안으로 다루어져 왔다. 그러나 다중적 안보위협의 등장과 비국가적 행위자의 확산은 이러한 안과 밖의 인위적 구분을 어렵게 하고 있다. 트레버톤(Treverton)은 이러한 현상을 웨스트팔리아적 국가의 쇠퇴와 시장국가의 등장에서 찾고 있다.[20] 즉, 세계화에 따른 영토국가의 쇠퇴와 시장국가의 가시화는 국가간의 거래에 있어 정부의 통제력을 제약하고 전통적 의미의 국경 개념을 무용화시키고 있다는 것이다. 대표적인 사례로 다국적기업을 들 수 있다. 다국적기업의 경우, 본사는 하나의 국가에 있지만 영업은 수많은 국가에서 동시에 이루어진다. 이와 같이 시장국가의 확산은 국가간의 상호의존도를 높여주고, 이러한 상호의존도는 국경개념을 급속도로 약화시키고 있다. 이러한 현상은 경제 부분에만 국한되는 것이 아니다. 국제 테러리즘, 마약밀매, 조지범죄, 그리고 종족 갈등에 이르기까지 최근의 국가안보사안들은 국내와 국외의 구분이 불분명해지면서 안보관리의 복합성을 한층 심화시켜 주고 있다. 이와 같은 국가안보사안에 있어 국내외 경계의 불분명성은 국가정보에 대한 새로운 복합적 역할을 부여해 주고 있는 것이다.[21]

네 번째, 정보화 혁명은 국가정보기관의 고유 업무라 할 수 있는 "비밀" 생산에 심오한 변화를 가져왔다. 일반적으로 국가정보기관의 고유기능은 비밀을 생산, 배포하고 이를 보호하는 데 있다. 그러나 정보화 혁명 이후 비밀의

20) Treverton, 전게서, pp. 46-50, 229-333.

21) 9·11사태의 경우, 최초에는 외부의 이슬람 테러리스트 소행으로 규정했으나 최근에는 미국 내부의 협조자에 대한 의혹이 증대되고 있다. Steven Emerson, *American Jihad: The Terrorists Living Among US* (New York: The Free Press. 2002).

〈표 2〉 국가정보의 공개, 비공개 출처

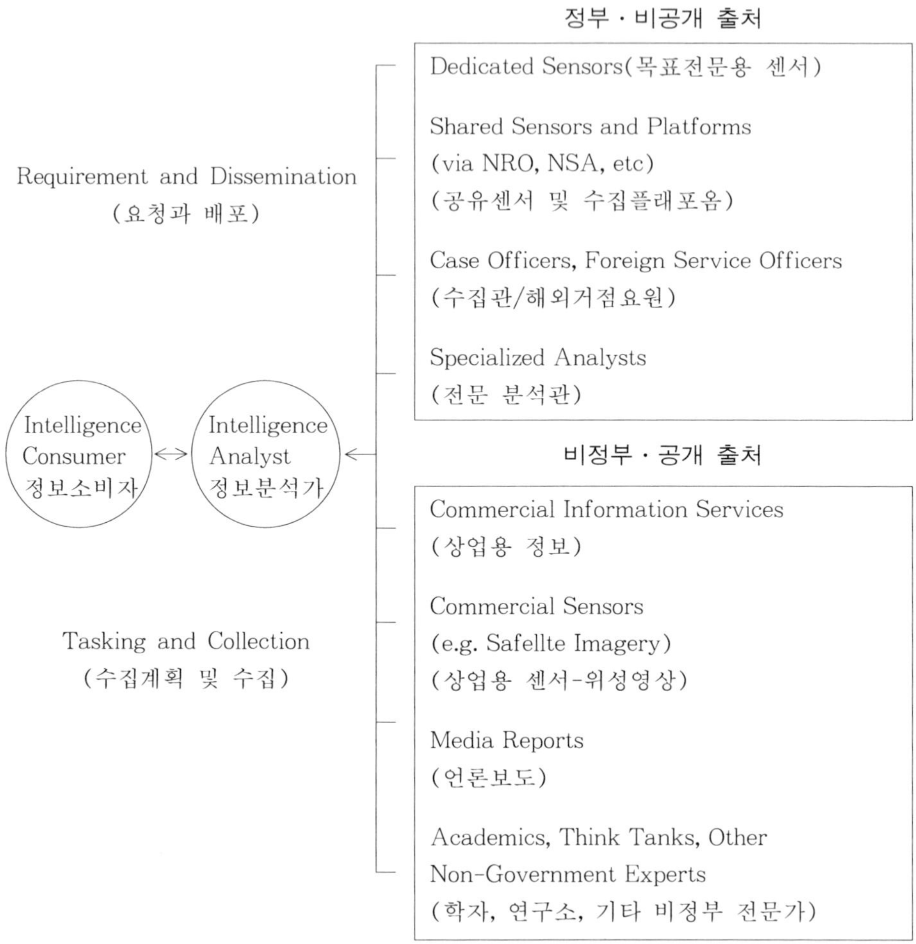

출처: Bruce D. Berkowitz and Allan E. *Goodman, Best Truth*(New Haven; Yale University Press, 2000), p. 79.

범주는 줄어들고 공개출처정보에 대한 의존성이 상대적으로 증가하고 있다. 〈표 2〉가 보여주고 있듯이 전통적으로 국가정보기관은 적대국 정부를 대상으로 기술정보나 인간정보를 통해 비밀스럽게 수집한 첩보를 분석, 생산, 배포하는 임무를 띠어 왔다. 그러나 90년대 이후 나타나는 두드러진 변화는 비정부기관을 대상으로 한 공개 출처 첩보의 비중이 오히려 증가되고 있다는 점이다. 과거에 관심을 두지 않았던 상업용 정보, 언론 보도, 그리고 각종 학술단체, 연구소의 연구 보고서 등이 정부기관의 공익자료보다 더 신빙성 있고 유용한 첩보가 되고 있는 실정이다. 그뿐만 아니라 LANDSAT 이나 SPOT와 같은 상업용 관찰 위성 역시 주요 기술정보원으로 활용되고 있다. 예를 들어 아르헨티나의 경제위기 사례를 보자. 뉴욕의 월스트리트에 있는 Goldman Sachs나 Lehman Brothers, 또는 Standard & Poore 나 Moody's 가 CIA 보다는 더 정확한 사태분석을 할 수 있고 이를 국가정책에 활용하는 것이 더욱 효율적일 수 있다.[22] 마찬가지 논리에서 국제석유시장의 중·장기 동향과 전략비축물자의 중·장기 수급과 같은 경제첩보들은 각종 상업용 자료에서 쉽게 추출할 수 있는 것이다. 더구나 요즈음 언론 기관들은 정보기관의 해외 파견원들보다 훨씬 심층적으로 현안문제에 대한 보도를 하는 경향이 있다. 과학기술분야에 있어서 이 같은 현상은 보다 현저하게 나타나고 있다.

다섯째, 과학기술혁명과 정보화시대의 도래 역시 국가정보의 기본지형을 크게 변화시켜 놓고 있다. 무엇보다 국가정보의 하드웨어에 주는 충격이 심오하다. 사실 과거 인간정보에 치중하던 첩보수집 방식이 최근 기술정보방식으로 크게 전환되고 있다. 그 이유는 고성능의 값싼 기술정보기재들을 쉽게 저가로 획득할 수 있기 때문이다. 저고도(LEO: Low Earth Orbit) 무선통신 위성, 소형 저비용 정찰위성, 저가 · 고성능 센서, 상업용 암호해독 소프트웨어, 지구위치표시시스템(GPS: Global Positioning System) 그리고 고성능 무인원격조종비행기 등이 그 대표적 사례들이라 할 수 있다.[23] 그러나 이러한 첩보수집 하드웨어의 변화는 기존의 국가정보기관에 꼭 유리하게 작용하는 것은 아니다. 9·11사태와 관련하여 알-카에다 조직의 움직임이 이를 극명하게 보여주고 있다. 국가정보기관 못지않게 이들 역시 최첨단 장비들을 활용해서 테러활동에 임하고 있는 것이다. 가령, PC방 시설을 이용하여 암호화된 지령을 조직원들에게 내린다든가 저고도 무선통신망이나 셀룰러 전화를 이용하여 통신체제를 갖추었던 사례들은 과학기술과 정보화 혁명의 결과가 보편적으로 확산되고 있다는 것을 보여주고 있다.[24] 따라서 국가정보기관은 보다 좋은 장비로 갖추어진 실질, 잠재적 위협들을 다루어야 하는 실정이다.

---

22) Treverton, 전게서, pp. 226-229.

23) Bruce D. Berkowitz, "Technology and Intelligence Reform," *Orbis*(Winter, 1996-97), pp. 107-119.

24) Jack Kelley, "Terror groups hide behind web encryption," *U.S.A. Today*(Feb. 5., 2002).

정보화 혁명은 국가정보의 소프트웨어 부문에도 가시적인 변화를 가져왔다. 과거의 경우, 국가정보는 고도로 중앙 집중화되어 있었다. 국가정보기관과 부문별 정보기관들이 기능적 역할 분담에 따라 해당 정보에 대한 독점적 생산과 배포에 임해 왔다. 그러나 정보화 혁명은 이러한 독점체계에 제동을 가하고 있다. 왜냐하면 통신정보기술의 혁신 결과, 각개의 정보 소비자들이 분산화 된(decentralized) 데이터시스템을 구축할 수 있을 뿐만 아니라 스스로의 소프트웨어 구축을 통해 소비자 소요에 보다 부합하는 정보처리 시스템(tailored processing system)을 보유하게 되었다. 뿐만 아니라 중앙통제 없이 정보소비자 간의 유연한 연계망(flexible network) 구축이 가능해지면서 정보 공유가 과거 어느 때보다 활성화 되고 있는 것이다.[25)]

하드웨어와 소프트웨어 부문의 변화는 정보소비자의 태도 변화를 촉발시켜 왔다. 행정수반을 포함한 공공부문 또는 민간부문의 정보소비자들은 더 이상 수동적 소비자가 아니다. 정보기관이 제공하는 정보를 직·간접적으로 확인하고 재확인할 수 있는 시스템을 보유하고 있기 때문이다. 각종 매스미디어와 인터넷 소스만으로도 정보기관이 생산해 낸 주요 정보에 대한 타당성을 쉽게 검증할 수 있게 되었다. 뿐만 아니라 정선되지 않는 정보는 그 유용성을 상실하게 되었다. 이제는 국가안보정책에 실질적으로 활용될 수 있을 만큼 전문화(specialized) 되지 않을 경우, 정보소비자의 관심을 끌기 어렵다. 결국 과거의 관성에 따른 상투적인 정보수집, 분석, 배포만으로는 까다로워진 정보소비자의 구미를 만족시킬 수 없다. 그만큼, 정보화 혁명은 국가정보체계에 심오한 패러다임의 변화를 유발시키고 있는 것이다.[26)]

마지막으로 민주화의 영향을 들 수 있다. 미국을 포함한 선진국에 있어 국가정보기관에 대한 민주적 통제는 이미 제도화되어 있다. 사실 미국의 경우, 숱한 시행착오를 겪은 후에 국가정보기관에 대한 미 입법부의 감시와 통제는 크게 내실화되어 있다. 아옌데 대통령 암살, 이란 콘트라 스캔들, 그리고 최근에는 9·11 뉴욕 세계무역센터와 펜타곤에 대한 테러공격 등 주요 사건이 있을 때마다 미 정보기관에 대한 입법부의 견제와 감시가 가능토록 관련 법안이 도입된 바 있고 국회 내 정보위원회의 설치, 운영을 통해 정보기관에 대한 제도

25) Bruce D. Berkowitz and Allan E. Goodman, *Best Truth: Intelligence in the Information Age*(New Haven: Yale University Press, 2000), pp. 17-21.

26) Berkowitz and Goodman, 전게서, pp. 21-23

화된 감독을 실시하고 있다. 더구나 언론기관과 시민단체 등의 감독기능 강화는 국가정보기관으로 하여금 과거와 같은 특권을 누리지 못하게 만들고 있다. 이러한 일련의 변화는 국가정보기관의 활동에 상당한 직·간접적인 제약을 가하고 있는 실정이다.

4. 국가정보의 과제와 역할

이상에서 탈냉전, 세계화, 정보화 그리고 민주화가 국가정보체계에 어떠한 영향을 미치는가를 개괄적으로 살펴보았다. 그러면 국가정보체계의 역할과 과제는 무엇인가? 탈냉전, 세계화 시대에 있어 국가정보기관은 아무런 소용이 없다는 국가정보기관 무용론은 얼마나 설득력이 있는가? 이 문제를 한국의 현실적 맥락에서 논의하도록 해보자.

우선 국가정보기관 무용론이 설득력을 갖기 위해서는 두 가지 조건이 만족되어야 한다. 그 하나는 대한민국이라는 영토국가(웨스트팔리아적 주권 개념에서의)가 사라지던가, 아니면 영토국가의 생존을 위협하는 외부적 위협이 사라져야 한다. 그러나 한반도뿐만 아니라 대부분의 국가들이 명시적 또는 묵시적 외부 위협에 직면하고 있으며 이를 효과적으로 관리하기 위해서 국가정보는 필수적이다. 여기서 특히 필요한 것은 조기경보(early warning) 능력이다. 실질 또는 가상 적국의 기습공격 의도를 사전에 파악하고 이에 대해 적시적이고 효과적으로 대응할 수 있는 능력이 국가정보의 최우선적 임무라 할 수 있다.[27] 그뿐만 아니라 가상 또는 실질적국의 위협인식 및 평가, 전략, 전술, 전쟁계획, 전력구조, 군사배치, 그리고 무기체계 등에 대한 정보를 사전에 획득하여 비상시에 대비케 하는 것도 국가정보의 또 다른 과제이다. 그리고 일단 전쟁발발시에는 전술정보에 있어 우위를 점함으로써 전쟁을 승리로 이끄는데 국가정보는 필수적 역할을 할 수 있다.[28] 아마 한국에서처럼 전쟁의 조기경보, 주적인 북한의 군사 의도 및 태세 탐지, 그리고 일단 유사시 전술정보상의 우세가 필요한 국가는 없을 것이다. 따라서 아직도 국가정보는 생존이라는 국가

27) Mark M. Lowenthal, *Intelligence: From Secrets to Policy*(Washington, D.C.: CQ Press, 2000) pp. 2-4.

28) 제 3 장 참고 바람.

의 사활적인 이익의 보존에 절대적 자산이라 할 수 있다.

그러나 국가정보의 과제는 전쟁의 조기경보와 전술정보라는 군사적 측면에만 국한되지 않는다. 앞에서 지적한 바의 다중적 국가안보 위협 사안들에 대해 장기적이고도 지속적이며 체계적인 전문지식을 제공하는 데 국가정보의 또 다른 역할이 있다. 사실, 마약, 테러, 조직범죄, 대량 살상무기, 사이버 테러 등 새로운 형태의 안보 위협을 다루는 정부기관은 다양하게 존재한다. 그러나 중장기적 시각에서 이들에 위협을 체계적으로 분석하고 이를 축적해 놓은 정부부서는 극히 제한되어 있다. 바로 이러한 제약을 극복하고 국가안보의 중 장기적 미래에 대한 전문적 지식을 수집, 분석, 배포 해주는데 국가정보기관의 강점이 있는 것이다. 이와 관련, 미 CIA의 「정보에 대한 소비자 안내서」(*A Consumer's Guide to Intelligence*)가 정의내리는 정보의 개념은 시사하는 바 크다. 동 안내서에 따르면 "우리를 둘러싸고 있는 주변 세계에 대한 지식과 선지(先知; foreknowledge)로서 정보는 민간 지도자나 군 지휘관에 관계없이 (정보) 소비자들로 하여금 다양한 정책 선택과 그 결과들을 고려하게 하는 것"이라고 정의내리고 있다.[29] 여기서 주목해야 할 것은 대안적 정책 선택과 바람직한 그 결과들이다. 중장기적으로 축척된 체계화된 지식으로서의 국가정보는 바로 이러한 대안적 정책 선택을 가능케 하며, 그 결과 국가안보에 긍정적 파급 효과를 가져 올 수 있는 것이다.

한국의 현실에 결부시켜 국가정보의 기능을 재음미 해보자. 한국의 경우, 단기적으로 전쟁의 조기경보 및 억지가 필수적이다. 그러나 중장기적으로는 평화공존, 교류협력의 과정을 거쳐 민족통일을 이루는 것 또한 국가안보의 주요 목표 중 하나이다. 이러한 목표를 달성하는 데 국가정보는 필수불가결한 자산이다. 국가정보원은 분단, 통일과정, 그리고 통일 후의 각 단계에서 남한과 북한, 남북한 관계, 그리고 주변 4강에 대한 정보를 중장기적 측면에서 가장 체계적으로 제공해 낼 수 있는 유일한 기관이라 해도 과언이 아닐 것이다. 물론 통일부, 외교통상부, 그리고 국방부 등에서 이러한 작업을 할 수 있지만 국정원에 견줄 수 있는 전문 인력이나 예산을 확보하고 있지 못하다. 이러한 관점에서 볼 때 분단 관리와 통일의 시나리오를 구성하고, 그에 따른 정책 대안을 다각도에서 모색할 수 있는 전문화된 정부기구는 국가정보기관으로서의 국정

29) Office of Public Affairs, CIA, *A Consumer's Guide to Intelligence*(Washington, D.C: CIA 1994), p. vii.

원 밖에 없다 하겠다.

여기서 한 가지 흥미 있는 현상은 탈냉전, 세계화 시대에 있어 국가정보원에 대한 수요가 더욱 확대되고 있다는 것이다. 과거 냉전 체제하에서는 북한에 대한 조기경보, 보안·방첩의 기능만으로도 국가정보기관의 존재이유는 충분히 정당화되어 있다. 그러나 오늘날은 최소한 3개의 수준으로부터의 다중적 안보 위협을 동시에 다루어야 하는 것이다. 세계적(global) 수준에서는 대량살상무기, 테러리즘, 마약, 조직범죄, 사이버 테러 그리고 경제, 생태적 위협을, 지역(regional) 수준에서는 4강과의 지정학적 역학관계는 물론이거니와 경제, 자원 환경 등의 현안 문제들을, 그리고 한반도 수준에서는 아직도 남아 있는 북한의 군사위협을 관리해야 하는 입장에 놓여 있다.[30] 이렇게 다수준에서 발생하는 다중적 위협에 한국의 국가정보기관이 효과적으로 대응해 나갈 수 있을 지 의문스럽지만, 한 가지 분명한 사실은 과거 어느 때보다 국정원에 대한 과부하 현상이 발생하고 있다는 점이다.

국가정보의 또 다른 기능은 국가안보정책에 대한 지원이다. 엄격한 의미에서 국가정보는 효과적인 국가안보정책의 수립 및 집행을 위한 투입변수라 할 수 있다.[31] 물론 정책부서에 있는 정책 결정자들이 국가정보기관이 생산해 내는 정보에 대해 비판적인 것은 사실이다. 시간이 지난 후 별 영양가 없는 정보를 생색만 내면서 제공하는 것이 정보당국이라는 비판이 미국 내에는 팽배해져 있다. 더구나 정보기관의 제공 정보가 진정 국가안보를 위한 것이라기보다는 정보당국의 관료적 이익을 위한 아전인수적 행동과 직결되어 있는 것이다.[32] 이 같은 비판에도 불구하고 국가정보는 안보정책에 커다란 공헌을 해왔고 앞으로도 할 것으로 전망된다.

국가안보정책에 대한 정보지원은 크게 네 가지 시각에서 접근할 수 있다.[33] 첫째, 국가정보는 안보정책 환경에 대한 적절한 평가를 가능케 해 준다. 국내외 안보환경, 위협인식, 조기경보, 그리고 국가이익의 우선순위와 정책목표 등에 대한 적실성 있는 판단 없이 국가안보정책을 수립할 수 없다. 바로 안보정책수립의 예비 단계로서 안보환경에 대한 포괄적이고 심층적인 평가, 진단을

30) 전웅, 전게서. p. 219.
31) Lowental, 전게서, ch.9: Treverton, 전게서, ch.6.
32) 정보당국에 대한 이 같은 비판은 George Schultz의 자서전에서 찾아볼 수 있다. George Schultz, *Turmoil and Triumph: My Years of Secretary of State*(New York: Scriber's Sons, 1993).
33) 김윤석, 「국가정보학」(서울: 박영사, 2001), pp. 34-45 참고.

하는데 국가정보기관처럼 필요한 조직은 없을 것이다. 둘째, 정책 환경에 대한 평가뿐만 아니라 정책을 계획하고 수립하는 과정에서 국가정보는 핵심적 역할을 해 낼 수 있다. 전문화된 심층적 국가정보는 정책 대안의 폭을 넓혀줄 뿐만 아니라 관련 부처간의 정책 경합을 완화시켜 주는 동시에 여론 수집 등을 통하여 민의를 반영토록 해 준다. 셋째, 국가정보는 정책 선택에 가치 있는 준거의 틀을 제공해 준다. 국가정보의 고유기능이 중 장기적 전문성 확보를 통해 미래 상황에 대한 예측과 판단을 하는 동시에, 서로 상충되는 정책 대안들간의 장단점을 비교적 대승적이고 통시적 방법으로 가려내는 데 있기 때문에 국가정보는 정책의 집행에 결정적인 공헌을 할 수 있다. 국내외 정세판단을 통해 정책의 집행 시기에 대한 조언을 줄 수 있을 뿐만 아니라 협상과정에 있어서도 상대방의 취약점을 파악함으로써 협상에서의 유리한 고지를 차지할 수 있도록 조력할 수 있다. 협상 후 체결된 일련의 조약들에 대한 검증과 조약체결에 다른 국익 영향 평가와 그 환류(feedback) 과정에 있어서도 국가정보는 필수적이다.[34)]

국가정보의 순기능적 측면은 여기에 그치지 않는다. 아무리 세계화, 정보화 시대에 힘입어 공개 출처정보가 국가정보의 주종을 이룬다 하더라도 비밀첩보의 기능은 사라지지 않았다. 모든 국가는 국가안보의 목적하에 비밀을 생산하고 보존하고 있다. 반면에 실질 또는 가상적국, 최근에는 우방국들까지도 첩보활동을 통해 이러한 비밀에 접근하고 탐지하려는 노력을 포기하지 않고 있다. 때문에 주권국가는 한편으로는 자신의 비밀을 생산, 보호해야 하는 당위성을 가지며, 다른 한편으로는 방첩, 보안 활동을 통해 적대국의 침투를 색출, 차단해야 할 의무가 있다. 여기에 한 걸음 더 나아가 실질 또는 잠재적 위협국가 또는 행위자에 대한 선점적 첩보활동이 요청된다. 이와 같이 스파이 행위를 하고, 국가기밀을 감시하며, 보안, 방첩 활동을 통해 스파이를 잡는(spying, looking, and catching) 역할은 탈냉전과 세계화의 새로운 기류에도 불구하고 변함이 없다. 바로 여기에 국가정보기관의 존속 이유가 있는 것이다.

이렇게 볼 때 국가정보의 시대적 소명은 정당화되고도 남는다. "물(돈)만 먹는 하마"로서 국가정보기관 무용론은 아직 시기상조라 할 수 있다. 조기 경보를 통해 기습공격의 공포로부터 우리를 해방시켜 줄 뿐만 아니라, 고질적이

34) 미·소 군축 협상에 있어 미 정보당국의 역할은 중차대했다. 최근에는 미 CIA가 통상협상과정에도 직·간접적으로 참여하면서 미국의 국익을 도모하고 있는 것으로 알려지고 있다.

고 구조화된 새로운 형태의 국가안보위협을 대처해 나가는 데도 국가정보기관은 절대적으로 요청된다. 더 나아가 국가정보는 미래의 불확실성을 최소화시키면서 선지(先知)의 지혜로서 국가와 민족의 생존과 번영의 청사진을 가능케 해주는 필수 불가결한 자산이라 할 수 있다. 바로 이 같은 국가안보에 대한 심오한 공헌 때문에 국가정보에 대한 연구나 학습의 중요성이 정당화된다 하겠다.

5. 맺는 말: 본 책자의 구성

본 책자는 국가정보의 이같은 중요성과 순기능성에 주목하면서 국가안보와 국가정보에 대한 서설적 개요를 독자들에게 제공해 주는 데 주요 목적이 있다. 보다 구체적으로 본서는 4편으로 구성되어 있다.

제 1 편에서는 국가안보와 국가정보에 대한 개괄적 논의가 다루어지고 있다. 특히 국가정보의 기본 개념과 구성요소, 그리고 구성요소간의 정보주기를 포괄적으로 다루고 있다. 국가정보에 대한 총론으로 간주해도 무방할 것이다.

제 2 편에서는 국가정보의 기본 개념을 포함하여 국방정보론, 첩보수집론, 비밀공작론, 보안·방첩론, 산업·경제 정보론, 사이버 시대의 국가정보론, 그리고 정보기관과 민주적 통제 등 분석적이고 기능적 쟁점들이 각론적으로 논의되고 있다.

제 3 편에서는 주요국의 국가정보기관에 대한 비교론적 검토를 집중적으로 다루고 있다. 미국, 구소련 및 러시아, 이스라엘, 일본, 중국, 유럽, 그리고 북한의 정보·보안 체계에 대한 심층적 비교 연구가 주종을 이루고 있다. 제 3 편에서 특히 역점을 두고 있는 쟁점들은 주요국 국가정보기관의 조직, 기능, 주요활동, 그리고 법적 제도적 기회와 제약 등이다.

마지막으로 제 4 편에서는 두 가지 쟁점에 초점을 맞추고 한국의 국가정보 체계를 집중적으로 다루고 있다. 그 하나는 한국의 국가정보기관에 대한 개괄적이고도 객관적인 검토 및 재조명이고, 다른 하나는 한국 국가정보기관의 향후 개혁 방향이다. 국가정보를 다루는 대부분의 책자들이 한국 사례를 피하고 주로 외국 사례만 다루었다는 점에서 4편은 그 의의가 크다 하겠다.

제 2 편

국가정보론

제 2 장

국가정보의 기본개념

문 정 인

1. 머 리 말

9·11 뉴욕테러사태이후 전세계의 이목은 미 정보기관에 집중되었다. 미국의 정보실패가 이러한 사태를 가져왔다는 것이다.[1)] CIA를 비롯한 미국의 정보기관들이 새로운 위협에 대한 인식이 결여되었기 때문 아니라 이슬람 테러리스트 조직에 대한 기존의 수집 공작들을 축소, 중단한데서 이 같은 가공할 만한 사건이 발생했다는 것이다.[2)] 국가안보의 위급상황과 관련하여 국가정보기관이 책임을 추궁 당했던 것은 이번만이 아니다. 진주만 기습공격이라는 제 2 차 세계대전의 조기경보 실패 때문에 CIA가 새롭게 구성되었고, 한국전, 쿠바 미사일위기, 1973년 중동전쟁, 그리고 사담 후세인의 쿠웨이트 침공 등 주요 위기 국면마다 국가정보의 중요성이 새롭게 대두되어 왔다. 한국에서도 예외는 아니다. 6·25 발발을 필두로 1·21 사태, 북한의 각종 테러리즘, 그리고 김일성 사망에 이르기까지 주요 사태가 전개될 때마다 국가정보의 필요성이

1) John Deutch and Jeffrey H. Smith, Smarter Intelligence, *Foreign Policy*(Jan.-Feb., 2002) p. 64-69; Seymour M. Hirsch, "What Went Wrong: The CIA and the Failure of American Intelligence," *New Yorker*(October 8, 2001).

2) Robert Baer, *See No Evil*(New York: Crown Publishers, 2002).

논의되어 오곤 했다.

그러면 국가정보란 도대체 무엇을 의미하는가? 국가정보는 어떠한 분석적, 기능적 유형을 띠고 있는가? 그리고 국가정보의 구성요소들은 무엇이며 이들은 어떻게 연계되어 있는가? 또한 국가정보기관의 조직적 특성은 어떠한가? 제 2 장은 국가정보의 분석적, 기능적, 조직상의 특성들을 각론적으로 다루기 이전에 국가정보의 기본개념을 개괄적으로 조망해보는 데 그 취지가 있다.

2. 국가정보의 개념과 정의

국가정보를 논하기 이전에 몇 가지 숙지 해야 할 중요한 분석적 개념들이 있다. 사전적 의미에 따르면 정보란 군사적 목적을 위해 비밀스런 첩보(information)를 수집 하는 것이다.[3] 미국의 정보전문가 Jeffrey T. Richelson은 정보를 국가안보계획에 즉각적 또는 잠재적으로 중요한 영향을 미치는 여타 국가에 관한 첩보를 수집하고 평가하는 동시에 종합, 해석하여 얻어지는 결과라고 정의 내리고 있다.[4] 한편 Sims는 정보를 정책 결정자들을 대신하여 수집된

그림 1

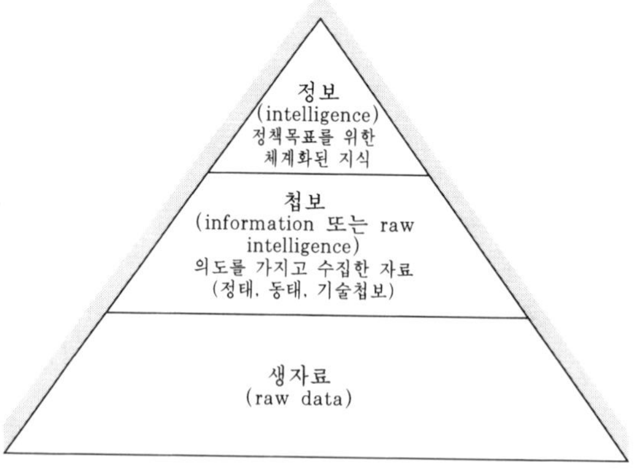

3) Webster 사전에 따른 정의.

4) Jeffrey T. Richelson, *The U.S. Intelligence Community*(Lexington, MA: Ballinger, 1985), p. 2.

첩보를 조직화하여 분석해 놓은 것이라 규정하고 있다.[5)] 아마 정보의 개념을 가장 체계적으로 정리해놓은 학자는 Mark. M. Lowenthal일 것이다. 그에 따르면, 정보란 비밀을 그 속성으로 하는 것으로 국가안보와 관련하여 그 소요가 제기되고, 수집, 분석을 통해 국가안보정책에 유용하게 반영될 수 있는 하나의 투입변수라는 것이다. 이와 더불어 정보활동은 단순히 정보의 산출에 그치지 않고 생산된 정보를 방첩활동을 통해 보호하는 동시에 합법적 기관에 의해 요청된 공작활동의 수행까지를 포함한다고 정의 내리고 있다.[6)] 이렇게 보면, 정보란 첩보의 수집, 분석, 배포의 과정과 그 결과물, 이와 관련된 일련의 방첩 및 공작활동, 그리고 이러한 업무에 관련되어 있는 조직을 통칭하는 것으로 해석할 수 있다.

여기서 유념해야 할 것은 정보(intelligence), 첩보(information), 그리고 자료(data) 간의 구분이다.[7)] 그림 1에서 예시하고 있듯이 정보는 분석, 여과된 체계화된 지식으로 정책에 직접적으로 유용한 자산을 의미한다. 그러나 첩보(information)는 지식체계로서의 정보의 산출에 필수적인 투입변수라 할 수 있다. 바꾸어 말하면 첩보는 자의적으로 수집된 자료들이 아직 분석, 정제되지 않는 상태를 의미한다. 이런 점에서 첩보는 광범위한 자료를 통칭하는 반면, 정보는 첩보의 정선된 하위 카테고리로 파악할 수 있다. 때문에 모든 정보는 첩보에서 도출되지만, 모든 첩보가 반드시 정보가 될 수는 없다(All intelligence is information; not all information is intelligence).[8)]

그러나 첩보 역시 무작위적인 것은 아니다. 정보기관이 의도를 가지고 무제한적으로 깔려 있는 생자료(raw data)들로부터 추려내는 것이 첩보이다. 때문에 첩보를 생정보(raw intelligence)라고도 불리운다.[9)] 일반적으로 첩보의 성격은 크게 정태적 첩보, 동태적 첩보, 그리고 기술첩보로 나누어 볼 수 있다.[10)]

여기서 정태적(static) 첩보란 거의 변화가 없는 수집대상을 의미하는데

---

5) Jennifer Sims, *What is Intelligence?*(Washington, D.C.: Consortium for the Study of Intelligence, 1993), p. 2.

6) Mark M. Lowental, *Intelligence: From Secrets to Policy*(Washington, D.C.: CQ Press, 2000), pp. 5-7.

7) 행정체계론에서는 일반적으로 첩보를 정보(information), 그리고 정보를 지식(knowledge)라고 규정하고 있다. 정철현, 「행정정보체계론」(서울: 법문사, 2000), pp. 50-51 참고요.

8) Lowenthal, 전게서, p. 20.

9) Gregg Treverton, *Reshaping National Intelligence for an Age of Information*(Cambridge: Cambridge University Press, 2001), p. 104.

10) Angelo Codevilla, *Informing Statecraft: Intelligence for a New Century*(Now York:

주로 특정국가의 지리, 기후, 인구, 문화, 정치 및 경제제도, 그리고 주요 인물 동향 등이 여기에 속한다. 대부분의 정태적 첩보는 첩보행위(espionage)를 통하지 않고 공개자료를 통해 직접적으로 획득할 수 있다. 그러나 인물첩보는 예외이다. 과거 소련, 중국, 그리고 공산권 국가들의 인물첩보는 상당한 수집노력을 통해서만 가능했다. 최근 북한의 경우, 인물첩보는 대북 수집, 공작의 주요 대상이 되고 있다. 문화에 대한 심층적 이해역시 정태적 첩보 영역의 하나라 할 수 있다. 1968년 1월 월맹의 구정공세(Tet Offensive)가 그 대표적 사례중의 하나다. 월맹이 주요 명절인 구정기간 중에는 공세를 취하지 않을 것이란 베트남 문화에 대한 표피적 이해가 미국의 무방비와 좌절을 가져왔던 것이다.

정태적 첩보보다 더 중요한 것은 동태적(dynamic) 첩보라 하겠다. 왜냐하면 동태적 첩보는 겉으로 나타난 일련의 행위를 결정짓는 심층적인 의도, 동기, 그리고 계획 등을 의미하기 때문이다. 외형으로 나타난 현상은 관찰하기 쉬우나 해석을 요한다. 여기서 완벽한 해석이란 적의 의도와 계획을 비밀스런 수집 공작을 통해 파악할 때 가능해진다. 가령 예를 들어 북한이 주요 전력을 휴전선 쪽으로 전진배치하고 있다고 하자. 이러한 동향 파악, 그 자체가 중요한 조기경보의 기제가 될 수 있다. 그러나 보다 결정적인 것은 전진배치와 관련된 북한 지도부의 동기와 의도라 할 수 있다. 그래야만 적절한 대응을 할 수 있기 때문이다. 1941년 일본에 잠복해 있던 소련 간첩 Richard Sorge의 역할,[11] 그리고 1945년 미 국무성 내 소련 고정간첩이었던 Alger Hiss를 활용한 미국측에 대한 심층적 의도 파악 등은 동태적 첩보의 중요성을 잘 보여주고 있다. 바꾸어 말하면 정태적 첩보가 하드웨어에 관한 첩보라 한다면 동태적 첩보는 다분히 소프트웨어에 관한 첩보라 할 수 있다.

마지막으로 기술(technical)첩보를 들 수 있다. 기술첩보는 일반적으로 가상 또는 실질 적대국의 무기체계에 관한 첩보를 의미한다. 기술첩보 역시 정태적, 그리고 동태적 측면을 지닌다. 주요 무기체계의 배치와 이동에 대한 첩보를 정태적 기술첩보라 한다면 주요 무기체계의 성능, 파괴력, 제원 등에 첩보를 동태적 기술첩보라 할 수 있다. 정태적 기술첩보는 고성능사진, 첩보 위성

Free Press, 1992), pp. 6-14.

11) 알타회담 기간 중 소련의 고정간첩 Sorge는 일본내 독일인 사회에 침투하여 일본이 독일 및 이탈리아에 동조하여 소련을 침공하기보다는 중국과 동남아쪽으로 확전할 것이라는 일본 군부의 비밀 문건을 획득, 스탈린에 넘김으로써 당시 소련의 전략을 유럽 중심적으로 변경하는 데 결정적 역할을 했다.

등 영상정보 수집 기제를 통해 획득할 수 있는 반면, 동태적 기술첩보는 인적 자원의 투입을 통한 수집, 즉 인적 정보 노력으로 가능하다. 미·소 냉전시대에 미국은 영상정보나 핵실험 이후 낙진 측정방법 등으로 소련의 핵무기 능력을 추적해 왔다. 이는 정태적 기술첩보 수집의 대표적 유형이라 할 수 있다. 반면에 소련은 미국의 주요 핵관련 연구소 등에 첩자를 침투시켜 미국의 핵기술에 대한 동태적 첩보를 수집해 왔다. 미·소 첩보전에서 소련의 우월성은 이런 면에서도 찾아볼 수 있다.

이상에서 정보와 첩보의 정의를 개괄적으로 살펴보았다. 그러면 국가정보(national intelligence)란 무엇을 의미하는가? 국가정보란 국가정보기관이 수집, 분석, 생산, 배포하는 전략정보(strategic intelligence)를 의미한다. 여기서 국가정보기관은 부문별 정보기관과 대별된다. 부문별 정보기관(departmental Intelligence organization)은 기능적 역할 분담에 의해 해당된 정보를 수집, 분석, 생산, 배포하는 하위기관을 지칭한다. 한국의 경우, 국방정보본부, 외교통상부 정보분석실, 통일부 정보분석실, 검찰 및 경찰의 정보부서, 국군정보사령부, 국군기무사령부 등이 부문별 정보기관에 속한다. 미국의 경우는 자그마치 12개의 부문별 정보기관이 있다(11장 참고요). 이 부문별 정보기관은 독립된 기관이 아니라 해당부처에 예속되어 있다. 반면에 국가정보기관(NIO)은 독립기관으로 이들 부문별 정보기관들을 조정하는 동시에 국가안보에 필요한 전략정보를 다루는 기관이다. 한국의 국가정보원, 미국의 중앙정보국, 이스라엘의 모사드 등이 여기에 속한다. 과거 소련의 KGB, 이란의 SAVAK 등도 대표적인 국가정보기관으로 분류될 수 있다.

한편 전략정보는 전술(tactical 또는 operational)정보와 대조된다.[12] 여기서 전술정보란 전투관리와 직결되는 것으로서 현재 벌어지고 있는 상황에 대한 정보를 의미한다. 따라서 전술정보는 즉시성과 직접적 관찰이라는 두 가지 속성에 기초한다. 즉, 적국의 탱크가 현재 어디에 배치되어 있으며 이들의 이동 방향은 어떠한가를 즉각적으로 파악하려는 노력을 의미한다. 이와 대조적으로 전략정보는 단순한 전투관리를 넘어선 국가안보를 관리, 운영하기 위한 정보자산을 지칭한다. 따라서 전략정보는 전술정보에 비해, 그 목표나 범위가 훨씬

12) 전략정보란 단어는 미국과 국가정보학 분야의 개척자인 Sherman Kent에 의해 최초로 사용되었다. Sherman Kent, *Strategic Intelligence for American World Policy,* revised ed.(Princeton: Princeton University Press, 1966) 참고요.

광범위하다. 바꾸어 말하면 국가안보와 관련된 주요 국가들의 정치, 경제, 사회, 과학기술, 군사 등을 총망라하여 과거, 현재, 미래 수준별로 분석, 또는 예측하는 것을 전략정보라 한다. 이러한 관점에서 전략정보는 측면에서 큰 그림을 제공해 주는 역할을 한다.[13]

3. 국가정보의 유형과 범주

국가정보는 크게 세 가지 유형으로 나누어 살펴볼 수 있다. 그 첫째는 분석적 유형이며, 둘째는 기능적 유형, 그리고 마지막으로 수집방법에 의한 유형을 들 수 있다.

(1) 국가정보의 분석적 유형

국가정보를 논함에 있어 가장 통상적인 유형 분류는 시계열(time series)에 따른 분류이다. Sherman Kent는 정보의 유형을 시계열에 따라 현시점에서 활용가능한 현용(現用) 정보(current reportorial form of intelligence), 과거의 사례를 총괄하여 서술적으로 망라형 정보를 제공해 주는 기본정보(basic descriptive form of Intelligence), 그리고 미래에 대한 예측과 판단을 가능케 해주는 평가, 판단형 정보(speculative evaluative form)로 나누고 있다.[14] 이들 보다 정교하게 재구성하면 기본정보, 현용정보, 경보(warning)정보, 그리고 예측(estimative)정보로 나누어 볼 수 있다.[15]

기본정보: 여기서 기본정보란 적성국을 포함하여 국가안보와 관련된 주요 관심 국가에 대한 망라형(all source) 총괄 정보를 의미한다. 일반적으로 정치, 군사, 경제, 과학기술, 사회문화, 지리, 인구, 역사 등 대상국가에 대한 첩보를 모두 포함한다. 가령 정치에 대한 기본정보는 정치이념, 제도, 구조, 과정, 주요 정치행위자, 이익집단, 그리고 선거등 광범위한 사항들을 포함한다.

---

13) Bruce O. Berkowitz and Allan D. Goodman, *Strategic Intelligence for American National Security,* (Princeton: Princeton University Press, 1989), pp. 3-40.

14) Kent, 전게서 pp. 11-68.

15) Keven P. Stack, "Competitive," Intelligence *Intelligence and National Security,* 13 : 4(1998), pp. 194-202.

군사정보의 경우에도 안보환경, 위협인식, 전략·전술, 전력구조, C3IRS(지휘, 통제, 통신, 정보, 정찰, 감시) 그리고 무기체계 등 해당 국가의 군사, 국방부문에 대한 총괄적 지식을 포함한다. 기본정보는 과거의 사실이나 이벤트들에 대한 첩보를 수집, 분석해 놓은 것으로 일반적으로 참고용으로 활용된다.[16)]

현용정보: 반면에 현용정보란 매일매일 국내외 주요 정세를 추려내서 정책에 반영하는 정보를 지칭한다. 일반적으로 대부분의 국가정보기관은 현용정보를 생산하는 데 역점을 둔다. 왜냐하면 외교정책이나 국가안보정책을 담당하는 정책 결정자들은 현실적으로 전개되는 상황을 다루어야 하기 때문이다. 현용정보는 국가이익과 관련한 중요한 국내사항들을 우선순위별로 정리해 놓은 일일정보라 할 수 있다. 미국의 국가정보 일일보고(National Intelligence Daily)와 대통령 일일정세 브리핑(President's Daily Brief)이 그 대표적 사례이다. 일반적으로 이들 현용정보 보고서는 주요 언론의 일일 보도 사항들을 그냥 요약하는 것이 아니라 비밀 수집에서 획득한 자료들을 중심으로 이들 보도내용에 대한 심층적 해석을 제공하는데 주요 정책 결정자들이 10분에서 15분 사이에 소화할 수 있도록 간략히 작성된다.[17)] 한국에서도 국정원이 일일 중요정보를 작성, 청와대를 포함하여 관련기관에 배포하는 것으로 알려져 있다.

전략경보정보: 세 번째로 전략경보(Strategic Warning) 정보를 들 수 있다.[18)] 엄격히 말해 전략경보 정보는 현용정보의 일부분이다. 그러나 그 중요성 때문에 별도로 다루어지는 경향이 있다. 전략경보 정보는 적의 동향을 부단히 감시하고 거기에서 얻어지는 공세적 이상 징후를 즉각적으로 주요 정책 결정자들에게 전달하여 신속한 대응이 이루어질 수 있도록 하는 정보이다. 사실 모든 국가정보기관의 최우선적 수집목표가 전쟁의 조기경보에 있기 때문에 전략경보 정보는 매우 중요하다고 평가할 수 있다. 특히, 과거 미국과 소련간의 핵 대결 시기에 있어 전략경보는 국가정보의 중추적 역할을 해왔다. 한국처럼 북한과 군사적 대치 상황에 있는 국가들에 있어서도 전략경보의 중요성을 아무리 강조해도 지나침이 없다. 전략경보 정보는 일련의 주요 지표 동향을 파악함으로써 얻어질 수 있다. 가령 예를 들어 예비군 동원령, 주요 전력의 전진

16) Abram N. Shulsky, *Silent Warfare: Understanding the World of Intelligence*(New York: Brassey's, 1991), p. 57.
17) Cord Meyer, *Facing Reality: From World Federation to the CIA*(New York: Harper & Row, 1980), p. 352.
18) Shulsky, 전게서 pp. 55-56; Stack , 전게서 pp. 195-197.

배치, 군 통신체계에 있어서의 이상징후, 그리고 주민소개령 등 전쟁을 예고하는 주요 지표들을 파악, 분석함으로써 조기경보에 관한 주요 정보를 도출할 수 있는 것이다.[19)]

예측정보: 마지막으로 예측정보를 들 수 있다. 예측정보는 현상황에 대한 분석뿐만 아니라 미래 상황에 대한 예측, 판단까지 포함하는 가장 정선된 정보라 할 수 있다.[20)] 국가안보 운영에 있어 정세예측과 판단은 가장 중심적 임무이다. 왜냐하면 예측은 손자병법에서 이야기하는 선지(先知)의 역할과 같은 것으로 사태의 우발성을 최소화 시킬 뿐만 아니라 일단 전개될 사태를 봉쇄하거나 통제하는 데 효과적으로 이용될 수 있기 때문이다. 예측, 판단 정보는 모든 사안에 다 이루어지지 않는다. 국가이익의 우선순위에 따라 중요한 전략적 핵심 사안들을 설정하고 이들 문제에 대한 예측작업이 이루어진다. 이와 관련, 미국의 국가정보 예측(National Intelligence Estimates: NIE) 보고서는 예측, 판단 정보의 대표적 사례라고 할 수 있다. NIE는 본질적으로 모든 부문별 정보기관의 이해관계를 넘어서 심층적 분석을 통해 장기 예측과 판단을 도출해 내므로서 정책 수립에 공헌하는 데 기본목적이 있다. 최근에 대량 살상무기의 확산, 세계 인구동향, 미사일 확산 동향, 전염병 확산과 국가안보 등에 대한 NIE가 있다.[21)] 한국의 국가정보기관도 이러한 장기 예측정보 보고서를 작성하고 있는 것으로 알려지고 있으나 비밀이 해제된 후 일반에 공개된 것은 찾아보기 힘들다.

일반적으로 신뢰성과 정보소비자의 선호성 면에서 볼 때 기본정보가 가장 인기가 있다. 왜냐하면 과거사실을 중심으로 분석, 도출된 정보이기 때문에 정확성이 높고 백과사전적 지식의 망라를 통하여 소비자를 손쉽게 도와줄 수 있기 때문이다. 현용정보의 경우는 정보내용이 아주 탁월하지 않을 경우, 정보소비자의 관심을 끌기 어렵다. 때에 따라 CNN이나 Fox News, 그리고 뉴욕타임스가 훨씬 새롭고 흥미 있는 현용정보를 제공해 줄 수 있기 때문이다. 특히 걸프전 당시 CNN의 역할이 그 대표적 사례라 할 수 있다. 그러나 경보정

19) Timothy M. Laur, "Principles of Warning Intelligence," in G. W. Hopple and B. W. Watson(eds.), *The Military Intelligence Community*(Boulder: Westview Press, 1986), pp. 149-168.

20) Harold Ford, *Estimative Intelligence*(McLean, VA: Association of Former Intelligence Officers, 1993).

21) 미 CIA Website 에 들어가면 일부 비밀 해제된 NIE 보고서를 접할 수 있다. http://www.cia.gov/csi/books/html 참조요.

보의 경우는 영상정보나 암호정보를 통해 주요 실질 및 가상적의 주요 동향을 은밀히 관찰, 분석, 보고하는 것이기 때문에 신뢰성이 아주 높다. 그러나 예측정보의 경우, 분석자의 주관적 가치가 종종 개입되기 때문에 그 신뢰도가 아주 낮다고 평가할 수 있다.[22)]

이 밖에도 국가정보는 여러 가지 측면에서 분석적으로 분류될 수 있다. 정책 결정자들은 알지 못하는 데 정보당국만이 알고 있어 정책 수행과정에 결정적 공헌을 하는 정보를 경성정보(hard intelligence)라고 정의 내릴 수 있는 반면, 양자가 다 모르는 상황하에서 정책 결정자들의 판단을 다소 지원해 주는 정보를 연성정보(soft intelligence)라고 부르기도 한다.[23)] 또한 대상지역별로 국가정보를 분류할 수 있다. 일반적으로 국가안보는 외부의 위협으로부터 한 국가의 생존을 보호하는 데 그 목적이 있다. 그리고 이러한 목적을 위해 위협의 원천이 되는 외부의 국가나 조직에 대해 수집, 분석된 포괄적이고도 심층적인 정보를 해외 정보라 한다. 그러나 한 국가의 생존, 번영, 안정에 대한 위협은 외부로부터만 오는 것이 아니다. 국가 내부의 조직이나 단체로부터도 안보위협이 가해질 수 있는 것이다. 제 1장에서 상세히 논의하고 있지만 분리주의운동, 조직범죄, 마약, 테러리즘 등은 안과 밖의 경계가 불분명하고 국내상황에 대한 정보수집 및 분석 없이는 그 대응이 어렵다. 따라서 국내 정보역시 국가안보운영에 중요한 변수가 된다.[24)]

(2) 국가정보의 기능적 유형

국가정보는 기능적으로도 그 분류가 가능하다. 기능적 대상에 따라 정치, 군사, 경제, 과학기술, 사이버, 그리고 환경, 문화, 사회 등 다양한 형태의 정보를 수집, 분석, 배포할 수 있다. 제 1 장에서 지적하고 있는대로 탈냉전, 세계화, 민주화, 정보화의 세계질서등장은 다양한 형태의 국가안보위협을 수반하고 있기 때문에 이들에 대한 전방위적 정보수집은 필수적이라 하겠다.

---

22) Harold Ford, "Estimates and Influence(I)" in Donald. P. Steury(ed.) *Sherman Kent and the Board of National Estimates*(Washington. D. C.: Center for the Study of Intelligence, CIA, 1994), ch. 4.

23) Abram Shulsky, "What is Intelligence? Secrets and Competition among States" in Roy Godson et.al., *U. S. Intelligence at the Crossroad*(New York: Brassey's 1995), p. 25.

24) Michael Herman, *Intelligence Power in Peace and War*(Cambridge: Cambridge University Press, 1996), pp. 47-48; Lowenthal, 전게서, p. 6.

정치정보: 국가정보 수집에 있어 최우선적 역점을 두는 것은 정치정보이다.[25] 왜냐하면 엄격한 의미에 있어 한 국가의 외교, 국방, 안보정책은 국내정치의 연장으로 이해할 수 있기 때문이다. 전쟁의 선포, 평화협정에의 참여, 공세 또는 수세적 안보정책의 선택 및 추진 등은 궁극적으로 정치적 선택이다. 여기서 중요한 것은 지도자의 의도, 동기, 그리고 선호성과 이를 둘러싼 정당, 이익단체, 여론의 상호작용이라 할 수 있다. 따라서 정치정보는 정치 지도자, 파벌, 정치제도, 정치과정, 정치이념, 그리고 정치구조에 대한 포괄적 포착을 기본전제로 한다. 이와 더불어 혁명, 군부쿠데타, 그리고 집권체제나 주변국에 영향을 줄 수 있는 정치변동에 대한 정보도 정치전반의 필수적 영역을 구성한다. 정치정보의 핵심은 인물정보이다. 특히 과거 공산권처럼 주요 정치행위자에 대한 인물이 베일에 쌓여있을 경우, 주요 인물과 영향력, 그리고 그들의 의도와 선호성, 파벌구조 등은 중요한 정치정보의 수집대상이 된다.

예를 들어 한국의 주요 정보수집관심사는 북한의 주요 정치세력이라 할 수 있다. 정말 김정일 위원장은 정치권력을 완전히 장악하고 있는가? 누가 김위원장에 가까운가? 장성택을 중심으로 한 비공개된 은밀한 인맥이 존재하는가? 아니면 군부와 당내 주요 인사는 누구이며 어떠한 영향력을 행사하는가? 북한에도 강경과 온건세력간의 대립이 존재하는가? 한국의 정보기관이 수시로 발표하는 북한의 권력서열이 진정한 의미의 서열을 반영하는 것인가? 이러한 정보는 북한의 총체적 의도를 파악하고 향후 의도를 예측하는 데 중요한 단서가 된다. 여기서 유의할 것은 권력구조가 일인 또는 소수의 행위자에 집중될수록 정치정보, 특히 인물정보는 그 중요성을 더한다. 과거 냉전시 미국의 대소, 대중 정치정보수집이 주로 주요정치인물 중심으로 이루어져 왔다는 점이 이를 반영한다.

군사정보: 군사정보는 일반적으로 부문별 정보로 분류된다. 제 3 장에서 자세히 다루고 있듯이 군사 또는 국방정보는 미국이나 한국 할 것 없이 대부분의 경우 국방정보본부에서 다루고 있다. 그러나 사안의 중요성 때문에 국가정보기관도 국방정보획득에 직접적으로 나선다. 일반적으로 국방정보는 가상 또는 실질적국의 위협인식과 평가, 전략과 전술, 전력구조 및 기획, 군사배치,

25) Richelson, 전게서, p. 7-8; Commussim on the Roles and Capabilities of the U.S. Intelligence Community, *Preparing for the 21st Century: An Appraisal of U.S. Intelligence* (Washington, D.C., 1996); *Shulsky, Silent Warfare,* pp. 52-53.

무기체계, 국방정책 결정구조, 그리고 민-군관계 등 다양한 사안들을 포함하고 있다.[26] 특히 군사정보에서 역점을 두는 부분은 지휘, 통제, 통신, 정보, 정찰, 감시등이다. 이 부분에 대한 수집우위력확보는 필수적이다. 이와 더불어 일단 전투 발생시에는 아군에게 전장인식(battlefield awareness)을 높여주는 것도 군사정보의 주요 영역이다. 즉, 전천후로 적정을 현지 지휘관들에게 실시간으로 전달해 주는 작업이 여기에 속한다. 이는 전쟁에서의 승리를 보장할 뿐만 아니라 전쟁관리면에서 희생자를 최소화 시킬 수 있다.[27] 이와 같이 국방정보는 전쟁의 발생가능성을 예방해 줄 뿐만 아니라 일단 전쟁 발생시 승리를 보장하는데 긴요하게 활용될 수 있다.

미국의 사례를 보면 군사정보분야에서도 국가정보기관인 CIA의 역할이 갈수록 두드러지게 나타나고 있다. 걸프전에서의 역할은 물론이거니와 2001년 10월 아프칸 침공시에도 인간첩보에서 영상첩보에 이르기까지 다양한 형태의 군사정보를 수집, 분석, 배포해 온 것으로 알려지고 있다. 특히 그 중에서도 혁혁한 공을 세운 약탈자(Predator)란 명칭을 가진 무인정찰 비행기가 국방정보본부(DIA)에 의해 관장되었던 것 아니라 CIA소속이라는 것이 밝혀지면서 CIA가 전장관리의 관련된 군사적 전술정보까지 제공하고 있다는 것이 드러났다.[28] 한국의 국정원은 군사정보 수집과 분석에 직접관여하지는 않으나 원장실 산하에 국방보좌관, 그리고 대공보안과 대북분석 부서에 군사과를 두고 군사정보관련 업무에 제한적으로 참여하고 있다. 반면에 국방정보본부가 국군정보사령부 등 여타 단위와 더불어 국방정보 수집, 분석, 배포 업무를 담당하고 있다.

경제정보: 전통적으로 경제정보는 국가정보기관의 수집대상에서 제외되어 왔다. 그 이유는 정보의 기본 속성인 비밀성을 결여하기 때문이다. 더구나 수많은 정부기관, 연구소, 기업, 그리고 대학 등에서 공개된 자료를 가지고 주요 교역대상국에 대한 연구에 임하고 있기 때문에 정보기관의 역할은 지극히 제한적이었다. 사실상 이 분야의 탁월한 분석가를 구하기도 힘들뿐 아니라

---

26) Shulsky, 상게서, pp. 51-52; Richelson, 전게서, p. 8; Commission on the Roles and Capabilities of the U.S. Intelligence Community, *Preparing for the 21st Century: An Appraisal of U.S. Intelligence* (Washington, D.C., 1996), p. 105; Herman, 전게서, pp. 50-51.

27) Richelson, 전게서, pp. 434-435; Commission on the Roles and Capabilities, 상게서, pp. 21-22; Loch K. Johnson, *Secret Agencies*(New Haven: Yale University Press, 1996), p. 12.

28) Alexander Nicole, "The Computer Wins its Spurs on Afghan Battlefield," *The Financial Times*(Feb. 6, 2002).

구한다 하더라도 경제부문 대한 공헌은 사소하다고 평가할 수 있다.[29] 그래서 석유와 같은 전략자원의 확보 등 비교적 제한된 분야에 대한 수집활동에 임해왔다. 그러나 1980년대 후반을 기점으로 큰 변화가 왔다. 냉전해체와 더불어 가일층 심화되는 세계화의 흐름, 그리고 그에 따른 무한 경쟁시대의 도래는 경제정보의 중요성을 과거 어느 때보다 크게 부각시켜 주었다. 이와 더불어 여러 가지 실질적 제약에도 불구하고 경제정보는 국가정보기관의 주요활동의 하나로 자리잡기 시작했다.[30] 경제정보의 영역을 구체화하기는 어렵다. 미 CIA는 무역 및 금융거래에 대한 흐름, 국제경제 및 환경에 대한 문제점들, 국방시장과 병참, 전략자원동향, 민간기술, 그리고 에너지 자원동향 등을 주요 경제 첩보 수집 대상으로 분류하고 있다.[31] 제 8 장에서 논의하고 있듯이 경제정보는 국제경쟁력 강화, 국내외 경제추세의 중·장기 예측, 국제경제체제의 불안정성 예측, 전략자원의 추세 및 안정공급, 첨단 과학기술의 확보 및 방어, 그리고 기타 대형 사업의 수주정보 확보 등으로 요약될 수 있다.

사실 경제정보에 대한 국가정보기관의 역할을 과소평가할 수만은 없다. 1970년대 중동건설붐을 통해 한국의 경제도약계기를 만드는 데 결정적 공헌을 했던 것은 중앙정보부였다. 당시 정보부의 해외파견 요원들을 건설수주요원으로 규정해도 무리가 되지 않을 만큼 경제정보 수집에 적극적으로 나섰다. 비록 채택되지는 않았지만 1997년 외환위기 당시 안기부측에서 청와대에 대한 위기경보보고를 했다는 점도 이를 반영하고 있다. 미 CIA 역시 다양한 형태로 경제정보를 제공하고 있다. 1980년대 남미외채위기에 대한 초기예측과 브래디 플랜에 대한 구상은 사실 미 CIA작품이었다.[32] 그 이외에도 1985년 플라자협약, 우루과이 라운드 협상, 미·일 무역협상을 포함하여 다양한 형태의 쌍무협상, 그리고 외채위기 등에 대한 중·장기 예측은 물론 협상에 필요한 비밀첩보를 제공해 온 바 있다. 특히 군수 · 민수 양용기술의 전이 또는 유출 방지를 위

29) Shulsky, 전게서, p. 53.

30) 경제정보관련 문헌으로는 Phillip Zelikow, "American Economic Intelligence: Past Practice and Future Principle," *Intelligence and National Security* 12 : 1(Jan,1997):164-177; Peter Schmeizer, "The Growth of Economic Espionage," *Foreign Affairs* 75 : 1 (1996)을 참고바람.

31) Zelikow, 상게서, pp. 172-173; Loch K. Johnson, 전게서, pp. 146-148; Godson, *U.S. Intelligence at Crossroad,* 전게서, pp. 182; Richelson, 전게서, pp. 471-473.

32) David Kennedy, "What the Market Will Bear; The CIA and the International Debt Crisis" in J. F. Kennedy School of Government, *Intelligence and Policy Project*(May, 1999).

한 산업방첩에도 미 CIA는 적극적으로 관여해 왔다.

사이버정보: 사이버정보는 정보화시대의 도래와 더불어 주목을 끌기 시작한 정보유형이다. 광범한 컴퓨터의 보급과 국가안보운영체계에 있어 증대되는 컴퓨터 및 정보통신기술에 대한 의존도는 사이버 정보의 중요성을 과거 어느때 보다 절감케 하고 있다.[33] 사이버시대의 국가정보는 제 9 장에서 상술하고 있는 C4IRS를 중심으로 한 정보전쟁에 그치지 않는다. 정보화시대의 사이버정보는 한 국가의 중추신경을 구성하는 정보통신체계에 대한 모든 위협을 포괄하기 때문이다. 그 대표적 사례들을 보면 다음과 같다: 통신장애(jamming), 통신침투 및 정보통제장애(communications intrusion-short information message), 통신침투 및 정보차단, 컴퓨터 바이러스, 네트워크 웜(network worm), 심리전침투, 심리전으로서의 군사작전.[34] 사실 이러한 사이버 위협에 대한 대응은 거의 모든 국가가 국가안보차원에서 다루어지고 있다.

기타 기능별 정보: 정치, 군사, 경제, 사이버 정보 이외에도 국가정보기관은 다양한 정보 수집에 임한다. 이 경우, 수집의 우선순위는 정보소비자, 특히 최고 지도자의 선호성에 의해 크게 좌우된다. 한편 최고 지도자의 선호성은 당시의 사회분위기와 밀접한 관계를 지닌다. 미국의 사례를 보면 1980년대 이후 마약밀거래에 대해 큰 역점을 두어 왔다. 전통적으로 마약밀거래는 FBI, 마약청(Drug Enforcement Agency), 그리고 경찰 등에 의해 국내 치안문제로 다루어져 왔다. 그러나 Bush 전 미 대통령이 마약과의 전쟁을 선포한 이후 이 분야에 대한 첩보의 수집, 분석과 배포, 심지어 비밀공작까지를 미 CIA가 집행해왔다. 왜냐하면 마약문제는 국내 조직범죄와 국제테러리즘과 직접 연계되면서 국가안보에 대한 대내외적 위협을 가해 왔기 때문이다.[35] 한국도 국제마약사범과 그에 연계된 국제조직범죄망에 대한 수집노력을 강화시키면서 국정원에 이를 전담할 외사방첩실을 새로 신설하기에 이르렀다.

충격적인 '9·11'사태 이후 미국의 국가정보체계는 국제테러리즘에 집중되고 있다. 이 분야에 대한 정보수집노력이 과거에도 있어 왔지만 '9·11'사태이후 대량 살상무기 확산방지와 더불어 테러리즘과의 전쟁은 국가정보체계의 가

33) 이상현, 「정보화시대의 국가안보」(서울: 세종연구소, 2001); Martin Libiki, "Information War, Information Peace," *Journal of Internaitonal Affairs* 51 : 2(1998): 411-428.

34) L. Scott Johnson, "Toward a Functional Model of Information Warfare," *Studies in Intelligence,* 1 : 1(1997).

35) Lowenthal, 전게서, p. 174; CIA, *General Counter-drug Intelligence Plan: A Report to the President*(Feb. 11, 2000).

장 중차대한 사안으로 자리잡아 왔다.[36] 과거에도 항공기 납치, 주요 미군시설 및 미 대사관에 대한 테러공격, 특히 뉴욕시 소재 세계무역센터 폭파시도 등 일련의 사건들 때문에 CIA를 포함한 미국의 정보기관들이 국제테러조직에 대해 집요한 추적을 전개해 왔다. 그러나 2001년 9월 11일 뉴욕세계무역센터 및 펜타곤에 대한 테러공격 이후 국제테러리즘은 국가정보우선순위에 최우선적 위상을 점하고 있다. 국제테러조직은 기술정보보다는 침투, 와해를 목표로 하는 인간정보(HUMINT)에 의존해야 하기 때문에 정보수집상 애로가 많다 하겠다. 특히 이들의 조직현황, 위협형태, 조직간의 연계망, 조직의 은거지, 그리고 테러동향 등을 파악, 분석하고 대응조치를 취하는 것이 그리 쉬운 일은 아니다. 한국도 2000년 '월드컵' 및 '아시아 올림픽' 개최와 더불어 국제테러문제가 심각히 제기되고 있다. 또한 이 문제를 집중적으로 다루기 위해 국가정보원산하에 안전통제본부를 두는 등 예방적 조치를 취하고 있다.

그 밖에도 다양한 형태의 기능적 국가정보의 유형을 들 수 있다. AIDs의 창궐과 더불어 전염병이 새로운 국가안보위협으로 등장하고 있는 바 이에 대한 현황파악 및 중·장기추세 예측도 국가정보의 주요 영역으로 포진하고 있다.[37] 또한 환경, 인구, 자원, 식량 등 생태문제에 대한 정보도 중요 국가정보로 분류되고 있다. 특히 환경문제와 관련해서는 국제환경에 대한 위협요소와 환경 및 기후변화 등에 대한 추적은 물론 국제환경협약에 대한 이행여부도 수집대상으로 설정하고 있다. 아마 미국 정부를 포함한 대부분의 국가들이 가장 큰 관심을 두는 분야는 대량 살상무기의 확산문제라 할 수 있다. 핵무기는 물론이고 화학, 생물무기의 확산은 탈냉전 이후 주요 관심사가 되고 있다. 사실 이 분야에 대한 정보수집, 분석, 배포는 국방정보와도 중첩되는 경향이 있지만 각국의 국가정보기관은 독자적 영역으로 이 분야에 대한 첩보활동에 나서고 있다. 대량 살상무기와 관련해서 이란, 이라크, 북한 등 국가수준의 확산도 문제시되고 있지만 국제조직 범죄에 의한 핵무기 등의 암거래가 새로운 쟁점으로 등장하고 있다.[38] 따라서 당분간은 기타 영역에 속하는 테러리즘과 대량 살

36) Steven Emerson, *American Jihad*, 전게서; Phillip B. Heymann, *Terrorism and America: A Commonsense Strategy for a Democratic Society*(Cambridge: MIT Press, 1998); John P. Holms, *Terrorism*(New York: Pinnacle Books, 2001).

37) 이 분야에 대한 미국 NIE의 하나로 다음문헌을 들 수 있다. National Intelligence Council, *National Intelligence Estimate: The Global Infectious Disease Threat and Its Implications for the U.S.*(Washington, D.C: CNI, 2000), http://www.cia.gov/cia/publications/pubs.html.

상무기 및 미사일 확산문제에 대한 현황파악, 확산방지, 대응조치 등이 국가정보의 주요 관심사로 남게 될 가능성이 크다.

방첩(counter-intelligence): 방첩은 일반적으로 적대국의 침투, 와해공작으로부터 자국의 정보자산을 보호하려는 노력이라고 정의할 수 있다. 한걸음 더 나아가서 한국과 같은 군사 대치국가에 있어서는 적대국의 침투, 사보타지, 테러, 요인암살, 국가전복 등 국가안보를 위협하는 대내외적 요소를 방지, 제거하는 노력까지를 국내 보안·방첩의 개념으로 포함시킬 수 있다. 따라서 방첩은 협의의 개념으로서 국가정보자산의 보호, 광의의 개념으로 체제수호로서의 보안기능을 가진다. 쉽게 표현하자면 침투 스파이나 무장공비를 잡는 일을 방첩의 영역이라 할 수 있다.[39] 이런 점에서 여타 국가정보의 기능별 영역이 보다 공세적인 것이라 한다면 방첩은 방어적 국가정보활동이다. 하지만 방첩은 도청, 감시, 미행 등 헌법상 보장된 권리를 자의적으로 침해할 우려가 있어 미국뿐만 아니라 한국에서도 커다란 논쟁거리가 되고 있다.[40]

제 7 장에서 상세하게 논의되고 있듯이 방첩활동은 크게 세 가지로 나누어 볼 수 있다.[41] 그 첫째는 적대국 정보기관을 대상으로 침투, 와해공작을 사전에 파악하는 수집공작을 통한 방첩활동이다. 이 경우, 적대국 정보, 공작기관에 대한 공작원 침투는 필수적이다. 두 번째는 방어적 방첩활동이다. 즉, 적대국 정보기관의 공작원이 자국의 정보기관에 침투하는 것을 방지하고, 침투시 색출해내는 활동이 이에 해당된다. 일반적으로 방첩활동은 방어적 성격을 띤다. 마지막으로 공세적 방첩활동을 들 수 있다. 공세적 방첩활동을 흔히 역용(逆用)공작이라고도 부른다. 이는 상대방이 침투시킨 공작원을 이중첩자(double agent)로 활용하여 적대국 정보기관을 혼란 시키거나, 침투공작원을 통해 의도적으로 위장첩보(false information) 또 역정보(disinformation)를 흘리는 공작활동을 지칭한다. 한국의 경우, 통합국가정보기관으로서 국가정보원이 정보와 보안, 방첩을 동시에 관장하고 있다. 그러나 미국, 이스라엘, 그리고 대부분의 서방 국가들은 정보와 보안, 방첩을 구분하고 있다.

비밀공작(covert action): 원론적으로 말해 국가정보기관은 은밀하게

---

38) CIA, *Foreign Missile Developments and the Ballistic Missile Threat through 2015* (McLean, VA: CIA, 2001).

39) Lowenthal, 전게서, p. 98-105.

40) Pat M. Holt, *Secret Intelligence and Public Policy*(Washington, D.C.: CQ Press, 1995), pp. 3-4, pp. 109; Richelson, 전게서, pp. 326-328; Codevilla, 전게서, pp. 25-33.

41) Lowenthal, 전게서, p. 98; Michael Herman, 전게서, p. 169.

정보를 수집, 분석, 배포하여 정책 수립과 집행에 공헌하는데 그 주요 임무가 있다. 따라서 정보기관이 독자적인 정책집행에 참여할 수는 없다. 그러나 예외가 있다. 그것은 다름이 아니라 비밀공작이다. 비밀공작은 첩보수집을 목적으로 할 수도 있으나 일반적으로는 일련의 비밀행동을 통하여 국가목적을 달성하는데 그 존재이유가 있다. 통상 비밀공작은 외교를 통해서는 얻어낼 수 없고 그렇다고 전쟁을 통해 얻어내기에는 위험도가 높은 그런 현안문제에 광범위하게 활용된다.[42] 미국의 국가안보법(National Security Act)은 비밀공작을 해외에서의 정치, 경제, 군사적 조건에 영향을 미치기 위한 미정부의 활동으로 그 활동에 대한 미정부의 역할을 비밀에 부친다고 규정하고 있다. 바꾸어 말하면 비밀공작이란 한 국가가 원하는 바를 비밀스러운 방법으로 성취하는 것을 지칭한다. 비밀공작은 그 성격상 많은 논란을 불러일으켰다. 피그만 사건, 칠레의 아옌데 대통령 암살사건, 그리고 이란-콘트라 스캔들에 이르기까지 미국의 비밀공작은 끊임없는 정치적 논쟁의 대상이 되어왔다.[43]

보다 구체적으로 비밀공작은 침투대상국의 국내정치적 세력균형에 영향력을 행사하고 여론 조성을 주도하는 동시에 공작시행국가의 정치, 경제, 군사적 이익을 달성하는 데 그 목표가 있다. 비밀공작의 방법은 여러 가지 형태로 나타나고 있다. 협조자 포섭을 통한 영향력 행사. 정치선전 프로그램, 적대적 지도자의 암살과 우호적 지도자의 보호, 군사쿠데타의 배후 조정 또는 쿠데타로부터의 보호, 테러리즘, 반란군 등에 대한 훈련, 무기 지원 등 간접적 군사행동에의 참여, 그리고 침투 대상국 정보·보안 요원의 훈련 및 정보·장비 제공 등이 비밀공작의 대표적 테크닉이라 할 수 있다.[44] 제 6 장에서 자세히 다루어지고 있기 때문에 비밀공작에 대한 구체적인 논의는 피하기로 하겠다. 그러나 비밀공작은 냉전의 산물로 냉전기간 중 미국과 소련이 가장 광범위하게 이를 활용했다고 지적할 수 있다. 남한에 대한 적화통일을 목표로 하는 북한도 비밀공작을 가장 적극적으로 추진해 온 국가 중의 하나이다(제17장 참고요).

---

42) Shulsky, *Silent Warfare,* 전게서, p. 8.

43) Lowenthal, pp. 106-119; Gregory T. Treverton, *Covert Action*(New York: Basic Press, 1987); Bruce D. Berkowitz and Allan E. Goodman, "The Logic of Covert Action," *National Interests* 31(Spring 1998): pp. 38-46.

44) Roy Godson, "Intelligence and National Security" in R. Schultz, R. Godson, and T. Greenwood(eds.), *Security Studies for the 1990s*(Washington, D.C.: Brasseys, 1993), p. 219.

(3) 수집방식에 의한 분류

국가정보는 수집방식에 따라 크게 세 가지로 분류할 수 있다. 제 4 장 첩보수집론에서 이 주제에 대해 상세하게 다루고 있기 때문에 여기서는 인간정보(HUMINT: human intelligence), 기술정보(TECHINT: technical intelligence), 그리고 공개정보(OSINT: open-source intelligence)에 대해 개괄적으로 다루기로 하자.[45)]

인간정보(HUMINT): 인간정보는 전통적 방식에 의한 정보수집방식을 의미한다. 손자병법(孫子兵法)처럼 인간정보의 중요성을 절묘하게 간파한 것은 없다. 손자의 용간(用間) 이론에 따르며 다섯 종류의 간첩(즉, 鄕間, 內間, 反間, 死間, 生間)을 적절히 활용할 때 적정을 먼저 알고(先知) 전투에서 이길 수 있다는 것이다.[46)] 마찬가지 논리에서 인간정보는 사람을 침투시켜 이들로 하여금 필요한 정보를 취득하는 것을 의미한다. 즉 간첩행위를 통한 정보수집 방식이다. 주요 수집대상국에 대한 의도, 동기, 선호성, 정책결정과정 등 미시적인 첩보를 수집하는 데 인간정보 이상 유효한 것은 없다. 사실 인간정보는 인간의 역사를 통해 가장 보편적으로 활용되어 왔던 정보수집방법이다. 그러나 약점도 크다. 간첩활동에 따른 위험도, 역용공작 또는 역정보에 대한 취약성, 그리고 수집첩보의 신뢰도 등은 인간정보의 주요 한계로 지적되고 있다.[47)]

기술정보(TECHINT): 기술정보는 크게 세 가지 방식으로 나눌 수 있다.[48)] 그 첫째는 영상정보(IMINT: imagery intelligence)이다. 영상정보는 여러 가지 형태로 획득할 수 있다. 첩보 위성과 상업용 위성(LANDSAT, SPOT)을 축으로 하는 위성을 통한 영상정보 수집과 U-2, SR-71, E-2 Hawkeye, 그리고 E-3 AWACS 등 항공기를 이용한 정찰 및 조기경보 활동을 그 대표적 사례라고 하겠다. 최근에 와서는 predator와 같은 원격무인 정찰기와 Joint Stars와 같은 최첨단 정찰 공격기도 실전에 배치되고 있다. 영상정보는 사진이나 이미지 구성을 통해 정보를 제공하기 때문에 가장 설득력 있는 정보원으로 평가되고 있다.[49)] 두 번째는 신호정보(SIGINT: signal intelligence)다. 신호정보는

45) Lowenthal, 전게서, pp. 53-74 참조요.

46) 여기서 향간은 적국의 주민, 내간은 적국의 관리, 반간은 적국간첩의 역용, 사간은 아군간첩을 통한 역정보, 생간은 적국을 정탐하여 보고하는 것을 의미한다. 노병천, 「도해 손자병법」(서울: 가나문화사, 1991), 用間편.

47) Lowenthal, 상게서, pp. 67-69.

48) 김윤덕, 「국가정보학」(서울: 박영사, 2001), pp. 95-124.

위성, 항공기, 선박, 그리고 지상기지 등에 의해 수집된 상대방의 통신, 전자파, 기타 신호를 분석함으로써 얻어내는 정보를 지칭한다. 적대국의 통신내용을 감청하는 통신정보(COMINT: communication intelligence), 각종 무기나 레이더로부터 발산되는 전자파를 감청하는 전자정보(ELINT: electronic intelligence), 그리고 시험중인 무기로부터 파생되는 신호를 분석하여 얻어내는 원격측정정보(telemetry intelligence) 등이 신호정보의 주종을 이룬다.[50)]

마지막으로 측정기술정보(MASINT: measurement and signature intelligence)를 들 수 있다.[51)] 측정기호정보란 영상이나 신호정보 이외의 방식으로 얻어진 기술정보를 지칭하는데 통상 레이저정보(LASINT), 레이더정보(RADINT), 적외선정보(IRINT), 그리고 핵정보(NUCINT) 등으로 구성되어있다. 레이저정보는 방사된 레이저의 분석을 통해 레이저통신체계나 레이저무기체계에 대한 정보를 수집하는 것을 뜻하며, 레이더정보는 레이더 시그널의 추적을 통해 적대국 항공기의 성능을 알아내는 데 활용된다. 적외선정보는 적의 미사일에서 방출되는 적외선과 전자자장현상을 분석함으로써 상대방의 미사일 발사에 대한 조기경보 역할을 해준다. 핵정보는 핵실험시 방사되는 방사선 물질들을 분석함으로써 실험 핵탄두의 성능과 파괴력을 측정하는 데 이용된다. 이와 같이 기술정보는 다양한 용도로 활용되고 있다.

공개출처정보(OSINT): 냉전시까지만 해도 공개출처정보의 유용성이 그리 크지 않았지만 탈냉전, 세계화, 정보화 시대에 있어서는 공개출처정보의 중요성이 더욱 커지고 있다. 특히 인터넷 혁명을 통한 공개정보공간의 확충과 연계망 구축의 역동성은 과거 어느 때보다 공개출처정보의 활용도가 높아지고 있다. 매스미디어는 물론이고 거의 모든 정부(중앙 및 지방정부), 기업체, 학교, NGOs, 심지어는 개인까지도 website를 만들고 관리하고 있기 때문에 이 방식을 통한 정보수집이 한층 더 보편화되고 있다. 문제는 정보의 홍수 속에서 어떻게 필요 정보를 추려내느냐 하는 것이다. 또한 대부분의 정보분석관들은 공개출처에서 얻어낸 정보보다는 비밀스러운 정보로 취득된 정보에 더 큰 가치를 부여하는 경향이 있다.[52)]

---

49) Richelson, 전게서, ch.7 참조; Richelson, *America's Secret Eyes in Space: The U.S. Keyhole Spy Satellite Program*(New York: Harper & Row, 1990).

50) Richelson, 전게서, ch.8; David Kahn, *The Codebreakers*(New York: Scribner, 1996).

51) Lowenthal, 전게서, p. 66.

52) Lowenthal, 전게서, pp. 69-70; Richelson, 전게서, p. 2.; Treverton, *Reshaping* 전게서, pp. 93-135.

4. 국가정보의 구성요소와 정보주기

지금까지 국가정보의 유형을 분석적, 기능적, 그리고 수집방식별로 살펴보았다. 그러면 정보생산은 어떻게 이루어지는가? 〈그림 2〉가 예시해 주고 있듯이 정보생산은 일련의 정보주기의 결과라 할 수 있다. 즉, 정보소비자가 국가안보운영과 관련하여 필요한 첩보에 대해 소요를 제기하면 국가정보기관이 이를 수용, 수집과 분석의 과정을 통해 필요정보를 생산하고 배포한다. 물론 여기서 중요한 것은 소요 제기 · 생산 · 배포라는 정보과정이 일회에 끝나는 것이 아니라 환류(feedback)를 거친다는 것이다.[53] 이제 첩보요청, 수집, 분석, 그리고 생산과 배포라는 국가정보의 주요 구성 요소들과 이들간의 연계구조를 개괄적으로 살펴보자.

(1) 정보소비자와 첩보요청

앞서도 지적했지만 국가정보는 국가안보를 위한 투입변수이다. 비록 국가정보기관이 관료적 속성 때문에 독자적인 이해와 관성을 가질 수는 있지만 궁극적으로는 정보소비자들의 요청에 부응하여 필요한 정보를 생산, 배포하는 것이 본연의 임무라 할 수 있다. 그러면 누가 국가정보를 필요로 하는가?[54] 국가정보기관은 국가최고지도자를 위해 일한다. 따라서 행정부의 수장이 국가정보의 최우선적 소비자가 된다. 사실 국가정보기관의 정보수집 우선순위는 국가최고지도자의 선호성에 따라 크게 좌우된다. 왜냐하면 대통령, 또는 수상이 국가안보를 책임지기 때문이다.

물론 행정수반이 모든 중요 국가정보를 개별적으로 요청할 수 있는 것은 아니다. 행정수반을 보좌하는 기관, 즉 한국이나 미국에 있어서는 국가안전보장회의(National Security Council)와 안보보좌관, 외교안보수석이 대통령을 대신하여 정보소요를 제기할 수 있다.

국가정보를 필요로 하는 것은 유독 국가지도자에 국한되지 않는다. 외교,

---

53) 정보주기에 대해서는 Berkowitz and Goodman, *Strategic Intelligence,* 전게서, ch. 2 참조요.

54) 김윤덕, 「국가정보학」, 전게서, pp. 52-54; Pat M. Holt, *Secret Intelligence and Public Policy,* 전게서, pp. 54-55; CIA, *A Consumer's Handbook to Intelligence*(September 1993).

그림 2 '정보주기'의 성격

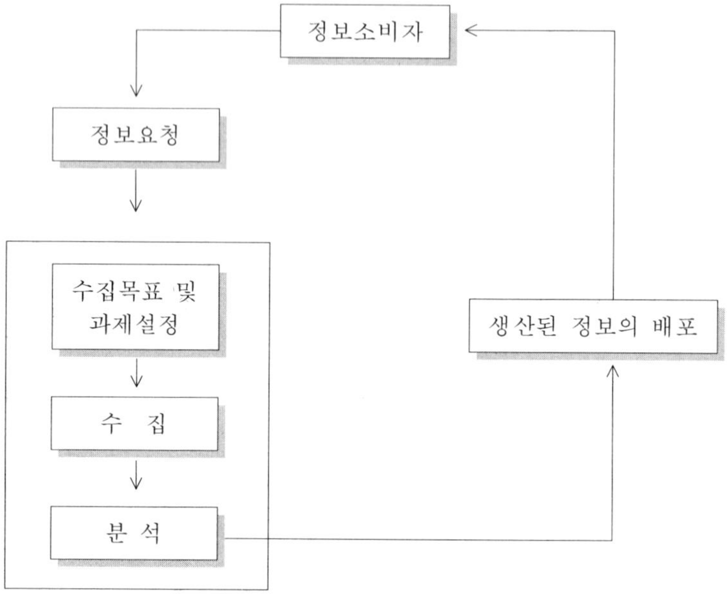

출처: Bruce D. Berkowitz and Allan E. Goodman, *Strategic Intelligence for American National Security*(Princeton: Princeton University Press, 1989), p. 31.[55]

국방, 통상, 통일 등 국가안보정책의 수집, 집행에 직접 관여하는 부서들도 국가정보에 대한 소요제기를 할 수 있다. 검찰, 경찰, 마약담당부서에서도 국가정보기관에 대해 필요한 정보요청을 제기할 수 있다. 왜냐하면 이들 정부기관 대부분이 해외 수집기능을 결여하고 있기 때문에 국가정보원에 필요한 정보를 요청할 수밖에 없다. 미국 같은 경우는 행정 부처간의 수평적 정보교류 요청 폭이 훨씬 크다. 물론 국가정보기관이 이들 행정부서의 정보요청을 모두 수용할 수 있는 것은 아니나 국가안보정책 목표와 연관하여 중요 현안사안에 대해서는 협력할 수 있다. 필요에 따라서는 입법부도 국가정보기관에 입법 또는 감시(oversight)와 관련된 정보요청을 할 수 있다.[56]

세 번째, 정보공동체 내부의 교차정보요청을 들 수 있다. 한국의 사례를

55) Berkowitz와 Goodman은 그들의 최신 저서에서 여기에 기술한 정보주기가 정보화, 세계화 시대에 부적합하다고 주장하며 보다 역동적이고 분산화된 정보주기론을 제기하고 있다. Berkowitz and Goodman, *Best Truth: Intelligence in the Information Age*(New Haven: Yale University Press, 2000), pp. 67-98.

56) 미국의 경우는 입법부의 정보요청이 상례화되어 있으나 한국은 아직 이러한 정보요청이 활성화되어 있지 않다.

중심으로 볼 때, 두 가지 형태의 교차정보요청을 상정할 수 있다. 그 하나는 국가정보기관과 부문별 정보기관 간의 교차정보요청이며 다른 하나는 국가정보기관 내부부서 간의 정보요청이다. 전자의 경우는 미국과 유사하다 하겠다. 미 CIA가 국가정보기관으로 역할을 하지만 국방정보본부(DIA), 각군 정보기관, 국무성 정보연구실, 그 외 다양한 부문별 정보기관과 협력관계를 가지면서 필요에 따라 정보요청을 할 수 있다. 후자는 비교적 한국적 현상이라 할 수 있다. 통합형 정보기구로서 국가정보원은 해외, 국내, 북한 부서를 두고 있다. 이들 부서간에 필요한 정보를 서로 요청할 수 있다.

마지막으로 민주화 과정의 확산과 더불어 국가정보기관이 대국민을 대상으로 직접적인 정보제공을 할 수 있다. 예를 들어, 미 CIA는 website를 개설하고 각종 국가정보 예측보고서(NIE)를 비밀 해제한 후 국민들에게 공개하는가 하면 CIA World Factbook은 250여개 국가 및 국제기구에 대한 가장 충실한 기본정보를 제공해 주고 있다. 김대중 정부 이후 한국의 국가정보원도 대국민 정보서비스를 과감하게 제공하고 있다. 국정원의 website도 북한에 대한 정보를 포함하여 다양한 대국민 정보제공을 시도하고 있다. 이는 국민 일반이 국가정보의 최종소비자가 되고 있다는 것을 보여준다.

그러면 정보소비자들은 무엇을 원하는가? 소비자의 정보요청은 크게 세 가지 시각에서 분류될 수 있다. 그 하나는 국가안보정책의 큰 흐름에 맞추어 필요정보를 요청하는 것이다. 가령 김대중 정부의 경우, 안보통일정책을 강력한 안보기반 위에 대북포용정책의 전개에 초점을 두었다. 김 대통령은 자연히 안보와 포용이라는 두 개의 정책목표에 맞추어 정보요청을 하는 경향이 있다. 미국 클린턴 행정부의 경우는 아예 1995년 대통령 결정지시35(Presidential Decision Directive; PDD 35)를 발동시켜 정보요청 대상을 구체화시킨 바 있다. 즉 쿠바, 이란, 이라크, 리비아, 북한 등 소위 불량국가들과 대량 살상무기 확산, 마약, 국제조직범죄, 테러리즘을 주요 수집목표(hard target)로 설정하여 정보요청 상의 우선순위를 둔 바 있다. 반면에 그 이외의 사항은 일반수집대상(global coverage)으로 분류되어 수집상 우선순위가 하향 조정된 바 있다.[57] 두 번째는 위급상황 발생시 그에 따른 정보요청이다. 일반적으로는 상례화된 보고나 배포채널을 통해 정보소비자에게 필요정보가 전달된다. 그러나 예기치 않은 위급상황 발생시, 정보소비자는 그에 따른 정보 소요를 제기할 수 있다. 아마

57) Lowenthal, 전게서, p. 43.

9·11 테러사건처럼 이를 적나라하게 보여준 사례는 없을 것이다. 마지막으로 정보소비자들이 이미 보고나 배포된 정보에 대한 추가정보를 요청할 경우이다. 특히 이미 보고된 정보를 국가안보정책에 반영시킬 경우, 추가정보의 요청은 필수적이라 하겠다.

(2) 수　　집

소요가 제기된 정보는 수집되어야 한다. 그러나 모든 정보요청이 모두 수용될 수는 없다. 따라서 국가정보기관은 자체적으로 수집의 우선순위를 설정해야 한다. 한국과 미국은 국가정보목표 우선순위(PNIO: Priorities of National Intelligence Objective)에 기초하여 수집의 경중을 결정한다. 엄격히 말해 PNIO는 국가이익의 우선순위와 일치한다. 따라서 이는 국가안보정책의 기본지침으로 모든 정보기관이 이에 준하여 활동에 임한다. PNIO는 고정된 것이 아니라 상황에 따라 연도별로 재조정될 수 있다. 9·11사태 이후 미국은 테러리즘과 대량 살상무기에 관한 정보수집이 최우선적인 국가정보목표가 되고 있다. 반면 한국의 경우는 아직도 전쟁의 조기경보, 체제전복위협, 국가원수에 대한 위해, 북한의 주요 정치변동 등이 주요 국가정보목표로 설정되어 있다. PNIO는 첩보수집의 우선순위를 결정할 뿐 아니라 정보기관의 업적을 평가하는 심사분석에 있어서도 중요한 기준역할을 할 수 있다. 미국의 경우, 부문별 정보기관들은 첩보기본요소(EEI: Essential Elements of Information)에 의거, 수집의 우선순위를 결정한다.[58)]

일단 수집의 우선순위가 결정되면 수집대상을 식별하고 수집전략을 모색한다. 수집대상은 통상 정보요청의 성격에 따라 결정된다. 앞서 논의했지만 수집전략은 인간정보(HUMINT), 기술정보(TECHINT), 그리고 공개출처정보(OSINT) 중 선택하게 된다. 일반적으로 미국의 경우, 영상정보와 신호정보를 중심으로 한 기술정보에 치중하는 경향이 있다. 사실 지난 40년 동안 기술정보에 대한 투자는 괄목하게 신장해 왔다. 1950년 전체 정보예산 중 기술정보가 차지한 비중이 20%에 지나지 않았다. 그러나 1980년대 이후 전체 정보예산의 80% 이상이 기술정보에 투자되고 있다.[59)] 이와 대조적으로 한국은 대부

58) 김윤덕, 「국가정보학」, 전게서, pp. 55-56.
59) Berkowitz and Goodman, 전게서, pp. 144-147.

분의 수집을 인적정보에 의존하고 있다. 최근 기술정보수집자산에 대한 투자를 강화하고 있지만 아직은 미진하다 하겠다. 왜냐하면 기술정보는 막대한 자본의 투자를 요할 뿐만 아니라 첩보위성의 경우처럼 독자기술의 한계가 있기 때문이다. 그러나 어느 한 수집방법에 대한 과도한 치중은 객관적이고 신뢰성 있는 첩보수집에 장애가 될 수 있다. 특히 신호정보, 영상정보, 그리고 인적정보는 상호 보완적인 관계에 있기 때문에 이들간의 시너지 효과를 이루는 것이 중요하다.

(3) 분　　석

수집된 첩보는 정제되지 않으면 정보가 될 수 없다. 바로 이 정제작업이 분석과정이다.[60] 분석과정에 있어서 첫 단계는 수집된 첩보 및 자료의 처리이다. 인적정보를 통해 수집된 자료의 신빙성과 정확성 여부를 가리기 위해 지역 및 기능 전문가의 검토가 필요하다. 만일 신호정보로 수집대상의 교신내용을 수집했다고 하자. 대부분의 민감한 교신은 암호처리되어 있고 이를 해독해야만 정보화될 수 있는 것이다. 마찬가지로 영상정보도 정교한 기술처리로 판독해야 정보분석이 가능해진다. 원격측정신호(telemetry)의 경우, 보다 강도 높은 기술분석을 요한다. 바로 이러한 수집첩보나 생자료를 전문가의 시각을 통해 판독 가능토록 하는 것이 정보분석의 첫 단계라 할 수 있다.

두 번째 단계는 수집된 첩보의 분석을 통해 정책에 활용될 정보를 도출해 내는 작업이다. 이미 앞에서 지적했지만 정보분석의 결과는 기본정보, 현용정보, 경보정보, 그리고 예측정보 등 네 가지 형태로 나타난다. 기본정보와 현용정보는 일반적으로 서술적 방법론에 의거하여 도출된다. 즉, 과거에 발생했거나 현재 발생하고 있는 사건을 정성 또는 정량분석을 통해 분석함으로써 정선된 정보를 가려내는 작업이다. 반면에 경보정보는 가상 또는 실질적 적대국의 군사동향을 거의 실시간 별로 분석하는 것을 의미하다. 여기서 가장 복합적이고 분석가의 주관이 개입되는 정보가 바로 예측 또는 판단정보이다. 예측정보는 두 가지 기능을 가진다. 그 하나는 주요 현안에 대한 중장기적인 추세 분석을 하는 것이고, 다른 하나는 이러한 추세와 관련하여 국가정보기관(미국의 경

60) Lowenthal, 전게서, pp. 75-97; Berkowitz and Goodman, 전게서, pp. 85-109; Shulsky, 전게서, pp. 37-71. 각론적 논의는 제 5 장 분석과 예측을 참고바람.

우, 전 정보공동체)의 예측 또는 판단을 제공하는 것이다. 예측정보는 정교한 분석의 틀, 가설설정, 그리고 경험적 테스트를 통해 도출된다.

마지막으로 정보분석은 다음 조건들을 만족해야 양질의 정보를 생산해 낼 수 있다.[61] 무엇보다 적시성이 중요하다. 정책결정자의 수요에 맞추어 제 시간에 정보분석 보고서를 제출할 수 있어야지, 완벽한 보고서를 만든다고 시간변수를 간과한다면 좋은 분석보고서가 될 수 없다. 제한된 시간 내에 정책결정자의 구미에 맞는 분석보고서를 만들 수 있어야 한다. 사실의 장황한 나열이나 현학적 표현은 금물이다. 최종소비자가 정책에 쉽게 반영할 수 있도록 사안별로 심층적이며 객관적인 요점중심의 보고서를 작성해야 한다. 특히 좋은 분석보고서는 복잡한 현상을 현실의 왜곡 없이 단순화시켜 최종소비자가 쉽게 소화할 수 있도록 만들어진 것이다. 여기서 분석보고서의 형태나 분량이 중요한 변수로 작용한다. 이와 더불어 유념해야 할 사항은 명료성을 가진 솔직한 보고서를 만들어내야 한다는 것이다. 분석보고서에 모든 진리가 다 포함되어 있다는 식으로 소비자를 오도해서는 안 된다. 알려진 사실과 알려지지 않은 사실을 분명히 하고 그 비중에 따라 해당되는 분석보고서의 신뢰성이 얼마나 되는가를 솔직 담백하게 밝혀야 한다. 그래야 소비자가 분석보고서의 정보를 정책에 반영할 때 그만큼의 위험도를 고려할 수 있기 때문이다. 적시성(timeliness), 간결성(digestibility), 그리고 명료성(clarity)의 저변에는 항상 주관적 가치개입이 배제된 객관성(objectivity)이 깔려 있어야 한다. 그러나 정확성(accuracy)은 정보분석의 주요 기준이 되지 않는다. 원래 정보란 미지의 변수를 추적하는 것이기 때문에 정보분석에 있어 완벽한 정확성을 기한다는 것은 쉽지 않다.

(4) 생산과 배포

분석은 첩보를 정보로 전환시키고 정보와 정책 사이에 매개 역할을 하는 중요 요소이다. 그러나 이러한 분석의 결과가 적절히 배포되지 않으면 수집과 분석의 존재 이유는 사라지게 된다. 그러면 무엇을 배포하는가? 정보생산물(intelligence products)을 배포한다. 정보생산물은 여러 가지 형태로 나타난다. 미국의 사례를 중심으로 살펴보자. 우선 기본정보의 대표적 케이스로는 CIA가 매년 출판하는 *The World Factbook*을 들 수 있다. CIA 분석국이 전세계 250여

61) Lowenthal, 전게서, pp. 93-94.

개의 국가, 국제기구, 그리고 기타조직에 대한 기본정보와 통계자료를 이 Factbook을 통해 배포하고 있다. 이와 더불어 각국의 국가수반과 각료들에 대한 인물정보와 각국의 지리정보 등을 기본정보로 생산해 내고 있다.[62] 현용정보의 경우는 대통령 일일브리핑(PDB), 국가일일정보(NID), 그리고 일일경제정보브리핑(DIEF) 등을 들 수 있다. 이와는 별도로 국무성 정보조사국이 매일 발행하는 국무장관조간요약(SMS), 그리고 국방정보국(DIA)이 주 5회 발간, 배포하는 군사정보 다이제스트(MID) 등을 들 수 있다.[63] 이와 더불어 국가 안보처(NSA)가 일일신호정보다이제스트(SIGINT Digest), 그리고 국가영상지도청(NIMA)이 비디오 형태로 배포하는 세계영상보고서(World Image Report) 등이 있다.

경고정보는 CIA보다는 주로 국방정보국에서 작성하는데 크게 세 가지 유형이 있다. 그 첫째는 주간, 분기, 연도별 경고전망을 하는 경고전망(Warning Forecast)이고, 둘째는 매주마다 향후 6개월 동안 현존 또는 잠재위협으로 등장할 수 있는 대상들을 목록화 해 놓는 정보경계리스트(Warning Watch List), 그리고 상황전개에 따라 수시 경고하는 경보메모(Warning Memorandum) 등이 있다. 마지막으로 예측, 평가, 판단 정보 역시 여러 가지 형태로 나타나고 있다. 그 대표적인 사례가 CIA중심으로 전 정보공동체가 참여하여 생산해 내는 국가정보 예측보고서(National Intelligence Estimates), 특별정보보고(Special Intelligence Report), 그리고 정보메모(Intelligence Memorandum) 등을 들 수 있다. 이와 별도로 국방정보부는 총량분석(Net Assessment)을 중심으로 한 국방정보평가(Defense Intelligence Assessment)를 생산, 배포하고 있다. 미국처럼 세분화되어 있지 않으나 한국도 이와 유사한 정보생산에 임하고 있다.

그러면 이러한 정보생산물들을 어떻게 배포하는가? 가장 효과적이고 직접적인 방법은 구두보고이다. 정보소비자와의 개별면담이나 브리핑을 통해 소요정보에 대한 창출을 제공해 주는 방식이 바로 이것이다. 그러나 대통령과 같은 최고 정보소비자들은 시간적 제약을 많이 받는다. 따라서 구두보고보다는 서면보고가 주종을 이룬다. 서면보고는 개별메모에서 일일보고서, 중간보고서, 특별보고서, 연구과제보고서, 그리고 심지어는 정기간행물형식에 이르기까지 다양하다. 해외주재 정보요원의 경우, 전문을 이용한 보고 형식을 주로 취한다.

62) http://www.cia.gov/cia/publications/pubs.html 참조요.
63) Richelson, 전게서, pp. 316-323. 제 5 장 참고요.

최근에 와서 크게 활성화되는 방식은 화상보고방식과 사이버보고 양식이다.

누구에게 배포하는가? 앞서 지적했지만 소요를 제기한 소비자들에게 배포한다. 대통령을 위시하여 국가안보정책에 깊숙히 관여하는 주요 정책 결정자, 국가안보에 관여하는 정부여타부서, 그리고 국가정보기관과 부문별 정보기관 등이 주요 배포대상이 되고 있다. 이 뿐만 아니라 입법부 역시 국가정보의 핵심적인 소비자로 등장하고 있다. 최근 추세는 국민, 그 자체가 배포대상이 되고 있다. 이와 관련, 저자는 흥미 있는 경험을 한 바 있다. 1985년 저자가 미국의 한 대학에서 교편을 잡고 있을 때 출처불명의 보고서 하나가 배달되었다. 보고서 제목은 소련의 서방 핵심 군사기술 획득양상이었고 출판사는 미상으로 되어 있었다. 그 내용은 소련의 KGB, GRU, 그리고 대외무역부가 어떠한 형식으로 미국의 어느 회사와 어느 대학에 어떤 핵심기술을 목표로 침투해 들어왔는가를 상세히 분석한 보고서였다.[64] 저자가 속한 대학은 금속기술부문에 있어 소련의 침투대상으로 식별되고 있었다. 대학당국은 자발적으로 소련 및 공산권 학자 및 학생의 유입을 중지시켰고 이미 이 분야의 연구에 참여하고 있는 자들에 대해서는 새로운 보안조치를 취한바 있다. 이처럼 국가안보와 관련하여 중요한 사안에 대해서는 필요에 따라 국민들에게 주요 정보를 비밀해제하고 공개하는 것이 바람직하다.

마지막으로 생산된 정보의 배포는 신속해야 한다. 1941년 일본의 진주만 습격에서 나타나고 있듯이 일본의 공격을 사전탐지 했음에도 불구하고 하와이 현지 지휘관들에게 뒤늦게 필요정보를 전달함으로써 엄청난 재앙을 맞았던 것이다. 다양한 정보소비자에 대한 배포는 정보의 생명인 차단의 법칙을 위반할 수 있다. 따라서 가급적 보안성이 유지될 수 있도록 각별한 주의를 요한다. 일단 주요 사안에 대한 정보가 배포되면 지속적으로 정보지원을 해주어야 한다. 지속성의 결여는 기존의 제공정보를 단편적(snapshot)인 것으로 만들어 정보효과의 극대화를 어렵게 한다. 배포정보에 대한 비밀·보안유지가 요구되지만 필요에 따라서는 과감히 비밀해제하고 일반국민 및 관련부처에 과감히 공개할 필요가 있다. 한국처럼 대통령 일인에게만 정보보고가 집중되어 있는 국가에서는 정보 낭비가 클 뿐만 아니라 국민적 공감대를 구축하기도 어렵기 때문에 생산된 정보의 선별적 개방화가 요구된다.

---

64) CIA, *Soviet Accquisition of Militarily Significant West Technology: An Update*(September, 1985).

이상에서 정보의 소요제기, 수집, 분석, 생산과 배포하는 정보주기의 4대 요소들을 살펴보았다. 그러나 〈그림 2〉가 예시해 주고 있는 것처럼 이들 4대 요소들은 병렬적으로 존재하고 있는 것이 아니라 끊임없는 환류(feedback)과정을 거친다. 정보소비자의 소요제기 자체가 그 이전에 배포된 정보에 대한 추가 또는 보완 요청일 수 있다. 마찬가지로 수집목표의 설정과 이행 역시 소비자의 반응뿐만 아니라 분석가들의 요구에 따라서 달라질 수 있다. 분석 역시 유사한 경로를 따른다. 수집분야와 최종소비자로부터의 피드백에 따라 분석의 성격이 크게 좌우될 수 있다. 이런 점에서 정보주기라는 것은 정태적이 아니고 동태적 성격을 가진다. 이러한 정보주기의 동태성은 국가정보의 성격을 이해하는데 중요한 단서를 제공해 준다.[65]

5. 조 직

국가정보의 핵심은 조직에 있다. 수집, 분석, 생산, 배포의 효율성 역시 국가정보기관의 조직적 특성에 달려 있다. 제 3 편에서 주요 국가의 정보기관에 대한 논의를 심층적으로 하고 있기 때문에 여기서는 국가정보기관의 조직적 성격에 대한 개괄적 검토에 그치고자 한다.

(1) 통합과 분리

국가정보기관의 조직과 구조를 논함에 있어 가장 일차적으로 거론되는 것은 통합과 분리이다. 즉 해외 정보와 국내 보안을 통합하느냐 분리하느냐 하는 논쟁이 바로 그것이다. 사실 해외 정보와 국내 보안을 통합하는 국가는 비교적 드물다. 그 대표적 사례가 한국이다. 한국은 해외 정보, 국내 보안, 대북전략, 이 세기능을 국가정보원이란 하나의 국가정보기구하에 통합시키고 있다. 제15장에서 상술하고 있지만 중국 역시 이와 비슷한 유형을 보이고 있다. 국내, 해외, 홍콩, 마카오, 대만, 그리고 방첩업무 등을 국가안전부가 맡고 있다. 그러나 국내 보안기능은 공안이 전담하고 있기 때문에 완전한 통합형이라 보기 힘들다. 그러나 과거 소련의 KGB와 이란의 SAVAK은 대표적인 통합형 국가정

65) Lowenthal, 전게서, pp. 48-51.

보기관이라 할 수 있다.

사실상 대부분의 국가들이 분리형을 채택하고 있다. 미국은 CIA가 해외 정보를 FBI가 국내 보안과 방첩을 맡고 있고 그 외에 다양한 부문별 정보·보안기구들이 있다(제11장 참조). 영국의 경우도 외무부 산하의 비밀정보부(SIS: Secret Intelligence Service)가 해외 정보를 전담하고, 국내 방첩·보안은 내무부 산하의 보안부(SS: Security Service)가 맡고 있다(제16장 참조). 이스라엘은 모사드가 해외 정보를, 그리고 신베트가 국내 보안·방첩을 담당하고 있으며(제13장 참조) 일본도 해외 정보는 수상실 산하의 내각조사실이, 국내 보안은 공안조사청이 관장하고 있다(제14장 참조).

한국에서도 국가정보원 같은 통합형 국가정보기관은 과거 권위주의시대의 유산이기 때문에 이를 분리시키자는 논의가 대두되고 있다.[66] 그러나 분리만이 대안은 아니다. 탈냉전, 세계화, 정보화 시대의 국가안보 위협은 국내와 해외의 경계를 뛰어넘고 있다. 9·11 테러사태가 보여주고 있듯이 해외에 거주하고 있는 이슬람 테러리스트들이 미국 내의 협조자들의 지원을 받아 테러를 감행했던 것이다.[67] 이 경우, 국내외 경계가 불분명해진다. 뿐만 아니라 마약밀매와 국제조직범죄 등도 해외 정보와 국가정보기구가 이러한 새로운 유형의 국가안보위협을 다루는데 더욱 유용할 수도 있다. 특히 대남적화통일의도를 포기하지 않은 북한을 주적으로 삼고 있는 한국의 경우, 해외 정보, 대북정보, 그리고 국내 보안을 분리시키는데 많은 위험 부담이 따를 것으로 예상된다.

(2) 집중, 분산, 그리고 조율

국가정보기관의 조직적인 특성과 관련하여 대두되는 또 다른 분석적 논의는 국가정보력의 집중, 분산, 그리고 조율에 관한 문제이다.[68] 국가정보기관이 어느 정도 정보의 집중력을 가지며, 부문별 정보기관과 어느 정도의 경쟁을 유지해야 하는 것은 거의 모든 국가의 정보전문가들에게 주요 관심사가 되어 왔다. 왜냐하면 국가정보기관에 모든 정보력을 집중시킬 경우, 견제와 균형을 상실하게 되고 반면에 정보력의 분산차원에서 분권화 할 경우 정보기관 간의 관

66) 이 논의에 관해서는 제19장을 참조하기 바람.
67) Steve Emerson, 전게서.
68) 이 문제에 대해서는 Berkowitz and Goodman, 전게서, pp. 110-167을 참고하기 바람.

료정치와 과당경쟁때문에 효과적이고 체계적인 국가정보체제를 유지하기 어렵다. 바로 여기서 집중과 분산의 대립적 관계를 극복하고 정보공동체의 시너지를 창출할 수 있는 조율(coordination)의 필요성이 대두되는 것이다.

사실 집중과 분산의 문제는 한국의 경우 심각하게 대두된 바 있다. 모든 자원, 인력, 그리고 대통령의 관심이 국가정보원에 집중되어 있기 때문에 부문별 정보기관들이 부실화되어 건설적이고 경쟁적 정보보고가 어렵다는 것이다. 이러한 주장의 타당성이 인정된다. 그러나 제한된 자원과 인력으로 미국과 같은 경쟁적 관계의 정보 공동체를 유지한다는 것은 그리 쉬운 일이 아니다. 심지어 미국에서도 국가정보기관으로서 CIA에 대한 정보력 집중이 정당화되고 있는 실정이다. 이 사안은 미국에서 커다란 쟁점으로 자리잡아 왔다. CIA예산의 상당부분이 국방예산에서 배정된다. 그런데도 불구하고 CIA국장은 부문별 정보기관을 포함한 전체정보기구들에 대한 지도력을 행사하고 있다. 국방성을 중심으로 이러한 추세에 반발해 왔다. 그러나 Harold Brown을 위원장으로 한 미국가정보역할 및 능력평가위원회는 이와 같은 주장을 일축하고, CIA의 지도력을 중심으로 정보공동체가 계속 유지되어야 한다고 추천한 바 있다.[69)]

정보력의 집중과 분산문제를 효과적으로 다루기 위해서는 정보공동체의 조정·조율체계가 절실히 요청된다. 사실 미국의 경우, 국가정보기관과 부문별 정보기관간의 협의체계가 아주 잘 구축되어 있다. 지역이나 기능적 사안별로 주기적으로 협의해 나감으로써 정보공동체의 시너지 효과를 극대화 시키고 있다. 특히 국가정보협의회(National Intelligence Council)를 통해 각 정보기관별 분석, 예측, 판단을 종합하여 하나의 일관된 정보보고서를 작성함으로써 집중과 분산이 내포하는 구조적 경직성을 극복해 나가고 있다. 또한 제한적이나마 경쟁적 정보보고체계를 허용해 줌으로써 경쟁에 따른 정보효용의 개선을 꾀하고 있다. 한국에도 정보협의회가 존재하고 있지만 그 활용은 극히 미미한 것으로 알려져 있다. 따라서 한국도 국가정보기관의 독주에서 벗어나 부문별 정보기관과의 협의체계를 활성화 할 필요가 있다고 판단된다.

---

69) The Commission on the Roles and Capabilities, 전게서, pp. 51-52.

(3) 민주적 통제와 비밀보호

누가 감시견을 감시할 것인가?(quis custodiet ipsos custodies?)[70] 제 9 장에서 심층적으로 다루고 있지만 국가정보기관에 대한 통제와 감시는 민주국가에서 지속적으로 제기되어 왔다. 국가정보기관은 비밀을 생명으로 한다. 비밀의 보존 없이 그 존재이유가 없다. 그러나 국민의 세금으로 운영되고 국가의 안위를 책임져야 하는 국가정보기관에 대한 민주적 통제와 감시는 시대적 소명이다. 따라서 정보기관의 비밀보호와 유지, 그리고 그에 대한 민주적 통제와 감시는 항시 긴장관계를 유지해 왔다. 여기서 유념해야 할 것은 아무리 비밀성이 강조된다 하더라도 국민의 지지와 정통성을 얻지 못하면 국가정보기관은 그 고유의 업무를 수행하기 어렵다. 왜냐하면 정보기관의 궁극적 성패 여부는 국민의 지지와 자발적 참여에 달려 있기 때문이다. 권위주의 정권하의 국가정보·보안기구들처럼 국민이 도외시할 때 탈법과 강제에 의존할 수밖에 없는 것이다.

제프리 존스에 따르면 미 CIA의 업무수행 성공 여부는 다섯 가지에 달려 있다. 그 첫 번째는 미국민이 CIA를 필요한 조직으로 인식하고 있느냐 하는 정통성, 두 번째는 CIA활동이 헌법과 일반법률을 잘 준수하고 있느냐 하는 합법성, 세 번째는 CIA의 국내외 명성에 잘 부응하느냐 하는 정보분석, 예측, 판단의 신뢰성, 네 번째 정파에 관계없이 여야가 공히 인정하고 지원하느냐 하는 정치적인 투명성, 그리고 마지막 CIA지휘부가 백악관과 행정부의 여타 부서는 물론이고 의회로부터 받을 수 있는 존경이다.[71] 정통성(legitimacy), 합헌성(constitutionality), 신뢰성(credibility), 정치적 수용성(political acceptability), 그리고 존경(respect)은 민주적 통제와 감시에 능동적이고 신축성 있게 적응할 때만 가능한 것이다. 따라서 맹목적으로 비밀만을 강조하여 국민적 지지를 상실하는 것보다 국가정보의 선택적 공개는 물론이고 국가정보기구의 활동과 예산까지도 필요에 따라 공개하는 민주화 시대의 새로운 발상이 요청된다 하겠다.

국가정보기관의 조직과 관련된 사항은 앞서 논의한 통합과 분리, 집중과 분산, 그리고 민주적 통제와 비밀이라는 쟁점들에 그치지 않는다. 정보기구내부의 수집, 분석, 비밀공작부서간의 갈등과 대립, 정보기관과 그 요원들의 관료화 현상, 그리고 재원의 확보와 인적자원의 충원은 심각한 문제로 등장하고

70) Pat M. Holt, *Secret Intelligence and Public Policy,* 전게서 p. 2에서 재인용.
71) Rhodri Jeffrey-Jones, *The CIA and American Democracy,* 전게서, p. 50.

있다. 탈냉전, 세계화의 새로운 시대정황은 국가정보에 대한 예산배정의 정당성을 약화시키는 반면, 인적 정보에서 기술정보에로의 수집 방식전이는 더 많은 예산을 필요로 한다. 이러한 국민적 인식과 실제 정보수요에 따른 예산 증액간의 괴리는 거의 모든 국가정보기관에 공통적인 고충사항으로 나타나고 있다. 뿐만 아니라 자질 있는 정보요원의 충원 역시 큰 과제로 대두되고 있다. 전통적으로 미 CIA, 소련의 KGB, 영국의 SIS 등은 최고 명문대학출신들이 줄이어 지원했다. 한때 미 CIA의 분석국은 Yale, Harvard, Princeton대학 출신 아니면 명함도 못 내놓았고 영국의 SIS도 Oxford와 Cambridge출신 아니면 들어가기 어려웠다. 그러나 요즈음 크게 변했다. 좋은 인력충원이 어려운 실정이다. 한때 최정예 요원들을 자랑하던 이스라엘의 모사드는 아예 신문에 충원광고를 내는 판이다. 결국 정보는 사람이 한다. 좋은 인적 자원을 확보하지 못한 정보기관의 앞날은 자못 불투명하다. 돈과 사람, 이 두 사안은 전세계 정보기관에 미결의 과제로 남아 있다.

4. 맺는 말

지금까지 국가정보의 개념, 국가정보의 유형과 범주, 국가정보의 구성요소와 정보주기, 그리고 국가정보의 조직적 측면들을 개괄적으로 살펴보았다. 여기서 다룬 대부분의 주제들은 본 책자의 여러 장에 걸쳐서 각론적으로 논의되고 있다. 따라서 국가정보에 대한 구체적인 사항은 해당 장과 절을 참조하기 바란다. 제 2 장은 단순히 총론적 입장에서 독자들에게 국가정보에 대한 큰 그림을 제공하는데 그 일차적 취지가 있다.

그러나 이 개괄적 논의가 시사하는 바는 크다. 무엇보다 국가정보는 국가안보의 큰 틀에서 결정된다는 사실과 국가정보기관은 부문별 정보기관과 구분된다는 것 역시 흥미 있는 발견이라 하겠다. 그리고 국가정보가 분석적, 기능적, 그리고 수집방식별로 각각 분류될 수 있다는 것도 국가정보의 유형과 범주가 얼마나 다양한가를 시사해 주고 있다. 특히 정보주기에서 나타나고 있듯이 국가정보기관은 소비자의 요청에 따라 첩보를 수집하고 수집된 첩보를 분석, 생산하여 이를 국가안보정책의 수립과 집행에 유효 적절하게 활용하는데 그 주된 목적이 있다. 이는 제임스 본드류의 스파이 영화에서 부각되는 정보기관의 이미지와는 사뭇 다른 것이라 하겠다. 마지막으로 국가정보기관은 일률적이 아니라는 점이다. 국가마다 정보기관의 구조와 성격이 크게 달라질 수 있다. 그러나 한가지 분명한 것은 탈냉전, 세계화, 민주화의 새로운 추세에도 불구하고 국가정보기관에 대한 수요는 더욱 증대되고 있다는 것이다. 아마 여기에 국가정보에 대한 연구와 학습의 중요성이 있다고 평가할 수 있다.

제 3 장

국방정보론

최 강

1. 국방정보란 무엇인가?

국방정보(defense intelligence)란 전통적으로 군사정보(military intelligence)를 의미해 왔으나, 제 2 차 세계대전 이후 그 개념, 정의와 범위는 단순한 군사정보 이상으로 확대되었다. 제 2 차 세계대전까지만 하더라도 국방정보는 현재 우리가 일컫는 작전정보(operational intelligence)나 전술정보(tactical intelligence)를 의미하는 것으로서 군사작전(military operations)의 수립과 시행에 필요한 군사요소들에 대한 정보를 의미하였다. 칼 폰 클라우제비츠(Carl von Clausewitz)는 작전정보(operational intelligence)를 '자신의 계획과 작전에 기초가 되는 적과 적국에 관한 모든 종류의 정보'라고 정의하였으며,[1] 웰링톤 공작은 '언덕 너머에 있는 것을 아는 것'이라고 규정하였다.[2] 이러한 정의를 토대로 할 때, 전통적 개념의 국방정보는 전투(戰鬪), 전장(戰場)이나 나아가 전쟁(戰爭)의 시행과 결과에 직접적으로 영향을 미치는 敵國의 의도, 전략 그

1) Carl von Clausewitz, *On War*, ed. and trans. Michael Howard and Peter Paret (Princeton, NJ: Princeton University Press, 1984), p. 117.

2) Bruce D. Berkowitz and Allan E. Goodman, *Strategic Intelligence for American National Security*(Princeton, NJ: Princeton University Press, 1989), p. 4.

리고 군사력에 대한 정보를 의미하며, 그 기능은 전쟁과 전장에서의 불확실성을 감소시키고 군사적전의 성공과 전략적 목표달성을 지원하는 것이다.

제 2 차 세계대전 이후 단순히 전쟁이나 전투에서의 승리를 보장하기 위한 단기적이고 즉각적인 정보요구의 수준을 넘어서 장기적 차원에서 전략적 목표를 달성하고 위기상황을 예측하고 이에 대한 대응력을 확보하고 대비계획을 수립하기 위한 장기적이고 포괄적인 정보에 대한 요구가 증가하기 시작하였다. 즉, 국가가 국방정책을 수립하고 군사력을 운용하기 위한 전략을 수립하기 위해서는 보다 장기적이고, 포괄적이며, 차원 높은 수준의 정보가 필요하게 되었다. 이러한 상황의 변화에 따라 정보의 폭과 수준도 변화하여 오늘날에 와서는 전략정보(戰略情報; strategic intelligence), 작전정보(作戰情報; operational intelligence) 그리고 전술정보(戰術情報; tactical intelligence)라는 3가지로 구분하게 되었으며, 이를 통합하여 '합동정보'(合同情報; joint intelligence)라는 포괄적인 개념으로 발전하게 되었다.[3)]

합동정보는 전략·작전·전술정보를 포괄하는 개념으로서 부대규모나 성격과는 무관하게 지휘관이 합동작전을 원활하게 수행할 수 있도록 지원하는 정보활동을 말한다. 전략정보(strategic intelligence)는 국가급(國家級) 또는 전구(戰區; theatre)수준의 전략·정책·군사적 계획 및 작전의 수립에 요구되는 정보이며, 작전정보(operational intelligence)는 전구 및 작전지역 범위 안에서 전략적 목표를 달성하기 위하여 군사행동이나 주요 작전을 계획하고 수행하는 데 요구되는 정보이다. 마지막으로 전술정보(tactical intelligence)는 전술작전을 계획하고 수행하는 데 요구되는 정보를 말한다.[4)] 전략정보와 기타 정보와는 확연히 구분되나, 작전정보와 전술정보간에는 모호함이 있는 것이 사실이다. 일반적으로 작전정보와 전술정보를 통합하여 전투정보라고 사용하며 해당 정보가 작전이냐 전술이냐 하는 것은 사용자의 편의에 따라 결정된다고 하겠다.[5)]

---

3) 전략정보가 제 2 차 세계대전 이전에 없었던 것은 아니나, 전략정보의 중요성을 강조하고 이를 새로운 정보의 영역으로 발전시키고 체계화한 것은 셔먼 켄트(Sherman Ken)로서 그가 지은 책 *Strategic Intelligence for American World Policy*(Princeton, N.J.: Princeton University Press, 1949)는 기본교과서로 이용되고 있다.

4) 합동참모본부, 「합동정보: 합동교범 2-0」(합동참모본부: 1998), p. 3.

5) 일반적으로 작전정보는 군 사령부급에서 요구되는 정보를 의미한다고 볼 수 있고, 전술정보는 군단급 이하의 군사작전을 수행하는 데 필요한 정보를 의미한다고 하겠다.

그림 1 국방정보의 구분

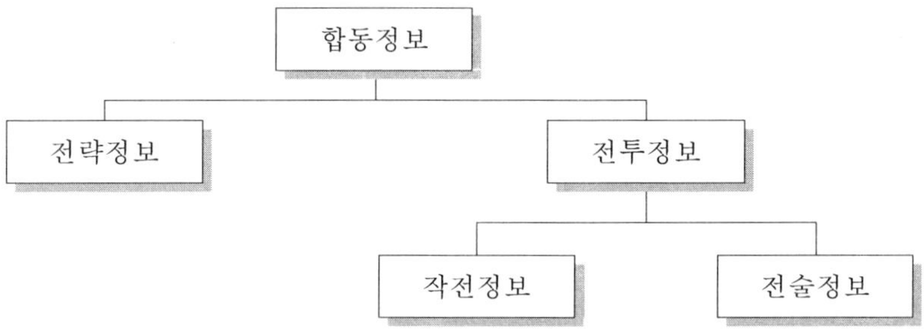

〈표 1〉에서 보는 바와 같이 전략정보의 경우 그 범위가 군사영역에 국한되는 것이 아니라 정치 · 외교, 경제, 사회, 문화 등 비(非)군사분야를 포함하고 있으며, 대상기간 역시 중·장기간에 걸쳐 있다고 하겠다. 이에 비해 작전정보나 전술정보는 군사적인 영역에 국한되는 경향이 있고, 기간 역시 단기간으로 설정되어 있으며 군사작전의 수립과 실행에 직접적으로 영향을 주는 요인들이 대한 정보이다. 전략정보의 경우 전쟁이나 전투에 직접적인 영향을 주는 부분을 포함하여 보다 광범위한 국가능력과 의도를 파악하기 위하여 활용되는 것이며, 장기적 측면에서 실패하거나 오판하였을 경우 이로 인한 파급효과는 치명적이고 이를 회복하는 데 소요되는 시간 역시 상당하다고 하겠다.

국방정보 혹은 군사정보가 적의 군사력에 관한 정보만을 의미하던 것에서 적은 물론 우방, 동맹국 및 자신의 군사력까지를 포함하는 범위로 확장되어 총체적이고 포괄적인 틀을 갖추게 된 점에도 주목하여야 한다. 이는 효과적인 군사작전의 시행과 전략적 목표달성을 위해서는 적에 관한 정보뿐만 아니라 자신을 지원하거나, 지원할 가능성이 있는 우방과 동맹국의 군사정보도 필요하며, 자신의 능력과 전략, 전술에 대한 정보도 필요하며 이러한 정보를 적으로부터 보호하는 한편, 역(逆)정보를 확산시켜 적을 기만하는 것도 요구되기 때문이다.

이상과 같은 특성을 고려할 때, 국방정보는 '전략 · 작전 · 전술 목표 달성에 영향을 미치는 적, 적의 동맹국이나 지원세력, 자신의 우방 및 동맹국과 자신의 군사력을 포함한 제반요소에 대한 정보'라고 정의할 수 있다.

표 1 국방정보의 분류 및 특성

	정보의 수준		
	전술수준	작전수준	전략수준
主정보원	전장정찰 및 적과의 직접 접촉; 포로심문; 무전송신; 레이더 등	정찰 및 적과의 직접접촉; 포로; 항공사진정찰; 전장 및 후방에서의 암호해독; 신호; 위성 등	高수준 통신첩보; 인적수집첩보; 우방국 협조; 기타 공개된 정보원
정보신뢰도 및 유용기간	최소기간; 시간적 압박이 '매우 높음'; 신뢰도는 '매우 낮음'에서 '중간'	단기간; 시간적 압박은 '매우 높음'에서 '높음' 수준; 정보의 신뢰도는 '매우 낮음'에서 '중간'	중·장기간: 시간적 압박은 '매우 낮음'; 신뢰도는 '중간'에서 '매우 높음'
정보업무 및 능력의 초점	교전직전의 적의 군사력 및 의도	군사력 및 의도에 대한 분석; 적의 작전계획이나 독트린; 적의 동맹국의 지원; 적의 정보	군사 및 민간부분; 정기 정치·경제 및 기타 능력; 적의 전략목표; 적의 정보
통신의 질	매우 어려움에서 좋음	매우 어려움에서 좋음	좋음에서 매우 좋음
정보조정의 요구사항	일반적으로 낮음	높음 혹은 매우 높음	매우 높음
행동실패시 결과	패배, 대치상태에서의 탈출이 가능; 한차례의 실패가 전체 전투에 큰 문제를 야기시키는 정도는 '낮음'	대치상태는 전체 전쟁에 심각한 영향을 미칠 수 있으며 전략적 수준에까지 영향이 미칠 수 있음; 실패시 만회가 곤란	심각한 수준에서 파국적 수준: 실패시 만회가 매우 곤란

출처: Michael I. Handel, ed., *Intelligence and Military Operations* (London: Frank Cass, 1990), p. 27.

2. 국방정보와 국가정보의 연계성

상기와 같이 국방정보를 정의할 때, 특히 전략정보를 고려할 때, 국방정보와 국가정보간의 차이가 매우 모호해지는 경향이 있다. 그러나 국가정보는 국방정보보다 상위의 개념이며 보다 정치, 군사, 경제, 사회, 문화, 인물 등과 같은 국가의 전반적인 부분을 포괄하는 총체적인 정보인 반면, 국방정보는 적의 군사력, 의도 및 방책 등과 같은 군사적 차원의 정보를 중심으로 하고 있으며, 국방정보는 정치, 경제, 사회 등과 같은 비(非)군사분야에서 수집된 제반 첩보를 군사적 차원에서 해석하여 생산한 군사정보라고 할 수 있다. 국방정보는 다른 분야의 정보와 완전히 배타적인 입장에 있는 것은 아니며 어느 부분에 있어서는 중첩되는 부분이 있고 상호 보완적인 관계에 있다고 하겠다.

정부의 각 부처는 해당분야의 정보를 수집하고 분석하여 생산하는 기능을 수행하고 있고, 이러한 분야별 정보를 전반적인 국가이익 그리고 국가전략차원에서 종합하고 통합하는 기능은 최고의사결정기구를 보좌하는 기관에서 수행하거나, 정보수집과 분석·평가·생산만을 전담하는 부서에서 담당하는 것이 일반적인 상례이다.[6] 또한 이러한 기구나 국가정책결정자는 정책수립이나 대안을 선택하고 시행하는 데 필요한 정보나 첩보를 해당부처나 기관에 요구하게 되며, 이러한 요청을 수령한 기구나 기관은 요구된 정보를 생산하기 위한 임무를 수행하게 된다.

전시가 아닌 평시일 경우, 전략정보는 다른 분야의 정보와 중첩되는 부분이 많이 나타난다고 하겠다. 물론 국방정보는 적의 군사력, 의도, 방책 등을 중점으로 분석하고 평가하는 것이지만, 정치, 경제, 사회 분야가 군사분야에 미치는 영향이 증가하고, 전략적 의도를 판단하고 군사력의 변화를 포함한 전략상황 변화와 위협 평가를 보다 정확히 하고 국가차원의 중장기차원의 전략을 수립하기 위해 이러한 비(非)군사분야에 대한 정보활동이 보강된 것이 사실이다.

또한, 조기경보와 위기상황을 예측하기 위해 평시에 운용되고 있는 '위기징후목록'(crisis indicator list)의 경우, 정치, 경제, 군사, 사회 등 각 분야에서 이상한 징후를 포착하기 위해 다양한 목록을 지정하고 이러한 목록들에 대해 지속적으로 첩보를 수집하고 있다. 물론 상황이 변화하여 전쟁이 진행되는 상황인 경우, 전략정보보다는 단기간의 작전정보나 전술정보에 치중하는 경향이 나타나는 것이 사실이며, 이러한 정보는 다른 분야의 정보와 통합되어 총체적

6) 한국의 경우, 국가급 정보를 종합적으로 취합하고 조정하는 역할은 국가정보원에서 시행하고 있으며, 국가정보원은 다음과 같은 정보 및 보안업무를 수행하도록 규정되어 있다: 1) 국가정책과 국가안전보장에 관한 정보 및 보안업무를 종합적으로 관장한다; 2) 적의 국가를 포함한 제국가의 능력과 취약점 및 가능한 행동방책에 관한 사항을 수집·평가·분석하여 배포한다; 3) 부서별 정보기관의 정보 및 보안업무를 조정·감독한다.

인 전장 상황을 파악하고 대책을 강구하는 데 그 역할을 하게 된다.

이상에서 본 바와 같이 각 분야의 정보는 분야별 정보담당자들이 참여하는 회의나 기구에 전달되고 종합적 분석과 평가를 통해 하나의 총체적인 국가 차원의 정보로 생산되게 된다. 이렇게 여러 정보기관에 의해 수집되고 종합적으로 구성된 정보를 '국가정보판단'(NIEs: national intelligence estimates)이라고 하며, 국가정보판단은 단순히 군사사항만이 포함되는 것이 아니라 정치, 경제, 사회 등 목표가 되는 국가나 집단에 대한 종합적인 사항들이 포함된다. 또한, 경우에 따라 시간이 촉박한 상황하에서나 특정문제에 대한 정보요구자의 요청을 충족하기 위해 전체적인 상황 파악을 위한 '특별국가정보판단'(SNIEs: special national intelligence estimates)을 실시하는 경우도 있다. 물론 각각의 독립정보기관은 자체적으로 '국가정보판단'을 하는 경우도 있으나, 대개의 경우 독립된 정보기관 담당자들간의 협의를 통하여 하나의 정보로 통합되게 된다.

정보주기(Intelligence cycle)이라는 절차 측면에서 볼 때, 국가차원의 정보 수집과 분석은 국가이익(National Interest)과 이를 달성하기 위한 국가의 정책과 전략(National Policy and Strategy)에 근거하여 실시하게 되며, 이러한 과정에서 국방정보는 국가정보의 일부분으로 포함된다. 정보주기의 절차는 정보요구 혹은 징후분석으로부터 시작된다. 일단 정보요구가 제기되면, 제기된 정보요구를 종합적으로 분석하여 정보요구간의 우선순위를 설정하여 우선정보요구(PIR: priority information request)와 첩보요구(IR: information request)로 구분하고 이에 따라 '첩보수집계획'(planning and direction)이 수립되게 된다.

그림 2 정보운용절차

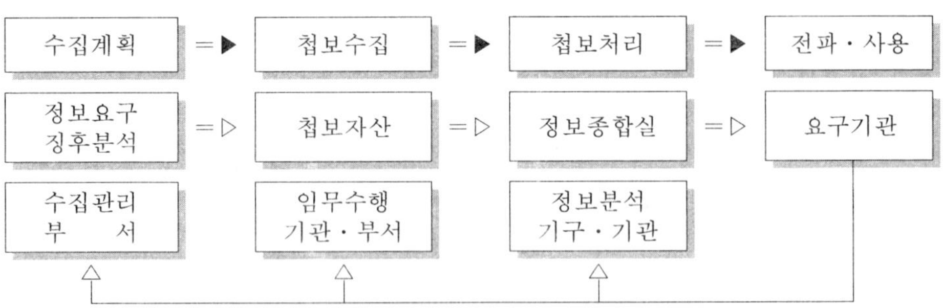

출처: 합동참모본부, 「합동정보」, p. 33.

첩보수집계획이 수립되면 국가중앙정보기관이 설정한 국가정보목표 우선순위(PNIO: priority of national intelligence objective)와 첩보요청(RFI: request for information)에 의거하여 부서별 정보기관에 대하여 정보수집을 요구하게 된다. 즉, 국가차원의 정보요구가 제기되면 국가정보목표 우선순위와 첩보요청에 따라서 군사분야 정보수집의 계획이 수립되고 정보활동이 시작된다.

이러한 정보수집은 평시(平時)와 전시(戰時)를 구분하여 시행되는 것이 일반적인데, 평시의 경우에는 전략정보가 주(主)대상이 되고, 전시에는 작전 및 전술정보가 주를 이룬다. 평시 군사정보 수집요구는 국가중앙정보기관의 국가정보목표 우선순위를 기초로 하여 국방부 장관이나 합참의장 등과 같은 군 수뇌부의 '우선정보요구' 및 첩보요구와 모든 군사정보 소요기관의 군사정보 요구를 종합하여 '군사전략 정보요구'(MSIR: military strategic intelligence requirement)를 작성하게 된다. 군사전략 정보요구는 분기별 첩보수집 중점, 첩보요청 그리고 야전예규(野戰例規) 부록에 의해서 군사정보 수집기관에 요청된다. 전시 군사정보 수집요구는 국방부장관과 의장의 작전단계별 '우선정보요구'(PIR) 및 '첩보요구'(IR)와 모든 군사정보 소요기관의 군사정보 요구를 종합하여 전시 첩보수집계획을 작성한다. 전시 군사첩보 수집은 작전계획(作戰

그림 3 군사정보 요구체계도

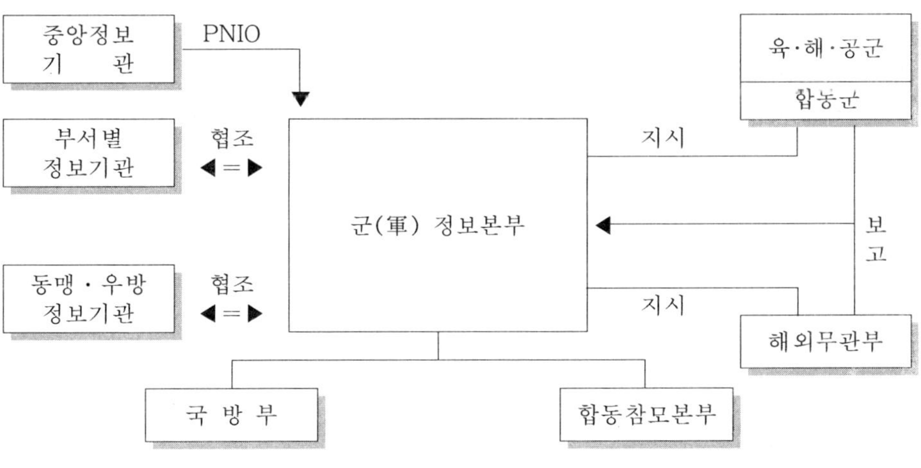

출처: 합동참모본부, 「합동정보」, p. 35.

計劃) 부록, 야전예규 부록 그리고 첩보요청에 의해서 국방부 산하의 모든 수집기관에 대하여 요구한다. 일반적으로 이러한 첩보수집계획은 軍정보기관에서 수립하며 한국의 경우는 국방정보본부, 미국은 국방정보국(DIA)이 이러한 임무를 수행한다.

정보·첩보수집요구가 수집활동기관·부서에 시달되면 각 정보기관은 가용한 각종 정보수집자산을 동원하여 첩보수집활동을 전개하게 된다. 각 기관이 수집한 첩보는 최초 수립계획을 작성하고 명령을 시달한 軍 정보기관에 보고되어 다음 단계인 '첩보처리 및 정보융합 단계'에서 '기록(첩보요약/첩보종합)→평가(적합성/신뢰성/정확성)→해석(분석/종합/결론)'을 거쳐 정보로 생산되게 되며, 최종적으로 중앙정보기관, 상부정보기관 혹은 유관기관으로 전파되어 다른 분야의 정보과 통합되어 국가정보로 생성되게 된다.[7)]

3. 국방정보의 분류

(1) 전략정보(戰略情報)

전략정보(strategic intelligence)는 보다 장기적이고 포괄적인 정보로서 단순히 군사력에 관한 정보 이상의 정보를 의미한다. 전략정보는 개인신상정보(biographic intelligence), 경제정보(economic intelligence), 사회정보(sociological intelligence), 운송·통신정보(transportation and telecommunication intelligence), 군사지리정보(military geographic intelligence), 군사정보(armed forces intelligence), 정치정보(political intelligence), 과학·기술정보(scientific and technical intelligence) 등 8개 분야로 구분되어 있는데 영문 첫 자를 따서 'BESTMAPS'라고 한다.[8)]

---

7) 정보의 흐름은 「수집→분석→생산→전파→이용」으로 분할할 수 있으며, 이에 추가하여 방첩(counter-intelligence)와 비밀활동(covert action) 등도 첨부된다. Roy Godson, "Intelligence: An American View," in K. G. Robertson, ed., *British and American Approaches to Intelligence*(New York: St. Martin, 1987), p. 4. 여기에서 대해서는 본서 제 4 장에서 제 7 장까지를 참조 바람.

8) US Defense Intelligence Agency Joint Military Intelligence Training Center, *Intelligence Analyst Course Textbook 2000*(Washington, D.C.: Joint Military Intelligence Training Center, 2000), p. Ⅱ-3-2.

1) 개인신상정보

개인신상정보(biographic intelligence)는 현재 혹은 미래의 외국 주요인사, 인물들에 대한 정보를 의미하는 것으로 개인적 성향이나 행동상의 특성 등을 파악하여 특정한 상황하에서 대상인물이 어떻게 생각하고 반응을 보일 것인가를 예측하고 판단하는 데 사용된다. 대개의 경우 이러한 개인신상정보는 외국 지도자 특히, 혁명가, 무기밀매업자, 마약거래자, 테러지도자들을 분석하고 대응하는 데 이용되고 있다.

2) 경제정보

경제정보(economic intelligence)는 자연·인적 자원의 사용에 초점이 맞추어져 있으며, 특히 국가경제의 상황과 국가간 경제관계가 특별한 관심의 대상이다. 대상국가의 총체적 전략능력을 평가하고 군사력 증강과 현대화에 얼마만한 자원을 투입할 수 있는지를 판단하는데 각종 경제지표에 관한 정보가 매우 중요한 역할을 하기 때문이다.

구체적으로 경제정보는 우선 중장기 위협판단을 위해 사용되어진다. 즉, 대상국가의 인적 동원능력을 평가하고 얼마만한 물적 자원을 국방력 건설과 전쟁수행에 투여할 수 있는지를 평가하여 자국이나 자국의 동맹국에 대한 군사 혹은 기타 위협을 판단하기 위해 경제정보를 사용한다. 둘째로 어떠한 잠재적 적의 의도에 대한 경고나 징후를 포착하기 위해 경제정보를 필요로 한다. 전쟁을 수행하기 위해서는 전략물자나 전시물자를 비축하고 군의 훈련과 교육을 강화하는 등 전비태세를 격상하여야 한다. 전비태세를 격상하는 것은 일상적인 경제활동에서의 변화를 초래하고 인적·물적 자원 분배상의 변화를 유발하게 된다. 따라서 일상적인 경제활동과는 다른 형태의 경제활동이 발생할 경우 이를 근거로 하여 상대방의 의도를 파악할 수 있다. 마지막으로 대상국가의 일반적 경제상황을 평가하는 데 경제정보를 이용하게 된다.

경제정보는 단순히 상황을 예측하고 대비하기 위한 목적을 위해서 사용될 뿐만 아니라 경제제재와 같은 경제전쟁(economic warfare)을 수행하는 데 이용되기도 한다. 즉, 대상국의 경제적 취약성을 파악하고 이를 전략적으로 이용하기 위해 다양한 경제조치를 강구할 수 있다. 또한, 최근에 들어서는 전략물자나 이중 용도기술의 확산 그리고 대량살상무기의 확산을 차단하기 위한 목적으로 경제정보를 이용하기도 한다.

3) 사회정보

사회정보(sociological intelligence)는 사회 내 사람들이나 그룹의 일상생활의 형태, 구성, 조직, 목적, 습관 그리고 사회 내에서의 개인의 역할과 개인과 사회간의 관계에 대한 연구이다. 사회정보는 위치, 성장률, 연령 및 성비, 노동력, 병력, 이민 등을 포함한 인구조사자료, 사회적 특성, 여론, 교육, 종교, 복지 및 보건 등으로 구성되어 있다. 이러한 정보는 사회적 안정도를 평가하고 체제유지의 가능성을 전망하는 데 도움이 되며, 군의 입장에서 볼 때 선무작전(宣撫作戰)이나 민사심리전(民事心理戰)을 수행하는 데 있어서 아주 중요한 역할을 한다고 볼 수 있다.

4) 운송 · 통신정보

운송 · 통신정보(transportation and telecommunication intelligence)는 철도, 도로, 내수로, 원유 및 가스 파이프라인, 항만, 공항을 포함한 상대방 국가의 운송관련 운용현황 및 시설에 관한 운송정보와, 라디오, 텔레비전, 전보, 해저케이블 및 기타 관련 언론 · 통신을 포함한 민간 및 고정군용 통신시스템의 시설과 운용에 관한 통신정보로 구분된다. 군사작전 측면에서 볼 때 운송 · 통신정보는 군사작전을 수립할 때 타격표적을 선정하는 데 필요한 정보이다. 즉 운송 · 통신 시설의 위치, 시설운영의 목적과 운영절차에 대한 정보를 가지고 있다면 유사시 이런 시설에 대한 성공적인 타격을 가할 수 있다. 그리고 운송·통신 시설에 대한 성공적인 타격은 상대방의 동원능력과 전쟁지속능력을 저하시키고 아울러 사회적 혼란이 불안감을 조성하여 아국에 유리한 상황을 만들어 낼 수 있다.

5) 군사지리정보

군사지리정보(military geographic intelligence)는 군사작전시행에 영향을 줄 수 있는 물리적 · 문화적 환경의 모든 측면에 대한 평가를 의미하는 것으로 자연지리와 인문지리로 구분이 된다. 자연지리 정보에는 단지 위치, 규모, 형태, 경계, 기상 및 일기, 지형, 강수 및 배수, 식물의 분포, 지표면의 형태 등에 관한 정보가 포함되며 인문지리에는 주요 시설물의 위치와 특성, 교통 · 물류

요충지, 경제요충지에 관한 정보, 인구분포 등이 포함된다.

군사지리정보는 전략목표를 설정하고 이를 달성하기 위한 경로(routes)를 결정하는 데 필요하다. 군사지리정보에 포함되는 것은 교통요지, 공장지, 광산, 저장 및 비축시설 등과 같은 경제중심지, 의사결정의 요체인 정치중심지, 인구밀집지역 등과 같은 사회적 지리분포, 군사기지와 관련시설 그리고 주요 교통요지 및 이동지역 등이다. 이러한 주요 전략목표의 방어수준을 지리적 요소에 가미하여 취약성 및 방어가능성을 평가하게 된다. 평가의 기준이 되는 지리적 요소에는 위치·규모·형태·제약요인, 해안 및 해변, 기상 및 일기, 지형, 도시지역, 군 요충지, 전략적 지역 및 이에 대한 접근경로 등이다. 전략적 목표를 설정하고 이를 달성하는 데 제약을 주거나 촉진할 수 있는 제반 여건을 평가하고 군사작전의 한계를 설정하는 데 지리정보가 유용하게 사용된다.

6) 군사정보

군사정보(armed forces intelligence)는 대상국가의 육·해·공군에 대한 조직화된 통합연구를 의미하는 것으로 현재의 군사력뿐만 아니라 특정한 기간 내에 현실화될 수 있는 잠재적 군사력도 포함된다. 군사정보는 조직 및 행정(organization and administration), 군 인력(military manpower), 전투서열(order of battle), 물자(material), 군수(logistics), 전략 및 방어(strategy and defense) 등으로 세분화 된다.

'조직과 행정'은 군 구조와 군의 일상적 기능의 제반 분야를 포함하는 정보이다. 조직에 관한 정보는 지휘 및 통체제제에 관한 정보와 군의 배치에 관한 정보로 구분된다. 가장 중요한 정보관심분야는 사령관으로부터 병사에까지 이르는 지휘 및 통제체제(command and control)이다. 즉 의사결정체계, 권한위임의 방식과 형태, 각 지휘관의 자율적 의사결정의 정도가 주요 정보수집대상이 된다. 또한 통신시설, 운영 및 보안절차를 포함한 통신체계에 대한 정보도 아울러 수집되어야 한다.

지휘체계에 대한 정보뿐만 아니라 군의 배치에 대한 정보를 파악하는 것도 중요하다. 군사작전을 수행하기 위해서는 적국의 군 배치 현황을 파악하는 것이 중요하기 때문이다. 상세정보관심분야는 적 각급제대의 배치와 각 지휘본부의 위치, 훈련장 및 군수기지와 기타 군사시설의 위치 등이다.

행정통제는 재정, 시설물관리, 충원 및 동원을 포함한 인적 자원관리, 군

기강 및 사기 진작활동, 군사 간행물과 기타 기록보전 등이 포함된다. 인력(military manpower)에 관한 정보는 육체적·정신적으로 가용한 인적 자원이 얼마인가를 평가하는 정보이다. 단순히 수적인 인적 자원만을 파악하는 것이 아니라 징집제도(모병제 혹은 징병제), 신체적 조건, 복무기간, 예비역제도 주요 정보관심대상이다.

전투서열(order of battle)에 관한 정보는 군사정보에서 가장 기초적이고 중요한 부분을 차지하고 있으며, 전장·전투의 결과에 중요한 영향을 미치는 정보이다. 전투서열분석은 적국의 군사태세(military force posture)를 평가하는데 있어서 제일 먼저 수행되어, 군사작전, 전력현대화, 정책결정, 목표설정 그리고 기타 대비계획 분석과 같은 분야의 정보를 생산하고 분석하는 데 이용되어진다. 또한, 전투서열정보는 단순히 적국국의 병력, 무기, 장비의 규모나 숫자만을 파악하는 것에 그치는 것이 아니라, 이러한 수가 조합되어 나타날 수 있는 영향이나 전략적 의미와 변화를 분석하고, 향후 상황변화를 예측하여 이에 대비한 작전계획이나 대책을 수립하는 데 기여한다.

군수(logistics)는 병력과 물자의 이동·철수(movement and evacuation)와 보급(supply)을 의미한다. 전쟁에서 군수의 역할은 매우 중요하고, 특히 현대전에서는 그 중요성이 커지고 있다.[9] 따라서 유효한 군수정보의 수집여부는 전쟁의 향배에 커다란 영향을 미친다고 할 수 있다. 군수정보는 적국이 군사작전을 수립하는 과정에서 어떠한 군수문제에 직면하고 이를 극복하기 위한 어떤 대책을 있는가를 분석하고 판단하는 것이다. 이러한 정보판단을 통해 다양한 조건하에서의 적 군사력의 효율성과 취약성을 평가할 수 있는 것이다. 군수정보의 기초자료는 경제정보, 운송·통신정보, 지리정보에 의해 제공되며, 이렇게 제공된 정보를 기초로 하여 군수정보를 생산하게 된다. 특히 관심을 가져야 할 부분은 군사작전의 시행을 위해 사전 배치된 물자나 인원(pre-positioning of material and personnel)에 대한 정보를 확보하는 것이다.

9) 제 2 차 세계대전시 사막의 여우라 불리던 에르빈 롬멜(Erwin Rommel) 장군은 군수의 중요성을 다음과 같이 갈파한 바 있다. "군대가 전투를 계속하기 위해 가장 필요한 첫째 요건으로서는 무기와 연료, 그리고 탄약을 적절하게 보유하고 있느냐 하는 것이다. 사실상, 전투라고 하는 것은 사격이 개시되기 전에 보급에 결정이 된다. 아무리 용맹한 병사라 할지라도 총 없이는 싸울 수 없으며 총 또한 충분한 탄약이 없이는 소용이 없는 것이다. 더욱이 기동전에서 차량을 움직일 충분한 연료가 없다면 총이나 탄약은 아무 쓸모가 없는 것이다." Erwin Rommel, B.H. Liddel Hart, ed., 황규만 옮김, 「롬멜전사록」(서울: 일조각, 1988), p. 438.

이 중에서 군수물자정보는 적국의 군수물자의 질(quality), 내구성(durability) 및 효과(effectiveness)에 관한 정보를 의미한다. 군수물자에 관한 정보를 수집하고 분석하는 데에는 상당한 기술적 전문성이 요구된다. 또한, 군수물자 정보는 단순히 해당물자에 대한 정보뿐만 아니라 이러한 물자들이 어떻게 유지되고, 운용되며, 어떠한 지원을 받는가도 포함된다. 군수물자가 첨단화되고 다른 국가들에서 생산된 다양한 부품들로 구성됨에 따라 대상국가뿐만 아니라 해당 군수물자 생산에 직·간접적으로 참여하거나 연관된 국가들의 방위산업의 동향을 파악하는 것도 필요하게 되었다.

전략 및 방어정보(strategy and defense)는 적국의 국가차원의 의도, 목표와 능력과 방어대책을 평가하는 정보이다. 즉, 적국이 가진 의도와 목표를 판단하고 이러한 의도와 목표를 달성하기 위한 적국이 발휘할 수 있는 능력과 전략 등에 정보판단을 하는 동시에 적의 방어대책에 대한 정보를 수집하는 것이 전략 및 방어정보라고 할 수 있다. 전략 및 방어정보는 앞서 언급한 제반 정보들을 종합하여 그 결과물로서 제시된다고 하겠다.

7) 정치정보

정치정보(political intelligence)는 적국의 정치체제나 정치현황에 대한 정보를 의미하는 것이다. 정치정보는 적국이 전략목표를 달성할 수 있는 국내적 기반이나 국제적 기반을 확보하고 있으며, 확보할 수 있는가를 판단하는 데 필요하다. 정치정보는 일반적 상황과 특정한 상황에서 적국의 정책방향을 예상하고 이에 대응책을 마련하는 데 매우 중요한 역할을 한다.

정치정보는 공식적인 정치구조와 체제 그리고 절차와 같은 정부의 기초원칙과정(basic principles of government), 정부의 운용방식(governmental operations), 대외정책(foreign policy), 정당(political parties), 이익집단(pressure groups), 선거절차(electoral procedures), 그리고 反국가단체의 활동(subversion)으로 세분화되어 구성된다.

8) 과학 · 기술정보

과학기술정보(scientific and technical intelligence)는 모든 국가들을 대상으로 하여 국가들의 과학 및 기술 능력과 활동을 파악하는 것이다. 최근 무기체계가 첨단화하고 대량살상무기의 확산 위험이 증가하고 있기 때문에 전반적

표 2 전략정보의 구성

구 분	세부항목	主생산기관
개인신상정보	– 개인성향 – 이념적 특성 – 인간관계 – 행동특성 등	군·국가정보기관
경제정보	– 각종 경제지표 – 인적 · 물적 자원 보유/배분 현황 등	외교 · 국가정보기관
사회정보	– 인구조사자료 – 사회적 특성 – 여론, 교육, 종교 – 복지 및 보건	외교 · 경제부처
운송 · 통신정보	– 철도 · 도로, 내수로, 항만, 공항, 원유·가스 파이프 라인 등의 운용현황 및 시설물 – 라디오, TV, 전보, 해저케이블, 언론 · 통신 시설물, 군 통신시설물	군 정보기관
軍지리정보	– 자연지리 정보 – 인문지리정보(정치 · 경제 · 사회 요충지 및 시설)	군 정보기관
군사정보	– 조직 · 행정 – 인력 – 전투서열 – 군수물자, 병참 – 전략 및 방어	군 정보기관
정치정보	– 정부의 기본원칙 – 운용방식(체제특성, 적법성, 권력배분, 의사결정체제 · 과정 등) – 대외정책 – 정당, 이익집단, 反국가단체	외교 · 국가정보기관
과학 · 기술정보	– 연구기관 · 조직 – 연구 · 개발활동 – 연구 · 개발예산 – 연구 · 개발시설	군·국가정보기관

인 과학·기술에 관한 정보수집과 분석의 필요성이 나날이 증가하고 있다. 특히 군사적 측면에서는 대상국가들이 어떠한 무기체계 개발을 위해 과학과 기술자원을 활용하고 있고, 개발계획을 추진하고 있는지를 평가하는 것이 중요한 임무이다.

이러한 정보를 확보하기 위해 연구개발 기관·조직, 연구·개발 활동, 정부의 지원 및 규모 등을 파악하여 데이터화하여 향후 전망이나 상황예측을 생산하게 된다. 또한, 추가적으로 특정한 과학 혹은 기술연구와 관련된 물자나 장비의 수입 여부, 특정한 과학탐구를 위한 시설의 건설이나 확충, 특정시설물에 대한 보안 강화, 특정분야의 과학자나 인력에 대한 과도한 급여지급 등도 과학·기술 정보판단에 필요한 요인들로 고려된다.

이상에서 논의한 8개 분야의 정보가 통합되어 전략정보를 구성하게 되며, 이는 사실상 국방정보의 수준을 넘어선 국가정보와 유사하다. 그리고 이러한 전략정보는 단기대책보다는 중장기대책을 수립하는 데 유용하게 이용된다. 전략정보의 8개 분야 중 군 정보기관이 주임무를 부여받아 수집하고 분석하여 평가를 제시하는 분야는 개인신상정보, 운송·통신 정보, 군사지리정보, 군사정보, 과학·기술 정보 등이며, 기타 분야는 해당분야 기관이나 부처에서 담당하고 있다. 그러나 다른 정보 담당기관에서 수집하여 제시한 정보를 군사적 측면에서 재구성하고 분석과 평가를 통해 군사적 의미를 부여하는 것은 군 정보기관에서 수행하게 된다. 따라서 군 정보기관은 유관정보기관이나 정보를 담당하고 있는 부서와의 긴밀한 협조관계를 유지하여 정보공유를 활성화하여야 한다.

(2) 전투정보(戰鬪情報)

전투정보는 대개의 경우 전투서열정보와 군사능력정보가 주축이 되며, 기후·지형 등과 같은 단기 지리정보가 추가적으로 포함될 수 있다. 위에서 언급한대로 전투정보가 작전정보냐 전술정보이냐 하는 것은 사용자의 편의에 따라 결정된다고 하겠다.

1) 전투서열정보

전투정보의 핵심은 전투서열에 관한 정보와 군사능력에 관한 정보이다. 전투서열은 구성(composition), 배치(disposition), 병력(strength) 등 3개 분야로 구분된다. 구성은 군 조직에 관한 모든 요소를 의미하는데, 통상적으로 군이 가지고 있는 전차, 야포, 함정, 항공기 등과 같은 군이 보유하고 있는 장비와 무기의 종류를 말한다. 배치는 평시에 각각의 부대가 어디에 배치되어 있는 가에 대한 위치정보를 말한다. 병력은 대형(隊形; military formation)을 의미하는 것으로 각각의 단위부대에 배치된 장비와 배치된 장비를 운용하는 배정된 인원의 수를 대상으로 한다.[10)]

표 3 전투서열 정보 구성

구 분	내 용
지상군전투서열	– 병력관련 시설 – 지상군 사령부 및 지휘소 – 지상군 물자 수리 및 저장소 – 지상 요새 및 진지
해군전투서열	– 주요항구 및 함정기지 – 해군사령부 및 지휘소 – 해군물자 및 탄약저장소 – 지원시설(해상추진 미사일 포함) – 해안방어
공군전투서열	– 공군 지휘·통제 사령부 및 지휘소(공격목적) – 지원시설 – 공군기지
방어미사일 및 방공전투서열	– 地對空 미사일 기지·시설 – 방공사령부 – 미사일 및 방공지원 시설
전자전전투서열	– 지상배치 레이더기지 및 시설
우주전투서열	– 우주사령부 활동과 관련된 시설 및 부대 – 발진·추적·감시시설 – 우주관찰·기록시설 – 생산시설
전략미사일전투서열	– 국가급 미사일작전시행관련 시설

10) 해·공군의 경우는 인원을 포함하지 않고 항공기와 함정의 수를 기초로 한다.

상기와 같은 정보에 추가하여 전투서열 정보에는 훈련, 전술, 군수, 전투 효율성 등도 포함되며, 때로는 각각의 부대의 역사, 제복, 계급장 그리고 부대 지휘관의 개인신상정보도 포함되는 경우가 있다.

전투서열에 관한 정보를 생산하고 유지하기 위해서 자료를 지속적으로 축적하고 새로운 자료를 첨부하여 통합하게 되는데, 이를 위해서 'Modernized Integrated Data Base'를 사용하고 있으며 이를 통해 데이터를 표준화하는 작업도 수행한다.

전투서열 정보는 각 군별로 이미 앞서 언급한 3개의 분야에 따라 추적하게 되며, 국가차원에서 이를 통합하여 운용하거나 각 군별 혹은 지역별로도 활용될 수 있다. 또한 이를 각 군별로 지상군 전투서열(GOB: ground order of battle), 해군전투서열(NOB: naval order of battle), 공군전투서열(AOB: air order of battle), 방어미사일 및 방공전투서열(DMOB: defense missile order of battle, air defense order of battle), 전자전전투서열(EOB: electronic order of battle), 우주전투서열(SOB: space order of battle), 전략미사일전투서열(SMOB: strategic missile order of battle) 등 구분한다. 이중 전자전투서열, 우주전투서열 그리고 전략미사일전투서열 등은 무기체계가 현대화됨에 따라 추가된 분야로서 이러한 능력을 보유하고 있는 몇몇의 국가에만 적용되고 있다. 각 분야별로 이미 앞서 언급한 확인, 구성, 배치, 강점 그리고 지휘구조 등에 관해 정보를 수집하게 된다.

2) 군사능력분석

군사능력분석은 전쟁 혹은 전투에서의 승리나 목표물 파괴 등과 같은 특정한 목표를 달성하는 능력을 의미하는 것으로 전력구조(force structure), 현대화(modernization), 전비태세(readiness) 그리고 지속성(sustainability)의 4개로 구성된다. 전력구조는 사단, 여단, 함대, 비행단 등과 같은 각각의 부대 구성단위의 병력, 규모, 구성을 의미하며, 현대화는 전반적인 전력, 단위부대, 무기체계와 장비의 첨단화 정도를 의미한다. 전비태세는 전력, 단위부대, 무기체계와 장비가 이미 설정된 목표나 결과물을 차질없이 달성할 수 있는 능력을 의미하고, 지속성은 군사적 목표달성을 위해 작전을 일정한 수준과 기간 동안 지속할 수 있는 능력을 의미한다.

군사능력분석은 군사전략, 작전 그리고 전술로 구분된다. 전략적 군사능력

분석(strategic milcap)은 적국의 군사능력에 기초한 징후와 조기경보와 적국의 지도자가 목표에 대한 보유하고 있는 실행의지를 파악하는 데 중점을 둔다. 전투정보에서는 현재 대치하고 있는 적 부대의 작전능력분석과 전술능력분석을 위주로 정보를 구성한다. 작전능력분석(opertational milcap)은 적 단위부대간 관계, 활동, 능력 등을 파악에 초점을 맞추고 있고, 전술능력분석(tactical milcap)은 현재 위치와 이동에 관한 정보를 확보하는 것이 특성이다. 작전능력분석과 전술능력분석은 기상, 지형, 적 전술 등에 관한 정보와 통합되어 하나의 전장지역정보(battlefield intelligence)로서 활용되어 작전을 수립하고 시행하는 데 기여한다.

전장지역이 설정됨에 따라 정보의 수준과 범위도 결정되어지는데 전장지역은 임무, 능력, 부대의 가용성, 시간에 따라 작전지역과 관심지역으로 구분한다. 작전지역은 현행 작전임무를 수행하는 지역으로서 전투책임과 권한이 수반되며, 이는 작전계획 혹은 작전명령상에 구체화되어 명시된다. 또한 작전지역은 적지(敵地)종심 작전지역, 근접 작전지역, 후방 작전지역으로 세분되며, 각 지역별로 정보의 운용에서 차이를 나타낸다. 적지종심 작전지역에서의 정보운용은 주로 적의 증원능력과 기도를 조기에 탐지하고 식별하여 전파하는 데 초점이 맞추어져 있다. 그리고 적의 C4I(command, control, communication, computer and Intelligence)체계와 무기체계의 운용을 방해하거나 무력화시키며, 자신의 종심작전부대에 대한 적시적인 정보를 제공하도록 운용된다. 또한, 작전보안과 기만작전 등의 대(對)정보활동도 병행하여 실시한다. 근접 작전지역에서는 적 투입부대의 규모와 기도를 탐지하여 전파하는 것을 위주로 정보가 운용되며, 후방작전지역에서는 침투부대의 위치와 활동을 탐지하고 이를 전파하도록 운용된다.

관심지역의 범위는 적 부대가 작전지역으로 이동하여 운용될 경우 아군의 임무수행을 위협하는 적 부대가 위치하고 있을 것으로 예상되는 지역 또는 아군의 향후 작전에 영향을 미칠 수 있는 상대방의 군사력이 있을 것으로 추정되는 지역으로서 항공정찰, 영상정보, 통신정보를 통하여 정보를 수집하게 된다. 이는 주로 작전지역에 인접하고 있는 지역에서의 적군의 위치와 이동을 파악하는 것에 치중한다.

이러한 전장정보분석은 ① 전장지역에 대한 평가, ② 기상 및 지형분석, ③ 적 능력 평가, ④ 적 방책분석의 4단계로 구분하여 실시되며, 이에 대응하기 위한 대책을 강구하는 데 사용된다. 즉, 전장정보분석은 전술적 결심수립절차와 연계되어 지휘관과 정보참모와 작전참모에게 필요한 정보를 제공하게 된다. 또한, 이를 기초로 하여 다음 단계의 첩보수집요구를 작성하게 된다.

전투정보의 경우, 군사작전지역에 따라 운용을 달리할 수도 있고, 작전의 형태에 따라 운용과 체계를 달리하기도 한다. 예를 들어, 일반적인 지상전이냐, 상륙작전이냐, 적의 후방에서 실시되는 합동공정작전이냐, 특수전이냐, 방공작전 등에 따라 운용체계·구성과 정보의 중점이 달라진다. 예를 들어, 적의 후방에 종심지역을 대상으로 하는 공정작전의 수행을 위해서는 정치단체나 준(準)군사집단과 같은 조직체로부터 예상되는 지원이나 저항의 강도에 대한 정보, 작전지원을 위한 현지의 자원 가용성에 관한 정보, 지역주민의 태도, 적의 전자전 운용능력, 적의 방어 및 증원능력, 공중기동작전의 수행능력 등에 관한 정보가 중점적으로 요구된다. 또한, 특수전의 경우에는 적의 대비정규전 부대의 편성·장비·훈련 정도와 활동사항에 관한 정보, 주민의 생활태도 및 저항세력 규모 가능성에 대한 정보 등이 정보의 핵심이 된다. 방공작전을 위해서는 방공망에 대한 정보와 전자전 능력에 관한 정보가 필요하다. 즉, 이미 보유하고 있는 정보를 작전의 성격에 맞게 조합하거나 추가로 요구되는 정보를 확보하여 작전수행을 지원하도록 정보요구가 이루어지게 된다.

(3) 국방정보체계의 비교분석

1) 한국의 국방정보체계

앞서 언급한 다양한 국방정보의 수집, 분석 및 평가, 종합하고 생산하기 위해 다양한 조직이 동원되고 참여한다. 한국의 경우, 군사정보의 핵심기관은 국방정보본부(혹은 합동참모정보본부)로서 정보종합상황실을 중심으로 국가정보기관과 부서별 정보기관인 상부 정보체계와 하부 정보체계인 각군 작전사령부급, 군단 그리고 사단급으로 구성된다. 국가정보원은 국가정책과 국가안정보장에 관한 정보 및 보안업무를 종합적으로 관장하며, 적의 국가를 포함한 모든 국가의 능력과 취약점 그리고 가능한 행동방책에 관한 사항을 수집, 평가, 분석하여 배포하고, 부서별 정보기관의 정보와 보안업무를 조정하고 감독하는 기능을 수행한다. 부서별 정보기관으로서는 통일부 정보분석국, 외교통상부의 외교정책실, 행정자치부 경찰청, 법무부 대검찰청, 국방정보본부 등을 들 수 있다. 1998년 6월 국가안보회의 사무처가 발족된 이후, 정세평가회의를 구성하여 정기적으로 군사상황뿐만 아니라 전략정보와 주변정세에 대하여 관계부처 정보책임자(차관보급)간의 협의를 갖는 형태를 취하게 되었다.

군에서는 국방정보본부/합참정보본부가[11] 핵심을 이루는 중앙정보부서로서 군사정보의 수집 · 처리 · 전파와 정보발전 등에 관한 사항을 주임무로 수행하고 있다. 또한 합동군이나 사령관의 정보요구 중 군사정보를 제외한 정보요구를 관련 정보기관에 전달하는 중계자 역할을 하며, 다른 국가 또는 부서별 정보기관들과 협조하여 아래와 같은 합동작전에 필요한 가용한 정보와 첩보를 획득하여 제공할 책임을 가지고 있다.

- 국방장관 및 합참의장에 대해 현재 또는 잠재적국의 안보정책, 목표 및 전략과 관련된 국내외 상황 보고
- 국가안보목표달성에 도움이 되는 가능한 군사적 목표의 보고
- 작전 초기단계에서 작전부대에 부족한 정보를 충족시키기 위하여 요구된 첩보의 지원
- 적의 능력 및 의도와 관련하여 부여된 국가안보목표 달성 차원에서 작전의 효율성 평가 및 결과보고
- 全출처 정보지원
- 전략적 차원의 정보지원
- 예하 합동군 사령관들에 대한 정보지원

하부구조로서 각 군별로 정보참모부를 두고 운영하고 있으며, 합동군 사령관과 정보참모는 주로 전장에 관한 정보를 수집하고 보고하고 전파하는 임무를 수행하도록 규정되어 있다.

육군의 1, 2, 3 군사령부와 해·공·해병 작전사령부에 정보종합실이 설치되어 운영되고 있다. 군 사령부 혹은 작전사령부 정보종합실은 군단 및 사단급 정보종합실의 정보업무를 통제하고, 하위 부대에서 수집된 정보에 대한 종합적 분석을 하며, 생산된 정보를 국방부와 합참 정보종합실에 보고하는 한편, 지역별 기상 · 지형 · 해양환경자료를 수집하고 관리한다. 또한 각 군 본부에 대하여 군사정보를 지원하는 임무도 수행한다. 작전사령부급에서 생산되는 정보는

11) 국방정보본부는 각국에 파견되는 무관들에 대한 교육 및 무관들을 통해 수집된 정보와 첩보를 종합하는 기능도 보유하고 있다. 국방정보본부/합동참모정보본부는 1981년 10월 설립되어 현재까지 운용되고 있다.

그림 4 한국군의 합동정보 운영체계

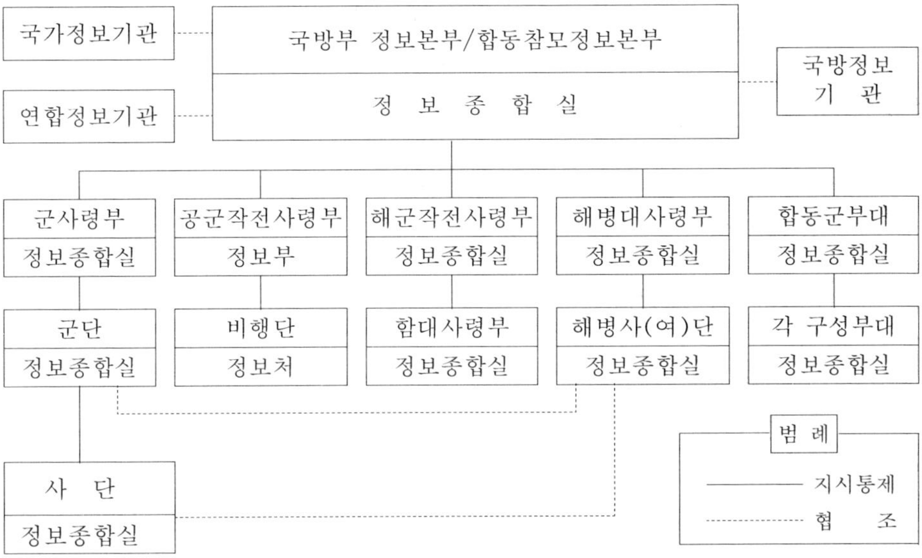

대개의 경우 작전정보수준이라고 할 수 있다.

군단급 정보종합실에서는 전술정보급 수집자산을 운영하여 전술정보를 수집하고 분석하여 사용하는 한편, 생산된 전술정보를 상부기관에 보고하고 사단급 부대에 대한 군사정보를 지원하는 임무를 수행한다.

국방정보본부 이외에도 국방정보를 담당하고 있는 기관으로는 국군정보사령부와 제7235부대가 있다. 국군정보사령부는 1948년 창설된 것으로 알려지는 HID(higher intelligence department)란 대북침투 첩보부대를 통합하여 만들어졌다. 최근에 논란이 되고 있는 북파공작원을 훈련 · 침투시킨 부대이다. 국군정보사령부는 국방부의 직할기관으로서 국방정보본부에 의해 제기된 첩보수집계획에 기초하여 첩보수집활동을 시행하고 초기 정보분석을 실시한다. 또한, 정보의 보호와 보안을 위해 기무사령부가 방첩임무를 수행한다. 기무사령부는 육군본부 정보부 특별조사과, 해군본부 정보참보실 방첩대, 공군의 특별조사대를 기원으로 한다. 육군은 보안사령부로, 해공군은 보안부대로 각기 발전을 했다가 1977년 10월에 3군 조직을 통합하여 국군보안사령부를 창설하였고, 1991년 기무사령부로 개칭되었다.

특이한 것은 한국은 미국과 동맹으로서 한미연합방위체제를 유지하고 있고 통합된 체제를 가지고 있으므로 연합사를 통한 미국과의 정보협조를 실시하는 구조를 가지고 있는데, 양국의 군사정보기관간의 정례적 회의에 추가하여 연합사를 통한 정보교류협력이 이루어지고 있다.

2) 미국의 국방정보체계

미국은 전세계에서 가장 발달된 정보체계를 보유하고 있는 국가이다. 미국 국방정보체계의 핵심에 있는 기관은 국방정보국(DIA: Defense Intelligence Agency)으로 1961년 국방정보체계를 단일화하고 정보 수집, 생산 및 전파 운영의 효율성을 제고하기 위해 로버트 맥나마라(Robert McNamara) 국방장관에 의해 설립되었다.[12] DIA는 국방장관, 합참, 미 연합사령부 및 특수사령부, 그 밖의 국방부 예하 조직들을 위해서 활동하며, 국방부 산하 정보기관들의 활동을 통합 조정하고 해외주재 무관을 관리한다. DIA는 또 NFIB(National Foreign Intelligence Board)에 해외 군사정보를 제공하며, 이 위원회에서는 국방부 전체의 의견을 대변한다. 냉전시에는 소련의 군사력 분석 등에 전력을 기울여 '소련의 군사력'이라는 공개보고서를 발간해 오기도 했다.

DIA 국장은 육·해·공군의 3성 장군이 번갈아가면서 맡으며, 상원 인준을 거쳐 임명된다. 1990년대 중반 6,500명의 인원과 6억 2,200만 달러의 예산을 쓰는 것으로 알려졌다.[13]

국방정보국은 현재의 정보수집과 상황평가 그리고 작전지원을 주임무로 하는 현황정보국(Directorate for Current Intelligence), 중·장기 정보임무를 수행하는 해외정보국(Directorate for Foreign Intelligence), 해외 파견된 무관들의 활동을 지원하고 이들의 보고를 접수하는 해외무관국(Directorate for Defense Attache), 정보본부의 운영을 담당하는 운영국(Directorate for Operations) 등으로 구성되어 있다.

국방정보국 이외에도 미 국방부 산하에는 다양한 정보기관들이 존재한다. 우선 첫째로 들 수 있는 것이 국가안전국(NSA: National Security Agency)으로 통신정보(signint)를 주로 수집 · 분석하는 기관이다. NSA는 워싱턴 근교

---

12) 미국의 전반적인 정보 · 보안체계에 대해서는 본서 제11장을 참조.

13) Tony Capaccio and Eric Rosenberg, "Deutsch Approves $27 Billion for Pentagon Spy Budgets" *Defense Week*(August 29, 1994).

매릴랜드의 포트 미드(Fort Meade)에 거대한 규모의 본부가 있고, 세계 각처에 통신감청소를 운영하고 있다. NSA는 휘하에 육·해·공군의 정보부대를 거느리고 있고, 그 인원 수는 8-12만명에 이르는 것으로 추산되며, 예산은 1994년의 약 40억 달러에 달하는 것으로 여겨진다. 1968년 북한에 납북된 푸에블로호(Pueblo)가 NSA에서 운영되던 것이었다.

국가정찰국(NRO: National Reconnaissance Office)은 주로 첩보위성을 사용하여 영상정보(Imint) 담당하는 기관으로서 미국 정부가 1992년까지 그 존재조차 인정하려 하지 않았던 정보기관이다. NRO는 1960년 5월 미국의 첩보비행기 U-2기가 소련 상공에서 격추된 후에 첩보위성을 통한 정찰활동을 하기 위해 창설된 것으로 알려지고 있다. NRO의 1994년 예산은 70억 달러로써 미국 정보기관들 중 가장 많은 예산을 사용하고 있다.

중앙영상국(CIO: Central Imagery Office)은 1992년 5월 창설된 기관으로 NRO가 제공한 영상자료를 포함하여 그 밖의 정보기관이 제공하는 영상자료를 처리하는 기관이다.

국방부 직할의 정보기관 이외에도 미국은 육·헤·공·해병의 각 군별로 정보부서가 설치되어 각 군의 임무를 수행하는 데 필요한 정보의 수집과 분석을 담당하고 있다. 이 중 가장 규모가 큰 것이 공군정보본부(Air Force Intelligence)로서 기술첩보를 제공하는 임무를 수행하고 있기 때문이다. 공군정보본부는 평가, 연구 및 협상지원, 위협 및 기술, 경보 및 지역상황평가 등의 분석기능을 수행하는 공군정보국(Air Force Intelligence Agency)이 있으며 공군정보국은 공군무관들의 활동을 관장하며 공군의 인간첩보를 담당하는 공군특수활동센터(Air Force Special Activities Center)를 조정하는 역할도 수행한다. 또한 병참과 기획기능을 담당하는 정책기획 및 프로그램국(Directorate of Policy, Plans, and Programs)이 있고, 외국의 항공기나 미사일 등을 대상으로 하는 정보를 수집하는 해외기술국(Foreign Technology Division)이 있다.

미 육군의 정보체계는 해외무관국(Foreign Liaison), 현황정보, 정보판단 및 위협평가의 임무를 수행하는 해외정보국(Foreign Intelligence), 첩보수집 활동을 담당하는 정보정책 및 작전국(Intelligence and Operations), 정보기획·통합국(Intelligence Plans and Integration), 보안과 방첩임무를 수행하는 방첩·보안국(Counterintelligence and Security Countermeasurements), 그리고 정보자동화관리국(Intelligence Automation Management) 등 총 6개국으로 구성되어

있다.

해군정보본부는 방첩, 해외무관, 대(對)마약밀매, 기술, 제반정보현안 등의 문제들에 대하여 본부장을 지원하는 참모들이 별도로 편성되어 있다. 해군의 정보활동은 정보분석국에 의해서 집행되는데, 정보분석국에는 4개의 지역 담당하는 과가 있고, 무기체계, 잠수함 및 함정에 대한 정보를 취급하는 과가 기능적 소요에 따라 설치되어 있고, 현황정보과와 작전지원과가 있다. 이에 추가하여 해군정보수집소요를 관장하는 해군정보작전그룹이 있으며, 암호만을 전담하는 해군보안그룹이 있다.[14)]

또한 미국은 통합사령부(Unified Command) 단위로도 정보부대를 운영하고 있다. 미군은 세계 각 지역별로 대서양사령부(Atlantic Command)·중앙사령부(Central Command)·유럽사령부(European Command)·태평양사령부(Pacific Command)·남부사령부(Southern Command) 등 통합사령부를, 지역 개념이 아닌 것으로 우주사령부(U.S. Space Command)·특수작전사령부(U.S. Special Operations Command)·전략사령부(U.S. Strategic Command)·수송사령부(U.S. Transportation Command) 등을 운영하고 있다.

3) 유럽과 이스라엘의 국방정보체계

현재 영국의 국방정보체계의 핵심을 이루는 조직은 국방부 산하에 있는 국방정보참모국(DIS: Defense Intelligence Staff)이다. DIS는 국방부와 군에 전략정보를 제공하고 있으며 나토(NATO)와 서유럽동맹(WEU: Western European Union)에도 정보제공을 하고 있다.

DIS는 1964년에 3군 정보부와 합동정보과(Joint Intelligence Bureau)를 통합하여 창설되었다. DIS 국장은 중장계급이 보임되며 합동정보위원회(JIC: Joint Intelligence Committee)의 부의장 직을 담당하기도 한다.

DIS의 요원은 민간인과 군인을 포함하여 4,600명이며 두 개 부서로 구성되어 있다. 하나는 국방정보분석참모부(Defense Intelligence Analysis Staff)으로 부장은 민간인 출신의 DIS 부국장이 맡고 있다. DIAS는 전세계의 국방정보를 수집·분석·평가하고 전략경보(strategic warning)을 담당하고 있다. 다른 하나는 정보·지리참모부(Intelligence and Geographic Resources Staff)으로

14) Mark M. Lowenthal, *U.S. Intelligence: Evolution and Anatomy*, 2nd Edition(Washington, D.C: CSIS, 1992), pp. 123-132.

서 책임자는 소장이 임명되며 전문적인 정보나 지리정보를 담당하고 있다. 산하에 국방정보보안본부(Defense Intelligence and Security Centre)와 국방지리영상정보본부(Defense Geographic and Imagery Agency)가 있다.

보불전쟁 이후부터 제 2 차 세계대전까지 프랑스의 정보·보안체계의 핵심을 이루는 것은 군 정보조직인 제 2 국(Deuxième Bureau)이었다.[15] 즉 프랑스는 영국처럼 MI6와 같은 국가중앙정보기관없이 군 정보조직이 그 역할을 해왔던 것이다. 그러나 제 2 차 세계대전 후 프랑스는 대외보안총국(DGSE)의 국가정보기관이 설립되었고 군 정보기관은 이전보다는 그 기능이 축소되었다고 할 수 있다.

1991년 걸프전에서 군사정보의 부족을 느낀 프랑스 정보는 이전의 군 정보기관들을 통합하여 군사정보국(DRM: Direction du Reseignement Militaire)을 설립하였다. DRM에는 육군과 공군의 제 2 국, 그리고 군사정보개발처(CERM: Centre d'Exploitation du Renseignement Militaire), 전자첩보처(CIREM: Centre d'Information sur les rayonnements Electromagnetiques) 등의 기관이 통합되었다. 그러나 해군의 제 2 국은 원할한 해양작전을 위해 제외되었다.

DRM은 규정에 의해 군사정보만을 다루게 되어 있었으나 점차 DGSE의 임무인 정치·전략정보까지 다루게 되었다. 하지만 보안업무는 담당하고 있지 않으며 공작업무도 수행하고 있지 않다.

독일은 제 2 차 세계대전 때 히틀러의 친위대(SS: Schutzstaffel)의 산하에 SD(Sicherheitsdienst)라는 정보기관과 Abwehr란 군 정보기관을 운용했다. 그러나 나찌 독일의 패망 후 이들 조직은 해체되고 새로이 정보기관이 구성되있다. 독일의 군 정보조직은 연방군 정보국(ANBw: Amt fur Nachrichtenwesen der Bundeswehr)과 군사보안국(MAD: Militaerischer Abschirmdienst)을 구성되어 있다. ANBw는 군사정보를 담당하며 한국의 국방정보본부에 해당된다고 할 수 있다. MAD는 한국의 기무사령부처럼 군내 보안을 담당하고 있다. 1956년에 창설되었으며 1984년에 지금의 이름으로 개명되었다. 요원수는 1,950명 선으로 알려지고 있다.

이스라엘의 국방정보체계의 핵심은 아만(Aman)이다. 원래 아만은 참모본

15) 군의 참모조직은 숫자로 표기되며, 1은 인사, 2는 정보, 3은 작전, 4는 군수를 의미한다. 합참(Joint Chiefs of Staff)급에서는 J-1, J-2, J-3, J-4로 표기되며, 군참모부(General Staff)급에서는 G-1, G-2 등으로 표기된다. 연대급 이하에서는 S-1, S-2 등으로 표기된다.

부 정보부로 출발하였으나, 1953년에 지역사령부, 해군, 공군과 같은 독립적인 조직으로 격상되었다. 아만의 부장은 야전보안부대, 지역사령부 산하 정보부, 공군정보부 및 해군정보부를 지휘하는 책임을 맡고 있다. 아만은 생산국(Production), 외교관계국(Foreign Relations), 야전보안 · 검열국(Field Security and Military Censorship), 그리고 정보단(Intelligence Corps)으로 구성되어 있으며 그 요원은 7,000명에 이르는 것으로 알려지고 있다. 아만 이외에도 공군정보부와 해군정보부가 국방정보를 수집하고 있다.

4) 일본과 중국의 국방정보체계

일본에서 군사정보를 담당하고 기구로는 각 자위대 정보기관의 분산된 기능을 통합하여 1997년 1월에 창설된 통합막료회의 직속 기관인 정보본부이다. 정보본부는 모든 국방정보(전파정보, 영상정보, 공개정보, 감시정보, 인간정보)를 중앙에서 융합, 처리, 분석하여 관련 부대에 전파하고 내국 및 막료감부와 공유하면서 수상의 내각으로 보고된다. 이 정보본부의 정원은 현재 대략 1,580명(현역 1,220명, 민간인 360명)이며 본부장, 부본부장(방위심의관) 지휘하에 총무부, 계획부, 분석부, 화상부, 전파부 등 5개 부서와 6개 통신소를 두고 있다.[16)]

정보본부 이외에도 다른 국방정보기관으로는 방위국 내의 조사과, 통막회의 산하의 사무국, 각 육해공 막료감부의 조사부 등이 있다. 또한 육·해·공자위대가 합동으로 운용하는 중앙조사대와 중앙자료대가 있으며 연안감시대, 전자대(ECM) 등이 운용되고 있다. 이들 중 육상막료감부 산하의 조사대 내부에 전파첩보나 암호해독을 전문으로 하는 제 2 별실(소위 調別)이라는 기관은 실제로는 과거에 내각정보실의 정보 촉수의 기능을 수행하였다.[17)]

중국의 군 정보기관은 군 총참모부 산하에 있는 총참모부(총참) 2부(정보부; 일명 '군정보부'), 3부(통신부), 4부(전자부) 및 총정치부(총정) 연락부 4개 기관으로 구성되어 있다. 여기서 가장 핵심이 되는 부서는 총참 2부로 중국의 가상적국 및 주변국을 대상으로 군사정보 수집 및 분석을 담당하고 있으며, 군내 방첩활동을 책임지고 있다. 총참 2부는 7개 활동국('공작국') 및 6개 행정지원 단위로 구성되어 있다. 총참 3부는 신호정보를 담당하고 있으며, 총

16) 본서 제14장 참조.
17) 일명 JCIA라 불리며, 김대중 납치사건에 관련되었다는 의혹을 받기도 하였다.

참 4부는 일명 전자부로서 전자전 및 전자정보의 수집을 담당하고 있다. 총참 4부는 국내 전자산업 및 미래전의 핵심인 전자전을 담당하는 부서로서 중국의 전자정보(ELINT: electronic intelligence) 관리를 맡고 있다.[18)]

18) 본서 제15장 참조.

제 4 장

첩보수집론

염 돈 재

1. 정보의 순환과정과 첩보

첩보(information)란 "처리되지 않은 자료"(unprocessed material)를 의미한다.[1)] 일반적으로 정보의 순환과정(intelligence cycle)은 ① 기획 및 지시 과정, ② 수집과정, ③ 처리과정, ④ 생산과정, ⑤ 배포과정 등 5가지 과정으로 구분되는데 이 과정 중 처리과정을 거치지 않은 정보를 첩보라 지칭한다.

정보의 순환과정 가운데 기획 및 지시 과정(planning and direction)에서는 정보요구(intelligence requirements)의 결정, 수집계획의 준비, 명령의 하달 및 수집기관의 활동내용에 대한 지속적 점검이 이루어진다. 수집과정(collection)

1) Leo D. Carl, *International Dictionary of Intelligence*(McLean: International Defence Consultant Services, Inc., 1990). 정보공동체(intelligence community)에서 사용하는 information이라는 용어는 일반적인 학술용어와는 다르다. 일반 학계에서는 information과 intelligence를 구분 없이 모두 '정보'로 번역하며, 정보는 "수신자에게 의미 있는 형태로 처리된 데이터"[방석현, 「행정정보체계론」(서울: 법문사, 1993), p. 111.], "의사결정에 필요한 새로운 사실"[전석호, 「정보사회론」(서울: 나남출판, 1997), pp. 21-22.], 혹은 "자료(data)의 처리결과"[최성진, 「정보학원론」(서울: 아세아문화사, 1989), p. 25.]를 의미한다. 그러나 정보공동체에서는 정보(intelligence)와 첩보(information)를 비교적 엄격하게 구분하여 사용한다. 즉, 정보는 '평가나 처리된 자료'를, 첩보는 '평가나 처리되지 않은 자료'를 의미한다. 따라서 정보공동체에서 사용되는 '정보'는 학계에서 사용되는 '정보'와 동일하고 '첩보'는 학계에서 사용하는 '자료(data)'와 동일한 의미로 이해하는 것이 좋을 것 같다.

에서는 인적수단이나 기술적 수단을 통한 정보의 수집이 이루어지며, 처리과정(processing)에서는 대조, 평가, 존안(filing) 및 관련부처 혹은 관련부서로의 전달이 이루어지며, 생산과정(production)에서는 첩보에 대한 체계적인 분석, 종합, 해석 및 판단이 이루어져 사용자에게 적합한 형태의 완전한 정보로 가공된다. 마지막 배포과정(dissemination)에서는 정보가 사용자에게 전달된다.[2)]

그러나 정보순환과정 중 처리과정과 생산과정은 거의 동시에 이루어지고 있어 이 들 두 과정을 별도로 구분하지 않고 일반적으로 평가·분석이 이루어진 자료를 정보라고 지칭하고 평가·분석 단계를 거치지 않은 자료는 첩보라고 정의하는 경우가 많다.[3)]

이 장에서는 5가지의 정보순환과정 중에서 기획 및 지시과정과 첩보의 수집과정에 관한 사항에 대해서만 다루려고 한다.

2. 첩보수집 활동의 발전과정

첩보수집 활동의 역사는 고대로 거슬러 갈 수 있다. 구약성서에는 모세가 이스라엘의 12명의 부족장으로 하여금 가나안 땅을 정찰하도록 명령했다는 구절이 있으며,[4)] 동양에서는 기원전 500년경 저술된 손자병법에 정보수집에 관한 상세한 내용이 기록되어 있다.[5)]

중세에 들어 정보수집 활동은 더욱 발전하였다. 13세기 몽고의 징기스칸

---

2) Carl, *International Dictionary of Intelligence*, pp. 182-183. 일반적으로 1980년대 중반까지는 기획 및 지시과정은 정보순환과정에 포함되지 않았으나 수집수단의 다양화, 수집기관의 분산 및 수집비용의 증가로 기획 및 지시과정의 중요성이 증대함에 따라 지금은 정보순환과정에 포함하는 것이 일반적이다.

3) 미국 정보공동체에서는 intelligence information이라는 용어도 흔히 사용되는데, 이 용어는 별도의 평가나 분석이 가해지지 않아도 정보로서의 가치가 있는 첩보를 의미한다. 신호정보(SIGINT)들은 대부분 이러한 범주에 속한다. Leo D. Carl, *International Dictionary of Intelligence*(McLean: International Defence Consultant Services, Inc), p. 187.

4) 구약성서 민수기 13장에 의하면 모세가 12명의 부족장들에게 "가나안의 토지를 살피고 주민의 많고 적음과 강함과 약함을 조사하라"고 명하였던 것으로 기록되어 있다. 정순태, 「국가정보론」(서울: 경신출판사, 1971), p. 44.

5) 손자병법 13장 용간(用間)편에는 첩자를 인간(因間 혹은 鄕間), 내간(內間), 반간(反間), 사간(死間), 생간(生間) 등 다섯 가지로 분류하고 있는데, 인간은 적지에 거주하는 자를 첩자로 이용하는 것을 말하며, 내간은 적국의 벼슬아치를 첩자로 포섭하는 것을, 반간은 적의 첩자를 포섭하거나 역이용하는 것을, 사간은 자기측 첩자에게 허위정보를 주어 적에게 보내는 것, 생간은 적지를 정탐한 후 살아 돌아와서 정보를 보고케 하는 것을 의미한다. 손무(孫武), 유동환 옮김, 「손자병법」(서울: 홍익출판사, 1999), pp. 192-198.

은 부하인 수보타이(Subotai; 速不台 혹은 速別額台)[6]로 하여금 조직적인 정보기구를 활용하여 유럽 각국의 군사력은 물론 지배자의 혈통과 관습, 파벌의 분포까지 수집했고, 프랑스의 루이 15세는 회교군과의 전투시 그 지방민으로부터 수집한 지형정보를 이용하여 전쟁에서 승리했으며, 15세기 이후 이탈리아는 외국에 공관을 설치하여 보다 체계적, 지속적으로 정보를 수집했다.[7] 또한 영국의 프란시스 월싱햄(Francis Walsingham) 경은 1570년 프랑스 대사로 임명되어 파리에 주재하는 동안 광범한 첩보수집을 위해 프랑스 내는 물론 외국에도 다수의 공작원(agent)을 배치・활용했으며, 스페인이 영국을 공격하기 위해 함대를 모으고 있다는 사실을 알게 된 후 영국 최초의 정보요구서의 하나인 '스페인에 대한 정보계략서'(The Plot for Intelligence out of Spain)를 만들어 체계적인 정보수집을 지시했다.[8]

유럽 열강간의 세력 각축전이 더욱 치열해 지기 시작한 1800년대 중반 이후 유럽각국은 정보수집 활동을 더욱 조직화, 체계화하기 시작했다. 영국은 1855년 육군성 내에 지형통계국을 설치했으며, 이탈리아는 1854년과 1855년 외무성에 비밀국, 육군성에 특수부대와 비밀부대를 각각 창설했고, 독일은 1866년 육군성에 정보국을, 프랑스는 1873년 육군성에 첩보국을 각각 창설하여 보다 조직적인 정보수집 활동을 수행했다. 또한 이 시기에는 무선통신이 주요 통신수단으로 등장함에 따라 암호해독을 위한 부서가 신설되는 경우가 많았다.

그후 제1·2차 세계대전을 계기로 유럽 각국은 정보활동은 더욱 조직화했고 정보부서들이 대폭 확대되었다. 이 시기의 특징은 암호해독과 항공정찰이 정보수집 활동 가운데 중요한 요소로 정착되었다는 점이다.[9]

그러나 첩보수집이 국가전체의 계획에 따라 현대적・체계적・국제적으로 이루어지기 시작한 것은 제 2 차 세계대전 이후의 일이다. 그 이전까지는 정부내의 각 정보기관들이 독자적으로 필요한 정보를 수집했으며 부처간에 정보공유도 제대로 이루어지지 않았다. 제 2 차 세계대전 당시까지만 해도 '국가정보'

---

6) 수보타이는 1236년에 시작된 유명한 바투(Batu; 拔都)의 서정(西征)시에 실질적인 몽골군 지휘관이었다.

7) 정순태, 「국가정보론」, pp. 43-48.

8) 박영일 편저, 「강대국의 정보기구」(서울: 현대문예사, 1994), pp. 16-17.

9) 영국은 1915년 8월 왕립비행단(Royal Flying Corps)을 신설하여 최초로 정찰비행을 했으며 해군 기구인 40호실(Room 40)은 독일의 짐머맨 전보(Zimmerman Telegram)를 해독, 독일이 멕시코에게 상실된 영토를 되찾기 위해 미국을 공격하라고 제안한 내용을 폭로하여 미국이 제 1 차 세계대전에 참전토록 하는데 결정적으로 기여했다. 위의 책, p. 19.

의 개념이 희박한데다 주로 전쟁에 필요한 정보수집에 중점을 두었기 때문이다. 그러나 제 2 차 세계대전 이후 장기간 냉전체제가 지속되는 과정에서 국가정보의 개념이 정착됨에 따라 상황이 바뀌었다. 군사정보보다는 보다 광범위하고 장기적인 전략정보의 수요가 늘어난 데다, 정보수집 수단의 다양화로 엄청난 투자가 필요하게 되어 첩보수집 활동의 체계화와 통합화가 불가피하게 되었기 때문이다. 따라서 대부분의 국가들은 중앙정보기관을 중심으로 정보공동체(Intelligence Community)[10]를 구성하여 체계적·조직적으로 정보활동에 임하고 있다.

제 2 차 세계대전 이후 냉전이 지속되는 동안 동·서 진영간의 첩보전쟁이 매우 치열해짐에 따라 첩보수집 기술도 비약적으로 발전했다. 이 시기의 첩보수집 활동의 특징은 위에서도 지적한 바와 같이 국가정보라는 개념이 확립된 가운데 체계적인 계획하에서 정보수집 활동이 전개되었다는 점과, 기술적인 수단을 이용한 첩보수집 활동, 즉 기술정보(TECHINT: technical intelligence)[11] 수집활동이 비약적으로 발전하여 전통적으로 중요시 되어오던 인간정보(human intelligence)를 능가하는 중요한 첩보수집 수단이 되었다는 점이다. 이러한 변화는 전쟁상황만을 중심으로 해 왔던 제 2 차 세계대전 당시의 수집기술이 장기적인 대결의 형태를 띠는 냉전시대에는 맞지 않았기 때문에 나타난 현상이라고 볼 수 있다.[12]

특히 제 2 차 세계대전 종료 시까지 주로 암호해독과 저공 항공정찰에 의존했던 기술정보 수집능력이 이렇게 비약적으로 발전한 것은 미국과 소련이라는 두 개의 초강대국들이 범세계적인 첩보활동을 주도한데다 전략무기 등 초

10) 정보공동체는 국가정보업무와 직접 관련된 기관들의 집합체를 의미하며, 미국의 경우 중앙정보국(CIA), 국방성 산하 국방정보국(Defence Intelligence Agency: DIA), 육·해·공군 정보담당 부서, 국가안보국(National Security Agency: NSA), 국가정찰국(National Reconnaissance Office: NRO), 국립영상 및 지도국(National Imagery and Mapping Agency: NIMA), 국무성 산하 정보조사국(Bureau of Intelligence and Research), 법무성 산하 연방수사국(Federal Bureau of Investigation: FBI), 마약국(Drug Enforcement Administration), 재무성 산하 국제과(Office of International Affairs: 국제통화 및 경제문제 담당), 경호실(Secret Service), 에너지성 산하 정보과(Office of Intelligence), 위협평가과(Office of Threat Assessment)가 소속되어 있으며, 정보공동체는 중앙정보기관장(Director of Central Intelligence: DCI, CIA 부장이 겸임)이 총괄적으로 지휘한다. Pat M Holt. *Secret Intelligence and Public Policy*(Washington D.C.: CQ Press, 1995), pp. 46-53. 미국 정보공동체에 대해서는 이 책의 제11장을 참조바람.

11) 기술정보는 인간 이외의 기술적인 수단을 사용하여 수집한 정보를 의미하며 신호정보와 영상정보가 기술정보에 속한다.

12) Bruce D. Berkowitz and Allen E. Goodman, *Strategic Intelligence for American National Security*(Princeton: Princeton University Press, 1989), p. 65.

현대적인 무기개발이 급속히 이루어져 이를 감시하기 위한 정보수요가 대폭 증가했기 때문이다.

3. 첩보수집의 기획 및 지시과정

첩보의 수집은 기획과 지시과정에서 시작되며, 최근 이 과정은 특히 중요시되고 있다. 정보기관이 갖고 있는 자원(resources), 즉 인원과 장비와 예산은 항상 제한되어 있기 때문에 적절한 기획과 수집임무의 배분이 이루어지지 않으면 효율적인 수집활동이 이루어지기 어렵기 때문이다.

기획과정은 우선 여러 정보사용자가 필요로 하는 정보내용을 파악하고 이에 대한 우선순위를 정하는 일이 가장 핵심이 된다. 먼저 정보사용자들은 자신들이 판단해야 할 사항이나 추진할 정책과 관련되어 필요로 하는 정보들에 대해 정보요구(intelligence requirements)를 제출하게 되는데 이들 정보요구는 대체로 다음 5가지로 구분될 수 있다.[13] 즉, ① 반드시 알아야 할 필요가 있는 사항, ② 알아두는 것이 좋은 사항, ③ 고위층의 관심사항, 특히 가십성 정보, ④ 현재에는 필요치 않으나 장래 언젠가는 필요할지도 모르는 사항, ⑤ 의회가 수집의무를 부과한 사항[14] 등이 그것이다. 이들 가운데 정보기관은 ①번,

그림 1 첩보요구의 순환절차

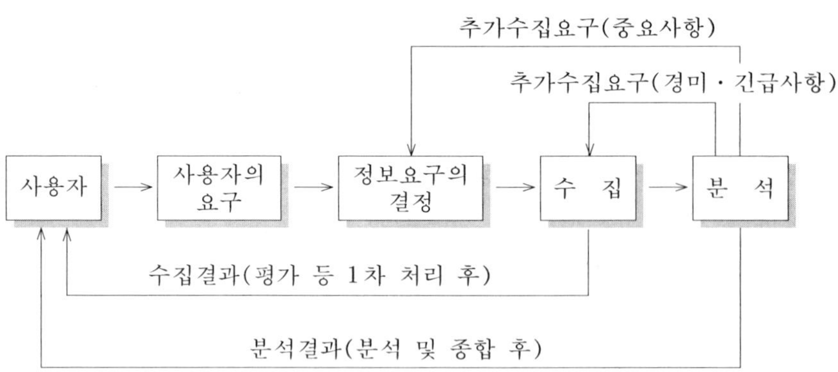

13) Holt, Secret *Intelligence and Public Policy*, pp. 55-56.
14) 예를 들어 미국 의회는 외국에 대해 최혜국 대우를 부여할 경우 행정부로 하여금

③번, ⑤번의 수집에 특히 역점을 두게 된다.

일단 정부 각 부처의 정보요구가 접수되면 수집해야 할 정보의 내용과 정보수집 능력 등을 감안하여 우선순위를 정하게 되는데 우선순위를 정하는 방법은 국가마다 다소 상이하기는 하나 대부분의 경우 국가정보기관의 주관하에 '국가정보목표 우선순위'(priority of national intelligence objectives)를 작성하게 된다.[15] 미국의 경우 1993년 정보수권법(Intelligence Authorization Act of 1993)에 따라 CIA부장이 겸임하는 중앙정보기관장(DCI: Director of Central Intelligence)이 최종적으로 결정하도록 되어 있으며,[16] 1993년의 경우 161명으로 구성된 정보공동체 관리참모(community management staff)들이 DCI의 업무를 보좌하는 실무작업을 담당했다.[17]

그러나 대부분의 정보요구자들은 자신들이 필요로 하는 사항을 하나라도 빠뜨리지 않기 위해 거의 모든 종류의 정보수집을 요구하는 경향이 있어 각 정보사용 부처의 다양한 정보요구 가운데 어느 것에 더 우선순위를 두는 것이 타당한지를 결정하기가 매우 어려운 것이 사실이다.[18]

일단 국가정보목표 우선순위가 결정되면 각 정보기관에 대한 세부적인 수집임무가 부여되며, 각 부문정보기관들은 첩보기본요소(EEI: essential element of information)를 작성하여 수집에 임하게 된다. 그러나 PNIO와 EEI가 모든 첩보수요를 충족시킬 수 있는 것은 아니다. 갑작스러운 정세변화로 새로운 첩보요구가 발생하는 경우도 많기 때문이다. 이 경우 정보요구부서에서는 특별첩보수집요청(SRI: special requirement of information)을 하게 되며 SRI로 요청된 정보들은 일반적으로 다른 정보들에 비해 우선적으로 수집하게 된다.

수집목표설정 과정은 반드시 공식적인 회합이나 공식적인 결정을 통해 이루어지는 것은 아니며, 정보사용 부서와 정보수집 부서간에 수시로 긴밀한 연

해당 국가의 인권상황에 관한 보고서를 반드시 제출하도록 의무화하고 있다.

15) 고광의, 「정보의 이론과 실제」(서울: 도서출판 이상학습, 1992), pp. 290-291.

16) 1993년 정보수권법에 따라 미국 DCI의 입장이 대폭 강화되었는데, DCI는 국가정보목표우선순위를 결정하는 권한뿐 아니라 정부 내 각부처 정보기관을 관할할 수 있는 광범한 권한을 갖고 있다. 예를 들어 국가안보국(NSA)이나 국방성이 국가정찰국장(Chief of National Reconnaissance Office)이나 국방정보국장(Chief of Defence Intelligence Agency)을 임명할 경우 사전에 DCI와 협의해야 한다.

17) Holt, *Secret Intelligence and Public Policy,* p. 54.

18) *Ibid.,* p. 54; Berkowitz and Goodman, *Strategic Intelligence for American National Security,* p. 38. 예를 들어 공군이 관장하는 위성영상정보 수집의 경우에도 소련의 공군력을 평가하기 위한 자료가 우선인지, 바르샤바 조약군의 중부유럽 침공여부를 알기 위한 자료가 우선인지를 정하기가 쉽지 않다.

락과 협의과정을 거쳐 정보요구와 우선순위가 바뀌게 되는 경우도 많다. 또한 해외 현지에서는 정보기관의 거점장(station chief)이 본부나 현지 대사와 협의하여 수집목표와 우선순위를 정하는 경우도 있으며, 일선 정보기관들이 국가정보목표 우선순위에 입각하여 첩보를 수집하기보다는 수집가능한 정보들만을 중심으로 수집하는 경우도 허다하다.[19]

새로운 첩보수집 시스템을 설치할 것인지에 대한 결정은 일반적으로 부처간의 협의를 통해 결정된다. 미국의 경우 인간정보위원회(HUMINT Committee), 신호정보위원회(SIGINT Committee) 및 영상정보요구 및 활용위원회(Committee on Imagery Requirements and Exploitation)를 설치, 이들 위원회에서 부처간 협의를 거쳐 새로운 정보수집 시스템을 결정하게 되는데, 이 경우 시스템 운영자들의 의견은 많이 반영되는 반면 정보분석 담당자들은 시스템의 설계와 임무부여에 거의 영향을 미치지 못한다. 왜냐 하면 분석 담당자들은 수집기술(collection technology)이나 수집상의 문제점에 대해 잘 모를 뿐 아니라 비밀보호를 위한 차단의 원칙(principle of compartmentation)에 따라 수집시스템 결정 및 활용문제 결정시 반드시 필요한 인원 이외의 인원의 참여를 제한하기 때문이다.[20]

4. 첩보의 출처와 첩보수집방법의 종류

첩보의 출처는 공개출처(overt source)와 비밀출처(covert source)로 나뉘어진다. 일반적으로 정보작성에 사용되는 정보의 85%~90%는 공개출처에서 획득되나 정보기관에서 특히 관심을 갖는 분야는 비밀출처로부터의 첩보수집이다. 또한 모든 첩보는 수집방법에 따라 인간정보(HUMINT: human intelligence)와 기술정보(TECHINT: technical intelligence)로 대별되며, 기술정보를 좀더 세분하여 인간정보, 신호정보(SIGINT: signal intelligence) 및 영상정보(IMINT: imagery intelligence) 등 세 가지로 분류하기도 한다.[21]

---

19) Berkowitz and Goodman, *Strategic Intelligence for American National Security,* p. 56.

20) *Ibid.,* pp. 49-53.

21) 어떤 경우에는 측량 및 계측정보(measurement and signature intelligence: MASINT)를 별개의 수집수단으로 분류하는 경우도 있다. Commission on the Roles and Capabilities of the United States Intelligence Community, *Preparing for the 21st Century- An Appraisal of U.S. Intelligence* (Washington D.C.: Commission on the Roles and Capabilities

그림 2

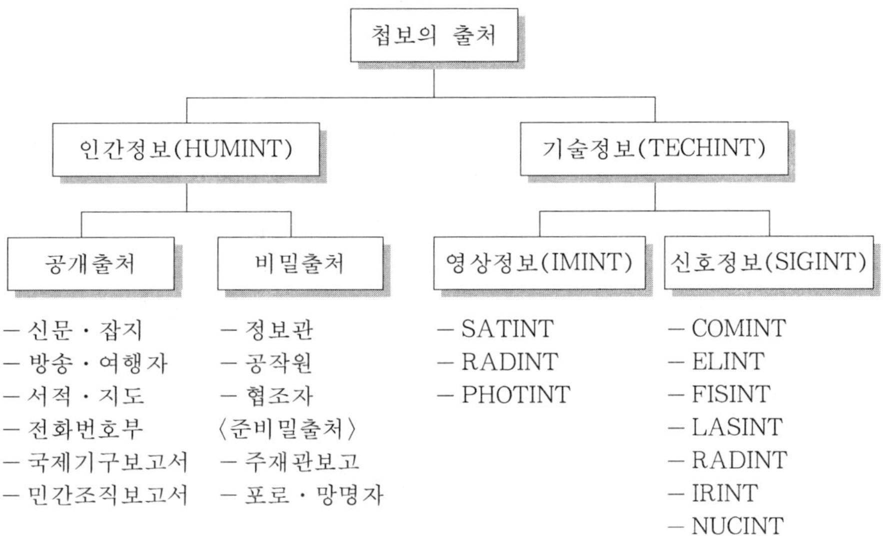

인간정보는 인적수단을 사용하여 수집한 첩보를 말한다. 인간정보는 정보관(intelligence officer)이나 주재관(attache)이 직접 수집하는 경우도 있고, 공작원(agent)이나 협조자(source)[22]를 활용하는 경우도 있으며, 여행자 · 포로 · 망명자 등으로부터 유출해 내는 경우 등 다양한 수집방법이 있다.[23] 또한 국가간의 정보협력도 인간정보 수집의 중요한 수단이 된다. 우방국의 정보기관간에는 협력관계가 구성되어 있는 경우가 많으며, 정보기관간에 서로 공통관심사에 대한 정보를 교환하는 것은 일상적인 업무로 간주되고 있다. 대부분의 정보기관들은 상대국에 연락관(liaison officer)을 주재시켜 상호 협력하고 있다.

신호정보는 더욱 다양한 방법으로 수집되며 이를 보다 상세히 설명하면

---

of the United States Intelligence Community, 1996), p. B-9. 그러나 MASINT는 인간정보, 전자정보 및 통신정보에서 수집된 정보를 가공하여 작성한 정보이기 때문에 이 글에서는 별도의 수집수단으로 분류하지 않았다. MASINT는 양적, 질적 분석방법, 즉 크기, 각도, 공간, 파장, 소요시간, 변조, 플라스마(plasma) 및 자기유체역학 등을 활용하여 얻어진 과학적, 기술적 정보를 의미한다. Leo D. Carl, *International Dictionary of Intelligence*, p. 187.

22) 일반적으로 공작원은 보수를 지급하는 대상을 의미하고, 협조자는 실제 소요된 비용 이외의 보수를 지불하지 않는 대상을 의미한다.

23) 미국의 경우 국내에서 기업인, 언론인, 망명자 등 개인들로부터 외국에 관한 정보를 수집하는 임무는 원칙적으로 CIA만이 담당토록 되어있다. 이는 전통적으로 CIA가 이 분야의 업무를 잘해 왔기 때문인 것으로 알려지고 있다. Holt, *Secret Intelligence and Public Policy*, p. 33.

다음과 같다.[24)]

① **통신정보**(COMINT: communication intelligence): 인간의 통신수단, 즉 음성, 모르스 부호(Morse), 전화회선, 공중파, 팩스밀리, 이메일 등을 감청 혹은 도청하여 수집한 정보를 말한다. 수집된 정보가 암호화되어 있을 경우에는 암호해독(cryptology)과정이 필요하다. 암호해독 정보는 가장 고전적이고 대표적인 통신정보 가운데 하나이다. 또한 1999년 11월 세계적으로 관심의 대상이 되었던 미국의 에셜론(Echelon) 시스템도 통신정보 수집수단의 하나이다.[25)]

② **전자정보**(ELINT: electronic intelligence): 레이더 신호 등 비통신용 전파를 탐지하여 수집하는 정보를 말한다. 예를 들어 화재 통제용 레이더 신호를 분석하면 레이더와 연결된 총기나 미사일의 능력을 파악할 수 있다.

③ **외국장비신호정보**(FISINT: foreign instrumentation signals intelligence): 외국의 각종 장비에서 방출되는 신호를 포착하여 수집하는 정보를 말한다. 예를 들어 항공기나 미사일의 원격조정신호를 포착하여 유도장비 내용, 연료소모량, 로켓의 스테이징(로켓이 분리된 후 다음 점화까지의 일련의 작업) 및 기타 계측기 신호 등을 분석하면 항공기나 미사일의 특징과 운용상태의 파악이 가능하다.

④ **레이저 정보**(LASINT: laser intelligence): 레이저 등 유도에너지 빔을 분석하여 수집하는 정보를 말한다. 이들 정보를 분석하면 상대방의 각종 무기나 장비의 위치, 운용상태 등을 파악할 수 있다.

⑤ **레이더 정보**(RADINT: radar intelligence): 레이더로 적의 항공기 등 각종 장비를 추적하여 수집하는 정보를 말한다. 레이더 정보를 통하여 항로를 분

---

24) Berkowitz and Goodman, *Strategic Intelligence for American National Security,* pp. 69-71.

25) 에셜론 시스템은 미국 NSA 주도하에 영국, 캐나다, 호주, 뉴질랜드가 참여하여 위성, 인터넷, 공중파, 해저케이블 등을 통해 시간당 최고 200만건의 통신내용을 감청한 후 수집된 정보들을 인공위성으로 연결된 컴퓨터 시스템을 통해 음성이나 주소·성명·조직 등의 키워드로 검색하여 정보를 생산하는 것으로서 사생활 보호 문제 등과 관련하여 큰 논란이 제기되었다(영국 「더 타임즈」지는 프랑스가 이와 관련, 미국 및 영국정부를 상대로 손해배상 청구소송을 제기할 것이라고 보도한 바 있다. 「중앙일보」(2000. 2. 12). 이 계획은 1971년 시작된 것으로 알려져 있으나 미국 정부는 에셜론의 존재에 대해 시인도 부인도 하지 않고 있다. *The Washington Post*(Novomber 13, 1999). 최근 유럽의회는 에셜론에 대한 보고서 초안을 발표한 바 있다. Temporary Committee on the ECHELON Interception System, European Parliament, "WORKING DOCUMENT in preparation for a report on the existence of a global system for intercepting private and commercial communications(ECHELON interception system"(May 4, 2001), http://www.fas.org/irp/program/process/europarl_draft.pdf.

석, 항공기 등 비행물체의 운용상태를 파악하며 반사레이더 신호를 분석하여 비행물체의 물리적 특성에 관한 정보를 얻을 수 있다.

⑥ **적외선 정보**(IRINT: infrared emissions intelligence): 적외선 방사현상을 수집하여 얻어진 정보를 말한다. 이는 적외선을 이용하여 야간 등에 영상정보를 획득하는 것과는 다르며(그것은 영상정보에 해당), 미사일 발사 후 나타나는 버섯구름을 추적하여 미사일 발사사실을 알아내는 방법 등 조기경보 위성에서 주로 사용하는 방법이다.

⑦ **핵정보**(NUCINT: nuclear intelligence): 방사능 물질과 방사현상(emissions) 및 파편(debris) 등을 수집하여 얻어지는 정보를 말한다. 이런 정보들을 이용하면 핵무기의 설계 및 핵 출력 등의 추정이 가능하다.

⑧ **기타의 정보**: 엄격한 의미에서의 신호정보에는 해당되지 않으나 지진계를 이용하여 지하 핵실험의 관찰이 가능하며, 방사능 및 방사능 낙진감지 장치나 섬광감지 장치를 통해 지상 핵실험 내용을 파악할 수 있고, 수중파 탐지 장치를 통해 잠수함의 이동상황을 관찰할 수 있다.

영상정보(IMINT: imagery intelligence)는 항공기, 인공위성 및 기타 수단을 이용하여 촬영한 사진을 의미한다. 영상정보는 위성전자사진(satellite electronic photography: SATINT), 레이더 영상사진(radar imagery: RADINT), 전통적인 항공사진(conventional aerial photograph: PHOTINT) 등으로 대별되며,[26] 정찰용 항공기나 인공위성을 통해 수집한 영상자료들이 대표적인 영상정보이다. 영상정보는 필름으로 촬영되는 경우도 있고 전자영상 시스템에 의해 촬영되는 경우 등 다양하며 영상정보를 통해 곡물 자황이나 생산량을 추정할 수도 있다.[27]

26) Leo, *International Dictionary of Intelligence*, pp. 186-187.

27) 미국 농무성은 북한의 식량수요를 예측하기 위해 1996년부터 랜드샛(LandSat)위성과 미국 기상청(NOAA) 첨단 고밀도파장측정위성(AVHRR)을 이용하여 북한 곡물작황에 대한 탐사를 시작했다고 발표한바 있다.「중앙일보」(1996. 4. 5).

5. 인간정보의 수집방법

(1) 정 보 관

앞에서도 기술한 바와 같이 인간정보는 정보관(intelligence officer: I/O)[28]이나 주재관이 직접 수집하는 경우도 있고 공작원이나 협조자를 활용하여 수집하는 경우도 있다. 일반적으로 정보관이나 주재관의 신분은 외교관 및 정부관리 등 정부의 공식적인 직함을 가진(official cover) 백색정보관(legal officer)과 일반 민간인으로 위장된(non-official cover) 흑색정보관(illegal officer) 등 두 가지로 나누어진다.[29]

백색정보관이 가진 장점은 ① 일상적인 활동을 통해 정보원(intelligence source)에 접근하기가 용이하고, ② 주재국의 관리나 주재국에 주재하는 제 3 국 외교관 등을 쉽게 접촉할 수 있고, ③ 정보관에 대한 주재국인의 접근이 용이하며,[30] ④ 통신, 급여 및 활동비의 수령 등 행정적으로 편리하고, ⑤ 신분이 보장되어 있어 주재국의 체포 등으로부터 안전하다는 등의 이점이 있다. 그 반면, 백색정보관은 ① 대부분 신분이 알려져 주재국 보안당국의 감시대상이 되기 쉽고,[31] ② 외국 공관원으로서의 신분이 확실하여 특히 적대국일 경우 주재국인들이 접촉을 기피하는 경우도 있으며, ③ 외교관계가 단절될 경우 더 이상 주재가 어려워 각종 활동을 중단해야 한다는 등의 문제점이 있다.

그 대신 흑색정보관의 경우 ① 신분은폐가 백색정보관에 비해 용이하고,

28) 정보관은 다른 여러 가지 이름으로도 불린다. 정보관이 어떤 특정 비밀공작(covert action)이나 비밀수집 공작(clandestine collection operation)을 수행할 경우 공작담당관(case officer)이라고 불리며 특정 공작망을 운용할 경우 공작망 내부에서는 공작관(operator) 혹은 조종관(handler)으로 지칭되기도 한다.

29) Abram N. Shulsky. *Silent Warfare* (New York: Brassey's, Inc., 1991), pp. 11-12. 흔히 백색정보관의 경우 '얇은 위장'(thin cover)이라 부르고 흑색정보관의 경우 '깊은 위장'(deep cover)이라고 부르기도 한다. Holt, *Secret Intelligence and Public Policy*, p. 74.

30) 특히 해외 여행이 통제되어 있는 국가의 경우 주재국인들이 전화 혹은 방문 등을 통해 정보관에 접근하는 경우가 많은데 이렇게 주재국인이 대사관 등에 접근해 올 경우 대부분 정보관에게 인계되어 활용된다. 그러나 구 소련 등 독재국가에서는 자국인의 외국공관 접근을 엄중히 감시하고 있어 접근이 용이치 않은 경우도 많다. 그럼에도 불구하고 구소련의 경우 등에서 볼 수 있는 바와 같이 주재국의 엄중한 감시에도 불구하고 주재국인들이 공관을 통해 정보관에게 접근하는 사례는 많다. Shulsky, *Silent Warfare*, p. 12.

31) 일반적으로 정보관은 다양한 신분으로 위장되고 있으나 활동내용의 감시, 전화 및 숙소 도청, 대사관 내 현지고용인에 의한 비밀누설, 각종 인명록에서의 인적사항 등재 내용 등을 통해 신분이 쉽게 노출되는 경우도 많다. *Ibid.*, p. 12.

② 따라서 가장신분(cover)에 적합한 광범한 접촉이 가능하며, ③ 외교관계가 단절될 경우에도 계속적인 주재가 가능하다는 점 등의 이점이 있다. 그러나 흑색정보관의 경우 ① 적절한 가장(cover)을 제공해 줄 수 있는 협조업체의 확보가 어렵고,[32] ② 가장신분의 확보 및 정착에 많은 시간과 비용이 소요되며, ③ 통신 등 행정절차가 어렵고, ④ 가장 구실에 적합한 활동을 해야 하므로 본연의 임무인 정보수집 업무를 등한히 할 가능성이 있으며, ⑤ 외교관 혹은 주재관 등으로서의 법적 보호를 받을 수 없어 신분상의 위험이 수반된다는 등의 단점이 있다.

그러나 백색정보관이든 흑색정보관이든 수행하는 업무는 대체로 비슷하다. 다만 백색정보관의 경우 주재국 정보기관과의 연락업무(liaison)를 담당하는 경우도 많으나 흑색정보관의 경우 이러한 공식적인 임무는 담당하지 않는 것이 일반적이다.[33]

(2) 공작원 및 협조자의 모집과 운용

정보수집은 정보관이 직접 하는 경우도 있지만 대부분의 정보는 공작원이나 협조자를 통해 수집한다. 앞에서도 기술한 바와 같이 공작원은 정식 보수를 받는 경우를 의미하고 협조자는 협조를 위해 실제 사용된 경비 이외의 보수는 지불하지 않는 가운데 정보수집에 협조하는 사람을 의미한다. 공작원의 경우 정보관의 통제(control)하에 있는 반면 협조자는 정보관의 통제하에 있지 않다.

---

32) 준정부 소식이나 민간업체 등의 이용이 어려울 경우 정보기관이 직접 가장업체(proprietary)를 운영하는 경우도 많다. 1995년 10월 30일자 「워싱턴 포스트지」는 미국 CIA 요원들이 국방 정보국(DIA) 산하 국방인간정보부(DHS, 1천여 명의 군인과 민간인 정보요원을 보유) 요원들과 함께 해외의 첩보수집을 위한 위장기업 설립작업에 협조하고 있다고 보도했다. 「조선일보」(1995. 10. 31). 기존의 준정부 조직이나 민간조직을 이용하여 흑색정보관을 파견할 경우 언론인, 교수, 학생, 선교사, 성직자, 사업가 등으로 위장되는 경우가 많으며 미국의 경우 원칙적으로 1970년대 이후에는 자국의 학자, 언론인, 평화봉사단(Peace Corps) 등은 공작원으로 활용하는 것이 금지되어 있다. 그러나 1996년 2월 22일자 「워싱턴 포스트」 보도에 의하면 이례적인 상황에서는 아직도 이들을 공작원이나 협조자로 활용하는 경우도 있는 것으로 알려지고 있다. 「한국일보」(1996. 2. 23). 준정부기관이나 민간조직원의 신분을 가장구실(cover)로 이용할 경우 통상적으로 보안문제 등을 고려, 해당 기관의 최고위층과의 협조를 통해 이용하게 되며 급여는 정보기관 본부에서 가장기관의 본부에 지불되는 경우가 대부분이다. Holt, *Secret Intelligence and Public Policy*, p. 75.

33) 백색공작관과 흑색공작관의 비율에 대해서는 공식적으로 알려진바 없다. 그러나 1995년 10월 30일자 「워싱턴 포스트」지는 미국 CIA의 정보수집 요원 4,500여 명 가운데 흑색요원(비밀요원)은 900명 정도인 것으로 보도했다. 「조선일보」(1995. 10. 31).

그러나 유능한 협조자는 공작원보다 더 좋은 정보를 수집하는 경우도 많다. 공작원의 경우 대부분 본인이 공작원이라는 의식을 가지는 가운데 의식적으로 협조하게 되나 협조자의 경우 정보기관을 위해 일한다는 것을 알지 못한 채 무의식적으로 협조하는 경우도 많다.

공작원이나 협조자를 활용하여 정보를 수집할 경우 대략 물색, 포섭(혹은 모집), 운용 등의 3단계를 거치게 된다. 이 가운데서도 특히 유능한 공작원이나 협조자를 포섭하는 것이 인간정보 수집의 가장 중요한 요소이다. 일단 정보관은 임지에 부임하면 본부의 지시에 따라 수집목표를 설정하고 수집목표에 적합한 인물을 물색하게 된다. 물색단계에서 가장 중요한 사항은 수집할 정보에 접근 가능한 인물이 누구이며 이들을 어떻게 포섭하느냐 하는 문제이다.

물색대상자의 선정은 일상적인 접촉과정에서 지득한 지식이나 지면관계의 활용, 전화번호부의 활용 등을 통해 이루어지게 되며, 보다 조직적인 물색을 위해서 그 동안 수집된 여러 가지 자료('공작첩보')를 활용하기도 한다. 일단 포섭을 위한 목표집단(target group)이 선정되면 자연스러운 방법으로 구체적인 물색활동을 시작하게 되는데 이를 위해서는 업무상의 접촉, 취미생활 등이 접촉구실로 이용된다. 취미 생활의 경우 음악, 미술, 테니스, 골프, 브리지 등 다양한 방법으로 자연스럽게 대상자에게 접근하게 된다.[34)]

일단 포섭대상이 선정되면 대상자와의 접촉을 통해 상대방의 약점을 파악한다. 흔히 금전적 욕구, 정치이념 및 사상, 섹스, 심리적 흥분(excitement), 원한, 복수심 등에서 약점을 가진 자들이 포섭대상으로 선정되며, 때로는 약점을 이용한 위협이나 협박 방법이 사용되기도 한다.[35)] 그러나 일반적으로 공작원의 물색에서 채용에 이르기까지의 성공률은 매우 낮아 흔히 석유시추에 비유되기도 한다.[36)] 미국의 경우 일단 공작원이 포섭되면 본부의 승인을 얻어 공식적으로 채용하게 된다.

---

34) Holt, *Secret Intelligence and Public Policy,* pp. 69-70.

35) 1950년대 영국 MI6요원으로 소련의 공작원 역할을 했던 켐브리지 대학 출신자 4명과, 1930년대 이후 1972년까지 40여 년간 소련의 스파이로 활동했던 영국의 한 과학단체의 비서출신 멜리타 노우드 여사 및 영국 핵군축 운동가 빅 앨런 등은 사상적으로 동조하여 공작원으로 활동했다. 「조선일보」(1999. 9. 12; 1999. 9. 20). 1985년부터 9년간 소련의 첩자로 일해오다가 1994년 2월 검거되어 종신형을 선고받은 미국 CIA 대소련 첩보국장 출신 올드리치 에임즈는 금전적인 목적 때문에 스파이가 경우로써, 그는 소련으로부터 150만 달러를 받으면서 부유한 처가집으로부터 돈을 받은 것처럼 위장해 왔다. 「한겨레신문」(1994. 2. 22); 「뉴스메이커」(1994. 3. 10); 「동아일보」(1994. 2. 24); 「조선일보」(1994. 4. 30; 1998. 7. 10).

36) Pat M. Holt, *Secret Intelligence and Public Policy,* p. 70.

이러한 물색 및 포섭 단계를 거치지 않고 유능한 공작원을 확보하는 경우도 있다. 자발적으로 정보관에게 찾아와 협조를 약속하는 경우와 상대국의 공작요원을 역이용하여 공작원으로 활용하는 경우가 그것이다. 자발적으로 정보관에게 찾아와 협조를 약속하는 경우 자발적 공작원(walk-ins)이라고 불리며 일반적으로 가장 활용가치가 높은 것으로 알려져 있다. 이들 자발적 공작원은 대부분 금전적 욕구, 사상과 이념, 종교적 신념 등이 이유가 되며 이들은 대부분 중요한 정보에의 접근이 가능한 경우가 많다. 특히 냉전시기에 구소련 등 공산측에 자진 협조해 온 서방 인물들은 금전적 욕구나 정치적 이념 등이 주요한 이유가 되었던 반면, 서방측에 자진 협조해 온 공산권 인물들은 대체로 공산체제에 대한 염증, 서방사회 거주 희망 등이 주요 이유가 되었다.[37)]

이중 공작원(double agent)은, 상대국의 정보요원으로 활동하다가 체포되었다가 활용되는 경우와 처음부터 자진해서 협조를 약속하는 경우로 구분될 수 있는데 특히 상대국의 정보기관에 침투되어 있는 공작원은 두더지(mole)라고 불리며 이들은 특히 활용가치가 높은 것으로 알려져 있다. 미국 CIA의 소련담당 책임자로서 근무하면서 소련에 포섭되어 9년간 구소련 및 러시아의 공작원으로 활동하다가 1994년 2월 체포되어 전재산 몰수와 종신형을 선고받은 올드리치 에임즈와, 제 2 차 세계대전 당시 독일측 공작원으로 활동하다가 1942년 영국정보기관에 포섭되어 노르망디 상륙작전과 관련된 영국정보부의

37) 사상적으로 동조하거나 자기 조직에 염증을 느껴 적대국 정보기관에 협조한 사례는 매우 많다. 소련군사정보부(GRU)의 펜코프스키(Penkovskiy) 대령은 1961~1962년간 미국 측에 포섭되어 귀중한 정보들을 제공해 오다가 소련당국에 체포되어 1963년 사형되었으며(그는 제 2 차 세계대전 이후 최대의 스파이로 지칭되기도 한다), 소련 KGB의 런던 기점장이었던 올레그 고르디에프스키(Oleg Gordjevski)는 10여년 간 영국 정보부를 위해 일하다가 1985년 서방으로 망명했으며 영국 정부는 그의 제보에 따라 25명의 소련인을 간첩혐의로 추방했다. Holt, *Secret Intelligence and Public Policy,* pp. 70-71. 1950년대 및 1970년대에 영국정부 관리로서 소련에 포섭된 공작원인 가이 버지스(Guy Burgess), 도날드 맥클린(Donald Maclean) 및 해럴드 필비(Harold Philby, 일명 Kim Philby)는 1930년대 켐브리지 대학에서 공부할 당시 공산주의에 심취하여 소련에 협조하다가 그 후 소련으로 망명했다. 전직 CIA직원인 에드워드 리 하워드(Edward Lee Howard)는 해고된 데 앙심을 품고 복수하기 위해 CIA의 소련공작 내용에 관한 정보를 소련 측에 제공했다. 그 반면 1970년대 이후 공산측에 협조한 서방인물들의 동기는 주로 금전적 욕심에서 비롯된 것이 대부분이다. 1980년대 서독의 헌법보호청(미국의 FBI에 해당) 대간첩국 부국장(성명 미상)은 처남들이 돈을 잘 쓰는 것을 보고 자기도 돈을 잘 쓰기 위해 자진해서 동독 국가보안부(Stasi)를 찾아가 10여 년간 동독의 첩자로 일했다. 협박에 의해 공작원이 된 경우도 있다. 2차 대전 이후 프랑스인(성명미상)은 동성연애 장면사진을 공개하겠다는 체코 정보요원의 협박 때문에 체코, 루마니아 및 소련 정보기관을 위해 일하다가 체포되어 7년 징역형을 선고받았다. Shulsky, *Silent Warfare,* pp. 16-17. 그러나 일반적으로 협박이 포섭의 수단이 되는 경우는 적으며, 공작원으로 일하다가 배반하려 할 경우 이를 방지하기 위한 목적으로 사용되는 경우가 더 많다.

기만공작을 성공적으로 수행해 냈던 스페인 출신 후안 푸욜 가르시아는 세계 첩보사에 영원히 기록될 이중 공작원들이다.[38)]

공작원이나 협조자는 주재국이나 제 3 국에서 물색·포섭되는 경우가 많으나 자국 내에서 자국민이나 자국 거주 외국인 혹은 외국 여행자를 공작원으로 물색하는 경우도 있다. 자국민을 외국으로 파견할 경우 완벽한 가장구실(cover)의 구비가 무엇보다도 중요하며, 과거 소련의 경우 장기공작을 위해 자국민의 신분을 완전히 바꾸어 외국에 파견하는 경우도 많았다. 자국에서 채용되어 외국에 파견될 경우 정보기관의 정식 직원으로 채용된 경우에는 정보관(intelligence officer)의 신분을 갖게 되나 정보기관의 정식 직원으로 채용되지 않았을 경우에는 공작원이나 협조자로 분류된다.

공작원은 단기공작원과 장기공작원으로도 구분되는데 단기공작원은 특정한 임무수행을 위해 단기적으로 활용하는 공작원을 지칭하며, 장기공작원에게는 특정지역에 거주하거나 특정조직에 근무하면서 장기적, 지속적으로 정보활동을 수행하는 공작원을 말한다. 단기공작원에게는 대개 수집임무 및 연락방법 등에 관한 교육과 간단한 가장구실(cover)을 제공하지만 장기공작원의 경우 가장구실의 조작만을 위해서도 상당한 준비와 교육이 필요하다. 그러나 자발적 공작원(walk-ins)의 경우는 연락방법 등에 관한 간단한 교육만을 하는 것이 일반적이다.

(3) 비밀연락(clandestine communication)

일단 공작원이나 협조자가 물색·포섭(recruit)되어 본격적인 활용단계에 들어서면 가장 중요하게 대두되는 문제가 연락문제이다. 중요한 정보를 적절한

38) '가르보'라는 가명으로 활동한 가르시아는 영국 보안정보기관인 MI5의 지령에 따라 가상 정보망을 구축하면서 노르망디 상륙작전과 관련한 기만정보(disinformation)를 독일에 제공하여 노르망디 상륙작전을 성공시키는 데 결정적으로 기여했다. 가르시아는 노르망디 상륙작전을 앞두고 연합군의 상륙지점이 노르망디가 아닌 깔레이며, 연합국 병력도 실제보다 부풀려 77개 사단과 17개 여단이라는 거짓정보를 독일 측에 제공했다. 또 그는 있지도 않은 영국군 제 4 군과 미국군 제 1 군이 깔레 상륙을 위해 도버해협에 집결해 있으며, 일부 병력은 노르웨이로 우회공격 한다는 기만정보도 제공했다. 독일군은 이에 근거하여 깔레지역에 7개 보병사단과 파리 주둔 2개 기갑사단을 이동배치하고 노르망디의 주력군을 철수시킴으로써 연합군의 노르망디 상륙작전이 성공할 수 있었다. 이러한 사실은 1999년 1월 27일 공개된 MI5 문서를 통해 공식으로 확인됐다. 또한 이 문서는 프랑스가 전설적 독일 측 여자공작원으로 알려진 마타하리를 정황적 증거만으로 유죄를 인정, 사형에 처했다는 사실도 밝혀주고 있다. 「조선일보」(1999. 1. 28).

시기에 신속히 전달하기 위해서는 가장구실에 적합한 연락수단이 확보되어야 하기 때문이다. 비밀연락 수단에는 직접 접촉, 수수자(LLB: live letter box), 연락원(courier), 안전가옥(safe house, 약칭 安家), 편의주소, 무인수수소(DLB: dead letter box), 전화 · 전신 · 우편 · 전보 · 팩스밀리 · e-mail · 신문 · 방송 · 수송기관 등 일반적인 대중전달매체 등이 있다.

일반적으로 연락방법은 정상선, 보조선, 예비선, 비상선으로 구분하여 운용된다.[39] 정상선(normal line)은 가장 정상적인 상태에서 일상적으로 사용되는 연락방법이다. 보조선(supplementary line)은 정상선을 보조하기 위해 사용되는 연락방법으로서, 흔히 어떤 사고로 인해 정상선의 사용이 어려울 경우, 혹은 정상선의 보호를 위해 정상선의 사용을 감소시키고자 할 경우에 사용된다. 예비선(reserve line)은 정상선이나 보조선의 이용이 어려울 경우 임시적으로 사용하기 위한 연락수단으로써 긴급시 연락이나 정상선 및 보조선에 의한 연락이 단절되었을 경우 사용하는 연락방법이다. 비상선(emergency line)은 공작망이 위험에 처했을 경우 이를 알리기 위해 사용하는 비상적인 연락수단이다.

비밀연락이라고 하여 반드시 비밀수단만을 사용하는 것은 아니다. 그러나 대부분의 경우 대중적인 연락수단을 사용할 경우 노출의 위험성이 있으므로 서신이나 전화, 전보 등의 경우 상대국의 공안기관에 포착되지 않도록 음어화 혹은 암호화하거나 비밀서법(secret writing) 등의 방법을 사용하는 경우가 많다.

(4) 인간정보 수집상의 문제점

일반적으로 기술정보의 수집은 수집대상에의 접근이 어려운 반면 인간정보 수집은 수집수단의 특성상 다른 여러 가지 문제점들도 갖고 있다.[40]

첫째, 정보의 신뢰성 문제이다. 대부분의 인간정보들은 수집된 정보가 정확하다고 확신할 수 있는 방법이 적다. 때로는 비밀문서가 그대로 복사되는 경우도 있고 다른 인간정보 출처나 기술정보 등을 통해 확인이 가능한 경우도 있지만 대부분의 인간정보는 확인이 불가능한 경우가 많다. 특히 인간정보의 출처들(sources)은 자신의 공적을 과장하거나 보수를 더 받기 위해 첩보를 과장, 왜곡, 조작하는 경우가 많으며, 비록 진실을 말하는 경우라도 인간의 지각

39) 강기욱, 「정보아카데미」(서울: 한국생산성본부, 1997), pp. 321-337.
40) Shulsky, *Silent Warfare,* pp. 17-19.

능력상의 한계 때문에 사실을 잘못 이해하거나 해석하는 경우도 많다.

미국의 경우 특히 1940년대와 1950년대에 잘못된 정보를 수집하게 되는 경우가 많았다. 공산국가에서 거주하는 공작원이나 서방으로의 망명자들은 공산국가의 체제가 폐쇄적이어서 사실 확인이 어렵다는 점을 이용하여 자신의 가치를 높이기 위해 허위정보를 제공한 경우가 많았으며, 특히 국제적인 정보 브로커들의 경우 그럴듯한 허위정보를 제공하는 경우가 많다. 따라서 첩보처리 과정에서 첩보의 출처 및 내용 등을 면밀히 검토하여 신빙성 여부를 평가해야 한다.

둘째, 적대국의 기만정보일 가능성 문제이다. 대부분의 정보기관들은 상대국을 교란시키기 위해 기만정보를 유포하거나 2중 공작원을 이용한다. 따라서 특히 인간정보의 경우 기만정보일 가능성이 많다. 이러한 기만정보들은 매우 교묘하게 조작될 뿐 아니라 공작원이나 협조자들도 이를 인식하지 못하는 경우가 많아 특히 조심해야 한다. 일반적으로 '모집된 출처'(recruited sources)보다는 자발적 공작원(walk-ins)이 수집하는 정보가 더욱 가치 있는 경우가 많기는 하나, 상대국의 정보기관에서 기만정보(disinformation)를 제공했을 가능성도 많기 때문에 자발적 공작원이 수집한 첩보에 대해서는 더욱 철저한 검증이 필요하다.[41)]

셋째, 대상국가의 보안체제가 강하기 때문에 정보원(information source)에의 접근이 어렵다. 일반적으로 서구국가나 자유세계의 경우 정보원에의 접근이 비교적 용이하고 보안체제도 강력하지 않으나 공산국가나 독재국가의 경우 보안체제도 강할 뿐 아니라 간첩 사범에 대한 형량도 매우 엄격하여 접근이 어렵다. 이러한 대상국가들은 흔히 '어려운 목표'(hard target) 혹은 '거부지역'(denied area)으로 불리며, 특히 북한, 이라크, 리비아 같은 나라들은 이런 지역에 속한다.

넷째, 첩보수집 대상 조직의 특성 때문에 문제점이 제기되기도 한다. 예를 들어 테러조직이나 마약조직의 경우 대부분 소규모인데다 조직의 결속력이 높고 비밀리에 운용되기 때문에 외부인의 침투가 어렵다. 이러한 조직에 침투하

41) 앞에서도 기술한 바와 같이 기만정보가 성공한 사례 가운데 가장 대표적인 것은 제 2차 세계대전 시 영국 정보기관이 독일 정보기관에 제공한 기만정보 사례이다. 당시 영국 정보기관은 영국 내에 부식된 독일 정보망을 대부분 장악하고 있었기 때문에 이들을 2중 공작원으로 활용하여 1944년 6월 9일 노르만디 상륙작전의 D-day와 장소에 관한 사항을 독일 정보기관에 거짓으로 알려주어 독일의 대비태세에 혼란을 일으켰다. 이러한 기만공작은 노르망디 상륙작전이 끝난 3일 후까지 계속되었다. *Ibid.*, p. 18.

기 위해서는 상당기간 동안 신뢰관계를 구축해야 하며 신뢰관계를 구축하기 위해서는 테러 등 범죄사건에 직접 가담해야 한다. 또한 일단 조직에 침투했다 하더라도 지속적으로 불법활동에 가담해야 하며, 만약 공작원을 통해 수집한 정보를 토대로 테러조직에 대한 대응조치가 취해질 경우 공작원을 더 이상 활용하기가 어려워진다.

다섯째, 인간정보 수집을 위해 활용했던 공작원이나 협조자의 처리 문제가 어려운 문제를 야기하는 경우도 있다. 해고된 공작원이나 협조자가 과거의 협조를 미끼로 계속 정치적·금전적 요구를 하는 경우도 있고 비밀활동 내용을 공개하여 정보기관이나 정부의 입장을 어렵게 하는 경우도 있으며,[42] 정보수집 과정에서 지득한 사항이나 지면(知面)관계를 다른 목적으로 이용하는 경우도 있다. 예를 들어 미국의 경우 파나마의 정세안정을 위해 노리에가 장군을 지원하여 집권토록 했으나 집권 후 계속 중남미 마약거래에 개입함에 따라 결국 미국 정부는 1989년 파나마를 침공, 노리에가 대통령을 미국으로 압송하여 재판에 회부했으며, 이 사건은 국내외적으로 큰 정치적 파문을 야기했다.

6. 기술정보의 수집방법

(1) 암호해독(cryptanalysis)

암호의 해독은 가장 고전적인 기술정보 수집방법에 속한다. 제 2 차 세계대전 시 영국은 Bombe라는 컴퓨터를 사용하여 독일군의 엔니그마(Enigma) 암호를 해독했고 미국은 일본의 암호를 해독하여 전쟁상황을 유리하게 유도하는 데 크게 기여했다. 암호는 비단 해독되어야만 쓸모가 있는 것은 아니다. 암호 메시지를 모두 수집, 비교하여 암호의 패턴을 찾고 패턴의 의미를 추정함으로써 중요한 정보를 얻을 수도 있으며, 대형 컴퓨터를 이용하여 암호를 해독하기도 한다.

---

42) 중요한 정보수집 활동에 참여했던 인원이 해고 후 반발하거나 배반할 가능성이 있을 경우 정보기관에서 이를 사전에 말살(liquidate: 살해)하는 경우도 있으나 이는 폐쇄적인 독재국가에서나 사용하는 방법일 뿐 일반적으로는 사용되지 않는 방법이다. 1997년 3월 2일자 「워싱턴 포스트」지는 CIA가 1980년대와 1990년대에 중남미 등지에서 활용했던 공작원 및 협조자 1,000여 명을 인권남용에 관여했다는 이유로 해고 했다고 보도하였다. 「세계일보」(1997. 3. 3).

그러나 암호해독 기술의 발전과 함께 암호조립 기술도 발전하여 암호해독은 점점 더 어려워지고 있다. 이럴 경우 암호키나 난수표를 가진 사람을 포섭하거나 절취함으로써 암호를 분석하며, 암호분석이 불가능할 경우에는 통신량분석(traffic analysis)을 통해서도 유용한 정보를 얻어낸다.[43] 암호전보의 발신지와 수신지를 추적하거나 통신량의 급격한 변화가 있을 경우 뭔가 이상사태가 발생되었음을 감지할 수 있다. 1945년 미국은 일본 히로시마에 원자폭탄을 투하한 후 그 지역의 통신이 완전 두절된 사실을 발견하고 이를 근거로 피해규모를 산출한 바 있다.

(2) 감청(eavesdropping)

대화내용이나 통신내용 감청도 고전적인 기술정보 수집방법이기는 하나 아직도 유용하게 사용되고 있는 기술정보 수집방법의 하나이다.

제 1 차 세계대전 당시 영국은 독일이 운용중인 미주, 아프리카, 스페인 등 지와의 해저케이블에 침입, 독일의 통신내용을 감청했으며, 1950년대 미국 CIA와 영국 MI6는 서베를린 지역에서 터널을 굴착, 소련 공군사령부와 모스크바간의 통신망을 도청하여 10여년 간에 걸쳐 막대한 정보를 수집했다.[44]

최근에는 감청기술이 더욱 발전하여 통신회선에 직접 침입(wiretaps)하지 않으면서도 사무실이나 가정에 전자도청 장치를 설치하여 대화나 통신내용을 도청하기도 하며 레이저 빔을 이용하여 근거리에서 사무실 등의 대화내용을 도청하기도 한다. 미국의 경우 이렇게 통신회선에 침입하거나 전자도청을 하는 업무에는 국가안보국(NSA)이 참여하지 않으며 CIA와 FBI만 이를 담당하고

43) 북한의 경우 1994년 7월 김일성 사망을 분기점으로 북한에서 남측으로 날아오는 무선주파수가 종전의 약 150회선에서 250회선으로 늘어났고, 황장엽 비서 망명사건 이후 국내 고정간첩들의 대북교신이 상당히 늘어났다. 「동아일보」(1998. 2. 18).

44) 소련은 '충성작전'(Operation Royal) 혹은 '황금공작'(Operation Gold)으로 지칭된 이 도청사업에 간여했던 영국 MI6에 근무하던 소련 스파이 조지 블레이크(George Blake)를 통해 1년 후부터는 도청사실을 알았으나 이를 방관했다. 그 이유에 대해서는 많은 추측이 가능하다. 소련이 이 통신망을 통해 기만정보를 유포하려는 목적으로 이를 방관했다는 주장도 있고, 소련이 이 통신망이 크게 중요하지 않다고 생각하여 오히려 미국과 영국으로 하여금 막대한 인원과 장비를 이 공작에 투입케 함으로써 다른 중요한 통신회선에 대한 도청을 방지하려는 목적이었다는 주장도 있다. 그러나 그보다는 영국 MI6에 부식된 공작원을 보호하기 위해 이를 방관했을 가능성도 많다. 다만 후에 알려진 바에 의하면 당시 소련은 미국이 전화회선에 직접 침입하지 않으면서도 전자장치를 통해 통신내용을 감청, 자동적으로 암호화하여 송신했다는 사실은 몰랐다 한다. Carl, *International Dictionary of Intelligence*, pp. 285, 294.

있다.[45] 왜냐 하면 이러한 수집수단은 기술정보 수집수단과 인간정보 수집수단이 결합될 경우에만 수집활동이 제대로 이루어질 수 있기 때문이다.

(3) 항공정찰

제 2 차 세계대전 이후 가장 발전된 기술정보 수집수단 가운데 하나가 항공정찰에 의한 사진 촬영이다. 미국의 경우 1956년 록히드사가 개발한 U-2기를 소련 및 공산권 정찰에 투입하여 소련의 미사일 개발센터와 쿠바 미사일기지 건설에 관한 결정적인 정보들을 수집했다.

그러나 1960년 5월 1일 동·서 긴장완화와 핵실험 금지 토의를 위한 4개국 정상회담 및 아이젠하워 대통령의 소련방문을 15일 앞두고 소련상공을 정찰중이던 U-2기가 기계고장으로 고도를 낮추는 동안 소련미사일에 의해 격추되고 조종사가 생포됨으로써 국제적으로 큰 문제를 야기할 뿐 아니라 미국 외교의 신뢰성을 실추시키는 계기가 되었다.[46]

이 사건 이후에도 U-2기에 의한 정찰은 계속되어 왔으나 1970년대 중반 이후 전략정찰기인 SR-71로 대체되었다. SR-71기는 고도 8만 피트에 속도도 빨라 미국 대륙횡단에 68분밖에 소요되지 않았으며, 주로 소련 및 리비아, 니카라과, 쿠바 정찰용으로 사용되었다. 그러나 1990년을 계기로 SR-71기도 퇴역하고 전략적인 정찰업무는 주로 인공위성으로 대체되고 전술적인 정찰업무만을 항공정찰에 주로 의존하고 있다.

과거의 항공정찰은 구름 등 기상에 많은 영향을 받았으나 적외선 카메라의 개발 등으로 문제가 거의 해결되었다. 그러나 이러한 고도기술을 활용한 항공정찰은 대부분 미국과 소련만이 가지고 있던 기술이며, 여타 국가의 경우 아

---

45) Pat M, Holt, *Secret Intelligence and Public Policy,* p. 58.

46) U-2기의 비행고도는 소련 미사일의 사정거리보다 훨씬 높아 소련은 미국의 항공정찰 사실을 알고는 있었으나 속수무책이었다. 그러나 사건 당시 U-2기가 기계고장으로 고도를 낮춤으로써 소련 미사일에 의해 격추되었으며, 미국 측은 높은 고도에서 격추될 경우 조종사의 생존이 불가능할 뿐 아니라 조종사 탈출시 자동폭파 장치를 작동, 항공기가 자동 폭발되도록 되어 있고 조종사에게는 자살용 독침이 제공되어 있어 소련이 확실한 증거를 잡을 수 없을 것이라고 판단하여 정보정찰 사실을 계속 부인해 왔다. 그러나 항공기 자동폭발 장치는 비행기가 거꾸로 추락하는 과정에서 조종사의 손이 미치지 못하여 작동되지 않았고, 조종사에게 자살을 위한 특별한 명령도 부여되어 있지 않았기 때문에 자살을 하지 못하였다. 소련에 체포되었던 조종사 프란시스 게리 파워즈는 1962년 소련 간첩 루돌프 아벨 대령과 교환 석방되어 로스앤젤레스 민간텔레비전 회사에서 조종사로 일하다가 1977년 헬리콥터 사고로 사망했다. Holt, *Secret Intelligence and Public Policy,* pp. 59-63.

직도 대부분 미국, 러시아, 영국, 프랑스 등 국가로부터 장비를 도입하여 사용하고 있다.[47)]

(4) 위성정찰

1957년 소련이 인류 최초의 인공위성인 스푸티니크 1호를 궤도에 진입시킨 후 위성정찰은 중요한 정보수집 수단으로 발전되어 왔다. 소련에 이어 미국도 디스커버러 위성을 궤도에 진입시켰는데 초기의 위성정찰은 위성에서 사진을 촬영한 다음 대기권으로 재진입시켜 회수하는 방식이었다. 디스커버러 위성이 처음 발사된 것은 1959년 2월이었지만 캡슐 회수에 처음 성공한 것은 1960년 8월에 발사된 디스커버러 12호 때였다.[48)]

그후 개발된 사모스 위성부터는 위성 내에서 현상한 필름을 전파를 통해 송신하게 됨으로써 위성정찰은 더욱 유용한 공중정찰 수단으로 정착되었다. 1961년 초 미국은 사모스 위성이 제공한 정보에 기초하여 소련의 미사일 개발과 배치 상황을 정확히 분석할 수 있었으며, 그 결과 케네디 대통령은 소련이 쿠바에 배치하려던 중거리 미사일에 강력히 대응할 수 있었다.

초기의 정찰위성은 불과 1-2주 동안 궤도에 머무를 수 있어 지속적인 정찰을 위해서는 1년에 수십 개의 위성을 발사해야 하는 문제점이 있었으나 위성기술이 비약적으로 발전하여 현재에는 2년 이상 장기간 동안의 사용이 가능해졌으며 영상의 질도 개선되어 지구상에 있는 사람이 들고 있는 신문의 제목까지 판독할 수 있는 수준으로 향상되었다.

위성의 능력이 향상됨에 따라 위성이 담당하는 정보수집 임무도 더욱 다양해졌다. 초기에는 정찰에만 주로 활용되었으나 저궤도, 고궤도, 정지궤도 등 다양한 궤도의 위성이 개발됨에 따라 위성의 임무도 더욱 다양해져 지도작성

---

47) 한국의 경우 2000년 미국 록히드 마틴사로부터 첨단첩보기인 Hawker 800XP 4대를 도입한데 이어 2001년 레이션 시스템사로부터 추가로 4대를 더 도입할 예정이다. 이 첩보기는 영상정보시스템(SAR)과 통신감청 장비인 원격조종감시체계(RCSS)를 갖춰 군사분계선 남쪽 40~50km 상공에서 통신감청을 할 경우에는 신의주 이북지역까지, 영상촬영은 평양~원산선 이남까지 가능한 것으로 알려졌다. 또 고공에서 지상의 농구공만한 물체까지 촬영할 수 있고 야간에 이동하는 표적도 탐지할 수 있게돼 그 동안 90% 이상을 미국에 의존하고 있던 북한정보를 단독으로 수집할 수 있게 되어 군의 대북정보 수집능력이 크게 향상될 것이라 한다. 「조선일보」(1999. 8. 9). 이 첩보용 정찰기의 대당 가격은 125억원(약 1,000만 달러)에 달하는 것으로 알려졌다. 「한국일보」(1999. 8. 9).

48) 윌리엄 케네디 외, 권재상 옮김, 「첩보전쟁」(서울: 자작나무, 1999), p. 216.

(mapping: 목표의 위치를 위성의 궤도좌표에서 판정하는 방식), 감시 및 조기경보의 역할 등이 추가되었으며 통신감청, 일기예보, 천연자원 조사, 곡물수확량 추정 등에도 광범위하게 이용되고 있다.

위성은 가상 적국에 대한 정보를 신속·정확하게 전달하고 분쟁지역에서는 중요한 통신수단의 역할을 하기 때문에 평화유지에도 중요한 역할을 담당하고 있다.[49] 강대국들은 위성정찰을 통해 서로 상대방의 영토나 영공을 침범하지 않으면서도 상대방의 군사력과 군사동향을 상세히 파악할 수 있기 때문에 이제는 기습공격이 거의 불가능해졌으며, 이러한 기술의 발전은 전략무기감축협상을 촉진시키는 하나의 요소가 되었다.

'하늘의 스파이'로 불리는 위성정찰이 가지는 이점은 다른 첩보수집 수단과는 달리 상대방의 영토나 영공을 침범하지 않기 때문에 정치적 위험성이 수반되지 않는다는 점이다. 미국이 처음 위성정찰을 시작했을 때 소련은 이를 주권침해라고 강력히 항의했으나 1960년 이후 모든 나라는 우주공간에서 다른 나라의 상공을 비행할 권리가 있으며, 국가주권이 미치는 범위는 지구의 대기권 내로 한정한다는 원칙이 일반화되었기 때문이다.[50]

그러나 위성정찰은 다른 정찰용 플랫폼(reconnaissance platform)들에 비해 계획과 건조에 10~15년의 장기간이 소요되고 비용이 개당 3억 달러 내지 10억 달러 이상으로[51] 엄청나게 소요될 뿐 아니라 궤도가 일정하여 목표를 쉽게 옮길 수 없어 감시회피가 용이하다는 결점을 갖고 있다.[52]

---

49) 위의 책, pp. 251-252.

50) 유엔총회나 외기권평화적이용위원회에서의 각국 대표의 발언을 보면, 모두 상방공역(上方空域)을 대기권(air space)과 외기권(outer space)로 구별하여 외기권에 대해서는 하토국(下土國)의 국권이 미치지 않는다는 것을 승인하고 있다. 이병조·이중범 공저, 「국제법 신강」(서울: 일조각, 2000), p. 454. 전통적으로 미국은 외계는 영토 밖이라는 입장인 반면, 소련은 이에 반대하는 입장이었으나 1967년 외계조약(The Outer Space Treaty)은 우주정찰 문제를 직접 취급하지 않고 있고, 전략무기감축협상(SALT)에는 외계정찰이 합법 혹은 비합법이라는데 관한 규정을 갖고 있지 않아 사실상 위성정찰을 용인하고 있다. 그러나 소련은 이것도 일반화 될 수 있는 원칙은 아니라는 입장을 고수했다. Shulsky, *Silent Warfare*, pp. 29-30.

51) 1970년대에 전직 미 CIA요원이 밝힌 바에 의하면 일반적인 정찰위성은 제작에 2억 5,000만 달러, 발사에 5천만 달러 등 약 3억 달러가 소요되며, 통신위성의 경우 제작에 1억 달러, 발사에 3,500만 달러 등 1억3,500만 달러가 소요되었다 한다. Berkowitz and Goodman, *Strategic Intelligence for American National Security*, p. 81. 그러나 현재에는 정찰위성 1기에 대략 10억 달러 수준의 경비가 소요되는 것으로 알려지고 있다.

52) Pat M. Holt, *Secret Intelligence and Public Policy*, p. 64.

(5) 기지와 플랫폼의 운용

기술정보의 수집을 위해서는 다양한 기지와 플랫폼(bases & platform)이 이용된다.[53] 특히 신호정보의 수집을 위해서는 각종 신호들을 포착할 수 있는 위치에 있어야 하기 때문이다. 기지는 대체로 육상에 설치된 것을 의미하며 플랫폼은 공중이나 해상에 설치되어 있는 것을 의미한다.

이러한 기지나 플랫폼은 주로 대사관, 군사기지 등에 설치되기도 하지만 선박, 항공기 등을 이용하여 해상이나 공중에 설치되기도 한다. 상대국의 영토내에 기지 설치가 불가능할 경우에는 인접한 공해(international sea)나 국제영공(international air space) 혹은 인접국의 국경지역에 설치된다. 과거 미국이 필리핀, 터키, 이란 등지에 설치했던 시설들과, 1967년 중동전쟁시 이스라엘에 의해 격침된 리버티호(The Liberty) 및 1968년 북한에 의해 납치되었던 미국 정보함 푸에블로호(The Pueblo) 등은 모두 신호정보 수집을 위한 플랫폼들이었다.

기지나 플랫폼은 장기적, 전략적 정보수집 계획의 일환으로 설치되기도 하지만 조기경보나 전투수행을 위한 정보지원 목적으로 사용되는 경우도 많으며 특히 현대 전자전에서는 적의 레이더 등 전자장비나 전자시설을 교란하기 위한 목적으로 이용되는 경우도 많다. 예를 들어 적외선 정보를 이용하여 수집된 정보를 통해 미사일 발사사실을 조기에 파악할 수 있으며 각종 전자장비에서 방출되는 전자파를 이용하여 무기의 위치, 종류 및 규모 등을 파악할 수 있고 각종 레이더에서 발생되는 신호를 포착하여 레이더의 위치, 특성 및 포용범위 등을 파악할 수 있다.

또한 기지나 플랫폼에서 수집된 신호정보를 활용하여 상대국의 레이더나 통신을 교란하기 위한 전자교란장치(ECM: electronic countermeasure)를 운용할 수 있으며 역교란장치(ECCM: electronic counter countermeasure)를 통해 상대방의 전자교란장치를 무력화시키기도 한다.

미국의 경우 신호정보 수집을 위한 기지나 플랫폼들은 대부분 국가안보국(NSA: National Security Agency)이 운용 중인데, 이러한 기지나 플랫폼의 운영에는 여러 가지 어려움이 수반된다. 신호정보의 수집을 위해서는 항상 수집

53) 이 글에서는 인공위성의 중요성을 감안, 별도의 항목으로 다루었으나 원칙적으로 인공위성도 플랫폼의 하나로 취급된다.

대상에 가까이 가야 하므로 외국과 외교문제를 야기하기도 하며, 미국의 경우 이러한 문제는 국무성과 정보기관간의 불화 원인이 되기도 한다. 외국 내에 기지를 얻기 위해서는 여러 가지 대가를 치루어야 한다. 육상기지를 얻기 위해 기지설치 국가에 군사원조 등 갖가지 원조를 제공해야 하거나 독재정부를 지원해야 하는 경우도 많으며 외교관계가 악화될 경우 기지를 폐쇄해야 한다는 것도 문제점으로 지적된다. 미국은 1974년 터키의 사이프러스 점령에도 불구하고 정보기지의 유지를 위해 터키 정부에 계속 군사원조를 제공해야 했으며, 미국이 이란의 독재자 팔레비를 지원했던 것도 기지를 계속 유지해야 할 필요성 때문이었다. 또한 육상 혹은 해상 기지들은 항상 적대국가들로부터의 군사적 공격대상이 된다. 1967년 중동에서의 6일전쟁시 이스라엘이 미국의 리버티함을 공격하여 34명이 사망하고 171명이 부상한 사례도 있다.

(6) 기술정보 수집상의 문제점

인간정보의 수집과 마찬가지로 기술정보의 수집에도 많은 문제점이 수반된다. 가장 중요한 문제점으로는 막대한 비용이 소요된다는 점이다. 기술정보의 수집을 위해서는 많은 장비·시설과 인원이 소요되며, 특히 기술의 비약적 발전으로 항상 새로운 장비를 개발·대체해야 하기 때문에 지속적인 예산의 투입이 필요하다. 미국의 경우 1950년대의 경우 전체 정보예산의 15% 내지 20%만이 기술정보 수집에 할당되었으나 현재에는 전체 정보예산의 70% 이상을 기술정보 수집이 차지하고 있다.[54)]

기술정보 수집계획이 수립되어 정보수집을 하기까지 많은 시일이 소요된다는 점도 문제점으로 지적될 수 있다. 일반적으로 인공위성의 경우 새로운 시스템 개발과 배치에 10년 내지 15년이 소요되며 다른 기술정보 수집수단의 개발에도 수년 이상이 소요된다. 따라서 새로운 시스템 개발 지연으로 필요한 정보를 적기에 수집하지 못하는 경우도 있다. 기술정보의 경우 수집대상이 너무 많다는 점도 문제점으로 지적된다. 세계 주요국가의 중요 시설이나 장비를 모두 감청한다는 것은 사실상 불가능하며, 기술정보 수집수단들이 여러 지역과

54) Berkowitz and Goodman, *Strategic Intelligence for American National Security*, p. 144. 참고로 미국 정부가 밝힌 바에 의하면 1998년도 미국의 정보예산은 267억 달러(약 32조원)에 달한다.

기관에 분산되어 있어 중복 수집되는 경우도 허다하다. 이러한 문제점들은 원칙적으로는 체계적인 수집목표의 설정과 업무분담을 통해 방지될 수 있을 것으로 생각되나 수많은 시설들간에 적절한 업무분담을 한다는 것은 사실상 어렵기 때문에 중복은 흔히 발생하고 있다.[55)]

기술정보 수집의 경우 의미해석과 판독이 어렵다는 점도 문제점으로 지적된다. 특히 항공사진의 경우 아무리 전문가라 하더라도 영상에 나타난 물체나 시설이나 인간의 활동들을 정확히 판독해 낸다는 것은 매우 어려우며 오랜 기간 동안의 경험과 숙달된 기술이 있어야 하나 그러한 기술자를 양성해 내는 것이 쉽지 않다.[56)]

기술정보 수집수단의 발주가 적을 경우 장비의 대체가 어렵다는 점도 문제점으로 지적된다. 일반적으로 기술정보 수집을 위한 장비들은 민간회사에 발주하여 생산하게 되는데 발주가 소량이거나 자주 발주되지 않을 경우 민간회사들은 생산을 중단한다. 그러나 전쟁 혹은 기타의 사유로 기존 장비가 파괴되거나 대체가 필요할 경우가 발생하는데 이 경우 계속적인 발주가 없으면 대체가 어려워진다.

위에서도 지적한 바와 같이 해외 기지나 플랫폼 유지에 많은 정치적·외교적 비용(cost)이 소요된다는 점과, 기지나 플랫폼이 적대국의 공격대상으로 쉽게 노출된다는 점도 문제점으로 지적된다. 기술정보 수집을 위한 장비와 시설들을 민간에 의뢰하여 개발한다는 점은 보안상의 취약점을 제기할 수도 있다. 장비개발을 민간에 의뢰할 경우 민간분야의 기술개발을 촉진시키고 비용을 절약하게 할 수 있다는 이점이 있기는 하나 여러 민간회사가 이에 참여할 경우 정부가 직접 담당하는 것보다는 보안상의 취약점이 더욱 높아질 수도 있다.[57)]

그러나 무엇보다도 중요한 사실은 미국 등 선진국을 제외하고는 기술이나

55) 미국 CIA 조지 테닛 부장은 1998년 5월 11일 실시된 인도의 핵실험을 미국 정보기관들이 사전에 탐지하지 못한 것을 계기로 정보기관간의 협조에 문제가 많다고 판단, CIA 내에 정보기관간의 협조문제를 담당하는 부국장과 모든 정보기관에서 진행되는 분석과 보고서를 감독하는 부국장을 신설하고 전자에는 30년간 공작업무를 담당해 온 찰스 앨런을, 후자에는 국가정보위원회 위원장인 존 개넌을 각각 임명했다. 「중앙일보」(1998. 8. 18).

56) Dino A. Brugioni, "The Unidentifieds," *Inside CIA's Private World* (New Haven: Yale University Press, 1995), pp. 8-26. 미국의 경우 첩보위성 사진 판독요원의 평균근무 경력이 18개월에 불과한 것으로 알려지고 있다. 「중앙일보」(1998. 6. 18).

57) 이러한 보안상의 문제점에도 불구하고 현대 군사장비의 개발은 방대한 기술축적이 있어야 하므로 거의 대부분을 민간에 위탁하여 개발 및 생산하고 있다.

예산의 부족으로 기술정보 수집수단을 충분히 확보할 수 없다는 점이다. 국가정보 수집만을 위한 정찰위성의 경우 미국, 러시아, 영국, 중국 등 일부 국가만이 활용하고 있으며, 대부분의 국가들은 미국 등 선진국의 장비를 구매하거나 자국의 민간회사들이 운용하는 상업용 위성을 활용하고 있다.[58] 따라서 선진국에 대한 정보의존과 안보의존이 심화될 가능성이 있다.

7. 공개정보와 비밀정보

첩보의 수집과 관련하여 가장 자주 제기되는 문제가 공개정보와 비밀정보 간의 관계에 관한 문제이다. 국가정보판단에 사용되는 정보는 대부분 공개정보인 경우가 많다. 국가에 따라 다르지만 일반적으로 양적인 측면에서 볼 때 전체 정보의 75% 내지 90%가 공개출처에서 나온다.

정보분석관들이 활용하는 자료 가운데는 신문, 잡지, 책자, 라디오, TV, 전화번호부, 고속도로 지도, 역사·지리 관련 서적, 주요인사의 연설문, 자서전, 정부 및 국제기구의 간행물 등 공개자료들이 대부분을 차지하고 있다.[59] 미국의 경우 정보기관이 아닌 국무성 등의 해외근무자나 무관 등의 보고가 전체 인간정보의 80%를 차지하고 있는 것으로 알려지고 있다.[60] 또한 이주자, 추방자, 망명자 및 피난민 등 준비밀출처(semi-covert sources)를 활용하여 정보를 수집하는 일은 굳이 정보기관이 아니라도 수행할 수 있는 업무이다. 더욱이 냉전이 종식되고 폐쇄적인 국가들이 감소되어 정보공개가 많아지는 데다 인터넷의 발달로 민간분야에서 공개적으로 획득할 수 있는 정보가 많아지고

58) 전세계의 상업용 위성은 프랑스의 스포(Spot), 미국의 랜드샛(Landsat), 인도의 IRS-1D 등이 유명하며, 이들은 고도 6백 내지 8백km 상공에서 지구표면 위 가로·세로 5~10미터 물체를 식별할 수 있다. 북한의 대포동 미사일 기지를 촬영한 미국 스페이스 이메이징사의 이코노스 위성은 해상도가 10cm인 미국의 군사위성 KH-12에는 못 미치지만 해상도가 1m로 세계 최고수준인 것으로 알려져 있다. 스페이스 이메이징사는 위성사진을 평방마일 당 30~600달러로 판매 중이다. 미국이 위성사진의 공개를 허용한 것은 군사기술을 민간분야에도 활용토록 한다는 목적도 있지만 미국 기업이 세계시장을 독점케 함으로써 다른 나라 기업의 참가의욕을 꺾어 안보 관련 정보수집에서 계속 유리한 위치를 유지하려는 의도도 있는 것으로 관측되고 있다. 「중앙일보」(2000. 1. 18).

59) 어떤 나라에서는 공개자료로 취급되는 자료가 다른 나라에서는 비공개 혹은 비밀자료로 분류되는 경우가 허다하다. 예를 들어 전화번호부나 지도의 경우 서방국가에서는 공개자료로 취급되나 구소련, 북한 등 국가에서는 비공개 자료로 분류되어 비밀활동을 수행하지 않고는 수집하기 어려운 경우도 많다.

60) Berkowitz and Goodman, *Strategic Intelligence for American National Security,* p. 72.

있어 정보기관 무용론까지 대두되고 있다.[61)]

그러나 이러한 추세에도 불구하고 정보기관이 수집하는 비밀정보는 여전히 중요하다는 것이 일반론이다.[62)] 첫째, 상대방의 의도(intention)나 능력(capability)이나 취약점(vulnerability)이나 가능한 행동방책(possible course of action)을 적시에 정확하게 판단하기 위해서는 여전히 비밀정보가 필요하기 때문이다. 어느 나라나 중요한 사항을 쉽게 공개하지 않는다. 이러한 경향은 정도의 차이는 있더라도 민주국가나 독재국가나 모두 마찬가지다. 따라서 공개정보는 맥락이나 배경 파악에는 유용하지만 외국의 특정 의도의 파악은 비밀정보의 도움을 받지 않으면 안 된다. 특히 독재국가나 폐쇄국가에 대한 정확한 정보판단을 위해서는 비밀정보의 수집이 필수적이다. 이런 점에서 "적의 진영을 관찰만 하고 스파이를 갖지 않는다는 것은 적이 장래를 위해 무엇을 준비하고 있는지 과거에 일어난 일이 무엇을 의미하는지를 확실하게 알 수 없다는 것을 의미한다"는 주장[63)]이 설득력을 가진다.

둘째, 정보화 사회에서는 정보의 우위가 국력을 결정짓는 중요한 요소가 되기 때문이다. 현대와 같이 정보의 유통량이 많고 정보의 유통속도가 초 단위로 빨라지고 있는 정보화 사회에서는 다수에 의해 공유된 정보는 이미 힘의 원천이 되기가 어렵다. 따라서 다른 나라들이 갖지 않은 정보를 보다 신속히 획득하는 것은 국제경쟁에서 우위를 확보할 수 있는 원천이 된다.

셋째, 군사상황이나 테러조직 등 특수조직이나 업무와 관련된 사항을 정확히 파악하기 위해서는 비밀정보의 수집이 필수적이다. 어느 국가나 군사적인 사항은 대부분 비밀로 유지하고 있어 공개적인 정보만으로는 정확한 정보판단

---

61) Roger Hilsman. "Does the CIA Still Have a Role," *Foreign Affairs* 74 : 5(September/October 1995), pp. 104-116.

62) 미국 의회의 결의에 따라 1996년 3월 미국 정보기관의 역할과 능력을 검토한 한 위원회의 보고에서는 비밀정보가 필요한 이유를 다음 여덟 가지로 설명하고 있다. ① 어떤 나라들은 외부세계가 자국에 접근하지 못하도록 하고 있다. ② 다른 나라에 적대적인 행위를 계획하는 정부들은 그들의 의도를 밝히는 경우가 드물고 그들의 준비상황을 숨긴다. ③ 대부분의 나라들이 군사능력과 관련된 세부예산을 숨긴다. ④ 적대국은 군사계획, 군사규모, 구성 및 의도를 숨긴다. ⑤ 국제조약, 유엔결의 및 국제규범을 위반하는 국가들은 이를 숨긴다. ⑥ 각국은 외교교섭을 할 때 전략과 목표를 밝히지 않는다. ⑦ 테러, 마약거래, 스파이 등 비밀활동은 비공개리에 이루어진다. ⑧ 환경 및 인류재난은 육상에서 관찰할 수 없는 정보들을 필요로 한다. Commission on the Roles and Capabilities of the United States Intelligence Community. *Preparing for the 21st Century- An Appraisal of U.S. Intelligence*(Washington D.C.: Commission on the Roles and Capabilities of the United States Intelligence Community, 1996), pp. 9-10.

63) Angelo Codevilla. *Informing Statecraft: Intelligence for a New Century*(New York: The Free Press, 1992), p. 14.

을 하기가 어렵다. 특히 전투나 전쟁시에는 공개적인 정보보다는 비밀정보가 더욱 많아 비밀정보 없이는 정확한 정보판단이 사실상 불가능해진다. 현대 각국의 중요한 정보목표가 되고 있는 테러조직의 경우도 만찬가지다. 테러조직의 운용내용을 공개정보를 통해 수집한다는 것은 사실상 불가능하다.

또한 정보기관에서 공개정보를 어느 정도 수집해야 하는가의 문제도 항상 논란의 대상이 되고 있다. 공개정보는 정보판단의 기초가 되므로 정보기관도 정보판단을 하기 위해서는 공개정보가 반드시 필요하며[64] 따라서 정보기관이 정보판단에 필요한 공개정보를 수집하는 것은 당연하다. 그러나 공개정보의 수집은 정보기관의 고유업무라고 보기는 어렵다.[65] 따라서 원칙적으로 정보기관은 비밀출처를 개척하지 않으면 수집하기 어려운 비밀정보의 수집에만 전념하는 것이 바람직할 것이며, 공개정보를 수집할 경우에는 일반 행정부처나 학계, 업계 등에서 수집하는 정보보다는 더욱 깊이 있는 정보만을 수집하는 것이 타당할 것으로 생각된다.[66]

8. 인간정보와 기술정보

현대의 정보전쟁은 기술정보전 혹은 전자정보전이라고 불릴 만큼 기술정보가 차지하는 비중이 높다. 이는 과학기술의 발전에도 힘입은바 크지만 냉전체제하에서 폐쇄적인 공산국가들 내부에 정보망을 부식(扶植)하기가 상대적으로 더 어려웠던 데도 기인한다.

64) 공개정보가 비밀공작에서도 중요한 역할을 하는 경우도 많다. 1983년 미국의 그레나다 침공은 적절한 지도가 없어 실패했으며, 1999년 5월 7일 유고공습 당시 북대서양조약기국(NATO) 군대는 미국방부 산하 국립영상 및 지도제작국(National Imagery and Mapping Agency: NIMA)이 1996년 작성한 낡은 지도를 근거로 중국 대사관을 군수공장으로 잘못 알고 폭격을 감행, 4명이 사망하고 20명이 부상하는 사고를 일으켜 국제적으로 큰 문제가 되었던 적도 있다.

65) 일반적으로 미국에서는 정보기관은 비공개 정보만을 수집해야 하며, 공개정보나 외교적 접촉을 통해 수집할 수 있는 정보를 수집하는 것은 정보수집 업무라기보다는 지원기능 생각하고 있다. 그러나 공개적이기는 하지만 이란, 북한 등과 같은 폐쇄적인 국가의 신문이나 방송내용 등은 쉽게 접근할 수 없기 때문에 정보기관이 수집해도 된다는 것이 일치된 인식이다. Commission on the Roles and Capabilities of the United States Intelligence Community, *Preparing for the 21st Century- An Appraisal of U.S. Intelligence*, pp. 15-16.

66) 물론 공개정보인 경우라도 세계 언론이 다루지 않는 분야는 정보기관이 수집하는 것이 타당하다. 예를 들어 미국 CIA는 해외방송정보센터(The Foreign Broadcast Information Center: FBIS)를 운용하면서 세계 각국의 중요 방송들을 청취하여 정부 내 각 부처 및 민간에게도 제공하고 있다.

특히 오늘날과 같이 각국이 정보공개를 확대하고 있는 상황에서는 인간정보의 수집보다는 기술정보의 수집이 더욱 신속하고 정확하게 정보요구를 충족시킬 수 있는 수단이 될 수 있다. 그러나 인간정보가 여전히 중요성을 갖는 것도 사실이다. 첫째, 기술정보는 외부로 나타난 사항만을 알 수 있을 뿐 인간의 마음속에 있는 것은 알아내지 못한다. 예를 들어 기술정보 수집수단을 통해서 외국의 현존하는 미사일기지는 파악할 수 있어도 앞으로 몇 개의 기지를 더 건설할 것인가는 알 수 없기 때문에 특히 미래의 계획을 파악하는 데는 인간정보가 유용한 수단이 된다.

둘째, 기술정보의 수집에는 많은 인력·예산과 시간이 소요되므로 지속적 관찰이 필요하지 않을 경우 활용하기가 어려운 수집수단이다. 따라서 이 경우에는 인간정보 수집수단을 활용하는 것이 더욱 경제적이다.[67] 셋째, 긴급한 정보요구가 있을 경우 인간정보 수집수단이 더욱 유용하다. 앞에서도 지적한 바와 같이 기술정보의 수집을 위해서는 많은 시간과 장비가 소요되기 때문이다. 넷째, 인간정보와 기술정보는 상호보완적인 경우가 많다. 기술정보 수집을 위해 인간정보 수단이 사용되는 경우도 많으며 기술정보의 해석을 위해 인간정보가 중요한 역할을 하는 경우도 있고 그 반대의 경우도 많다.[68]

미국의 경우 전통적으로 CIA는 인간정보를 중요시하나 국방성 등에서는 기술정보를 더욱 중요시한다. 왜냐 하면 전쟁의 수행을 위해서는 적의 장기적 계획보다는 단기적 전투에 활용될 수 있는 정보가 더 중요하기 때문이다. 특히 냉전초기에는 소련에의 정보접근이 어려워 인간정보의 수집이 부진하였기 때문에 미국은 주로 기술정보의 수집에 치중해 왔다. 그러나 1970년대 이후부터 인간정보의 중요성을 재인식하게 되었다. 왜냐 하면 미국의 경우 소련에 대한 정보 못지않게 다른 군소국가들에 관한 정보도 필요했기 때문이다.

---

67) 미국의 경우 기술정보 수집을 위해 전체 정보예산의 70% 이상을 투입하는 반면, 인간정보 수집을 위해서는 전통적으로 5% 수준의 예산만을 사용하고 있다.

68) 특정 장소에 도청장치를 설치하기 위해서는 인간정보 수집수단이 주로 이용된다. 과거 미국CIA와 소련 KGB는 특정 인물의 숙소 앞에 빵집을 개설하여 빵 배달을 구실로 도청장치를 설치한 경우도 있고 미국 CIA는 전문적인 방화범을 고용, 소련 무관 숙소에 불을 지른 후 도청장치를 설치한 경우도 있으며, 고용원 등을 매수하여 도청장치를 설치한 경우도 있다. 또한 암호해독을 위해 공작원이나 협조자를 포섭, 비밀코드나 난수표 책을 수집하는 경우도 있다. 특히 인간정보가 기술정보의 해석에 중요한 역할을 했던 사례는 1961년 쿠바미사일 위기 때에 있었다. 당시 미국은 U-2정찰기를 통해 소련의 미사일기지 건설현장 사진을 입수했으나 해석이 어려웠는데 소련 GRU 내에 부식되어 있던 공작원 올레그 펜코프스키 대령의 조언을 받아 미사일 기지 건설임을 확신하게 되었다. Holt, *Secret Intelligence and Public Policy*, pp. 63, 73.

따라서 인간정보의 수집을 중시할 것이냐 기술정보의 수집을 중요시 할 것이냐는 일반화시켜 논의할 문제라기보다는 각국의 정보목표와 정보요구, 상대국가의 폐쇄성 여부, 자국의 기술수준과 예산 등을 종합적으로 검토하여 판단할 문제라고 생각된다.[69)]

9. 정보기관과 정부 내 타부처간의 관계

첩보의 수집과 관련된 정보기관과 정부 내 일반부처간의 관계는 정보의 공유문제와 정보수집을 위한 협조문제로 집약될 수 있다.

정보기관은 원칙적으로 비밀정보의 수집에만 전념하도록 되어 있어 공개적인 정보나 정부 내 다른 부처의 일상적인 업무과정에서 확보할 수 있는 정보는 직접 수집하지 않는 반면, 일반 정부부처는 비밀활동(clandestine activities)을 통한 정보수집이 금지되어 있는 것이 일반적이다. 따라서 국가정보 능력을 극대화하기 위해서는 상호간의 정보공유가 필수적이다. 국가정보기관의 경우 정부 내 타부처의 업무와 관련된 정보는 해당부처에 통보하고 일반 행정부처의 경우에도 국가안보와 관련된 정보가 수집되었을 경우 해당 정보기관에 통보토록 되어 있는 것이 일반적이다. 이러한 정보의 공유는 법적으로 규정되어 있는 경우도 많으나 부처이기주의, 태만, 정보기관의 업무에 대한 이해부족 등으로 실제적으로는 잘 이루어지지 않는 경우가 많다.

특히 정보기관들은 민감한 정보의 경우 출처보호를 이유로 중요한 정보들을 정책입안자들에게 제공하지 않는 경우도 허다하며,[70)] 정보기관의 입장에서는 정보출처의 보호를 위해 불가피한 조치이기도 하다. 따라서 정보기관 상호간은 물론 정보기관과 정부 내 다른 부처들간에도 항상 긴밀한 협조 및 협력체계를 구축하여 상호 원활한 협조가 이루어질 수 있도록 해야 한다.[71)]

69) 1996년 미국 정보기관의 역할과 능력에 관한 조사위원회의 평가에 의하면 미국 CIA는 수많은 인간정보 출처를 통해 미국외교의 성공을 위한 정보는 물론, 소련 및 기타 불량국가들(rogue states)의 군사개발 계획에 관한 결정적 정보들과 테러분자들의 확인 및 체포를 위한 정보 등 미국정부를 위한 독특하고 중요한 정보들을 제공해 왔다고 평가하고 있다. Commission on the Roles and Capabilities of the United States Intelligence Community, *Preparing for the 21st Century-An Appraisal of U.S. Intelligence*, p. 63.

70) Holt, *Secret Intelligence and Public Policy*, p. 33.

71) 정보기관에서 정부 내 타부처의 업무와 관련된 정보, 예를 들어 산업정보 등을 수집했을 경우 정보기관이 스스로 판단하여 해당 부처에 통보하는 경우가 많은 반면, 일반

정보수집과 관련된 정보기관과 일반 행정부처간의 협조문제는 정보의 수집 자체를 위한 협조와, 정보수집 과정에서 발생하는 문제점 해결을 위한 협조문제 등 두 가지로 대별될 수 있다. 정보의 수집을 위한 협조의 경우, 행정부처가 필요로 하는 정보가 있을 경우 정보수집기관에 요청하여 수집하는 경우도 있고 해외 현지에서 거점장이나 일선 정보관들에게 요청하는 경우도 있다. 이 경우 거점장이나 일선 정보관들은 본부에 보고 후 수집활동에 임하는 것이 일반적이다. 일반 행정부처가 정보기관의 요청에 따라 정보를 수집할 경우에도 대부분 하부 기관간의 협의를 통해 협조가 이루어진다. 정보기관이 해외 흑색정보관 파견을 위해 신분위장을 하려 할 경우에는 보안유지를 위해 정부부처내 고위급 인사와 직접 협조하는 것이 일반적이다.

정보요원의 외국에서의 활동에 관해 현지주재 대사에게 어느 정도 통보하느냐의 문제도 첩보수집 과정에서 제기되는 중요한 문제의 하나이다. 미국의 경우 케네디 대통령 시기부터 현지주재 대사가 주재국에 주재하는 모든 정부요원의 활동방향 설정, 상호 업무조정 및 감독책임을 갖도록 되어 있어 정보기관의 활동도 원칙적으로 대사의 승인을 받아야 한다.[72] 그러나 현실적으로는 모든 정보활동이 대사의 승인하에 이루어지는 것은 아니며, 세계 대부분의 국가들은 지휘체계의 혼선가능성과 보안상의 문제 때문에 현지 대사에게 이러한 권한을 부여하지 않고 있어 현지 대사가 모르는 가운데 첩보수집 활동이 이루어지는 경우도 많다.

실제로 미국의 경우에도 어떤 대사들은 정보의 신뢰성 판단, 동일인물에 대한 중복접촉 방지 등을 이유로 첩보의 출처 등을 상세히 알기를 원해 거점장(station chief)과 불화를 야기하는 경우도 있으나 대부분의 대사들은 상세한 내용을 알기를 원하지 않는 등 현지주재 대사의 성격에 따라 제도의 운영내용이 달라진다.[73]

첩보수집과정에서 야기되는 각종 외교적 문제들이 국가 대외정책 수행에 부담요인이 될 경우 정보기관과 외교담당 부처간에 불화의 원인이 된다. 앞에서도 기술한 바와 같이 신호정보 수집을 위한 기지 유지를 위해 독재정권을

행정부처에서 수집한 정보는 특별히 안보문제와 관련된 비밀정보가 아닌 한 정보기관에 통보하는 경우가 적다. 따라서 정보기관이 능동적으로 일반행정부처와 접촉하여 필요한 정보를 수집하는 경우가 많다.

72) Holt, *Secret Intelligence and Public Policy*, p. 76.

73) *Ibid.*, pp. 76-77.

지원할 경우, 첩보활동이 노출되어 외국과 외교마찰이 발생하는 경우 등이 이러한 사례에 속한다.[74)]

이러한 문제가 발생할 경우 정보기관과 정부 관련부처간의 협의를 통해 원만히 해결되는 경우도 있으나 대통령의 최종 결정이나 판단에 의존해야 문제가 해결되는 경우도 많다. 따라서 정보기관은 첩보수집 활동이 가져올 편익(benefit)과 문제점이 발생할 경우 치루어야 할 대가(cost)를 면밀히 분석한 후 수집활동에 임하여야 할 것이며, 외교담당 부처는 정보기관의 고충을 이해하는 자세를 가지고 적극 협력해 주는 것이 바람직하다.

74) 이러한 문제와 관련된 대표적인 사례로서 1960년 소련 영공에서의 U-2기 격추사건을 들 수 있는데, 당시 미국 CIA는 미국의 첩보비행 사실이 탄로되지 않을 것으로 확신, 국무성에 충분한 정보를 제공하지 않았기 때문에 여러 번에 걸친 국무성의 발표내용이 거짓이 되어 국가위신이 실추되고 양 기관간의 불화가 발생하는 원인이 되었다. 1998년 7월 한국과 러시아간의 외교관 맞 추방 사건도 이러한 사례의 하나다. 「조선일보」(1998. 7. 10). 정보기관의 활동과 관련된 문제로 국가간에 외교적 마찰이 야기되는 경우는 우방국간에도 자주 있는 일이다. 근년의 경우에도 1993년 미국과 프랑스간에 정보요원 맞추방사건이 있었다. 「중앙일보」(1996. 3. 16). 1994년과 1996년에는 영국과 러시아간에 외교관 맞추방이 있었으며, 1994년 CIA직원 올드리치 에임스 스파이 사건을 계기로 미국과 러시아간에 정보요원 맞추방이 있었다. 「조선일보」(1998. 7. 10). 또한 1997년 11월에는 오스트리아 주재 미국 대사관원이 빈 주재 북한대사관 관리의 전화를 도청했다는 혐의로 오스트리아 정부의 요구에 따라 본국으로 소환됐다. 「세계일보」(1997. 11. 7).

제 5 장

정보분석론

문 정 인

1. 머 리 말

"너희는 진리를 구할 지어니, 진리가 너희를 자유롭게 하리라"(요한서 8장 32절). 이 성경의 경구가 세계 최고의 정보기관이라 할 수 있는 미 중앙정보국(CIA) 본부 현관 입구에 새겨져 있다. 이 경구가 함의하는 바는 미 CIA가 진리를 추구하므로서 미국의 자유, 즉 국가이익을 담보할 수 있다는 것이다. 그러면 여기서 진리란 무엇인가? 그것은 다름아니라 수집된 첩보를 분석, 정선하여 이를 정보(intelligence)화 한 것을 의미한다. 따라서 정보는 지식, 진실 또는 진리와 그 맥이 상통한다고 할 수 있다.[1] 그리고 이 정보는 분석을 통해서만 얻어질 수 있는 것이다. 엄격히 말해 분석되지 않는 첩보를 수집된 그대로 활용할 때 국가안보의 혼란상이 가중될 수 있고 득보다 실이 더 커진다. 바로 여기에 정보분석이 수집 못지않게 국가정보에 중요한 자산이 되는 것이다.

이와 같은 정보분석의 중요성과 적실성에 유의하면서 본 장은 정보분석에 대한 각론적 논의를 다루고 있다. 보다 구체적으로 제 5 장에서는 정보분석의

1) 정보가 꼭 진리일 수는 없다는 반론도 존재한다. Mark Lowenthal, *Intelligence: From Secret to Policy*(Washington, D.C.: Congressional Quarterly Press, 2000), p. 6 참고바람.

정의와 경합이론, 정보분석의 대상과 분석 조직, 그리고 분석의 방법론 등이 심층적으로 검토되고 있다. 이와 더불어 분석의 결과는 어떠한 형태로 나타나며, 분석 실패에 따른 정보 실패의 사례와 그 원인은 어디에 있는 집중적으로 규명하고 있다. 끝으로 본 장은 탈냉전, 세계화, 정보화 시대의 새로운 환경에 정보분석이 어떻게 적응해 나가야 하는가를 결론을 대신하여 다루고 있다.

2. 정보분석의 개념과 경합이론

(1) 정보분석의 개념

정보분석이란 정보기관이 매일 산출해내는 방대한 양의 첩보를 검토, 정선하여 국가안보정책에 활용할 수 있도록 하는 작업이라 정의 내릴 수 있다. 따라서 정보분석이란 정보와 정책이 만나는 하나의 수렴점이라 할 수 있다. 바꾸어 말하면, 정보분석은 정책결정자들로 하여금 변화하는 상황을 보다 정확하게 숙지토록 해주는 동시에, 문제상황의 파악과 정책선택을 보다 명료히 해 줌으로서 궁극적으로는 이를 통해 국가안보에 공헌하는 데 그 목적이 있다.[2] 수집된 첩보의 대부분은 단편적일 뿐 아니라 검증을 요한다. 때문에 수집된 첩보에 대한 전문가의 통합, 평가, 분석 작업은 필수 불가결하다.[3] 이러한 과정을 통해 생 자료(raw data) 또는 첩보를 국가안보에 실제 활용할 수 있는 완제된 정보로 변환시킬 수 있는 것이다.

정보분석은 다섯 단계로 구성되어 있다.[4] 그 첫째는 수집첩보의 분류, 기록단계(collation)이고, 둘째는 수집첩보원의 신빙성(reliability)과 첩보의 신뢰성(credibility)을 평가(evaluation)하는 단계다. 세 번째는 수집된 첩보에 의미를 부여하고 이미 알려진 사실과의 대조를 통하여 일련의 결론을 도출해내는 분석(analysis)단계다. 일반적으로 분석된 첩보들은 하나의 큰 그림으로 통합

---

2) Pat M. Holt, *Secret Intelligence and Public Policy*(Washington, D.C.: CQ Press, 1995), pp. 80-82.

3) Richard Richelson, *The U.S. Intelligence Community*(Boulder: Westview Press, 1996), pp. 2-4.

4) Michael Herman, *Intelligence Power in Peace and War*(Cambridge: Cambridge University Press, 1996), p. 100; NATO, *Intelligence Doctrine*(NATO Military Agency for Standardization, August, 1984), Annex F.

(integration)되고 마지막으로 이를 근거로 미래에 대한 예측판단을 하는 해석(analysis)단계를 들 수 있다. 엄격한 의미에서 정보분석은 이 다섯 단계를 통하여 미래의 개연성을 예측할 수 있어야 그 유용성이 높아진다고 할 수 있다.

제 2 장에서 논의하고 있지만 정보분석의 결과로 얻어지는 정보생산물은 크게 네 가지로 구분할 수 있다. 그 첫째는 대상국가 또는 조직의 역사, 지리, 경제력, 군사력과 같은 고정된 기초적 사실들을 기록해 놓은 기초서술(basic descriptive) 정보이며, 둘째는 최근 또는 현재 발생하고 있는 상황에 대해 보고하는 현용정보(current-reportorial)를 들 수 있다. 그리고 세 번째로 주요적국의 군사 동향 등을 사전에 탐지하여 그 기습공격을 예방하거나 대비할 수 있도록 해주는 경보정보(warning and indication)다. 마지막으로 미래 발생할 수 있는 개연성을 예측, 판단해 주는 평가, 판단(speculative evaluative)정보이다.[5)]

그러면 분석, 도출된 정보의 질을 판단할 수 있는 근거는 무엇인가? 무엇보다 국가안보정책 수립에 적실성(relevancy)이 있어야 한다. 정보분석은 학문과 다르다. 학문은 진실, 그 자체의 추구를 목적으로 하나 정보분석에 얻어내는 사실이나 진실은 올바른 국가안보정책을 수립하기 위한 도구에 지나지 않는다. 좋은 정보란 적시성(timeliness)이 있어야 한다. 아무리 정확하고 핵심을 찌르는 정보라 하더라도 정책수립의 시이성을 놓치게 되면 정보로서의 의미를 상실하게 된다. 따라서 정보분석은 항상 시간적 제약을 전제로 한다는 것을 유념해야 한다. 이와 더불어 정보소비자의 소요 요청에 잘 부합되는(tailored) 정보분석을 할 수 있어야 한다. 아무리 생산된 정보가 깊고 광범위하다 할지라도 정보소비자의 정책수립에 도움이 되지 않는다면 정보분석의 의미는 없다. 그러나 여기서 유의할 점은 정보소비자의 요구에 부응은 하지만 분석관 스스로가 정치화하여 분석의 객관성을 상실해서는 안 된다. 정보보고에서 주목해야 할 또 다른 사항은 정보보고가 간결하고 명료해야 한다는 것이다. 여기서 간결(digestible)해야 한다는 것은 복잡한 현상을 왜곡 없이 단순화 시켜 정보소비자의 이해를 도와주는 것을 의미하는 반면, 명료성(clarity)이란 알려진 사항과 알려지지 않은 사항을 명확히 하여 분석된 정보보고의 한계를 분명히 해주는 것을 의미한다.[6)]

5) 제 2 장 참고요. 그리고 Sherman Kent, *Strategic Intelligence for American World Policy*(Princeton: Princeton Univ. Press 1966), p. 8.

6) Lowenthal, 전게서, pp. 94-95.

(2) 정보분석의 이론적 시각

정보분석에 대한 이론적 접근은 크게 세 가지로 나누어 볼 수 있다.[7] 그 첫째는 기술학파 시각이다.[8] 이 시각에 따르면 정보분석의 기능이란 비밀리 수집된 첩보에 대한 전문가의 견해를 정책결정자들에게 전달하는 데 있다는 것이다. 따라서 분석관의 역할은 영상첩보나 암호첩보를 기술적으로 해석해 주고 그 의미를 정보소비자들에 전달 해주는 데 그친다는 것이다. 안보정책 수립과 관련된 분석은 정책결정자들의 고유 영역에 속하며 분석가들은 단순히 기술적 조언자에 지나지 않는다. 과거 소련에서는 정보분석이 이러한 기술적 시각에서 이해되어져 왔다.

두 번째 시각은 과학적 예측학파이다. 이 시각의 원조는 미 CIA 분석부서를 만드는 데 큰 공헌을 한 Sherman Kent이다.[9] Kent에 따르면 정보분석은 과거와 같이 사실들의 단순한 서술을 넘어서 사회과학적인 방법을 통해 이미 발생한 사건들의 인과관계를 규명해 내고 이를 근거로 미래에 대한 예측판단을 하는데 그 주요 기능이 있다는 것이다. 또한 분석의 대상은 단순히 비밀 첩보만이 아니라 공개 자료까지도 포함해야 한다는 것이다. 특히 Kent가 강조하는 것은 정보분석관들이 정책결정자들의 요구에 주목할 필요가 있지만 너무 지나치게 그들의 요구에 부합하여, 연구결과가 정치화 되고 객관성이 상실되는 일이 있어서는 안 된다는 점이다. 정보분석에 대한 사회과학적 접근은 William Colby가 CIA 국장 재직 기간 중에 더욱 강조된 바 있다.[10] Colby 국장은 모든 정보기관들이 사회화학적 방법론과 기술들을 보다 적극적으로 수용하여 미래에 대한 예측, 판단능력을 고양해야 한다고 주장해 왔다.[11] 사실 오늘날 CIA를 포함한 미국의 정보기관들은 대부분 이와 같은 사회과학적 방법론을 정보분석에 광범위하게 적용하고 있다.

---

7) Roy Godson, "Intelligence and National Security," in Richard Shultz, Roy Godson, and Ted Greenwood(eds.), *Security Studies for the 1990s*(Washington, D.C.: Brassey's, 1993), pp. 220-222.

8) Alexander Orlov, *Handbook of Intelligence and Guerrilla Warfare*(Ann Arbor: University of Michigan Press, 1963).

9) Sherman Kent, *Strategic Intelligence,* 전게서; Donald P. Steury(ed.), *Sherman Kent and the Board of National Estimates*(Washington, D.C.: Center for the Study of Intelligence, CIA, 1994).

10) William Colby, "Intelligence in the 1980s" *The Information Society,* 1 : 1 (1981) p. 59.

11) William Colby, in Jin-hyun Kim and Chung-in Moon(eds.), *Post-Cold War,* Democratization, and National Intelligence(Seoul: Yonsei University Press, 1996).

마지막으로 기회분석(opportunity-oriented analysis)학파를 들 수 있다. 기회분석학파는 일반적으로 Kendall 분석학파로도 통용된다. Kendall에 따르면 정보분석에 있어 중립성이란 있을 수 없다고 본다. 정보분석은 정책결정자들의 목표를 달성하기 위한 수단이기 때문에, 주요 적대국 지도자들의 위협과 취약점을 파악하고 이를 아국 정책결정자들의 정책목표를 달성하기 위한 기회로 활용해야 한다는 것이다. 따라서 정보분석관은 정책결정자들과 멀리해서는 안되며 오히려 이들의 선호성을 파악하고 이를 정보분석의 준거로 삼아야 한다고 주장한다.[12)]

비교론적으로 평가할 때 미국은 일반적으로 Kent 유형의 과학적 분석 유형을 강조해 왔다. 이는 2000년 5월 CIA에 새롭게 설립된 Sherman Kent 정보분석학교의 교육지침에서도 분명히 나타나고 있다.[13)] 반면에 한국은 기회분석학파 유형에 가깝다고 평가할 수 있다. 그 이유는 일차적으로 미국에 비해 한국 국가정보기관의 분석부서의 상대적 영세성과 낙후성에 기인한다 하겠다. 그러나 위협환경과 정보기관의 역사성도 크게 작용하고 있다. 한국 국가정보기관은 북한으로부터의 군사위협에 대한 조기경보체계를 확고히 하고 대통령이란 최고 지도자에 대한 보좌를 최우선적인 목적으로 하고 있기 때문에 수집뿐만 아니라 분석분야에 있어서도 정책결정자들의 선호성을 크게 반영하는 경향이 있다.

3. 정보분석의 대상과 조직

(1) 분석 대상의 분류

정보분석의 대상은 무엇인가? 그 대상은 크게 세 가지로 나누어 살펴볼 수 있다. 첫째는 분석 대상을 개념적으로 분류하는 것이고, 둘째는 분석 대상의 기능적 분류이며, 마지막으로 분석 대상을 지역별로 분류하는 것이다. 이

12) Wilmore Kendall, "The Function of Intelligence." *World Politics,* 1 : 4(July 1949); Robert Gate. "The Opportunity Unfulfilled: The Use and Perception of Intelligence at the White House," *Washington Quarterly*(Winter, 1989).

13) Stephen Marrin, "CIA's Kent School: A Step in the Right Direction," 미국 국제정치학회 발표 논문(18 March, 2002) 참조요.

세 가지 분류 유형을 개괄적으로 살펴보도록 하자.

1) 개념적 분류

일반적으로 분석 대상의 개념적 분류는 크게 네 가지로 나누어 볼 수 있다.[14] 그 첫째는 공개된 사실(known facts)이다. 여기서 공개된 사실이란 공개출처를 통해 얻어진 첩보 또는 시각적으로 확실성을 갖고 확인할 수 있는 일련의 첩보를 총괄한다. 전통적으로 국가정보기관은 공개출처 첩보보다는 비밀리에 수집된 첩보의 분석에 더 큰 관심을 기울여 왔다. 그러나 정보혁명과 민주화, 각 국가기관의 투명성, 그리고 민간단체의 연구수집 능력의 강화 등은 공개출처 자료 및 첩보의 중요성을 과거 어느 때보다 증대시키고 있다.[15] 한 예로 대부분의 국가정보기관들은 영국 국제전략연구소(IISS)의 Military Balance, 스웨덴 평화연구소(SPRI)연감, 그리고 Jane's Weekly같은 공개출처를 통해 주요 국가에 대한 군사첩보를 수집하고 있다. 더구나 인터넷 혁명에 따른 공개정보의 확산은 거의 모든 분야에 있어서 공개정보의 중요성을 절감케 해주고 있다. 특히, CNN, FOX NEWS와 같은 TV매체의 역할이나 New York Times 등 현안 문제에 대한 언론매체들의 심층보도는 종종 현지 파견관(intelligence officer)을 통한 첩보수집보다 그 유용성이 클 수도 있다. 따라서 과거 어느 때보다 공개정보가 정보분석의 주요 대상으로 등장하고 있다.[16] 그러나 분석관들은 공개출처 첩보를 다루는 데 있어서 신뢰성의 문제, 역정보의 위험, 그리고 주요 첩보의 선택에 각별히 신경을 써야 한다.

두 번째 분석 대상은 비밀(secret)이다. 엄격히 말해 국가정보기관의 역할은 바로 비밀을 수집하고 분석하여, 이를 국가안보정책에 긴요하게 활용하는 데 있다. 비밀이라 함은 통상 외국정부가 외부에 대한 공개를 회피하고 은닉하려는 일련의 현안 문제, 상황, 그리고 정책과정을 의미한다. 그러나 비밀은 다

---

14) Berkowitz and Goodman, *Strategic intelligence*(Princeton: Princeton University Press, 1996), pp. 86-106; Angelo Codevilla, *Informing Statecraft*(New York: Free Press, 1992), pp. 6-12.

15) Greg Treverton, *Reshaping National Intelligence in the Age of Information*(Cambridge: Cambridge University Press, 2001); Robert David Steele, *On Intelligence: Spies and Security in an Open World*(Fairfax, VA: AFCEA, International Press, 2000).

16) 가령 미 CIA는 공개 출처 정보를 효과적으로 획득하기 위해 IN-Q-TEL이라는 벤처회사에 대규모 투자를 하고 이를 통해 공개정보 관리체계를 구축하고 있다. Amy Cortese, "Suddenly Uncle Sam Wants to Bankroll You," *New York Times*(December 30, 2001), p. 1.

분히 인위적인 성격을 띤다. 왜냐하면 국가마다 비밀분류에 관한 규정이나 법령이 있고, 이에 따라 비밀을 생산해 내기 때문이다.[17] 북한의 경우처럼 극도로 폐쇄된 국가에 있어서는 거의 모든 것이 비밀로 분류될 수 있다. 반면에 개방된 국가일수록 비밀의 범주는 줄어들기 마련이다. 그러나 일반적으로 주요인사의 신상정보, 주요 첨단 병기의 성능 및 재원, 그리고 정보, 보안기구의 구성, 인원, 예산 등은 비밀로 분류된다. 비밀분석에 있어서 가장 큰 애로사항은 확인상의 제약과 그에 따른 불확실성이다.[18] 특히 폐쇄된 적대국의 경우, 수집된 첩보에 대한 체계적 검증이 지극히 제한되기 때문에 현실과의 괴리와 모호성을 염두에 두고 분석에 임해야 한다. 바로 여기서 비밀을 대상으로 하는 정보분석은 수집된 첩보를 근거로 이론과 가설을 설정하고, 연역적 또는 귀납적 유추의 과정을 거친 후 확률적인 예측, 판단을 목적으로 한다.

역정보(disinformation)도 주요한 분석 대상이 된다. 역정보란 적대국이 상대국 분석관들을 기만하고 오판케 위해 의도적으로 틀린 왜곡된 정보를 지칭한다.[19] 역정보에 관한 사례들은 호머의 일리야드에 나오는 트로이의 목마에서 제 2 차 세계대전의 가짜 패튼 장군, 그리고 냉전시 유리 노셍코사건에 이르기까지 다양하다.[20] 역정보를 이용한 기만 공작에 대한 예방 및 탐지실패는 매우 심각한 정보분석의 실패를 가져올 수 있다. 왜냐하면 수집첩보의 오류에 대한 분석의 오류를 가져올 수 있을 뿐 아니라 분석부서에 대한 정책결정자들의 불신을 조장하여 한 국가의 국가안보를 크게 위태롭게 할 수 있다. 따라서 첩보출처에 대한 철저한 검증과 분석 평가의 정확성과 엄정성을 통해 기만공작과 역정보의 가능성을 철저히 가려내야 할 필요가 있다.

마지막으로 미스터리(mysteries)를 들 수 있다.[21] 일반적으로 미스터리라 함은 비밀정보의 수집, 분석만으로는 규명해 낼 수 없는 의문사항이나 현안을 의미한다. 미스터리가 발생하는 이유는 국가안보와 관련된 일련의 결정이나 사건들은 불확실성을 특징으로 하고 있기 때문이다. 여기서 불확실성은 바로 인간행동의 의도, 선호성, 그리고 심리구조와 밀접한 관계를 가진다. 그리고 의도, 선호성, 심리상태는 수시로 변할 수 있는 것이다. 이것은 정보분석에 있어

17) 나라마다 다르기는 하지만 비밀은 일급비밀(top secret), 이급비밀(secret), 그리고 삼급비밀 또는 대외비(confidential)로 구분될 수 있다.
18) Berkowitz and Goodman, 전게서, pp. 89-96.
19) Berkowitz and Goodman, 상게서, p. 96.
20) Berkowitz and Goodman, 상게서, pp. 96-102.
21) Berkowitz and Goodman, 상게서, pp. 103-106.

구조와 행위자간의 역동적 관계를 규명해내는 것이 얼마나 어려운 것인가를 보여주는 대목이다. 가령 예를 들어 대포동 2호 실험발사와 관련된 북한의 의도는 무엇인가?라는 분석과제를 생각해보자. 현실적으로 이러한 과제에 분석관들이 정답을 줄 수는 없다. 왜냐하면 대포동 2호의 실험발사와 관련된 수많은 변수들이 복합적으로 연동되어 있고 이들을 규명한다는 것은 쉬운 일이 아니기 때문이다. 북한의 의도를 알기 위해서는 김정일의 의도, 선호성, 그리고 심리 상태를 규명해야 한다. 그러기 위해서는 미국의 정책결정자들의 의도와 선호성, 그리고 그에 대한 김정일 및 북한 지도부의 인지구조와 결정성향을 추적해야 한다. 이러한 가변적 심리변수들간의 인과관계를 규명하여 주어진 분석 과제에 대한 정답을 제공하기란 사실 불가능하다. 그러나 분석관들은 제한적이나마 개연성의 구조와 범주를 밝혀냄으로써 돌발 사건에 효과적으로 대응하게 할 수 있다. 이런 점에서 미스터리 역시 정보분석의 주요 대상이 된다.

2) 기능적 분류

정보분석의 대상은 제 2 장에서 지적하고 있듯이 정치, 군사, 경제, 사회, 문화, 그리고 과학기술 등 광범위한 영역을 포함하고 있다.[22] 일반적으로 수집대상에 따라 분석 대상이 결정된다고 보면 무방할 것이다. 그러나 각 기능분야에 대해 망라형으로 정보분석이 이루어지는 것은 아니다. 나라마다 수집과 분석의 우선 순위가 다를 수 있다. 1996년에 발간된 브라운 보고서는 21세기 미국 국가정보의 주요 임무를 다음과 같이 규정하고 있다.[23]

- 미국 외교정책 수행의 지원(패권국으로서의 미국 위상 유지 지원/여타 관심국가에서의 주요 사태에 대한 조기경보/주요 정보제공)
- 주요 조약 및 협약의 준수여부 감시(SALT Ⅰ.Ⅱ, 제네바 협약, NPT 등 주요 협약에 대한 이행여부 감시)
- 군사작전과 국방기획의 지원(1991년 걸프전 등 해외에서의 주요 군사행동에 대한 전략 및 전술정보 제공/주요 국가의 군사력 평가 및 무기체계 관련 정보 제공)
- 경제정보(공개출처 정보의 중요성 증대에 따라 그 역할이 저하되고 있으나 주요 무역협상 등에 대한 비밀정보 제공)

22) Angelo Codevilla, *Informing Statecraft,* 전게서, pp. 404-439 참조요.

23) Commission on the Roles and Capabilities of the U.S. Intelligence Community, *Preparing for the 21st Century: the Appraisal of U.S. Intelligence*(Washington, D.C.: US Government Printing Office, 1996), p. 20, 27 참조요.

- 초국가적 위협에 대한 대응(국제테러리즘, 마약사범, 대량살상무기확산, 그리고 국제조직범죄 등에 대한 색출, 감시, 대응 관련 정보)
- 환경관련 정보수집, 분석(방사능 물질의 공해상 처리, 주요 원자로 사고, 산성비, 자원 분쟁 등에 대한 정보수집, 분석)
- 세계 보건문제 관련 정보수집, 분석(AIDS와 같은 전염병을 포함하여 미국의 국가이익에 위협이 되는 보건관련 사항의 수집, 분석)
- 정보전(미 정부 또는 민간 단체의 정보통신체계의 보호를 위한 공세적, 또는 방어적 정보전의 준비)

이와 같이 기능적 측면에서 미국의 주요 정보분석 대상은 급격히 변화되고 있다. 특히 2001년 '9·11'사태 이후 이 같은 변화는 보다 가시화되고 있다. 과거 소련이나 중국의 핵무기에 역점을 두던 것과는 대조적으로 국제 테러리즘과 대량 살상무기 확산 방지 및 억지에 최우선적 수집 및 분석의 초점을 맞추고 있다. 특히 국제 테러리스트들의 대량 살상무기와 정보전에 대한 접근이 보다 용이해지면서 보이지 않은 적들에 대한 분석을 통해 경계, 경보 정보를 생산해 내는 것이 더욱 어려워지고 있다. 또한 과거에는 SALT Ⅰ과 Ⅱ에 역점을 두어왔지만 최근에는 NPT나 CW/BW의 안전수칙 준수여부에 더 큰 정보수집 및 분석의 역점을 두고 있다. 이와 더불어 정치분석에 있어서도 민주화 추세가 확산되면서 권력 엘리트나 집권세력보다는 NGO와 같은 시민 단체들에 대한 분석의 필요성이 증대되고 있고, 경제분석에 있어서도 거시, 미시 분석보다는 산업첩보나 부정, 국제통상에 있어서 위법적 행위, 핵심기술의 전이, 그리고 국제 금융시장의 구조적 불안정에 더 큰 관심을 기울이고 있다.[24)]

〈표 1〉에서 예시해 주고 있듯이 탈냉전시대의 안보위협에 대한 정보분석은 점차 어려워지고 있다. 재래식 전쟁의 경우는 대규모 군대의 이동과 무기배치를 특징으로 하기 때문에 상대방의 군사행동에 대한 감지(detection), 국지화(localization), 식별(identification), 그리고 분석(analysis)이 비교적 용이하다. 그리고 전통적 테러공격의 경우도 공격자체에 대한 감지나 그 피해를 특정지역에 제한하기는 그리 어렵지 않다. 그러나 범인들을 식별, 체포하고 테러동향을 분석하는 것은 매우 어려운 과제이다. 2001년 9월 28일 앤트랙스(탄저균)에 의한 대미 테러행위에서 나타나고 있듯이 생물무기(BW) 테러공격은 정보분석면에서 아주 다루기 어려운 사안이다. 테러행위 자체에 대한 감지나 그 피

24) Berkowitz and Goldman, *Best Truth*, 전게서, pp. 102-103.

표 1	재래식 전쟁, 반 테러리즘, 생물무기 위협의 분석과제 비교		
	재래식전쟁	전통적 테러공격	생물테러공격
감 지	용이	용이	어려움
국 지 화	용이	용이	어려움
식 별	용이	어려움	어려움
분 석	비교적 용이	어려움	어려움

출처: Bruce D. Berkowitz and Allan E. Goodman, *Best Truth*(New Haven: Yale University Press, 2000), p. 120에서 재구성.

해의 국지화가 어려울 뿐 아니라 테러조직의 식별이나 향후 테러행위에 대한 정보분석이 거의 불가능하다 해도 과언이 아닐 것이다.

미국과 대조적으로 한국은 아직도 전통적인 국가안보 사안에 그 분석상 우선순위를 두고 있다. 북한의 군사동향, 정치구조 및 동향, 그리고 경제상황 등이 주요 분석대상으로 자리잡고 있다. 이와 더불어 미국, 일본, 중국, 러시아 등 주변 4강의 정치, 군사, 외교분야에 대한 수집 및 분석도 크게 중요시되고 있다. 여기서 한 가지 유념할 것은 과거 북한과의 첨예한 외교경합을 전개할 당시에는 비적성 중립국 또는 적성중립국에 대한 분석적 관심이 높았으나 최근에는 북한과 주변 4강의 군사, 정치, 외교 분야에 대한 분석에 우선적 역점을 두고 있다. 과거와 대별되는 또 다른 차이점은 미국과 유사하게 국제조직범죄, 마약밀매, 그리고 테러리즘 등에 수집 및 분석상의 우선 순위를 두고 있다는 사실이다. 그 뿐만 아니라 경제방첩 사안 등을 포함하여 경제분야에 대한 분석도 1997년 경제위기 이후 중요한 비중을 차지하고 있다.

3) 지역별 분류

대부분의 국가정보기관들은 정보분석을 기능과 지역으로 나누어 이원화하고 있다. 따라서 정보분석의 대상도 지역별로 구분될 수 있다. 그러나 지역별 분석 대상에 대한 우선 순위는 국가마다 크게 다르다. 미국과 같이 전 세계에 걸쳐 국가이익을 관리하는 패권국에 있어서는 전 세계 모든 국가가 주요 분석의 대상이 된다. 그러나 시대적 상황에 따라 지역별 분석 대상의 우선 순위도 재편성된다. 냉전시에는 소련과 중국 등 공산권 국가들이 주요 분석 대상이 되어 왔으나 9.11사태 이후는 부시 대통령이 '악의 축'으로 규정한 북한, 이라크,

이란과 대량살상 무기 확산에 주요 위협으로 등장하고 있는 중국, 리비아, 시리아, 러시아 등이 새롭게 추가되고 있다.[25] 앞서 지적했지만 한국도 지역별 역점이 탈냉전의 대두와 더불어 재구성되고 있다. 아직도 북한이 제 1 차적 분석 대상이지만 미국을 포함한 주변 4강의 동향이 중요한 분석 대상으로 자리 잡아 왔다.

(2) 정보분석 기구와 분석관

1) 정보분석 기구

국가마다 정보분석을 담당하는 조직의 성격은 다르다. 미국의 사례를 한번 살펴보자. CIA 내에 분석부서(directorate of intelligence)는 수집/공작부서와 별도로 독자적인 영역을 갖는다. 뿐만 아니라 부문별 정보기관의 분석기능, CIA의 분석기능, 그리고 이를 총괄하여 전체 정보기관의 합의로서 나타나는 국가정보 예측판단(NIE: National Intelligence Estimates)을 작성하는 국가정보 협의회(National Intelligence Council) 등 중층적 분석기구를 가지고 있다.[26] 영국도 그 규모는 작으나 수상실 직속으로 분석평가팀(Assessment Staff)을 두고 있다. 그러나 미국과는 대조적으로 단일 부서로 구성되어 있다.[27] 한국은 분석기능이 대부분 국가정보원에 집중되어 있다. 그러나 미국의 CIA와는 대조적으로 국정원 내의 분석기능은 분산되어 있다. 해외정보 분석국, 대북정보 분석국, 그리고 국내 판단기획국 등 해외, 대북, 그리고 국내부서로 구획되어져 있고 이들간의 수평적 업무협의는 다소 저조한 것으로 알려져 있다. 국정원과는 별도로 국방정보국과 국군정보사령부가 부문별 정보기구로서 분석활동에 임하고 있으나 분석 범주는 국방부문에 한정되어 있다. 또한 미 국무성과는 대조적으로 외교통상부의 정보분석기능은 예산, 인원면에서 지극히 제한되어 있는 실정이다.

이상의 논의를 기초로 할 때, 정보분석기구는 세 가지 유형으로 대별될 수 있다.[28] 그 첫째는 분산형(confederal)이다. 제 2 차 세계대전 이전 미국에서

25) Nuclear Posture Review에 따른 새로운 분류임. *Washington Post*(March 13, 2002), p. 1.
26) 본서 11장(미국 정보기구) 참고 바람.
27) 본서 16장(유럽 정보기구) 참고 바람.
28) Roy Godson, "Intelligence and National Security," 전게서, pp. 221-222.

통용되는 모델로 미국의 국무성, 육군, 그리고 해군이 각자의 수집 및 분석 기능을 가지고 부서간 교류 없이 해당 부서의 활동에 활용되는 것이 이 모델에 속한다. 이 모델은 각 부처의 정책소요에 필요한 정보분석을 즉각적으로 그리고 전문적으로 제공할 수 있는 장점이 있으나 정보분석의 중복, 그리고 소요자원의 분산투자에 따른 조기경보 실패 등의 기본적 한계를 노정시킨 바 있다.

두 번째 모델은 중앙집중형(centralized)이다. 중앙집중형은 분산형의 약점을 보완하기 위해 착안된 것으로 제 2 차 세계대전 이후 미국의 가장 중심적인 분석 모형으로 자리잡아 왔다. 각 개별 정보기관의 분석보고서 대신에 국가안보정책과 관련, 주요 분석 사안을 설정하고 각 부문별 정보기관의 대표들이 합의형 정보예측, 판단보고서를 작성하는 방식이 이 중앙집중형의 핵심을 이룬다.[29] 이러한 방식은 수집, 분석에 대한 중복 투자를 방지할 수 있을 뿐 아니라 모든 정보기관이 중요하다고 생각하는 사안들을 포괄적으로 다루는 강점이 있다. 그러나 중앙집중형 정보분석은 이들의 정보 생산물인 즉 국가정보 예측판단서(NIE)가 정책결정자의 소요와는 유리된, 분석을 위한 분석으로 치중하는 경향이 있을 뿐 아니라 이들의 유용성 역시 크게 비판받아 왔다. 이러한 취약점은 합의에 의한 정보분석이란 본질적 제약에서 유래하는 것이었다. 왜냐하면 분석관들 간의 차이점은 부각되지 않고 오로지 합의 사항만 부각되는 경향을 보이기 때문이다.

마지막으로 이러한 약점을 보완키 위해 제안된 것이 경쟁적 분석(Competitive Analysis)을 특징으로 하는 절충형 모델이다. 절충형 모델은 집중형 분석의 합의적 성격이 지니는 단점을 보완하여, 국가정보기관 및 부문별 정보기관들로부터 분석관들을 충원, A팀과 B팀으로 나누어 동일 사안에 대해 경쟁적으로 분석케 하는 방식이다.[30] 이 모델은 냉전기간 중 소련 군사력 평가에 대한 오류를 수정하기 위해 1975년 당시 CIA국장이던 George Bush 때부터 미 정보 공동체에서 주로 활용하던 방식이다. A팀에서 소련의 군사력관련 정보예측판단서(NIE)를 작성하면 B팀에서 이에 대한 반대의견을 각주(footnote)로

29) National Board of Intelligence, 그리고 그 후의 National Intelligence Council에 따른 NIE가 그 대표적 사례이다. Donald P. Stevy, *Sherman Kent and the Board of National Estimates,* 전게서.

30) Berkowitz and Goodman, (*Strategic Intelligence*), 전게서, pp. 131-136; Richard Pipes, Team B: The Reality behind Myth, *Commentary*(Oct. 1986) Robert Reich, "Re-examining the Team A Team B Exercise," *International Journal of Intelligence and Counter intelligence* 3 : 3(Fall 1989), pp. 387-403.

처리하여 부각시키거나 아니면 본문에 대립되는 견해를 직접 표시함으로써 정보 소비자가 보다 객관적으로 판단을 할 수 있는 장점이 있다.

이 세 가지 유형 중 어느 모델이 더욱 유용한가에 대해서는 판단하기 어렵다. 그러나 이러한 고민은 미국 같은 정보강대국에 한정된다고 하겠다. 한국을 포함한 대부분의 국가들에 있어서 정보분석 부서들은 극히 제한된 인원으로 다량의 정보분석에 임해야 하기 때문에 합의를 거친 중앙집중형이 아니라 국가정보기관이 중심이 되는 단일 정보분석 판단에 의존하는 경향이 크다. 그러나 경쟁적 분석의 이점을 배제할 수는 없다.

따라서 제한적이지만 국가정보기관과 부문별 정보기관 간에 동일 사안에 대한 각기 다른 정보분석보고서를 작성토록하고 이를 비교하여 국가안보정책에 적실성 있게 이용하는 것이 바람직 할 것이다. 가령 한국의 경우, 북한 군사력에 대한 평가에 있어 국정원의 북한 분석국과 국방정보본부 간의 경쟁적 분석은 국정원의 독점적 정보생산보다는 국가이익에 보다 유익할 것으로 판단된다.

2) 정보분석관

정보분석의 핵심은 분석관의 자질에 달려 있다. 아무리 수집공작을 통해서나 기술첩보를 통해 양질의 첩보를 수집한다 해도 이에 상응하는 정보분석 능력이 없을 경우, 수집된 첩보는 사장되거나 오판될 수 있다. 때문에 우수한 분석관의 충원과 지속적인 훈련은 정보분석의 필수 요소라 할 수 있다. 정보분석관의 충원과 훈련은 국가마다 각기 다르다. 그 대표적인 유형으로는 미국과 같은 전문형과 영국과 같은 일반형으로 구분할 수 있다. 한국 같은 경우는 전문과 일반을 포괄하는 절충형으로 분류될 수 있을 것이다.

미국의 경우, CIA 출범시부터 정보분석관의 충원은 특정학연을 중심으로 이루어졌다. 일차적으로는 CIA 전신인 OSS의 연구, 분석 책임자로 있던 William L. Langler의 계보를 들 수 있다. 하바드에서 외교사를 가르쳤던 Langler는 하바드 중심으로 분석관들을 충원했었다. 그러나 CIA 분석국의 핵심인사들은 주로 예일대학 출신들로 충원되었다. 왜냐하면 CIA 분석국을 현대화시킨 장본인인 Kent Sherman이 예일대 학사, 석사, 박사를 받았을 뿐 아니라 1950년대 말 CIA 산하의 국가정보판단국(Office of National Estimates) 부책임자로 돌아올 때까지 예일대학에서 역사학 교수로 재직했기 때문이다.[31)]

31) Harold P. Ford, "A Tribute to Sherman Kent," in J. Kenneth McDonald(ed.) *Sher-*

이렇듯 미 CIA 분석국은 하바드대와 예일대 출신을 중심으로 그 출범부터 구성되었다. 그러나 70년대 후반 이후 미 CIA는 점차 지역이나 기능적 전문성을 가진 고급 인력들을 선택적으로 충원하기 시작했다. 이와 더불어 CIA 소속 분석관들에 대한 전문분석교육을 집중적으로 실시해왔다. 또한 이들 분석관들은 해외거점 파견없이 분석관으로서의 전문적 보직관리를 유지케 되어있다. 지난 2000년 5월에는 분석관들에 대한 전문적 분석교육을 전담키 위해 미 CIA 산하에 Sherman Kent School for Intelligence Analysis를 신설하기에 이르렀다.[32] 아마 정보분석의 전문적 교육을 위해 별도의 학교가 설립된 것은 이것이 처음이라 할 수 있다. 미국은 이와 같이 분석부서가 거의 독자적 영역을 유지하며 전문성을 보유한 분석요원들을 충원, 훈련하고 있는 것이다.

미국과 대조적으로 영국은 별도의 정보분석관들을 충원하지 않는다. 주로 외교분야에 종사하는 외교관들을 보직 변경하여 평가국(Assessment Staff) 소속 분석관으로 임명하는데 이들은 주로 외국의 제한된 정치첩보에 대한 분석에 치중하는 경향이 있다. 그리고 이들은 특정지역이나 기능적 사안에 대한 전문성을 갖는다기 보다는 기초가 튼튼한 generalist로 분류할 수가 있다. 따라서 영국의 분석관들은 군사부문이나 비밀첩보 수집공작과 같은 정보기관 고유 사안에 대해서는 비교적 생소하다 하겠다. Michael Herman은 바로 이런 이유 때문에 영국의 정보분석기관은 군사부문을 과소평가하고 정치부문을 과대평가하는 조기경보실패(warning failure)의 오류를 자주 범하게 된다고 지적하고 있다.[33] 그러나 미국과 마찬가지로 영국의 분석관들도 옥스포드나 캠브리지 등 유수 대학 출신들이 주종을 이루고 있다. 이 점에서 영국의 분석관들이 비록 generalist로서의 한계는 있으나 정보분석과 예측에 있어서는 아주 탁월한 업적을 내고 있다고 평가할 수 있다.

한국의 경우는 절충형이라 할 수 있다. 앞서 지적했지만 국가정보원은 국내판단기획, 해외정보분석, 그리고 대북분석 등 세 가지 주요 분석기능을 담당하고 있다. 최근 여기에 과학기술 첩보분석기능이 강화되고 있는 실정이다. 기술분석의 경우는 대부분 특별 채용의 경로를 택한다. 국내, 해외, 대북 분석 부

---

man Kent(Washington, D.C.: Center for the Study of Intelligence, CIA, 2002), See / www.cia.gov/csi/book/ shermankent.

32) CIA Website, "Tenet Dedicates New School for Intelligence Analysis"(CIA Press Release, May 4, 2000).

33) Michael Herman, 전게서, pp. 237-238 참조요.

서는 특별한 경우를 제외하고는 정규과정 출신으로 충원된다. 국가정보원의 정규과정은 기본적으로 generalist의 양성을 목표로 할 만큼 그 교과과정이 포괄적으로 짜여 있는 것으로 알려져 있다. 그러나 교육과정에 있어서는 정보, 보안, 수사 등으로 구분되고 정규과정에서의 전공 선정이 추후 국정원에서의 보직관리를 결정하게 된다. 대북 및 해외분석 요원들은 주로 정보 특기자들 중에서 충원되는데 미국과 같은 별도의 정보분석 훈련을 시키지는 않는 것으로 알려져 있다.[34] 그러나 분석관의 경우, 동일 부서에 장기간 종사하므로서 상당한 수준의 전문성을 확보하고 있다. 김영삼 정부하에서 해외 및 대북 분석부서에 국내외에서 박사학위를 취득한 전문가를 특별 채용한 사례는 있으나 미국에서처럼 이 제도가 상례화되어 있지는 않는 것 같다. 미국이나 영국과 유사하게 최근 국정원 정규과정 합격생의 출신대학별 분포를 보면 서울의 유수 대학 출신들이 압도적 대다수를 차지하고 있는 것으로 집계되고 있다.[35]

4. 정보분석방법

(1) 분석방법의 이론적 논의

수집된 첩보를 국가안보정책에 활용할 수 있는 정보로 전환시키는 데 가장 중요한 것은 정보분석방법이다. 정보분석방법은 두 가지 요소로 구성되어 있다. 그 하나는 인식론적 요소이며, 다른 하나는 방법론적 요소이다. 여기서 인식론적 요소라 함은 분석의 이론적 시각을 지칭한다. 바꾸어 말하면 지식을 추려내어 하나의 정선된 정보를 도출해내는 이론적 기반을 의미한다.[36] 보다 구체적으로 통상 정보분석의 대상이 되는 정치변동, 정책선택, 군사행동, 경제동향 등에 대한 이론 영역을 인식론이라 규정할 수 있는 것이다.

반면에 방법론이라 함은 인식론 또는 이론에 기초하여 도출된 명제나 가설을 경험적 사실에 비추어 검증(verification) 또는 위증(falsification)하는 방

34) 김영삼 정부기간 중 국가정보대학원을 국정원(당시 안기부) 산하에 설립하도록 관련법까지 통과되었으나 아직까지 시행되지 않고 있다. 정규과정 이외에 국가정보대학원이 원활히 운영될시 전문적인 분석교육이 가능하리라 본다.

35) 본서 19장 참조요.

36) 일반적으로 인식론이라 함은 지식을 아는 방법을 의미한다. 여기서 지식은 정보(intelligence)와 동일시되고 있기 때문에 정보 정선의 이론적 기반으로 간주되고 있는 것이다.

법을 뜻한다. 방법론은 탐구의 논리(logic of inquiry)라고도 부르는데 전통적으로 연역적(deductive) 방법, 귀납적(inductive), 그리고 변증법적(dialectical) 방법이 있다. 연역적 방법이란 하나의 보편적 명제를 도출하고 이를 경험적 사례에 비추어 검증하는 것을 뜻하는 반면, 귀납적 방법은 개별적 관찰을 통해 보편적 일반화를 도출해내는 방법을 의미한다.[37] 이와 대조적으로 변증법적 방법은 마르크스주의 사회과학 방법론에서 주로 활용하는 방법으로 역사, 구조적 분석을 통해 사회변동의 흐름을 질적으로 규명해내는 방법이다.

이렇게 볼 때 정보분석방법은 사회과학적 분석방법과 크게 다를 바 없다. 일반적으로 사회과학적 분석은 사물과 현상의 서술(description), 설명(explanation), 예측(prediction), 그리고 통제(control)를 목적으로 한다. 정보분석에 있어서도 서술은 기초정보와 현용정보의 근간을 이루는 것이며 인과관계의 규명을 목표로 하는 설명, 그 결과로 얻어지는 예측, 그리고 예측에 근거한 통제와 예방은 현용, 경보, 그리고 예측, 판단정보의 핵심을 이룬다고 할 수 있다. 그러나 차이점도 있다. 정보분석은 국가이익의 증대라는 도구적이고 당위론적 성격이 강할 뿐 아니라, 비공개부문의 첩보를 주요 투입자료로 활용하며 시간적 제약을 그 기본 속성으로 한다는 점에서 순수 학문연구와 크게 구분된다고 할 수 있다.[38]

그러나 여기서 한 가지 분명히 해둘 점은 시공간에 관계없이 보편적으로 통용될 수 있는 정보분석방법은 없다는 사실이다. 정보분석의 방법은 분석대상, 최종 분석보고서의 유형에 따라 크게 달라진다. 예를 들어 주요적대국의 군사태세나 전쟁도발 가능성을 분석하기 위해 개발된 이론이나 방법을 해당 국가의 정치변동을 분석하기 위한 방법으로 전용할 수는 없는 일이다. 마찬가지로 정치동향 분석기법을 경제동향 분석방법으로 활용할 수는 없다. 주어진 분석 대상마다 그에 상응하는 분석이론과 방법론을 개발해야 하는 것이다. 또한 최종 분석보고서의 형태에 따라 분석기법 역시 크게 달라질 수 있다. 앞서도 지적했지만 기초정보의 경우, 핵심 사실의 단순한 서술로 만족할 수 있다. 그러나 현용, 경보, 예측·판단 정보 보고의 경우에는 각기 다른 분석이론과 기법을 요하기 마련이다. 따라서 한두 가지의 분석기법을 보편적으로 적용하는 데는 큰 무리가 있다. 그러나 분석기법의 큰 흐름은 다음과 같이 정리해 볼 수

37) David de Vaus, *Research Design in Social Research* (London: Sage, 2001), pp. 34-52.
38) 김윤석, 「국가정보학」(서울: 박영사, 2001), pp. 135-136.

있다.

1) 자료형 vs. 개념형 분석기법

정보분석방법과 관련하여 우선적으로 제기되어온 논쟁은 자료형(data-driven) 대 개념형(conceptually driven) 분석간의 경합이다.[39] 전통적인 정보분석은 자료형 모자이크 이론에 기초해 왔다. 즉, 소요가 제기된 현안문제에 대해 가능한 모든 첩보를 수집하고 수집된 첩보를 바탕으로 모자이크를 하듯 큰 그림을 그려내는 것이 바로 자료형 분석방법이다. 이 시각에서 볼 때, 정확한 정보판단은 정확하고 완벽한 첩보를 수집했을 때만 가능하다고 보고 수집에 우선 순위를 두는 경향이 있다. 그 대표적인 예로는 기술첩보 옹호론자들을 들 수 있다. 영상첩보, 신호첩보, 그리고 원격 측정신호(telemetry)첩보 등 유형에 관계없이 가급적 많은 첩보를 수집해야 정확한 정보분석이 가능하다는 것이다.[40]

그러나 자료형 분석의 문제점은 환원주의의 우를 범할 수 있다는 것이다. 바꾸어 말하면 주어진 현안문제에 대한 모든 첩보를 확보하기는 어렵다. 따라서 부분적 첩보를 가지고 전체 그림을 그려내야 하는 단순화의 우려가 있는 것이다. 그뿐만 아니라 완전한 그림을 그려내기 위해서는 끝까지 관련첩보를 수집해야 하는 무한회귀의 오류(fallacy of infinite regression)를 범할 수도 있다.[41] 더구나 기술정보의 경우처럼, 수집첩보가 대량으로 유입될 때 이를 정보분석과 관련하여 정선, 선택하는 작업은 쉬운 일이 아니다.

전통적인 자료형 분석방법에 대안으로 등장한 것이 개념형 방법이다. 여기서 개념형이란 분석관이 자료수집에 들어가기 전에 하나의 큰 그림을 그리고 그 그림을 근거로 세부적인 첩보수집과 분석에 임한다는 것이다. 이 모델의 기본가정은 어떤 사안에 있어서도 완벽한 정보란 있을 수 없기 때문에 이러한 미지수를 해결하기 위해서는 하나의 이론적 모델을 설정해야 한다는 것이다. 이와 같은 이론 모델이 설정되었을 경우, 필요 첩보수집에 한계가 있더라도 이론에 의거 추정, 예측을 할 수 있기 때문이다. 특히 여러 가지 경합이론들을

39) Richards J. Heurs, Jr. "*Do you really need more information?*" in H. Bradford Westerfield(ed.), *Inside CIA's Private World: Declassified Articles from the Agency's Internal Journal, 1955-1992*(New Haven: Yale University Press, 1995), pp. 230-232.

40) Abraham N. Shulsky, *Silent War*(Washington, D.C.: Brassey's 1991), pp. 45-57.

41) 여기서 무한회귀의 오류란 철학자 David Hume이 귀납적 탐구의 한계를 지적하며 사용한 용어이다.

제시하고 이들을 단계적으로 검증해 나갈 때 정보분석의 정확도가 높아질 수 있다는 것이다. 최근 대부분의 정보분석기관들은 자료형 분석에서 개념형 분석으로 전이하는 경향을 보이고 있다.

2) 개념형 분석기법의 유형

그러면 개념형 분석기법으로는 어떠한 것들이 있는가? 크게 세 가지로 나누어 볼 수 있다.[42] 그 첫째는 상황논리에 기초한 내재적 접근이다. 여기서 내재적 접근이란 분석 현안에 대해 보편적 이론을 기계적으로 적용하기 보다는 분석 현안의 맥락에서 분석의 방향을 잡는 것을 의미한다. 바꾸어 말하면 특정 지역의 주요현안을 분석함에 있어서 지역적 특수성을 감안하여 간주관적(inter-subjective)으로 접근해야 한다는 것이다. 과거 냉전기간 중 미정보분석기관들이 소련을 분석함에 있어서 크레믈린 전문가들에게 크게 의존했던 것이 그 대표적 사례이다. 한국에서도 북한 분석과 관련, 내재론적 시각이 크게 대두되어 왔다. 즉, 북한을 분석함에 있어서 북한의 시각에서 북한을 분석해야 북한의 정치, 경제, 사회, 군사 등 전 분야에 대한 보다 정확하고 객관적 인식을 할 수 있다는 것이다. 정보분석 부서 내에서도 지역 전문가들이 이러한 시각을 강력히 주장하는 경향이 있다.[43]

두 번째는 보편이론적 접근이다. 이 접근방법은 분석 현안에 대한 특수성을 지나치게 강조하다 보면 보편적 경향을 간과할 수 있다고 본다. 그뿐만 아니라 정치변동, 전쟁, 경제 동향 등은 일반화된 인과관계의 양상을 보이기 때문에 보편이론의 적용이 얼마든지 가능하다는 것이다. 한 예로 1979년 이란의 팔레비 국왕 실각과 이슬람 혁명은 내재적 접근의 기본적 한계를 노정하고 있다. 당시 미국 정보기관의 이란 전문가들은 이란 군부의 힘을 과대평가하고 이슬람 세력을 포함한 중산층의 정치세력을 간과한데서 샤의 실각을 예측하지 못했던 것이다. 당시 이란 상황을 혁명이란 정치변동 이론에 적용했더라면 이슬람 혁명의 대두를 쉽게 예측할 수 있었을 것이다.[44]

최근 북한 붕괴론에 관해서도 두 가지 대립되는 시각이 있다. 그 하나는 내재적 시각으로 북한의 체제 내구성을 강조하는 것이고, 다른 하나는 사회주

42) Richards J. Heuer Jr., *Psychology of Intelligence Analysis* (Washington. D.C.: Center for the Study of Intelligence, CIA, 1999) ch. 4 참조 http://www.cia.gov/cis/book

43) 최근 국제정치에서는 이러한 시각을 구성주의 시각이라 한다.

44) Jack A. Goldstone, Theories of Revolution *World Politics* (Jan. 1980).

의 이행국가의 전환기 이론을 적용하여 북한의 조기 붕괴를 예측하는 시각이다. 일반적으로 1989년 탈냉전 이후 북한 사회주의 체제의 상대적 지속성을 감안할 때 내재적 접근이 더 큰 설득력을 보이는 듯하나 사회주의 국가 전환 이론의 보편적 틀을 무시할 수는 없을 것이다.[45] 따라서 분석 사안별로 보편적 이론을 검토하고 이를 적용하는 것이 바람직하다는 것이다. 특히 보편이론은 단순한 서술을 넘어서 변수간의 인과관계를 규명해 주고 궁극적으로는 미래 예측을 가능케 해주기 때문이다. 통상 사회과학적 연구방법론을 강조하는 분석관들이 이 모델을 선호한다.

마지막으로 비교역사 모델을 들 수 있다. 이 모델은 분석 현안에 대한 심층적 분석을 하고, 그와 유사한 사건들을 역사적 맥락에서 추적하는 동시에 과거의 역사적 사례가 오늘의 분석 현안에 어떠한 함의를 주는가를 추적하는 방법이다. "역사는 반복한다(History repeats itself)"는 명제가 이 역사비교 모델의 기본가정을 구성한다고 보면 무방할 것이다.[46] 가령 제 2 차 세계대전 이후 미국의 경보정보는 일본의 진주만 기습공격이라는 역사적 사건을 반면교사로 삼아 발전되어 왔다. 최근 한국이나 일본에서 21세기 동북아 안보환경을 예측하는 데 있어서도 역사적 비교 유추방법을 많이 활용하고 있다. 즉, 미국이 동북아에서 철수했을 경우, 19세기말과 같은 상황이 재현될 수 있다는 비교 유추하에 위협 평가, 전략, 전술, 전력 구조 등을 구상하는 경향이 있다. 비교역사 모델은 미 CIA 분석 부서의 오랜 전통이 되어 왔다. 그 이유는 앞서 지적했지만 CIA 분석국이 초기에 하바드와 예일대 역사학과 출신 중심으로 충원되었기 때문이다.

3) 질적분석 vs. 계량분석[47]

일단 분석의 틀이 설정되면 그에 따른 가설이나 명제를 검증하게 된다. 그

45) 문정인 외, 「남북한 정치 갈등과 통일」(서울: 오름, 2002) pp. 129-168; 문정인, 유길재, "북한 체제의 변동과 대북 경제협력의 정치, 경제적 조건," 유한수, 이영선(편), 「북한 진출 기업 전략」(서울: 오름, 1997), pp. 36-38.

46) 이 역사 접근법에 대해서는 다음 문헌을 참고 바람. Ernest May *'Lessons' of the Past: The Use and Misuse of History in American Foreign Policy*(New York: Oxford Univ. Press, 1973); Robert Jervis, "Hypotheses on Misperception," *World Politics* 20 (April. 1968).

47) 정보분석 방법론은 일반적으로 질적 분석, 계량분석, 그리고 기술분석 세 가지로 분류할 수 있다. 그러나 여기서 영상 및 신호 첩보와 관련된 암호해독, 영상해석, 그리고 원격측정신호(telemetry) 분석 등 기술분석은 포함시키지 않고 있다. 왜냐하면 엄밀히 말해

검증방법은 크게 두 가지로 대별된다. 그 하나는 질적 방법론(qualitative method)이고, 다른 하나는 계량분석방법론(quantitative method)이다. 가장 일반적인 분석방법은 질적 분석방법이다. 주어진 이론에 따라 가설을 설정하지만 계량적 방법을 통하지 않고 사례연구나 역사분석, 또는 역사구조적 방법론을 통해 분석 사안에 대한 서술을 하고 변수간의 인과관계를 규명하고 예측하는 방법론적 경로를 질적 분석방법이라 정의할 수 있다. 이 방법에 따르면 정치, 사회현상의 규칙성, 반복성, 보편성보다는 분석관의 직관과 분석 대상에 대한 전문적 지식을 바탕으로 맥락적 특수성을 설명하는 데 역점을 둔다.

반면에 계량분석은 실증주의 전통에 기초하고 있다. 즉, 정치, 사회현상이란 규칙성을 보이기 때문에 이를 계량화 할 수 있고, 일단 계량화가 되면 자연과학적 방법을 통해 변수와 변수간의 관계를 서술, 설명, 예측할 수 있다는 것이다. 계량분석은 크게 세 가지 모델로 구분할 수 있다. 그 첫째는 사회학적 방법론을 특징으로 하는 귀납적 통계분석이다. 즉, 가설을 설정하고 총량자료(aggregate data)분석을 통해 변수간의 개연적 관계를 통계적 상관관계로 나타내는 것이 그 대표적 특징이다. 이 방법론은 변수간의 인과관계를 설명하는 데는 취약하지만 많은 사례들에 대한 통계적 연구를 하는 데는 매우 적절하다 하겠다. 두 번째는 경제학적 방법론을 특징으로 하는 연역적 방법이다. 게임이론이 그 대표적 분석도구다. 이 방법론은 하나의 공리(예를 들어, 모든 인간은 합리적 동물이다)를 설정하고 그 공리를 개별적 사례에 적용하여 진위여부를 규명하는 것을 특징으로 한다. 이 방법론은 변수간의 통계적 상관관계보다는 논리적 일관성을 중요시한다. 마지막으로 시뮬레이션(simulation) 방법을 들 수 있다. 시뮬레이션은 통계적 개연성이나 논리적 일관성, 그리고 인과관계를 규명하기 보다는 주요 분석 대상의 결정과정을 인공지능 등 통계기법을 통해 재현함으로써 자기학습(heuristic)적 효과가 크다 할 수 있다.

아마 미국의 정보기관처럼 계량적 방법론을 광범위하게 활용하고 있는 조직은 드물 것이다. 그 중 대표적인 것은 베이지안 방법(Bayesian method)을 경보정보(warning intelligence)에 적용하는 사례이다.[48] 베이지안 방법은 사건

기술분석은 분석이라기 보다는 처리(processing)에 가깝기 때문이다. 이 분야에 대한 간략한 소개서로는 다음을 참조하기 바람. Abram N. Shulsky, *Silent Warfare* (Washington, D.C.: Brasseys' 1991), pp. 37-48.

48) Jack Zlotnick, "Bayes' Theorem for Intelligence Analysis," in Westerfield(ed.), 상게서, pp. 255-263.

발생의 개연성을 확률적인 방법을 통해 도출해내는 것인데 R(한 가설이 다른 가설보다 더 정확할 수 있는 확률에 대한 수정치)=P(그 이전 첩보에 따른 사건 발생의 개연성 확률치)×L(분석관이 설정하는 개연성의 수치)로 공식화된다. 이 방법이 종래의 방법과 다른 점은 과거 직관에 의존하는 분석관의 판단을 수치화할 뿐 아니라, 주어진 시간에 가용한 첩보만을 가지고 결론을 내리지 않고 시간의 흐름에 따라 새롭게 전개되는 상황들에 대한 첩보를 수집하고 그에 의거, 보다 역동적으로 주요 사태발생의 개연성을 계산해내기 때문에 그 예측정확도 높다고 할 수 있다. 특히 베이지안 방법은 특정 분석관 1명을 대상으로 개연성 계산을 하는 것이 아니고 여러 명의 분석관들의 개연성 수치를 비교, 취합하기 때문에 종래와 같이 소수의 분석관들의 직관적 분석에 의존하는 것보다 그 설득력이 높다 하겠다.[49)]

베이지안 방법이 전쟁이나 군사행동에 대한 경보정보에 유익한 계량 모델인 반면 Policon과 FACTION은 보다 광범위한 영역에 유용하게 활용되는 계량 모델이라 할 수 있다. 이 두 모델은 모두 유사한 것으로 Policon은 Bruce de Mesquito라는 정치학자를 중심으로 개발된 정치예측 및 분석 기법이라 한다면 FACTION는 CIA 과학기술국이 자체 개발한 분석 모델이다.[50)] 이 두 모델 모두 합리적 선택이론에 기초한다. 보다 구체적으로 사회적 선택(social choice)이론과 기대효용(expected utility) 모델에 기초하고 있다. 이 모델에 따르면 정보분석의 주요과제는 분석 대상국의 주요정책이다. 어떤 조건하에서 어떤 과정을 통해 어떠한 정책을 선택하게 되는가 하는 것이 이 모델의 주요분석 대상인 것이다. 여기서 정책이란 지도자의 선택이다. 지도자의 선택은 자의적으로 이루어지는 것이 아니다. 해당 국가에 있어서 사회 세력들의 선호도, 그리고 그에 따른 정치연합의 구도에 의해 결정된다. 그러나 정치연합과 그에 관련된 정치적 지지는 단순히 선호도(preference)에 의해서만 결정되지 않는다. 지지했을 당시의 해당 현안의 중요성, 보유자원, 그리고 기대되는 효용 등이 복합적으로 작용하며 정치적 지지가 형성되는 것이다.[51)] 따라서 해당 사안

49) 그 적용 사례로 다음 문헌 참고 바람. Charles E. Fisk, "The Sino-Soviet Border Dispute: A Comparison of the Conventional and Bayesian Methods for Intelligence Warning," in Westerfield, *op.cit.*, pp. 264-273.

50) Stanley A. Feder, "FACTIONS and Politician: New ways to Analyse Politics," In Westen field, *Ibid*, pp. 274-292.

51) A's support for B=(A's resource)×(salience of issue to A)×A's utility for B's position, Feder, *Ibid*, p. 279 참조요.

별로 찬반세력을 구분하고 이들 찬반세력이 어떠한 정치연합을 구성하게 되며 궁극적으로는 어떤 정책 선택을 취하게 되는가를 규명해 주는데 이 모델의 강점이 있다. 사실 1980년대 중반 이후 미 CIA는 이 모델을 광범위하게 활용해 오고 있는데 그 예측력은 매우 높은 것으로 나타나고 있다.[52)]

(2) 정보분석방법론: 표준 매뉴얼

이상에서 정보분석방법에 대한 여러 가지 이론적 논쟁점들을 살펴보았다. 그러면 실질적으로 정보분석은 어떤 단계를 거쳐 이루어지는가? 명확한 답변은 없지만 분석유형에 관계없이 다음과 같은 단계를 고려할 수 있다.[53)]

제 1 단계 정보분석에서 제일 먼저 고려해야 할 사항은 정확한 문제설정이다. 분석관 스스로가 문제를 제기할 경우는 해당되지 않지만 정책결정자가 소요를 제기할 시, 그 소요에 대해 정확히 파악, 편견이나 왜곡 없이 분석과제를 설정할 수 있어야 한다. 잘못된 문제설정은 정보분석의 전 과정을 무효화시켜 버린다. 이와 더불어 분석관들이 유의해야 할 사항은 마감시간 내에 얼마나 자세한 분석보고서를 제출해야 하는 점이다. 시간 제약없는 정보분석보고서의 제출이란 현실적으로 존재하지 않는다.

제 2 단계 제기된 문제에 대한 가설을 설정하라. 그리고 가급적이면 가용한 모든 가설들을 제시하라. 그러기 위해서는 제기된 문제와 관련된 문헌들을 철저히 탐색해야 한다. 이와 더불어 동료는 물론이거니와 외부전문가들과의 상의를 통해 모든 아이디어를 검색할 때까지 성급한 결론을 내려서는 안 된다. 이렇게 모든 아이디어와 이론들을 동원하여 다양한 가설들을 설정한 후 이를 하나씩 위증화(falsification) 과정을 통해 줄여나가야 한다. 여기서 유념해야 할 점은 상대방이 기만(deception)전술을 쓸 수도 있기 때문에 당장 증거가 없다고 해서 특정 가설을 포기해서는 안 된다. 오히려 검증자료를 찾지 못할수록 그 가설이 맞아 들어갈 가능성이 크다고 할 수 있다.

제 3 단계 설정된 가설들을 검증하기 위해 관련 첩보를 수집하라. 이미 수집된 첩보만을 가지고 경합 가설들을 검증할 경우, 오류를 피하기 어렵다. 때문에 공작 부서의 수집관, 해외거점 요원, 전문가 및 학자, 그리고 외국 저널

52) Feder, *Ibid.*
53) Richards J. Heuers, Jr. *Psychology of Intelligence Analysis, op. cit.*, Chapter 14.

또는 특수 저널 등을 총망라하여 경험적 기반을 확충해야 한다. 여기서 주의해야 할 사항은 분석관 스스로가 심증이 가는 가설의 검증을 위한 첩보수집은 가급적 배제해야 할 것이다. 반대로 분석관이 선호하는 가설부터 하나씩 위증해 나갈 때 정보분석의 정확도가 높아지는 것이다. 그러기 위해서는 대안적 가설들을 개발해야 한다. 대안적 가설은 소수설에서 도출될 수 있기 때문에 소수설을 간과해서는 안 된다. 바꾸어 말하면 형사가 범죄사건을 수사하듯이 모든 정황을 검토하면서 사태 해결의 실마리를 찾아야 한다.

제 4 단계 가설의 평가. 경합 가설을 평가하는 데 있어서 가장 중요한 것은 어떠한 가설도 기정사실로 받아들여서는 안 된다는 것이다. 가급적이면 최선을 다해 위증의 노력을 해야 한다. 또한 가설마다의 기본가정을 각기 다른 각도에서 검토해보고 가정 설정의 변화에 따른 대안적 가설 평가작업에 임해야 한다. 특히 평가과정에 있어서 선입견이나 분석관 자신의 기준을 분석 대상에 일방적으로 적용하는 자기반사 이미지(mirror image), 그리고 집단 사고(group thinking)에 의한 획일적 인지양태는 가급적 피해야 한다. 이와 더불어 주목해야 할 것은 분석 대상국의 주요 정책결정자들의 의도, 동기, 이해관계 등에 대한 심층적 파악이 선행되어야 한다는 점이다. 특히 정책결정은 합리적 사고에 의해 일사불란하게 이루어지는 것이 아니다. 분석 대상국 내의 관료정치, 국내 정치의 역동성에 의해 의도치 않은 결과를 야기시킬 수 있으며 정책결정의 상당 부분은 오리무중일 수도 있다. 따라서 분석관의 인지구조 못지않게 중요한 것은 분석 대상국 내부의 정치적 역동성에 대한 심층적 이해가 있어야만 경합 가설을 보다 효과적으로 평가할 수 있는 것이다.

제 5 단계 가설의 선택. 경합 가설 중 하나의 가설을 선택하는 데는 여러 가지 방법이 있다. Alexander George에 따르면 ① 대안 중 최선의 가설보다 차선이지만 충분히 만족할 만한(satisfying) 가설을 채택하는 방법, ② 기존의 입장에서 크게 변하지 않는 좁은 범주내의 대안적 가설을 채택하는 점진주의(incrementalism) 방법, ③ 분석관들간에 최대의 지지와 합의를 구하는 합의형 모델, ④ 과거의 성공과 실패 사례에 대비하여 가설 선택을 하는 유추(reasoning by analogy)하는 방법, ⑤ 마지막으로 좋은 대안과 나쁜 대안을 구분할 수 있는 일련의 기준과 원칙을 정하고 그에 따라 가설 설정을 할 수 있다.[54]

54) Alexander George, *Presidential Decision-making in Foreign Policy: The Effective Use of Information and Advice* (Boulder, Co.: Westview Press, 1980) ch. 2.

이와 같은 5가지 가설 선택방법 중 정책과 관련된 가설 선택은 궁극적으로 정책결정자가 하기 마련이다. 엄격한 의미에서 분석관들은 판단을 피하고 가급적 현황 설명과 다양한 대안의 제시를 통해 정보소비자가 현명한 판단을 할 수 있도록 도와주는 것이 바람직하다.

그러나 이 과정에 있어서 분석관은 가설 선택의 과정을 명시적으로 보여줄 필요가 있다. 즉, 여러 가지 경합 가설들을 하나씩 위증해 나가고 그 과정에서 왜 어떤 가설이 선택되고 다른 가설들은 배제되었는가를 경험적 증거로서 설명해 줄 수 있어야 한다. 여기서 분석관들은 하나의 딜레마에 봉착할 수도 있다. 즉, 선택된 가설(또는 배제되지 않는 가설)의 경우, 그를 검증할 수 있는 경험적 증거가 적을 수도 있다. 때문에 이러한 가설 선택에 대해서는 설득력 있는 정당화가 필요하다. 여기서 한 가지 유의해야 할 점은 선택된 가설과 관련, 모호성을 피하기 위해 개연성의 범위를 확률로 표현해 줄 필요가 있다. 이와 관련 Sherman Kent는 5가지의 확률단계를 제안하고 있다. 거의 확실한(almost certain, 93%), 대체로 가능한(probable 75%), 반반의 가능성이 있는(chance almost even, 50%), 대체로 가능하지 않은(probably not, 30%), 거의 확실하지 않는(certainly not, 7%) 단계로 나누고 있다.[55] 따라서 선택된 가설은 이러한 개연성에 기초하여 확률적으로 표현하는 것이 바람직하다.

제 6 단계 지속적 모니터링의 필요성. 가설이 선택되었다 하더라도 그 가설에서 도출된 결론이 절대적이고 최종적인 것이 될 수는 없다. 왜냐하면 국가안보관련 현실은 부단히 변화하기 때문이다. 따라서 분석 현안에 대해 지속으로 감시하고 그에 따른 변화를 분석의 대상으로 삼아야 할 필요가 있다. 이 과정이 없이는 정보실패 확률이 높아질 수밖에 없다.

(3) Sherman Kent의 정보분석 9계명

과학적 정보분석의 효시라 할 수 있는 미국의 Sherman Kent는 효과적인 정보분석을 위해서 다음 아홉 가지의 분석시 유의사항을 제시한 바 있다.[56]

55) Sherman Kent, "Words of Estimative Probablity," *Studies in Intelligence* vol. 8, no. 4 (Fall 1964).

56) Kent의 정보분석 9계명은 현재 미 CIA 정보분석학교의 The Career Analyst Program(전문 분석가 프로그램)의 주요 교육 과정에 포함되고 있다. Stephen Marrin, "CIA's Kent School: A Step in the Right Direction," a paper presented at the annual convention of the International Studies Association, New Orleans, March 18, 2002,. p. 26 참고

(1) 지적으로 엄밀해야 한다:

정보판단은 사실과 신빙성 있는 제보에 근거해야 하며 모든 정보원(source)은 일관성과 신빙성에 기초하여 검토 및 평가되어야 한다. 또한 수집 첩보상의 불확실성이나 괴리를 명백히 해야 한다.

(2) 분석의 가정과 거기에서 파생된 결론을 명백히 기술하라:

설정 가정과 도출된 결론에 안주하지 말라. 어떠한 조건하에서 이들이 오류를 범하게 될 것인가를 집요하게 추적하고 불확실성이나 오류를 범할 소지가 높다면, 대안적 결과들을 식별하고 어떤 상황하에서 이들이 발생할 것인가를 규명해 내라.

(3) 다른 정보판단을 고려할 수 있어야 한다:

분석관 자신의 전문성의 한계를 인정하고 자신의 견해에 대한 집착을 피하라. 정보분석 과정에서 자신의 결함을 보강할 수 있는 조언을 모색하라. 그리고 다른 분석관들과 아주 강한 견해차가 있을 경우, 이를 분명히 하라.

(4) 정보판단에 대해 집단적 책임을 져야 한다:

자신의 정보분석에 대한 내부적 조정이 이루어질 수 있도록 충분한 시간을 허용하라. 또한 CIA와 분석국(DI)의 모든 견해를 대변하고 옹호하라. 개인적인 견해를 분명히 할 필요가 있지만 상부에서 요구할 때만 제시하라.

(5) 언어구사를 정확히 하라:

자신의 독특하거나 새로운 식견 또는 사실을 가급적 빠르게 전달하라. 활력 있는 구두 보고를 하고 가극적 짧은 문구를 사용하라. 지나친 세부 묘사를 피하고 기술용어의 사용을 최소화하라. 분석국(DI)의 보고서 작성 지침을 항상 참고하라. 그리고 짧은 보고서가 언제나 낫다는 것을 유념하라.

(6) 내부의 맹점을 대조하기 위해 외부 전문가들을 활용하라.

자신의 분석과제와 관련하여 새로운 외부 연구와 전문가들을 찾아 지속적으로 자문을 구하라. 자신의 분석과 관련된 언론매체의 보도경향에 주목하고 이들로부터 얻을 것이 있는가를 고찰하라. 핵심적 이슈에 관해서 외부의 반응이 자신의 생각과 일치하는지를 대조하라.

(7) 분석적 과오를 인정하고 실수를 통해 배워라.

정보분석은 아주 풀기 어려운 과제들과 불확실성에 초점을 맞추기 때문에 오류를 범할 소지가 크다는 것을 인정하라. 과거의 정보판단이나 해석을 주기적으로 검토하고, 그 성공과 실패의 원인과 성격은 어떠했는가를 규명하라. 그리고 이전의 정보분석 라인이 적절치 못했다는 것을 발견했을 경우 즉시 정책입안자에게 알려주고 그 사유와 함의를 설명하라.

바람. 다음 문헌도 유익한 자료가 될 수 있음. Frank Watanabe, "Fifteen Axioms for Intelligence Analysis," *Studies in Intelligence,* 1 : 1(1997).

(8) 정책 입안자의 관심사항에 주목하라.

정책 입안자의 현안 문제에 적실성과 시의성이 있는 정보를 전달하라. 자신의 정보분석이 미국의 정책에 어떤 함의를 가지는가를 분명히 하라. 특히 정책 입안자가 위협을 다루고, 결단을 내리는 동시에 정책목적을 달성할 수 있는 실행가능한 정보를 제공하라.

(9) 분석관 자신의 정책 의제를 추구해서는 안 된다.

개인적인 정책 선호도가 정보분석의 성격을 좌우해서는 안된다. 정책 입안자들이 정책 대안을 요청할 때, 가급적 정중하게 그러나 단호하게 이를 비껴나가라. 정보는 정책 선택에 있어서 불확실성과 위험도를 감소시켜 주고 그 실행에 있어서 이상적 기회를 식별함으로써 정책 입안자들을 도와주는데 있지, 그를 대신하여 정책을 선택해 주는 것은 아니다.

5. 정보분석과 정보실패

(1) 정보분석 생산과 국가정보 예측판단(NIE)

제 2 장에서 개괄적으로 논의했지만 정보분석의 결과로 다양한 정보생산물(intelligence products)들을 얻게 된다. 그 명칭은 국가마다 다르지만 정보분석은 기초정보, 현존정보, 경보정보, 그리고 판단정보로 나누어 볼 수 있다. 미국의 경우를 볼 때 대부분의 정보분석 보고는 현용정보의 성격을 띤다. 현용정보란 통상 보고 당일 또는 전날이나 그 전날의 주요 이벤트에 대한 분석보고를 특징으로 하는데 그 중 비중이 제일 큰 것이 대통령 일일보고(Presidential Daily Brief: PDB)인데 이와 별도로 중요현안에 대해서는 수시 보고를 한다. PDB 다음으로 비중을 갖는 보고서가 일일국가정보보고(NID: National Intelligence Daily)인데 이를 고위행정부 정보보고(SEIB: Senior Executive Intelligence Brief)라고 칭하기도 한다.[57] 이 보고서는 CIA가 일주일에 6번 발간하는데 통상 국가안보관련 부서의 차관보급 이상 고위관리와 의회의 관련 위원회에 배포된다. 이 보고서는 현안문제 마다의 보고사항을 2-3절로 압축, 요약하는 일종의 요약 보고서이다. 한국에서는 일일주요정보보고서가 여기에 해당된다고 할 수 있다. 이 두 유형의 정보보고서는 비밀 분류된 일간지라 표현해

57) Lowenthal, 전게서, pp. 47-48.

도 무방할 것이다. 그러나 여기서 유념해야 할 사항은 이들 현용 보고서는 그때 그때 발생하는 상황에 대한 요약형 분석보고의 성격을 띠고 있기 때문에 심층적인 정보분석을 결여한다고 할 수 있다.

사실, 시간적 제약 때문에 현용 보고서의 상당 부분은 분석 부서가 아니라 수집 부서에서 직접 작성하는 사례가 흔히 있다. 한국의 경우도 마찬가지다. 수집 부서는 해외파견 요원들을 두고 있어 주요상황발생시 현지에서 직접 보고를 얻을 수 있는 반면, 분석 부서는 기존 수집자료를 중심으로 작성해야 하기 때문에 비교우위가 다소 낮다고 할 수 있다. 그러나 주요현안에 대한 중·장기 정보분석, 판단보고서는 분석 부서만이 할 수 있는 작업이다. 사실 미국의 경우, 분석 부서의 핵심적 역할은 국가정보 예측판단보고서(NIE: National Intelligence Estimates) 및 특별국가정보 판단보고서(SNIE: Special National Intelligence Estimates) 작성에 있다. 수집 부서에서는 이와 같이 전문화된 정보분석 판단보고서를 작성할 수 없다.[58)]

엄밀히 말해 NIE는 주요국가안보 현안에 대한 예측(prediction)을 목적으로 하지 않는다. 오히려 중요 현안문제의 사태발전 가능성에 대한 정보판단을 제시해 주는 것이다. 더구나 NIE는 CIA와 같은 국가정보기관만의 판단을 의미하지 않는다. 통상 NIE는 CIA를 포함한 모든 정보기관의 의견을 토의와 협의를 통해 함축해 놓은 것이다. 때문에 CIA, DIA 등 정보기관에 소속된 분석관들이 NIE작성에 참여하는 것이 아니라 미국의 정보공동체 전체를 대표하는 국가정보협의회(NIC: National Intelligence Council) 소속의 국가정보분석관(NIO: National Intelligence Officer)들이 대통령의 소요제기 또는 정보공동체의 자체 소요제기에 따라 NIE작업에 참여한다. 물론 NIE나 SNIE에 대한 최종 검토와 승인은 CIA국장이 한다. 그러나 CIA국장은 CIA라는 국가정보기관의 장(즉, CIA director) 자격으로 승인하는 것이 아니라 정보공동체의 장(즉, DCI: Director of Central Intelligence)으로 승인하는 것이다. 따라서 NIE와 SNIE는 합의(consensus)에 기초한 정보 산출의 대표적 유형이라 할 수 있다.[59)]

〈표 2〉는 미 행정부가 주요관심사로 다루고 있는 탄도미사일 위협에 관한

---

58) Lowenthal, pp. 47-48; Pat M. Holt, *Secret Intelligence and Public Policy,* 전게서, pp. 81-82.

59) Lowenthal pp. 87-88, 그러나 각 정보기관은 반대의견도 개진할 수 있다. 이 경우, 대부분의 반대의견은 각주(footnote) 처리된다. 이 각주를 둘러싸고 부처별로 벌어지는 관료정치를 각주전쟁(footnote war)라고 한다. Lowenthal, 전게서, p. 85.

표 2 탄도미사일 위협에 관한 미 국가정보 판단보고서(NIE)

《외국의 미사일 개발과 2015년까지 탄도 미사일 위협에 대한 주요 정보판단》

미 정보 공동체 산하의 대부분의 기관들은 러시아와 중국의 전통적인 미사일 공격력을 논의로 한다 하더라고 미국이 2015년까지 북한과 이란, 그리고 심지어는 이라크로부터도 이들 국가들의 정치 노선이 상당히 변화하지 않는 한 대륙간 탄도미사일(ICBM) 위협에 직면할 가능성이 아주 높은 것으로 전망하고 있다.

단 한 정보기관은 2015년 이전에 미국이 이란으로부터 ICBM 위협을 받게 될 가능성은 희박하다고 평가하고 있다.

단거리 및 중거리 탄도미사일은 이미 미국의 이익과 해외 주둔 미 병력, 그리고 미국의 동맹국에 심각한 위협을 가하고 있다.

새롭게 등장하고 있는 탄도미사일 보유 국가들은 보유 미사일 시스템의 사거리와 신뢰도, 그리고 정확성을 지속적으로 개선시켜 왔는바, 전세계에 걸쳐 미국의 군사력과 국가이익, 그리고 미국의 동맹국에 심각한 위협을 가하고 있다. 특히 러시아, 중국, 그리고 북한의 주도에 의한 탄도미사일 관련 기술과 재료, 그리고 전문지식의 확산은 이들 새로운 미사일 보유 국가들로 하여금 미사일 개발을 가속화하고, 새로운 능력을 획득하는 동시에, 잠재적으로, 보다 강력하고 사거리가 확장된 미래형 미사일 시스템의 개발을 가능케 하고 있다.

만약에 러시아가 전략적 군사력 증강에 상당한 투자를 하지 않는다면, 군비통제 여부에 관계없이 러시아의 핵탄두 수는 2015년까지 2000개 이하로 감소할 것이다.

비록 러시아가 여전히 미국 수준에 육박할 수 있는 가장 포괄적인 탄도미사일 전력을 보유하고 있지만, 가용 자원의 한계, 일련의 프로그램개발 실패, 무기체계의 노화, 소비에트 연방의 해체, 그리고 군비통제 협약 등의 요인에 따른 전력 구조상의 주요 결정들 때문에 지난 10년간 러시아의 전략 핵군사력은 상당히 감소된 바 있다.

정보공동체(Intelligence Community)는 2015년까지 중국의 탄도미사일 전력이 현재에 비해 수 배 이상 증가할 것으로 예측하고 있지만 미국을 겨냥해서 배치될 중국의 향후 ICBM 전력은 75개 내지 100개의 탄두에 이를 것으로 예상되는 바는 그 규모나 능력면에서 러시아와 미국의 전략 미사일 전력보다 크게 뒤떨어질 것으로 예상된다.

중국은 육상 이동식 DF-31 ICBM, 장거리 육상 이동식 DF-31, JL-2 잠수함 발사 탄도미사일(SLBM) 등 3개의 새로운 이동식 전략 미사일을 개발중에 있다. 1980년대 중반부터 시작된 이들 프로그램은 미국과 러시아에 대하여, 보다 현대적이고 안정적인 전략 억지력을 구축하기 위한 중국 정부의 노력의 일환이라 할 수 있다.

수백 kg에 달하는 핵무기를 장착하고 미국 본토의 일부를 공격할 수 있는 북한의 다단계 대포동 2호는 이미 실험발사 준비가 완료된 것으로 보인다.

그러나 2001년 5월 북한은 미국과의 미사일 협상이 진행되는 한, 장거리 미사일 실험발사에 대한 자발적 유예를 2003년까지 연장하겠다고 밝힌 바 있다. 1998년 대포동 1호의 실험발사때와 마찬가지로 대포동 2호의 실험발사 역시 우주발사 체제의 형태로 행해질 가능성이 크다. 북한은 지금도 미사일 개발을 진행하고 있다.

이란은 단거리, 장거리 미사일 능력을 보유하기 위해 노력하고 있다.

이란 정부는 국제분쟁시 발사할 수 있는 사거리 1300km의 중거리 탄도미사일(MRBMs) Shahab 3을 보유하고 있다.

이란은 현재 ICBM/우주발사체(SLV) 시스템을 개발 중이다. 모든 정보기관들이 이란이 향후 5년 이내에 발사를 시도할 수 있다는 데에 의견을 같이 했지만, 이란 정부는 5년 이후에나 ICBM/SLV의 실험발사를 시도할 것으로 보인다. 반면에 한 정보기관은 이란이 2015년까지도 실험발사에 성공할 확률은 거의 없다고 전망하고 있다.

국제적인 제재와 봉쇄에 의해 제약받고 있지만 이라크는 아직도 장거리 미사일 개발을 희구하고 있는 동시에 변형된 소형 스쿠드미사일을 보유하고 있다.

만약 UN의 제재조치가 풀리거나 상당 부분 완화된다면, 이라크는 수 년간에 걸쳐, 단거리 탄도미사일(SRBM)을 다시 보유하기 위해 노력할 뿐 아니라 고체연료 추진체의 개발, 배치와 더불어 중거리 탄도미사일(MSBM)을 확보하려고 노력할 것이다. 모든 정보기관들은 만약 수 년 이내에 UN의 대이라크 제재조치가 철회된다면 2015년 이전에 또 다른 형태의 ICBM 시험 발사할 가능성을 배제할 수는 없지만 대부부의 기관들은 만약 제재가 철회된다 해도 그 가능성은 매우 낮을 것으로 추정하고 있다. 일부 정보기관들은 유엔의 제재가 해제될 경우, 이라크가 2015년 전에 SLV로 위장한 ICBM을 실험할 가능성이 있으며 만약 외국으로부터의 기술 이전이 있다면 이 실험은 2010년으로 앞당겨질 수도 있다고 전망했다.

2015년 이전에 그 숫자는 매우 소수이겠지만 일부 국가들은 SRBMs, MRBMs, 또는 전진 배치된 선박 또는 다른 발사대로부터 지상공격용 크루즈미사일을 발사할 수 있는 체계를 개발할 수 있다.

미사일 이외의 대량살상무기 운반수단은 ICBM과 같은 위신, 억지력, 강제적인 외교의 수단을 제공해 주지 않는다. 하지만 이러한 운반수단들은 가격면에서 저렴하며 신뢰성이 높고 정확할 뿐 아니라 세균전도 효과적으로 수행할 수 있다. 게다가 책임을 전가하기도 쉬울 뿐 아니라 미사일 방어 시스템을 쉽게 피할 수도 있다. 미국 자체와 미국의 국가 이익에 위협을 가하거나 공격을 감행할 능력을 갖추고 있는 테러리스트, 반란군, 또는 극단주의자 집단을 포함한 외국의 비정부 단체들은 화학전과 생물학전, 방사능전, 그리고 핵물질(CBRN)에 대한 깊은 관심을 보여 왔다.

출처: National Foreign Intelligence Board, *Foreign Missile Developments and the Ballistic Missile Threat Through 2015*, (Washington, D.C.: NFIB, 2002). http://www.cia.gov/nic/pubs/other-products

미 국가정보 판단보고서다. 이 판단보고서는 미 정보 공동체를 구성하는 각 정보기관의 견해를 취합하여 작성한 정보판단보고서인데 중국과 러시아로부터의 탄도미사일 위협을 제외하고도 미국과 해외 주둔 미군, 그리고 미국의 주요 동맹국가들이 2015년까지 북한과 이란, 그리고 이라크로부터의 탄도미사일 위협에 직면할 수 있다는 것을 예측, 판단하고 있다. 이와 더불어 테러리스트, 반란군, 또는 극단주의자들이 대량 살상무기 획득, 보유에 관심을 기울이고 있다는 것을 추가하고 있다. 한 가지 흥미 있는 점은 2015년까지 이란의 탄도미사일 위협에 대해서는 정보 공통체의 완전한 합의가 이루어지지 않았다는 사실이다. 이러한 정보판단보고서의 위력은 대단한 것으로 나타났다. 2002년 1월 하순 부시 미 대통령은 이러한 NIE에 기초하여 그의 연두교서에서 이란, 이라크, 북한을 악의 축을 형성하는 국가라고 명명하고 이들에 대한 억지와 봉쇄를 미 국방정책의 기본축으로 한다는 것을 천명한 바 있다. 이와 같이 판단에 대한 선택은 최종 정보소비자가 내리는 것이다.

(2) 정보판단과 정보실패

그러나 정보예측 판단보고서(NIE)가 항상 환영을 받아온 것은 아니다. 엄격히 말해 NIE의 유래는 일본의 진주만 기습공격과 1950년 북한의 남침이라는 두 가지 역사적 교훈에서 찾을 수 있다. 이 두 가지 사례는 미 정보당국의 대표적 정보실패 사례로 간주되고 있는바, 이러한 정보실패를 극복하기 위해서는 보다 체계적이고 장기적인 정보예측 및 판단 노력이 있어야 한다는 것이다. Sherman Kent가 미 CIA 분석국을 관장하면서 대부분의 분석노력은 NIE에 초점이 맞추어져 왔다.[60] 그러나 안보정책 집행부서의 관리들은 NIE에 대해 다분히 비판적 자세를 취해 왔다. 대부분의 NIE 보고서들은 사태발전에 비해 너무 늦게 작성되고, 제시간에 정보분석이 이루어진다 해도 정답없이 각기 다른 가설에 따라 각기 다른 대안을 제시하므로서 정책결정자들을 오히려 혼란시킬 수 있다는 것이다. 뿐만 아니라 일일국가정보보고서 읽는데도 60초 이상을 할애하기 힘든 주요정책결정자들이 방대한 분량의 NIE를 자세히 검토하기는 어렵다는 것이다. 따라서 분석부서가 자랑하는 NIE는 예산만 낭비하는 지

60) Sherman Kent, *The Law and Custom of the National Intelligence Estimate*(Washington, D.C.: Center for the Study of Intelligence, CIA 1976).

적 장난에 불과하다는 혹평까지 나오고 있는 실정이다.[61]

사실 정보실패를 극복하기 위해 고안된 NIE를 포함한 정보분석 노력은 다양한 형태의 정보실패를 보여왔다. 분석에 있어서의 정보실패는 분석관의 실패, 조직상의 실패, 그리고 배포상의 실패 등 크게 세 가지로 나누어 살펴 볼 수 있다.

1) 분석관과 정보실패

분석관으로부터 유래하는 정보실패는 크게 두 가지로 대별될 수 있다. 그 하나는 인지상의 실패(cognitive failure)이고, 다른 하나는 능력상의 실패(capability failure)이다. 인지상의 실패는 자기 반사적 오류(mirror image)와 집단사고(group thinking)의 경직성과 분석상의 편견을 대표적으로 들 수 있다.[62] 여기서 자기 반사적 오류란 분석관 자신이 처한 현실인식을 분석 대상국에도 그냥 적용하는 데서 발생하는 오류다. 그 대표적인 예로는 냉전시 미국의 대소 정보분석에서 극명하게 나타난 바 있다. 즉, 소련 정치, 군부엘리트를 미국식 기준에 의거, 온건파(dove)와 강경파(hawk)로 구분하고 이들간의 대립과 갈등에 의거 외교안보 정책이 이루어진다는 시각이다. 이러한 인지 방식은 한국 정보당국의 대북 분석에서도 나타나고 있다. 즉, 북한의 전반적인 정책을 군부중심의 강경세력과 당 관료중심의 온건세력간의 대립 결과로 보는 경향이 있는데 황장엽 씨는 이러한 시각은 잘못된 대북인식에서 비롯된 것이라 지적한 바 있다. 미 정보당국이 1979년 이란 팔레비 국왕의 실각을 사전에 예측하지 못한 것도 이러한 mirror image의 결과라 할 수 있다.[63]

자기 반사적 오류 못지않게 집단사고의 경직성 역시 객관적 정보분석에 커다란 장애가 될 수 있다. 여기서 집단사고란 해당 정보기관의 조직적 특성 때문에 분석관 개인의 개별적 의견이나 판단이 허용되지 않고 집단적으로 사고하는 경향을 의미한다. 집단사고의 폐해는 여러 가지 형태로 나타날 수 있다. 아마 그 대표적인 예로 한국의 국가정보기관을 들 수 있다. 한국 국가정보

61) Pat M. Holt, *Secret Intelligence* 상게서, ch. 5.: Jack Davis, "A Policy Makes Perspective on Intelligence Analysis Interview with Robert D. Blackwell," *Studies in Intelligence*(1995).

62) Berkowitz and Goldman, *Strategic Intelligence*, 전게서, pp. 199-202; Lowenthal, *Intelligence*, p. 81, pp. 90-92.

63) Greg. Treverton, "The Fall of the Shah of Iran," *Intelligence and Policy Project* (Cambridge: J. F. Kennedy School, Harvard University, 1988), pp. 1-19.

기관의 존립 이유는 북한의 정치, 군사 동향을 파악하는 동시에 대북 침투를 통해 북한 체제를 와해시키는 데 있어 왔다. 이러한 사고의 공유화는 북한에 대한 객관적 인식을 어렵게 해왔다. 바로 이 같은 집단적 인지 구조 때문에 김정일은 비합리적이고 예측불허하며 밑으로부터의 지지기반이 취약한 지도자로 분석되어 왔다. 그러나 2000년 6월 정상회담을 계기로 이러한 인식은 크게 불식된 바 있다.[64] 사실 이러한 집단적 사고는 대북 정보분석에 있어 엄청난 심리적 경직성을 초래했다. 이러한 집단사고의 폐해는 한국뿐 아니라 대부분의 국가에 공통적으로 나타나고 있다. 가령 미국의 대북 인식이 국무성, 국방성, 그리고 중앙정보국 등 부처별로 다르게 나타나는 것도 집단사고의 결과라 할 수 있다. 궁극적으로 집단사고는 대안적 사고를 어렵게 하기 때문에 정보분석에는 커다란 제약으로 작용한다.

분석관의 인지구조와 더불어 분석관의 자질 역시 중요하다. 정보분석을 하는데 있어서 분석관이 잘못된 가정, 부적절한 분석기법, 그리고 왜곡된 첩보자료를 비판적 여과없이 수용, 적용했을 때 심각한 정보실패가 발생할 수 있다. 대부분의 정보실패는 잘못된 가정에서 비롯된다. 예를 들어 쿠바 미사일 위기가 불거져 나왔던 것은 소련이 정치, 군사적 보복 위험 때문에 미국의 코밑인 쿠바에 미사일을 전진 배치하지는 못할 것이라는 분석관들의 가정 때문이었다. 1973년 욤 키프르 전쟁에서 이스라엘과 미국이 사다트의 기습공격을 사전에 탐지 못한 것도 바로 잘못된 가정에 기인하는 것이었다. 나세르 후임으로 집권한 사다트는 국내 정치적 기반이 취약했고 경제적으로 난관에 봉착했기 때문에 이스라엘과 미국의 분석관들은 사다트가 선제 기습공격을 감행하지 못할 것으로 가정한 바 있다.[65] 일본의 진주만 기습공격을 사전에 감지 못한 것도 부분적으로는 이러한 가정상의 오류 때문이었다고 할 수 있다. 부적절한 분석기법도 정보실패에 커다란 영향을 준다. 1970년대 말 카터 행정부 당시 소련의 에너지 상황에 대한 정보분석이 분석기법상의 하자에 따른 정보실패의 대표적 사례라 할 수 있다.[66]

---

64) 사실 김대중 정부 출범 이후 대북 포용정책의 추진은 김정일의 리더십, 체제 내구성, 그리고 개방, 개혁에 대한 북한의 태도 등에 대한 기본가정의 변화에서 비롯된 것이라 할 수 있다.

65) Aviezer Yaari, "An Israeli perspective on Contemporary National Intelligence," in Kim and Moon, *Post-Cold War,* 전게서, pp. 79-100; Berkowitz & Goodman, *Strategic Intelligence,* 전게서, pp. 199-200.

66) 미국 카터 대통령은 1978년 소련이 아프간 침공 이후 미국 정보당국에 소련의 에너

첩보자료의 관리 미숙에 따른 정보실패 역시 여러 가지 형태로 나타날 수 있다. 특히 문제시 되는 것은 신호와 잡음(signal-to-noise)을 구분해내는 작업,[67] 또는 낟알(wheat vs. chaff)[68]을 추려내는 작업이다. 일반적으로 분석관들은 첩보의 홍수속에 시달린다. 이러한 엄청난 첩보의 유입속에서 필요한 정보를 정선해내는 것은 쉽지 않다. 필요 정보의 정선실패는 국가안보에 치명타를 가져올 수 있다. 예를 들어 일본의 진주만 기습과 관련된 신호정보가 당시 미 해군 첩보당국에 의해 수집되었으나 옥석을 가려내어 필요한 정보로 추려내는 데는 실패했다.[69] 한국전쟁 중 중국의 개입을 예측하지 못한 것도 첩보의 홍수속에 필요한 정보를 추려내지 못한데 있다. 이러한 정보실패는 관료적 타성 때문에 발생할 수 있지만, 궁극적으로는 분석관의 언어적 능력과 직관력, 그리고 분석업무에 대한 집중력 결여가 그 주된 요인이라 할 수 있다. 그 밖에도 적대국의 기만(deception)이나 역정보(disinformation)를 구분해내지 못할 때, 또는 적실성 있는 첩보나 증거를 제대로 포착하지 못할 때 분석에 따른 정보실패는 수시로 발생할 수 있다.

2) 조직적 경직성과 정보실패

분석관 개인의 인지구조나 자질과 더불어 정보실패의 주요원인으로 등장하는 것은 조직 또는 제도상의 경직성을 들 수 있다.[70] 특히 여기서 경계해야 할 점은 정보분석의 정치화 현상이다. 그 사례는 비일비재하다. 가령 카터 행정부하에서는 카터 대통령의 외교정책노선(데탕트)에 맞추어 각 분석기관들은 소련의 방위비 지출과 국방력 추세를 의도적으로 하향 조정했는가 하면, 레이건 행정부하에서는 그 역현상이 발생한 바 있다.[71] 보다 최근에 미국의 대 북

지 수급상황이 소련의 페르샤만 정책에 미치는 영향을 분석토록 지시한 바 있다. HUMINT에 기초한 CIA 분석은 소련이 심각한 에너지 위기에 봉착하게 될 것인바, 그 극복을 위해 페르샤만에 대한 침공가능성을 배제할 수 없다고 예측한 반면, 주로 영상첩보에 의거한 DIA의 정보분석은 소련의 에너지 수급에는 아무런 문제가 없을 것이기 때문에 페르샤만에 대해 공세적 태도를 취하지 않을 것으로 예측했다. 결국 DIA 예측이 정확한 것으로 판명되었는 바 CIA가 정보실패를 한 것은 수집방법뿐 아니라 분석방법에서도 오류를 범했기 때문이다.

67) Berkowitz and Goodman, *Strategic Intelligence,* 전게서, p. 200.

68) Lowenthal, 전게서, p. 78.

69) Robert Wohlstetter, *Pearl Harbour: Warning and Decision* (Standard: Stanford Univ. Press, 1962), pp. 176-186.

70) Pat Holt, 전게서, pp. 67-71; Berkowitz and Goodman, 전게서, pp. 201-202.

71) Lowenthal, 전게서 p. 92.

한 관련 정보분석을 보면 이 같은 현상은 보다 명백하게 나타난다. 클린턴 행정부하에서 대북 정보분석은 다소 온건한 양상을 띄어왔으나 부시 행정부하에서는 강경 일변도의 대북 정보분석보고서들이 눈에 띄게 나타나고 있다.

한국도 예외는 아니다. 김대중 정부 이전의 대북 정보분석은 북한에 대해 지극히 비판적이었던 반면, 김대중 정부의 포용정책 추진 이후 대북 정보분석은 보다 객관성을 보여 왔다고 평가할 수 있다. 이와 같이, 정보기관의 정보분석은 최고 지도자의 선호성에 따라 정치화 될 수 있고, 이러한 정치화 현상은 정보실패를 자초할 수 있다.

관료정치도 정보실패의 주요원인으로 등장하고 있다. 미국의 경우, NIC 기능을 통해 각 부문별 정보기관간의 관료적 경합과 마찰에 따른 정보실패 가능성을 최소화하려 노력하고 있으나 아직도 이 문제는 해결되지 않고 있다. 예를 들어 미 CIA는 과거 이란의 팔레비 국왕과 아주 밀접한 관계를 유지해왔다. 1979년 하반기 국무성과 기타 정보기관의 분석에 따르면 팔레비 국왕의 실각은 명약관화했다. 그러나 CIA는 샤와의 끈끈한 관계 때문에 실각 개연성을 과소평가하고 있었다. 1959-61년 소련의 '스푸트닉' 인공위성 발사 이후 미국에서는 소련과의 미사일 경쟁에서 크게 뒤진다는 자성론이 대두된 바 있다. 그러나 실제로는 소련과의 '미사일 격차'가 존재하지 않았던 것으로 판명되었다. 그러나 미국의 정보 당국은 국방예산 증액를 위해 의도적으로 소련의 미사일 능력을 과대평가한 것으로 나타난 바 있다.[72] 최근 북한에 대한 평가도 부처별로 다르게 나타나고 있다. 국무성은 김정일 하 북한의 체제 내구성이 매우 높은 것으로 평가하고 있으나 국방정보부와 CIA는 그 반대 평가를 하고 있다. 이와 같이 정보분석은 관료적 이해관계와 맞물릴 경우, 객관적으로 예측과 판단을 어렵게 할 수 있다.

관료정치 이외에도 다양한 요소들이 조직적 측면에서 정보실패를 야기시킬 수 있다. NIE 작성시 자주 나타나는 현상인데 합의를 통한 정보분석을 해나가는 과정에서 정보기관간에 흥정(back scratching and logrolling)을 통해 정보를 왜곡할 수도 있고 보고서의 중요하지 않은 부문을 물고 늘어져서 자신의 의견을 반영(false hostage)시키려는 경우도 있다. 그뿐만 아니라 각주전쟁(footnote war)을 통하여 판단보고서의 초점을 흐려버릴 수도 있을 뿐 아니라 정보기관별로 견해차가 클 경우, 진실을 규명하기 보다는 적당히 타협하여 합

72) Lowenthal, 전게서, p. 18.

의점을 구함으로써 정보분석의 객관성을 크게 해칠 수도 있다.[73]

3) 정보배포와 정보실패

정보실패는 분석관의 자질에 하자가 있거나 정치화 현상 때문만에 야기되는 것이 아니라. 아무리 정보분석의 예측과 판단이 정확했다 하더라도 정보소비자에 이를 전달하는데 문제가 생겨, 정책수립에 반영되지 않을 때도 마찬가지로 정보실패가 발생할 수 있다. 배포에 따른 정보실패 역시 여러 가지 형태로 나타날 수 있다. 그 첫번째 유형은 제도적 미비에 따른 배포 채널상의 하자이다. 진주만 기습공격에 대한 정보실패가 그 대표적 사례다. 해군 정보당국에서 일본군의 기습 기미를 사전에 감지했으나 구심점이 없는 분산화된 정보 배포 시스템 때문에 정작 상기 정보를 가장 필요로 했던 하와이 주둔 해군 사령관과 육군 사령관에게는 전달하지 못했다.[74] 사실 이러한 정보실패가 CIA와 같은 국가정보기관의 탄생을 가능케 했지만 배포선의 혼선에 따른 정보실패는 비일비재하다.

두 번째 유형은 시이성을 놓친 관련 정보의 배포이다. 정보의 배포는 시간을 생명으로 한다. 특히 전투 상황하에서는 필요한 정보를 정확하게 적시에 배포하는 것은 필수적이다. 그러나 많은 경우에 필요정보의 배포가 실기를 하는 경향이 있다. 그 대표적 사례로 1991년 걸프전을 들 수 있다. 당시 사막의 폭풍작전을 총 지휘했던 스와츠코프 장군의 미 의회증언에 따르면 필요정보의 지연 배포가 작전상 많은 애로점을 수반케 했다는 것이다.[75] 반면에 9.11사태 이후 전개된 미국의 아프간 침공에서는 CIA가 이러한 단점을 크게 보완하여 실시간대로 필요정보를 제공하여 승기를 마련하는데 결정적 공헌을 한 바 있다.

마지막 유형으로는 정보소비자에 대한 설득실패에서 오는 배포 및 정보실패이다. 아마 월남전 개입과 관련된 미 CIA와 미 행정부간의 대립처럼 이 문제를 첨예하게 보여주는 사례는 없을 것이다. 미 CIA는 월남전 개전 초기부터 미국의 개입에 반대 입장을 표명했다. 월맹 민족주의의 강인함, 월남정부의 취약성, 월맹 및 베트공과의 정치·군사전 전개상 애로점, 소련과 중국의 불개입, 그리고 확전시 낮은 승산 등을 이유로 들어 미국의 개입은 물론 전쟁의 확

73) Lowenthal, 전게서, pp. 84-85.

74) Robert Wohlstetter, 전게서, 1962, pp. 176-187.

75) Kevin D. Stack "Competitive Intelligence," *Intelligence and National Security,* 13:4 (Winter, 1998), pp. 194-202.

전을 강력히 반대했다.[76] 그러나 당시 케네디 행정부와 존슨 행정부는 이러한 CIA의 정보보고를 무시하고 국방성과 국무성의 현지 보고를 중심으로 개입 정책을 수립해 나갔다. 결국, 당시 정책결정자들은 미소 대결이라는 냉전적 사고의 틀을 벗어나지 못하고 도미노 이론에 따라 월남에 대한 개입을 심화시켜 나갔던 것이다. 이와 같이 정보실패는 정책결정자들에 대한 설득실패에서도 나타날 수 있다는 점에 유의할 필요가 있다.

6. 결론: 정보분석의 새로운 지평을 위하여

지금까지 정보분석의 성격, 분석방법, 그리고 분석과 관련된 정보실패의 다양한 사례들을 개괄적으로 살펴보았다. 그러면 정보실패의 가능성을 최소화하고 정보분석의 새로운 지평을 열기 위해서는 어떠한 조치들이 필요한가?

아마 가장 중요한 조치는 분석관의 자질 향상이다. 분석은 기계가 하는 것이 아니라 사람이 한다. 따라서 분석관의 자질 저하는 정보분석의 실패를 가져올 수 있다. 그러기 위해서는 무엇보다 수준 높은 분석관들을 충원해야 한다. 초임부터의 충원도 중요하지만 여러 수준에서 학계, 경제계 등 총망라하여 우수한 분석인력을 충원해야 한다. 그리고 영구직으로 초임부터의 충원방식에서 탈피하여 주요 현안별, 또는 프로젝트별로 단기간 계약직으로 충원할 수 있어야 한다.[77] 충원에서의 탄력성과 융통성이야말로 정보기관의 분석기능에 사활적 영향을 미친다 하겠다.

두 번째로 탁월한 분석관의 충원만이 능사는 아니다. 충원된 분석관들을 상대로 충분한 동기 부여를 해주고 해당 분야에 대한 이론과 실제를 충분히 터득할 수 있도록 교육, 훈련의 기회를 제공해야 한다. 이와 관련, 몇 가지 대안들을 고려할 수 있다. 그 하나는 분석관들에 대한 체계적이고 전문적 교육기관의 설치이다. 미 CIA의 Kent 분석학교는 이 점에서 매우 유익한 시사점을 준다 하겠다.[78] 물론 미국 이외의 국가들이 별도의 분석학교를 둔다는 것은

76) Harold P. Ford, "Why CIA Analysts Were Doubtful About Vietnam," *Studies in Intelligence,* 1 : 1(1997).

77) Council on Foreign Relations, *Making Intelligence Smarter*(New York: Council on Foreign Relations, 1996), p. 17.

78) Stephen Marrin, 전게서.

어렵다. 그러나 기존 정보학교의 커리큘럼을 개선하여 분석교육기능의 강화를 도모할 수도 있다. 다른 하나는 분석관들로 하여금 정보소비자들의 소요기능을 보다 현실감 있게 파악하기 위해서 안식년제를 도입하여 이들을 정보 소요 제기기관에 파견 근무를 시킬 필요가 있다. 그래야만 정보분석보고서의 현실적 감각이 살아날 수 있기 때문이다. 한국의 경우, 청와대, 외통부, 국방부, 통일부, 그리고 국회정보위 등에 분석관들을 순환보직 형식으로 단기간 파견시키는 것을 고려해야 할 것이다. 이와 더불어 해외 파견도 적극적으로 검토해야 할 것이다.[79] 그래야 현지 사정에 대해 현장감을 가지고 보다 정확한 정보분석에 임할 수 있는 것이다.

세 번째, 분석기구의 조직개편이 병행되어야 할 것이다. 기존의 정태적이고 위계질서적인 분석조직으로는 정보화, 세계화의 새로운 도전을 능동적으로 감당해 내기 어렵다. 따라서 분석조직의 혁명적 개편이 있어야 한다. 이와 관련 그림 1은 시사하는 바가 크다. 무엇보다 분석조직은 유동적이며 연계망 형식으로 과감히 전환되어야 한다. 수집의 경우도 정보기관 자체의 수집기능에 전적으로 의존하지 않고, 민간 부문에서 지원팀을 확보하는 동시에 공공 정보원 및 전문화된 상업 데이터 베이스를 활용하여야 한다. 또한 주 분석관이 최종 정보분석보고서를 작성하기 이전에, 정보공동체의 분석지원팀과 여타 정책요원들로부터의 추가 의견들을 총체적으로 감안하여 정보보고서를 작성하고 이를 정보소비자에게 적시에 배포할 수 있어야 한다.[80] 분석 사안별로 이러한 역동적 연계망의 활용은 기존 정보분석의 정태성을 쉽게 벗어나게 할 수 있을 것이다.

마지막으로 정보분석관과 정보소비자간에 새로운 관계설정이 있어야 한다. 이와 관련, 무엇보다 분석기관의 위기 대응능력(surge capacity)을 향상시켜야 한다. 기존의 분석 모델에 따르면 위기상황을 다루기 위해 새로운 인원과 자원을 투입하고 이를 위해 별도의 특별보고서가 작성되지만 즉시 대응능력은 일반적으로 현저히 저하되어 왔다. 이 같은 약점을 보완시킬 필요가 있다. 실시간대(just-in-time)로 위기상황에 대응할 수 있는 능력을 배양해야 한다.[81] 그러기 위해서는 정보기관 내의 관료적 통제가 완화되어야 한다. 정보기관 내에

79) 미국의 경우, 분석관의 해외 I/O 파견은 어렵다. 그러나 한국은 분석 부서 출신들도 해외에 I/O로 파견되고 있어 이 점은 긍정적으로 평가할 수 있다.
80) Berkowitz and Goodman, *Best Truth,* 전게서. p. 80.
81) Berkowitz and Goodman, *Best Truth,* 전게서. p. 85.

그림 1

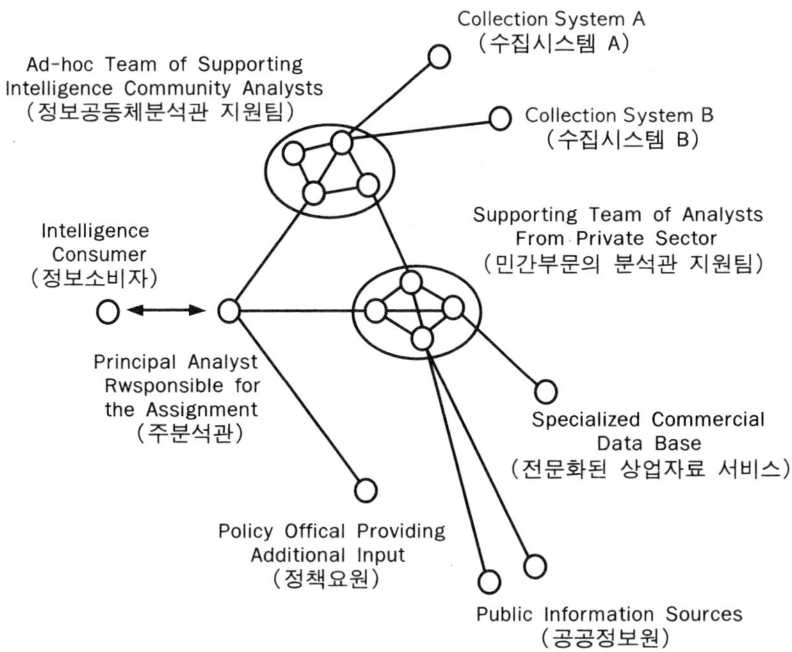

출처: Beknowing and Goodman, Best Truth New Haven: Yale University Press, 2000), p. 80에서 재인용

서 최소한의 합의가 이루어지는 한 분석관의 보고서는 바로 정보소비자에게 전달될 수 있도록 해야 한다. 이와 더불어 정보분석의 정치화, 관료화 현상을 가급적 배제해야 할 것이다. 특히 강조되어야 할 대목은 분석 부서에 대한 예산 증액이다. 분석 대상의 광역화와 수집수단의 다변화를 감안할 때 분석부문에 대한 예산배정 역시 그에 비례하여 증가시킬 필요가 있다.[82)]

82) 미국의 경우, 분석 부서에 대한 예산은 전체 국가정보 예산의 10퍼센트 미만으로 추정되고 있다.

제 6 장

비밀공작론

정 영 철

1. 비밀공작이란 무엇인가?

비밀공작(covert action)은 정보기관의 활동 가운데 가장 특징적인 활동이다. 그러나 비밀공작의 정의는 경우마다 조금씩 다르다. 미국 정보공동체(Intelligence Community)에서는 "미국의 대외정책을 지원하기 위해 외국의 정부, 사건(events), 조직 및 사람들에게 영향을 미치기 위하여 설계된 비밀활동(clandestine operation)[1]의 하나"라고 정의하고 있다. 그러나 미국 의회의 1991년 정보활동수권법에서는 "미국정부의 역할이 명백해지거나 혹은 공식적으로 인정하지 않도록 하면서 외국의 정치, 경제 혹은 군사 상황(conditions)에 영향을 미치기 위한 활동"이라고 정의하고 있다.[2]

1) 비밀활동(clandestine operation)은 정보기관이 비밀리에 수행하는 모든 활동을 의미하며, 비밀정보수집활동(information collection activity), 대간첩활동(counterintelligence) 및 비밀공작(covert action)으로 대별된다. Leo D. Carl, *International Dictionary of Intelligence*(McLean: International Defense Consultant Services, Inc., 1990), p. 63. 정보기관의 정보업무 가운데 정보분석활동은 일반적으로 비밀활동의 범주에 포함되지 않는다. 미국 행정명령 12036에서는 비밀공작을 특별활동(special activities)이라고 지칭하며, 구소련 KGB에서는 "메마른 일들"(dry affairs)이라고도 지칭한다. *Ibid.*, p. 85. 이스라엘 모사드의 공식명칭은 영문으로 Institution for Intelligence and Special Assignments인데 여기서 Special Assignment는 비밀공작을 의미한다.

그리고 ① 정보수집을 주목적으로 하는 활동, ② 방첩활동, ③ 전통적 외교활동과 군사활동 및 이를 지원하기 위한 통상적인 활동, ④ 법집행 기구의 전통적인 법집행 활동과 이를 지원하기 위한 활동, ⑤ 해외주재 기관들의 공개적인 활동을 통상적인 방법으로 지원하기 위한 활동 등은 비밀공작의 범주에 포함되지 않는다.[3)]

그러나 이러한 정의들은 미국에서만 통용될 수 있는 정의이거나 미국 행정부나 의회의 행정상의 편의를 위해 것일 뿐 세계 각국에서 실제적으로 사용되고 있는 용례(用例)들을 모두 반영하고 있는 것은 아니다. 따라서 비밀공작의 특성에 대해 좀더 상세히 살펴보기로 한다.

첫째, 비밀공작은 정보기관만이 수행할 수 있는 정보기관 고유의 활동이다. 일반적으로 비밀활동(secret activity)은 정보기관만이 행하는 활동은 아니다. 특히 외교나 군사분야에서는 비밀활동들이 많다. 그러나 비밀공작은 일반행정부처의 비밀활동과는 다르다. 왜냐 하면 일반 행정부처의 경우 비합법적인(illegal, 혹은 불법적인) 활동은 할 수 없도록 되어있는 반면,[4)] 정보기관은 합법적 활동이든 비합법적 활동이든 모두 수행할 수 있기 때문이다. 미국의 경우 비밀공작은 원칙적으로 중앙정보국(CIA)만이 수행할 수 있도록 되어 있으며, 정부 내 타부처 정보기관, 예를 들어 국방성 등의 정보기관이 비밀공작을 수행하려 할 경우 대통령의 특별승인을 거쳐 의회의 사전승인을 받아야 한다. 따라서 동일한 내용의 활동이라도 일반 행정부처 소속요원이 수행할 경우에는 단순한 비밀활동(secret activity)으로 분류되나 정보기관 요원이 수행할 경우에는 비밀공작(CA)으로 분류된다.

둘째, 비밀공작은 공작의 배후세력이 누구인지를 은폐하는데 중점을 두는 비밀활동(clandestine operation)이다. 정보기관의 활동은 특성상 비밀리에 추진하는 것이 원칙이다. 그러나 정보기관이 수행하는 비밀활동이라 하더라도 활동의 내용에 따라 비밀을 지키는 방법이 달라진다. 일반적으로 비밀정보 수집활동(clandestine collection)이나 대간첩활동은 활동과 관련된 모든 사실의 은폐

2) 이 정의는 1991년 정보수권법(Intelligence Authorization Act of 1991)에 따라 미국 행정부가 비밀공작을 수행할 경우 사전에 의회의 승인을 얻도록 됨에 따라 의회의 사전 승인을 받아야 할 대상을 규정하기 위한 목적으로 정의한 것이다.

3) Pat M. Holt, *Secret Intelligence and Public Policy*(Washington D.C.: CQ Press, 1995), p. 136.

4) 미국의 경우 1978년 카터의 행정명령에 따라 전시의 군의 경우를 제외하고는 CIA 이외의 타 기관은 원칙적으로 비밀공작을 추진할 수 없도록 되어 있다. *Ibid.*, p. 136.

(concealment)에 중점을 두는 반면, 비밀공작은 활동 자체의 은폐보다는 후원자의 정체(the identity of sponsor)를 은폐하는 데 더욱 중점을 둔다.[5)]

예를 들어 정보기관이 공작원을 이용하여 비밀정보수집(clandestine collection)을 했다면 누구를 통해 어떤 정보를 수집했다는 사실이 일체 노출되지 않도록 노력한다. 그러나 비밀공작의 일환으로 외국에서 게릴라 조직을 활용해서 반란을 일으켰거나 항공사를 운영할 경우 반란이 일어났다는 사실과 항공사가 존재한다는 사실 자체는 은폐하기가 어렵다. 따라서 게릴라 단체를 지원한 배후 세력이 누구인지와 항공사의 실질적인 운영자가 누구인지 등 후원자의 정체를 은폐하는 데만 중점을 두게 된다.[6)]

셋째, 비밀공작은 정보기관이 수행하는 비밀활동 가운데 정보수집활동과 대간첩활동을 제외한 모든 활동을 의미한다. 비밀공작의 내용과 형태는 매우 다양하다. 미국의 경우 일반적으로 비밀공작을 공작목적에 따라 4가지 범주 즉, 정치적 활동(political action), 선전활동(propaganda), 준군사적 활동(paramilitary activity), 정보지원활동(intelligence assistance) 등으로 구분하고 있다.[7)] 그러나 이러한 설명만으로는 세계 각국의 정보기관들이 다양한 목적을 위해 다양한 방법으로 수행하는 비밀공작의 본질을 충분히 설명하기 어렵다. 따라서 정보기관이 수행하는 활동 가운데 비밀정보 수집활동과 방첩활동을 제외한 모든 비밀활동을 비밀공작이라고 생각하는 것이 타당할 것이다.

넷째, 비밀공작은 대부분의 경우 비합법적인 활동일 경우가 많다. 일반적으로 합법적 활동일 경우에는 일반 행정부처에서도 충분히 수행가능하므로 굳이 비밀정보기관이 그 역할을 담당할 필요가 없다. 따라서 정보기관이 수행하는 비밀공작은 비합법적인 활동이거나 자국의 개입사실을 철저히 은폐해야 할 필요가 있는 활동일 경우가 대부분이다.[8)]

다섯째, 비밀공작은 반드시 외국을 대상으로 한 활동만을 의미하지는 않는

5) Carl, *International Dictionary of Intelligence,* p. 63.

6) Angelo Codevilla. *Informing Statecraft: Intelligence for a New Century*(New York: The Free Press, 1992), p. 37.

7) Roy Godson, "Covert Action: Neither Exceptional Tool Nor Magic Bullet," in Roy Godson and Ernest R. May and Gary Schmitt, eds., *U.S. Intelligence at the Crossroads* (Wahington, D.C.: Brassey's, 1995), pp. 155-157. 그 반면 레오 칼(Leo D. Carl)은 쿠데타를 비밀공작의 범주의 하나로 추가하고 있다. Carl, *International Dictionary of Intelligence,* p. 85.

8) 그러나 비밀공작이 반드시 비합법적인 활동만에 국한되는 것은 아니다. 합법적인 활동일 경우라도 그 활동 주체가 밝혀지면 활동효과가 대폭 감소될 수 있는 업무(예를 들어 흑색선전 등)일 경우에는 정보기관이 담당하는 경우도 많다.

다. 대부분의 나라들은 정보기관이 자국민을 대상으로 하는 활동을 금지하고 있기 때문에 비밀공작은 원칙적으로는 외국을 대상으로 한 활동만을 의미한다. 그러나 어느 나라, 혹은 어느 경우에도 이러한 원칙이 반드시 지켜지는 것은 아니다. 전시(戰時)의 경우 자국민을 대상으로 흑색선전을 하는 경우도 많으며, 실제로 독재국가나 권위주의적인 정부의 경우 자국민을 대상으로 비밀공작을 하는 경우가 허다하다. 따라서 원칙적인 의미에서의 비밀공작은 외국을 대상으로 한 활동만을 의미하지만, 실제로는 국내외를 모두 대상으로 하는 활동이라고 보아야 할 것이다.

이렇게 볼 때 비밀공작(covert action)은 "정보의 수집과 방첩활동(counterintelligence)을 제외한, 정보기관이 수행하는 모든 비밀활동(clandestine operations)을 의미하며 정보기관의 역할 가운데 가장 특징적이고 고유한 업무"라고 정의함이 타당할 것 같다.

2. 비밀공작의 변천사

비밀공작의 역사는 매우 오래다. 그러나 일반적인 정보활동의 역사가 그렇듯이 비밀공작도 근세 이후 유럽 열강간의 세력투쟁이 가열화 됨에 따라 더욱 성행하게 되었다. 비밀공작은 초기에는 전쟁수행을 위한 활동이 주류를 이루었으나 16세기 이후 점차 대외정책 수행을 위한 중요한 수단의 하나로 발전하게 되었다.

예를 들어 16세기 후반 영국 엘리자베스 1세는 영국에 적대적이었던 영국 개신교 세력과 스페인의 세력확장을 저지하기 위해 비밀공작을 중요한 외교적, 군사적 보조수단으로 활용했으며,[9] 프랑스와 스페인은 영국세력의 약화를 위

9) 엘리자베스 1세는 개신교 세력의 확장을 막기 위해 개신교와 경쟁관계에 있던 가톨릭 세력과 개신교 반란세력에 대한 비밀지원을 제공했으며, 엘리자베스 1세의 정보참모였던 프란시스 웰싱햄(Francis Walsingham) 국무장관은 민간무장선단(privateers)으로 하여금 서인도제도를 왕래하는 스페인 선박들을 공격하도록 함으로써 서인도 제도에서의 스페인의 활동을 위축시켜 스페인이 서인도제도로부터 부를 얻는 것을 제한했다. 그 결과 스페인 회사들은 외국 은행들로부터의 신용이 떨어져 대부를 얻지 못했으며 결과적으로 스페인 무적함대(Armada)에 대한 지원이 감소되어 1588년 영국이 스페인 무적함대를 격퇴할 수 있는 기틀이 마련되었다. Roy Godson, *Covert Action in the 1990's: Neither Exceptional Tool Nor Magic Bullet*(Working Group on Intelligence Reform Papers, 1989), pp. 33-34.

해 미국의 독립운동을 비밀리에 지원하는 공작을 추진했다.[10] 일본은 1900년대 초 러시아의 공산혁명 세력을 지원함으로써 노·일 전쟁에서 승리하는 데 결정적으로 기여했다.

그후 제1·2차 세계대전을 계기로 비밀공작활동은 정보의 수집이나 대간첩활동과 더불어 각국 정보기관의 중요한 업무의 하나로 정착되었으며 활동방법도 더욱 체계화, 조직화되었다. 영국은 제1·2차 세계대전 중 미국이 중립태도에서 벗어나 자국 진영에 가담하도록 하는데 비밀공작을 활용했으며, 특히 제1차 세계대전 중에는 독일 잠수함이 미국 선박을 공격한 사실 등을 적극 활용하여 비밀선전공작을 추진함으로써 유럽 전쟁에 냉담했던 미국의 대중여론을 참전쪽으로 돌려놓는데 성공했다.[11]

---

10) 프랑스와 스페인은 공식적으로는 미국에 대한 지원을 하지 않겠다고 약속하면서도 미국의 독립전쟁을 적극 지원했다. 미국 독립전쟁을 지원할 경우 영국의 침략능력을 약화시키고 영국에 대항할 전쟁준비를 할 수 있는 시간을 벌 수 있으며 장래 북미대륙과의 교역을 통해 경제적 이익을 얻을 수 있다는 점을 고려했기 때문이다. 특히 세빌리아의 이발사와 피가로의 결혼을 저술한 작가이자 음모애호가(lover of intrigue)인 카르본 드 보마세(Caron de Beaumarchais)는 루이 16세에게 적극적인 준군사적 지원을 건의했는데 많은 논란 끝에 프랑스 정부는 1876년 5월 2일 100만 리브르(livre)의 지원을 결정하고 가장업체인 로드르게 오딸레즈(Roderigue Hortalez & Company)회사를 설립하여 미국에 무기, 탄약 및 군수물자 등을 지원하는 한편 흑색선전을 통해 미국에서 반영국 감정이 확산되도록 부추겼다. 한편 스페인도 영국세력의 약화를 위해 1877년부터 1878년 간 약 40만 달러를 미국 독립군에게 지원했다. 영국 측은 미국 벤자민 프랑클린(Benjamin Franklin) 보좌관으로 위장된 첩보원을 통해 프랑스와 스페인의 비밀지원 내용을 입수하고 있었으나 프랑스나 스페인과의 전쟁을 원치 않았기 때문에 이를 모른 체 하고 있었다. 후세 역사가들에 의하면 프랑스와 스페인의 비밀지원은 독립전쟁 초기에 미국 측의 승리에 결정적인 기여를 했던 것으로 평가되고 있다. 한편 프랑스는 영국의 군사력 소진과 미국-프랑스 관계 강화에 힘입어 그 후 나폴레옹 전쟁에서 승리할 수가 있었다. 반대로 영국의 경우 프랑스 내에서 미국 독립전쟁 지원문제를 둘러싼 논쟁이 가열화 되었을 때 효과적인 비밀공작 수행능력을 갖지 못하고 있었기 때문에 프랑스 내 여론을 자국에 유리한 방향으로 돌려놓지 못하였던 것으로 평가받고 있다. *Ibid.*, pp. 35-39.

11) 당시 독일은 윌슨 대통령이 1916년 선거에서 유럽전쟁에의 불참을 공언했고 미국 내에 반영국 여론이 높았기 때문에 미국이 영국 편에 가담하지 않을 것이라고 생각하면서 아일랜드 및 독일계 미국인들을 활용하여 반영국 여론을 부추기는데만 몰두했다. 전쟁 초기 독일은 미국의 대 영국 지원을 봉쇄하기 위해 미국 내 군수공장에 대한 사보타지를 행하는 한편, 잠수함을 이용하여 미국 상선들을 무차별 격침함으로써 미국 내에서 불리한 여론이 조성되었으며, 미국과 멕시코간의 전쟁을 부추기려던 계획도 영국 측에 의해 폭로되어 성공을 거두지 못했다. 그 반면 영국은 독일 잠수함의 미국 상선 무차별 공격 사실과 유럽 전쟁터에서의 어린이 학살 사실을 유포하여 반독일 여론을 조성하는 한편, 자국 정보기관원이던 윌리암 와이즈만(William Wiseman)을 윌슨 대통령 측근으로 부식하여 윌슨 대통령의 태도와 미국의 여론을 반독일적으로 바꿔 놓는데 성공했다. 와이즈만은 당초에는 윌슨 대통령의 보좌관인 하우스(House) 대령의 수양아들로 들어갔다가 하우스 대령의 조언과 그 자신의 탁월한 능력에 힘입어 윌슨 대통령의 보좌관이 되었으며, 1919년에는 베르사이유 회의에 참석하여 윌슨 대통령의 고문 역할을 수행하기도 했다. 와이즈만은 윌슨 대통령의 참전선언문을 미국 장관들보다도 먼저 입수하여 영국에 전달, 영국이 사전에 언론보도 방향을 정하는데 기여하기도 했으며 영국 정보기관으로부터 영국 정보기관 역

미국의 경우 1947년까지는 정보기관이 심리전 공작 이외의 다른 종류의 비밀공작에는 개입하지 않았으나[12] 1950년대 이후 장기간 냉전이 지속되는 과정에서 적극적이고 다양한 비밀공작을 추진하기 시작했으며, 이 시기부터 비밀공작은 대외정책 수행을 위한 중요한 수단 가운데 하나로 정착되었다. 냉전기간 중 미국과 소련을 중심으로 한 동·서양 진영은 서로 자기 진영을 확대하고 자기 진영에 유리한 대외정책 환경을 조성하기 위해 수많은 비밀공작들을 추진했다. 이 시기의 비밀공작활동들은 비밀선전활동은 물론, 외국 지도급 인사의 포섭, 각국 내에서의 쿠데타 지원, 반란군의 양성과 침투, 주요 인물의 제거 및 암살 등 다양한 방법으로 추진되었다

특히 소련의 경우 국제공산주의 세력의 확장을 위해 특히 제 3 세계 등에서 수많은 민족해방투쟁을 지원했으며, 미국의 경우도 트루만, 아이젠하워, 케네디 및 존슨 대통령 시절에는 공산주의의 확산 방지, 공산세력의 선전 대응 및 공산정권의 약화와 전복 등을 위한 비밀공작을 적극 추진함으로써 비밀공작은 대소련 봉쇄정책 수행을 위한 중요한 수단이 되었다. 1954년 미국의 과테말라 군사쿠데타 지원,[13] 1950년와 1960년대 일본 자민당의 선거 지원,[14] 1961년 1월 쿠바침공 사건,[15] 1965년 인도네시아 수카르노 정부 전복[16] 및

사상 '가장 성공적인 영향력 공작원(the most successful influence agent)'이라는 평가를 받고 있다. *Ibid.*, pp. 40-43.

12) Holt, *Secret Intelligence and Public Policy*, p. 34.

13) 1951년 과테말라에 아코보 아르벤즈 구즈만 정부가 집권, 토지 재분배 등 각종 개혁정책을 추진하는 과정에서 미국 유나이트 푸르츠(United Fruit)사 소유의 토지 22만5천 에이커가 몰수 된데다 구즈만 정부가 소련권으로부터 무기를 지원 받는 등 노골적인 좌경 성향을 들어냄에 따라 미국 CIA는 구즈만 정부의 전복을 위한 비밀공작을 추진했다. CIA는 구즈만 정부 전복음모로 투옥되었다 탈출하여 온두라스에 망명 중이던 까를로스살로스 아르마스(Carlos Castille Armas) 대령을 중심으로 과테말라 망명자들을 규합하는 한편 과거 미 공군이 사용하던 전투기와 민간인 조종사 및 군수물자 등을 지원하여 1954년 7월 과테말라에 침투시켜 무장반란에 성공함으로써 아르마스 대령이 집권하도록 하였다. *Ibid.*, p. 150.

14) 「동아일보」(1994. 10. 14), 7면.

15) 1959년 1월 1일 쿠바에서 카스트로가 공산혁명에 성공하여 우경세력을 투옥 혹은 학살하고 미국 기업 등 외국 기업을 몰수하는 한편 친소정책을 취하게 되자 1960년 CIA는 카스트로 정권 전복을 위한 공작을 추진했다. CIA는 주로 마이애미에 거주하던 1,500여 명의 쿠바 망명자들을 규합, 1개 여단 규모의 전투병력을 편성하고 이들을 과테말라에서 훈련시킨 후 각종 무기 및 장비를 지원하여 1961년 4월 17일 니카라과로부터 쿠바에 침투시켰으나 이들의 상륙을 기다리고 있던 카스트로 군대에 의해 완전히 궤멸되었다. 피그만(Bay of Pigs) 침공으로 명명된 이 공작의 실패로 CIA는 물론, 미국 정부의 위신이 대폭 실추되었으며 지금까지도 가장 대표적인 실패공작 사례의 하나로 인용되고 있다. 여기에 대해서는 Peter Kornbluh ed., *Bay of Pigs Declassified*(New Yok: The New Press, 1998) 참조 바람.

16) 「한겨레」(1994. 11. 1), 7면.

1979년 7월 니카라과 소모사 정권 전복 이후 수립된 친공산 산디니스타(Sandi-nista) 정권 전복을 위한 게릴라 세력의 지원,[17] 1996년 실패로 끝난 이라크 사담 후세인 제거 공작[18] 등은 수많은 비밀공작 가운데 극히 일부에 속할 뿐이다.

이 시기의 비밀공작은 주로 선전활동(propaganda), 준군사적 활동(para-military activity)과 정치공작이 많았는데 이는 미·소 양측이 더 많은 자기 진영 국가를 확보하기 위한 수단으로 비밀공작을 이용했기 때문이다. 미국 상원의 처치위원회(The Church Committee) 조사결과에 의하면 미국 정부는 1961년부터 1975년 간 900여 건의 비밀공작을 수행한 것으로 알려져 있다.[19]

그러나 미국의 경우 1970년대 이후 비밀공작은 혹독한 시련을 경험하게 되었다. 1961년 쿠바 침공이 실패함에 따라 정보기관의 해외에서의 불법활동과 비밀공작의 효율성에 대한 의문이 제기되고 국민여론이 악화된 데다, 1973년 워터게이트 사건 등을 계기로 정보기관의 불법활동이 큰 사회적 문제로 부각됨에 따라 정보기관의 비밀활동에 대한 본격적인 조사와 재검토가 시작되었기 때문이다. 1975년 이후 CIA의 활동내용 조사를 위한 록펠러위원회, 상원 처치위원회, 하원 파이크(Pike)위원회 및 머피(Murphy)위원회가 설치되어 정보기관의 활동에 대한 조사가 시작되었다. 또 1976년과 1977년 상원과 하원에 각각 정보위원회가 설치되어 비밀공작은 원칙적으로 사전에 의회의 승인을 받

17) 1979년 7월 공산 산디니스타 세력이 소련 등 공산국가들의 지원을 받아 니카라과의 소모사 우파정권을 무력으로 전복한 후 친소 및 친쿠바 정책을 추진하는 한편 엘살바도르 등의 우파정권 전복을 위한 게릴라 활동을 지원하였다. 이에 대응하여 1981년 출범한 레이건 행정부는 산디니스타 정권전복을 위한 비밀공작에 착수했다. 당초 미국 국가안보회의에서는 쿠바, 유럽 공산국가들로부터의 무기가 니카라과를 경유하여 엘살바도르 게릴라들에게 수송되는 것을 방지할 계획이었으나 나중에는 마이애미와 온두라스에 망명해 있는 친소모사 망명자들과 니카라과에 거주하는 반산디니스타 세력으로 하여금 니카라과 콘트라(Nicaraguan Contras)를 구성케 한 후 게릴라전을 수행하여 산디니스타 정권을 전복시키려는 계획으로 확대되었다. 그러나 1986년 11월 니카라과 콘트라에게 무기를 지원하던 항공기가 격추되고 미국인 승무원이 산디니스타에 체포됨으로써 세상에 알려져 실패하게 되었다. 이 과정에서 레이건 행정부는 타국 정부의 전복을 위한 비밀공작을 금지한 의회의 결의를 위반한데다 반산디니스타 지원자금 확보를 위해 이란에 무기를 판매했다는 사실이 밝혀져 큰 정치적 문제로 비화되었다. 왜냐 하면 당시 미국은 이란에 대한 제재의 하나로 미국은 물론 우방국에 대해서도 대이란 무기판매를 금지하도록 요구하고 있었기 때문이다. 당시 미국 측은 대이란 무기판매를 통해 확보된 자금을 스위스은행 비밀구좌를 통해 콘트라 측에 제공하고 있었다. 이란-콘트라(Iran-Contra) 사건으로 이름 붙여진 이 사건은 미국 행정부가 미국 역사상 가장 명백하게 행정권을 남용한 사건으로 기록되고 있다. Holt, *Secret Intelligence and Public Policy*, pp. 152-153.

18) 「동아일보」(1997. 4. 12), 11면.

19) Holt, *Secret Intelligence and Public Policy*, p. 163.

도록 되었으며, 1977년 8월 터너(Stansfield Turner) CIA 국장이 비밀공작 전문요원 800여 명을 감축함으로써 비밀공작은 현저하게 위축되었다. 미국의 경우 1950년대에는 전체 정보기관 예산의 50% 내지 70%가 비밀공작에 투입되었으나 1970년대 이후 현격히 감소되어 현재에는 전체 정보관련 예산의 10%에도 미달되는 상태이다.[20)]

그러나 미국에서의 사정과는 달리 냉전의 종식 이전까지 소련을 비롯한 세계 각국 정보기관의 비밀공작이 특별히 감소되었다는 증거는 찾기 어렵다. 1970년대 이후 동·서 진영간에 데탕트 분위기가 확산됨에 따라 쿠데타, 납치, 살해 등 극단적인 수단에 의한 비밀공작이 다소 줄어들었을 뿐이다. 그러나 1991년 소연방이 해체되고 냉전체제가 붕괴됨에 따라 외국 정부의 전복이나 자기 진영의 이익확보를 위한 준군사적 활동이나 암살 등 극열한 활동들은 대폭 감소되었다. 더욱이 냉전 종식 이후 국가간의 정치적, 경제적, 사회적 상호의존도가 심화되고 테러, 납치 등에 대한 국제적 규범이 강화됨에 따라 앞으로 정보기관의 비밀공작은 더욱 축소될 것으로 예상된다.

그러나 대량살상무기의 확산, 마약, 테러, 조직범죄, 국제적인 돈세탁 등이 여전히 각국의 안보를 위협하는 요인이 되고 있고, 각국간의 산업정보활동도 더욱 치열해지고 있다는 사실을 감안할 때, 앞으로도 비록 수단과 절차면에서는 변화가 있을 것으로 예상되지만 대외정책을 지원하고 국가이익을 보호하기 위한 비밀공작의 수행은 여전히 정보기관의 가장 고유하고 중요한 임무의 하나로 남아 있게 될 것으로 예상된다.

3. 비밀공작은 왜 필요한가?

비밀공작은 정보기관의 활동 가운데서 가장 논란과 문제점이 많은 분야이다.[21)] 정보기관의 활동은 흔히 '더러운 일'(dirty work)라고 불리지만 특히 그 가운데서도 비밀공작은 특히 더러운 기술(dirty trick), 더러운 전쟁(dirty war)으로 표현되며, 대부분의 비밀공작이 비합법적이기 때문에 공개적이고 민주적

---

20) Bruce d. Berkowitz and Allen E. Goodman. *Strategic Intelligence fo American National Security*(Princeton: Princeton University Press, 1989), p. 144.
21) Holt, *Secret Intelligence and Public Policy,* p. 135.

인 대외정책과는 양립될 수 없는 활동으로 여겨지기도 한다.[22] 비밀공작은 적게는 타국에 대한 내정간섭으로 유엔헌장에 위반되며, 크게는 뇌물, 사기, 폭행, 살해 등 중요한 범죄에 속한다.[23] 특히 비밀공작이 노출될 경우 국가위신의 실추는 물론 외교관계의 단절에 이르기까지 엄청난 대가를 치러야 한다. 그러나 이러한 '더러운 전쟁'은 오랜 역사를 갖고 있고 오늘날에도 여전히 각국의 정보기관들에 의해 끊임없이 수행되고 있으며, 이에 종사하는 정보기관 요원들은 별로 죄의식도 느끼지 않는다.

그러면 이러한 문제점에도 불구하고 각국 정보기관들이 비밀공작을 계속 추진하고 있는 이유는 무엇인가? 한마디로 가장 효율적인 방법으로 대내외 정책에 유리한 환경을 조성할 수 있기 때문이다.

비밀공작이 많은 부작용과 위험요소를 가지고 있음에도 불구하고 대외정책 수행을 위한 중요한 보조수단으로 이용되는데는 여러 가지 이유가 있다. 무엇보다도 중요한 이유는 최소의 비용으로 최대의 효과를 얻을 수 있다는 점이다.[24] 일반적으로 외국의 정책을 자국에 유리하게 변화시키기 위해서는 오랜 기간의 외교활동이나 군사적 수단의 동원 등이 필요하나 비밀공작은 통상적으로 경제적 비용[25]이 적게 소요되는 반면 그 효과는 즉각적이고 막대한 경우가 많으므로 비밀공작을 추진하게 된다.

공개적인 방법으로는 목적을 달성하기 어려운 경우에도 비밀공작이 활용된다. 유언비어의 유포 등은 그 출처가 공개될 경우 효과를 보기가 어렵다. 일의 성격상 시간적으로 촉박한 경우에도 비밀공작을 이용하게 된다. 정상적인 홍보활동으로는 대중여론을 변화시키기 어려운 전시 등의 경우에는 흑색선전 혹은 회색선전을 통해 단기간 내에 여론을 자국에 유리하게 유도할 수 있기 때문이다. 또한 합법적인 수단으로는 도저히 달성하기 어려운 목표달성을 위해 비밀공작이 사용되는 경우도 많다. 적대적인 인물이나 배신자를 제거 혹은 살해하기 위해서는 비밀공작을 활용하는 수밖에 없다.

---

22) Godson, "Covert Action in the 1990's: Neither Exceptional Tool Nor Magic Bullet," p. 155.

23) Holt, *Secret Intelligence and Public Policy,* p. 162.

24) Codevilla, *Informing Statecraft,* pp. 40-42.

25) 정보활동과 관련되어 논의되는 경제적 비용(economic cost)은 순수하게 정보활동을 위해 소요되는 비용을 의미하며, 정보활동의 노출 등으로 인해 비롯되는 경제적 손실은 포함되지 않는다.

4. 비밀공작의 종류

일반적으로 비밀공작은 주로 다음 세 가지 목적으로 추진된다. 첫째, 자국 혹은 자국 정부에 우호적인 세력을 확대하고 이들의 활동을 지원하기 위해 추진하는 공작으로써 흔히 정치공작(political operation)이라고 지칭된다. 둘째, 자국 혹은 자국 정부에 적대적인 국가나 조직을 약화시키기 위한 공작이며 흔히 모략 혹은 와해공작이라고 부른다. 셋째, 경제적 이득을 얻기 위해 추진하는 공작이며 경제공작(economic operation)이라고 부른다.

그러나 이러한 공작목적들이 명확히 구분될 수 있는 것은 아니다. 현실적으로 한 가지 공작수단, 예를 들어 유능한 공작원이나 협조자의 포섭에 성공했을 경우 여러 가지 목적으로 이용되는 경우가 많으며 각 형태의 공작이 서로 밀접한 연관성을 가지고 추진되기 때문이다.

(1) 정치공작

정치공작은 외국 내에 자국 혹은 자국 정부에 우호적인 세력을 확대하고 이들의 활동을 지원하기 위해 추진하는 공작이다.[26] 정치공작을 위해서는 우선 영향력 있는 인사를 활용하는 것이 가장 중요하다. 외국의 대통령, 총리, 장관, 국회의원, 주요 언론인과 그 가족 등은 국가정책의 결정과, 주요 정책결정자나 여론 지도층의 사고(思考)나 태도에 중요한 영향력을 미칠 수 있기 때문이다. 이렇게 자신의 지위나 영향력을 이용하여 국가정책이나 일반 여론을 정보기관이 원하는 방향으로 변화토록 만드는 공작원을 흔히 '영향력 공작원'(influence agent)이라고 부르며 일반적으로 공작원들 가운데서는 가장 고급 수준의 공작원으로 취급된다.

세계 각국의 정보기관들이 미국의 군사원조 획득과 자국에 유리한 정책유도를 위해 미국 행정부, 의회, 언론기관 등에 끊임없이 로비활동(lobbying)을 해 왔던 것도 이러한 정치공작의 하나라고 볼 수 있다.[27] 또한 정보기관이 적

26) 미국 언론 등에서는 이러한 활동을 영향력 확보 활동(influence buying activity)이라고 부르기도 한다.

27) 예를 들어 1960년대 및 1970년대 초까지 대만이 자국의 이익을 위해 동원할 수 있던 의원 수는 전체 의원의 3분의 1을 상회하는 250여 명에 달한 것으로 알려져 있다.

대국과의 관계개선을 위한 비밀접촉 통로로 이용되거나, 통상적인 외교경로를 통해서는 달성하기 어려운 문제의 해결 등을 위해 개입하는 것도 정치공작의 하나이다. 과거 이스라엘의 모사드가 중동평화 협상의 큰 틀 속에서 요르단과의 국교정상화를 위해 비밀리에 활동했던 사례, 과거 한국의 국가안전기획부가 북방정책의 추진을 위해 오랫동안 공산권 국가들과 비밀접촉을 해 왔던 일, 현재 국가정보원이 남북관계에서 수행하고 있는 각종 역할 등도 이러한 차원에서 이해될 수 있다.

또한 정당, 노동조합, 시민단체, 반정부 단체를 활용하는 방법도 자주 사용된다. 이들 단체 역시 정책결정과 여론조성에 중요한 역할을 할 수 있기 때문이다. 정치공작의 수행을 위해 외국의 선거에 개입하는 경우도 허다하다. 미국은 1964년 칠레선거에 개입하여 유권자 1인당 1달러에 해당하는 300만 달러를 지원한 바 있으며,[28] 앞에서도 기술한 바와 같이 오랫동안 일본 자민당에 선거자금을 제공한 사례도 있다. 외국의 해외망명 지도자의 생계비나 활동자금을 지원하는 방법도 정치공작을 위해 자주 사용되는 방법이다. 이러한 지원을 통해 과거의 호의적인 태도에 감사를 표시함으로써 비슷한 위치에 있는 다른 사람들의 협조를 유도할 수 있을 뿐 아니라 장래 본국에 복귀하여 주요 직책을 담당할 경우 호의적인 정책을 기대할 수 있기 때문이다.

외국의 중요 인사나 조직에 조언, 정보, 기술, 장비 및 훈련을 지원하는 것도 중요한 정치공작의 하나이다. 제 2 차 세계대전 이후 특히 미국 CIA는 많은 우방국들에 대해 정보기관의 설립을 지원하거나 장비 및 정보요원의 훈련 등의 지원을 한 경우가 많다. 이런 지원은 우방국의 안보를 튼튼히 해줄 뿐 아니라 이들 정보기관과의 유대를 강화하고 외국 정보기관의 활동내용을 파악하는 데도 도움이 되기 때문이다.

외국 주요 지도급 인사에 대한 신변경호(physical security)를 지원하는 것도 자주 사용되는 비밀공작의 한 형태이다. 국내외 정세가 불안정할 경우 각국의 주요 지도자들은 항상 신체상의 위협을 느끼면서 활동해야 한다. 따라서 이들을 위한 경호요원 지원, 경호요원에 대한 훈련 및 장비의 지원, 경호관련 정보의 제공 등은 우호적인 외국 지도자의 안전을 지키고, 이들 정부 및 지도자 개인과의 우호관계를 증진할 수 있는 좋은 기회가 된다. 냉전 시절 미국은 외국 주요 인사에 대한 경호지원을 계속해 왔으며 소련도 카스트로, 가다피, 사

28) Holt, *Secret Intelligence and Public Policy,* p. 145.

담 후세인 등 서방측이 제거되기를 원하는 친공산 지도자들의 경호를 적극 지원해 왔다.

(2) 모략 및 와해 공작

정치공작이 주로 우호적이거나 중립적인 국가들을 대상으로 하는 공작인 반면, 모략 및 와해 공작은 적대국을 대상으로 정치적, 군사적 목적을 달성하려는 공작이다. 모략 및 와해 공작은 중요인사에 대한 모략이나 테러, 주요 시설 및 장비에 대해 사보타지(sabotage), 적대국 내부의 혼란이나 이간 조성, 중요한 무기나 기술의 확보 저지 등에서부터 잘못된 정책의 입안을 유도하여 적대국의 능력을 약화시키거나[29] 적대국과 제 3 국간의 관계를 이간시키는 것[30] 등 매우 다양하다.

모략 및 와해 공작에는 다양한 수단들이 동원된다. 냉전 시기에는 특히 적대국들 내부교란을 위해 반정부 세력이나 게릴라 집단을 지원하는 일이 가장 빈번하였다. 소련은 중남미 및 아프리카 국가의 반란세력들을 끊임없이 지원하였고 반정부 단체의 시위나 소란을 야기한 경우가 허다하다. 소련 KGB와 동독 슈타지(Stasi)는 1970년대 말 및 1980년대 초 퍼싱Ⅱ 미사일 등 중거리 핵무기의 NATO 배치계획을 좌절시키기 위해 서독에서의 반전·반핵 시위를 부추겼으며,[31] 미국은 1961년 쿠바 침공에 실패한 피그만 침공, 과테말라 반 산디니스타 게릴라 지원 등 수많은 반란군 지원공작을 추진했다.

---

29) 제 2 차 세계대전 중 소련군 정보부대가 추진한 셰른혼(Scherhorn) 공작은 적대국의 역량을 소진시키기 위해 추진된 대표적인 공작에 속한다. 당시 소련군 정보부대는 자국 점령지역 내에 가공인물인 셰른혼 중령이 이끄는 2,500명의 독일군이 피신해 있는 것처럼 정보를 흘려 1944년 8월부터 1945년 4월까지 히틀러군으로 하여금 이들을 구출하기 위한 막대한 노력을 하도록 유인했다. 독일측은 이 정보가 허위정보라는 사실을 모르고 오랜 기간에 걸쳐 병력의 투입, 군수물자 및 식량의 투하 등 추진했으며 가공인물인 셰른혼 중령과 허위정보에서 제공된 병사들을 특진을 시키기까지 했다. Carl, *International Dictionary of Intelligence,* p. 294.

30) 미국 CIA가 추진한 공작도 이러한 사례에 속한다. 미국 측의 계획은 수단정보기관으로 하여금 위장 반정부 단체를 구성케 한 후, 이들로 하여금 수단 니메리(Nimeri) 정부 전복을 위해 활동하는 리비아인들과 접촉시켜 리비아로 하여금 수단을 공격케 한 후 이를 구실로 이집트 공군기가 리비아를 보복 공격케 하려는 것이었으며, 미국측은 공중조기경보기(AWACS)를 통해 레이더 정보를 제공하고 이집트 공군기의 공중 재급유를 하는 등의 지원만을 제공할 계획이었다. 그러나 이 공작은 진행과정에서 미국의 개입사실이 누설되어 실패로 끝났다. Holt, *Secret Intelligence and Public Policy,* p. 142.

31) 이는 헬무트 콜 서독 총리가 1992년 9월 *L.A. Times*와의 기자회견에서 밝힌 것임. 「조선일보」(1992. 9. 29), 7면.

그러나 무엇보다도 중요한 공작은 1980년대 이후 추진된 미국의 소련붕괴 노력이다. 윌리엄 케이시 부장 시절부터 CIA는 소련 경제를 붕괴시키기 위한 공작을 추진하여 서방국가와 소련간의 무역, 기술 및 차관을 차단하기 위해 노력했다. 1981년 소련이 경제난 타개를 위해 북부 시베리아 우렌고이 가스매장지로부터 체코 국경에 이르는 3,600마일의 가스관을 설치하려 계획했을 때, 서방으로부터의 가스관 압축기 가동에 필요한 터빈설치 기술 도입을 방해하여 소련경제의 회생을 막았다. 또한 미국은 아프간 반군을 지원하여 아프간을 '소련판 월남전'으로 만들어 소련의 대외정책 역량 소진을 유도했다.

기만정보(혹은 허위정보; disinformation)의 유포도 자주 이용되는 방법이다. 조작된 정보나 허위문서를 은밀히 적대국 정보기관으로 흘려보내 정보수집과 분석능력을 무력화시키는 경우도 허다하며, 특히 적대국이 자국의 암호를 해독하거나 통신망을 감청한다는 것을 알게 되면 극비통신에 허위정보를 함께 송신하여 오판을 유도하기도 한다. 특히 미국의 경우 1980년대 초 소련이 과학기술 및 군사기술 개발에 주력하고 있다는 점을 이용하여 잘못된 기술자료들을 은밀히 소련에 제공함으로써 소련의 기술개발 노력을 잘못된 방향으로 유도했으며, 1983년 3월 23일 특별방위구상(SDI)을 발표시 이 계획이 성공단계에 있는 것처럼 위장하여 소련으로 하여금 군축협상에 적극적으로 임하도록 만들었다.[32)]

(3) 경제공작(economic operation)[33)]

경제관련 활동은 전통적으로 국가안보의 영역으로 간주되어 오지 않았기 때문에 정보기관의 비밀공작 가운데 크게 중요성이 부각되지 않아 왔던 분야이다. 전통적으로 정보기관이 간여해 온 경제관련 활동은 외국의 경제 및 과학기술 능력을 평가하기 위한 정보의 수집과, 무기 및 군사기술 개발을 위한 과학기술 정보의 수집, 그리고 위조지폐나 유언비어의 유포 등을 통한 적대국의 경제교란 등이 많았으며, 때로는 공작자금 획득을 위해 군사무기의 비밀거래에

32) 미국은 SDI계획 발표시 이미 실험에 성공했다고 발표했으나 1993년 밝혀진 바에 의하면 미국은 불완전한 실험을 하여 소련을 기만했던 것으로 알려지고 있음. 미국의 소련붕괴를 위한 상세한 활동 내용에 대해서는 한용섭 역,「냉전에서 경제전으로」(서울: 오롬시스템, 1998)를 참고할 것.

33) 경제와 관련된 비밀공작에 대해서는 제 9 장을 참조.

간여하거나 마약밀매 등에 개입하는 경우도 있다.

그러나 무엇보다도 중요한 경제공작은 외국의 경제정책을 자국에 유리하게 변경시키는 공작이다. 이는 주로 강대국에 해당되는 경우로서 외국이 토지개혁, 석유산업 등 국가기간 산업의 국유화 등을 추진하거나 세제, 투자법 등을 자국에 불리하게 제정하려 할 경우 이에 은밀히 개입하여 자국에 유리한 방향으로 정책을 변경시키도록 노력한다.

그러나 냉전의 종식 이후 전통적인 정치공작이나 와해공작의 필요성이 줄어들고, 경제 및 과학기술 능력이 국가안보에 미치는 영향이 급속히 확대된데다 냉전의 종식 이후 경제의 중요성이 더욱 중요해짐에 따라 각국 정보기관의 경제관련 활동은 산업정보 활동쪽으로 많이 전환되고 있다. 특히 주요 경제 및 과학기술을 수집하거나, 국제거래나 국제입찰시 유리한 계약을 따내거나, 제3국의 계약성사를 방해하기 위해 정보기관이 개입하는 경우가 점차 늘어나고 있다.[34)]

5. 비밀공작의 수단과 방법

비밀공작은 다양한 방법으로 추진된다. 비밀공작의 방법은 ① 공작원과 협조자의 활용, ② 조직과 집단에 대한 지원 및 활용, ③ 흑색 및 회색 선전(propaganda), ④ 기만정보의 유포(disinformation), ⑤ 준군사적 활동(paramilitary activity), ⑥ 가장업체의 운영, ⑦ 기타의 활동 등으로 대별할 수 있다.

그러나 이러한 공작방법들이 완전히 구분될 수 있거나 독립적으로 사용되는 것은 아니다. 흑색선전이나 기만정보의 유포를 위해서는 공작원이나 협조자가 이용되기도 하며, 공작원이나 협조자의 운용을 위해 기만정보의 유포나 가장업체의 활용 등이 이용되는 경우도 있으며, 준군사적인 활동을 위해 공작원 및 협조자, 조직 및 단체, 기만정보의 유포가 활용되는 경우도 허다하다. 따라서 이러한 여러 가지 공작방법들은 상호 보완적인 역할을 하면서 운용된다는 점을 염두에 둘 필요가 있다.

---

34) 황건 역, 「국제산업스파이」(서울: 한국경제신문사, 1993), p. 131.

(1) 공작원 및 협조자의 활용

유능한 공작원이나 협조자[35]를 확보하여 활용하는 것은 가장 효과적인 공작방법의 하나이다. 왜냐 하면 다른 방법에 비해 비용과 노력이 적게 소요되며 보안노출의 위험이 적기 때문이다.

공작원이나 협조자로 활용하기가 가장 좋은 대상은 앞에서도 기술한 바와 같이 각국의 중요한 정치 및 사회지도자, 언론인, 여론지도층, 정책결정에 직접 참여할 수 있는 정책결정자, 그리고 그 가족 등이다. 현재에는 중요한 직책에 있지 않거나 영향력이 없는 경우에도 장래에 중요 정책결정자로 성장할 가능성이 있는 인사도 중요한 포섭대상이 된다.[36]

공작원의 포섭을 위해서는 설득, 매수 및 협박 등 다양한 방법이 사용된다. 그 중에서 가장 좋은 방법은 설득이다. 자국이나 자국 정보기관과의 견해를 같이 하거나 상호 협력하는 것이 그 나라는 물론 공작원을 위해서도 유리하다는 점을 적절히 인식시키는 것이 중요하다. 상호간의 접촉을 통해 이념이나 가치관이나 인식을 공유하게 되면 협조관계가 원활해질 뿐 아니라 배반이나 부작용 가능성도 대폭 줄어든다. 설득을 위해서는 공작담당자(case officer)의 친화력과 광범한 지식이 무엇보다도 중요하다.

매수도 공작원이나 협조자를 확보하는 중요한 방법이 된다. 국가의 이익보다는 자신의 이익을 중시하는 성격의 소유자나 정치적·경제적·사회적으로 어려운 처지에 있는 대상자를 포섭하는 데 효과적인 방법이기 때문이다. 그 외에 외국으로의 망명이나 유학을 주선하거나 미국 같은 나라의 경우 미국 시민권이나 영주권의 발급을 약속하는 방법도 매수를 위해 흔히 사용되는 방법이다.

때로는 위협도 효과적인 수단이 될 수 있다. 결정적인 약점을 가지고 있는 대상자의 경우에 주로 사용되는 방법이며 특히 각종 불법행위, 성적 관계의 폭로, 신변에 위협을 주는 방법 등이 주로 사용된다. 또한 설득 혹은 매수를 통

35) 공작원(agent)은 공식적으로 보수를 지급하는 대상을 말하며 협조자(collaborator)는 실비(實費) 이외의 보수는 지급하지 않는 대상을 말한다.

36) 1953년 미국 CIA와 영국 MI6는 석유회사의 국유화 등 개혁정책을 추진하던 이란 수상 무하마드 모사덱(Muhammad Mussadegh)을 축출하기 위한 공작을 수행했다. 아이아스(Ajax)로 명명된 이 공작을 통해 젊은 팔레비 황제(Shah Pahlevi)가 권좌에 복귀하여 친서방적인 정책으로 선회했으며 미국 데오도르 루즈벨트 대통령의 손자인 커미트 루즈벨트와 CIA직원 한 사람이 훈장을 받았다. Carl, *International Dictionary of Intelligence,* p. 278.

해 일단 한번 협조를 하도록 한 후 더 이상의 협조를 거부할 경우 이를 이용하여 협박하는 방법도 과거 소련이나 공산권 정보기관들이 자주 사용하던 방법이다.

특히 공작원이나 협조자를 활용할 경우 먼저 이중공작원(double agent)이 아닌지를 철저히 확인해야 하며, 그 외에 배반할 경우에 취할 대책, 접촉 및 연락방법 등에 대해 사전에 치밀한 검토가 이루어져야 한다.

(2) 조직 및 집단의 활용

공작원이나 협조자 개인보다는 조직이나 집단을 활용하는 경우도 많다. 공작원이나 협조자 개인의 협조만으로 목적달성이 어려운 경우에 주로 사용하는 방법이다. 외국 정부, 정당, 노동조합, 시민단체, 반정부단체 및 환경단체, 학생단체 등이 중요한 대상이 된다.

정당의 경우 정권의 장악과 여론의 조성 등 측면에서 가장 적절한 대상이기는 하나 조직의 규모가 크고 조직의 강령 등 제한조건들이 많아 조직의 완전 장악이 불가능한 경우도 많다. 그러나 특정문제와 관련하여 의회에서 표결이 있거나 여론조성의 필요성이 있을 경우 어느 조직보다도 효과적으로 활용될 수 있다.

노동조합의 경우도 자주 이용되는 단체이다. 대부분 조직규모가 크고 결속력이 높아 일단 협조관계가 조성되면 활용효과가 크기 때문이다. 냉전 당시 소련은 노동조합을 자주 활용했으며 파업이나 태업 등을 통해 공작대상국의 사회혼란을 조성하는 데 주로 이용했다.

일반시민단체와 반정부단체 및 환경단체들도 학생단체 등도 좋은 활용대상이 된다. 대부분 조직규모가 크지 않고 결속력이 높으며, 핵심지도자들만을 포섭해도 목적을 달성하기가 쉽기 때문이다.

그러나 이런 단체들을 효과적으로 활용하기 위해서는 상호간에 추구하는 목표나 이념이 동일한 단체를 물색하는 것이 좋다. 냉전 시기 미국은 보수정당, 민주이념을 추구하는 반정부단체나 공산국가에서 탈출한 망명자단체 등을 주로 활용했던 반면, 소련은 좌경정당, 반전 및 반핵단체, 평화주의단체, 환경단체 및 학생단체들을 많이 활용했다.

이들 단체들을 활용하기 위해서는 조직간부 개인들에 대한 지원은 물론

조직자체에 대한 지원도 다양한 방법으로 이루어진다.[37] 처음부터 조직의 구성 자체를 지원하는 경우도 있고, 자금 · 인원 · 장비 · 훈련 등을 지원하는 경우도 있다. 그러나 대부분의 조직들은 구성원이 많아 보안유지가 어렵고 지원과 활용에 막대한 자금이 소요될 뿐 아니라 조직의 목표와 일치되지 않을 경우 활용이 어렵다는 점이 단점으로 지적된다.

(3) 선전활동(propaganda)

어느 나라나 외국의 인식이나 사고개념을 자국에 유리하게 변화시키기 위해 공식적인 홍보기관들을 운용하고 있다. 미국의 해외공보처(The U.S. Information Agency)가 대표적인 예이다. 그러나 선전(propaganda)은 정보기관이 합법 · 비합법 방법을 모두 이용하여 은밀히 수행하는 활동이라는 점에서 공식적인 홍보기관의 활동과는 구분되며 비밀공작 기법 중 가장 고전적인 기법의 하나이기도 하다. 공작원이나 협조자의 활용, 조직이나 집단의 활용, 기만정보의 제공이 주로 소수의 인원을 대상으로 하거나 특정문제에 대해 즉각적인 효과를 가져오도록 하는데 중점을 둔 공작인 반면, 선전은 광범한 일반대중을 대상으로 하는 공작이라는 점에서 차이가 있으며 특히 전시 등 혼란기에는 더욱 위력을 발휘한다.

선전을 위해서는 여러 가지 기법들이 동원된다. 자국에 유리한 뉴스나 논설을 게재하거나 책자를 발간하는 백색선전(white propaganda) 방법은 흔히 일반적인 홍보활동과 유사하기는 하나, 언론인, 언론사, 교수, 전문가, 여론지도층 등을 매수하여 보다 체계적, 조직적으로 활용한다는 점에서 정부의 일반적인 홍보활동과는 차원을 달리한다. 특히 회색선전(gray propaganda)이나 흑색선전(black propaganda)은 정보기관들만이 활용하는 방법이다. 왜냐 하면 대부분의 활동들이 불법적인 활동이기 때문이다. 회색선전은 선전활동의 주체는 명확하되 사실상으로는 그 선전주체가 위장되어 있는 선전활동을 의미하며 흑

37) 1983년 상무관으로 위장한 미국 CIA요원이 에디오피아 재야조직에 반정부 활동을 위한 선전자금을 지원하다가 에디오피아 보안기관에 체포되었다. 1개월 동안 연금되어 있는 동안 그는 고문으로 두개골이 파열되고 척추와 어깨뼈가 빠지는 부상을 입었다. 이스라엘 정보기관의 제보로 그가 에디오피아 보안기관에 체포되어 있다는 사실을 알게 된 미국 측이 에디오피아 정부에 강력히 항의, 그는 석방되었으나 에디오피아 CIA거점장과 차석은 추방되었으며 이에 대한 보복으로 미국도 워싱턴 주재 에디오피아 요원 2명을 추방했다. Holt, *Secret Intelligence and Public Policy,* p. 144.

색선전은 선전이나 뉴스의 출처를 전혀 알 수 없도록 되어 있는 상태에서 행해지는 선전활동을 의미한다. 미국 상원의 처치위원회에서 밝힌 바에 의하면 미국 정보기관이 1970년대 초까지 발간한 책자는 1,250종 이상이 된다.[38] 정보기관이 언론인, 언론사나 저명 집필가들을 이용하는 것은 비교적 비용이 적게 소요될 뿐 아니라 이들의 명성을 이용할 경우 선전효과가 크기 때문이다.

선전활동은 대개 두 가지 방법으로 이루어진다. 하나는 기존의 언론인이나 언론사 혹은 출판사를 활용하는 방법이고 다른 하나는 정보기관이 언론사나 출판사를 직접 운영하는 방법이다.[39] 언론인이나 언론사를 활용할 경우에는 정기, 혹은 수시로 보수를 지급하거나 광고비를 지불한다. 1948년 이탈리아 선거 및 1964년 칠레 선거에 개입하기 위해 추진했던 언론공작과 칠레 민주화 촉진을 위해 칠레 유력 일간지인 엘 메꾸리오(El Mercurio)를 지원했던 것 등이 이런 사례에 속한다. 이외에도 미·소 양측은 핵무기 문제, 군비축소 문제, 월남전 및 아프가니스탄 내전 문제 등과 관련하여 서로 자국에 유리한 여론을 조성하기 위해 외국 언론기관들을 끊임없이 이용해 왔다.

정보기관이 언론사나 출판사를 은밀히 직접 운영하는 경우도 허다하다. 미국은 1950년대와 1960년대에 이탈리아에서 데일리 아메리칸(Daily American)을, 라틴 아메리카에서는 America Latina Mas Alla de Sus Fronteras와 Inter-American Press Association를, 유럽에서는 Forum World Features와 Encounter를 비밀리에 운영해 왔다. 미국 정보기관이 직접 운영한 방송매체들 가운데는 Radio Free Europe, Radio Liberty, Voice of America 등이 있고 소련의 Novosti 통신과 Radio Moscow, 북한의 민민전 방송 등도 정보기관이 운영하는 선전매체들이다.[40] 정보기관들은 활용가능한 마땅한 기존 매체가 없거나 장기간에 걸친 활동이 필요한 경우 선전매체를 직접 운영한다.

(4) 기만정보의 제공

기만정보(혹은 역정보: disinformation)의 제공이나 유포도 중요한 비밀공작 수단이 된다. 상대국의 정보수집과 정보분석을 무력화시킬 뿐 아니라 국력,

38) Holt, *Secret Intelligence and Public Policy,* p. 140.
39) *Ibid.*, pp. 139-140.
40) Abraham N. Shulsky, *Silent Warfare* (New York: Brassey's, Inc., 1991), pp. 83-85.

군사력 및 공작역량을 분산 내지 소진시킬 수 있기 때문이다. 흔히 기만정보의 유포는 흑색선전 활동의 하나로 간주되기도 하지만, 일반적으로 선전활동(propaganda)이 대중을 주대상으로 하는 반면 기만정보는 소수의 인원이나 특정 조직을 대상으로 한다는 점에서 차이가 있다. 그러나 기만정보의 유포가 반드시 소수의 인원만을 대상으로 하지 않는 경우도 있다. 기만정보의 대대적인 유포를 위해 정규방송과 동일한 채널을 이용하여 방송을 하거나 정부 대변인 등 주요인사의 목소리를 흉내내어 정규방송으로 오인케 하는 방법이 사용되기도 한다.[41)]

기만정보는 주로 허위정보, 위조문서나 위조자료들을 통해 유포하며, 자국에 유리한 여론을 조성하거나 특정인물에 대한 인신공격(character assassination)이나 모함을 하는데도 사용된다. 그러나 허위정보를 유포 혹은 제공하여 적대국의 정보분석을 오도하는데 사용되기도 하며,[42)] 때로는 적대국으로 하여금 허위정보를 확인토록 함으로써 정보유출 경로나 지하공작망을 색출해 내려는 목적에서도 사용되기도 한다. 또한 각국 정보기관은 타국의 통신망을 도청하거나 암호를 해독하여 정보를 획득하는 경우가 많은데, 이를 역이용하여 허위정보를 송신함으로써 적대국으로 하여금 결정적인 문제에 오판을 하도록 하거나, 특정인물이나 조직을 음해하거나, 각종 역량을 분산 혹은 소진시키는데 이용되기도 한다.[43)]

기만정보의 유포에는 여러 가지 기법들이 동원된다. 화폐개혁설, 세금인상설, 막후거래설, 공장폐쇄나 감원설 등을 유포하여 사회를 혼란에 빠뜨리거나 상대국가의 과잉반응을 유도하여 국력낭비를 조장하는 경우도 있다. 또한 전쟁

41) 이런 형태의 방송은 smuggling 이라고 지칭하며, 1954년 미국 CIA가 과테말라 망명자들을 동원, 야코프 구즈만 정권 타도를 위한 반란군을 침투시키는 공작을 수행했을 때 반군방송에서 과테말라 정부 대변인 목소리를 흉내내어 허위사실을 유포한 적도 있다. Holt, *Secret Intelligence and Public Policy,* p. 150.

42) 손자병법에서는 이를 사간(死間)이라고 지칭하는데 사간이란 아군 첩자에게 거짓일을 꾸며서 알게 하고 적에게 넘어가서 허위정보를 흘리는 첩자를 의미한다. 유동환 옮김, 「손자병법」(서울: 홍익출판사, 1999), p. 194.

43) 1950년대 미국 CIA와 영국 MI6는 서베를린 지역에서 터널을 굴착, 소련 공군사령부의 통신망을 감청하기 위한 충성공작(Royal Operation)을 수행하여 10여년 간에 걸쳐 막대한 정보를 수집했다. 소련은 MI6내에 부식한 첩자인 조지 블레이크(George Blake)를 통해 이 사실을 알았으나 이를 모른체 하고 방치했다. 왜냐 하면 방대한 통신망에 대해 자연스럽게 허위정보(disinformation)를 끼워넣는다는 것이 현실적으로 어려울 뿐 아니라 이들 통신망이 특히 가치 있는 정보라고는 생각되지 않는 반면 미국과 영국으로 하여금 장기간에 걸쳐 막대한 장비와 인력을 이들 정보 감청에 사용토록 함으로써 정보역량을 소진시킬 수 있다고 생각되었기 때문이다. Carl, *International Dictionary of Intelligence,* p. 294.

시에는 적국 군인들의 만행사실을 허위로 유포하여 내국인은 물론 제 3 국들의 적개심을 부추기기도 하며, 때로는 외국 저명인사의 불법행위나 부적절한 관계 등을 폭로하여 국가위신을 실추시키고 자국에 불리한 정치인의 실각을 유도하기도 한다.[44)]

기만정보의 유포를 위해서는 저명 언론인이나 언론사에 제공하여 자연스럽게 확산시키는 방법도 있고, 특정조직을 활용해서 은밀한 방법으로 루머나 가십 등을 유포시키기도 하며, 때로는 책자, 전단, 벽보 등이 활용되기도 한다. 또한 전시나 외교관계 단절시 등에는 기만공작의 추진을 위해 잔류공작원(stay behinds)을 활용하기도 한다. 즉, 후퇴시나 외교관계 단절로 자국 공식기구의 인원의 주재가 더 이상 불가능할 경우 자국인, 제 3 국인 및 적대국 사람들 가운데 공작원을 물색하여 계속 해당국가나 지역에 거주하면서 정보수집이나 기만정보 유포활동을 하도록 하는 것이다.

그러나 기만정보는 어느 정보기관이나 이를 예상하고 있는 방법이기 때문에 매우 정교한 공작이 요구되며, 상대국이 기만정보를 역이용 할 경우 기만정보를 제공한 측이 오히려 혼란에 빠지는 경우가 있어 주의가 필요하다.[45)]

---

44) 기만정보의 유포사례는 매우 많다. 제 1 차 세계대전시 영국은 독일 군인들이 벨기에 어린이들을 학살했다는 정보를 유포하여 미국에서 참전여론을 확산시켰으며 1954년 이스라엘 정보기관은 미국-이집트 관계를 악화시키기 위해 이집트내 유태인으로 하여금 이집트내 미군시설에 폭탄을 설치하기도 했다. 소련은 세계에서 일어난 모든 나쁜 일들을 미국 CIA의 소행으로 몰아붙이는 경우가 많았다. 1984년 인도의 인디라 간디 수상 암살이 미 CIA의 소행이라는 루머와, 미국이 인도를 여러 개의 작은 나라로 분할하려 한다는 루머를 유포하기도 했으며 심지어는 1994년 과테말라에서는 미국 사람들이 중남미 어린이들은 사서 장기이식용으로 사용한다는 루머를 유포하기도 했다. 미국의 경우 1986년 4월 서베를린의 나이트 클럽 폭파사건으로 미국 병사 2명이 사망한 사건이 리비아의 소행이라는 것이 밝혀지자 미국 비행기 2대로 하여금 카다피 암살을 위한 폭격을 감행토록 한 후 1985년 8월 25일자 월스트릿 저널로 하여금 미국의 대규모 추가 폭격이 있을 것이라는 허위사실을 유포하여 리비아의 과잉방어 태세를 유발하는 한편 리비아 군부와 가다피간의 이간을 획책했으며 그 이후에도 가다피가 편집광적인 성격을 가졌다는 설을 계속 유포했다.

그러나 기만공작의 압권은 전략방위구상(SDI)과 관련된 기만공작이다. 미국은 1984년 전략방위구상(일명: Star Wars) 발표시 이미 실험을 마쳤다고 발표, 소련이 전략무기감축 협상에 응하도록 하는데 성공했으나 1994년 그 때의 실험은 소련을 기만하기 위한 허위 실험이었음이 밝혀졌으며 이 기만공작은 그후 소련의 붕괴를 촉진시키는 요인이 되었다. Holt, *Secret Intelligence and Public Policy,* p. 142.

45) 미국에서는 소련의 기만정보에 대응하기 위해 1986년 기만정보처(Office of Dis-information)를 설립했다. *Ibid.,* p. 144.

(5) 준군사적 활동(paramilitary action)

국제환경을 자국에 유리하게 만들거나 자국에 유리한 인물을 집권시키기 위해 준군사적인 수단이 동원되는 경우도 많다. 무력 군중시위나 반란의 조장, 쿠데타의 지원 등이 이러한 사례에 속한다.

무력 군중시위는 혼란조성이나 적대적인 정부의 약화를 목적으로 하는 반면, 반란이나 쿠데타는 정권탈취를 최종 목표로 하는 것이 특징이다. 이러한 준군사적인 활동을 위해서는 주로 적대국의 유력 망명자나 망명단체, 혹은 적대국 국민들로부터 존경을 받는 재야 지도자나 군부인사를 활용하는 방법이 주로 이용되며, 자금 · 무기 · 탄약 · 훈련 등 소규모의 지원만이 이루어지는 경우도 있고 항공기 등 대규모적인 군사지원을 하는 경우도 있다.

이러한 준군사적인 활동은 주로 냉전시에 미국과 소련이 자주 사용하던 방법이며, 1950년대 초 미국 CIA와 영국 MI6가 이란의 외국 석유회사 국유화를 방지하기 위해 이란의 팔레비 왕을 지원했던 비밀공작과, 1961년 미국이 카스트로 정권의 전복을 위해 마이애미 거주 쿠바 망명자들을 규합, 1개 여단 규모의 병력을 훈련 및 무장시켜 쿠바에 침투시켰다 실패한 공작 등이 대표적인 사례들이다.

이러한 준군사적인 지원은 성공시 정권탈취를 용이하게 한다는 이점(利點)이 있으나 대규모의 인원과 장비가 동원되므로 비밀유지가 어렵고 공작비밀이 노출될 경우 커다란 국제적 분쟁을 야기할 수 있다는 점이 단점으로 지적된다.

(6) 가장업체(proprietary)의 운용

가장업체는 각종 비밀공작활동의 지원을 위해 정보기관이 운영하는 상업적인 업체를 말한다.[46] 이러한 가장업체는 정보수집, 공작요원의 은닉 및 비밀연락 등을 위해 사용되기도 하고 공작요원 및 장비의 수송이나 공작자금의 조달을 위해 사용되기도 한다. 미국 CIA가 라오스 전쟁시 공작요원 및 장비의 수송을 위해 설립 · 운용했던 에어 아메리카(Air America)나 중남미 지역에서의 활동을 지원하기 위해 운영했던 사우던 에어 트랜스포트(Southern Air

46) Holt, *Secret Intelligence and Public Policy*, p. 138.

Transport) 등과, 선전활동을 위해 세계 각지에서 운영했던 신문·잡지 및 방송사들이 이러한 가장 업체에 속한다.[47)]

가장업체는 정보기관이 운영하는 업체이므로 정부의 공식적인 구매나 조직운용의 절차(government procurement regulation), 특히 정부회계법에서 정하는 절차에 구속받지 않아 자유로운 운용과 비밀보장이 된다는데 이점이 있다. 그러나 정보기관이 운용하는 가장업체는 민간기업에 비해 전문성이 떨어지는 경우가 많고 상업적 이익 추구를 주목적으로 하지 않기 때문에 수익성이 낮거나 예산의 낭비가능성이 높다는 점이 문제점으로 지적되며, 따라서 공작자금의 조달을 위해 가장업체를 운용하는 경우는 드물다. 미국의 경우 CIA 외에 국방부 정보기관에 의해 가장업체가 운용되는 경우도 있었으나 1996년 이후에 국방성은 일체 가장업체를 운용하지 않고 있는 것으로 알려지고 있다.[48)]

(7) 기타 방법에 의한 비밀공작

비밀공작은 다양한 목적에 따라 다양한 방법으로 이루어 수행된다. 앞에서 기술한 방법 외에도 여러 가지 방법이 있으며 많은 비밀공작들이 비윤리적, 폭력적 방법으로 이루어진다.

가장 흔히 활용되는 공작으로는 구출이 있다. 구출공작은 자국의 포로, 인질, 억류자, 공작원 및 협조자, 기타 우호적인 인물 등을 대상으로 이루어지며, 특히 외국인의 경우 우호적인 활동에 대한 보상이나 공작내용의 노출 방지를 위한 목적으로 수행되는 경우도 많다. 대표적인 성공적 구출공작으로는 1976년 7월 3일 이스라엘 모사드의 특공대가 감행한 엔테베 작전과 1994년 12월 26일 프랑스 국립헌병대 개입부대(GIGN)의 에어프랑스 승객구출 작전이 있으며, 실패한 공작으로는 미국이 추진한 상아해변 공작(Operation Ivory Coast) 및 독수리 발톱 공작(Operation Eagle Claw)이 있다.[49)]

47) 미국 CIA가 사용했던 가장 업체 가운데는 Overseas Southeast Asia Supply Company가 있다. 이 항공운수 회사는 미국 CIA가 1951년부터 1952년 간 모택동의 중국에 민간항공사인 Civil Air Transportation(CAT)을 이용해서 국민당 게릴라 부대를 침투시키고 무기와 보급품을 지원하는데 이용되었다. Carl, *International Dictionary of Intelligence,* p. 291.

48) *Ibid.*, pp. 138-139.

49) 엔테베 작전은 1976년 6월 27일 이스라엘 관광객 약 80명을 태운 에어 프랑스기가 팔레스타인 게릴라에 의해 납치돼 아프리카 우간다의 엔테베 공항으로 가게 되자 모사드 요원의 정확한 정보와 이스라엘 특공대의 치밀한 작전으로 7월 3일 40분 동안의 작전 끝

또한 외국 유력인사의 망명을 주선하는 공작도 흔히 이루어진다. 적대적인 정권이 수립되어 더 이상 현지에 거주하기 어려운 외국 정치, 군사 지도자나 유력 인사를 자국이나 제 3 국으로 망명토록 주선하는 것이다. 망명은 적대적인 정권이 수립되었을 경우에도 이루어지지만 자국에 우호적인 정권이 수립된 경우, 우호적인 정권에 적대적인 인물이 현지를 떠나게 함으로써 우호적인 정권의 신속한 안정을 꾀하려는 목적에서 추진되는 경우도 있다. 또한 비록 최근에는 비우호적인 관계로 변해 버렸으나 과거의 우호적인 활동에 대한 보상의 차원, 혹은 과거 우호 시절에 있었던 일에 대한 보안유지를 위해 추진되는 경우 등 다양한 목적으로 이루어진다.

중요 인물이나 장비를 확보하고, 적대국이 이들을 확보하는 것을 방지하기 위한 공작도 자주 추진되는 비밀공작 가운데 하나이다. 제 2 차 세계대전 종료 직후 미국이 독일의 과학자들이 소련의 수중에 들어가지 못하도록 하기 위해 이들의 명단을 상세히 파악, 미국으로 송환하여 미국 로케트개발에 기여토록 한 것, 이스라엘의 모사드가 이집트주재 서독 과학자들을 추방시키기 위해 추진한 공작과 시리아의 최신 체코제 무기반입을 방해한 공작 등이 이런 사례에 속한다.[50)]

에 전원 석방된 공작을 말한다. 이종찬, "안기부, 한국형 모사드가 이상이다,"「신동아」 1994. 10, p. 378. 프랑스 특공대의 에어 프랑스 승객구출 작전은 1994년 12월 26일 승객 170여명을 태운 에어프랑스 기가 알제리에서 알제리의 이슬람 무장그룹(GIA)에 의해 납치되어 프랑스 마리냐 공항에 도착하자 프랑스 국립헌병대 개입부대(GIGN) 소속 특수부대 요원들이 기습적으로 기내에 진입, 4분만에 인질범 4명을 사살하고 승객을 안전하게 구출한 공작을 말한다.「한국일보」(1994. 12. 28). 상아해변 공작은 미국 군부가 1970년 11월 북베트남 손타이 지역에 억류된 미군 포로를 구출하기 위해 추진한 공작으로서 구출부대가 헬리콥터를 타고 안전하게 현지에 도착했으나 홍수로 포로수용소가 다른 장소로 이전했기 때문에 구출작전은 실패로 돌아가고 말았다. 당시 미군은 항공정찰을 통해 포로수용소가 다른 곳으로 이전했다는 사실을 알고 있었으나 일선 지휘관이 이 정보를 무시하고 공작을 감행, 결국 실패하고 말았던 것이다. 이 공작은 미국의 대표적 공작실패 사례로 지적되고 있다. Carl, *International Dictionary of Intelligence,* p. 287. 독수리 발톱 공작은 1980년 4월 24일 미국이 테헤란 억류 미국 대사관원 구출을 위해 추진한 공작으로 사막위에서 재급유 중이던 C-130 수송기와 헬리콥터가 충돌하면서 사상자가 발생했고 결국 공작이 실패하고 말았다. *Ibid.,* p. 283. 지휘체계의 단일화가 이 공작에서 전혀 이루어지지 않았고, 따라서 독수리 발톱공작 실패는 중요한 사업을 추진할 경우 중복(redundancy or overlapping)이 얼마나 중요한 것인가를 상기케 해주는 사례로 자주 인용되고 있다.

50) 제 2 차 세계대전 직전 및 직후 미국 OSS는 독일 과학자들의 신상을 상세히 파악, 이들을 억류 내지 설득하여 미국으로 이주토록 하기 위한 페이퍼 클립(Paper Clip) 공작을 수행하였다. 이 공작을 통해 베르너 폰 브라운(Werner von Braun) 등 독일 과학자들은 미국시민이 되어 그후 미국의 미사일 개발에 큰 기여를 했다. *Ibid.,* p. 291. 또한 이스라엘은 프랑스 드골 대통령이 이스라엘이 발주한 미사일 보트 12개 중 5개의 수출을 금지하자 노아의 방주(Noah's Ark) 공작을 통해 이를 획득했다. 1966년에는 이라크 조종사 무니르 레드파(Munir Redfa)를 포섭하여 서방국가로서는 처음으로 소련제 미그 21기를 확

테러, 사보타지(sabotage),[51] 납치 및 암살(assassination) 등도 흔히 사용되는 비밀공작방법의 하나이다. 이런 방법들은 주로 적대국 내부의 혼란조성, 적대행위에 대한 경고 및 응징의 목적으로 수행되는 경우가 많으나 납치의 경우에는 정보수집을 위해 추진하는 경우도 많다. 이스라엘 정보기관이 아르헨티나에서 나치 전범 아이히만을 납치한 것과, 외국에서 이스라엘의 핵개발 내용을 폭로한 이스라엘 핵 기술자 바누누를 납치한 것,[52] 1994년 프랑스가 수단정부와 협조하여 베네수엘라 출신의 악명높은 테러리스트 알리아스 까를로스(본명 일리치 라미레스 산체스)를 압송해 온 것[53]은 응징에 목적이 있었던 반면, 북한이 신상옥·최은희 부부를 납치한 것은 정보수집과 북한 영화의 발전을 목적으로 한 것이었던 것으로 알려지고 있다. 또한 공작원 혹은 이중공작원으로 활용하기 위해 납치를 행하는 경우도 있다.

암살은 비밀공작 가운데서 가장 폭력적인 방법으로 이루어지는 공작이다. 암살은 응징이나 경고를 목적으로 하는 경우도 있지만 적대적인 인물을 제거함으로써 외국의 정치상황을 자국에 유리하게 만들거나[54] 활용이 완료된 공작요원을 비밀유지를 위해 제거하려는 목적에서 이루어지기도 하며 정보기관에서는 암살이라는 용어 대신 말살(liquidation)이라는 용어를 사용하기도 한다. 미국의 경우 1976년 이후 암살을 비밀공작방법에서 제외시켰으나 아직도 절대다수의 정보·공작기관들이 자주 사용하는 공작방법이기도 하다.

그러나 정보기관의 비밀공작이 이러한 '더러운 일들'에만 국한되는 것은 아니다. 앞에서도 기술한 바와 같이 정보기관은 미수교 국가와의 접촉을 유지

모했다. 또한 모사드는 이집트 주재 서독 과학기술자들의 추방을 위한 다모클레스(Damocles) 공작을 추진하여 이집트의 로케트 개발계획을 좌절시켰다. 그러나 이 공작으로 서독과의 외교문제가 야기되어 모사드 책임자인 이쎄르 하렐(Isser Harel)이 사임하는 한 원인이 되기도 했다. 모사드의 비밀공작에 대해서는 제13장을 참조.

51) 사보타지 공작사례는 수없이 많으나 제 2 차 세계대전 중 독일이 계획했던 Pastorius 공작도 그 가운데 하나이다. 제 2 차 세계대전 중 독일 육군정보부대는 미국에 대한 대대적인 사보타지 공작을 계획했으나 실행하지 못했다. 독일 측의 목적은 미국의 알미늄 공장을 폭파하여 전투기 생산을 중단시키려는 것과, 뉴욕의 교량과 급수시설을 폭파하여 사회혼란을 조성하려는 것이었다. *Ibid.*, p. 291.

52) 이 두 납치사례에 대해서는 제13장을 참조.

53) 「동아일보」(1994. 8. 16), 7면 및 (1994. 8. 18), 6면.

54) 이의 대표적인 사례로서 북한에 의해 저질러진 1983년 아웅산 테러 사건과 1987년 KAL기 폭파사건, 1996년 10월 블라디보스토크 근무 최덕근 영사 피살사건, 1997년 2월 김정일의 전처 조카 이한영 피살사건 등을 들 수 있다. 전 조총련 조직원 장용운이 폭로한 바에 의하면 북한은 조총련 내에 한국의 요인암살 및 무력봉기 선동임무를 띤 '낙동강'이라는 지하 대남공작 조직을 운영해 왔으며 이 조직은 1974년 육영수 여사 저격사건에도 간여한 것으로 알려져 있다. 「조선일보」(1996. 12. 11), 2면.

하는 채널이 되기도 하며[55] 정부간의 공식접촉으로 해결되기 어려운 문제를 해결하는 막후 교섭의 창구로 이용되는 경우도 많다. 따라서 정보기관의 비밀공작은 반드시 더러운 일(dirty work)로만 생각하지 않는 것이 좋을 것 같다.

6. 비밀공작의 성공 조건

비밀공작이 정보기관의 고유한 활동의 하나이기는 하나 비밀공작을 성공리에 추진한다는 것은 매우 어려운 과제이기도 하다. 비밀공작을 성공리에 추진기 위해서는 여러 가지 조건이 필요하다.

첫째, 대외정책 목표와 목표달성 수단에 대한 일관성 있고 공통된 인식이 있어야 한다. 이를 위해서는 우선 대외정책 목표가 분명하고 일관성이 있어야 한다. 미국의 경우 1940년대 후반부터 1950년대 초까지 유럽에서의 미국 정보기관의 비밀공작활동에 대해서는 이견이 없었다.[56] 소련 등 공산주의 세력의 팽창에 대응해야 한다는 정책목표에 대해 행정부 내부는 물론 의회에서도 이견이 없었기 때문이다.

또한 대외정책 목표의 달성수단에 대해서도 견해가 일치되어야 한다. 미국의 경우 냉전 초기에는, 공산세력의 팽창을 위해 모든 수단들을 동원하고 있는 소련에 대응하기 위해서는 비밀공작이 가장 효과적인 수단 가운데 하나라는 점에 대해 행정부, 의회 및 언론에서 비교적 견해가 일치했으며[57] 특히 1946년부터 1951년까지 트루만 대통령 시절에는 백악관, 국무성, 국방성 및 CIA간에 정책조정이 잘 되었기 때문에 비밀공작이 공산주의 세력확장 방지에 크게 기여할 수 있었다.[58]

둘째, 정보기관이 비밀공작을 효과적으로 수행할 수 있는 능력이 있어야 한다. 비밀공작을 성공적으로 수행하기 위해서는 비밀공작을 위한 인적, 물적,

---

55) 박일영 편저, 「강대국의 정보기구」, p. 228.

56) Godson,. "Covert Action: Neither Exceptional Tool nor Magic Bullet," p. 155.

57) 1947년 조지 마샬 국무장관은 미국 외교의 정직성이 의심받을 수 있고 비밀공작이 알려진 경우 미국의 대외정책 위신이 실추될 뿐 아니라 비밀공작이 미국의 국가정책적 목표와 상치될 수도 있다고 생각, 정보기관이 비밀선전활동(propaganda)을 수행하는 것에도 반대했으며 국무성은 정보기관의 비밀공작 내용을 아는 것까지 꺼리는 경향이 있었다. Holt, *Secret Intelligence and Public Policy*, p. 34. 그러나 대부분의 경우 큰 반대는 없었다.

58) Godson, ed. *Intelligence Requirements for the 1980's*, p. 194.

기술적 인프라가 제대로 구축되어야 한다.[59] 아무리 대외정책을 위해 비밀공작이 필요하더라도 정보기관의 능력이 뒷받침되지 않으면 비밀공작을 수행할 수 없기 때문이다. 이를 위해서는 정보기관 스스로 인적, 물적 자원과 전문지식을 지속적으로 개발하고 축적해야 하며 더러운 일을 맵시 있게(skillfully) 추진할 수 있는 전문가가 양성되어 있어야 한다.

셋째, 국민적 여론의 뒷받침이 있어야 한다. 우선 대외정책 목표와 수단에 대해 국민적 공감대가 형성되어 있어야 하며, 비밀공작을 추진하는 정보기관에 대한 국민들의 신뢰와 지지도 있어야 한다. 이러한 국민적 지지와 신뢰는 공작보안의 유지는 물론 비밀공작에 종사하는 요원들의 사기에도 큰 영향을 미치기 때문이다.

1952년부터 1960년까지 아이젠하워 대통령 시절 미국 CIA가 비밀공작을 대폭 확대하고 또 성공적으로 추진할 수 있었던 것은 백악관, 국무성, 국방성은 물론 의회와 일반여론의 지지와 견해일치가 있었던 데다 CIA 내부에서도 1940년대를 거치는 동안 비밀공작을 수행할 수 있는 충분한 인프라가 구축되어 있었기 때문이다. 하지만 1960년 쿠바침공 사건의 실패, 1972년의 워터게이트 사건, 그리고 이에 뒤이은 처치위원회(Church Committee)의 조사와 비밀공작 요원의 감축은 미국이 1980년대 이후 비밀공작을 효과적으로 추진할 수 없었던 원인이 된 것으로 알려지고 있다.

특히 민주국가의 경우 대부분의 정보가 공개되어 있고 언론의 활동이 매우 활발하여 일반대중의 지지가 없을 경우 공작보안을 유지하기가 매우 어렵다. 따라서 일반국민의 정보기관에 대한 신뢰와 지지는 비밀공작의 성공을 위해서도 매우 중요한 요소가 된다.

넷째, 국력과 국제여론의 지지가 있어야 한다. 국력의 뒷받침은 비밀공작 수행의 절대적 요소가 된다. 냉전 시대 미국과 소련이 비밀공작을 활발히 추진할 수 있었던 것은 이들 국가의 국력이 큰데다 그들의 능력에 대한 국제적 신뢰가 있었기 때문이다. 국력이 강대할 경우 비밀공작 참여 요원의 사기가 높아지고 비밀공작을 위한 여건조성에도 유리할 뿐 아니라 비밀공작이 노출될 경우 미칠 수 있는 부정적 영향도 최소화할 수 있다. 또한 국제여론의 지지도 비밀공작 수행에 중요한 영향을 미친다. 국제여론의 지지를 얻기 위해서는 우선

59) 비밀공작 추진을 위한 기본적 인프라 가운데는 공작수행에 필요한 갖가지 정보, 즉 공작첩보(operational information)도 중요한 요소가 된다.

정보기관의 활동목표와 활동능력에 대한 국제적 신뢰가 구축되어 있어야 한다. 이스라엘의 모사드가 비밀공작을 활발히 추진할 수 있었던 것은, 이스라엘이 적대적인 아랍국가들 사이에서 생존하기 위해서는 비합법적인 공작활동이 불가피하다는 인식이 널리 퍼져 있는 데다 모사드의 능력에 대한 신뢰가 있었기 때문이다.

7. 비밀공작과 도덕성 및 국제규범

비밀공작은 본질적으로 비합법적으로 추진되는 경우가 많다. 앞에서도 기술한 바와 같이 대부분의 비밀공작은 최소한 타국의 내정간섭이거나 극단의 경우에는 살인, 사보타지 등 중요한 범죄에 속하는 경우가 많다. 그러나 국가안보가 위태롭거나 냉전이 격렬하던 시기에는 정보기관의 비밀공작은 당연시되는 경우가 많았다.[60] 그러면 정보기관의 이러한 비합법적, 비도덕적인 활동들이 정당화될 수 있는 근거는 무엇인가?

정보기관의 비밀공작을 정당화하는 논리로는 흔히 '정당한 전쟁의 이론'(Just-War Theory)이 인용된다. 아리스토텔레스에서부터 시작되어 13세기 토마스 아퀴너스를 거쳐 완성된 '정당한 전쟁'의 조건은 ① 적절한 권한을 가진 사람이 명령해야 하고, ② 명분이 정당해야 하며, ③ 선(善)을 증진하고 악(惡)을 피하려는 의도여야 한다는 등 세 가지였다. 그 후 ① 평화적인 수단을 다한 후 마지막으로 사용되는 수단이어야 하며, ② 성공이 예상돼야 하며, ③ 전쟁의 피해가 적절한 수준이어야 한다는 세 가지가 추가되었다.

그러나 이상의 조건이 충족된 경우라도 다음과 같은 행동상의 제약이 수반되어야 정당한 전쟁으로 인정받을 수 있다. 즉, ① 모든 행위는 차별적으로

60) 예를 들어 1954년 미국 아이젠하워 대통령 지시에 따라 설치된 지미 둘리틀(Jimmy Doolittle) 장군이 위원장이었던 특별위원회가 비밀공작의 필요성 여부를 검토한 결과는 다음과 같다. "우리는 지금 어떤 수단을 써서라도 그리고 어떤 대가를 치르더라도 세계를 지배하려는 명확한 목표를 가진 무자비한 적과 대치해 있다. 이러한 게임에서는 규칙이라는 것이 없다. 여기서는 인간의 행동규범(norms of human conduct)이라는 것이 적용될 수 없다. 미국이 생존하려면 미국이 간직해 온 페어플레이 개념은 재고되어야 한다. 우리는 효과적인 첩보활동과 방첩활동 방법들을 개발해야 하며, 적이 우리에게 사용하는 것보다 더 영리하고 정교한 전복, 사보타지 및 적을 파괴하는 방법들을 배워야 한다. 이제 미국 국민들은 마음내키지 않는 철학에 익숙해지고 이들을 이해하고 지원할 필요가 있다." James A. Barry. "Covert Action Can Be Just," *Orbis, 37 : 3*(Summer 1993), p. 375.

이루어져 직접적인 적이 아닌 무고한 양민을 대상으로 해서는 안되며, ② 모든 수단은 목적과 균형을 이루어야 하며, ③ 적절한 기관의 통제가 있어야 한다는 것이다.[61)]

한편, 미국 CIA의 정보연구센터(The CIA's Center for the Study of Intelligence) 부소장이었던 제임스 배리(James A. Barry)는 '정당한 전쟁의 이론'을 원용하여 다음과 같은 경우에 비밀공작은 미국 국민들로부터 지지를 받을 수 있을 것이라고 주장한다. 첫째, 비밀공작은 행정부의 관련부처간의 필요한 심의를 거치고 의회 관계자들이 완전히 인지한 가운데 대통령에 의해 승인되어야 한다. 둘째, 의도와 목표가 정확히 나타나야 하고, 합리적이고 정당해야 한다. 셋째, 목표달성을 위한 다른 효과적인 수단이 없을 때에만 추진해야 한다. 넷째, 성공할 수 있다는 적절한 근거가 있어야 한다. 다섯째, 선택된 방법들이 공작목표에 부합되어야 한다.[62)]

그러나 위에서 기술된 조건들은 비밀공작 추진을 위한 국내적 원칙과 도덕적 규범만을 의미할 뿐 국제규범을 충족시키는 것은 아니다. 따라서 비밀공작과 국제규범과의 관련성은 별도로 검토되어야 한다.

일반적으로 타국 내정에의 간섭은 유엔헌장 제 2 조 7 항에 규정된 국내문제 불간섭의 의무(duty of non-intervention)에 위배되며,[63)] 각종 테러행위는 1985년 12월 9일 국제 테러리즘 방지를 위한 조치에 관한 유엔결의의 위반에 해당한다.[64)] 또한 살해나 암살 등은 인도(人道)에 반(反)하는 범죄로서 '인류 평화와 안전에 반하는 범죄 법전'에 위배되어[65)] 외교문제를 야기할 뿐 아니라 최악의 경우는 상대국의 보복 혹은 대응조치(countermeasure)[66)]를 유발할 수도 있다.

따라서 비밀공작의 성공을 위해서는 보안의 유지가 가장 중요하다. 그러나 소수의 인원이 참여했을 때나 금전이 중요한 공작수단이 되었을 경우에는 보안누설의 위험이 적은 반면 다수의 인원이 참여할 경우, 특히 준군사적인 활동

61) *Ibid.*, pp. 376-377.
62) *Ibid.*, p. 378.
63) 이병조 · 이중범, 「국제법 신강」(서울: 일조각, 2000), pp. 192-199.
64) 위의 책, pp. 655-665.
65) 위의 책, pp. 1046-1056.
66) 타국의 국제위법행위의 결과로 발생하는 손해를 중시 또는 제재하기 위해 당해 국가에 대해 취한 국가행위의 위법성은 국가책임에 관한 협약 제30조 규정에 의해 위법성이 저각된다. 위의 책, p. 231.

의 경우 보안유지가 매우 어렵다. 또 특별한 목적을 위해 보안유지를 포기해야 할 경우도 있다.[67] 만약 보안이 누설되었을 경우에는 흔히 국가 최고 책임자나 정보기관의 책임자는 이 사실을 몰랐으며 하부 기관원들이 독자적으로 추진한 일이라고 부인하는 것이 일반적이다.[68]

비밀공작이 노출되었을 때 비밀공작 관련자들에게 취해지는 국제법상의 조치는 공작의 내용과 관련자들의 신분에 따라 달라진다. 일반인이나 군인신분인 경우 비밀공작 관련자가 체포되었을 경우 전시나 평시를 막론하고 대상국가에 의해 간첩죄 혹은 반역죄로 처벌받게 된다. 전시(戰時)의 경우, 기계(奇計: ruse of war)는 육전법규에 따라 합법으로 간주되어 전쟁포로로서 취급되나 배신행위(perfidy)에 종사한 자는 불법으로 간주되어 전쟁포로로서 취급되지 않는다.[69]

그러나 비밀공작 관련자가 면책특권을 가진 대사관원이나 영사관원일 경우 체포되지는 않으며 흔히 기피인물(persona non grata)이나 '받아들일 수 없는 인물'(person not acceptable)로 간주되어 출국을 요구받거나 접수를 거부당하게 된다.[70]

---

67) 예를 들어 1986년 4월 5일 서베를린 디스코테크에서 폭탄이 터져 2명의 미국 군인이 사망했을 때 미국 정부는 리비아 정부의 소행임을 입증하기 위해 공작보안을 노출할 수밖에 없었으며 이 때문에 그후 대리비아 비밀공작에서 많은 손해를 감수해야만 했다. Shulsky, *Silent Warfare*, p. 92.

68) 이를 가리켜 '그럴듯한 부인'(plausible denial)이라고 부르며 1960년 미국 CIA의 U-2기가 소련상공에서 미사일에 의해 아이젠하워 대통령은 자기는 몰랐던 일이라고 부인했다. 그러나 미국의 경우 1974년 칠레에서의 비밀공작이 밝혀진 이후 의회가 휴즈-라이언 수정안(Hughes-Ryan Amendment)을 통과시킨 이후에는 대통령과 의회의 승인 없이는 비밀공작을 추진할 수 없도록 되었기 때문에 이러한 형식의 부인인 불가능하게 되었다. 그러나 그 후에도 이란무기를 니카라과 반군에게 판매한 소위 이란-콘트라 스캔들이 발생했을 때 존 포인덱스터 제독은 자기가 대통령의 '그럴듯한 부인'을 가능케 하기 위해 레이건 대통령에게 이 공작에 관해 보고하지 않았다고 진술한 바 있다. Shulsky, *Silent Warfare*, pp. 92-94.

69) 기계(奇計)는 전쟁 중 교전자가 진실을 고하고 행동할 의무가 없는 경우에 군사작전상의 이익을 얻기 위해 적을 착오에 빠뜨릴 목적으로 사용하는 술책을 말하며 합법적인 해적수단(害敵手段)이다. 그 반면 배신행위는 전쟁 중 진실을 고하고 행동할 의무가 있는 경우에 이 의무에 위반하여 국제법상 금지된 행위나 명시적·묵시적 약속에 반하는 행위를 군사작전에 이용하여 적을 착오에 빠뜨리는 행위를 말하며 이는 위법으로 간주된다. 예를 들어 군사기(軍使旗)·적기(敵旗)·적군장(敵軍裝)·적군복(敵軍服)·휴전기(休戰旗)·적십자기장(赤十字記章)의 부당 사용 등이 이에 해당한다. 이중범, 「국제법신강」, pp. 993-994.

70) 위의 책, pp. 254, 269, 272.

8. 탈냉전 시대의 비밀공작의 전망과 과제

냉전의 종식 이후 정보기관의 역할이 필요한지에 대한 논란이 자주 제기되고 있으며, 논란은 특히 정보기관의 비밀공작의 필요성 여부에 초점이 맞추어지고 있다. 왜냐 하면 미국 CIA 부장을 역임한 월터 스미스(Walter Bedell Smith)가 지적한 대로 "정보기관은 강간(rape)을 제외하고는 모든 범죄를 저질러 왔으며, 냉전이 종식되고 국제적인 상호의존도가 높아지고 있는 상황에서 이러한 비밀공작들이 과연 필요한지"에 대한 의문이 제기될 수 있기 때문이다.

일부에서는 냉전이 종식되어 비밀공작의 필요성이 대폭 감소했을 뿐만 아니라 각종 국제규범이 강화되고 있는 데다 비밀공작에 대한 일반의 인식도 좋지 않기 때문에 비밀공작을 통해 얻을 수 있는 것보다는 잃을 것이 더 많다고 주장한다.[71] 특히 미국에서는 비밀공작이 미국의 민주적, 공개적 문화와 배치되고 불법, 기만 및 부정직한 관행을 초래했을 뿐 아니라 비밀공작이 제대로 성과를 낸 적도 없다는 주장이 자주 제기되고 있다.[72] 또한 일부에서는 준군사적인 활동은 정보기관이 아닌 국방부에서 담당해야 한다는 주장도 제기되고 있으며,[73] 정보기관이 비밀공작을 위해 개발하고 훈련한 기법들이 관련요원들에 의해 국가적 목적 이외의 불순한 목적으로 사용되고 있다는 점도 문제점으로 지적되고 있다.[74]

그 반면 또 일부에서는 냉전의 종식에도 불구하고 정보기관의 비밀공작은 여전히 필요하다고 주장한다. 즉, 일반적으로 대외정책을 수행함에 있어 외교적인 활동이나 공개설득, 군사적 위협 혹은 군사력의 동원 등을 통해 문제를 해결하는 것이 바람직하기는 하나, 냉전의 종식에도 불구하고 이러한 방법들을 통해 해결할 수 없는 문제들이 여전히 남아 있고, 특히 국제테러, 대량살상무

---

71) Commission on the Roles and Capabilities of the United States Intelligence Community, *Preparing for the 21st Century-An Appraisal of U.S. Intelligence* (Washington D.C.: Commission on the Roles and Capabilities of the United States Intelligence Community, 1996), pp. 15-17. Hilsman, Roger, "Does the CIA Still Have a Role," *Foreign Affairs* (September/October, 1995), pp. 111-112.

72) Roy Godson, ed. *Intelligence Requirements for the 1990's* (Lexington: Lexington Books, 1989), p. 170.

73) Commission on the Roles and Capabilities of the United States Intelligence Community, *Preparing for the 21st Century-An Appraisal of U.S. Intelligence,* p. 19.

74) Pat M. Holt, *Secret Intelligence and Public Policy,* p. 162.

기의 확산 방지, 극렬 이슬람단체의 폭력행위, 조직범죄, 마약, 인종분규 등 각국 및 세계 안보를 위협하는 여러 가지 새로운 문제들을 해결하기 위해서는 여전히 비밀공작이 필요하다는 것이다.[75)]

그러나 냉전의 종식에도 불구하고 아직까지는 정보기관의 비밀공작이 여전히 필요하다는 것이 일반론이다. 위에서도 지적한 바와 같이 다양한 대외정책 목표를 달성하기 위해서는 공개적인 방법이나 외교적인 노력만으로는 불가능할 일이 많기 때문이다. 특히 미국과는 달리 안보위협이 절박하고 안보를 보장할 수 있는 가용한 수단이 제한되어 있는 나라들의 경우에는 비밀공작이 더욱 필요해진다.[76)] 미국의 국가정보 문제 전문가인 로이 고드슨(Roy Godson)이 지적한 대로 비밀공작은 모든 문제를 해결할 수 있는 마술탄환(magic bullet)도 아니고 모든 다른 수단의 사용이 불가능할 때 사용하는 예외적인 수단도 아니며 공개적인 방법으로 목표달성이 어려울 경우 사용하는 여러 가지 수단들 가운데 하나이다.[77)]

그럼에도 불구하고 어떠한 비밀공작이라도 모두 정당화 될 수 있는 것은 아니다. 각국의 사정, 국내외 정세 및 비밀공작의 내용에 따라서도 차이가 있을 수 있기 때문이다. 따라서 비밀공작은 다음과 같은 기본원칙하에서 추진함이 바람직할 것으로 생각된다. 첫째, 국가의 전체적 대외정책 목표와 일치해야 한다. 앞에서도 기술한 바와 같이 비밀공작은 국가의 대외정책을 지원하기 위한 수단의 하나이다. 따라서 국가 전체의 대외정책 목표와 일치해야 한다. 그러나 흔히 어느 조직이든 조직의 관성이나 타성을 가지며 정보기관도 이러한 관행에서 예외일 수는 없다. 정보기관의 비밀공작이 국가 전체의 대외정책 목표와는 유리된 채 정보기관의 존재이유의 정당화나 능력과 영향력의 과시를 위해 추진되는 경우도 허다하다. 따라서 비밀공작 추진 이전에 국가 전체의 대외정책 목표와 부합되는지 여부를 신중히 검토해야 한다.

둘째, 자국의 개입사실을 감추어야 할 중요한 이유가 있거나 공개적인 활동을 통해서는 목표달성이 어려울 경우에 선별적으로 추진해야 한다.[78)] 왜냐하면 국가간의 상호의존도가 점점 더 높아지고 있고 국제규범이 일층 강화되

75) *Ibid.*, p. 18., Godson, ed. *Intelligence Requirements for the 1990's,* p. 170.

76) Herbert Scoville, Jr. "Is Espionage Necessary for our Security," *Foreign Affairs,* (April, 1975), p. 489.

77) Godson,. "Covert Action: Neither Exceptional Tool nor Magic Bullet," p. 167.

78) Commission on the Roles and Capabilities of the United States Intelligence Community, *Preparing for the 21st Century,* p. 18.

고 있는 상황에서는 비밀공작이 때로는 득(得)보다는 실(失)을 더 많이 가져올 수도 있기 때문이다.[79] 그러나 비밀공작은 모든 다른 수단이 불가능할 때에만 사용할 수 있다는 것을 의미하지는 않는다. 왜냐 하면 비용과 편익면에서 비용이 현저하게 저렴하다고 판단될 경우에는 비용이 높은 다른 수단보다는 비밀공작을 통해 문제를 해결하는 것이 더욱 효율적일 수가 있기 때문이다.

셋째, 비밀공작의 성공이 확실하게 예상될 경우에만 추진해야 한다. 이는 정보기관이 '더러운 일'을 '맵시 있게' 추진할 수 있는 능력이 있을 경우에만 추진해야 한다는 것을 의미한다.[80] 정보기관의 능력이 부족한 상태에서 비밀공작을 추진할 경우 실패할 가능성이 많고 실패시 더 큰 비용을 지불해야 되는 경우가 허다하기 때문이다.[81] 흔히 일반인들은 정보기관이 모든 일을 해결할 수 있다고 생각하는 경향도 있어 정보기관이 일반여론으로부터 강력한 공작추진의 압력을 받는 경우도 있고, 정보기관들로서도 조직의 관성이나 자기기관의 능력을 과신하여 능력 이상의 비밀공작을 시도하려고 하는 유혹을 느낄 때가 있다. 따라서 조직의 능력과 위험요인들(risks)을 면밀하게 검토하여 안전하게 공작을 추진할 수 있을 경우에만 추진하는 것이 바람직하다.

넷째, 책임 있는 부서들의 신중한 검토를 거쳐야 한다.[82] 비밀공작은 대외정책의 일환이므로 대외정책의 방향과 일치해야 하며, 비밀공작 이외에 다른 적절한 수단이 없는지 여부와 공작 실패시 치루어야 할 대가 등에 관해 충분한 사전 검토가 이루어져야 한다. 따라서 자국의 법규와 실정을 감안하여 대통령실, 외무부, 국방부, 의회 등과의 충분한 협의와 조정을 거치는 것이 바람직

79) 이스라엘의 모사드가 모로코 정부를 돕기 위해 모로코 국왕의 전 가정교사이자 정적이었던 메흐디 벤 바르카(Mehdi Ben Barka)를 제네바에서 파리로 유인하여 납치한 공작은 좋은 사례가 된다. 이 공작은 성공리에 완수되었으나 그 후 프랑스 경찰의 추적으로 보안이 누설되었는데, 프랑스 정보기관이 개입되었다는 설이 유포되고 그 후 이 사건의 목격자들이 다수 실종됨으로써 프랑스 국내에서 큰 정치 문제로 비화되어 결국 프랑스 정보기관의 개편과 프랑스-이스라엘 관계를 악화시켜 모사드 부장 이세르 하렐이 사임하는 원인이 되었다. 이 사건이 있기 전까지는 과거 이스라엘 정보기관이 드골 대통령 암살첩보를 프랑스 측에 제공한 것을 계기로 드골 대통령은 이스라엘에 대한 강력한 지원자가 되어 왔으나 이 사건을 계기로 드골 대통령이 격노, 모사드의 유럽지역 본부이기도 한 파리거점의 폐쇄를 명령했으며 그후에도 프랑스-이스라엘 관계는 심각한 위기에 처하였다. Carl, *International Dictionary of Intelligence*, pp. 279-280.

80) Godson,. "Covert Action: Neither Exceptional Tool Nor Magic Bullet," p. 176.

81) 일반적으로 비밀공작은 경제적 비용(economic cost)은 적은 반면, 정치적 비용(political cost)은 매우 높으므로 성공했을 경우에는 큰 이점이 있는 반면 실패했을 경우에는 심각한 대가를 치러야 한다. Holt, *Secret Intelligence and Public Policy,* p. 160.

82) *Ibid.*, p. 157.

하다.[83] 다만, 정부내 다른 부처와 협의를 거치는 과정에서 신속한 공작추진이 어려워지거나 보안누설 가능성이 높아진다는 점을 감안하여 관련 인원을 최소화 할 필요가 있다.

다섯째, 사전에 충분한 비용-편익분석(cost & benefit analysis)을 행해야 한다. 비밀공작은 일반적으로 준군사적인 활동을 제외하고는 경제적 비용은 적은 반면 정치적 편익과 비용은 크므로 정보기관은 항상 비밀공작을 추진할 유혹은 느끼게 되며, 그 결과 충분한 비용·편익 분석 없이 비밀공작이 추진되는 경우가 허다하다. 그러나 국가간의 상호의존성이 더욱 심화되고 국제규범이 더욱 강화됨에 따라 공작의 실패나 노출 시 부담하여야 할 대가는 과거보다 더욱 증대하고 있다. 따라서 사전에 철저한 비용-편익분석을 하는 것이 바람직하다. 다만, 비용-편익분석과 관련하여 어려운 점은 정치적 편익이나 비용을 어떻게 산정하는가 하는 문제이다. 매우 어려운 과제이기는 하나 정보기관이 지속적으로 이에 노력할 경우 적절한 방법을 발견할 수 있을 것으로 생각된다.

여섯째, 비밀공작에 대한 철저한 감독절차가 필요하다.[84] 앞에서도 기술한 바와 같이 어느 조직이나 조직의 관성이 있게 마련이다. 정보기관의 경우도 관성에 따라 충분한 검토 없이 비밀공작을 추진하는 경우가 허다하다. 미국의 경우 모든 비밀공작은 대통령의 허가를 거쳐 사전에 의회의 승인을 받도록 되어 있다. 그러나 다른 나라들의 경우 이러한 절차가 확립되어 있지 않아 정보기관의 책임자가 독자적으로 결정하는 경우도 많으며, 때로는 일선 공작관(case officer)이나 거점장(station chief)의 재량하에 비밀공작이 추진되는 경우도 있다. 따라서 정보기관의 장이나 책임 있는 부서의 철저한 감독이 이루어질 수 있도록 하는 절차가 확립되어야 한다.

83) 미국의 경우 키신저 국무장관 시절인 1972년 4월부터 1974년 12월간 40건의 공작이 관계부처간의 회합 없이 결정되었으며, 간단한 전화협의 등을 통해 결정되는 경우도 많았다. Holt, *Secret Intelligence and Public Policy,* p. 157.

84) Berkowitz and Goodman, *Strategic Intelligence for American National Security,* p. 183.

제 7 장

외사 · 방첩론

최 운 도

1. 국가안보와 외사 · 방첩 활동

국가정보영역에서 정보활동이 칼이라면 외사 · 방첩활동은 방패와 같은 존재이다. 이 두 활동은 전혀 별개의 것이 아니라 동전의 양면과도 같은 존재라 할 수 있다. 전시를 포함한 평시에 한 나라의 국가전략이 성공을 거두기 위해서는 정보활동뿐만 아니라 방패 역할을 하는 외사 · 방첩 활동에도 성공을 거두어야 한다.

자고로 외사 · 방첩 활동에 있어서의 실패는 커다란 국가적 재난을 초래해 왔다. 우리 역사에서도 이런 사례는 쉽게 찾아볼 수 있다. 고구려는 정탐을 목적으로 온 수나라 사신을 숙소에 감금한 적이 있다. 결국 고구려의 적극적인 방첩활동은 살수대첩을 비롯하여 수나라와의 전쟁에서 승리하는 기틀이 되었다고 할 수 있다. 조선왕조가 겪은 임진왜란이라는 국가적 재난은 일본의 의도를 잘못 판단한 정보활동의 실패뿐만 아니라 사신으로 온 일본인들의 정보활동을 적극적으로 막지 못한 방첩활동의 실패에서도 그 원인을 찾을 수 있다.

일본이 비서구권에서 유일하게 근대화에 성공하였지만 그 종말이 원자탄 폭격과 무조건 항복으로 귀결된 데에는 정보활동의 실패뿐만 아니라 방첩활동도 실패했기 때문이다. 일본은 미국과의 암호 해독전에 패배하였고, 이 패배는 미드웨이 해전의 참패로 이어졌다. 또한 소련의 스파이로 활약한 조르게 사건을 늦게 탐지함으로써 소련이 대독전에 전력을 기울일 수 있게 만들어 주고 말았던 것이다.

특히 9·11 테러사건은 외사·방첩 활동 실패의 가장 대표적인 결과로 기록될 뿐 아니라 외사·방첩 활동의 중요성을 일깨워 주는 사건이 될 것이다. 탈냉전기 안보위협과 국익에 대한 새로운 접근이 촉구되어 오기는 하였으나, 미국의 정보기관들은 국가를 상대로 하는 정보활동에만 치중해 온 것이 사실이다. 자국 내에서의 외국인과 비국가 행위자에 대한 정보의 수집이 군사안보와 관련된 정보 못지않게, 그리고 적대적 정보기관에 대한 활동만큼이나 국익에 결정적임이 자명해진 것이다.

이 장에서는 탈냉전기의 국가정보활동 중에서 새로이 외사·방첩 활동이 차지하게 된 중요성과 그 긴박함을 강조하는 데 일차적인 목적이 있다. 이를 위해 우선, 외사·방첩 활동의 정의와 영역을 세부적으로 제시한 다음, 각국의 외사·방첩 담당기관을 소개함으로써 활동의 주체와 대상에 대한 이해를 확고히 하고자 한다. 이러한 바탕 위에서, 탈냉전 이후의 그리고 9·11 테러사건 이후의 외사·방첩의 영역이 국가안보의 개념과 함께 어떻게 변화하고 있는지를 지적한 다음, 방첩활동, 경제방첩, 테러리즘, 마약, 조직범죄에 대한 활동 사례를 통해 실질적 활동상황을 살펴보고 우리나라에서의 정책 변화의 필요성과 방향성을 제시하고자 한다. 마지막으로 우리나라에서의 외사·방첩 활동과 관련하여 본 연구가 주는 정책적 함의를 도출할 것이다.

2. 외사·방첩 활동의 정의

외사·방첩은 그 의미를 명확하게 구분지어 나타내는 것이 불가능하다. 방첩을 외사(foreign affairs)의 하부 개념으로 보기도 하는가 하면 외사와 방첩을 분리시켜 정의하기도 하고, 아니면 외사방첩이라는 하나의 분야로 정의내리기도 한다. 각각 의도하는 바에 따라 장단이 있으나, 여기에서는 외사와 방첩을 최대한 구분하여 설명하고자 한다.

우선 넓은 의미에서의 외사방첩은 "외국인 또는 외국인과 연계된 내국인에 의한 국가안전 및 이익저해 행위를 견제, 차단, 와해하기 위해 관계기관에서 수행하는 제반 대응활동"[1]으로 정의된다. 이 정의에서는 외사와 방첩이 하나의 영역으로 인식되고 있으며 '외국인 또는 외국인과 연계된 내국인'이라는 주체에 대한 강조를 제외하면 국익을 저해하는 모든 행위는 활동의 대상이 되는 것이다. 그러므로 이 보다는 "국내에 주재하는 외국인 또는 외국의 각종 기관에 의한 국가 및 기업의 비밀유출과, 국제범죄단체 등에 의한 마약, 밀수, 테러 등 국제범죄 행위로부터 국가와 국민의 안전 및 국익을 보호하기 위한 활동분야"가 보다 구체적인 정의라고 할 수 있다.[2]

아래에서 방첩의 정의와 비교해 보면 차이점이 보다 명확해질 것이다. 결론적으로 말하자면 다음과 같다. 외사와 방첩의 활동 대상은 모두가 국내에 주재하는 외국인 또는 외국인과 연계된 내국인을 대상으로 하고 있다. 그러나 국제범죄 행위와 국익을 저해하는 행위들 중, 시민 개인의 자유와 관련된 분야의 행위들(예를 들면, 마약, 밀수, 조직범죄 등)일수록 외사업무의 대상으로 분류되고, 국가 전체의 안전과 이익에 대한 위협으로 인식될수록(간첩행위, 산업 스파이, 테러 등) 방첩의 대상이 되는 것이다. 그러나 여기에 언급된 모든 활동 대상은 정도의 차이는 있으나 모두가 국가의 안전과 국익과 관련된 것들임에는 틀림이 없다. 그러므로 외사와 방첩은 하나의 영역으로 구분되는 것이다.

방첩(counter-intelligence)은 일반적으로 적대적인 외국 정보기관의 활동으로부터 국가를 보호하기 위하여 수집 · 분석된 첩보 및 활동을 의미한다고 할 수 있다.[3] 미국의 카터 대통령의 행정명령 12036(50 USC 401a)에 의하면 '정보'(intelligence)는 '국외정부'(foreign intelligence)와 '방첩'(counter intelligence)을 포함하는 것으로 되어 있으며, 방첩을 "외국 정부나 그 기관, 외국 조직 또는 외국인, 또는 국제테러 조직들에 의해 이루어지는 첩보활동, 여타의 정보활동, 태업, 암살 등으로부터 보호하기 위한 정보의 수집과 행위들"로 정의하고 있다.

그러나 이 정의는 너무 광범위하여 통상의 정보활동과 차이점을 발견할 수가 없고 너무 포괄적이라고 비판받고 있다.[4] 즉 이 정의는 대응이라는 측면

1) 경찰청 홈페이지 http://www.police.go.kr/police-index.html

2) 한국언론아카데미의 홈페이지. http://koma21,pe.kr/NIS%201.htm.

3) Abram N. Shulsky, Silent Warfare: *Understanding the World of Intelligence*(New York: Brassey's Inc, 1991), p. 99.

4) Jeffrey T. Richelson, The U.S. *Intelligence Community*.(Massachusetts: Ballinger Publishing Company, 1985), p. 220.

을 너무 강조한 나머지 전통적 군사작전 이하의 모든 행위들을 정보의 대상영역으로 포함시키고 있다. 전통적 의미의 방첩 이외에도 전통적 군사작전에 미치지 못하는 모든 적대적 행위에 대응하기 위한 적극적 정보활동과 그 정보의 분석과 분석의 준거틀 마저도 포함하게 된다. 그러므로 다음에서는 위에서 정의하는 방첩활동의 영역을 수동적 방첩과 능동적 방첩으로 구분하여 설명함으로써 본 장의 주제인 방첩을 능동적 방첩과 일치시키고자 한다.

방첩활동은 수동적(passive) 방첩과 능동적 방첩(active)으로 나누어 살펴볼 수 있다. 수동적 방첩이란 적대적인 정보기관이 중요한 정보나 지식에 접근하는 것을 차단하는 것을 의미하며,[5] 보안활동이라고도 불리운다. 그리고 보다 전통적이고 적극적 의미의 방첩이란 능동적 방법으로 구분되는 활동들을 일컫는다. 아래의 논의를 〈표 1〉에서 정리하고 있다.

표 1 방첩활동의 분류

구분	내용
1. 수동적 방첩	(1) 기밀 분류화 (2) 보안 ① 인사보안: 신원조사, 동향파악, 보안교육 ② 물리적 보안: 보호구역, 시설보안 ③ 통신보안: 자재보안, 암호보안, 송신보안, 컴퓨터 보안
2. 능동적 방첩	(1) 정보수집 (2) 방어 (3) 공격

• 수동적 방첩

수동적 방첩에 해당되는 활동은 정보의 기밀 분류화(Classification of Information)와 보안(security)활동이 포함된다. 기밀 분류화는 정부의 주요 문서와 같은 것을 1급비밀(Top Secret), 2급비밀(Secret), 대외비(Confidential) 등으로 분류하여 정보의 유출을 막는 조치를 말한다. 미국의 경우, 정보가 불법적으로 적에게 누출되었을 경우 예상되는 국가안보에 대한 손상의 정도에 따라 분류하고 있다. 1급비밀은 '치명적 손상'을, 2급비밀은 '심각한 손상'을, 3급비밀은 '손상'을 초래할 것으로 예상되는 경우에 해당된다. 그러나 정부의 과도한 비밀분류는 오히려 방첩의 효과보다는 정부 책임자들의 비리은닉과 책

5) Shulsky, Silent Warfare, Chapter 5.

임회피 의도로 인식됨으로써 역효과를 초래할 수도 있음에 주의하여야 한다.

보안활동에는 인사보안(Personnel Security)와 물리적 보안(Physical Security), 그리고 통신보안(Communications Security) 등이 있다. 인사보안의 영역에는 ① 민감한 정보를 다룰 수 있는 공무원 채용 등에 있어 그 후보자와 그 주변인물에 대한 철저한 신원조사, ② 전향자와 전향가능성이 있는 인사들에 대한 감독과 평가를 통한 동향파악, 그리고 ③ 정보를 취급하는 담당자들의 지식과 인식의 향상을 위한 보안교육 등이 포함된다.

물리적 보안이란 분류된 정보에 대한 외부자의 접근이 물리적으로 불가능하도록 하기 위한 방편들을 일컫는다. 첫째, 허가받지 않은 자들의 접근을 제한하기 위해 보호구역을 설정한다. 여기에는 제한지역, 제한구역, 통제구역의 분류가 적용된다.[6] '제한지역'이란 울타리 또는 경비원에 의해 일반인에 대한 감시가 요구되는 지역이며, '제한구역'이란 비인가자의 접근 방지를 위해 출입의 안내가 요구되는 구역을 말하며, '통제구역'은 비인가자의 출입이 금지되는 구역을 의미한다.

둘째로 정보에 대한 접근을 거부 또는 방해하고, 탐지하기 위해 자연적인 지형지물과 시설물을 이용하거나, 도청장치와 같은 정보유출장치에 대한 청소와 제거하는 활동을 포함하는 시설보안 분야가 있다. 방벽에는 자연적 지형지물을 이용하는 자연방벽과, 울타리와 잠금 장치와 같은 인공방벽, 경비견을 이용한 동물방벽, 그리고 경보장치나 CCTV와 같은 전기전자방벽 등이 있다.

셋째는 통신보안으로서 전선과 전파를 이용한 커뮤니케이션의 도청방지를 목적으로 한다. 여기에는 보안관련 자재와 장비의 운송과 취급과정에서의 정보누출을 차단하기 위한 자재보안과 통신수단으로서의 암호에 대한 보안, 그리고 통신과정에서의 도청과 통신 방해를 저지하기 위한 송신보안으로 분류된다. 최근에는 컴퓨터가 정부뿐 아니라 모든 민간영역과 연계되어 하나의 국가 기간망의 형태를 갖춤에 따라 컴퓨터와 관련된 정보누출의 차단이 보안의 최고 주요분야 중의 하나로 등장하게 되었다. 여기에는 컴퓨터의 기억장치로부터 데이터를 유출해가는 행위를 저해하기 위한 컴퓨터보안(COMSEC)과 컴퓨터를 이용한 정보의 유통과정에서의 정보유출을 차단하는 것을 목적으로 하는 네트워크보안(NECSEC)이 있다.

---

6) 윤은기, 「기업정보전쟁」(유나이티드 컨설팅 그룹, 1993), 245-246면.

• 능동적 방첩

능동적 방첩에는 "적대적 정보기관들의 활동을 붕괴시키거나 무력화시키는 것을 목적으로 이루어지는 행위의 실행과 정보의 수집" 활동이 포함된다. 이에 따라, 방첩부서의 네 가지 기본적 기능은 다음과 같이 제시된다.[7)]

① 적대적 정보기관에의 침투

② 전향자와 전향가능성 있는 요원들에 대한 평가

③ 적대적이거나 우호적인 정보기관에 대한 연구와 자료 수집

④ 붕괴와 무력화

이러한 기능의 구분은 방첩의 세 가지 활동형태 구분 — 정보수집, 방어, 공격 — 과 일치하는 것이다.

상대국 정보기관에 대한 정보수집은 3의 활동에 해당되며, 활동의 목표는 적성국 정보수집의 능력에 대한 정보와 아국에서의 실제 활동 상황에 대한 정보의 수집에 있다. 고정간첩 혹은 이중간첩을 활용한 침투와 붕괴 그리고 역정보의 위협으로부터 정보기구를 보호하는 것을 최소한의 방첩활동, 즉 방어적 방첩이라 한다면 2와 3이 여기에 해당된다. 이 활동은 기본적으로 지속적인 감시활동에 기초한 것으로 효과적인 감시를 위해서는 위에서 지적한 적성국의 정보수집활동에 대한 정보가 결정적인 역할을 하게 된다. 그러므로 방어영역에는 감시활동 이외에 외국 정보원의 체포와 추방, 그리고 감청의 저지 및 수집장치의 제거와 정찰기의 추락 등의 행위가 따른다. 2001년 4월에 중국 하이난다오에서 일어난 미국과 중국의 군용기 충돌 사건이 그 대표적인 예라 할 수 있다. 미국의 EP-3 정찰기는 중국 근해에서 중국군 동태에 대한 정보수집을 위해 통신 내용과 주파수 파악을 위한 정찰활동을 해 오던중, 이를 요격하기 위해 출격한 중국측의 F-8 전투기 2대와 정찰기가 충돌함으로써 미군 정찰기가 하이난다오 공항에 비상착륙한 사건이다.

그리고 적대국 정보기관을 무력화시키기 위해 그 정보기관에 대한 침투와 붕괴활동이 공격적 방첩에 해당되며 1과 4의 기능을 일컫는다. 여기에는 역용공작활동이 기초가 된다. 역용 공작이란 적의 공작원을 전향시킴으로써 자국의 정보활동을 위해 활동하는 것으로 이중공작원이 되는 것이다. 이들은 적 공작원의 신원파악과 신분위장술, 암호체계와 같은 적의 연락기술, 그리고 적의 정보수집 대상과 활동 대상 등에 대한 정보를 획득함으로써 일차적으로는 방어

7) *Ibid.*, p. 220. 리첼슨(Richelson)은 전통적 의미의 방첩으로 이렇게 정의하였다.

능력의 향상을 기할 수 있으며, 보다 궁극적으로는 적을 교란하고 기만함으로써 적의 정보수집 능력과 분석 능력을 약화시킴으로써 상대국의 국가안보에 손상을 가할 수 있게 되는 것이다.

3. 세계의 주요 외사 · 방첩 기관

(1) 한 국

한국의 외사 · 방첩 기관으로는 국가정보원과 국군기무사령부를 들 수 있다. 이와 아울러 경찰 또한 외사업무를 담당하고 있다. 국가정보원에서 외사·방첩을 담당하는 부서는 국내담당인 제 2 차장 휘하의 부서들이다. 안기부 시절에는 제 1 차장이 외사 · 방첩 업무를 담당했으나(〈그림 1〉 참조), 1999년 6월에 천용택 원장이 해외 정보를 강화한다는 취지 아래 제 1 차장이 해외 담당, 제 2 차장이 국내담당으로 개편하였다. 다시 2000년 6월 남북정상회담을 계기로 북한관련 업무가 증가하자 국가정보원은 북한을 전담하는 제 3 차장을 다시 부활시켰다(〈그림 2〉 참조).

군내의 방첩임무는 국군기무사령부가 담당하고 있다. 1948년 5월 27일에 창설된 육군본부 정보국 특별조사과, 1953년 1월 3일 창설된 해군본부 정보참보실 방첩대, 1954년 3월 15일에 창설된 공군의 특별조사대가 기무사령부 구성의 근간이 되었다. 이 중에서 기무사령부의 핵심을 이루는 것은 육군조직이었다고 할 수 있다. 정보국 특별조사과는 1950년 10월 21일에 특무부대로 개편되었고, 4·19 직후인 1960년 7월 21일 방첩부대로 개칭되었다. 1968년 1·21 청와대 습격사건 직후인 9월 무장공비들이 방첩부대원을 사칭, 서울까지 침투하는 사건이 발생한 후 '육군보안사령부'로 바뀌었다. 1977년 10월에는 해군과 공군의 보안부대를 통합해 '국군보안사령부'로 업무체제를 개편하였다. 그러나 윤석양 이병사건 이후 1991년에 '국군기무사령부'로 고치면서 업무체계를 전면 재조정하였다. 기무사령부의 법적 근거는 대통령령과 국방부 훈령으로서 "군사보안 및 군 방첩에 관한 사항, 군 및 군 관련 첩보의 수집처리에 관한 사항(대정부 전복, 대테러 및 대간첩작전 관련 업무 포함), 사법경찰 관리 직무를 행할자와 그 직무에 관한 법률 및 군사법원법에 규정한 범죄의 수사에 관한 사

그림 1 안기부 조직표(1998년 2월 현재)[8]

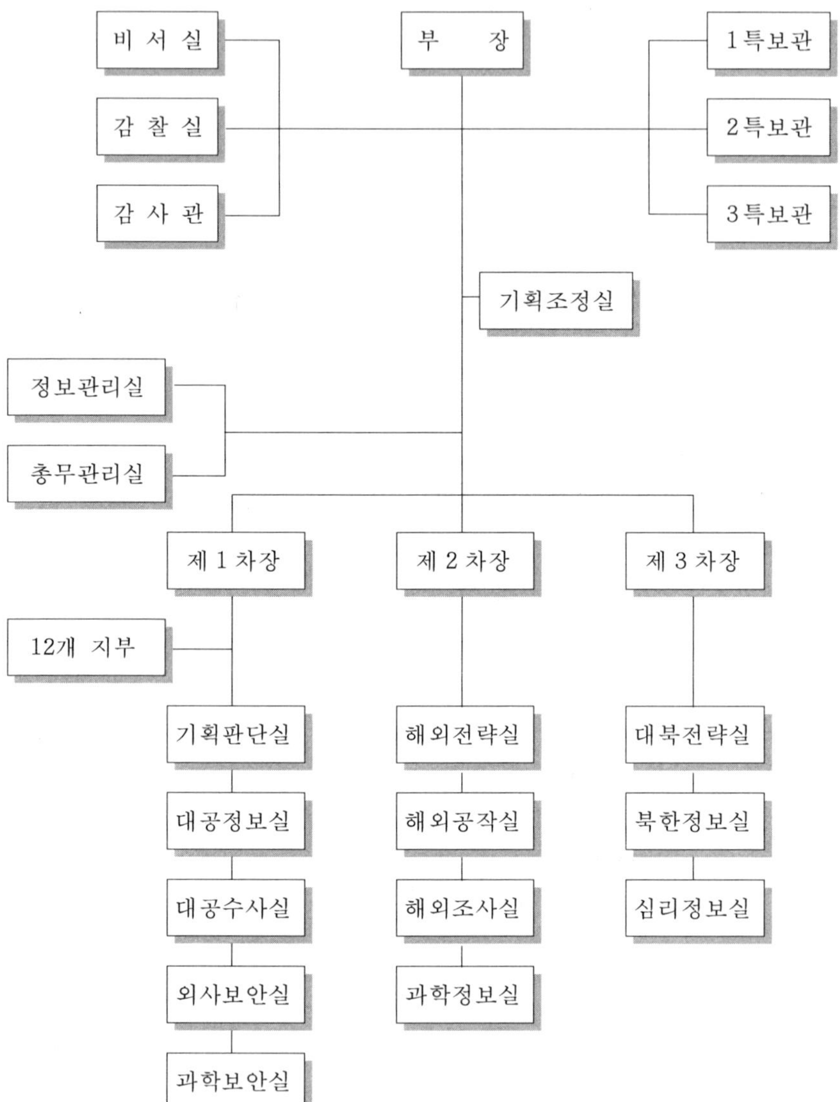

8) 「시사저널」, 1998년 2월 27일, pp. 16-17.

그림 2 국정원 조직표(2002년 1월 현재)[9)]

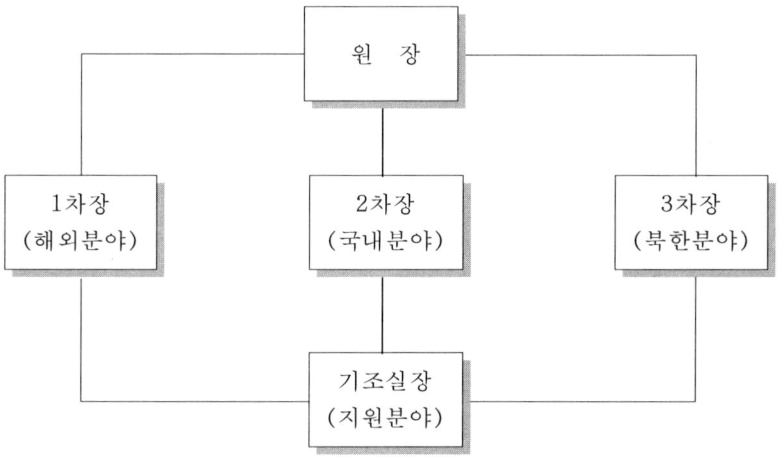

항을 관장"하는 것으로 규정되어 있다. 기무사령부는 건국 이후 모든 공안기관이 검거한 간첩(4,470명)의 43.7%인 1,950여명을 검거한 실적을 쌓은 바 있다.

경찰청은 외사업무를 담당한다. 경찰청은 외사업무를 외사방첩활동, 외사동향관찰, 외사범죄, 외사정보, 외사첩보로 상세히 구분하고 있다. 하지만 경찰청의 조직 구성도를 보면 외사 담당은 방범국, 수사국, 보안국 등과 같은 하나의 국(局)으로 존재하는 것이 아니라 경찰청장에 소속되는 외사관리관(외사 1·2·3)으로써 개별 국(局)들이 담당하는 업무들이 외국인과 관련될 경우에는 외사담당관의 협력으로 업무를 처리하도록 되어 있다.

(2) 미 국

미국의 정보기관들 중에서 외사 · 방첩 업무를 담당하고 있는 기관은 법무부 산하에 있는 연방수사국(FBI: Federal Bureau of Investigation)이다. FBI는 연방법에 의해 간첩행위(espionage)에 대한 수사를 주도하고 책임지도록 되어 있다. 오코너(Tom O'Connor)는 FBI의 업무가 방첩(counter-intelligence)에 해

9) www.nis.go.kr/

당되기보다는 대간첩(counter-espionage)에 해당된다고 보고 있다.[10] 이는 FBI가 영국의 MI5와 같은 순수하게 방첩기관으로 출발한 것이 아니라 연방경찰의 성격으로 출발하였고, 그 후에 방첩기능이 추가되었기 때문이라고 할 수 있다. 즉 스파이 행위를 하는 외국 정보기관원을 수사해 체포하는 것이 FBI의 주된 방첩업무였던 것이다. 이는 다시 말해, 기만이나 역정보, 여타의 대응 수단들에 의해 적의 정보원에게 거짓정보를 유출하는 것이 아니라, 비밀정보가 적의 정보원에게 들어가지 않도록 법 집행 절차에 의해 차단하는 것을 의미한다. 원칙적으로 FBI는 수사권은 있으나 해외에서는 업무를 수행할 수 없는 반면, CIA는 수사권이 없으며 국내에서 업무수행을 해서도 안 된다. 그러나 FBI는 방첩업무와 관련해서 필요한 경우 해외 공관원 자격으로 업무수행을 하기도 하며 해외에서 범인을 체포, 미국으로 이송할 수 있는 권한이 있다.

1994년에는 알드리히 에임즈라는 CIA 요원이 9년 동안 소련에게 미국의 기밀사항을 넘겨오다가 FBI의 추적에 의해 체포되는 사건이 발생하였다. 이 사건으로 인해 CIA의 위상은 추락하고 심지어는 조직의 개편에 대한 논의가 제기된 반면, FBI는 클린턴 대통령과 의회에 의해 방첩활동의 최고 기관으로 임명되었다. 이 같은 FBI의 위상변화는 2000년까지 세계 23개의 해외지부를 신설할 계획을 마련했었던 데서 알 수 있다.[11] 이러한 확장에 대해 루이 프리 국장은 국제범죄를 사전에 차단하기 위한 원격정보체제를 갖추기 위한 것이라고 주장한다.[12] 다시 말해 외사업무가 강화됨을 의미하는 것이다. 에임즈 사건 직후 클린턴 대통령은 행정명령에 의해 국가방첩센터(NACIC: National Counter-intelligence Center)를 DCI(CIA 국장)가 이끄는 국가정보위원회 산하에 창설하면서 대통령에 대한 보고를 CIA 국장을 통하지 않고 직접 보고하도록 하였다. NACIC는 FBI, CIA, DIA 등 모든 정보기관으로부터 선발된 방첩 전문가들로 구성되어 있으며, 방첩활동 결과를 정부 부문과 비정부 기관들에게 제공하도록 되어 있다. 매년 외국의 산업, 경제 첩보활동에 대한 보고서를 대통령의 인가를 거쳐 의회에 제출하고 있다.

외사업무 중 마약과 관련된 조직으로, FBI와 마약단속국(DEA: Drug En-

10) http://faculty.ncwc.edu/toconnor/392/spy/fbi.htm

11) 그 결과 한국에는 2000년 1월에 재미동포 출신의 이승규(미국명 데이비드 리) 씨가 한국지부장에 임명되었고, 공식 명칭은 주한 미대사관 법무협력관(legal attache)이지만 사실상 FBI 한국지부의 역할을 수행할 것이라고 한다.

12) 「신동아」, "美 CIA 추락하는 것은 날개도 없다," 1997년 2월호.

forcement Administration)을 들 수 있다. FBI는 조직범죄 및 마약 프로그램(Organized Crime/Drug Program)을 통해 두 방면의 외사업무를 동시에 수행하고 있다. DEA는 1973년 행정명령에 의해 기존의 마약관련 기관들을 통합하여 창설되었으며, 국제마약조직을 추적, 검거하기 위해 국내 각 지역단위 법 집행기관들과 협력을 유지하고 있다. 주요 마약조직과 마약유통의 장기적인 폐지를 위해 조직 우두머리의 제거, 네트워크의 붕괴, 시설물 장악을 활동의 주요 목표로 삼고 있다. 1996년 콜롬비아 칼리 카르텔과 멕시코 마피아가 연계된 코카인 유통체계를 붕괴시킨 바 있다. 이들 이외에도 법무부의 마약정보센터(NDIC: National Drug Intelligence Center), 국무부의 국제마약단속국(INL: Bureau for International Narcotics and Law Enforcement Affairs) 또한 마약유통과 관련된 외사 업무를 수행하고 있다.

테러에 대해서는 FBI가 주요 대응 기관이다. 국제테러에 대한 대응과 아울러 대량살상 무기의 위협에 대한 대응태세 마련과 은행, 정보체계, 교통수단 등의 국내 주요시설물에 대한 공격위협에 대한 대응을 담당하고 있다. 국무부의 S/CT (Office of the Coordinator for Counter-terrorism)은 테러에 대한 외국 정부와의 공동 대응을 모색하고 있다.

그러나 9·11 테러사건 이후, 부시 행정부는 국내 범죄수사 업무를 대폭 축소하고 테러에 대한 예방과 대처 능력에 주력하도록 하는 FBI 역사상 최대의 구조개편을 단행할 예정이라고 한다.[13] 특히 마약단속은 DEA로, 총기류 및 폭발물 사건 조사는 알콜 및 담배, 총기류 단속국으로 넘어갈 것으로 보인다. 10월 26일에는 부시 대통령이 '테러퇴치법안'에 공식 서명하여 법으로서 발효시킨 바 있다. 여기에서 FBI 요원들에게 도청과 첩보 공유, 인터넷 추적, 돈세탁 단속 등에 있어서의 권한 강화를 지시하였다. 애쉬크로프트 법무장관은 의회에 제출할 "전시체제 개편 동원 5개년 계획"에서 테러공격으로부터의 보호를 법무부의 최우선 과제로 삼고, FBI와 이민국의 구조개혁을 제시하였다.

(3) 기타 국가

영국에서 방첩을 담당하는 기관으로는 MI5와 스코틀랜드 야드(Scotland Yard)를 들 수 있다.[14] MI5는 1909년 창설되어 그 업무 영역을 확대해 왔으

13) New York Times, 2001년 10월 21일과 11월 9일 보도.

며, 1989년의 보안기구법(Security Service Act)에 의해 그 업무가 규정되고 있다. 국내 정보기관으로서 테러라든가 간첩행위, 그리고 국가전복 기도와 같은 실제적이며 은밀하면서도 잘 조직된 위협으로부터 국가를 보호하는 것을 주목적으로 하고 있다. 더욱 가깝게는 1996년에 통과된 보안기구법에서는 조직범죄 분야에서의 법 집행 기구들의 활동을 지원하는 업무가 새로이 포함되었다. 하나 특이한 점은 MI5는 수사권이 없다는 점이다. 조사는 MI5가 하지만 그 집행은 경찰에 이관되는 것이다.

다음의 〈그림 3〉에서는 MI-5의 대응을 필요로 하는 각종 위협의 중요도에 따라 어떻게 예산 배분이 이루어졌는가가 표시되어있는데, 위의 예산배분 사실은 매년 내무부를 비롯한 외부의 확인과 승인과정을 거치고 있다. 영국에 대한 위협은 1990년 냉전의 종식 이후 큰 변화를 겪었음을 알 수 있다. 소련과 바르샤바 조약 기구로부터의 첩보활동과 국가전복 기도는 현격히 줄어들었다. 소련의 붕괴가 초래한 러시아 국가연합들에 대한 통제의 약화가 대량살상무기의 거래와 위협의 증가 외에 조직범죄의 확산을 초래하였다. 국제테러와 북아일랜드의 테러위협은 예상대로 지속적으로 증가했음을 알 수 있다. 이 표는 간첩활동은 줄어들기는 하였으나 여전히 지속되는 만큼, MI-5의 방첩활동 또한 지속되고 있음을 말하고 있으며, 테러와 조직범죄, 즉 외사 영역의 업무 비중이 지난 10년간 꾸준히 증가했음을 보여주고 있다.

MI5와 경쟁관계에 있으며, 때로는 마찰관계에 있는 조직이 스코틀랜드 야드, 즉 런던경찰국이다. 1829년에 창설된 스코틀랜드 야드는 1883년에 아일랜드 테러에 담당하기 위해 아일랜드 특수지부(Irish Special Branch)를 설립하면서부터 본격적으로 방첩업무를 수행하기 시작했다. 이 지부는 후에 특수지부(Special Branch)로 발전하였으며, 런던경찰국은 특정한 정치운동이나 개인의 정보사찰을 담당하고 있다. 국가범죄정보부(National Criminal Intelligence Service)는 1992년 4월에 창설되었으며 주요 임무는 영국 내의 주요 핵심범죄집단의 소탕이며, 유럽지역의 인터폴 등과 밀접한 협력하에서 그 업무를 수행하고 있다.

프랑스의 방첩기관은 국토감시청(DST: Direction de la Surveillance du Territoire)을 들 수 있다.[15] 1944년 창설시에는 "프랑스의 주권이 미치는 영토

14) http://www.fas.org/irp/world/uk/index.html
15) http://www.fas.org/irp/world/france/index.html

내에서의 외국인의 활동이나 간첩행위에 대한 투쟁"을 목표로 하였다. 그러나 1970년대 말 이후의 활동은 첩보활동의 대상이 전통적 군사 분야로부터 경제, 과학, 기술 분야로 확대되어 가고, 테러위협의 증가와 함께 다양화해 가는 시대 조류에 맞추어 변화해 왔다. 특히 동구권이 개방되면서 소련을 대상으로 하던 첩보업무가 이스라엘과 미국에 대한 업무로 이전되었다. 결국 DST는 방첩업무의 주 대상이 바뀌었으며, 전통적 방첩업무를 비롯해서 경제방첩과 테러방지업무를 주 업무영역으로 하고 있는 것이다. 그리고 마약과 조직범죄에 대해서는 중앙사법경찰(DCPJ: Direction Centrale Police Judiciaire)이 담당하고 있다. 외사업무가 DST와 DCPJ로 나누어져 있음을 알 수 있다.

독일의 방첩기관은 내무부 소속의 헌법보호청(BfV: Budesamt für Vergassungsschutz)이다. 헌법보호청은 연방헌법보호청과 각 주별 헌법보호청으로 구성되어 있으며 1989년 현재 약 2,360-2,700명 정도의 요원이 근무하고 있

그림 3 MI-5의 전체예산 중 개별 항목 비율의 변화[16)]

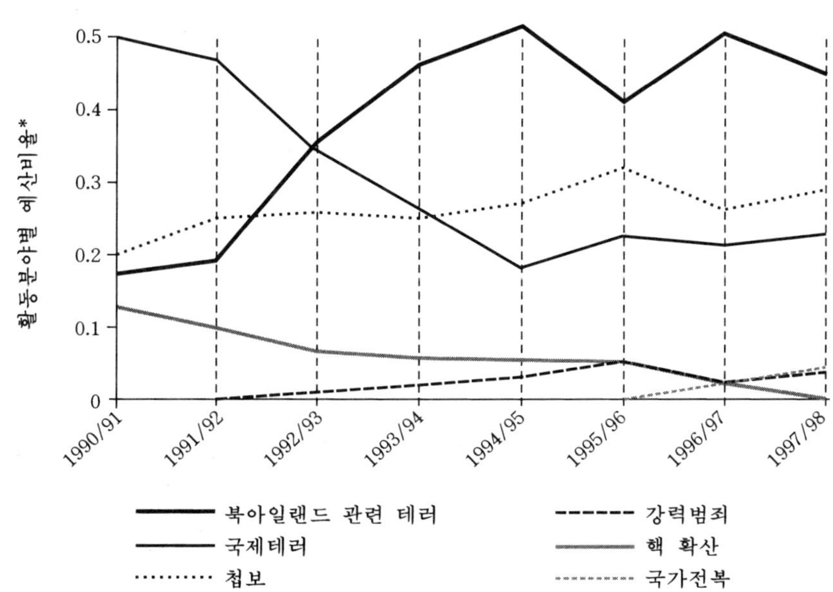

* 예산비율은 각각의 위협에 대한 직접성 경비 이외에 보안활동 및 행정처리 비용을 포함시켜 전체예산에서 차지하는 비율을 산정한 것임

16) http://www.fas.org/irp/world/uk/mi5/threats.htm.

다. 헌법보호청의 주된 임무는 '자유에 대한 조기경보 체제'라고 불릴 정도로 헌법에 저촉되는 극단주의자들과 적대국 정보활동에 대한 첩보와 방첩활동을 주 업무로 하고 있다. 헌법보호청의 특징은 수사권을 갖지 않고 있다는 것이며 이 곳에서의 정보활동은 법정에서의 신뢰성 있는 자료로 활용되고 있다. 내무부에는 정보기술보안청(BSI, Federal Office for Information Technology Security)이 1990년에 신설되어 IT 산업기술에 대한 보안과 방첩활동을 담당하고 있다.[17)]

일본에서 방첩업무를 담당하고 있는 기관은 법무성 외청인 공안 조사청(公安調査廳)이다. 공안 조사청은 1952년 7월 21일 파괴활동방지법(破壞活動防止法) 시행에 의해 그 법에 규정되어 있는 파괴적 단체의 규제에 관한 조사 및 처분 청구 등에 관한 사무를 수행하기 위해 설치된 행정기관이다. 1999년 12월 27일에는 무차별대량살인행위를 행한 단체의 규제에 관한 법률이 시행되며 무차별대량살인행위를 행한 단체의 규제에 관한 조사, 처분의 청구 및 규제조치 등에 관한 사무가 부가되었다. 공안 조사청이 특히 중점을 두고 있는 대상은 극우와 극좌, 공산당으로부터의 위협 이외에서 조총련에 대한 감시, 그리고 오움 진리교의 사린가스 테러에 대한 조사를 포함한다. 1990년대 초에는 내부 극좌세력의 위협이 점차로 축소되자 공안청은 그 본 업무가 사라지는 위기에 처하기도 하였으나 오옴진리교 사건이 발생하면서 그 역할을 유지할 수 있었다.

공안 조사청의 인원은 1,700-1,800명 정도의 공안요원들이 1,100명 선으로 정리가 될 것이며 600-700명 요원들은 다른 부서로 전직이 될 것으로 예상된다.[18)] 2001년 1월 현재 본부를 비롯하여 전국 8개 구역에 공안 조사국(公安調査局), 각각 도도부현(都道府縣)에 43개의 공안 조사사무처(公安調査事務處)가 있다.

이스라엘의 방첩기관은 신베트(Shin Beth 혹은 SHABAK)라는 조직이다. 신베스는 우호국과 적대국의 정보기관과 그 활동에 대한 정보를 수집하고, 이스라엘 공무원과 해외요원의 신원확인 작업, 국내외 적들의 국가전복기도와 테러와 태업에 대한 수사를 포함한다. 그리고 모사드와 신베스는 KILLOWATT라고 하는 서방 선진국 중심으로 구성된 아랍 테러리즘에 공

17) http://www.fas.org/irp/world/germany/index.html
18) http://www.fas.org/irp/world/japan/index.html

동대응을 목표하는 모임의 회원으로서 외국정보기관들과 연락선을 유지하고 있다. 신베스의 국내방첩의 효율성은 전세계적으로 유명하다고 할 수 있으나, 1995년의 라빈총리의 암살을 방지하지 못했다는 비난을 면하지 못하고 있다.

4. 탈냉전기 외사 · 방첩의 역할 변화

(1) 탈냉전기 국가안보의 다원적 구조

국가정보활동은 정책결정자인 정보 소비자의 국가안보에 대한 계획과 판단에서 출발한다. 세계정세의 변화는 정치지도자의 인식의 변화를 초래하게 되며, 이는 다시 정보활동에 있어서의 우선 순위의 변화를 의미한다. 그 중에서도 냉전의 종식과 같은 국제사회의 체제변화로 인한 정보활동의 변화는 가히 혁명적이라 할 수 있다. 탈냉전기 국제질서하에서의 각 국가의 정보활동을 이해하기 위해서는 우선 국가안보의 우선 순위와 영역의 다양화를 살펴보아야 한다.

탈냉전기로의 전환이 세계질서에 미치는 영향은 우선 세계를 동과 서로 나누고 대립시켰던 이념적 경계선이 사라졌음을 의미한다. 이것은 다음의 두 가지 결과를 낳았다. 첫째, 미 · 소 양국간의 첨예한 대립과 그에 따른 양 진영간의 경쟁과 반목이 사라지자 그 동안 예상치 못했던 다양한 양태의 갈등이 무력충돌의 형태로 분출되기 시작했다는 것이다. 유고에서는 세르비아 민족과 알바니아계 주민들 사이의 종교와 민족갈등이 인종청소라는 형태로 나타남으로써 유럽으로의 확산을 두려워하는 서방 선진국들은 NATO의 이름으로 세르비아 정부에 공중폭격을 가하기에 이르렀다. 이라크에서는 북부의 쿠르족과 남부의 시아파 회교도들이 이라크 군과 충돌을 일으켜 수천 명이 사망하였으며, 터키에서는 쿠르드족과 정부군 사이에 1984년이래 계속된 분쟁을 지속하고 있다. 아프리카에서는 모리타니아, 말리, 차드 등지에서 종족분쟁으로 인해 수천 명이 죽어갔다. 그리고 소말리아에서는 종족간 알력과 종교문제로 인하여 수많은 사람이 죽어야 했다. 파푸아 뉴기니와 피지에서도 부족간 정권다툼이 치열하게 벌어지기도 하였다. 1993년에는 무려 46개국으로 이 지구상에 존재

하는 국가의 3분의 1이 내전을 겪고 있었던 적도 있다.[19)]

둘째는 동과 서로 구분해 온 이념대립의 경계선이 사라짐으로써 물품과 인구의 전세계적 차원에서의 교류가 활성화되었다는 것이다. 국가들 사이의 관계를 지배해 온 안보상의 위협이 사라짐으로써 국제적인 경제협력과 교류를 저해할 수 있는 요소가 없어진 것이다. 우려해 온 EU(유럽공동체)와 NAFTA(북미자유무역협정) 내에서의 자유로운 교류가 배타적이기보다는 오히려 역외 지역과의 협력을 촉구하는 방향으로 나아가고 있다. 국제적인 투자와 교류의 활성화의 전제조건이라 할 수 있는 정치적 안정을 초래하도록 하는 민주화가 1980년대 후반 이후 전 세계적 차원에서 진행되었다는 점도 이러한 경향을 더욱 강화시켜 왔다. 정책적인 차원에서는 세계의 유일 초강대국이 된 미국과 여타의 강대국들이 이끄는 신자유주의 경제정책과 개입전략이 세계화의 경향에 박차를 가하였다. 세계화는 다른 한편에서 빈부격차의 심화와 문화적, 정치적 위협으로 받아들여지면서 이슬람 원리주의화 경향을 강화시켜 왔으며, 급기야 9·11 테러사건에 있어서 하나의 원인으로 지적 받기에 이르렀다.

이러한 두 가지 조류는 한편으로는 국경을 초월한 범세계적 협력을 유도하기도 하지만 또 다른 한편으로는 기존의 질서를 해치고 위협하는 방향으로 발전해 온 것 또한 사실이다. 세계화 과정에서 생겨나는 위협적인 요소들에 대해 홀덴 로우즈(Holden-Rhodes)와 룹샤(Lupsha)는 회색지대현상(GAP: Gray Area Phenomenon)이라 부르고 "비국가행위자들, 혹은 비정부 과정들이나 조직들에 의한 민족국가들의 안정에 대한 위협들"로 정의하고 있다.[20)] 그런가 하면 미국 의회의 능력평가위원회 보고서에서는 국가의 안전에 대한 위협 중에서 군사안보와 관련되지 않은 영역을 비전통적 위협이라는 부르고, 그 세부 형태로는 국제테러, 마약거래, 대량살상 무기의 거래, 그리고 국제적 조직범죄를 들고 있다. 이러한 위협들의 공통된 특징이 다국적 위협이라는 의미에서 '지구적 범죄'[21)] 라고 부른다. 회색지대현상이나 지구적 범죄는 같은 대상을 지칭하고 있으며 이들은 모두 국가안보라는 개념이 군사안보를 넘어 확대되고 다원화되는 만큼, 국가정보의 영역 또한 새로운 분야의 위협에 대한 대응의 필요성

19) 「조선일보」, 1993년 3월 29일.

20) Holden-Rhodes, J.F. and Peter A. Lupsha. "Horsemen of the Apocalypse: Gray Area Phenomenon and the New World Disorder," Low Intensity Conflict & Law Enforcement, vol.2, no.2. (1993).

21) Commission, Preparing for the 21st Century, p. 58.

을 강조하고 있는 것이다.[22)]

(2) 외사 · 방첩 : 활동의 사례와 역할변화

1) 방첩활동

적극적 의미에서의 방첩활동은 시민사회보다 국가의 안보에 더 가까운 것으로, 적대국의 정보기관을 상대로 한 전통적인 국가안보 개념하에서의 정보활동의 일부라고 할 수 있다. 1990년대 정보기구의 개편 방향과 관련된 예로써, 그리고 전형적인 정보활동과 방첩활동의 사례로써 알드리히 에임즈 사건을 들 수 있다.

• 알드리히 에임즈(Aldrich Hazen Ames) 사건

1994년 2월 24일에는 알드리히 에임즈라고 하는 31년 경력의 CIA 요원이 FBI와 CIA의 공동 수사로 체포되었다. 그는 1985년 이후 9년간 미국의 기밀정보를 소련에게 넘겨주었으며 그리고 CIA가 소련에서 매수한 러시아인 12명의 이중간첩 명단을 넘겨준 대가로 지금까지 총 250만 달러를 수뢰한 간첩행위를 하였던 것이다. 재판결과 그는 종신형을 선고받았고 그의 처, 로사리오 에임즈는 63개월 형을 선고받았다. 자신의 말에 의하면 그의 상관은 자신의 폭음 습관과 재정적 문제점들, 그리고 업무상 실수들과 부적절한 인생관 등에 대해 알고 있었음에도 불구하고 요직에 어려움 없이 승진할 수 있었으며, 비밀문서들을 별다른 어려움 없이 KGB에게 넘겨줄 수 있었다고 한다. 주변사람들에게 알려지기 시작한 좋지 않은 평가들은 1980년대 초 멕시코에서 근무할 때부터 그의 개인신상 파일에 기록되어 있었으나 개인적인 문제는 거론하지 않는 CIA의 내부문화로 인해 무시되었던 것이다. 1990년대로 들어서면서 CIA가 고용한 러시아 이중간첩들이 체포되어 처형되었다는 사실을 CIA와 FBI가 알게 되었다. 그 당시 CIA는 20여명의 혐의자 명단을 확보하고 있었고 에임즈도 의심을 받고는 있었으나 CIA는 FBI를 동원한 조사는 시작하지 않았다. 다양한 분석과 정보를 통해 에임즈가 상당한 재산을 모았음을 알게 된 FBI가 1993년 5월 조사에 착수하였다. 10개월간의 밀착수사 결과 증거를 확보하고

22) 국가안보의 다원적 구조에 대해서는 문정인, "국가안보와 국가정보," 「국가전략」 2권 1호(세종연구소, 1996)의 p. 2, 표 1을 참조하라.

검거하기에 이르렀다.[23)]

이 사건은 제임스 앵글톤의 케이스가 CIA에 남긴 유산의 결과라고 볼 수 있다.[24)] 1961년과 1962년에는 골리친과 노센코라는 두 사람의 KGB 요원이 미국으로 전향해 왔다. 노센코는 CIA 내에 소련 첩자가 있음을 강력히 주장했고, 방첩부장이었던 앵글톤은 그를 CIA 자문역으로 추천해 주었다. 골리친의 주장이 있고 난 다음해 노센코는 CIA에 정보를 제공하면서 접근해 왔고 1964년에는 완전히 미국으로 넘어 왔다. 골리친은 노센코를 그 첩자로 지목하였으며, 노센코는 CIA 내에는 KGB 첩자는 없다고 주장하였다. 그의 주장은 첩보원 출신의 콜비 국장에 의해 지지를 받았다. 결국 노센코는 체포되었고, 3년 이상이나 CIA 밀실에 갇혀 있으면서 292일간 신문을 당하였다. 그 후 작성된 보고서에서 노센코가 진짜라는 주장이 힘을 얻으면서 결국 앵글톤의 주장은 받아들여지지 않았다. 노센코는 1969년 자문역으로 다시 채용되었고 보상도 받게 되었다. 이중간첩의 가능성에 대한 방첩적 시각은 조직자체의 신뢰성에 손상을 주고, 결국 자신의 첩보 노력을 훼손하는 결과를 낳았던 것이다. 바로 이러한 뼈아픈 경험이 CIA 내부의 분위기를 주도하였고 그 후 내부 조직원에 대한 방첩 노력은 적절히 이루어질 수 없었던 것이다.

어찌되었든 그 후 CIA는 신뢰성에 결정적인 타격을 입고 조직운영상의 위기를 겪고 있으나, FBI는 의회와 대통령으로부터 최고의 방첩기관으로서의 임무를 부여받고 두드러진 조직확장을 거듭하고 있다. 다른 한편으로, 로저 힐스만(Roger Hilsman)은 해외 첩보활동과 비밀공작활동을 폐지시키는 대신 기술첩보수집 기능과 연구 및 분석 업무의 강화를 주장한다. 다시 말해 인간정보(HUMINT: Human Intelligence)를 줄이고 첩보위성이나 U-2 등을 이용한 이미지 분석과 암호정보(Signal Intelligence)를 보강, 확대하는 것을 말한다. 인간정보는 높은 물질적 인적 비용에도 불구하고 그 정보들의 불확실성으로 인하여 효율적이지 못할 뿐 아니라, 탈냉전기의 특징인 위협의 근원이 불명확한 상황에서 뚜렷한 목표설정 없이는 능률적인 활동이 불가능하다는 것이다.[25)] 탈냉전이라는 변화는 첩보활동에 대해 어느 나라든 비슷한 인식변화를 초래하고

23) http://www.fbi.gov/fbibrief/historic/famcases/ames/ames.htm과 http://www.nis.go.kr/ english/intelligence/intelligence09.html 참조.

24) 이삼성, "제 2 장: 첩보 방첩활동의 비판적 분석,"「현대 미국외교와 국제정치」(서울: 한길사, 1993).

25) Roger Hilsman, "Does the CIA Still Have a Role?" *Foreign Affairs*(September/October 1995), pp. 104-116.

있다. 방첩활동의 대상이 축소된 반면, 방첩기관들의 역할이 불특정 위협에 대응하기 위한 영역으로 확대, 이전되고 있는 것이다(〈그림 3〉을 보라).

그러나 9·11 테러사건 이후, 새로운 형태의 위협에 대응하기 위해서는 기술정보보다는 비국가 기구에 대한 인간정보(HUMINT), 즉 인간에 의한 정보수집과 방첩활동이 강조되고 있다. 거대한 무역센터의 붕괴와 3천여 명의 사망자라는 엄청난 테러의 공포가 현실로 다가오자 그에 대한 대처의 방법으로 '비대칭전쟁'(asymmetric war)의 개념이 주목받고 있다. 테러범들의 비군사적, 전근대적 형태의 훈련과 기지, 그리고 연결망, 불특정 장소에서의 불특정 집단의 테러 행위에 대해서, 국가 단위의 군사시설과 군사활동을 대상으로 하는 기술적 정보수집 방법들 — 첩보위성과 공중정찰에 의한 영상정보와 통신정보, 레이더 정보, 정외선 정보 등 — 은 제한된 효과밖에 낼 수가 없는 것이다. 이들은 테러 발생 이후의 군사활동에는 유용하게 쓰일 수 있으나, 테러방지를 위한 사전 정보수집에는 한계를 나타낼 수밖에 없었다. 그러므로 인간정보는 향후 다시금 중요한 정보수집활동으로 부각될 전망이다.

어찌되었든, 냉전기에 겪었던 국가안보에 대한 위협이 변하지 않은 나라가 바로 한국이다. 한반도는 여전히 냉전구도를 벗어나지 못하고 있기 때문이다. 1990년대에도 여전히 전쟁의 가능성과 무력침공의 위협을 경험하였으며, 핵무기의 개발이라는 위협으로부터 벗어나지 못하고 있다. 김대중 정권의 햇빛 정책 또한 북한과의 긴장완화를 위한 대화와 대북 지원을 강조하면서 동시에 군사안보를 확고히 하는 복궤정책을 취하고 있다. 북한은 남한으로부터의 식량지원과 군사지원, 그리고 김대중 대통령의 방북 이후에도 한반도 긴장완화를 위한 가시적 변화를 보이지 않고 있다. 이러한 상황에서의 방첩활동은 냉전기의 유산을 고스란히 이어받고 있다고 해도 과언이 아니다. 국가안보의 영역이 되었음에도 불구하고 기존의 방첩활동의 중요성은 변함이 없는 것이다. 1990년대에 있었던 방첩활동의 사례들을 살펴보도록 하자.

• 고정간첩 무하마드 깐수 사건

1996년 7월 3일, 필리핀 국적의 단국대학교 아랍어과 교수 무하마드 깐수(본명 정수일)가 10년간 고정간첩 활동을 한 혐의로 체포되었다. 그는 사실 함경도 출신 농부의 아들로 중국 옌지(연길)에서 태어났다. 그는 북경대 아랍어과를 졸업하고 이집트에서 아랍어문학과에서 유학한 후 모로코 주재 중국대사관에서 직원으로 근무하였으나 중국의 소수민족 차별에 회의를 품고 1962년 북한국적을 취득한 후, 1963년에는 평양 외국어대학과 평양 국제관계대학에서 아랍어과 교수로 재직한 경력이 있다. 1974년에 노동당에 발탁, 1979년까지 간첩교육을 받은 후 남한 침투를 목적으로 아랍계 외국인으로 위장, 레바논, 튀니지, 필리핀, 말레이시아 등을 돌며 레바논과 필리핀에서는 국적까지 취득하였다. 1984년에 남한에 침투하였으며 1988년에는 단국대 초빙교수로 임용되면서 간호사 윤씨와 국제결혼을 함으로써 장기 체류할 수 있는 신분을 취득하였다.

안기부는 1995년 2월부터 단서를 잡기 시작했는데, 국내 고급정보가 암호체계 아닌 일반 팩시밀리로 제 3 국으로 대량 유출되고 있다는 사실을 감지하게 되었다. 안기부 2차장실의 대공수사실 수사관들은 팩스의 발신지 위치를 시간대 별로 추적하던 중, 주로 주말에 시내 중심가 특급호텔 비즈니스 센터에서 전송을 하고 있음을 알아냈다. 그러던 중 1996년 6월에는 팩스를 보내고 사라지는 모습이 프레지던트 호텔 폐쇄회로에 잡혔고, 안기부는 그것을 토대로 몽타주를 작성, 시내 호텔들에 배포해 두었다. 검거되던 날은 플라자 호텔 비즈니스 센터에서 근무중인 김모 양에게 팩스를 보내달라고 부탁하였고 몽타주의 주인공과 닮았다고 판단한 김 양은 동료들에게 눈짓으로 신고해 줄 것을 부탁하였다. 김모 양이 시간을 끄는 동안 연락을 받고 출동한 호텔 경비원이 깐수를 체포하여 안기부에 인계해 주었다.

이 사건은 북한판 엘리 코헨 사건이라고도 할 수 있다. 물론 깐수의 정보활동은 엘리 코헨의 정보활동에 비견할 바는 아니지만 전형적인 제3국 우회침투 사례를 보여준다고 할 수 있다.

• 무장간첩 김동식 침투사건

다른 많은 경우, 국가정보원의 방첩활동은 경찰과의 공조를 필요로 하며 실제로 공동으로 활동하여 검거하는 경우가 많이 있다. 1995년의 부여침투 무장간첩 김동식 사건이 좋은 예라 할 수 있다. 안기부는 1995년 4월부터 충남 부여지역에 고정간첩이 활동하고 있다는 첩보에 따라 간첩의 행적과 은거지를 추적해 오던 중 1995년 10월초 충남 부여군 석성면에 있는 정각사에서 간첩 접선 징후를 포착하여 안기부 및 경찰 대공요원 등 10여 명이 정각사 인근에서 잠복 감시하였다. 1995년 10월 24일 오후 2시경 정각사에 거동수상자 2명이 출현하여 불심검문하던 수사관과 교전하며 30여분간 대치하였다. 그 사실을 목격한 안기부 수사관이 군·경에 신속히 상황을 보고하고 병력을 요청하여 퇴로를 차단함으로써 4시경에 출동한 군·경에 의하여 정각사 인근 국도상에서 1명(김동식)은 생포하고 1명(박광남)이 도주하였다. 그러자 안기부 수사관은 군·경·예비군 등 2만여 명을 동원, 도주간첩 은거 예상지역을 4선으로 봉쇄, 수색과 매복작전을 전개하여, 27일 오전 11시경 부여군 거평 마을 인근에서 도주간첩 박광남을 발견, 사격을 가해 검거하였으나 서울경찰병원으로 후송치료 중 사망하였다.

2) 경제방첩

자본주의 시장경제의 보편화는 세계화 경향과 함께 국가간, 기업간의 무한경쟁 시대를 초래하였다. 이념대립이 사라지면서 군사안보의 의미가 상대적으로 약화된 반면 경제적, 기술적 경쟁력이 국가안보의 근간을 이루게 되었으며, 기업과 국가들은 경쟁에서 살아남기 위해 기업과 기술 정보의 수집에 적극적으로 나서고 있다. 그리고 이에 대응하는 산업보안이 경쟁력과 국가안보를 유지하는 주요한 활동이 되고 있다.

미국은 1980년대의 상대적 쇠퇴가 산업기술력 경쟁에 있어서의 후퇴에 기인하는 것으로 보았으며,[26)] 국가안보에 대한 위협이 군사분야보다도 경제분야에서 오는 것으로 인식하여, 클린턴 행정부는 National Economic Council을 창설하였다. 1990년대에 들어서면서 경제안보의 중요성과 산업기술의 보안에 대한 국민적 합의에 이르렀다. 기존의 FBI의 산업보안에 대한 방첩업무는 "범주국가 리스트" 접근법(Criteria Country approach)이라고 하는 것으로, 리스트에 올라 있는 국가들의 미국 기업에 대한 스파이 행위에 대한 혐의가 제기되었을 경우에만 방첩 수사를 실시하도록 하는 것이었다.

그랬던 것이 1992년에는 "국가안보위협 리스트" 접근법(National Security Threat List approach)으로 바뀌었다.[27)] 이제는 어느 국가든 미국의 산업기술

26) Paul Kennedy, *The Rise and Fall of the Great Powers*(New York: Vintage Books, 1987). Claude V. Prestowitz, Trading Places: How We Allowed Japan to Take the Lead (New York: Basic Books, 1988).

27) Patrick Watson, *The FBI's Changing Missions in the 1999s*. Working Group on Intelligence Reform(Consortium for the Study of Intelligence, 1993). 그 국가안보 위협 리스트에는 다음과 같은 사항들이 올라 있다. (1) 국가 주요기술 패널에서 지정한 주요기술들에 대한 외국 정보기관의 활동들, (2) 유출이 미국의 전략적 산업 경쟁력을 훼손할 수

에 대한 기밀사항에 대해 스파이 행위가 포착될 경우에는 수사를 시작하게 된 것이다. 한 걸음 더 나아가, 1996년에는 외국 정부가 개입되지 않은 스파이 행위에 대해서도 FBI가 수사를 할 수 있도록 연방법에 있어서의 FBI의 권위를 높여주는 법령개정이 이루어졌다. 즉 예전에는 외국의 개인이나 기업이 주도가 된 기업정보 탈취행위자가 정보를 암기한다든지 주(洲) 내에 머물 경우, 주법에 의한 절도죄에는 해당이 되나 연방법에는 저촉이 되지 않도록 되어 있었다. 그러나 1996년의 경제첩보법(Economic Espionage Act of 1996)은 미국으로부터 해외로의 지적 재산권 유출을 의도로 이루어진 것이라면 절도 또한 연방범죄에 해당되는 것으로 규정한 것이다.[28)]

그 대표적 사례가 포 필라 엔터프라이즈사(Four Pillars Enterprise Co.)사의 경제첩보활동 사례라고 할 수 있다. 1996년 여름 접착성 테이프와 라벨지를 생산하는 세계적인 기업 애버리 데니슨(Avery Dennison)사는 내부 과학자 텐홍 리(Tenhong Lee)가 대만의 테이프와 라벨 제조업체인 포 필라 엔터프라이즈사의 사장 양(P.Y. Yang)과 그의 딸 샐리 양(Sally Yang)에게 기업정보를 제공했다는 미확인 보고를 받았다. 내부 조사결과 누락된 문서가 있음을 확인하고 FBI에게 연락을 취하였다. FBI는 텐홍 리와 포 필라 엔터프라이즈사와의 수 차례에 걸친 접촉과 재판을 거친 후에야 2만 페이지에 달하는 모든 증거자료를 Four Pillars로부터 넘겨받고 사건을 종결지을 수 있었다. 이 사건은 1996년 경제첩보법(Economic Espionage Act)가 통과된 이후 최초의 외국인에 대한 유죄판결이며, 또한 외국기업이 그 법령하에서 기소되고 유죄판결이 난 첫번째 사건었다.[29)] 기업과 개인들이 지불해야 할 벌금은 8천만 달러와 변호사 비용이 될 것이라고 한다.

이러한 경제안보에 대한 인식의 변화는 비단 미국에 국한되는 것만이 아니라, 무한경쟁시대의 세계적인 추세라고 할 수 있다. 1995년 1월에는 프랑스 내무부 장관이 미국대사를 그의 집무실로 소환하여 프랑스 산업기술에 대한

있는 산업, 경제 정보와 기술들에 대한 외국 정보기관의 활동들, (3) 미국에서의 비밀스러운 외국정보기관의 활동, (4) 방위 시설과 안보태세와 관련된 정보의 수집을 목적으로한 외국 정보기관의 활동들, (5) 대량살상무기와 그 수송 체계의 확산과 관련된 외국 정보기관의 활동들, (6) 미국의 정보와 외사정보, 그리고 미국 공무원에 대한 활동을 목표로 한 외국 정보기관의 활동, (7) 인식관리(perception management)와 그와 관련된 적극적 조치들과 관련된 외국 정보기관의 활동들. 이들의 내용이 대단히 포괄적임을 알 수 있다.

28) Senator Dennis DeConcini, "The Role of U.S. Intelligence in Promoting Economic Interests," *Journal of International Affairs*(Summer 1994), p. 39-57.

29) http://www.fbi.gov/pressrel/pressrel99/avery.htm

미국의 CIA의 스파이 행위에 대해 항의한 바 있다. WTO에 대한 프랑스의 협상전략과 프랑스의 정보통신과 멀티미디어 정책에 대한 정보수집행위와, 프랑스 정보통신 기술자에 대한 매수 시도 등이 지적되었다. 미국은 또한 일본과의 자동차 협상에서 일본측 협상전략을 도청하기 위해 정보기관원이 미국 측 협상가들을 지원했다는 사실이 뉴욕 타임즈지에 보도되기도 하였다.

한국의 경우, 지금까지는 미국이 주장하는 바와 같이 외국의 산업정보를 수집하는 활동에 주력해 왔으나 이제는 우리도 방첩에 주의를 기울여야 할 상황이 된 것이다. 우리가 산업보안을 강화해야 하는 이유로 다음과 같은 산업환경의 변화를 들 수 있다. 첫째, 세계적으로 기술패권주의가 심화되면서 덤핑에 대한 제소와 산업 및 지적 재산권에 대한 분쟁이 증가함으로써 외국의 정보수집활동이 증가되고 있다. 둘째, 기술개발의 활성화로 보호대상이 되는 첨단기술이 증가하게 되었으며(산업재산권 등록 115만건, 1999년 1월 현재), 연구개발 프로젝트가 증가함으로써 정보탐지활동이 활발이 전개되고 있기 때문이다. 셋째, 산업계의 구조조정으로 핵심기술과 인력의 해외유출이 증가하고 있으며, 규제완화와 함께 보안관리 능력이 저하되고 있기 때문이다. 넷째, 세계화와 개방화의 추진으로 국내 산업경제 정책에의 접근이 용이한 상주 외국인 수가 증가하였으며(상주 외국인 29만명, 외국인 투자 6,267건, 1999년 1월 현재) 시장확보를 위한 산업경제 정보전이 치열하게 전개되고 있다.

1998년에는 국내 반도체 기술을 빼돌려 외국에 팔아 넘긴 혐의로 삼성전가 반도체 부문과 LG 반도체의 전현직 20~30대연구원 16명이 검찰에 적발된 적이 있다.[30] 또한 1998년 6월에는 LG전자 정보통신 연구원이 '국가 초고속 정보통신망 구축사업' 등의 핵심기술과 회로도 등을 재미교포 김모 씨가 운영하는 서울 소재 벤처기업 S사에 빼돌린 사건이 발생하였다. 또한 첨단 민간연구소와 벤처기업의 메카인 대전 대덕연구단지에는 '스파이 비상'이 걸리기도 하였다. 이런 사실을 볼 때 한국도 더 이상 산업 스파이의 안전지대가 아닌 것이다.

이러한 환경변화에 대응하여 국가정보원은 산업방첩활동으로 그 역할을 확대하고 있다.[31] 국정원에서는 민관합동으로 '산업보안 협의회'를 구성하여 기업의 보안 담당자들과 공조활동을 시작하였다. 이는 미국의 FBI가 국가안보

30) 「조선일보」, 1998. 2. 3.
31) 「주간한국」, "국정원 권고 산업 스파이 방지법," 1999년 11월 18일.

에 대한 인식과 대응 프로그램('Awareness of National Security Issues and Response Program')을 신설하여 기업과 정부의 산업보안 의식을 고양시키는 노력에 비교할 수 있다. 국정원은 민간기업과 보안실무자, 고위 경영진에 대한 교육과 브리핑을 통해 기업의 보안 능력을 제고하는 노력을 기울이고 있다.

3) 테러리즘

냉전종식 이후의 테러리즘의 경향은 다음과 같이 요약된다. 국제 테러리즘의 발생은 줄어들었으나, 인명피해는 증가하였다. 중동의 평화협상의 진행과 국제테러 조직을 지원해 온 소련이 사라졌기 때문에 발생빈도는 줄었으나, 국제교류의 용이함과 동유럽과 소련의 과학자들이 경제난을 겪으면서 고성능 폭발물, 생화학 무기 등의 대량살상무기의 획득이 쉬워짐으로써 테러가 대형화, 무차별화 되어가고 있으며, 지리적으로도 확산되고 있는 것이다. 2000년에는 중동 평화협상이 갈등으로 치달으면서, 그리고 새천년의 도래를 맞아 종말론이 성행하면서 테러위협이 증가하였으며 전 세계적으로 총 429건의 테러가 발생하여 5,026명의 피해(그 중 1,463명 사망, 3,563명 부상)가 발생하였다. 지역별로는 아시아·태평양 지역에서 167건, 구주지역에서 69건, 중동지역에서 83건, 미주와 중남미 지역에서 77건, 아프리카에서 33건이 발생하였다. 그 심각성의 증가로 인해 국제테러가 각 국가들의 안보계획 중의 일부분으로 포함되기에 이른 것이다.

이러한 변화를 보다 여실히 보여주는 사례가 1993년 2월 26일 낮 12시 25분에 미국 뉴욕 맨해턴에 있는 1백 10층짜리 세계무역센터 지하 2층 주차장에서 일어나 폭탄테러이다. 이 폭탄테러로 6명이 사망하였고 무려 1,000여 명이 부상을 입었다. 미 연방수사국(FBI)은 3월 4일 뉴욕 세계무역센터 폭파사건 용의자로 뉴저지주 저지시티의 살라마 모하메드(국적미상·26)라는 중동계 남자를 체포, 기소하였다. 이슬람 원리주의 단체의 일원인 이 용의자는 무역센터 폭파에 사용한 트럭을 자신의 명의로 임대한 후 폭파사건 직후 트럭이 없어졌다고 신고하여 4백달러의 임대 보증금을 되찾으려고 하다가 체포된 것이다. 그 후 공모자 4명도 체포되어 1994년 4월 재판에서 240년의 형을 선고받은 바 있다. 그리고 1995년 2월 8일, 주범인 램지 유세프가 파키스탄에서 FBI에 의해 체포됨으로써 종결지어졌다. 그는 1992년 9월 파키스탄에서 뉴욕으로 온 직후 화학물질을 구입하여 뉴저지의 한 아파트에서 폭발물을 제조하였다. 폭파 직후 유세프는 가명을 이용, 파키스탄으로 돌아갔던 것이다. 체포 후 수사관에게 털어놓기를 그 폭파된 무역센터 빌딩이 옆의 쌍둥이 빌딩으로 무너졌더라면 최소한 25만 명이 사망했을 것이고 하였다.[32)]

이 같은 테러의 가능성에 대한 인식과 경계에도 불구하고 실질적 대응의 부재와 상상력의 한계를 드러낸 것이 9·11 테러사건이다. 탈냉전기에 있어서의 불특정 위협에 대한 인식이 명분에 치우친 비실질적인 것이었다. 한편, 사건 이후에는 미국의 정보조직과 법무부, FBI의 구조개혁에 나타난 바와 같이 테러에의 대응이 외사 · 방첩 뿐 아니라 미국 안보정책에 있어서의 제 1 우선과제로 떠오르게 되었다. 이는 곧 군사정보뿐 아니라, 군사활동 전반의 업무가 외사 · 방첩을 중심으로 긴밀히 연계될 것을 의미한다.

우리나라의 경우 내국인에 의한 테러는 한 건도 발생하지 않았으나, 해외에서는 타지크스탄의 두샨베 소재 한인교회에서 폭파테러가 발생하였으며, 국내에서는 외국인 시설관련 및 대중이용시설에 대한 폭파위협이 생겨나고 있다. 대부분의 테러는 북한에 의한 것으로 1983년 아웅산 묘소 요인암살 폭파 테러, 1987년에는 대한항공 858기 폭파사건 등 1995년까지 550여건의 대남 테러가 자행되었다. 1996년의 블라디보스톡 주재 최덕근 영사 피살사건(1996년 10월)과 북한체제와 김정일의 사생활을 비난해 온 귀순자 이한영 권총피살사건(1997년 2월) 모두 북한 공작원의 소행으로 확인되었다. 우리나라는 2002년에 월드컵 축구대회와 아시안게임을 개최하는 등 주요 국제행사를 앞두고 있어 국내외로부터의 테러위협이 증가할 것으로 예상된다.

4) 마　약

1988년 9월에 이루어진 Americans Talk Security 조사에서 응답자의 절반 이상이 국가안보의 변화에 동의하고 있었다. "군사적 적대세력들이 최대의 위협인 시기는 지났으며, 국제마약 유통과 국제경제 경쟁이 이제는 최대의 위협을 던져주고 있다. 이러한 새로운 위협들은 과거와는 다른 종류의 국가안보 정책을 요구하고 있다"는 것이다.[33)] 그 조사에서 가장 높은 비율인 응답자의

32) http://www.usdoj.gov/opa/pr/Pre-96/February95/78.txt.html

33) Gregory F. Treverton and Babara A. Bicksler, "Conclusion: Getting from Here to Where?" in Graham Allison and Gregory F. Treverton ed. Rethinking America's Security: Beyond Cold War to New World Order(New York: W.W. Norton and Company, 1992), 407-433.

84%가 마약을 제일의 안보위협으로 선택한 바 있다. 그리고 1989년 부시는 '마약과의 전쟁'을 선포한 바 있다.

1999년 통계에 따르면 미국민의 1,480만 명이 지난 한달 동안 마약을 사용하였으며, 1992년의 1,200만 명으로부터 꾸준히 증가해 오고 있다. 그리고 18세에서 25세 청소년의 17.1 퍼센트가 마약 사용자로 나타났으며, 이 또한 1994년의 13.3 퍼센트로부터 지속적으로 증가해 온 것이다.[34] 유럽에서는 유럽연합 전체 인구의 0.4%인 150만 명 이상이 중증 마약 중독자로 추정되고 있으며, 유럽 내 마약 복용자는 4,000만 명에 달하며, 마약복용으로 인한 사망이 7,000명에 이른다고 한다.[35]

그 동안 마약으로부터 상대적으로 자유로웠던 한국도 이제 예외가 아니다. 지금까지 한국은 마약의 유통을 위한 중간 경유지에 불과했으나 1990년에 접어들면서 소비가 급격히 늘고 있다. 검찰청 통계에 따르면 마약류 사범의 수가 1996의 6,189명에서 2000년에는 10,304명으로 증가하였다.[36] 그러나 비공식적인 통계에 의하면 30만 정도라고 할 정도로 심각한 수준에 이르렀다고 한다. 마약과 관련된 검거 사례들로부터 마약 밀수가 증가하고 있으며, 여기에는 국제 범죄조직이 깊이 관여하고 있음을 알 수 있다. 1997년 6월에는 헤로인 5kg(시가 750억원)을 국내로 밀반입, 판매하려한 혐의로 시리안인 판매책을 비롯한 3명을 구속하고 태국계 중국인 총책 등 5명을 지명 수배했으며, 파키스탄인 알선책 1명을 불구속 입건한 바 있다. 이들은 세계적 마약밀매 조직인 쿤사가 주도하는 다국적 마약밀매 조직의 일원인 것으로 드러났다.

그런가하면 1999년 11월 9일에는 콜롬비아 코카인 제조조직이 한국의 화공약품 회사를 통해 코카인 원료 22t을 콜롬비아로 밀수하려다 한국과 콜롬비아 세관당국의 합동단속에 적발된 사례가 발생하였다. 엄청난 양 이외에도 내국인이 콜롬비아 제조조직의 대규모 밀수에 가담한 최초의 사례였다는 점이 중요한 것이다. 그리고 1999년에는 인터폴 범죄정보국장이 인터폴 서울총회에서 "신종 마약이 동남아에서 한국으로 급속히 유입되고 있다"[37]고 경고하였다. 상대적으로 마약안전지대인 한국이 국제마약조직의 밀거래 중개기지로 급

34) 미국 법무성에서 운영하는 마약국(DEA) 홈페이지의 통계자료에는 Partnership for Drug-free America와 National Household Survey 등의 자료를 올려놓고 있다. http://www.usdoj.gov/dea/stats/overview.htm.

35) 「주간한국」, "마약, 백색의 공포에 지구촌이 떤다," 1999년 12월 14일.

36) http://www.sppo.go.kr/drug/data/data3.htm

37) 「조선일보」, 1999년 12월 1일.

부상하면서 국내 유통량이 급증하고 있다는 것이다.

세계적인 마약유통과 소비의 증가는 위에서 지적한 두 가지의 탈냉전기 조류와 직결되어 있다. 첫째, 세계각지에서의 무장갈등에 참가하고 있는 정부와 반정부 단체들이 안정되고 손쉬운 재원으로 마약을 재배, 공급하고 있기 때문이다. 아프가니스탄의 탈레반이 새로운 마약 생산기지로 부상하였으며, 그 규모는 미얀마 국경의 황금의 삼각지대(Golder Triangle)와 콜롬비아의 생산량을 합친 것보다 3배가 넘는 양으로 전세계 불법 아편 생산량의 76.7%에 달하는 양이다. 북한 또한 마약을 제조함으로써, 판매수입으로 무기를 수입하고 있으며, 해외 주재원들의 마약판매에 대한 개입은 잘 알려져 있다. 쿤사의 샨연합군은 미얀마의 9%를 차지하는 샨족의 완전 독립을 요구하고 있다. 그러면서도 재정난을 겪고 있는 주정부와 공생관계를 엮어 나가고 있다. 즉 1996년 쿤사의 투항은 미얀마 군사정부와 쿤사조직 사이의 거래의 결과로 알려지고 있다.[38] 둘째는 무역과 교류의 증진으로 컨테이너, 국제소포나 국제우편 등, 수법이 다양해지고 있으며 그 만큼 색출하기가 어려워졌다. 셋째, 교류의 원활화는 물품 뿐 아니라 송금과 돈세탁을 용이하게 함으로써, 범죄조직의 국제화와 조직간의 연대가 가능하도록 하고 있다. 여기에는 한국도 예외가 아니다. 이미 1997년 6월에는 다국적 마약밀매 조직인 쿤사 조직원들이 헤로인 반입으로 구속되기도 하였던 것이다. 또한 한국이 동북아 마약밀매의 중간지로 사용된다는 전문가들의 관측도 존재하고 있다.

5) 조직범죄

네 번째의 새로운 국가안보 영역으로 국제조직 범죄를 들 수 있다. 초국가적 범죄는 이전에도 있었으나 미국에서 '마약과의 전쟁'을 선포한 1980년대 말 이후에야 폭넓은 관심을 끌게 되었으며, 탈냉전의 국제사회가 국제조직의 확산과 초국가적 범죄의 증가를 초래하였다.[39] 국제범죄 조직들은 외국 조직들과의

---

38) 「중앙일보」, 1999년 8월 6일.

39) 조성권, "초국가적 범죄의 확산과 새로운 보안론: 국제적 불법마약의 유통을 중심으로" 「형사정책연구」 제 7 권 제 4 호(1996, 겨울호). 초국가적 범죄를 "조직들에 의해 일국에서 범죄로 규정된 행위가 그 국가의 법집행의 경계선을 넘어 2개국 이상이 개입되었을 때나 혹은 일국에서는 비록 합법적 행위일지라도 그 행위가 개입된 다른 민족국가에서는 범죄행위로 간주될 때(p. 206)"라고 정의하면서 범죄행위에는 정치테러와 스파이행위에서부터 무기밀매와 마약밀매까지 포함하는 것으로 본다. 그러나 여기서는 전문적 범죄조직 혹은 마약조직들이 경제적 이익을 추구하는 과정에서 행하는 범죄행위들을 말한다.

연대 속에서 무기밀매, 화폐위조, 자금 세탁, 인신매매 등 다양한 범죄를 동시에 행하고 있다. 이러한 국제범죄 조직의 예로는 시실리계 미국 마피아(LCN: La Cosa Nostra), 유럽의 시실리마피아, 일본의 야쿠자와 홍콩중심의 삼합회, 쿤사의 샨연합군, 콜롬비아의 칼리 카르텔과 메데진 카르텔 등을 들 수 있다. 예를 들면, 지난 1998년에는 중국인의 일본 밀입국, 보석상 강도, 신용카드 위조 등의 일본 내 범죄에 홍콩의 범죄조직 삼합회가 야쿠자와의 결탁을 통해 깊이 개입하고 있음이 드러난 적이 있었다. 미국은 '마약과의 전쟁' 이후 콜롬비아 출신의 마약조직 퇴치에 노력한 결과 1989년에는 '그루포 센트랄'이라는 거대조직의 두목 가차를 사살한 데 이어 최대마약 조직인 '메데진 카르텔'의 두목 에스코바르를 처형, 조직을 와해시키는 성과를 거두기도 하였다.

그러나 이러한 국가적 대응에도 불구하고 국제마약조직들은 최근 세계화 물결 속에서 조직운영상의 변신을 꾀하고 있어서 단속은 더욱 어려워지고 있다. 즉 전통적인 위계 조직(hierarchical organization)으로부터 외부공격에 유연하게 대처할 수 있는 '연계망'(network)으로 전환하고 있는 것이다. 쿤사의 투항은 군사정부와의 시장 분할과 합법적 경제분야에서의 활동에 대한 보장과의 거래였던 것이다.[40] 콜롬비아 칼리 카르텔에 대한 공격과 나폴리를 근거로 하는 카모라의 마피아 조직에 대한 성공적인 검거성과는 오히려 조직이 수천 개의 소조직으로 나누어져 연계망으로 구성되도록 하였다.[41] 연계망이란 일련의 연결고리로 구성이 되어 있으며 각 연결고리들은 개인이거나, 조직, 상사, 혹은 컴퓨터이기도 하다. 이들 사이의 연결은 집중화되어 있기도 하지만 분산되어 있기도 하고, 계획적이기도 하지만 우발적으로 형성되기도 한다.[42] 이러한 유연성과 효율성이 높은 조직범죄에 대해 수사 당국은 거대하며 비효율적 관료조직으로 대처하고 있는 것이다.

이러한 세계화가 조직범죄에 미치는 영향은 한국의 조직범죄에도 마찬가지로 적용된다. 1990년대 이후의 한국의 조직범죄의 특성으로 다음의 두 가지

40) 군사정부는 정통성 확보를 위해 쿤사의 체포가 필요했고 쿤사는 3년간 지속된 흉작으로 조직운영상의 어려움을 겪고 있었다. 1992년 이후 뇌물을 주고받아 온 관계 속에서 조직유지의 대가로 투항을 선택했을 것이라고 한다. 최근에는 미얀마 정부가 쿤사에게 합법적 경제활동은 허용하고 있다고 발표하였으며, 실제로 그 아들이 지난 5년간 목재, 금광, 새우양식, 식당, 호텔 등의 사업을 운영하고 있다

41) Geopolitical Drug Watch, "A Drug Trade Primer for the Late 1990s," *Current History,* vol 97, no. 618. pp. 150-153.

42) Phil Williams, "The Nature of Drug-Trafficking Networks." *Current History,* vol 97, no. 618. pp. 154-159.

를 들 수 있다.[43] 첫째, 국제적 조직범죄와의 연계를 활발히 추진함으로써 일본의 야쿠자, 러시아의 마피아, 홍콩의 삼합회, 대만의 사해방, 터키와 남미의 마약밀매조직 등과 결탁하여 돈 세탁, 마약밀매, 위조지폐유통 등의 범죄를 저지르고 있다. 둘째는 야쿠자의 기업형 경영방식을 그대로 도입하여, 각종 금융업, 사설 파이낸스에서부터 심부름회사와 같은 사설 정보업으로까지 세력을 확장하고 있다. 더구나 마약 수요의 증가는 밀매조직의 활성화를 위한 좋은 토양이 되고 있으며, 고급두뇌들을 유입하여 주요계급에 배치함으로써 조직의 활력과 기민성을 확보하였다는 것이다. 이외에도 주변국의 범죄조직들이 국내 범죄조직과 연계하여 국내 침투를 노리고 있다. 야쿠자의 경우 성금기탁과 장학회설립으로 기반을 다지면서 호텔, 백화점, 부동산 매입, 카지노 투자를 위장한 침투가 예상되고 있으며, 러시아 마피아의 경우 세계의 조직들과 연계되어 활동하고 있으며, 우리나라도 그 대상국에 포함되어 있다고 한다. 이미 1999년 6월에는 국정원 부산지부와 부산 지방경찰청이 러시아 마피아 조직 '샤텐 로브스카야'의 중간보스로 알려진 트로피모프 발레리를 대러시아 무역관련 채권·채무 해결에 개입하고 러시아 여성을 납치, 감금한 혐의를 잡고 검거하였다. 러시아인이 개인적인 범죄행위로 적발되거나 추방된 적은 있으나 마피아 조직원이 범죄행위로 당국의 수사를 받기는 처음이라는 것이다.

그리고 1999년 6월에 있었던 또 다른 사건은 조선족 선장이 재첩주머니 바닥에 넣어 들여온 북한산 마약을 한국의 조직폭력배가 다리를 놓고 일본의 야쿠자 마약 판매책에게 넘기려다 마지막 순간에 적발되어 검거된 사건도 있었다. 이러한 사건들은 모두 마약 혹은 조직범죄와 관련된 범죄들의 일부 예에 불과하다.

43) 이윤근, "21C 한국 조직범죄의 실태 및 대응방안: 마약류 및 위조지폐 관련 범죄를 중심으로," 「한국공안행정학회보」 10(2000년), pp. 161-190. 위의 두 가지 이외에 한국 조직범죄의 특징으로는 다음의 것들을 들고 있다. 첫째, 한국 조직범죄는 조직의 생존과 확장을 위해 정치세력에 철저하게 기생하고 있다. 둘째, 기업과의 연계를 강화해 왔다는 점이다. 경쟁기업의 인수나 합병, 경영권 확보, 입찰과정에서 폭력을 이용, 특정기업을 위해 움직여 왔다. 셋째, 건설업 분야에서 두드러진 세력 확장을 해 왔다. 넷째, 한국의 조직범죄는 유흥업계 주변에 기생하는 양상을 보인다. 다섯째, 자금확보나 세력확장과 같은 목적을 위해 공갈, 갈취, 협박 등 폭력을 주 수단으로 삼는다.

5. 결 론

위에서 지적한 바와 같이 외사·방첩 업무란 기존의 국가안보에 대한 위협에 대응하는 방첩업무 이외에 산업방첩과 마약, 테러리즘, 조직범죄 등의 새로운 업무영역을 포함시킨 것을 말한다. 이 새로운 업무들이란 지금까지 사회적 중요성을 띄지 않았으며 명목상으로는 경찰의 업무로 분류되었던 것들이다. 외국에서는 전통적 방첩업무가 줄어드는 대신에 새로운 업무의 수요가 증가함으로서 기존의 방첩업무와의 대치 효과가 뚜렷하게 나타나고 있는 것이 사실이다. 그러나 한국은 아직 남북의 분단 상황에서 전통적 방첩영역이 여전히 중요한 실정이므로 대치보다는 새로운 업무가 추가되었다고 할 수 있을 것이다. 그리고 이러한 경향은 9·11 테러사건 이후 더욱 두드러지게 되었다.

위의 사례들에서 보았듯이 많은 사건들이 처음으로 일어난 사례들이라는 점에 주목할 필요가 있다. 이는 결국 경제첩보와 마약, 테러, 조직범죄 등의 업무영역이 새로이 생겨나는 단계에 있다는 것이다. 그러나 이러한 분야의 사건들이 계속해서 그 빈도와 위협의 정도에 있어서 심화되어 갈 것은 명백한 것이다. 그러므로 위의 업무를 담당하는 국가정보원은 장차 경험과 기술을 쌓아나가야 할 것은 당연할 것이나, 업무수행의 초기 단계에서부터 경찰과 검찰의 경험을 바탕으로 협력체제를 갖추어 나가는 것이 장기적으로 업무수행 능력과 효율에 중요하다고 할 것이다.

미국의 경우, 테러와의 전쟁 수행과정에서의 수사기관의 권한을 강화에 주는 '테러퇴치법'이 6주만에 타결되고 의회를 통과함으로써 미국의 위기감을 반영하고 있음에도 불구하고 너무 서두른 나머지 구류와 감청, 도청 등에서 시민권을 제한할 우려가 있다는 반론이 제기되고 있다. 우리나라에서는 아시안 게임과 월드컵 행사를 안전하게 수행하기 위해 필요한 '테러방지법안'을 국가정보원이 입법고시한 상태에 있다. 반공의 역사와 보안법 논쟁을 경험한 우리로서는 장기적이며, 안정적인 테러방지법의 설립을 위해서는 외사·방첩을 담당하는 다른 조직들, 즉 경찰, 검찰, 군대와의 협력의 확보가 제 1 의 과제라 할 것이다.

국가정보원과 그 외 기구들과의 협력 이외에, 각 기구내부에서의 갈등 또한 대두될 가능성에 대비할 필요가 있다. 각 조직의 활동 주체가 되어온 대공

방첩 담당 부서들과 새로운 임무와 권한을 부여받게 된 외사 영역과 경제방첩 영역의 담당 부서들 간의 주도권 경쟁과 책임 소재 혼란으로 인한 대립과 반목이 발생할 수도 있음에 유의하여 발전적 문제해결 방식을 미리 논의하여야 할 것이다. 결국 조직의 운영자와 실무 담당자들, 그리고 조직원들 모두가 초기단계에 있어서 미래지향적 협력체제 구축에 매진할 것을 촉구한다.

제 8 장

국가정보기관과 산업정보

염 돈 재

1. 산업정보활동이란 무엇인가?

냉전의 종식 이후 세계 각국 정보기관의 산업정보활동이 국내외에서 중요한 관심대상이 되고 있다. 그러나 우리나라에서는 아직까지 '산업정보'와 '산업정보활동'이 무엇을 의미하는지에 대해 학문적으로나 관행상으로 일반화된 정의가 없다.[1] "산업정보란 일반적으로 경제적 가치가 있는 모든 자료와 정보를 포괄하는 개념"이라고 정의하는 경우도 있으나[2] 이 정의는 너무 포괄적이어서 우리 국내에서 일상적으로 사용되는 '산업정보'라는 용어의 속성을 제대로 반영하지 못하는 것 같다.

외국의 경우도 경제정보, 상업정보, 경영정보, 경제스파이, 경제첩보활동, 산업첩보활동 등의 용어가 일상적으로 사용되고 있으나 그 의미는 조금씩 다르다. 외국에서는 산업정보라는 용어보다는 경제정보라는 용어가 보다 일반적으로 사용되고 있다. 미국 정보공동체(intelligence community)에서는 경제정보

1) 산업정보 활동을 중요한 업무 가운데 하나로 설정하고 있는 국가정보원의 경우도 '산업정보'가 무엇을 의미하는지에 대한 정의를 공개한 바 없다.

2) 정갑영. "산업기밀보호와 기업 경영전략," 대한상공회의소 주최 세미나「산업기밀 어떻게 보호할 수 있나」발표논문(1994. 9. 5).

(economic intelligence)를 "정부기관이 작성하여 정책입안자에게 제공하는 재화와 용역의 생산분배 및 소비, 노동, 금융, 조세제도 및 국제경제체제와 관련된 정보"라고 정의하고 있고, 이러한 정보를 민간기업에 제공할 경우에는 상업정보(commercial intelligence)라고 지칭한다.[3] 미국 정보공동체의 정의는 정보의 작성주체와 정보의 내용을 중심으로 정의한 것으로 정보의 사용목적을 중심으로 한 우리나라에서의 '산업정보'의 사용 용례와는 다소 차이가 있다.

한편, 캐나다 정보기관은 경제정보를 "기술자료, 재정 및 특허자료 등과 같이 외국기관이 입수할 경우 그 기관 소속 국가의 상대적인 생산성이나 경쟁력을 직접 또는 간접적으로 도울 수 있는 정책 및 영업과 관련된 정보"라고 정의하고 있다.[4] 이 정의는 정보의 사용목적을 중심으로 한 정의라는 점에서는 우리나라에서의 용례와 유사하기는 하나 '외국기관이 입수할 경우'로 한정함으로써 민간회사의 영업 및 기술관련 정보까지도 '산업정보'라고 지칭하는 우리 나라에서의 용례와는 다소 상이하다.

일반적으로 경영정보(management information)는 기업들이 경영을 위해 활용하는 모든 종류의 정보를 의미하며, 특히 경영정보 가운데는 인사, 재무, 재고관리 등 기업내부의 정보까지도 포함되고 있어 기업 외부의 정보를 주로 지칭하는 우리나라에서 사용되는 '산업정보'의 의미와는 차이가 있다.

특히 우리나라의 경우는 경제정보와 산업정보는 서로 다른 의미로 사용되고 있다. 경제정보는 정보의 내용에 따른 분류로서 '경제에 관한 정보'를 의미한다. 일반적으로 경제정보는 다른 나라의 의도(intentions), 능력(capabilities), 취약점(vulnerabilities) 및 가능한 행동방책(possible course of action)의 파악에 목적을 둔 정보인 반면,[5] 산업정보는 "산업의 생산성이나 상대적 경쟁력의 강화를 위해서 사용되는 정보"라는 의미로 사용되고 있다.

따라서 산업정보는 "산업의 생산성 향상이나 경쟁력의 유지·강화를 위해 사용되는 경제 및 과학기술에 관한 정보"라고 정의하는 것이 타당할 것 같다. 즉, 경제정보는 '경제에 관한 정보'를 의미하는 반면, 산업정보는 '경제를 위한 정보'를 의미한다.[6]

3) Leo D. Carl, *International Dictionary of Intelligence*(McLean: International Defence Consultant Services, 1990), p. 184.

4) Samuel Porteous, "Economic Espionage(Ⅱ)," Commentary, no. 46(July 1994)p. 2.

5) Abram N. Shulsky, *Silent Warfare*(New York: Brassey's, Inc., 1991), p. 8.

6) 미국 등 외국의 경우 경제정보(economic intelligence)나 상업정보(commercial intel-

산업정보활동이 구체적으로 무엇을 의미하는지에 대해서도 국내외적으로 통일된 견해가 없다. 특히 외국에서는 산업정보활동(industrial intelligence activity)이라는 용어는 거의 사용되지 않는 반면, 경제정보활동이라는 용어가 자주 사용되고 있다. 미국, 캐나다 등 외국에서는 경제적 이익증진을 위한 목적의 활동일 경우 합법적인 활동은 경제정보활동(economic intelligence activity)이라고 지칭하고,[7] 불법적인 활동일 경우에는 경제첩보행위(economic espionage), 경제스파이(economic spy), 사기행위(sharp practice), 산업첩보행위(industrial espionage), 비즈니스 스파이(business spy) 혹은 산업스파이 행위(industrial spy) 등으로 지칭한다.[8] 또 활동의 주체가 정부기관일 경우에는 주로 '경제첩보행위' 등과 같이 '경제'(economic)라는 용어를 사용하고 활동주체가

그림 1

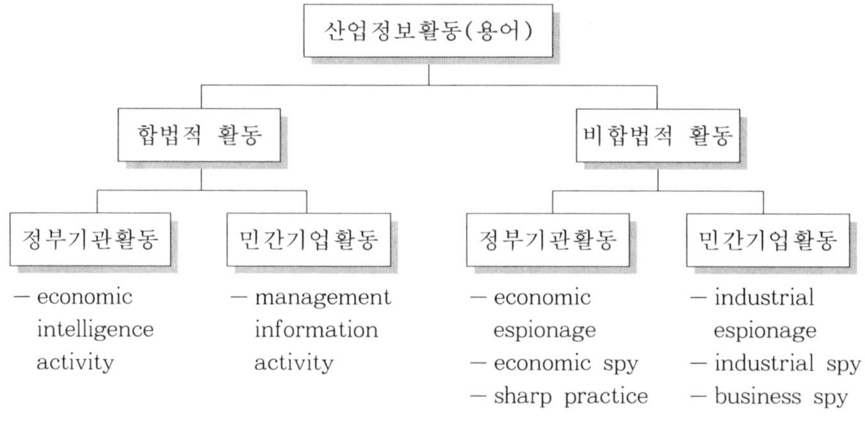

ligence)는 국가기관, 특히 정보기관이 작성한 정보를 의미하고, 민간기업이 작성한 정보는 경영정보(management information) 혹은 경제정보(economic information)라고 지칭하고 있으나 우리나라에서의 정부기관이 작성한 정보든 민간기업이 작성한 정보든 구별 없이 모두 산업정보라고 지칭하고 있다. 따라서 정보의 작성주체가 정부기관이든 기업이든 개인이든 상관없이 "산업의 생산성 향상이나 경쟁력의 유지 · 강화를 위해 사용되는 경제 및 과학기술에 관한 정보"라고 정의하는 것이 좋을 것 같다.

7) 그러나 자국 정보기관의 활동일 경우는 불법적인 활동일 경우에도 경제정보활동(economic intelligence activity)이라고 지칭한다.

8) Carl, *International Dictionary of Intelligence,* p. 127, p. 184. 캐나다 정보기관은 외국 정부기관의 경제적 이익을 위한 불법활동은 사기행위(sharp practice)라고 지칭한다. Samuel Porteous, "Economic Espionage Ⅱ," pp. 2-3. 일본의 경우 일반적으로 국가기관이 행하는 불법적 활동은 '경제첩보활동'으로, 민간인이 행하는 활동은 '산업첩보활동'이라고 지칭한다. 사까이 마사키, "대일 경제첩보 수집활동을 강화하는 CIA," 「全貌」(1996년 3월호).

기업일 경우에는 주로 '산업'(industrial)이라는 용어를 사용하는 경향이 있다. 그러나 우리나라에서는 활동의 주체가 정부기관이든 민간기관이든, 활동내용이 합법적이든 비합법적이든 구별 없이 모두 '산업정보활동'이라고 지칭하는 것이 일반적이다. 따라서 '산업정보활동'은 활동의 주체가 정부기관이든 민간기관이든, 합법적 활동이든 비합법적 활동이든 구별 없이 "산업의 생산성 향상이나 경쟁력의 유지·강화를 위해 행하는 정보활동"으로 정의하는 것이 좋을 것 같다.

산업정보활동 가운데는 산업의 생산성이나 경쟁력의 유지강화에 목적을 둔, ① 정보의 수집, 분석, 생산 및 배포, ② 비밀공작(covert action),[9] ③ 방첩 및 보안 활동(counterintelligence activity)이 모두 포함된다.[10]

2. 냉전의 종식과 국가정보기관의 산업정보활동

외국의 선진기술을 절취하려는 각국의 노력은 오랜 역사를 갖고 있다. 중국이 오랫동안 감추어 오던 비단제조 기술은 기원 후 552년 승려 두 명이 뽕나무 씨앗과 누에를 지팡이 속에 숨겨와 서양에 전파되었다. 600여년간 중국에서만 사용되던 제지기술은 기원 후 751년 탈라스 전투를 통해 아랍에 붙잡힌 포로에 의해 세계에 전파되었다. 고려 말인 1363년 문익점은 중국의 목화씨와 재배기술을 비밀리에 절취하여 우리의 면화산업을 발전시켰으며, 17세기 영국의 대장장이 폴리(Foley)는 방랑 음유시인으로 위장하여 벨기에, 독일 등지에서 주물공장에 침투하여 노동자들의 환심을 산 후 양질의 철을 생산하는 기술을 습득하여 영국에 전파했다.[11]

그러나 각국에서 현대적인 정보기관이 설치되기 시작한 것은 이미 19세기 중엽의 일이지만 냉전이 종식되기 이전까지는 산업정보활동은 각국 정보기관

9) 비밀공작(covert action)은 설득, 매수, 선전, 암살, 테러, 준 군사적 지원 등 정보활동대상(intelligence target)에 영향을 미치기 위한 익명의 노력이나 시도들을 의미한다. Carl, *International Dictionary of Intelligence*, p. 86: Shulsky, *Silent Warfare*, pp 7-8. 비밀공작 가운데 외국의 토지, 석유산업 및 기타 기간산업의 국유화를 방지하기 위한 공작 등이 산업정보활동의 영역에 속한다. 여기에 대해서는 제 7 장을 참조.

10) 이 개념은 일반적으로 사용되고 있는 '정보활동'의 개념을 원용한 것으로서, 정보활동의 개념에 대해서는 Carl, *International Dictionary of Intelligence*, p. 179; Shulsky, *Silent Warfare*, pp. 1-9를 참조했음. 방첩활동과 보안활동의 차이점은 방첩활동이 외국 정보기관의 첩보활동에 대응하는 활동을 의미하는 반면, 보안활동은 외국 정보기관은 물론 민간에 의한 위해(危害)까지도 포함하는 보다 포괄적인 개념으로 사용된다는 점에 있다.

11) 윤은기, 「기업정보전쟁」(서울: 유나이티드컨설팅그룹, 1993), pp. 17-20.

의 중요한 임무로 간주되지 않아 왔다. 정보기관은 국가안보와 관련된 활동에 치중해 왔기 때문이다. 냉전의 종식 이전에도 외국의 기술을 파악 혹은 습득하려는 정보기관의 노력이 있기는 했으나 대부분의 경우 외국의 군사력의 파악이나 자국의 군사기술의 개발에 목적을 둔 것이었을 뿐 자국의 경제력이나 국제경쟁력의 강화에 주목적을 둔 것은 아니었다.

그러나 냉전의 종식 이후 산업정보활동은 각국 정보기관의 중요한 임무가운데 하나로 정착되고 있다. 그 이유는 대체로 세 가지로 설명할 수 있다. 즉, 냉전의 종식 이후 안보개념이 변화하였다는 점, WTO 체제의 출범으로 경제를 둘러싼 각국간의 경쟁이 더욱 치열해졌다는 점, 과학기술의 급속한 발전으로 과학기술의 개발에 엄청난 투자가 소요되었다는 점등이 각국 정보기관들로 하여금 보다 적극적으로 산업정보활동을 하게 만든 중요한 요인이 된 것으로 보여진다. 이를 좀더 상세히 설명하면 다음과 같다.

(1) 냉전의 종식과 국가안보 개념의 변화

흔히 국가안보는 "핵심적인 내적 제가치(critical internal values)를 외부의 위협(external threats)으로부터 보호하는 것"을 의미한다.[12] 그리고 냉전의 종식 이전까지는 군사력이 국가안보를 위한 가장 핵심적 수단으로 간주되어 왔다. 그러나 소련의 붕괴와 냉전의 종식은 국제정치 구조와 안보 개념에 큰 변화를 가져오는 계기가 되었다.

동·서 대결의 종식으로 전쟁의 위험은 대폭 감소되고, 국가안보에 있어서의 군사력의 유용성도 현저히 약화되었다. 또한 냉전의 종식은 국가권력(national power)의 분포뿐만 아니라 권력의 구성요소에도 현저한 변화를 가져왔다. 정치와 군사 등 경성권력(hard power)이 약화된 반면 경제, 기술 및 정보 등 연성권력(soft power)의 중요성이 더욱 높아졌다. 전통적인 지정학(geo-politics)이 쇠퇴하고 새로운 패러다임의 지경학(geo-economics)이 부상하게 된 것이다.[13]

---

12) 이것은 머튼 베코비츠(Morton Berkowitz)와 복(P. G. Bock)이 설정한 개념이다. 백종천 · 이민용 공저, 「한반도 공동안보론」(서울: 일신사, 1993), p. 46.

13) Ethan Barnaby Kapstein, *The Political Economy of National Security*(Columbia: Univ. of South Carolina Press, 1992), pp. 180-202; Fred C. Bergsten, "The World Economy After the Cold War," *Foreign Affairs* 69 : 3(Summer 1990), pp. 96-112; Theodore H. Moran, "International Economics and National Security," *Foreign Affairs* 69 : 5(Win-

이러한 변화추세는 근본적으로는 전쟁위험의 감소와 군사력의 유용성의 약화에 기인하지만 또 한편으로는 다음 두 가지 이유에도 기인한다.[14] 첫째, 현대 무기 및 국방체제의 고도화와 자본집약적 성격 때문에 경제와 과학·기술의 뒷받침 없이는 유효한 군사력을 유지하기가 어렵게 되었다는 점이다. 소련의 붕괴는 경제적 뒷받침이 없는 군사력이 얼마나 허구적인 힘인가를, 걸프전은 과학기술의 뒷받침 없이는 현대전의 수행이 거의 불가능하다는 점을 여실히 보여주었다. 둘째, 복지수준의 향상이 국가안보에 중요한 요소로 등장했다는 점이다. 냉전의 종식과 민주화 추세의 확산으로 각국 국민들은 국가안보보다는 복지문제에 더욱 관심을 가지게 되었고, 이에 따라 국가안보를 구실로 탄압정치를 정당화하거나 복지의 향상을 뒤로 미루어야 한다는 냉전시대의 논리는 설득력을 잃게 되었다. 따라서 국민복지 향상의 기반이 되는 경제력의 강화는 대내·외적 안보에 가장 중요한 요소 가운데 하나가 되었다.

특히 냉전 종식 이후 '총체적 안보' 혹은 '포괄적 안보'(comprehensive national security) 개념이 더욱 보편화되어[15] 경제안보(economic security)도 군사안보와 함께 국가안보의 중요한 구성요소가 되었다.[16] 이러한 추세는 미국 정부의 발표내용이나 여론조사 결과에서도 명백히 나타나고 있다. 1996년 3월과 1995년 2월 백악관이 발표한 국가안보전략(National Security Strategies)에서는 경제안보를 "국가이익은 물론 국가안보의 필수적 일부"라고 강조하고 있으며, 1993년 11월 4일 워렌 크리스토퍼(Warren Christopher) 미국 국무장관은 상원 외교위원회에서 행한 연설에서 "탈냉전 시대의 국가안보는 경제안보와 절대 분리될 수 없으며 경제정책은 미국 대외정책의 새로운 중심이 되고 있다"고 언급한 바 있다.[17] 또한 냉전 종식 이후 실시된 여론조사 결과에 의

ter 1990), pp. 74-90; Theodore C. Sorensen, "Rethinking National Security," *Foreign Affairs* 69 : 3(Summer 1990), pp. 1-18; 김덕, 「약소국 외교론」(서울: 탐구당, 1992), pp. 201-205; 류상영, "탈냉전의 국제정치경제와 국가경쟁력," 안병준 편, 「국제정치경제와 한반도」(서울: 박영사, 1997), p. 177.

14) Robert Mandel, *The Changing Face of National Security*(West Port: Greenwood Press, 1994), pp. 61-74.

15) 총체적 안보개념에 대해서는 백종천, 이민룡 공저, 「한반도 공동안보론」, pp. 88-133을 참조 바람.

16) 크라우제(Keith Krause)와 나이(Joseph S. Nye, Jr)는 경제안보를 "한 국가의 경제적인 富에 대해서 외국으로부터의 심각한 탈취 위협이 없는 상태"로 정의하고 있다. 위의 책, pp. 278-279.

17) Louis J. Freech, "Economic Espionage," Statement of Director of FBI before the Subcommittee on Crime of the House Judiciary Committee hearing on economic espionage, Feb. 28, 1996, http://www.ilsipi.com/econo.htm(May 9, 1996), p. 2. 또한 프리흐 국

하면 미국인들은 러시아보다 일본이 미국 안보에 더 큰 위협이라고 생각하고 있다.[18)]

일찍부터 국가정보기관이 산업정보활동을 더욱 적극화해야 한다고 주장해 왔던 스탠스필드 터너(Stansfield Turner) 전 미 CIA국장의 언급은 국가정보기관의 산업정보활동의 필요성을 강조하는 대표적 견해라고 볼 수 있다.

> 미국 안보에 대한 중대한 위협은 이제 경제부문에 있다. …우리는 경제력에 더 큰 비중을 두는 국가안보의 개념을 재정립해야 한다. …우리는 우수한 무기를 제조하기 위해 군사기밀을 훔치는 일에 대해서는 전혀 양심의 가책을 느끼지 않는다. 만약 경제력이 군사력과 함께 국가안보의 결정적 요소로 인식된다면 우리가 경제비밀을 훔치고 사용하는 일에 대해 왜 걱정해야만 하는가?[19)]

이렇게 안보개념이 변화되고 경제적 경쟁력이 국가안보의 핵심요소로 등장하여 정책의 우선 순위가 변경되고 있는 상황에서 국가정보기관이 경제적 이익과 산업경쟁력의 강화를 위해 활동하는 것은 당연한 일로 여겨질 수도 있다.[20)]

(2) WTO체제의 출범과 국제경쟁의 격화

안보개념의 변화와 더불어 경제를 둘러싼 국가간의 경쟁을 더욱 가열화시키는 계기가 된 것이 세계무역기구(World Trade Organization: WTO) 체제의 출범이다. 국경없는 경제(borderless economy)의 실현을 목표로 1995년 1월 출범한 WTO체제하에서는 각국의 경제와 기업이 세계적인 무한경쟁에 노

장은 1996년 5월 9일 하원 법사위 증언에서 "한 국가의 힘과 능력은 점점 더 경제력과 산업력에 따라 결정될 것"이라고 언급한 바 있다.

18) Dave McCurdy, "Glasnost for the CIA," *Foreign Affairs* 73 : 1(January/February 1994), p. 126.

19) Stansfield Turner, "Intelligence for a New World Order," *Foreign Affairs,* 70 : 4 (Fall, 1991), pp. 151-152.

20) Paula L. Scalingi, "U.S. Intelligence in an Age of Uncertainty: Refocussing to Meet the Challenge," Brad Roberts, ed., *U.S. Foreign Policy After the Cold War*(Cambridge: MIT Press, 1992), p. 177; Dennis DeConcini, "The Role of U.S. Intelligence in Promoting Economic Interests," *Journal of International Affairs,* 48 : 1(Summer, 1994), p. 39. 이 글들 외에도 국가정보기관이 이제까지의 군사안보 중심의 활동 관행에서 벗어나, 국제경쟁력의 강화를 위해 산업정보활동을 해야한다고 주장한 글들은 무수히 많은 반면, 이에 반대하는 주장들은 별로 많지 않다.

출됨으로써 국가간의 경쟁은 더욱 치열해지게 되었다.

WTO체제하에서는 무역장벽이 더 이상 국내 기업의 보호막이 될 수 없기 때문에 개별기업과 국가경제의 경쟁력의 확보는 국가의 생존과 복지향상에 필수적 요소가 되었으며, 따라서 세계무대에서의 국가간, 기업간의 경쟁은 더욱 치열해진 것이다.[21)]

더욱이 정보화의 확산으로 국가간의 정보유통 속도가 매우 빨라지게 됨에 따라 국제 경제동향에 관한 정보, 각국의 경제상황과 경제정책에 관한 정보, 외국의 기술개발 동향과 주요 기업의 신제품 개발 및 판매관련 동향, 외국의 경제협정 및 국제 경제규범 위반 사례 등에 관한 신속한 정보수집은 국가와 기업의 경쟁력 강화를 위해 필수적으로 필요하게 되었다.

일반적으로 시장경제체제하에서는 국제경쟁력의 문제는 원칙적으로 시장의 기능에 맡기는 것이 바람직하지만, 현실상황을 무시하기도 어려울 것이다. 국가행정의 궁극적인 목적은 내부적으로는 국민의 삶의 질을 향상시키고 외부적으로는 국가경쟁력의 제고에 있기 때문이다.[22)] 특히 시장기구가 미숙하고 자본과 과학기술의 축적 수준이 낮은 개발도상국들의 경우, 선진국들의 기술민족주의를 극복하고 국가주도하에 압축성장을 달성하기 위한 과도기적 조치의 하나로 국가정보기관이 산업정보활동을 추진하여 국민후생 증진효과를 가져올 수 있다면, 그 유용성을 굳이 부인할 필요는 없을 것이다. 이 점에 대해서는 미국 CIA국장을 역임한 바 있는 윌리엄 웹스터의 견해를 들어보면 더욱 명확해진다.

> "경제적 힘이 세계적 영향력과 권력의 핵심이다. 앞으로의 국제분쟁은 점점 더 경제문제 때문에 일어날 것이다. … 따라서 정확한 정보가 매우 필요하다. 그러한 정보를 제공하는 일은 말할 것도 없이 정보기관의 일이다."[23)]

(3) 과학기술의 급격한 진보

각국 정보기관이 산업정보활동을 적극화하게 된 또 하나의 이유는 과학기

---

21) W. Bruce Weinrod, "U.S. Intelligence Priorities in the Post-Cold War Era," *World Affairs 159 : 1*(Summer 1996), p. 7.

22) 최종원, "행정정보 공동활용정책 집행사례 분석: 주민등록 DB를 중심으로," 「행정논총」 34 : 2(1996), p. 290.

23) Hugo Cornwall, *The Industrial Espionage Handbook*(London: Century, 1991), p. 109.

술의 급속한 발전추세이다. 국제화시대, 정보화시대에서 국가경쟁력은 가격 경쟁력에 의해서만 결정되는 것이 아니라 두뇌, 지식, 정보 등을 주축으로 한 기술경쟁력에 의해 결정되며 특히 전·후방 파급효과가 큰 첨단산업에서의 기술혁신은 다른 어떤 분야보다도 중요하다.

그러나 첨단기술의 개발에는 엄청난 투자가 필요할 뿐 아니라 실패의 위험성이 매우 크다. 따라서 이를 민간기업에만 맡겨두면 바람직한 수준의 기술개발이 이루어지기 어렵기 때문에 정부의 개입이 필요하게 된다.[24] 기술혁신을 위한 정부의 개입은 일반적으로 유도적 기능, 여건조성 기능, 각종 자원과 정보의 지원 기능, 특히 제도규제 기능, 통합조정 기능 등을 통해 이루어지는 것이 원칙이지만,[25] 첨단기술은 일반적인 상거래방식이나 외국과의 과학기술 협력을 통해 획득하기가 어렵다. 왜냐 하면 각국이 첨단기술에 대해서는 '기술주권주의'나 국방상의 이유 때문에 이전을 기피하거나 비싼 대가를 요구하기 때문이다.

과학기술의 발전은 원칙적으로 연구개발 투자, 기업간의 상거래방식 및 정부간의 과학기술 협력을 통해 이루어지는 것이 바람직하다. 그러나 과거 저임금과 기술의 무임승차에 의존하던 기술 후발국들은 급속한 과학기술의 발전과 선진국의 기술이전 기피로 인해 추가적인 성장비용을 부담해야 하므로 성장전략이 한계에 부딪치고 있다.[26] 이들 국가들이 정보기관의 산업정보활동을 통해 비싼 대가를 지불하지 않으면서 국가적인 기술수준 향상에 도움을 줄 수 있다면 어느 국가나 정부가 이를 원하지 않겠는가? 협력안보(cooperative security)가 중요한 안보 수단으로 인식되고 있는 오늘날에도 각국 정보기관들이 자국의 안보이익을 위해 필요할 경우 모든 수단들을 다 동원하고 있다는 점에 비추어 특히 기술후발국의 정보기관들은 산업정보의 수집에 몰두해보고 싶은 유혹을 강하게 느끼게 될 것으로 예상된다. 따라서 각국 정보기관들이 산업정보활동을 적극화할 것인지 여부는 정보기관이 그 일을 효과적으로 해낼 수 있는 능력이 있느냐 여부에 따라 결정될 가능성이 많다.

---

24) 기영석, "첨단산업에서의 기술혁신 성공조건에 관한 연구,"「한국행정학보」 25 : 4 (1993. 12), pp. 123-124.

25) 노화준, "과학기술 행정조직의 합리화 방안,"「행정논총」 25 : 2(1987), pp. 40-44.

26) 이만희,「국가경쟁력 정책론」(서울: 대광문화사, 1996), p. 438.

3. 산업정보의 수집방법

산업정보의 수집방법도 일반적인 안보관련 정보의 수집방법과 유사하다. 산업정보의 수집방법도 수집수단별로는 인간정보(HUMINT) 수단과 기술정보(TECHINT) 수단으로 대별할 수 있으며, 자료의 출처별로는 공개정보와 비공개정보로, 수집수단의 합법성 여부와 관련해서는 합법적 수집과 비합법적 수집으로 구분할 수 있다.

이 글에서는 공개정보의 수집, 일반적인 상거래방식에 의한 정보수집, 인간정보 수단에 의한 비공개정보의 수집, 기술정보 수단에 의한 비공개정보의 수집으로 대별하여 설명하고자 한다.

(1) 공개정보의 수집

국가안보관련 정보수집에 있어서와 마찬가지로 산업정보에서도 공개정보는 매우 중요하다. 신문·잡지·방송 등 대중매체의 보도나 연감, 인명록 및 정부간행물 등을 통해 외국 정부나 중요 기업의 정책관련 동향을 파악할 수 있으며 각종 학회, 대학 및 연구기관 등의 발간물을 통해서도 경제계 동향이나 기술개발 동향을 파악할 수 있다.[27] 민간기업 내부의 세부 동향 파악을 위해서는 회사의 사보, 업종별 협회의 간행물, 결산보고서, 시장조사 보고서 등이 흔히 활용되며 업계의 인명록과 주요 회사의 내부 조직표나 전화번호부 등도 회사의 업무내용을 파악할 수 있는 중요한 단서가 된다.

이러한 공개정보들은 주로 도서관, 정부간행물 센터, 인터넷, 각종 유료 데이터 베이스(D/B) 등을 통해 수집할 수 있으며, 특히 각종 발간물의 수집을 위해서는 각국의 국립도서관이나 국회도서관 등 모든 발간물을 의무적으로 기탁해야 하는 도서관(legal deposit library)들을 활용하는 것이 효과적이다.[28]

또한 세부적인 기술자료를 수집하기 위해서는 특허정보에 관한 데이터 베이스가 주로 활용되며, 정보공개법(information freedom act)이 제정되어 있는

27) 해당 국가가 영어, 불어, 스페인어 등 특수어를 사용하거나 해당 국가의 언어에 정통하지 못하거나 다수의 일간지를 매일 검색해야 할 필요가 있을 경우 현지에서 영어로 발간되는 일간지 요약 서비스(news paper cutting services)를 구독하는 방법도 자주 이용된다.

28) Cornwall, *The Industrial Espionage Handbook,* pp. 17-32.

나라에서는 정보공개 청구를 통해 주요 자료를 얻을 수도 있다.

그러나 이러한 공개적인 자료수집방법은 민간회사들이 주로 이용하는 방법이며, 정보기관에서는 기본적인 사항의 파악이나 특정문제와 관련된 맥락적 상황파악을 위해 필요한 경우를 제외하고는 별로 이용되지 않는 방법들이다.

(2) 상거래(商去來)방식에 의한 정보수집

민간기업들의 경우 일반적인 상거래방식을 통해 산업정보를 수집하는 경우도 많다. 다른 업체와의 기술제휴나 합작사업의 추진, 주요 인물의 스카웃, 기업인수 및 합병, 기술개발의 의뢰, 컨설턴트 계약의 체결, 특허권 사용계약의 체결, 국제입찰 등은 산업정보의 수집을 위해서도 흔히 사용되고 있다.

그러나 이러한 방법들은 복잡한 절차나 막대한 자금이 소요되므로 정보기관들은 거의 이용하지 않는다. 그 대신 외국 제품의 복제와 분해를 통해 산업기술을 습득할 필요가 있을 경우 수출이 금지되어 있는 제품들을 비밀리에 수집하는 경우가 있으며, 컨설턴트나 대리인 계약을 통해 합법을 가장(假裝)한 가운데 비밀정보를 수집하는 경우도 있다. 그러나 이러한 방법들은 합법을 가장하기 위한 방편에 불과할 뿐이다.

(3) 인간정보 수단에 의한 정보수집

인간정보 수단에 의한 정보수집은 산업정보의 수집에도 매우 유용하게 활용되는 방법이다. 인간정보 수집수단은 매우 다양하다. 중요한 정보에 접근할 수 있는 위치에 있는 인물이나 전문가와의 접촉을 통해 다양한 방법으로 정보를 수집할 수 있다. 매수 및 절취, 학술 및 기술 교류, 연구시설이나 생산시설의 시찰 및 견학, 박람회나 전시회 참관, 전문가의 고용, 세미나 발표나 기고문의 요청, 공동프로젝트의 연구 등은 흔히 사용되는 방법이다.[29] 특히 미국의 경우 냉전시기에 소련의 과학기술 탐지를 위해 소련 학자나 전문가를 미국 혹

29) 일본 「요미우리 신문」(讀賣新聞) 보도에 의하면 러시아 대외정보국(SVR) 소속 요원 4명은 8년 동안 일본의 첨단기술에 대한 산업스파이 활동을 해왔으며 특히 이들은 영문번역가인 일본인을 매수, 1989년부터 일본 기업들이 번역을 의뢰한 서류 중 컴퓨터와 통신 등 첨단산업관련 정보를 수집해 왔으며 이 가운데는 군사용 광학시스템 연구자료도 포함되어 있었다 한다. 「동아일보」(1998. 2. 4).

은 서방세계에서 개최되는 세미나에 참석시켜 발표케 함으로써 중요한 정보를 입수했던 경우가 많았다.

인간정보 수단을 활용한 산업정보 수집방법 가운데 가장 흔히 사용되는 방법의 하나가 퇴직기술자를 활용하는 방법이다. 일반적으로 선진국의 경우 퇴직기술자들은 퇴직 이전 수년간 일선 중요한 업무에서 배제시키거나 퇴직시 비밀유지를 위한 서약서를 쓰도록 하는 방법을 사용하고 있기는 하나, 다수의 퇴직자들이 갖고 있는 다양한 지식의 유출을 원천적으로 방지할 수 있는 효과적인 수단은 없다. 따라서 퇴직기술자를 고문·컨설턴트 등의 신분으로 고용하거나 매수함으로써 재직시에 습득한 기술이나 지식을 빼내는 방법이 자주 사용된다.

산업정보의 수집대상은 비단 국가정책이나 기업의 기술 및 영업비밀 등에만 관련되는 것은 아니다. 최근에는 동물이나 식물의 표본도 중요한 산업정보가 되고 있다. 신품종을 개발하기 위한 유전자 조작을 위해서는 자국이 갖지 않은 품종의 확보가 필요하기 때문이다.[30)]

각종 폐기물(garbage)을 수집하는 방법도 자주 활용되는 방법이다. 사무실의 파기지(shredder)나 쓰레기통에서 나온 폐기물, 버려진 슬라이드나 사진, 타자기 리본이나 폐기된 컴퓨터 디스켓, 연구소·실험실·공장 등에서 나온 폐기물들도 산업정보의 중요한 단서가 된다. 내부 고발자(whistle blower)를 활용하는 방법도 자주 사용되는 방법이다. 안보관련 정보수집에 있어 이념적, 종교적인 신념 때문에 외국 정보기관에 협조하는 사람이 있듯이 자기 기업의 방침이나 생산물의 내용이 자신의 신념에 어긋날 경우 이를 고발하거나 누설하는 경우도 있기 때문이다.

이러한 인간정보 수단을 활용한 수집활동은 표면적으로는 합법적인 형식을 취하고 있으나 내면적으로는 비합법적인 활동일 경우가 많다. 특히 정보기관은 비합법적인 인간정보 수집수단을 주로 활용한다.

30) 1947년 미군정청 식물채집가였던 미더는 북한산에서 털개회나무 종자 12개를 채집해 미국에서 '미스 김 라일락'을 개발했으며, 미국 국립수목원 아시아 식물담당자였던 베리 잉거는 1984년과 1989년 소흑산도부터 울릉도, 설악산까지 한반도를 샅샅이 뒤진 후 홍도비비추를 품종개량하여 '잉거아이 비비추'라는 이름으로 미국 전역에 보급했다.「조선일보」(1999. 10. 9).

(4) 기술정보 수단에 의한 정보수집

기술정보 수집수단은 인간정보의 수집수단만큼 자주 활용된다. 전화, 무선통신 등 통신수단에 대한 도청, 회의나 대화내용의 도청, 인공위성 등을 통한 사진촬영, 컴퓨터 해킹 등이 산업정보의 수집을 위해서도 자주 이용된다.

일반적으로 민간기업들의 경우 소규모이기는 하지만 산업정보의 수집을 위해 도청 등 기술정보 수단을 활용하는 경우가 많다. 그러나 정보기관의 경우 산업정보의 수집만을 위해 대규모의 기술정보 수집수단을 별도로 설치하는 경우는 적으며, 안보관련 정보수집을 하는 과정에서 부수적으로 수집된 정보를 산업정보 목적에 활용하는 경우가 많다. 미국의 세계적인 통신감청망인 에셜론(Echelon) 시스템에서 수집된 정보들도 산업정보활동에 자주 활용되는 것으로 알려져 있다.[31)]

최근 컴퓨터와 인터넷 기술이 발전됨에 따라 컴퓨터 해킹(computer hacking)도 중요한 산업정보 수집수단이 되고 있다. 각국의 주요 기관이나 기업에서 대부분의 자료를 컴퓨터에 저장하거나 인터넷을 통해 수주나 거래가 이루어지는 경우가 많아지고 있는 반면, 컴퓨터 보안체제는 아직도 취약하기 때문이다. 따라서 앞으로도 컴퓨터 해킹은 산업정보 수집을 위한 중요한 수단이 될 것으로 예상된다.

4. 각국 정보기관의 산업정보활동 현황

냉전의 종식 이후 세계 각국의 정보기관들은 정도의 차이는 있으나 대부분 산업정보활동을 적극화하고 있는 것으로 알려지고 있다. 그러나 산업정보활동이 정보기관의 임무 가운데서 차지하는 비중, 활동내용, 활동방법과 추진의 강도 등에는 현저한 차이가 있다.

세계 주요국가 정보기관의 산업정보활동 내용을 개별적으로 살펴보면 다음과 같다.

---

31) 마약과 테러 등 국제범죄의 적발이 주임무로 알려진 에셜론은 기업활동 등 민간부문 감청에도 간여한다는 의혹을 받고 있으며, 실제로 미국 국가안보국(NSA)은 프랑스의 한 기업과 브라질 정부간의 전화협상 내용을 감청, 이를 미 기업에 건네주어 레이더 판매 수주를 지원했다. 「조선일보」(1999. 11. 4).

(1) 미 국

미국 정보기관들의 산업정보활동은 다른 나라의 정보기관들에 비해 공세적 활동보다는 방어적인 활동에 치중하는 경향이 많다. 특히 냉전시기의 미국 정보기관의 경제정보활동은 안보문제와 관련된 소련 등 세계 중요 국가의 경제동향 파악, 특히 대공산권 수출통제위원회(COCOM) 규정 이행문제 등에 역점을 두어 왔다.[32] 그 대신 산업정보활동은 정부의 국제경쟁력 강화 및 대내외 경제정책 수립에 필요한 경제정보의 지원[33]과 외국의 산업스파이 활동을 예방, 색출하는 데 중점을 두었으며, 국가안보와 명백히 관련되어 있지 않는 한 외국기업의 동향이나 민간기업의 상업적 거래에 관심을 가지지 않는 것이 관례였다.[34]

냉전시기 미국 정보기관이 산업정보활동에 별로 관심을 가지지 않았던 것은 ① 미국의 경제력과 과학기술 수준이 높아 다른 나라에 비해 산업정보활동의 필요성이 적었던 데다, ② 국제경쟁력의 강화 문제는 정부가 직접 개입하기보다는 시장기능에 맡겨두어야 할 문제라는 것이 일반적인 인식이었고, ③ 국가안보 업무를 담당하고 있는 국가정보기관이 산업정보 업무에 적극 개입할 경우 안보분야의 활동이 소홀해지거나 우방국과의 안보협력 관계를 저해할 가능성이 있다는 점등을 고려했기 때문인 것으로 보인다.

그러나 냉전의 종식은 미국 정보기관이 산업정보활동을 대폭 강화하는 계기가 되었다. 소련으로부터의 위협이 소멸되자 군사력보다는 경제력에 더 큰 비중을 두는 새로운 안보개념이 설정되어 정보기관도 기업의 대외 경쟁력 강화를 적극 지원해야 한다는 주장이 대두되기 시작했다.[35] 앞에서 인용한 터너

32) Ernest, "Economic Intelligence in CIA," pp. 305-329.

33) 경쟁국의 경제현황 및 의도 파악, 국가간의 경제협상 내용의 분석, 국제정세 안정에 영향을 미치는 경제적 요인의 분석, 외국의 정부 보조금, 로비활동, 뇌물공여, 주요 규제 등에 대한 정보의 수집·분석 업무가 이에 해당하며 이들 정보들은 국가안보회의, 국무부, 재무부, 무역대표부, 상무부 등에 제공된다. Randall M. Fort, "Economic Espionage," in Roy Godson and Gary Schmitt, eds., *U.S. Intelligence at the Crossroads* (Washington, D.C.: Brassey's, 1995), p. 182. 특히 미국 CIA는 석유위기 이후인 1970년대 초부터 국제경쟁력 강화를 위한 정보의 수집과 분석을 특히 강화했으며 미국 정부 내에서 이런 정보를 체계적으로 수집, 분석하는 유일한 기관이 되었다. Ernest, "Economic Intelligence in CIA," pp. 312-313.

34) DeConcini, "The Role of U.S. Intelligence in Promoting Economic Interests," p. 42. 미국 CIA가 외국 기업의 특정 상거래, 특히 미국기업이 관련된 상거래에 관한 정보를 수집하지 않았던 것은 내국인이나 미국 기업을 대상으로 한 정보활동이 금지되어 있기 때문이다.

CIA국장의 견해가 대표적이라 할 수 있다. 또한 미국 정부 고위관리들 가운데도 경제적 안보와 국가안보가 불가분의 관계라는 인식이 높아지기 시작했고, 1991년 이후 백악관의 '국가안보전략' 연례보고서에도 이러한 점이 강조되고 있다. 특히 클린턴 대통령은 1995년 2월 발간된 이 보고서에서 "우리의 외교력, 도전받지 않는 군사력의 유지능력 및 우리들의 가치에 대한 외국에서의 매력은 우리의 경제능력에도 달려 있다"고 언급했으며, 이러한 견해는 1996년에 발간된 '확대와 개입의 국가안보전략'에서도 명백히 나타나고 있다.

이러한 추세에 따라 산업정보활동은 현재 미국 국가정보기관의 중요한 임무 가운데 하나로 간주되고 있다. 현재 미국 국가정보기관이 산업정보활동에서 가장 주안점을 두고 있는 분야는 공식적으로는 ① 국가 경제정책 및 대외 통상교섭에 필요한 정보의 수집 및 분석, ② 외국 정부나 기업의 국제협정 위반 및 불공정 거래행위 사례의 파악, ③ 외국의 산업스파이 활동에 대처하기 위한 산업보안활동 등 세 분야인 것으로 되어 있다.[36)]

그러나 이제까지 밝혀진 여러 가지 사실들에 비추어 CIA는 관심을 갖는 정보의 내용면에서 다른 나라들과 차이가 있을 뿐[37)] 다양한 정보수단을 활용하여 과거와는 달리 매우 적극적으로 산업정보활동을 하고 있는 것으로 보인다.[38)]

CIA의 산업정보활동과 관련, 미국 내에서 유일하게 논란의 대상이 되고

35) Fort, "Economic Espionage," pp. 183-184.

36) Commission on the Roles and Capabilities of the United States Intelligence Community, *Preparing for the 21st Century: An Appraisal of U.S. Intelligence,* a report to the U.S. Government(March 1, 1996), pp. 22-24; David L. Boren "The Intelligence Community: How Crucial?" *Foreign Affairs* 71 : 3(Summer 1992), p. 57.

37) 다른 나라들은 기술정보의 수집에 중점을 두는 경향이 있는 반면, 미국은 정책정보에 중점을 두고 있는데, 이는 미국이 기술 우위에 있다는 점에서 비롯되는 차이일 것으로 생각된다.

38) Peter Schweizer, "The Growth of Economic Espionage," *Foreign Affairs* 75 : 1 (January/February 1996), p. 11. 미국 CIA가 적극적인 산업 정보활동을 하고 있다는 사실은 다음의 예에서 찾아볼 수 있다. 미국 외교관 등으로 위장한 CIA 요원이 프랑스의 WTO 협상전략 수집을 위해 프랑스 관리들을 매수하다가 발각되어 1996년 1월 주 프랑스 미국 대사가 프랑스 내무장관에게 소환되어 항의를 받은 후 4명이 추방되었다. 또한 1995년 6월 일본과의 자동차 협상시 동경거점 요원에 의한 정보수집과 일본 협상대표들에 대한 도청을 통해 수집한 정보를 켄터 무역대표에게 지원하여 협상을 성공적으로 이끌어냈다는 사실이 밝혀지기도 했다. *New York Times*(October. 15, 1996). 그리고 CIA 독일주재 요원들이 1996년 독일 연방경제부 고위 관리를 매수해 첨단 기술정보를 수집하려다 발각되어 추방되고 독일 정부로부터 CIA의 독일 내 활동을 자제해 달라는 경고를 받기도 했다. *Spiegel,* März 10, 1997; *Die Welt*(März 11, 1997). 일본 「교도통신」(共通通信)은 미국 CIA가 일본에 파견한 산업스파이만도 100명이 넘는다고 보도한 바 있다. 「조선일보」(1998. 3. 24).

있는 문제는 민간기업에 대한 정보지원 문제인데[39] 공식적으로는 독점금지법에 따라 금지되어 있으나, 실제로는 민간기업에 대한 적극적인 정보지원이 이루어지고 있다는 사실이 여러 가지 사례에서 밝혀지고 있다.

미국 기업이 브라질 국제입찰에 참가했을 때 CIA가 외국 기업의 뇌물제공 정보를 미국 기업에 지원, 입찰에 성공케 했다는 보도, 냉전 종식 후 미국 CIA가 상업정보를 민간회사와 공유하는 문제를 고려하기 시작했다는 보도,[40] CIA가 공항건설공사 등 대형 국제계약을 따내기 위해 외국 기업들이 동원하는 뇌물공여 행위에 관한 정보를 수집하여 미국 기업이 국제계약과정에서 매년 수십억 달러씩을 절약케 했다는 제임스 울시 CIA국장의 언급내용,[41] 냉전의 종식 이후 CIA가 IBM, 포드, 뱅크 오브 아메리카(Bank of America) 등 12개 기업요원으로 위장한 비공식 가장(NOC)요원 110명을 세계 각지에 파견하여 산업정보를 수집하고 있다는 보도[42] 등에 비추어 CIA가 상무성 등 정부내 타부처를 경유하여 민간기업에 대한 정보지원을 하고 있음이 분명하다.[43]

그러나 CIA가 미국 기업의 경쟁력 강화를 지원하기 위해 외국 기업의 산업재산권(intellectual property)이나 영업비밀[44] 등을 의도적으로 수집, 지원한다는 징후는 없으며, 다만 안보목적을 위한 정보활동과정에서 수집된 정보(incidental collection)를 경제부처를 통해 민간기업에 지원하는 데 국한된 것으로 보인다. 또한 비밀공작(covert action) 분야에 있어서는 제 2 차 세계대전 이후 외국의 토지개혁이나 석유산업 등의 국유화 조치를 저지하기 위해 노력해 온 사실은 있으나, 최근에 외국의 경제정책을 자국에 유리하게 유도하기 위해 비밀공작활동을 하고 있다는 증거는 발견되지 않고 있다.

39) 미국 내에서는 납세자를 보호하는 것이 정부의 임무이므로 납세자인 기업의 경쟁력 강화에 도움을 주는 일은 당연히 해야 한다는 주장도 강력하게 대두되고 있다. DeConcini, "The Role of U.S. Intelligence in Promoting Economic Interests," p. 42.

40) Thomas McCarrol, "Next for the CIA: Business Spying?," *TIME*(February 22, 1993), pp. 44-45.

41) 「중앙일보」(1994. 7. 19).

42) 미국 정부와 대기업을 감시하기 위해 샌프란시스코에 설치된 시민 감시조직인 '국민진보기금'(Foundation for National Progress)의 기관지인 「머더존스」(Mother Jones)는 1994년 12월 호에서 이러한 사실을 폭로했다. 「중앙일보」(1994. 12. 15). 미국 기업의 생리로 보아 자기 기업에 직접적 이익이 없을 경우 기업 이미지에 심각한 타격을 줄 가능성이 있는 이러한 협조를 CIA에 제공했을 가능성이 적다.

43) 그 외에 미 상원 정보위원회 소속 데니스 데콘시니 상원의원의 기고문 등도 이러한 사실을 강력히 시사하고 있다. DeConcini, "The Role of U.S. Intelligence in Promoting Economic Interests," p. 54.

44) 산업재산권에는 산업기술, 특허권, 상표권 등이 있으며, 영업비밀은 생산 및 판매계획, 투자계획, 입찰계획 등이 있다.

냉전의 종식 이후 미국의 산업정보활동 가운데 가장 강화된 분야가 보안 및 수사 분야이다. 냉전의 종식과 WTO체제의 출범 이후 경제문제를 둘러싼 각국간의 경쟁이 치열해진데다 미국의 첨단기술과 지적재산권을 절취하려는 외국의 시도가 일층 강화됨에 따라 1992년 이후 미국 정부는 산업보안활동을 보다 적극화하기로 결정했다.[45)]

이에 따라 연방수사국(FBI)은 외국의 경제스파이 활동에 대처하기 위해 1994년 경제방첩프로그램(Economic Counter Intelligence Program)에 착수했다. 이 계획에 따라 경제기밀 보호를 위한 외사, 방첩 및 범죄수사 관할권을 확대하고 전문인력 및 수사능력을 보완하는 한편,[46)] '주요 위협목록'(Issue Threat List) 7가지 가운데 외국의 산업정보활동에 대처하기 위한 2개 조항을 FBI의 가장 중요한 활동목표로 설정했다.[47)] 또 1996년에는 산업스파이 법을 제정하여 종전까지는 절도행위로서 처벌하던 외국 민간인에 의한 지적재산권이나 영업비밀의 침해행위, 즉 산업스파이 행위에 대해 국가안보 위해(危害)행위에 거의 버금가는 수준으로 처벌을 대폭 강화했다.[48)]

또한 FBI는 종전까지는 미국 기업에 대한 외국의 산업스파이 행위에 대해, 외국 정보기관이 개입했다는 증거가 있거나 2개 이상의 州가 관련되어 있을 경우에만 수사를 담당하고, 그렇지 않을 경우에는 지방경찰이 담당토록 해

---

45) Freech, "Economic Espionage," p. 3.

46) *Ibid*, p. 3.

47) '주요 위협목록'은 FBI가 중점 수사 대상으로 삼고있는, 미국의 국익을 심각하게 저해 할 것으로 예상되는 7가지의 범죄의 목록인바 그 상세 내용은, ① 국가 중요기술 목록(National Critical Technologies List)과 국방성 중요 군사기술 목록(Department of Defence Military Critical Technologies List)에 포함된 기술을 대상으로 한 외국의 정보활동, ② 국가의 산업력과 지위를 침식당할 우려가 있는 미국 기업의 각종 정보 및 기술의 수집행위, ③ 외국 또는 외국의 단체가 미국 정부에 사전 통고 없이 요원을 파견, 비밀리에 수행하는 활동, ④ 미국 국방시설 및 국가 전시대비 활동계획과 관련된 사항에 대한 수집활동, ⑤ 대량파괴무기 취득 및 확산과 동 무기의 인수, 인도 체제와 관련되는 정보활동, ⑥ 미국에 관한 정보, 대외정책 관련 사항 및 공무원을 대상으로 하는 정보활동, ⑦ 비밀수단을 동원하여 미국 정부 혹은 국민에 대한 여론조작을 목표로 하는 정보활동 등이다. 이 목록을 보면 미국 정부가 외국의 불법적인 산업정보활동에 얼마나 큰 관심을 가지고 있는지를 가늠할 수 있다. Patrick Watson, "The FBI's Changing Mission," in Roy Godson, Ernest R. May, and Gary Schmitt, eds., *U.S. Intelligence at the Crossroads,* pp. 149-151.

48) 1996년 새로 제정된 산업스파이 방지법(Economic Espionage Act) 제1831조는 외국정부나 정부기구 혹은 대리인(agent)의 이익을 위해 상업비밀(trade secret)을 불법으로 절취, 착복, 복사하거나 상업비밀임을 알면서도 수령, 구입 혹은 소지할 경우 개인에 대해서는 15년 이하의 금고형과 50만 달러 이하의 벌금을, 조직에 대해서는 1,000만 달러 이하의 벌금을 부과토록 규정되어 있다. Slenkovich & Flanagan, "Economic Espionage Act Criminalizes Trade Secret Theft," http://www.sf-law.com/espionage.html.

왔으나 이제는 어떤 경우에도 FBI가 수사를 담당할 수 있도록 하고 있다.[49]

또한 미국 정부 및 정보기관들은 민간기업의 산업보안활동도 적극 지원하고 있다. 세계최대의 민간 산업보안전문가 단체로 알려진 미국 산업보안협회(American Society for Industrial Security: ASIS)는 미국 정부의 지원을 받으면서 25,000여 명의 회원들이 수집한 정보 등을 기초로 1992년 이후 매 2년마다 미국 기업을 대상으로 한 외국의 산업스파이 활동에 대해 의회에 보고서를 제출하고 있다.[50]

이렇게 볼 때, 미국은 아직 민간기업이 국가정보기관의 산업정보활동의 의도적 수혜자(intended recipients)가 아니라는 점과 산업보안활동에 치중하고 있다는 특징이 있기는 하나, 방대한 정보망과 기술정보(TECHINT) 수집시설을 활용하여 과거보다는 훨씬 적극적이고 광범하게 산업정보활동을 하고 있는 것으로 보인다.[51]

(2) 구소련 및 러시아

냉전시기에 산업정보활동에 가장 적극적이었던 국가정보기관은 소련의 국가보안위원회(KGB)였다. KGB는 경제정보 수집전담부서인 Line-X를 설치하여 외국의 경제 및 과학기술정보를 수집하는 한편, 쿠바에 소재한 통신감청 기지(SIGINT site)에서 미국의 민간통신을 감청하여 산업정보를 수집하였으며, 특히 1970년대에는 이렇게 수집한 정보를 미국과의 밀(麥)수입 교섭자료로 활용하여 큰 이득을 보기도 했다.[52]

소련의 정보기관들이 산업정보 수집에 적극적이었던 것은 근본적으로는 서방과의 군사대결 상황에서 군사기술 및 장비의 개선이 시급하였던데다 서방 선진국과의 기술교류와 협력이 불가능하였던 때문이며, 또 한편으로는 외국의 경제 및 과학기술 정보를 획득함으로써 군사분야는 물론 민수공업 분야에 있

49) DeConcini, "The Role of U.S. Intelligence in Promoting Economic Interests," p. 56.

50) ASIS, "Annual Report to Congress (on) Foreign Economic Collection and Industrial Espionage 1996," http://www.ilspi.com/1996.htm(Oct. 6, 1997), pp. 1-10; 사이토 쯔토무(齊藤勉), "일본기업을 노리는 CIA," 「諸君」(1995年 11月).

51) 이러한 사항은 미국 상원 정보위원인 데니스 데콘시니 상원의원의 기고에도 잘 나타나 있다. DeConcini, "The Role of U.S. Intelligence in Promoting Economic Interests," pp. 39-57.

52) Fort, "Economic Espionage," p. 183.

어서도 서방과의 기술격차를 줄이고 연구개발 비용을 절약할 수 있다는 점을 고려했기 때문이다.[53] 따라서 산업정보의 수집을 위해 정보기관이 활용할 수 있는 수단들을 대부분 사용한 것으로 보인다. 소련 정보기관은 수집한 정보를 산업체에 직접적으로 제공했는데, 소련은 산업이 정부부문과 민간부문의 구별이 없었기 때문에 정보기관에서 수집한 정보를 산업체에 제공하는 것은 당연한 일로 여겨져 왔다.[54]

소련은 1979년 산업정보활동을 통해 수집한 5,824개의 샘플과 88,516건의 문서를 활용하여 164개의 군사연구 프로젝트를 새로 시작하고 1,562개의 연구프로젝트의 연구기간을 단축하여 3억 1,750만 루블 상당의 이익을 얻었으며, 1980년에는 4,502개의 샘플과 25,454건의 문서를 수집하여 200개의 연구프로젝트를 시작하고 1,458개의 연구프로젝트의 기간을 단축하여 4억 750만 루블의 이득을 얻었다.[55]

소연방의 해체 이후 구 소련의 KGB가 해체되고 러시아 정부의 해외정보활동이 대폭 축소됨에 따라 러시아 정보기관의 산업정보활동도 상당히 약화되었다. 그러나 1991년 12월 18일 구소련의 KGB를 대치하는 기구로 설립된 해외정보부(SVR)도 여전히 산업정보활동을 적극적으로 추진하고 있는 것으로 보인다.[56] 1995년 러시아 의회에서 개정된 해외정보법 제 5 조(정보활동의 목적) 및 제11조(해외정보기관들의 활동범위)는 경제 및 과학기술정보의 수집을 해외정보부의 가장 중요한 업무의 하나로 설정하고 있고,[57] 1995년 프랑스의 원자력에너지 사무국(CEA), 군수처 기술국(DGA) 및 톰슨 전자공장 등에 요원을 침투시켜 군사 및 첨단기술을 수집하다가 발각된 바 있다.[58]

---

53) 최명호 편저, 「세계의 정보기관들」(서울: 대왕사, 1988), pp. 80-92.

54) Cornwall, *The Industrial Espionage Handbook*, p. 110.

55) *Ibid.*, p. 2.

56) 1992년 봄 러시아 해외정보부장 프리마코프는 과학기술 분야의 정보활동이 자신들의 최우선 임무가 되었다고 언급한 바 있다. 또 로버트 게이츠 전 CIA 국장과 윌리암 세션즈 FBI 국장은 러시아 해외정보부가 미국에서 산업비밀을 절취하기 위해 활발히 활동하고 있다고 언급하였으며, FBI의 방첩활동 담당자도 러시아 해외정보부의 정보수집활동의 최우선 순위가 군사정보에서 과학, 무역, 기술 정보로 뚜렷하게 이동했다고 언급하였다. 정형근 역, 「경제전쟁과 미국CIA」, pp. 160-162.

57) 러시아 해외정보법 제 5 조에는 "정보활동은 정치, 경제, 국방, 과학기술, 환경분야의 정책결정에 필요한 정보를 제공하며 러시아의 안보정책이 성공적으로 수행될 수 있도록 여건을 조성하고 경제, 과학기술 정보를 수집, 국가 과학기술의 진보 및 경제발전을 촉진시키는 데 그 목적이 있다"고 규정하였으며 제11조 '활동 범위' 조항에서는 해외정보부가 이러한 업무를 담당토록 규정하고 있다. 러시아 발행 *Dipcourier* (December 20, 1995) 참조.

58) 러시아 해외정보부의 산업정보활동에 대해서는 "Next for the CIA: Business Spy-

러시아 정보기관이 과거 KGB와 마찬가지로 산업정보활동에 적극적인 것은 과거 소련 시절부터 산업정보의 수집이 정보기관의 중요 임무 가운데 하나였기 때문에 산업정보 수집에 활용할 수 있는 인력, 기술 및 시설들이 남아 있어 이들을 활용할 필요성이 있는데다, 현실적으로도 경제재건이 가장 중요한 국가적 과제가 되고 있다는 점 때문인 것으로 보인다. 따라서 러시아 정보기관은 구 소련 당시 사용하였던 모든 정보활동 기술과 수단들을 산업정보활동에 적극 활용하고 있는 것으로 보인다.

과거 소련 국가보안위원회와는 달리 러시아 정보기관이 산업정보활동에서 새로이 역점을 두고 있는 분야는 산업보안 분야이다. 구 소련의 붕괴 이후 러시아의 경제개방과 활발한 인적, 물적 교류 추세에 편승하여 외국 정보기관과 기업들의 러시아 첨단기술을 입수하려는 활동이 대폭 증가됨에 따라 러시아 정부는 첨단기술의 유출과 경제적 손실을 방지하기 위해 산업정보의 보호를 국가안보 정책의 중요 부분의 하나로 설정하고 산업보안활동을 강화하고 있다.[59)]

(3) 프 랑 스

서방 정보기관들 가운데 산업정보활동에 가장 적극적이었던 기관은 프랑스의 대외안보총국(DGSE)인 것으로 알려져 있다.[60)] 프랑스는 1960년대부터 경제 및 산업정보활동에 적극적이었으며 소련 등 적대국가뿐 아니라 미국, 영국 등 동맹국들의 정부기관과 민간기업을 모두 대상(target)으로 활동한 것으로 알려졌다.[61)]

산업정보활동에 대한 프랑스 정보기관의 인식은 DGSE의 "사랑과 전쟁, 그리고 경제활동에 관련된 모든 일은 언제나 정당하다"는 '모토'와[62)] 1980년대 초 DGSE의 국장을 역임한 삐에르 마리용(Pierre Marion)의 다음과 같은

---

ing?" *TIME*(Feb. 22, 1993), p. 44 및 「뉴스피플」 153호(1995. 1. 12), p. 40 등에 보도되어 있다. 1995년 프랑스에서 발각된 러시아의 산업정보활동은 '오첸코 사건'으로 불리는데 상세내용은 정광훈, "변신하는 세계의 정보기관들," 「세계와 나」, 제43호(1995년 5월), pp. 95-98 참조.

59) 「***Красная Звезда***」(러시아), (Feb. 14, 1996).

60) Schweizer, "The Growth of Economic Espionage," p. 11.

61) 프랑스 정보기관에 상세한 활동내용에 대해서는 제16장과 Douglas Porch, *The French Secret Services: From the Dreyfus to the Gulf War*(London: McMillan, 1996)을 참조바람. 산업정보활동에 대해서는 피터 슈바이처, 황건 옮김, 「국제산업스파이」(서울: 한국경제신문사, 1993), pp. 126-162를 참조 바람.

62) 정형근 옮김, 「경제전쟁과 미국CIA」, p. 119.

주장에서 잘 나타나고 있다.

> 나는 동맹의 대상인 분야와 동맹의 대상이 아닌 분야를 명백히 구분해야 한다고 생각한다. 군사력이나 외교문제의 경우는 동맹분야이며 이 분야의 정보를 수집해서는 안 되는 것이 보통이다. 그러나 동맹의 대상이 아닌 그 밖의 모든 분야에서는 경쟁을 하지 말라는 법이 없다. 그러한 경쟁관계는 냉전 중에도 존재했다. 국가간의 경쟁이 정치, 군사차원에서 경제, 기술 차원으로 옮겨가고 있는 지금은 더 말할 필요도 없다.[63)]

냉전시기에 대부분의 서방 정보기관들이 산업정보활동을 안보업무에 부수되는 부차적 임무의 하나로 간주하여 왔던 반면, 프랑스의 대외안보총국은 경제적 이익을 위한 활동을 대소련 정보활동 및 대테러활동과 함께 중요한 정보목표(intelligence objectives)의 하나로 설정하고 추진했다는 점이 특징이다. 따라서 대외안보총국의 정보활동 방법도 비밀수색, 절취, 도청, 매수, 협박 등 일반적으로 안보관련 정보활동에서 주로 사용되는 방법들을 대부분 동원한 것으로 보이며, 정보기관이 수집한 정보를 일상적으로 경제부처와 민간기업에 제공해 왔다.[64)]

냉전 종식 이후 프랑스 정보기관의 산업정보활동은 더욱 강화된 것으로 보인다. 냉전의 종식 이후 다른 나라의 정보기관들이 대부분 정보예산을 감축하였던 데 비해 프랑스는 정보예산을 10% 증액했으며[65)] 산업첩보활동 전담요원 200명을 세계 각국에 파견해 놓고 있다. 과거 프랑스 정보기관이 주요 전략산업 분야의 기업체에 대해 적극적인 정보지원을 한 것은 이들 기업이 국영기업이었다는 이유도 있었으나, 대다수의 국영기업이 민영화되어 있는 현재에도 기업을 위한 정보지원을 계속하고 있는 것으로 보아 민간기업에 대한 산업정보의 지원은 프랑스 정보기관의 관행으로 정착된 것으로 보인다.[66)]

---

63) 황건 옮김, 「국제산업스파이」, p. 130.

64) 프랑스 정보기관의 산업정보 활동 사례에 대해서는 위의 책, pp. 126-162; 정형근 옮김, 「경제전쟁과 미국CIA」, pp. 173-176 등에 무수히 언급되어 있다. 삐에르 마리용은 자기 재임 중 DGSE의 활동으로 20억 달러에 달하는 인도와의 항공기 판매교섭을 성공시켰다고 언급한 바 있다. Schweizer, "The Growth of Economic Espionage," p. 12. 또한 미국 CIA는 DGSE가 미국의 산업정보를 조직적으로 훔쳐내고 있다는 점을 고려, 1994년 4월부터 6월까지 파리에서 개최된 에어쇼에 휴즈사 등 미국 항공기 제작사들이 참석치 않도록 권고한 바 있다. 「중앙일보」(1993. 4. 30).

65) 정형근 옮김, 「경제전쟁과 미국CIA」, p. 171.

66) 미국 CIA는 1993년 프랑스 정보기관의 1989년도 산업정보 수집계획에 관한 문서를 입수했는데, 이 계획에는 70여 개의 미국 기업이 정보수집 대상에 올라 있었다. DeConcini, "The Role of U.S. Intelligence in Promoting Economic Interests," p. 44.

(4) 일 본

일본 정보기관들은 냉전시기에도 군사정보의 수집에 최소한의 자원만을 투입했기 때문에 적극적인 산업정보활동을 할 수 있었던 것으로 알려져 있다.[67] 1987년 미국 CIA가 발행한 일본 첩보 및 보안기관들에 대한 자료에 의하면 일본 정보기관의 우선 사업 분야는 ① 석유와 식량 등 해외 원자재 확보와 관련된 정보수집, ② 미국 및 서구의 과학기술 동향에 관한 구체적인 정보수집, ③ 특히 무역정책, 통화정책 및 아시아·태평양 지역 내 군사정책과 관련된 미국과 유럽의 정책결정에 관한 정보의 수집, ④ 소련, 중국 및 북한 내부의 정치, 군사 동향에 관한 정보수집 등으로 되어있는데, 이는 일본 정보기관이 경제 및 산업정보 업무에 높은 우선 순위를 부여하고 있음을 의미한다.[68]

그러나 일본의 국가정보기관인 내각조사실(일명: 내조실)의 산업정보활동은 다른 나라들과는 달리 직접 산업정보활동을 수행하는 것이 아니라 정부 각 부처, 군, 정부산하 기관, 사설 뉴스기관 및 기업조직 등에서 수집한 정보에 주로 의존하고 있다. 왜냐하면 내각조사실은 총 직원이 150여 명에 불과하여 직접 공세적인 산업정보활동을 하기가 어렵기 때문이다.[69]

내조실은 통산성 등 정부 내 타부처와 통산성 산하기관인 일본무역진흥회(JETRO), 세계정치경제연구원(World Politics, Economic Research Council) 및 기타 민간기업들이 수집한 정보를 주로 이용하고 있으며, 특히 정부의 정책결정에 필요한 정보제공에 중점을 두고 있는 것으로 보인다. 그 대신 기업의 경쟁력 강화를 위한 외국 기업의 동향과 첨단기술 수집활동은 주로 통산성 산하기관인 일본무역진흥회와 민간기업들이 담당하고 있으며, 방위청 산하 기관들이 수집한 경제에 관한 각종 전자정보(ELINT)들도 통산성을 경유, 경제단체나 민간기업에 제공되고 있다.[70]

특히 일본무역진흥회는 외국의 경제 및 산업동향 정보수집과 일본기업의 외국과의 거래알선을 주임무로 하고 있는 정부투자기관으로써, 특히 미국에는 160여 명의 직원을 상주시키고 연간 3,000만 달러의 예산을 사용하면서 적극

67) 정형근 옮김, 「경제전쟁과 미국CIA」, pp. 130-131.
68) 황건 옮김, 「국제산업스파이」, pp. 98-99.
69) 박영일 편저, 「강대국의 정보기관」(서울: 현대문예사, 1994), p. 490; 사까이 마시키, "대일 경제첩보 수집활동을 강화하는 CIA,"를 참조바람.
70) 「중앙일보」(1995. 10. 22), p. 28.

적인 산업정보활동을 하고 있다. 이 기관은 미국의 첨단기술정보 수집에 가장 역점을 두고 있는 것으로 알려져 있으나, 불법적 수집활동이 발각된 사례가 없는 것으로 보아 불법적인 수집활동은 기업들이 직접 담당케 하고 이에 관한 정보나 여건만을 제공하고 있는 것으로 보인다.[71] 일본 민간기업의 산업정보 수집활동은 매우 적극적이어서 활동의 범위도 광범할 뿐 아니라 활동방법에 있어서도 매수, 절취 등 불법적인 방법도 자주 사용하고 있다.[72]

그러나 일본이 가지고 있는 산업정보활동상의 가장 큰 강점은 정보의 공유가 매우 잘 되고 있다는 점이다. 일본은 전통적으로 정부와 민간기업간의 관계가 긴밀하고, 민간이든 정부든 일단 정보를 수집하면 서로 신속하게 공유할 수 있는 체제가 구성되어 있다.[73] 또한 일본과 스위스에는 기업인들에게 첩보기법을 가르치고 있는 산업첩보 교육기관이 있는 것으로 알려져 있는데, 특히 일본 산업보호연구원(Institute for Industrial Protection)이 이러한 조직으로써 정부의 자금지원으로 설치·운용되고 있는 것으로 알려져 있다.[74]

그 대신 일본 공안기관의 산업보안활동은 비교적 미약한 것으로 알려져 있다. 대부분의 국가가 간첩죄의 경우 사형 또는 무기징역의 벌칙을 부과하고 있는 데 비해 일본은 1년 미만의 징역형으로 하고 있어 일반적으로 '스파이 천국'으로 불려지고 있으며, 산업스파이에 대한 벌칙은 부정경쟁방지법에 따라 최고 3년 이하의 징역에 처하도록 되어 있다. 그러나 그 대신 민간기업의 산업보안 조치는 매우 견고한 것으로 알려지고 있다.

(5) 이스라엘

이스라엘은 산업정보활동에 가장 적극적인 나라 가운데 하나로 알려져 있다. 그러나 모사드가 수행하고 있는 산업정보활동에 대해서는 거의 알려진 바 없다. 그러나 이스라엘 군부의 정보기관이 외국의 첨단과학기술, 특히 군수산업기술에 관한 정보를 수집하려 했던 사례는 많다.[75]

---

71) *U.S. News & World Report*(June 20, 1997). p. x.

72) 일본 민간기업의 산업정보활동은 1981년 히타찌사가 미국 IBM의 컴퓨터 기술을 절취하려다 발각된 사례 등 무수히 많다. 상세 내용에 대해서는 황건 옮김, 「국제산업스파이」, pp. 67-125 참조.

73) 정형근 옮김, 「경제전쟁과 미국CIA」, pp. 130-140.

74) 위의 책, pp. 104-106; 황건 옮김, 「국제산업스파이」, p. 35.

75) 이스라엘의 정보활동에 대해서는 제13장을 참조바람, 산업정보활동에 대해서는 황

냉전 종식 이후에도 이스라엘은 과학기술정보의 수집을 위해 적극적으로 활동하고 있는 것으로 알려졌다. 이러한 활동은 라캄(LAKAM)[76]이라고 불리는 국방부 산하의 정보기관이 담당하고 있다. 1957년 라캄이 설립되기 이전까지는 과학기술정보의 수집업무는 모사드가 담당했는데, 산업기술 첩보활동을 보다 높은 수준에서 체계화하기 위해 라캄이 설치되었으나 라캄은 존재사실 자체가 비밀로 되어 있는 기관이다.

모사드는 외국의 산업동향, 무역협상 전략 등의 수집에 주력하는 반면, 라캄은 방위산업과 민간기업의 이익을 위해 과학기술정보를 절취하는 일을 주로 담당하고 있다. 라캄이 특히 관심을 두는 분야는 군사과학 및 기술 분야인데, 이것은 자국의 무기체제를 고도화하여 국방능력을 강화하는 한편 방위산업을 육성하여 외국에 대한 무기판매를 늘이려는 데도 목적이 있었다.[77]

이스라엘의 국가정보기관인 모사드가 군사정보기관인 라캄의 활동영역 확대에 반대하지 않았던 것은, 모사드가 산업정보활동 때문에 우방과의 안보협력 관계가 악화되는 것을 원치 않기 때문인 것으로 알려져 있다. 모사드의 산업정보활동이 비교적 조심스럽게 추진되고 있는 반면, 라캄은 군사과학기술과 산업정보의 수집을 위해 일반적으로 사용되는 비합법적 공작방법들을 대부분 활용했던 것으로 알려지고 있다. 그러나 라캄은 1986년 폴라드(Jonathan Pollard) 사건의 여파로 그 존재가 드러나게 되었고 결국 해체되고 말았다.[78] 그러나 그 기능은 다른 부처로 이관되어 아직도 산업정보활동을 벌이는 것으로 보인다. 대표적 예가 1992년 시카고 소재 군수산업체인 레콘광학(Recon Optical)의 항공스파이 카메라 설계노트를 절취하였다가 발각되어 300만 달러의 배상금을 지불한 사건이다.[79]

이스라엘의 산업보안활동은 모사드와 신베트(Shin Beth)가 주로 담당하고 있는데 이들 기관들은 특히 군사분야의 과학기술의 보호를 위해서는 납치, 암살 등의 방법도 자주 사용하고 있는 것으로 알려져 있다.[80]

건 옮김, 「국제산업스파이」, pp. 265-302; 정형근 옮김, 「경제전쟁과 미국 CIA」, pp. 162-173을 참조 바람.

76) 라캄에 대해서는 제13장을 참조.

77) 라캄의 상세한 산업정보활동 내용에 대해서는 황건 옮김, 「국제산업스파이」, pp. 265-302를 참조 바람.

78) 폴라드 사건에 대해서는 본서 제13장 참조.

79) McCarrol, "Next for the CIA: Business Spying?," p. 44.

80) 박영일 편저, 「강대국의 정보기관」, pp. 218-235.

(6) 독 일

독일도 이미 냉전시기부터 산업정보활동에 적극적이었던 나라로 알려져 있다. 독일의 국가정보기관인 연방정보부(BND)의 본격적인 산업정보활동은 1967년부터 시작되었다. 당시 키징거 수상은 독일 산업에 대한 프랑스의 산업스파이 활동에 대해 보고 받은 것을 계기로 서독도 적극적인 산업정보활동을 시작할 것을 지시한 것으로 알려졌다. BND는 외국의 연구시설과 기업들을 상대로 지속적인 산업정보 수집활동을 해 왔으며, 서독 내에서는 외국 기업의 통신을 도청하거나 독일을 방문한 외국 기업인들의 서류가방을 수색하여 정보를 수집하기도 했다.

또한 BND는 라합 프로젝트(Project Rahab)이라는 명칭의 공작을 통해 컴퓨터 전문가와 해킹(hacking) 기술을 활용하여 외국의 컴퓨터 데이터 베이스에 침입할 계획을 세웠으며, 외국 정부가 서독 정부나 기업에게 유리한 정책결정을 하도록 하기 위한 공작도 추진했다.

냉전시기에 BND는 산업정보활동을 수행하고 있다는 사실 자체를 비밀에 부쳐 왔으나[81] 냉전 종식 이후에는 과학기술정보의 수집을 새로운 임무로 설정했다는 사실을 공식적으로 시인하고 있다.[82] 또한 BND는 민간기업과도 긴밀한 관계를 유지하고 있는 것으로 보인다. BND는 1968년 이후부터 프랑스의 철강산업과 해외계약 상황에 관한 정보를 정기적으로 바뎀 뷔르텐부르크 주 금속공업연합회에 제공해 왔는데, 이러한 사실에 비추어 민간기업에 대한 정보지원은 지금도 계속되고 있는 것으로 추정된다.[83]

독일 정보기관의 산업보안활동도 적극적인 것으로 알려져 있다. 독일 형법에는 외국 정보기관이나 그 대리인을 위해 활동한 자에 대해서는 간첩죄를 적용, 중형에 처하도록 되어 있어 외국 정보기관의 산업정보활동이 발각될 경우 그 당사자는 간첩죄의 적용을 받게 된다. 그러나 민간인의 산업스파이 활동은 부정경쟁방지법의 적용대상이 되어 일반범죄는 3년 이하의 자유형이나 벌금형에 처하게 되나, 외국에서 이용될 것임을 알면서 범법행위를 할 경우에는 중요

81) 황건 옮김, 「국제산업스파이」, p. 187.
82) 독일 연방수상실 슈미트 바우어 정보조정 위원장은 1996년 5월 20일자 Focus誌와의 BND 개혁에 관한 인터뷰에서 과학·기술정보의 수집을 BND의 새로운 임무로 설정했다고 언급한 바 있다.
83) 황건 옮김, 「국제산업스파이」, pp. 191-192.

사건으로 간주되어 5년 이하의 자유형이나 벌금형에 처하도록 벌칙을 강화하였다.

독일 정부의 산업보안활동은 국내보안 정보기관인 헌법보호청이 담당하고 있으며, 1997년 독일 연방경제부의 고위관리를 매수하여 첨단기술 관련 정보를 수집하려던 미국 CIA 요원을 적발, 본국으로 소환토록 조치한 바 있다.[84)]

(7) 중 국

중국의 국가정보기관인 국가보안부(Ministry of State Security: MSS)도 적극적인 산업정보활동을 하고 있는 것으로 알려져 있다. 1982년 설립된 국가보안부는 냉전시기에도 외교관, 상사원, 유학생으로 가장하거나 외국거주 중국인 등을 활용하여 선진국의 경제동향 및 과학기술정보를 수집하는 한편, 1984년에는 산업스파이 활동을 위한 특수기술을 갖춘 인원을 양성하기 위해 특수학교를 설립, 운용하고 있는 것으로 알려져 있다.[85)] 그러나 냉전시기에 중국 국가정보기관의 산업정보활동이 크게 문제화된 사례는 발견되지 않았다.

냉전의 종식 이후 국가보안부는 경제 및 과학기술정보 수집에 일차적 중요성을 부여하고, 미국에서 1,000여 개의 기업에 침투하여 적극적인 활동을 하고 있으며[86)] 산업정보활동의 주요 대상국은 미국, 일본, 유럽 등 경제 및 기술 선진국인 것으로 알려져 있다.[87)]

중국 정보기관은 산업정보의 수집을 위해 중국에 진출해 있는 외국 기업을 정기적으로 도청하고 있으며,[88)] 미국 월스트리트지 보도에 의하면 중국 국가보안부가 고용한 중국계 이중 스파이 우빈이 1993년 8월 미국의 첨단기술인 영상강화진공관을 캐나다를 경유하여 중국으로 밀반출하려다가 체포되었으며, 이와 유사한 활동은 멕시코에서도 있었던 것으로 알려졌다. 중국은 산업스파이 활동을 위장하기 위해 자국의 스파이에게 금전으로 보수를 지급하는 대

84) 독일 정부는 미국 대사를 소환하거나 CIA 요원을 기피인물로 추방하지 않고 미국측이 조용히 본국으로 소환토록 조치하였는데, 이는 미국과의 긴밀한 외교관계 및 정보협력 관계를 고려한 배려였던 것으로 알려져 있다. 상세내용에 대해서는 *Spiegel,* März 10, 1997 및 *Die Welt*(März 11, 1997) 참조.

85) 정형근 옮김, 「경제전쟁과 미국 CIA」, p. 267.

86) 이 내용은 1997년 2월 16일자 「뉴스위크」지의 보도내용을 「세계일보」가 인용·게재한 것임. 「세계일보」(1997. 2. 18), p. 10.

87) 정형근 옮김, 「경제전쟁과 미국 CIA」, p. 266.

88) McCarrol, "Next for the CIA: Business Spying?," p. 44.

신 유리한 사업여건을 제공함으로써 금전수수로 인한 의심을 받지 않도록 하는 등 매우 체계적이고 조직적인 산업정보활동을 하고 있는 것으로 보인다.[89)]

중국의 산업보안 활동 내용에 대해서는 거의 알려진 바 없으나, 일반적으로 산업 및 기술 수준이 높지 않기 때문에 산업보안활동의 필요성이 크지 않을 것으로 생각되나, 외국 정보기관의 산업정보활동이 발각될 경우 간첩죄에 해당, 최고 사형에 처할 수 있도록 되어 있어 벌칙은 상대적으로 무거운 편이다.

(8) 한 국

한국의 국가정보원도 냉전 종식 이후 산업정보활동에 적극 관심을 가지고 있는 것으로 알려져 있다. 그 동안 외국에서는, 한국의 정보기관이 매우 적극적인 산업정보활동을 해 온 것으로 알려져 있으나, 해외에서 나다(Nahda) 볍씨를 수집, 볍씨개량에 활용했다는 사실[90)] 외에는 전혀 밝혀진 사항이 없다.

그러나 냉전의 종식과 WTO체제의 출범 이후 국정원은 산업정보활동을 주요 정보목표의 하나로 설정하고 산업정보에 적극적 관심을 가지기 시작했다. 당시 안기부는 1992년 9월 18일 노태우 대통령이 정치적 중립과 대통령 선거의 공정한 관리를 약속한 이후, 그리고 1993년 12월 안기부법 개정 및 문민정부의 출범 등을 계기로 조직과 임무를 개편하는 과정에서 "탈냉전, 경제전쟁시대에 맞추어 과학기술정보 및 산업정보 활동을 대폭 강화할 것"을 선언했다.

당시 안기부가 산업정보활동에 관심을 가지게 된 것은 냉전 종식 이후의 각국의 산업정보활동의 적극화 경향에 대처해야 할 필요성, WTO체제 출범에 따른 대외 경쟁력의 약화 우려 및 국내정치에의 개입 중단에 따른 새로운 임무의 설정 필요성 등에 기인한 것으로 보이며, 안기부의 적극적인 산업정보활동 추진 방침은 국회, 언론 등으로부터 전폭적인 지지를 받았다.[91)]

그러나 그 동안 국정원이 외국의 국가정보기관들과 동일한 수준의 적극적

89) 「경향신문」(1994. 4. 7), p. 7; 「세계일보」(1997. 2. 18), p. 10.

90) 「중앙일보」(1997. 4. 5), p. 42.

91) 안기부의 적극적인 산업정보활동이 필요하다는 주장은 무수히 많다. 대표적인 몇 가지는 다음 자료들에서 찾아 볼 수 있다. 「중앙일보」(1992. 9. 26), p. 3; 「경향신문」(1993. 12. 9), p. 3; 「국민일보」(1993. 12. 9), p. 3; 「경향신문」(1994. 1. 20), p. 3; 「동아일보」(1994. 2. 15), p. 3; 「중앙일보」(1995. 2. 27), p. 5; 「조선일보」(1995. 9. 26), p. 3; 「중앙일보」(1995. 10. 24), p. 28.

인 산업정보활동을 했다는 증거는 발견하기 어렵다. 그 동안 국정원이 주간 발간물인 「해외산업정보」와 단행본인 「세계 주요국의 경쟁력 평가」 및 「위조달러 식별자료집」 등을 발간, 민간기업 등에 배포하고 산업보안을 위한 활동을 한 것[92] 외에는 상세 내용과 활동방법에 대해서는 알려진 바 없으며 국정원의 산업정보활동이 아직 미약하다는 평가도 있다.[93]

그러나 외국 정보기관들과는 달리, 앞으로도 국정원이 기존 업무의 대폭적인 재조정이 없는 한 산업정보활동을 중요한 정보목표의 하나로 설정하고 적극 추진하기는 어려울 것으로 보인다. 왜냐 하면 냉전의 종식에도 불구하고 국정원의 가장 중요한 정보목표인 북한으로부터의 안보위협이 상존하고 있어 안보관련 활동을 조금도 소홀히 할 수 없는 입장이기 때문이다. 다만, 한국도 외국 산업스파이의 중요 목표가 되고 있다는 점을 감안할 때[94] 앞으로 산업보안활동은 더욱 강화하게 될 것으로 예상된다.

(9) 기타 국가들

앞에서 기술한 국가들 외에도 각국 정보기관이 산업정보활동을 해 왔던 사례들은 무수히 많다. 1975년 이라크 정부는 프랑스의 미라지 전투기 판매가격을 알아내어 3억 달러를 요구하는 프랑스측과의 미라지 구매협상에서 1억 800만 달러를 절약할 수 있었으며[95] 아르헨티나 등 중남미 국가들은 물론 여러 아시아 국가들의 국가정보기관들도 산업정보활동에 적극적인 것으로 알려져 있다.

1995년 7월 25일자 「크리스천 사이언스 모니터」(*Christian Science Monitor*)는 지난 10년간 아시아 국가들의 정보예산 지출규모가 2배로 증가하였으며 이 지역 국가들의 정보활동은 거의 경제분야에 집중되어 국가간의 통상협상이나 국제입찰 등에 각국 정보기관의 개입이 일상화되고 있다고 보도했으며, 호주도 산업정보활동에 적극적인 국가의 하나인 것으로 알려지고 있다.[96] 또한 캐나

---

92) 산업보안활동과 관련, 안기부는 1994년 9월 15일 대한상공회의소가 주최한 「산업기밀보호방안 세미나」를 후원하고, 중소기업협동조합 중앙회의 「산업기밀 유출 신고 센터」의 개설을 권고하는 등의 활동을 한 바 있다. 「조선일보」(1994. 9. 16), p. 10; 「국민일보」(1996. 5. 28), p. 8.

93) 「중앙일보」(1995. 10. 24), p. 28.

94) 외국의 한국 산업정보 절취행위에 대해서는 「중앙일보」(1996. 4. 27), p. 1 참조.

95) 앨빈 토플러, 이규행 감역, 「권력이동」(서울: 한국경제신문사, 1993), pp. 373-374.

다 통신보안국(CSE)도 한국, 멕시코, 일본 등 교역상대국에 대해 도청 등 산업정보활동을 해 온 것으로 알려졌다.[97)]

이러한 점에 비추어 앞에서 기술한 나라 이외의 다른 나라의 정보기관들도 냉전 종식 이후 산업정보활동을 적극화하고 있을 것으로 추정된다.

5. 냉전 전후 시기의 산업정보활동의 변화추세와 특징

(1) 냉전시기의 산업정보활동

앞에서 살펴본 바와 같이 국가별로 다소 차이가 있기는 하지만 국가간의 동맹관계가 무엇보다도 중요시되고, 안보관련 업무가 국가정보기관의 업무 가운데 대부분을 차지하고 있던 냉전시기에도 산업정보를 수집하려는 각국 정보기관들의 노력은 끊임없이 계속되어 왔다. 왜냐 하면 산업정보활동은 가장 저렴한 비용으로 손쉽게 산업의 경쟁력을 강화할 수 있는 수단인데다 안보업무와 관련된 경제정보[98)] 수집과정에서 부수적으로 추진할 수 있는 분야이기 때문이다.

그러나 냉전시기의 각국 정보기관의 산업정보활동은 냉전 종식 이후 시기와 비교할 때 일반적으로 다음과 같은 특징을 나타내고 있다.

첫째, 대부분의 국가의 경우 산업정보활동은 정보기관의 부수적인 업무에 불과했다는 점이다. 냉전시기의 국가정보기관의 주목표는 국가안보를 위한 정보수집이었기 때문에 산업정보활동은 국가안보 업무에 버금가는 중요성을 가지지 않았다. 따라서 정보기관의 산업정보활동도 군사기술이나 방위산업과 같은 국가안보와 직결된 분야에 국한되는 것이 일반적이었다.

둘째, 산업정보활동의 수행방법에 있어서도 비교적 온건한 방법들이 주로 사용되었다는 점이다. 안보관련 정보활동의 경우 매수, 절취, 도청, 테러, 암살 등 비합법적, 비도덕적 방법들이 자주 사용되었으나, 산업정보활동의 경우에는 경제적 이익보다는 동맹관계가 훨씬 더 중요시되었기 때문에 이러한 자극적이

96) 「중앙일보」(1995. 7. 27), p. 27.
97) 「중앙일보」(1995. 11. 16), p. 2.
98) 여기서는 '경제정보'를 '경제에 관한 정보'의 의미로 사용하였음.

고 비합법적인 방법의 사용은 자제하는 경향이 많았다.

셋째, 민간분야의 경쟁력 강화를 지원하기 위한 의도적 활동은 비교적 적었다는 점이다. 소련 등 공산국가들의 경우 국영기업과 민간기업간의 구분이 없었기 때문에 기업체에 대한 정보기관의 지원이 당연한 것으로 받아들여졌으나, 서방국가의 경우 정보기관이 민간기업에 대한 지원을 목적으로 의도적인 산업정보 수집활동을 추진하는 경우는 적었다. 따라서 민간기업에 대한 정보지원은 방위산업이나 주요 국책사업에 대해 선별적으로 지원하거나 안보관련 활동 추진과정에서 입수된 정보를 선별적으로 지원하는 데 국한하는 경우가 많았다.[99] 특히 미국의 경우, 민간기업에 대한 정보기관의 지원은 법률로 금지되어 있기 때문에 민간기업에 대한 정보지원은 경제부처 등을 경유하는 간접적인 방법으로, 그리고 선별적으로 지원하는 데 그쳤다.

넷째, 각국 정보기관이 산업정보활동을 수행하고 있다는 사실을 가급적 공개하거나 시인하지 않는 태도를 보여왔다는 점이다. 이것은 동맹관계가 매우 중요시되던 시기에 자국의 이익에만 집착한다는 인상을 주는 것이 대외관계에 장애가 된다고 생각했기 때문이다.

다섯째, 산업스파이에 대처하기 위한 각국의 보안대책이 비교적 미약했다는 점이다. 각국 정보기관들은 군사장비나 군수산업을 대상으로 한 외국의 스파이 활동에 대해서는 매우 적극적으로 대응해 왔으나, 그 외의 민간기업을 대상으로 한 산업스파이 활동에 대해서는 주로 절도죄나 부정경쟁방지법 등의 규정을 적용해 왔기 때문에 벌칙이 비교적 미약했다. 또 각국 정보기관들은 민간기업의 산업보안 문제에 큰 관심을 두지 않는 것이 일반적인 경향이었으며, 각국 정보기관의 산업정보활동이 국가간에 긴장을 야기하는 경우도 적었다.

(2) 냉전 종식 이후 시기의 산업정보활동의 특징

냉전의 종식 이후 각국 정보기관들은 산업정보활동을 대폭 강화하기 시작했다. 미국의 경우 기존의 안보관련 정보활동에 버금가는 중요성을 부여하여 산업보안활동을 대폭 강화하였다. 냉전 종식 이후 각국 정보기관의 산업정보활

99) 미국의 경우 민간기업에 대한 정보기관의 지원은 법으로 금지되어 있다. 프랑스의 경우 민간기업에 대한 정보기관의 지원이 많았던 것은 사회당 정부하에서 다수의 기업이 국영화 되어 있었던 데 기인한 것으로 알려져 있다.

동이 보여주고 있는 특징은 국가별로 다소차이가 있기는 하나 대체로 다음과 같이 요약될 수 있다.

첫째, 산업정보활동에 대해 기존의 안보관련 정보활동과 유사한 수준의 중요성을 부여하고 있다는 점이다. 냉전시기에는 대부분의 국가들이 산업정보활동을 부차적 임무로 간주해 왔으나, 냉전 종식 이후에는 산업정보활동을 국가안보정책의 중요한 일부분 혹은 안보에 버금가는 중요성을 가진 국가정보기관의 임무로 간주하고 있다.[100)]

둘째, 국가정보기관의 산업정보활동의 내용과 범위가 대폭 확대되고 있다는 점이다. 냉전시기의 국가정보기관의 산업정보활동은 ① 군사장비 및 군사기술과 관련된 분야, ② 군수 및 민수겸용(dual use) 분야, ③ 주요 국책사업에 속하는 첨단기술 분야, ④ 대 공산권 수출통제위원회(COCOM) 규정 이행여부 확인을 위해 필요한 정보, ⑤ 국가 경제정책 및 대외 협상전략 수립을 지원하기 위한 분야, ⑥ 군수산업 및 주요 국책사업에 대한 산업보안활동 등에 국한하는 것이 일반적 경향이었다. 그러나 냉전 종식 이후에는 ① WTO 등 국제협정 및 국제규범의 이행 여부에 관한 정보, ② 민간기업의 경쟁력 강화를 지원하기 위한 경제 및 기술 정보, ③ 민간기업의 산업보안활동 지원 등 분야로도 대폭 확대 강화되는 경향을 보이고 있다.

셋째, 산업정보활동을 국가정보기관의 공식적인 임무의 하나로 설정하는 경향이 보편화되고 있다는 점이다.[101)] 냉전시기에는 각국 정보기관들이 산업정보활동을 공식적인 임무로 설정하는 경우가 적었으며 산업정보활동을 하고 있다는 사실 자체를 부인하는 경우도 대부분이었다는 점에 비추어 이러한 경향은 앞으로 국가정보기관의 산업정보활동이 일층 적극화 될 것임을 시사한다.

넷째, 산업정보활동의 수단과 기법들이 매우 적극화, 다양화되고 있다는 점이다. 과거의 산업정보활동은 합법적인 방법으로 수행하거나 기존의 안보관련 활동의 연장선상에서 추진되는 것이 일반적 경향이었으나, 냉전 종식 후에는 비합법적인 수단들을 포함한 비밀수집활동(covert collection) 수단들이 흔히

100) 이러한 경향과 관련, FBI 프리히 국장은 1996년 하원 법사위에서 행한 증언에서 "냉전시기에는 정보기관의 경제 및 기술관련 정보 수집활동이 전통적인 첩보활동의 부수물로 간주되었으나 냉전종식 후에는 별개의 사안(a separate topic)으로 취급되고 있다"고 언급하였다. Freech, "Economic Espionage," p. 2.

101) 미국의 경우도 '경제적 이익'을 증진하기 위한 활동을 국가정보기관의 공식 임무로 설정하고 있다. DeConcini, "The Role of U.S. Intelligence in Promoting Economic Interests," p. 39.

사용되고 있으며 과거 안보관련 정보활동에만 사용되던 인원, 조직 및 시설들을 산업정보활동에 적극 활용하는 사례가 증가하고 있다.[102] 또한 과거에는 공식가장(official cover)요원들이 비합법적 산업정보활동에 개입하는 경우가 적었으나 최근에는 이러한 사례가 대폭 증가하고 있다.

다섯째, 산업정보활동으로 인해 야기된 분쟁을 공개적으로 문제시하는 경향이 많아지고 있다는 점이다. 과거에는 이러한 분쟁은 외교 채널이나 정보기관간의 협력 채널을 통해 조용히 해결하는 것이 일반적 관례였으나 최근에는 이를 공개하거나 공식적으로 항의하는 등의 방법을 사용하는 경향이 더욱 많아지고 있다. 이것은 각국이 산업스파이에 의한 피해가 더욱 확산됨에 따라 산업스파이 활동에 대해 보다 엄격히 대처하려는 의도로 해석된다.

여섯째, 각국 정보기관의 산업보안 대책이 대폭 강화되고 있다는 점이다. 이제까지는 민간인에 의한 산업스파이 행위에 대해서는 절도죄나 부정경쟁방지법을 적용했기 때문에 벌칙이 낮았으나, 미국 등에서는 일반적인 스파이 행위에 버금가는 수준으로 벌칙을 대폭 강화하고 있으며, 산업스파이에 대한 방첩활동도 안보관련 스파이 행위와 유사한 비중으로 강화하고 있다.

또한 과거에는 국가정보기관들이 외국 정부나 정보기관에 의한 산업스파이 행위와 군수산업을 대상으로 한 스파이 행위에 대해서만 주로 관심을 가졌으나, 최근에는 외국 민간인이나 민간기업에 의한 산업스파이 행위에 대해서도 적극 개입하여 보안활동을 강화하고 있다. 이러한 경향은 산업경쟁력의 강화문제를 안보문제와 동등하게 중시하고 있다는 사실과 산업스파이에 의한 피해가 더욱 심각해지고 있다는 사실을 반영하는 것으로 볼 수 있다.[103]

---

102) 예를 들어 통신감청 시설이나 첩보위성 등 기술정보(TECHINT) 수집수단이 산업정보활동에 사용되는 경우가 이에 해당한다.

103) 미국 산업보안협회(American Society for Industrial Security)의 조사결과에 의하면 1991-92년간 미국 업계는 외국의 산업스파이 활동으로 인해 17억 달러의 손해를 입었으며, 미국 무역대표부(ITC) 발표에 의하면 1988년 미국 업계는 산업재산권 분야에서만 430억 내지 610억 달러의 피해를 입었다. Freeh, "Economic Espionage." 한편 FBI 발표에 의하면 지난 15년간 세계 173개국 가운데 53개국이 미국의 선진기술 수집을 위해 미국 기업을 대상으로 산업정보활동을 했으며 100개 이상의 나라들이 미국 기술의 절취를 위해 정부예산을 사용했고 1985년 이후 이러한 활동이 3배 이상 증가했다. 또한 미국 산업보안협회 조사결과에 의하면 1991년부터 1992년 사이에 보고된 산업스파이 사건 중 30% 가량이 외국 정보기관의 첩보활동인 것으로 밝혀졌다. 정형근 옮김, 「경제전쟁과 미국 CIA」, p. 157. 독일의 경우에는 서방국가 정보요원들이 독일의 화학, 통신, 컴퓨터, 항공 및 유전공학 분야에서 활발한 수집활동을 벌이고 있으며 이로 인해 독일 경제계는 연간 180～200억 마르크(약 20조 원) 상당의 피해를 입고 있는 것으로 알려져 있다. *Die Welt*(März 11, 1997).

6. 국가정보기관의 산업활동의 필요성과 적정범위

(1) 국가정보기관의 산업정보활동의 정당성과 관련된 논란들

냉전의 종식 이후 산업정보활동이 각국 정보기관의 주요한 임무 가운데 하나로 정착되고 있는 것은 앞에서도 기술한 바와 같이 ① 안보개념의 변화, ② 국제경제환경의 변화, ③ 과학기술의 급속한 발전 등이 정당성의 근거로 제시되고 있다.

그러나 이러한 주장은 정보기관의 산업정보활동을 정당화시키기 위한 논거에 불과할 뿐, 냉전기간 중 비대해질대로 비대해진 각국 정보기관들이 스스로의 존재의미를 정당화시키기 위한 논거로 제시되고 있다는 주장도 많으며, 특히 다음과 같은 점들과 관련하여 정보기관의 역할에 대한 근본적인 의문이 제기될 수 있다.

첫째, 경제개발 및 국제경쟁력의 강화와 관련된 정부의 역할에 대해 의문이 제기될 수 있다. 일반적으로 국가경쟁력의 강화문제와 관련해서는 두 가지 상반되는 주장들이 있다. 국가중심주의자들(statists)은 국가경쟁력의 문제는 일률적으로 시장기능에만 맡겨서는 안되며, 특히 후발공업국이나 개도국들이 압축성장을 달성하기 위해서는 국가의 역할이 절대 필요하다고 주장한다.[104)]

그 반면, 시장의 역할을 중시하는 자유주의자들(liberalists)은 국제경쟁력의 주체는 근본적으로 기업이고 기업의 창의성과 자율성이 국제경쟁력 강화의 원동력이므로 국제경쟁력 강화문제는 시장기능에 맡기고 정부의 역할은 시장의 실패(market failure)를 치유하기 위한 최소한의 경우에 국한시켜야 한다고 주장한다. 특히 자유주의자들은 정부의 개입이 민간부문의 자유로운 의사결정을 교란시켜 자원의 효율적 배분을 저해할 뿐 아니라 시장기능에 맡길 때보다 더 나쁜 결과인 정부의 실패(government failure)를 야기할 수도 있다는 점을 우려하고 있다. 따라서 국가정보기관의 산업정보활동이 정당화되기 위해서는 국가의 역할이 반드시 필요하다는 점이 입증될 수 있어야 한다.

---

104) 이러한 주장들은 '발전국가론' 혹은 '국가중심주의'으로 지칭된다. 상세 내용은 서창록, "정치경제학적 시각에서 본 국가경쟁력의 의미와 산업정책의 방향,"「한국행정학보」 27 : 4(1993 겨울), pp. 1362-1363 및 이만희,「국가경쟁력 정책론」, pp. 25-35, 392-399를 참조 바람.

둘째, 국제경쟁력의 강화를 위해 정부의 역할이 필요하다 하더라도 이 역할을 반드시 국가정보기관이 담당할 필요가 있는지에 대한 의문이 제기될 수 있다. 국제환경의 변화나 '시장의 실패'로 인해 정부의 개입이 불가피할 경우 정부가 선택할 수 있는 정책대안은 여러 가지가 있다. 예를 들어 첨단기술 개발이 필요할 경우 민간기업에 보조금을 지급하여 개발을 촉진하는 방안, 정부 산하 연구소로 하여금 개발토록 하는 방안, 외국과의 과학기술 협정이나 합작투자 유치로 선진기술을 도입하는 방안과 정보기관이 비밀활동을 통해 핵심기술을 입수하는 방안 등이 고려될 수 있다. 또 외국의 경제 및 산업동향에 관한 정보가 필요할 경우 외교통상부, 산업자원부 혹은 민간경제단체를 활용하는 방법 등이 있을 수 있다. 따라서 정보기관의 산업정보활동은 이 업무를 시장의 기능이나 정부 내 타부처가 담당하는 것보다 정보기관이 담당하는 것이 더욱 효율적이라는 것이 명백한 경우에만 정당성을 가질 수 있다.

셋째, 정보기관의 산업정보활동이 원칙적으로 정당화 될 수 있는 경우라도 정보기관의 모든 산업정보활동이 정당화 될 수 있는 것은 아니다. 왜냐 하면, 정보기관의 활동이 민간기업으로 하여금 연구개발이나 국제경쟁력 강화노력을 등한히 하게 만드는 요인이 될 수도 있고, 극단적으로는 우방국들과의 안보, 경제 및 기술협력 관계를 손상시켜 국가적으로 더 큰 손실을 초래할 수도 있기 때문이다. 따라서 정보기관의 산업정보활동은 이를 통해 얻게 되는 편익이 그 비용[105]을 능가할 경우에만 정당성을 가질 수 있다.

결론적으로, 정보기관의 산업정보활동은 위에서 언급한 세 가지 조건을 모두 충족시킬 경우에만 수신하는 것이 바람직하다고 볼 수 있다.

(2) 정보기관의 산업정보활동의 필요성

국가정보기관의 산업정보활동이 정당화되기 위해서는 특히 정보기관의 산업정보활동이 민간기업이나 정부 내 타부처의 활동보다 더욱 효율적이라는 점이 입증되지 않으면 안 된다.

이 글에서는 국가정보기관이 갖고 있는 ① 비밀활동 능력, ② 정보의 수

105) 편익은 주로 경제적 이익을 의미하는 반면, 비용은 산업정보활동에 소요되는 경제적 비용(economic cost)뿐 아니라 이에 수반되는 정치적 비용(political cost)도 포함된다. 정치적 비용 가운데는 외국 정부와의 마찰 가능성, 안보관련 업무의 소홀 가능성, 기업의 대정부 의존 심화 가능성 등이 포함된다.

집 및 처리 능력, ③ 기존 인적자원 및 시설의 활용에 따른 이점(利點), ④ 중복의 필요성 등 네 가지 측면에서 국가정보기관의 산업정보활동이 상대적으로 효율적이라는 점을 지적하고자 한다.

1) 비밀활동 능력

국가정보기관의 산업정보활동이 민간기업이나 정부 내 타조직의 활동보다 더욱 효율적일 수 있는 가장 중요한 근거는 비밀활동 능력을 가졌다는 점이다. 일반적으로 정보판단에 사용되는 정보의 대부분은 공개정보에 의존하지만 비밀정보는 정보분석과 기술개발에 결정적으로 중요하며, 비밀활동을 활용할 경우 일반적인 상거래방식 등에 비해 훨씬 저렴한 비용으로 정보수집이 가능하다.

정보기관은 다음 세 가지 점에서 민간기업이나 정부 내 타조직에 비해 탁월한 비밀활동 능력을 갖고 있다. 첫째, 비밀활동 수행에 필요한 인적·물적 자원과 기술을 갖고 있다는 점이다. 정보기관은 비밀활동을 전문으로 하는 조직이기 때문에 이 분야에서는 어느 다른 조직보다 우월한 능력을 갖고 있다. 둘째, 정보기관은 해외에서 비합법적인 활동(illegal activity)을 할 수 있도록 공식적으로 인정받고 있는 유일한 조직이다. 따라서 다양한 비밀활동을 할 수 있다. 셋째, 정보기관은 비밀활동의 수행에 적합한 규범을 갖고 있다. 비밀활동 수행을 위해서는 조직의 결정에 대한 적극적인 순응과 보안유지가 필수적이며, 정보기관은 이러한 규범이 비교적 제대로 지켜질 수 있는 유일한 조직이다.

2) 정보수집 및 처리 능력

산업정보를 효율적으로 생산, 지원하기 위해서는 효율적인 수집 및 정보처리 능력이 필요하다. 일반적으로 민간기업이나 정부 내 타조직의 경우와는 달리 정보기관은 다양한 수집수단과 숙련된 인적자원을 갖고 있어 산업정보의 수집 및 처리에 있어 상대적인 효율성을 가질 수 있다.

3) 기존 자원의 활용

국가정보기관은 정보의 수집 및 처리를 위해 필요한 인력, 시설 및 오랫동안 축적된 자료를 갖고 있어 추가 비용의 투입 없이도 산업정보활동을 수행할 수 있다. 국가정보기관의 비밀공작 요원들과, 기술정보(TECHINT) 수집 및 처리를 위한 시설과 인력, 국가안보 업무를 위해 수집한 정보나 자료들은 모두 산업정보활동을 위해서도 활용될 수 있기 때문이다.

특히 어느 나라든 국가안보를 위해 일정수준의 정보능력은 항시 보유하고 있어야하므로 정보기관의 인원, 시설, 정보를 산업정보활동에 활용하는 것은 '범위의 경제'(economy of scope)의 이점을 가질 수 있다. 냉전의 종식 이후 선진국의 정보기관들이 산업정보활동을 적극화하게 된 배경에는 국가안보 및 군사정보활동의 중요성이 감소됨에 따라, 어차피 유지해야 하는 인력과 시설들을 보다 유용하게 활용하려는 데도 목적이 있는 것으로 볼 수 있다.

4) 중복의 필요성

산업정보의 수집은 원칙적으로 민간기업이나 정부 내 경제부처 등에서 담당해야 할 업무이므로 국가정보기관이 이에 개입하는 것은 낭비와 혼선을 초래할 가능성이 있다. 그러나 일반적으로 중복(redundancy or overlapping)은 오류발생가능성을 줄여 정책의 신뢰성을 높일 뿐 아니라 조직간의 경쟁을 유발하여 업무의 효율성을 증진시키는 데 기여할 수 있다.[106)]

따라서 정보기관이 산업정보 업무를 담당할 경우 정책의 오류가능성을 줄일 수 있을 뿐 아니라 경제분야와 안보분야가 서로 조화되는 가운데 국가정책이 추진될 수 있도록 하는데도 기여할 수 있다.[107)]

(3) 국가정보기관의 산업정보활동의 적정범위

국가정보기관의 산업정보활동이 민간기업이나 정부 내 타조직의 활동보다 상대적 효율성을 갖는다 하더라도 정보기관의 모든 산업활동이 무조건 정당성을 가지는 것은 아니다. 따라서 다음 여러 가지 사항을 종합적으로 고려하여 적정범위를 설정하지 않으면 안 된다.[108)]

첫째, 실현가능성의 문제이다. 정보기관이 산업정보활동을 효율적으로 추진하기 위해서는 정부 내 경제부처나 민간기업의 정보요구(intelligence require-

106) Jonathan B. Bendor, *Parallel Systems*(Berkeley: University of California Press, 1985), pp. 1-3; 정정길, 「정책학원론」(서울: 대명출판사, 1994), p. 327.

107) 미국의 경우에도 경제문제와 안보문제를 종합적으로 고려해야 하는 문제에 관한 정보생산 업무는 주로 CIA가 담당해 왔다. Ernest, "Economic Intelligence in CIA," pp. 305-329.

108) 상세 내용은 염돈재. "국가정보기관의 산업정보활동의 근거와 범위에 관한 연구," 서울대학교 행정대학원 석사학위 논문, 1998, pp. 71-79를 참조 바람.

ments)를 제대로 파악하고 필요한 정보를 적기에 수집할 수 있는 능력이 있어야 하며, 입수한 정보를 출처를 노출하지 않는 가운데 사용자에게 적기에 전달할 수 있어야 한다.

둘째, 효과성 및 효율성의 문제이다. 국가정보기관은 안보관련 정보의 수집에는 익숙해 있으나 산업정보활동 능력은 경제부처나 민간기업에 비해 열등할 수도 있다. 특히 국가안보를 위해 헌신해 온 정보기관 요원들이 경제나 기업을 위해서도 그만큼 헌신할 것인지 여부도 자주 지적되는 문제점이다.[109)]

셋째, 공평성의 문제이다. 안보관련 정보와는 달리 산업정보는 정보의 사용자(customer)가 매우 다양하다. 따라서 산업정보 서비스가 어느 특정 업종이나 업체에만 이득을 주지 않도록 공평하게 업무를 배분할 수 있어야 한다.

넷째, 윤리성의 문제이다. 정보기관의 활동은 비합법적인 활동일 경우가 많다. 흔히 안보관련 활동의 경우에는 비합법적인 활동이 일반적으로 용인되어 왔으나 산업정보활동의 경우에는 아직 국제적으로 이러한 공감대가 형성되어 있지 않다. 따라서 국내외에서 공감할 수 있는 활동수단들만을 선택해야 한다.

다섯째, 부작용가능성 문제이다. 정보기관의 산업정보활동이 노출될 경우 국가위신의 실추, 외국과의 안보 및 경제 관련 협력관계의 손상 등이 예상되며,[110)] 정보기관이 산업정보활동을 추진할 경우 안보관련 정보활동이 소홀해질 할 가능성도 있다. 또한 최악의 경우 타국의 보복적인 산업정보활동을 유발하거나 국제적인 손해배상 소송에 직면할 수도 있다. 따라서 이러한 부작용을 유발하지 않는 범위 내에서 활동하는 것이 바람직하다.

따라서 국가정보기관의 산업정보활동은 다음과 같은 범위와 우선순위하에서 추진하는 것이 바람직할 것으로 생각된다.

첫째, 국가정보기관은 비밀정보의 수집에 중점을 두어야 한다. 비밀활동수단들을 사용하지 않고 일반적인 접촉이나 공개자료를 통해 수집할 수 있는 정보들은 민간기업이나 정부 내 경제부처가 더 잘 수집할 수 있기 때문이다.

둘째, 가급적 순수공공재(pure public goods)[111)]에 가까운 활동에 중점을 두어야 한다. 일반적으로 정부의 경제정책 및 대외 협상전략 수립에 필요한 정보의 수집과 분석, 산업보안 활동, 국책연구 개발사업과 군수산업에 필요한 과

---

109) Fort, "Economic Espionage," pp. 187-188.

110) 대표적으로 폴라드 사건을 들 수 있다. 여기에 대해서는 제13장 참조.

111) 공공재(public goods)는 비경합성(non-rivalry)과 비배제성(non-excludability)을 가진 재화를 말한다.

학·기술 정보의 수집, 비기술 분야의 국제경쟁력 강화노력 지원 등이 공공재적 성격이 높은 산업정보활동으로 간주된다. 이를 좀더 구체적으로 살펴보면 다음과 같다.

① 정부의 경제정책 및 대외 협상전략 수립에 필요한 정보의 수집과 분석에 가장 중점을 두어야 한다. 주요 국제경제 및 외환시장 동향, 주요 국가의 경제상황과 경제·통상정책 내용, 외국의 신기술 개발정책 및 개발동향, 통상교섭전략, 국제협정 위반 사례 등이 이에 해당한다. 이런 정보들 가운데서도 특히 국가전체의 전략판단이나 대외교섭에 필요한 사항에 중점을 두되 1개 부처의 관심사항에 속하는 분야는 가급적 정보기관의 역할에서 제외하는 것이 바람직하다.[112] 이를 위해서는 정부 내 경제관련 부처와의 긴밀한 협조하에 수집 및 분석활동이 이루어져야 한다.

② 다음으로는 산업보안 활동에 중점을 두어야 한다. 국제적인 산업스파이 활동은 외국과 연계되어 있어 일반 경찰이나 검찰 등의 노력만으로는 효과적으로 대처할 수 없기 때문이다.

③ 국책연구개발 사업과 군수산업에 필요한 과학·기술 정보의 지원도 정보기관의 중요한 업무분야의 하나가 될 수 있다. 특히 보안상의 문제 때문에 시장에서의 자유로운 경쟁이 제한될 수밖에 없는 군수산업 분야와, 다른 산업에의 파급효과가 큰 주요 국책사업에 필요한 기술정보가 이에 해당된다. 원칙적으로 기술개발은 연구개발활동을 통해 이루어지는 것이 바람직하지만, 앞에서도 기술한 바와 같이 국가주도하에 압축성장을 달성하려는 개발도상 국가의 경우, 국가정보기관이 기술정보를 수집할 수 있다면 그 필요성을 굳이 부인할 필요는 없을 것으로 생각된다.

④ 비기술 분야의 국제경쟁력 강화 노력에 대한 지원도 필요하다. 외국기업의 뇌물수수 등 불공정 경쟁행위에 관한 정보, 중요한 국제입찰에 관한 사항, 국제경제에 중요한 영향을 미칠 수 있는 외국 민간기업의 동향 등이 이에 해당한다.

셋째, 가급적 기술정보(TECHINT) 수집수단을 적극 활용할 필요가 있다. 일반적으로 인간정보 수집에 비해 노출이나 부작용 야기 가능성이 적고 '범위의 경제'의 이점을 살릴 수 있기 때문이다.

넷째, 개별기업에 대한 지원이나 외국의 보복적 산업정보활동을 유발할 가

112) Ernest, "Economic Intelligence in CIA," p. 326.

능성이 있는 활동은 자제할 필요가 있다. 개별기업을 지원할 경우 형평성의 원칙에 위배될 뿐 아니라[113] 상호 보복적 산업정보활동이 성행할 경우 건전한 국제경제 협력관계를 손상할 수 있기 때문이다.

그러나 위에서 언급한 사항은 어느 경우에나 일반적으로 적용할 수 있는 원칙은 아니다. 각 국가마다 모두 사정이 다르기 때문이다. 따라서 각국 정보기관은 자국의 경제 및 기술 수준, 정보기관의 능력, 안보상황, 국제환경, 정부내 경제관련 부처의 능력과 요구사항 등을 종합적으로 고려하여 자국의 실정에 적합한 방향에서 산업정보활동의 방향과 범위를 결정하는 것이 타당할 것으로 생각된다. 다만 어느 경우에나 이 과정에서 비용·편익분석(cost & benefit analysis)을 반드시 행하여 산업정보활동을 통해 얻을 수 있는 편익과 비용을 면밀히 검토해 보아야 할 것이다.

113) 미국의 경우 정부가 특정기업에 유리한 정보를 제공할 경우 발생할 수 있는 문제점을 회피하기 위해 업종별 협회 등을 통해 지원하는 방법을 주로 사용한다.

제 9 장

사이버 시대의 정보전과 정보의 역할

이 정 민

1. 사이버 시대와 정보전

21세기 정보의 유형을 보다 정확하게 예측할 수 있는 방법은 없으나 정보의 새로운 이해를 촉진시킬 수 있는 결정적인 변수로서 정보혁명(information revolution), 유전혁명(genetic revolution), 사이버네틱스(인공 두뇌학) 혁명(cybernetics revolution), 그리고 사이보그(인조인간 혹은 인공기계) 혁명(cyborg revolution)을 지적할 수 있다. 이미 우리는 이러한 핵심적인 혁명들의 초기단계에 직면해 있으며 21세와 22세기의 역사는 바로 정보, 유전, 사이버네틱스, 그리고 사이보그를 중심으로 한 4대혁명을 계기로 형성될 것으로 전망된다. 그럴 경우 국제질서와 민족국가, 정치체제와 힘의 개념, 경제구조와 부의 개념, 그리고 무엇보다도 분쟁과 평화의 개념은 근본적으로 수정될 수밖에 없을 것이다. 전통적인 개념, 사고, 그리고 가치와 이들을 지탱하고 있는 틀들이 파괴되고 새로운 페러다임이 구축될 때 근본적인 지식혁명이 이루어질 것이며 그 여파는 산업혁명, 핵에너지 혁명, 그리고 컴퓨터 혁명과는 비교될 수 없을 만큼의 위력을 발휘할 것이다.[1] 그러나 홍미 있는 사실은 이와 같은 새로운

1) Thinking Machines, *Businessweek Online,* August 7, 2000 참조. http://www.businessweek.-com:/2000/00)_32/b3693096.htm.scriptFramed

대변혁의 시대가 작금의 정보 및 지식 혁명을 계기로 형성되고 있으며 과학, 기술, 정치, 경제, 사회, 종교, 철학, 예술 등 모든 영역을 침투하고 있다는 점이다.

이러한 현상을 보다 긍정적인 시각으로 보았을 때 학제적 연구의 활성화, 다양한 집단과 조직간의 다차원적 협력 촉진, 그리고 민족국가와 같은 전통적인 개념의 틀을 타파할 수 있는 새로운 가상현실 등을 꼽을 수 있다. 그러나 주지하는 바와 같이 부정적인 측면도 엄연히 존재하고 있으며 사이버 테러, 국제테러, 국제범죄, 특수 국가들이 지원하는 테러집단 등으로부터 발생하고 있는 위협들을 지적할 수 있다. 간단히 말해서 작금의 정보 및 통신기술(ICT: Information and Communication Technologies) 혁명은 다양한 행위자들에게 저비용 지휘통제 시스템을 제공하고 있으며 이러한 시스템을 통해 상대방의 정보획득, 처리, 분석 그리고 배분과정을 세부적으로 분석·침투·파괴할 수 있는 능력을 보유하게 되었다.[2] 극단적인 차원에서 보았을 때 ICT혁명은 소위 전자식 진주만(electronic Pearl Harbor)의 가능성을 의미하고 있으며 미국을 포함한 주요 선진국들은 사이버 공간에서의 게릴라전에 다양한 대비책을 강구하고 있다. 특히 2001년 9월 11일 테러공격 이후 사이버공격을 부분적으로 예방할 수 있는 방안들을 구체화하고 있다. 비록 미 중앙정보국(CIA)과 연방수사국(FBI)이 9·11 사태를 정확하게 예측하는 데에는 실패했지만 앞으로는 기업, 연구기관, 정부기관, 정보기관 등의 기관과 조직들간의 수평적인 정보교환체제를 강화하는 한편 민관협력체제를 구축하지 않을 수 없다. 즉 사이버 테러와 사이버전은 전통적인 개념의 영역을 초월하고 있는 초국가적인 차원에서의 대응책과 예방방안을 강구할 수밖에 없다.[3] 한 예로 2000년도에 발생한 각종 컴퓨터 바이러스에 따른 비용은 총 170억 달러로 추정하고 있으나 문제의 핵심은 대다수의 바이러스 공격은 한 개인 혹은 2-3명을 중심으로 이루어지고 있다는 점이다.[4] 그러나 한 집단이나 국가가 이와 같은 사이버 공격을 본격적으로 추진할 경우 그 여파는 상상을 초월할 수 있다.

물론 대대적인 사이버 테러를 지나치게 강조하고 있다는 보다 신중한 분

2) Michael Whine, *Cyberspace: A New Medium for Communication, Command, and Control by Extremists,* April 1999, http://www.ict.org.il/articles/cyberspace.htm

3) Sarah Scalet, A No-so-Secret-Service, *Infowar.com,* January 11, 2002, http://www.infowar.com/law/-02/law_011102f_j.shtml

4) Cyber Security, *Scripps Howard News Service,* January 2, 2002, http://www.info-sec.com/internet/02-/internet_010202e_j.shtml

석도 나오고 있다. 예컨대 강력한 방화벽을 구축하고 있는 핵심적인 정부기관이나 민간 기업들은 이미 역추적 및 반격 기능을 겸비한 방위체제를 보유하고 있으며 단순한 개념에서의 방위가 아닌 침투행위가 확인된 즉시 반격(counter-attack)을 가할 수 있는 능력을 포함한 적극적인 개념의 방위력을 뜻한다.[5)] 즉 방화벽 기술도 첨단화되고 각종 예방장치와 소프트 웨어도 최첨단화 되고 있다는 것은 맞춤 기능(tailor made functions)을 의미하고 있는 만큼 사이버 테러도 이와 같은 다양한 맞춤 기능을 공격할 수 있는 맞춤 공격 능력을 겸비해야 하며 고비용의 투자를 하지 않을 수 없다는 점이다. 즉 최첨단 혹은 차세대 ICT가 개발되고 확산되고 있다는 것은 고도의 공급비용을 뜻하지만 동시에 사이버 테러 행위자들은 이와 같은 신기술로 형성된 방화벽과 예방 시스템을 침투할 수 있는 신기술을 개발해야 되며 그 비용도 빠른 속도로 확산되고 있다는 점이다.[6)] 이와 관련 미국의 〈대량살상무기를 사용하는 테레 공격에 대한 국내 대응 능력 분석 대통령 자문단〉은 2001년 10월에 발간된 보고서에서 신설된 〈본토방위국〉(Homeland Security Bureau)을 중심으로 다양한 대응책을 강구함과 동시에 고도의 정보획득 기술을 요하는 측정 및 기호정보(MASINT: Measurement and Signature Inteligence) 능력 향상과 고도의 감지장치 능력과 보다 신속한 유포장치를 강조하고 있다.[7)] 이와 함께 본 보고서는 테러담당 분과위원회 신설(의회)을 강력하게 지적하고 있으며 동시에 대내외위협을 통합적으로 분석할 수 있는 능력을 보유해야 된다고 강조하고 있으며 신설된 〈본토방위국〉에서 이와 같은 기능을 보유해야 한다고 자문한 바 있다.[8)]

본 논문에서는 이와 같은 현상들을 보다 심층적으로 분석하고 특히 사이

5) Dangers of Cyber War Remain Distant, *Stratfor.com,* August 16, 2001, http://www.stratfor.com/-premium/010816.htm

6) 위의 글.

7) James S. Gilmore, III, (Chairman), *Third Annual Report to the President and the Congress,* (Washington, D.C.: Advisory Panel to Assess Domestic Response Capabilities for Terrorism Involving Weapons of Mass Destruction, October 31, 2001), p. 4.

8) 위의 글, p. 3. 만일 연방정부가 신설한 〈본통방위국〉이 대내외 위협 평가 기능을 동시에 겸비할 경우 이는 중대한 변화를 의미 한다. 미국의 경우 국내 및 국외 정보활동을 엄격하게 분리 격리 시켜왔으며 특히 CIA의 국내활동을 법적으로 금지시켜왔다. 그러나 9·11 사건이후의 다양한 대테러 법안들과 행정부 규치과 법규들이 강화되고 있으며 특히 국내외 위협평가 기능강화가 핵심적인 의제로 부각된 바 있다. 따라서 〈본토방위국〉이 앞으로 이와 같은 정보획득 기능가 권한을 확보할 경우 획기적인 변화로 간주할 수 밖에 없으며 어쩌면 정보화 시대에서 피할 수 없는 현상으로 볼 수 있다. 그러나 이러한 국내외 정보 획득 기능을 부분적으로 통합에 대한 반발도 있으며 학계와 각종 시민단체들을 중심으로 형성되고 있다.

버 시대의 중요한 안보 위협으로 대두되고 있는 정보전(information warfare)과 정보의 역할을 분석하고자 한다. 이와 관련 다음과 같은 세부적인 측면들을 검토하고자 한다. 첫째, 탈냉전 이후 전개되고 있는 다양한 전쟁과 분쟁의 개념정립과 국제안보환경 분석 둘째, 새롭게 대두되고 있는 주요 안보위협과 비대칭적(asymmetric conflict) 분쟁 분석 셋째, 정보전의 유형과 RMA방향 그리고 넷째, 미래전과 정보전이 동북아와 한반도 정세에 미칠 수 있는 포괄적인 영향 분석 등이다. 결론부터 말하면 동북아와 한반도는 정보전과 군사혁신의 초기단계에 직면해 있다고 볼 수 있으며 최소한 향후 10-20년 이후에 비로소 정보전과 RMA에 따른 복합적인 영향을 받게 될 것으로 예상된다. 그러나 동북아 주요국가들의 정보산업 기반이 지속적으로 발전되고 특히 RMA중심의 전력현대화 작업이 꾸준히 전개될 경우, 역내의 새로운 군비경쟁을 촉진시킬 수 있을 것이며 그럴 경우 새로운 안보 딜레머가 형성될 수도 있다. 이미 중국, 일본, 한국, 대만 그리고 일부 동남아 국가들은 기술집약적인 전력 현대화에 몰두하고 있으며 차세대 전투기, 전략정보 획득 시스템, 수상미사일과 유사한 고성능 무기체계(stand-off precision weapon) 그리고 탄도미사일 등 다양한 무기현대화 계획에 몰두하고 있다.

예일대학교의 폴 브레컨(Paul Bracken) 교수는 동아시아에서 제 2 의 핵시대가 싹트고 있다고 전망하고 있다. 그는 지난 500년 동안 서방중심의 국제질서가 지탱될 수 있었던 기본적인 원인은 포루투갈, 네덜란드, 스페인, 영국, 프랑스, 독일 등의 국가들의 군사기술 우위에 근거하고 있다고 분석하고 있다. 따라서 동아시아의 주요국가들이 RMA중심의 군사력을 보유하게 될 경우 서방중심의 국제질서는 더 이상 유지될 수 없다고 지적하고 있다.[9] 물론 브레컨이 전망하는 바와 같이 아시아에서 새로운 핵무기 경쟁시대가 반드시 현실화 될 것이라고 볼 수는 없으나 분명한 사실은 많은 동아시아 국가들이 RMA기술개발에 집중적인 투자를 하고 있는 것 만큼은 확실하며 그 결과 역내질서에 부정적인 영향을 미칠 수 있는 잠재력을 보유하고 있다. 그렇다면 과연 동아시아에서 새로운 군비경쟁이 불가피 할 것인가? 남북한을 포함한 역내의 주요 국가들이 각각 비대칭적 무기와 대량살상무기를 보유할 경우 어떠한 국가안보 전략이 형성될 것인가? 또한 이러한 상황을 예방할 수 있는 방안은 없는가?

9) Paul Bracken, *Fire in the East: The Rise of Asian Military Power and the Second Nuclear Age*, (New York: HarperCollins Publishers, 1999), 제 1 장 참조.

간단한 해답은 없으나 최소한 주요쟁점과 전략적인 함의를 부분적으로 나마 분석할 필요가 있다는 견지에서 정보전과 RMA의 역학관계를 살펴보기로 한다.

2. 혼합형 분쟁의 대두와 국제안보환경 변화

베를린 장벽이 와해 된지 10년이 지난 현재, 각종 분쟁과 전쟁의 유형을 체계적으로 개념화 하는 데에 적지 않은 어려움이 있다. 작금의 국제안보환경은 한마디로 혼합형 분쟁의 시대(hybrid conflict)이다. 즉 전통적인 민족국가간 발생했던 재래식 전쟁의 가능성이 여전히 상존하고 있는 한편 코소보와 보스니아 사태와 같은 극심한 인종청소(ethnic cleansing)형의 분쟁, 탄도미사일을 포함한 대량살상무기의 점진적인 확산, 군사혁신(RMA: Revolution in Military Affairs)을 중심으로한 고밀도 힘의 투사능력 증대, 사이버 전쟁과 네트전쟁으로 분류할 수 있는 전략정보전의 대두 그리고 테크노 테러리즘(techno-terrorism) 등 전쟁과 분쟁의 수평적·수직적 변화가 가속화고 되고 있다. 뿐만 아니라 동티모르와 유사한 다국적군의 인도주의적 개입과 비재래식 군사작전(MOOTW: Military Operations Other Than War)은 전통적인 개념의 전쟁을 희석하고 있음은 물론 국방기획과 전력현대화에 적지않은 혼선을 초래하고 있다. 끝으로 전면적인 핵전쟁의 가능성이 그 어느 때보다 감소되었으나, 러시아의 낙후된 핵무기 생산 및 관리체제, 인도와 파키스탄간의 새로운 핵무기 경쟁 그리고 여전히 불투명한 북한 핵무기 개발계획 등 우발적인 핵전쟁의 가능성은 단계적으로 확산되고 있다.

물론 이러한 다양한 양상의 분쟁들을 완전히 새로운 형태의 분쟁으로 볼 수는 없다. 16세기부터 20세기 후반까지 이어진 현대전의 변천과정을 보았을 때 새로운 운반수단, 동원체제, 군사기술, 통신체제 그리고 무기체계가 개발된 이후 전쟁의 양상도 동시에 변했으며 기본적인 방향은 민족국가의 전면전쟁(Total Warfare) 수행능력의 향상을 의미한다. 그러나 16세기부터 20세기 초까지의 전쟁은 지상전과 해상전으로 크게 분류할 수밖에 없었으며 제 1 차 세계대전의 대두와 함께 비로소 영공전이 도입된 3차원적 전쟁의 시대가 열리게 되었다. 제 2 차 세계대전에 사용되었던 나치독일군의 V-2 로케트는 영공전의 범위를 확대했으며 미국의 원자폭탄을 계기로 대량살상무기 시대가 등장하게 이르렀음에도 불구하고 현대전의 기본적인 양상은 3차원적인 성격을 넘어설 수 없었다.

그러나 1970년대 이후 그리고 1990년대 이후 본격적으로 가속화되고 있는 전자-정보통신 혁명과 RMA 혁명은 전쟁의 수행방법은 물론 전쟁의 근본적인 성격, 발생원인, 무기체계의 개발과 도입, 군사전략과 군사교리, 합동작전(Joint Operations)과 통합작전(Integrated Operations) 그리고 민군관계 등의 다양한 측면에서의 변화를 촉진 시키고 있다. 이러한 맥락에서 향후 위협을 평가할 경우, 어떠한 접근방법을 활용할 수 있을까? 현재와 같은 과도기적인 상황속에서 보다 정확한 위협평가를 내리는 데에는 어려움이 있으나 최소한 다음과 같은 차원에서 구상할 수 있다.

첫째, 냉전시대와는 달리 21세기의 주요안보위협은 필현적으로 전방위적인 차원에서 인식되어야 하며 전통적인 민족국가와 동맹관계를 벗어난 탈국가적인 차원에서 고려해야 한다. 1997년 미 국방정보국장은 ① 경쟁국 혹은 적국의 종합적인 군사능력을 향상 시킬 수 있는 군사기술의 제공, ② 부분적인 공세적 군사력을 보유하고 있으나 핵심적으로 도전할 수 있는 총괄적인 능력을 보유하고 있지 않은 국가나 비정부 기구나 단체, ③ 군사력을 투입해서 제압할 수 있는 제반의 준 적국, ④ 핵심적인 도전국가나 세력, 그리고 ⑤ 인도주의적 개입을 포함한 제반의 위기상황 등으로 분류할 수 있다고 언급한 바 있다.[10] 물론 미국의 관점에서 본 위협평가인 만큼 동북아와 한반도에 적용하는 데에 문제가 없는 것은 아니다. 다만 분쟁 및 위협 유형의 다양화, 다변화, 그리고 다극화 현상은 공통된 현상이라고 볼 수 있다.

앞으로 발생할 수 있는 제반의 분쟁의 유형을 정확하게 전망할 수 없으나 이와 같은 전방위적인 차원에서 향후 안보위협을 분석함에 있어서 가장 중요한 요소는 힘의 투사능력이 거의 실시간으로 이루어질 수 있다는 점이다. 모든 국가들이 비슷한 수준의 RMA기술을 도입할 수는 없으나 전반적인 추세는 무기체계의 자동화, 전자전의 확산, 최첨단 센서 등 다각적인 차원에서의 RMA화가 진행되고 있다. 특히 ① 핵무기와 대량살상무기, ② 고밀도 탄약(precision munitions), ③ 전자무기, ④ 재래식 대량살상무기, ⑤ 정보전과 사이버전,

10) Lt. Gen. Patrick M. Hughes, US Army, Director of Defense Intelligence Agency, Global Threats and Challenges to the United States and Its Interests Abroad, *Statement for the Senate Armed Services Committee on Intelligence,* February 7, 1997, http://www.dia.mil/dr_test.html

⑥ 초미세 기술, ⑦ C3D2, 그리고 ⑧ 테크노 테리 등의 부분은 점진적으로 확대될 것으로 전망되고 있다.[11] 2020-2030년까지 국제안보 환경을 전망하는 데에는 한계가 있으나 포괄적인 안보위협이 한층 더 증대될 것으로 전망되고 있다. 예컨대 동티모르, 콩고, 코소보 그리고 체젠 사태들이 입증하는 바와 같이 사회적 갈등, 정치적 불안정, 경제상황 악화 등의 부정적인 요소들이 증폭될 경우 국내 소요사태와 내란이 지역안정에 결정적인 영향을 미칠 수 있을 뿐만 아니라 궁극적으로 인도주의적 개입을 촉진시킬 수 있을 것이다. 또한 국제테러, 무기 및 마약밀수 등 각종 다국적 안보위협이 증대될 전망이다. 끝으로 고도의 정보통신 기술(IT: Information Technologies)을 중심으로 한 정보전과 비대칭적 무기체계의 도입도 국제안보환경과 동북아 질서에 적지 않은 영향을 미칠 수 있을 것이다.

21세기의 주요안보위협 요소는 한마디로 포괄적인 차원에서 이해해야 할 것이며 전통적인 국방계획과 국가 안보기획에 상당한 부담을 줄 것으로 사료된다. 물론 냉전당시에도 정확한 예측을 할 수 없었으나 분쟁의 형태가 현재와 같이 다원화되지는 않았다. 이와 함께 전쟁수행 능력의 군사혁신화, 정보화 시대의 핵심적인 취약점 노출 그리고 거의 실시간 속에서 진행되는 전쟁작전과 지휘통제 등의 현상들은 본격적인 정방위적이고 혼합형 분쟁의 시대를 예고하고 있다. 그러나 한국을 포함한 동북아의 주요국가들은 여전히 재래식 전력을 기반으로한 군사전략을 활용하고 있다. 따라서 동북아와 한반도에서 저강도 분쟁을 포함한 다양한 형태의 혼합형 분쟁이 실질적으로 발생할 경우 새로운 형태의 위기에 봉착할 수 있다. 결국 미래전의 기본적인 골격을 정보전과 RMA의 가속화에 따른 혼합형 분쟁의 대두로 정의할 경우 핵심적인 부분은 정보전이며 정보와 미래전의 역학 구조일 것이다.

3. 정보전의 유형과 정보의 재인식

우선적으로 군사 기술개발의 혁명적 발전속도와 정보전의 본격적인 출현이 전쟁의 기본적인 변화를 촉진시키고 있다는 점에 대해서 논란도 만만치 않으며 행정부, 군, 학계 그리고 산업계가 공통적으로 사용하고 있는 정보전의

---

11) 위의 글.

개념이 널리 이용되고 있다고는 할 수 없다. 일부에서는 미국이 주창하고 있는 RMA도 내용을 자세히 들여다보면 새로운 측면이 분명히 존재하고 있으나 그렇다고 해서 전쟁의 성격을 근본적으로 바꾸어 놓았다고 볼 수 없다고도 주장하고 있다. 정보전에 따른 논란과 다양한 학설들이 등장하고 있는 이유도 매우 다양하지만 중요한 변수 중 하나는 정보전의 여파가 전통적으로 이해하고 있는 전쟁에만 국한된 것이 아니기 때문이다. 즉, 정보화 시대와 사이버 시대에 있어서〈정보〉의 가치는 종전의 무형적 개념에서 앞으로는 유형적 형태로 자리를 잡고 있다. 다시 말해서 정보의 기본적인 개념이 근본적으로 바뀔 것이라고 전망한다면 그 여파는 국가와 국가간의 전쟁은 물론 사회 각 분야에 거대한 영향을 끼칠 수밖에 없을 것이며 궁극적으로는 정치권력과 모든 조직을 지탱시키고 있는 능력(capability)의 개념도 수정될 수밖에 없다는 것이다. 따라서 정보전의 출현을 하나의 패러다임 이동으로 간주할 수 있다 하겠다. 이러한 맥락에서 본다면 정보화 시대에서 사용하고 있는 정보는 특별한 지능의 수준을 벗어난 새로운 대체 가능물(fungible)로 볼 수 있다.

정보전의 보다 명확한 정의와 정보전의 기본적인 성격, 그리고 전반적인 여파 등을 체계적으로 이해하는 데에는 많은 어려움이 있다. 예컨대 정치학에서 흔히 사용하는 〈권력〉, 〈힘〉 그리고 〈능력〉 등의 개념들을 쉽게 이해하면서도 체계적이고 통일된 정의를 내린다는 것은 거의 불가능한 일일 것이다. 그러나 정보전을 정의하는 데에는 훨씬 더 많은 문제점이 있으며 이에 비교하면 이러한 어려움은 빙산의 일각일 뿐이다. 따라서 본고에서는 지난 수년 동안 많은 논란의 대상으로 등장한 정보전쟁을 이론적, 그리고 정책적인 차원에서 검토해 보기로 한다. 가장 중요한 문제는 정보전쟁에 대한 연구가 현재 지속적으로 이어지고 있다는 점을 잊어서는 안 된다. 다른 사회과학 분야와는 달리 '정보전쟁'은 아직도 초기의 단계에 직면해 있으며 기초적인 개념의 정립조차 안 된 부분이 상당히 많다. 일부에서는 '전쟁사'의 한 맥으로 간주하는 경향이 있는가 하면, 국제정치, 특히 국제안보 영역에 필수적인 부분이라고 주장하는 전문가들도 있다. 이러한 대립 외에도 전쟁정보를 완전히 독립된 그리고 새로운 지적 분야로 취급하는 연구자들도 있다.

전쟁을 수행함에 있어서 정보와 장비는 필수적인 요소들이다. 단적으로 보았을 때, 아무리 좋은 장비 혹은 무기 체계를 보유하고 있다 하더라도 전투 상황을 분석하고 예측할 수 있는 정보가 없을 경우, 아니면 그 정보의 수준이 현저하게 낮을 경우 반드시 패전한다고 속단할 수는 없어도 분명한 사실은 승리할 수도 없다는 것이다. 전기, 전자, 컴퓨터, 그리고 사이버 시대로 이어지고 있는 20세기 정보통신의 발전과정을 살펴보았을 때, 새로운 정보통신 기술이 개발될수록 정보 우세(information dominance)의 필요성도 증대되었다. 정보 우세 혹은 정보의 지배효과란 적과 경쟁자의 지휘통제체제, 정보기능과 출처, 감지 능력, 제반의 능력(capability)평가 등 상대방의 자원과 의도를 보다 신속하게 그리고 정확하게 파악할 수 있는 전반적인 정보습득 능력을 의미한다.[12)]

상대방의 실체적 및 무형적 능력과 자원의 보다 정확한 정보로 이해할 수도 있다. 물론 전쟁과 정보의 함수 관계는 이미 전쟁의 기원부터 연구되어 왔으며 사이버 시대에 나타난 특별한 현상은 아니다. 그러나 정보의 생산, 관리, 그리고 전달 방법이 컴퓨터를 포함한 다양한 첨단 정보관리 시스템에 의존하고 있고 그 의존도가 날로 확산되고 있다는 점에 비추어 볼 때, 작금의 정보전은 본격적인 정보시대(즉 컴퓨터 통신시대)에 진입한 이후에 발생했다고 할 수 있다.

정보전의 유형과 보다 구체적인 분석에 앞서서 정보전의 기본적인 정의를 살펴볼 필요가 있다. 불과 10년 전만 해도 정보전을 주로 군사작전(military operation)현상의 하나로 인식하고 있었으며, 특히 지휘통제 전쟁(command and control warfare) 아니면 전자전쟁(electronic warfare)으로 인식하고 있었다. 동시에 1945년 이후 가속화된 산업발전과 1970년대 이후 본격적으로 대두되기 시작한 무역전쟁의 일환으로 산업정보(industrial intelligence)의 가치가 증대되면서 정보전을 경제전쟁(economic warfare)과 기술전쟁(technical warfare)으로 보는 경향이 높아지기 시작했다. 물론 정보전을 보다 광범위한 틀 속에서 본다면 이러한 측면도 배제할 수 없다. 그러나 본고에서 사용하는 정보전의 개념은 이러한 경제적 혹은 기술적 차원에서의 정보전보다는 보다 포괄적인 의미를 함축한 개념으로 쓰고자 한다. 즉, 정보전은 정보혁명(Information Revolution)에 기초로 한 새로운 양상으로서 질량(mass)과 기동력(mobility)에 의한 결정적인 우세를 확보하는 것이 아니라, 정보의 효율적 관리로 결정적인 우세를 확보할 수 있는 새로운 유형의 분쟁이며 그 여파는 재래식 전쟁의 개념에서 탈피, 군사적 물리적 경제적 · 정치적 · 사회적 등 모든 분야에 영향을

12) Lt. Cmdr. Jeffrey A. Harley, Information, Technology, and the Center of Gravity, *Naval War College Review,* vol. 1, no. 1(Winter 1997), p. 67.

미치는 것이다.[13)]

한편, 미 육군은 정보전을 정보의 우세를 확보하기 위한 수단으로서 상대방의 정보를 기반으로 한 매체, 그리고 정보 시스템을 방어하는 행위로 정의하고 있다. 이와 함께 미 공군은 정보전을 ① 상대방의 정보와 그 기능의 거부(denial), 활용(exploit), 부패(corrupt) 그리고 파괴하는 모든 행위, ② 이러한 행동으로부터의 자주 방어, ③ 그리고, 아군의 군사정보 기능 극대화 등으로 정의하고 있다.[14)]

이처럼 정보전에 관한 다양한 정의가 있는 것은 사실이지만, 공통점도 없지 않아 있으며, 가장 대표적인 것은 정보화 시대에 따른 정보의 새로운 인식이라고 할 수 있다. 그렇다면 정보화 시대에서 정보를 어떻게 정의할 수 있는가? 이 문제부터 우선 살펴보기로 하자. 정보를 관측하는 데 있어서 대체로 세 가지의 시각이 있다. 첫째는 정보를 〈내용〉 혹은 메시지를 중심으로 보는 것이고, 둘째는 정보를 생산, 보관, 전송 그리고 수신 등 〈매체〉의 시각에서 보는 것이다. 그리고 셋째는 정보를 이와 같은 〈내용〉과 〈매체〉의 혼합형으로 정보가 〈물질적 특성〉(physical property)을 지닌 것으로 취급하는 것이다.[15)] 정보를 메시지의 측면에서 취급하는 것은 위에 지적한 정의 가운데 가장 오래된 그리고 보편적인 정의이기도 하다. 이러한 차원에서의 정보는 흔히 특정문서, 훈령 그리고 계획을 알리기 위해서 활용되고 있으며 가장 대표적인 결과는 정보 피라미드의 형성이다. 즉, 정보를 보다 세부적으로 분리할 경우 맨 위에서부터 지혜, 그 다음 단계는 지식, 그 다음 단계는 정보 그리고 마지막 단계는 데이터라는 것이다. 따라서 이러한 관점에서 보았을 때 정보는 이 모든 단계를 포함한 개념으로 인식할 필요가 있다.[16)]

정보를 하나의 매체로 볼 경우, 가장 특징적인 요소는 정보의 내용도 중요하지만 발신자가 수신자한테 정보를 전송하는 방법을 포함한 포괄적인 측면에

13) John Arquilla and David Rondfelt, Cyberwar and Netwar: New Modes and Old Concepts of Conflict, *RAND Research Review*, vol. 19, no. 2(Fall 1995), p. 8.

14) Gen. Ronald R. Fogleman, A Vision for the 21st Century Air Force, *Global Engagement: A Vision for the 21st Century Air Force*, (Washington, D.C.: Department of the Air Force, 1997), p. 7.

15) John Arquilla and David Ronfeldt, *Information, Power, and Grand Strategy: In Athena's Camp*, (Santa Monica, CA: National Defense Research Institute, RAND, August 1995), p. 5.

16) Robert Wright, *Three Scientists and their Gods: Looking for Meaning in an Age of Information*, (New York: Harper & Row, 1989), p. 10.

서 정보를 정의할 필요가 있다. 따라서 이러한 시각에서 정보를 취급할 경우 정보가 지닌 특정내용과 메시지보다는 그 정보의 전송방법, 즉 발신과 수신을 총괄하는 시스템을 정보로 정의할 수 있다. 따라서 이러한 시각에서 보았을 때 정보는 지식뿐만 아니라 통신(communications) 수단을 포함한 통합된 정보체계로 사이버네틱스 이론에 기초한다고 볼 수 있다.[17)] 사이버네틱스는 정보를 단순한 지식 혹은 데이터로 취급하지 않고 다양한 시스템적 기능을 지닌 매체로 분석한 결과, 의사결정 모델링, 인공지능 그리고 컴퓨터의 개발 등에도 영향을 미친 바 있다. 한편, 사이버네틱스의 관점에서 정보의 가장 단순한 정의는 "미래에 발생할 사건에 영향을 미칠 수 있는 모든 것"이며 자생적 변화를 촉진시킬 수 있는 '엔트로피'(entropy)로서 정보의 중요성을 평가하고 있다. 이러한 관점에서의 정보는 위계질서의 형성 및 통제 그리고 다른 시스템간의 통제와 질서를 유지하는 일종의 통제 기능으로 볼 수 있으나, 동시에 특정한 질서를 파괴할 수도 있는 기능도 보유하고 있다. 즉, 사이버네틱스에서 간주하는 정보란 특정한 시스템을 관리, 변형, 유지 그리고 발전시키는 촉매(catalyst)의 역할을 뜻한다.

이와 같은 시각을 동시에 다루고 있는 세 번째 시각은 정보를 하나의 물질로 보는 것이다. 즉, 물질적 현실을 이해하는 데에 있어서 기본적인 요소로 간주해 온 물체(matter)와 에너지(energy)뿐만 아니라 정보를 새로운 요소로 포함시켜야 된다는 것이다. 이러한 시각으로 정보를 취급하는 데에는 다분히 물리학적 시각이 지배적이다. 따라서 정보는 현실 세계를 이해하는 데 도움이 되는 정신에 기초한 소산이라고 국한시키기보다는 마치 물체와 에너지와 같은 차원에서의 물질로 인식할 필요가 있다. 정보는 단순한 지식과 그 지식을 전달하는 방법 혹은 시스템으로 인식하기보다는 훨씬 더 고차원적인 하나의 새로운 물체로 취급해야 한다. 이러한 관점에서는 모든 사회적 물체와 조직의 원동력은 정보의 내용을 이해하고 이를 조작관리하는데 기초하고 있는 것으로 본다. 물론 이론이 보다 체계적으로 정립될 때까지는 상당한 시간이 걸릴 것으로 보이며 많은 의문점도 있으나 정보화 시대를 보다 체계적으로 이해한다는 측면에서 볼 때 하나의 흥미로운 이론으로 이해할 수 있다.

정보전을 이해하는 데에 또 다른 중요한 변수는 바로 권력과 힘의 개념이다. 본고에서 권력과 힘에 대한 자세한 분석을 할 필요는 없으나 최소한 정보

17) Arquilla, 위의 글, p. 7.

전과 관련된 이해를 높이기 위해서는 몇 개의 과제를 살펴봐야 할 것이다. 권력의 개념을 정립함에 있어서 대체로 다음과 같은 관점들을 살펴 볼 수 있다. 첫째는 권력을 자원으로 취급하는 것이다. 이미 국제정치학에서 널리 전파된 개념으로서 구체적으로 언급할 필요는 없으나 산업시설 및 생산 규모, 무기체계, 인력, 자연 자원 등 실체적 자원을 특정한 정치 군사 경제 목표달성을 위해 권력으로 변형시키는 것이다. 둘째, 권력은 자원에 근거한다기 보다는 특정 국가, 사회, 조직 그리고 개인이 활용할 수 있는 제반의 자원과 능력을 복합적으로 관리하는 것을 의미한다. 따라서 권력은 특정한 시스템의 설계와 성능에 근거하고 있다고 볼 수 있다. 즉, 권력은 어디까지나 역학적인 특성을 지닌 것이며, 다양한 변수간의 상호 관계에 근거하고 있다고 보는 것이다. 따라서 권력을 이해함에 있어서 가장 중요한 요소는 조직이며 정보화 시대에 태동하는 새로운 조직인 복합적 네트워크를 이해해야만 권력의 새로운 유형을 이해할 수 있다는 것이다.[18)]

이상으로 새로운 각도에서 정보와 권력의 개념을 살펴본 이유는 정보전의 기본적인 이해가 크게 보아 2개의 학설로 나타나고 있기 때문이다. 첫째는 정보와 권력을 보다 전통적인 시각에서 이해함으로써 정보전의 복합적인 의미를 배제하지는 않지만, 비교적 한정된 범위 내에서 정보전을 이해하고 있다. 군사적인 측면에서 볼 경우, 정보전은 어디까지나 새롭게 개발되고 있는 제반의 정보 매체를 현대전에서 극대화하는 것으로서 실질적인 전투력의 확대에 초점을 맞추는 것이지 전쟁과 분쟁의 근본적인 재인식을 의미하는 것은 아니라는 것이다. 만일 정보전을 이와 같이 제한된 범위 내에서 이해를 한다면 정보전을 확대 해석할 필요가 없으며, 주안점으로서 정보수집과 분석(intelligence collection and analysis)의 현대화 그리고 사이버 보안(cyber security)에 역점을 둔다. 이럴 경우, 정보 전쟁은 사이버 시대와 함께 대두되고 있는 새로운 위협(예를 들면 사이버 네트워크 침범과 정보 통신체제의 마비 등)에 걸맞는 대응책

18) 예를 들면, 정보화 혁명 혹은 디지털 혁명의 대표적인 결과 중 하나는 국가중심의 권력이 희석되고 있다는 것이다. 정부의 정보 독점이 정보의 확산과 함께 파괴되고 있으며 정보를 독점함으로써 유지할 수 있었던 통제 체제도 본질적으로 변화하고 있다고 보는 것이다. 또한 인공 지능을 포함한 제반의 최첨단 정보 처리 기능의 발전으로 권력의 개념은 앞으로 "hard power"에서 "soft power"로 이동하고 있으며 디지털 시대에서는 "soft power"가 절대적 우위를 확보할 것으로 전망하고 있다. 이와 함께 국제질서 그 자체가 다변화, 다자화, 국제화 그리고 세계화되고 있다는 것은 바로 권력의 새로운 분배를 의미한다는 학설도 대두되고 있다. Jessica T. Mathews, Power Shift, *Foreign Affairs,* vol. 76, no. 1(January/February 1997), pp. 58-65 참조.

을 개발하는 데 주력해야 될 것이다. 반면, 정보전쟁을 보다 광범위하게 이해할 경우, 그 여파는 비단 전쟁과 현대전에 국한되는 것이 아니며 사회 전반에 영향을 미칠 수밖에 없을 것이다. 전쟁의 기본적인 개념부터 뒤바뀌고 있다는 것이 두 번째 학설의 기본적인 입장이다. 정보전은 단순한 기술적 문제를 강조하는 일종의 일원적 차원의 문제가 아니라 다원적 차원의 문제이며, 전쟁에 국한시켜서 생각을 한다 하더라도 매우 다양한 각도에서의 여파가 있다는 것이다. 따라서 정보전은 현재까지 인식해 왔던 전쟁, 분쟁, 경쟁자, 적, 위협 등의 개념들을 버리고 새로운 패러다임을 구성해야 하며, 그런 후에야 비로소 정보전의 본격적인 탐구를 시도할 수 있을 것이다.

4. 정보전의 특징: 〈사이버 전쟁〉과 〈네트 전쟁〉

정보전의 핵심적인 특징은 전쟁의 새로운 유형에 근거하고 있다. 전쟁의 유형이 바뀌고 있다는 것은 크게 보아 두 줄기의 변화를 의미한다. 첫째는 정보 기술, 사이버 스페이스의 구조, 그리고 정보전으로 이어지는 한 축의 변화가 있으며, 둘째는 탈냉전 이후의 국제정치, 분쟁의 다변화 그리고 전략적 전쟁으로 이어지는 다른 축의 변화가 있다. 이와 같은 과정이 합쳐지면서 형성되는 것을 〈전략정보전〉(Strategic Information Warfare)으로 정의할 수도 있다.[19)]정보전 시대에 나타나는 전쟁의 새로운 특징은 ① 비국가 행위자의 다원화, ② 전쟁수행 능력과 방법의 다양화, ③ 전략적 목표(target)의 확대 그리고 ④ 정보 시스템을 축으로 한 전술적 목표의 대두 등이다. 정보전이 지니고 있는 또 다른 특징은 국가의 성역(state sanctuary)을 전반적으로 위협할 수 있는 잠재력을 보유하고 있는 새로운 형태의 위협의 대두이다. 나폴레옹 전쟁 이후 전개된 전쟁의 발전과정을 살펴보았을 때 두드러진 현상 중 하나는 전쟁영역 확대이다. 그러나 전쟁의 규모가 확대되면서 나타난 또 다른 현상은 국가의 취약성도 그만큼 증대되었다는 것이다. 정보전의 특성을 보다 체계적으로 본다면 다음과 같다.

① **정보전의 저비용:** 효율적이고 고성능적인 정보전 능력을 비교적 낮은 비용으로 구입 개발할 수 있으며 수많은 사람들에게 널리 그리고 쉽게 보급할

19) Molander, et. al., 위의 책, p. 2.

수 있다. 종전의 고성능 무기체계 개발과는 달리 새로운 정보전 '무기'는 숙련된 개인이나 집단이 장소에 구애받지 않고 개발·생산할 수 있다.

② **전통적인 경계선의 희석:** 국가와 국가간, 혹은 정부와 사회간 등의 경계선 자체가 점차 희석되고 있으며 민족국가와 같은 전통적인 개념들도 빠른 속도로 변화하고 있다. 뿐만 아니라 공적인 이해관계와 사적인 이해관계가 정보 혁명으로 말미암아 불투명해지고 있으며 새로운 '국경지대'가 형성되고 있다. 그러나 새로운 '국경지대'가 형성되면서 전쟁과 유사한 행위(예를 들면 테러) 혹은 범죄행위들이 가속화될 수 있다.

③ **감지 능력의 확대:** 기만과 조작(deception)이 역사적으로 널리 이용되어 왔으나 사이버 시대에서는 새로운 형태로 나타날 것이며 그 여파 또한 확대될 것이다. 따라서 각종 조작과 기만을 구분할 수 있고 사전에 감지할 수 있는 능력의 필요성이 증대될 것이다.

④ **전략정보의 재인식:** 정보전은 전통적인 정보수집과 분석(intelligence collection and analysis)의 틀을 근본적으로 파괴하는 잠재력을 보유하고 있다. 따라서 완전히 다른 차원에서의 정보수집과 분석 시스템이 필요할지도 모른다.

⑤ **조기경보와 공격감지 체제 개선:** 정보전쟁의 환경 속에서 제기될 수 있는 다양한 분쟁과 위협의 양상은 전통적으로 인식해 왔던 조기경보 혹은 지표가 정보전에서는 별 효과가 없다는 것이다. 예를 들면 컴퓨터 소프트웨어로 새로운 바이러스를 투입할 경우, 그 바이러스를 감정 격리시키는 데에 상당한 시간이 투입될 뿐만 아니라 그 바이러스의 출처를 밝혀내는 데에도 상당한 어려움이 뒤따를 것이다. 예를 들면 정보 시스템을 공격하는 에이전트를 포착할 수 있다고 가정해도 기본적인 출처는 다국적 연합(multinational coalition), 국가와 국가 하부의 조직, 비정부 조직 그리고 개인 등 매우 다양할 수 있기 때문에 효율적인 대응책을 강구하는 데에 상당한 어려움이 있을 수 있다.

⑥ **연합 혹은 제휴의 문제점:** 국제화와 세계화의 부정적인 영향 중 하나는 비록 한 국가의 정보망이 비교적 튼튼하다고 하더라도 다른 국가의 정보망 혹은 다른 지역의 정보망과 연관되어 있는 이상 한 국가의 정보망이 손상될 경우 그 파급효과는 다른 국가와 지역으로 확산된다는 것이다. 따라서 국가간의 연합과 제휴도 새로운 문제에 직면할 수 있다.

⑦ **국가의 취약성 증대:** WTO시대의 세계경제의 특징 중 하나는 경제적 상호의존 관계이다. 따라서 한 국가의 경제와 재정 구조가 다른 국가의 경제와

재정 구조 혹은 국제시장과 밀접한 관계를 유지하고 있는 이상, 그 국가의 취약성도 확대될 수밖에 없다. 문제는 정보화 시대에 있어서 국가의 핵심적인 취약성 혹은 뇌관을 공격하기 위해서 때와 장소가 상관없다는 것이다. 즉, 언제, 어디서나 국가의 전략적 혹은 전술적 목표를 공격할 수 있는 시대가 정보전의 시대라 할 수 있다.[20]

정보전은 과거의 다른 형태의 전쟁과 비교했을 때 조직, 인력, 자금 등의 방대한 자원이 필요하지 않다. 이는 예측가능한 〈위협〉의 유형과 회수를 사전에 감지하는 데에 상당한 어려움이 있다는 점을 의미하기도 한다. 앞서 언급한 바와 같이 정보전의 또 다른 특징은 전통적인 경계선들이 점진적으로 희석되면서 발생하는 제반의 문제들이다. 예를 들면 전통적으로 간주해 왔던 경계선 혹은 관할권의 개념이 사이버 시대에는 적용되지 않을 뿐더러 새로운 법적, 정책적 그리고 정치적 문제점을 촉진시킬 수 있다. 보다 구체적으로 보았을 때 대외 및 대내, 공립과 사립, 군사와 민간, 전략과 전술 그리고 전쟁과 평화 등 대칭적으로 이해해 왔던 개념들이 빠른 속도로 바뀌고 있다는 것이다. 일례로 독일의 중앙은행(분데스 방크)의 컴퓨터 시스템이 불명의 바이러스로부터 집중적인 공격을 받을 경우 그 여파는 비단 독일에만 국한되지 않고 유럽 전체에 영향을 미칠 수 있다. 그럴 경우 독일연방 경찰국에서 일차적인 조사를 한다 하더라도 유럽연합의 차원에서의 조사는 누가 전담할 것인가? 또한 수사권 외의 법적 문제(예를 들면 손해 배상)와 다양한 정치적 그리고 정책적 문제가 발생할 수밖에 없다.

인터넷과 함께 대두되고 있는 중요한 문제는 수직적 수평적 정보생산과 교환이다. 이미 전통적인 위계질서와 각종 경계선이 희석되고 새롭게 구성되고 있는 과정에서 발생하고 있는 문제 중 하나는 비국가적(non-state) 아니면 비정부적(non-governmental) 행위자들의 확산이다. 1993년 텍사스주 웨코(Waco) 시의 종파집단 파괴와 1996년 오클라호마 폭파사건 이후 본격적으로 나타나기 시작한 문제는 바로 미국의 다양한 시민군(militia)의 확산이다. 각 주에 조직화되어 있는 시민군들과 이들을 지지하는 사회단체들은 인터넷을 통해 상호간의 정보교환 시스템을 구축하고 있으며 유럽의 다양한 반정부 및 국수주의적 단체(독일의 극우 및 준 나치 단체)들과의 제휴와 전자교역이 가속화되고 있다. 여기서 대두되고 있는 중요한 문제는 가상적과 위협의 〈모습과 유형〉을 쉽게

20) 위의 책, p. 15-16.

포착할 수 없다는 점이다. 또한 적의 의도와 능력을 파악하는 데에 훨씬 더 많은 문제가 있다는 점에서 볼 때, 추가 예산과 인력투입, 장비의 현대화, 그리고 집중적인 조직관리 등의 전통적인 방법으로 정보화 시대에 필수적인 정보를 수집하는 데에는 분명한 한계가 있다고 하겠다.

이상으로 살펴본 정보전의 특징을 의사결정의 차원에서 분석할 경우 색다른 측면을 발견하게 된다. 정보전의 궁극적인 목적은 상대방 혹은 상대방의 우방이 보유하고 있는 제반의 전쟁수행 능력을 저해 마비시키는 것이지만, 전쟁의 수단은 상대방의 인식론(epistemology)을 공격함으로써 취약성을 다각적으로 위협하는 것이다. 물론 완벽한 정보전 능력은 본인은 상대방의 모든 상황을 파악하고 있으나 상대방은 그러한 능력이 없는 상태라 할 수 있다. 이러한 상황 속에서 상대방의 동원능력을 사전에 저해할 수 있는 능력을 지니게 된다. 한편 월등한 목표 획득(target acquisition)능력을 보유할 경우 정보의 오염, 데이터의 조작, 결정적인 선제공격 등 매우 다양한 방법으로 상대방의 오류와 오판을 유도하여 목표달성 가능성을 사전에 차단할 수 있다. 그러나 상대방의 정보 시스템을 공격했을 때 예상치 않았던(schotastic) 결과를 초래할 가능성도 있다. 예를 들면 전통적인 전쟁을 상정했을 때는 상대방이 보유하고 있는 탱크를 파괴하기 위해서 대포, 탱크, 미사일, 전투기 등 다양한 화력을 사용함으로써 목표를 달성할 수 있다. 여기서 말하는 목적(적의 탱크 파괴)과 수단(다양한 화력 사용)을 이해하는 데에는 큰 어려움이 없다. 왜냐하면 목적과 수단을 비교적 쉽게 상상할 수 있을 뿐만 아니라(예를 들면 적이 보유하고 있는 탱크의 수는 00이며 이를 효율적으로 파괴하기 위해서는 00번의 공격을 해야 한다.), 결과(파괴력의 성공도)도 상당 부분 예측할 수 있다. 그러나 정보전에서 행하는 공격의 형태는 전통적인 군사작전과는 상당히 다른 차원에서 이루어질 수 있다. 정보전의 기본적인 목적이 상대방의 신념과 지식체계를 공격하는 것인 만큼 〈전투〉의 전개과정을 단계적으로 상상할 수 없으며, 수비와 공격의 개념이 수시로 바뀌는 하나의 복합체로 인식할 필요가 있다.[21)]

정보전은 내외적으로, 직간접적으로, 수직·수평적으로 등 매우 다양하게 전개될 수 있다고 말할 수 있다. 바로 이러한 이유 때문에 정보전의 위력을 정확하게 예측할 수 없는 것이다. 정보화 시대와 디지털 시대에 가장 보편적인

21) Richard Szafranski, A Theory of Information Warfare: Preparing for 2020, *Defense News,* vol. 11, no. 73, (March 1996), p. 5.

위협은 취약성의 증대에서 비롯된다. 정보화 시대의 대표적인 특징 중 하나는 정보통신, 인공위성, 온라인 금융제도, 국제무역, 전자판매, 최첨단 무기체계 등 거의 모든 분야가 디지털 네트워크로 서로 연결되어 있다는 것이다. 그러나 단순 질서로 볼 경우, 맨 위에는 '전략정보'를 취급하는 국가의 핵심적인 정보의 생산, 관리, 처리, 전달, 파괴 등의 업무를 수행한다고 볼 수 있다. 그러나 이러한 '전략정보'를 효율적으로 그리고 경제적으로 다루기 위해서는 전술적인 차원 아니면 실천·작전 단계(operational level)에서의 하부 시스템이 반드시 있어야 한다. 따라서 전략정보를 취급하는 '전략 네트워크'와 이를 실질적으로 뒷받침해 주는 '실천 네트워크', 그리고 보다 세부적인 역할을 전담하고 있는 각종 '전문화 네트워크'(예를 들면 소프트웨어 개발)들이 거대한 복합체를 형성 유지하고 있다. 그러나 이러한 복합체의 취약성이 전체적으로 노출되고 있는 상황인 만큼 '전략 네트워크'를 공격하면 그 여파가 '실천 네트워크'에 나타날 수 있으며 반면 '실천 네트워크'를 공격함으로써 오히려 '전략 네트워크'에 피해를 줄 수 있다.

정보전의 기본적인 성격을 잠시 살펴보았으나 보다 구체적으로는 어떠한 형태로 구분할 수 있는가? 정보전 연구의 선두주자인 동시에 〈사이버주의〉(cyberocracy)의 창시자인 데이비드 론 휄트는 전통적인 군사적 성격이 강한 정보전은 사이버 전쟁으로 분류할 수 있고 사회적 성격이 짙은 정보전은 네트 전쟁으로 분류할 수 있다고 지적한 바 있다.[22] 네트 전쟁은 주로 저강도 분쟁(LIC: Low Intensity Conflict) 와 MOOTW을 중심으로 한 사회전반에 걸친 새로운 분쟁과 갈등이다. 반면, 사이버 전쟁은 전통적인 전쟁개념과 밀접한 관계를 유지하고 있는 고강도 분쟁(HIC: High Intensity Conflict), 그리고 중간 형태의 분쟁(medium-level conflict)의 성격을 보유하고 있는 분쟁의 형태로 군사적인 측면이 훨씬 더 강조되고 있다. 이미 미 육군은 이와 같은 전쟁을 포함한 미래 지향적인 개혁방안의 일환으로 'Army XXI' 등 21세기에서 활약할 군대의 모습을 설계하고 있다. 사이버 전쟁을 포괄적으로 다루고 있는 분야 중 하나가 바로 RMA이라는 점에서 본고에서도 이 분야를 부분적으로 검토하고 있다. 그러나 군사적인 측면을 구체적으로 살펴보기에 앞서서 네트 전쟁의 기본적인 특징을 설명하기로 한다.

22) John Arquilla and David Ronfeldt, *The Advent of Netwar,* (Santa Monica, CA: National Defense Research Institute, RAND, 1996), p. 5.

네트 전쟁은 점진적으로 그 모습을 나타내고 있는 전면전이 아닌 다차원적 분쟁을 의미하며 네트워크 형태의 조직, 교리, 전략 그리고 통신에 의존하고 있다라는 정의를 내린 론 휄트는 수직적인 조직에서 탈피하는 것이 네트 전쟁의 가장 두드러진 차이점이라고 강조하고 있다.[23] 네트 전쟁의 유형으로서 아랍-이스라엘 분쟁 속에서 새로운 테러 집단으로 등장한 〈하마스〉, 멕시코의 반정부 집단인 〈자파티스타〉, 홍콩의 〈트라이어드〉 등 유연성을 충분히 갖추고 있는 신소재와 같은 성격의 네트워크 조직들을 들 수 있다. 그러나 비교적 새로운 그리고 어디까지나 지하활동을 하고 있는 조직들과는 달리 네트 전쟁의 또 다른 특징은 이미 상당 부분 제도화된 국제범죄 조직들(예를 들면 일본의 야쿠자, 이탈리아와 미국의 마피아, 콜롬비아의 마약 카르텔, 러시아의 마피아, 터키의 쿠르드족 반군집단 등)이 서서히 네트워크화되고 있으며 수평적인 조직(flat organization)을 포함한 다양한 각도에서 구조적으로 탈바꿈하고 있다는 것이다. 이러한 초국가적 범죄 혹은 테러 조직들의 네트워크화 확산 이유는 대체로 다음과 같다.

첫째, 다국적 기업과 같이 이들은 해외에 제휴조직과 세포조직을 지속적으로 형성하고 있다. 예를 들면, 콜롬비아의 대표적인 마약조직인 〈카를리 카르텔〉(Carli Cartel)은 미국과 유럽의 주요도시에 광범위한 세포조직을 운영하고 있으며 이들은 마약의 생산과 마케팅 과정을 전담하고 있는 하나의 창구역할을 담당하고 있다. 한편, 독일연방 정부는 이탈리아 마피아에 속한 68개의 세포조직을 발견했다고 발표한 바 있다.

둘째, 극도로 만연한 부정부패로 실질적인 통제력을 상실한 일부 국가들에서는 마약 및 범죄 조직들이 '가상적 정부'의 역할을 하고 있는 실정이다. 한 예로 콜롬비아의 에르네스토 삼페르 대통령은 1994년 대통령 선거당시 마약조직으로부터 600만 달러의 정치자금을 받았다는 의혹을 떨치지 못했으며 내각관료, 군 수뇌 그리고 고위 정보관리 등의 상당 부분이 이미 매수된 것으로 알려지고 있다. 그리고 셋째, 이들은 전략적인 초국가적 연합체제를 구축함으로서 일종의 전문적인 역할 분담과 비교우위를 극대화시키고 있다. 무기상, 마약밀매, 불법난민 알선 등 국제범죄 자체가 세분화되고 있는 현상의 일환으로 이러한 활동에 필요한 자금동원 및 돈 세탁, 우송 수단의 확보, 시장 개척과 제고관리 등 상당히 세분화되고 세련된 국제적 생산라인을 구축하고 있는 것

23) 위의 글.

이다. 국제 테러가 앞으로 어떠한 형태로 변화될 것인지 확실하게 예측할 수는 없다. 다만 한 개인인 컴퓨터 해커가, 아니면 보다 조직적으로 구성된 집단이 앞으로 국가의 주요기능을 마비할 수 있는 충분한 능력을 보유하고 있다라고 전술한 익명의 한 정보관계자는 본인이 10억 달러와 20명의 전문 해커만 있으면 미국을 폐쇄할 수 있다고 자신한 것을 비추어 볼 때, 국제 해커의 파괴력은 앞으로 훨씬 더 증대될 수 있다.[24)]

네트 전쟁의 복합적인 특징을 분산된 계획, 다양한 공격 패턴, 불확실한 손해평가 그리고 제한된 자원으로 일단 정리할 수 있으나 그 파급효과를 현재 정확하게 전망할 수는 없다. 다만, 고도의 정보기술에 대한 의존도가 계속 상승할 경우, 네트 전쟁이 현실화될 것으로 내다볼 수 있다. 1989년에 불과 8개의 국가들이 인터넷과 연결되어 있었으나 1996년 에는 그 숫자가 128개국으로 늘어났으며 1998년 현재 약 160개국으로 확산되었으며 하루 평균 전산망으로 이동하고 있는 자금의 규모는 1997년 현재 3-4조 달러를 능가하고 있는 것으로 추산되고 있다. 금융시장의 취약성만 문제가 되는 것은 아니다. 네트 전쟁의 또 다른 위협은 침투와 공격의 패턴과 유형이 다양한 관계로 언제부터 공격이 제시되었는지를 판가름하는 데에 상당한 어려움이 있다는 점이다.

즉, 전통적인 전쟁이나 분쟁과는 달리, 적의 개념자체가 불확실하고 특히 공격의 시점이 불투명하기 때문에 그만큼 실질적이고 효과적인 대비책을 새우는 데에는 한계가 있다. 그렇다고 해서 대책이 전혀 없는 것은 아니다. 무엇보다도 네트 전쟁과 밀접한 관계를 맺고 있는 사이버 테러(cyber-terrorism)에 대한 다각적인 연구가 진행되고 있으며, 주요국가들도 사이버 테러의 가능성을 높게 평가하고 있다. 이러한 문제점과 허점을 부분적으로나마 다룰 수 있는 하나의 방안으로 미 국방부는 정보보안(INFOSEC: information security)을 강조하고 있으나 제반의 자원 부족으로 많은 어려움을 겪고 있는 것이 현실이다. 이러한 문제점들을 복합적으로 보았을 때 분명한 사실 중 하나는 더 이상 〈국가 정보 인프라〉(NII: National Information Infrastructure)와 범 〈세계적 정보구조〉(GII: Global Information Infrastructure)로 구분할 수 없다는 점이다.[25)] 따라서 편의상 국내외로 인식되어 왔던 분쟁의 형태와 유형에 대한 분류방법 자

24) Walter Lacquer, Postmodern Terrorism, *Foreign Affairs*, vol. 75, no. 5(September/October 1996), p. 35.

25) *The Wall Street Journal*, May 14, 1997.

체가 상당 부분 무의미해졌다고 볼 수 있다. 그러나 경계선이 희석되고 네트전쟁이 상징하고 있는 복합적인 위협을 어느 정도 파악 한다해도 중요한 걸림돌은 어느 정도의 대비책을 세우는데 성공한다 하더라도 과학기술의 지속적인 개발속도로 말미암아 큰 효과를 기대할 수 없다는 것이다.

결론적으로 정보보안을 활성화하고 보다 효과적인 대비책을 강구함에 있어서 몇 개의 주요과제를 살펴보기로 한다. 첫째, 가장 기초적인 작업 중 하나이지만 어떤 면에서는 가장 중요한 문제이기도 한 것으로, 정보전의 다양한 위협을 사전에 감지할 수 있는 지표(indicator)와 경보신호(warning signal)를 파악, 체계화 해야 된다. 그러나 조기경보 체제와 지표자체가 군사적인 목적을 위해 개발되어 왔던 만큼 현재의 정보전에 적용하는 데에는 문제가 있다. 정부조직의 차원에서 보았을 때 정보전에 따른 조기경보 체제와 지표개발의 필요성을 인식하고 있음에도 불구하고, 어떤 부처가 주도권을 행사하느냐의 기본적인 문제부터 민·정·군의 협력체제를 구축하는 것이 바람직한 것인지 등 매우 중요한 기초적인 구조적 문제부터 해결해야 한다.

둘째, 정보통신기술의 집약적인 발전과 민간기술의 기술개발 능력을 감안할 경우, 정부 주도하에 정보전쟁 대비책을 강구한다 하더라도, 예산 배분의 문제와 우선 순위 설정, 그리고 핵심 기술개발 촉진문제 등 정보전에 대한 보다 실질적인 대비책을 정책화하는 데에 상당한 어려움이 있다. 이미 대다수의 선진국들은 모든 국민들에 관한 기초정보를 전산화한 지 오래되었으며, 한국에서도 '스마트 카드'(다목적 전자 신분증)의 실용성을 시험하고 있다. 그러나 정보전의 위협에 보다 적극적으로 대처하기 위해서 어느 정도까지 국민의 사생활 침투를 허용할 수 있을까? 이미 일반 시민들에 대한 의료, 보험, 교육, 세금, 자본 등의 자세한 정보가 전산화되어 있는 관계로 돈만 주면 한 개인의 과거기록을 거의 완벽하게 구입할 수 있다.[26)]

5. 현대전과 정보전

전술한 바와 같이 1990년-1991년에 발생한 걸프 전쟁은 지난 반세기 동안의 전쟁사에 가장 중요한 영향을 미쳤다고 볼 수 있다. 물론 한국 전쟁, 베

26) *Los Angeles Times*(September 21, 1997).

트남 전쟁, 아랍-이스라엘 전쟁(특히 1973년 전쟁) 등 냉전 당시 발생한 주요 전쟁과 분쟁도 현대전을 연구하는 데에 많은 교훈을 남겼다. 뿐만 아니라 2001년 10월 7일 전개된 미국의 아프간 공격은 90여일만에 탈리반 정권과 아프간내의 알카이다 테러집단의 정치적 군사적 와해로 이어졌으며 주요원인은 미국의 통합적 정보전 능력의 결과로 볼 수 있다. 그러나 아프간 작전이 여전히 지속되고 있는 가운데 현대전과 정보전의 도화선으로 간주할 수 있는 걸프전을 일단 분석할 필요가 있으며 특히 다음과 같은 측면에서 아주 독보적인 성격을 지니고 있는 전쟁이었다고 볼 수 있다. 첫째, 인류 역사상 최초의 디지털 전쟁으로 기록될 것이다. 둘째, 최첨단 무기들의 가능성과 한계를 보다 분명하게 증명해 주었다. 셋째, 냉전의 종식과 때를 같이한 전쟁으로서 새로운 국제질서의 태동을 이해하는 데에 도움을 주었다. 넷째, 현대전과 미래전에 있어서 가장 중요한 변수는 기술과 정보라고 보편적인 인상을 심어주는 데에 결정적인 영향을 미쳤다. 그리고 다섯째, 걸프전을 계기로 주요국가들의 중장기적 전력 현대화 및 전략개발에 적지 않은 영향을 미쳤음에도 불구하고 긍정적인 평가를 하기 위해서는 너무 이르며 충분한 데이터가 부족하다. 또한 걸프전쟁만큼 미국의 역할과 영향력이 강조된 전쟁이 거의 없다 해도 과언이 아니다. 그만큼 걸프전은 미국의 전쟁이었으며 지금도 걸프전의 전반적인 여파를 계속 연구하고 있다. 그러나 여기서 짚고 넘어가야 할 중요한 문제는 바로 미국중심의 전쟁이었던 만큼 여기서 강조되고 있는 교훈과 전반적인 군사적 영향, 그리고 향후 바람직한 군사전략의 발전 방향 등을 아무런 검증 없이 받아들일 경우 득보다 실이 너 많을 수 있다는 것이다.

우선 걸프전이 왜 RMA로 이어졌는지를 분석하기로 한다. 걸프전을 최초의 디지털 전쟁으로 간주하고 있는 원인은 디지털 패러다임을 선보였기 때문이다. 즉, 걸프전 전까지만 하더라도 베트남 전쟁과 1973년 아랍-이스라엘 전쟁에서 얻은 교훈을 육해공 3군을 총동원시킨 실전에서 실험해보지 못했다. 물론 일부에서는 이라크 군대의 상대적 빈곤과 훈련 부족, 개전 6개월 전부터 전역에 각종 장비와 인력 배치, 그리고 당시 소련의 정치적 협력 등 아무리 미국과 연합군이 단시일 내에 승리를 거두었다고 하더라도 다시는 비슷한 전쟁이 반복되지는 않을 것이라는 견해를 펴기도 한다. 그러나 걸프전을 하나의 중요한 획으로 간주하는 관점에서 보았을 때 가장 중요한 현상은 미래전의 윤곽을 가장 선명하게 보여준 전쟁이라고 간주하며, 이러한 시각이 틀렸다고 속단하기도 곤란하다. 여기서 강조되고 있는 부분은 ① 정보기술, ② 정보전, ③ 전자기술, 그리고 ④ 전자 시스템에 기초한 화력 등을 핵심적 요소로 꼽고 있다.[27)]

이와 함께 우주항공기술과 최첨단 정보기술의 복합적인 작용으로 제 3 차원의 전쟁을 상정할 수 있다고 믿는 전문가들도 있다. 군대의 전산화라는 기치하에 미 육군은 1990년대 초부터 실험 단계로 1개 여단을 전면 전자화 했으며 핵심 내용은 전투상황을 거의 실시간(real time) 간격으로 파악할 수 있는 감지능력을 여단의 모든 병력들과 지휘자들한테 보급한바 있다. 이러한 군의 전자화 계획을 적극적으로 지원하는 이유는 상황의 인식도를 획기적으로 개선할 수 있다고 믿기 때문이다. 즉, 종전에는 실전에 투입된 병력이나 이를 지원하는 병력 모두 전투상황이나 전반적인 전략적 여건과 환경을 감지하고 이해하는 데에 상당한 시간이 소비되었으며, 비교적 신속하게 정보가 전달되었다고 하더라도 그러한 정보를 실질적으로 활용할 수 있는 데에는 분명한 한계가 있었다. 반면, 최근에 개발된 정보기술의 최장점은 바로 이러한 복합적인 전투실태와 제반의 환경적 정보를 실시간으로 보급함은 물론 투입된 병력과 장비의 극대화 효과(synergy)를 형성함으로써 전반적인 위험부담을 획기적으로 줄일 수 있다는 것이다. 따라서 예비병력을 대기시킬 필요가 줄어들고 병참체제도 상당부분 개선될 수 있다. 이러한 전산화 작업의 궁극적인 목적은 기존의 지휘 통제 체계를 현대화 극대화하면서 방대한 지휘통제체계에 포함되어 있는 다양한 요소들간의 상호운영(interoperability) 기능을 최대한으로 기술화하는 것이다.

한편 전통적인 군대는 수직적인 위계질서에 익숙해져 있으나, 베트남 전쟁과 아프가니스탄 전쟁의 중요한 교훈은 이러한 위계질서의 약점을 지속적으로 공격할 경우 수직적인 위계질서는 궁극적으로는 와해될 수밖에 없다는 점이다. 따라서 미래의 전투에 대비하기 위해 군대의 조직을 분산시킬 필요가 있다고 강조하고 있다. 그러나 전산화된 군대의 기본적인 임무는 상대방의 취약점을 정보전으로 공격하는 것이다. 예를 들면 적의 능력과 핵심적인 정보시스템을 사전에 파악할 경우 대량살상무기들도 고도의 정보전으로 무장해제의 효과를 낼 수 있다. 즉, 전통적인 전투이론에서는 상응하는 화력과 결정적인 전력(decisive force)을 투입해야만 승리할 수 있다고 보았으나 정보전에서는 이러한

27) Steve J. Blank, Preparing for the Next War: Reflections on the Revolution in Military Affairs, *Strategic Review,* vol. 24, no. 2(Spring 1996), p. 17.

현상이 비효율적일 수도 있다. 이러한 관점에서 보았을 때 당장 나타나는 결과 중 하나는 군대의 조직개편과 전반적인 구조의 재구성이다. 19세기 초 이후 현재 무기체계와 분쟁의 유형은 상당히 많은 변화를 보여왔으나 군대의 조직과 개념은 큰 차이를 보이지 않고 있다. 따라서 정보를 새로운 실체로 인정하고 그 바탕 위에서 전산화된 군대를 설계해야 된다는 지적이 있고, 그래야만 정보전에서 승리할 수 있는 확률이 높아질 수 있다 하겠다.

그러나 현재 진행중에 있는 RMA를 하나의 획기적인 혁명으로 간주할 수 있을 것인가 아니면 RMA를 하나의 보편적인 변화로 이해해야 할 것인가 하는 문제에 대해선 쉽게 답변할 수 없다. 왜냐하면 정보전을 포함한 다양한 방위기술과 무기체계 등의 개념과 사용방법을 체계화하는 작업이 초기단계에 있을 뿐만 아니라 RMA 자체에 대한 논란이 왕성하기 때문이다. 또한 진정한 의미에서의 '혁명'으로 간주되기 위해서는 새로운 군사적 패러다임을 형성할 수 있을 만큼의 결정적인 변화를 입증할 필요가 있다. 예를 들면 ① 기술개발의 획기적인 변화, ② 시스템의 형성, ③ 작전상의 혁신, 그리고 ④ 기존의 조직구성에 미치는 영향 등을 충족시켜야만 하나의 완성된 혁명으로 취급할 수 있다는 것이다.

앞서 지적한 바 있으나 RMA가 비단 오늘날의 특별한 현상은 아니다. 최소한 현대전의 개념과 제반의 제도가 체계화되기 시작한 19세기 중반부터 볼 경우 1860년대의 장갑함(ironclad ship), 1890-1910년대의 기관총, 1920-1930년대의 전투기와 탱크, 1930-1940년대의 항공모함, 그리고 1940-1950년대의 핵무기 등 거의 20-30년 간격으로 새로운 군사기술이 개선되었고, 당시의 전쟁개념을 부분적으로 혹은 획기적으로 개선하는 데에 영향을 미쳤었다.[28] 그러나 이러한 새로운 기술과 무기체계의 대두보다 더 중요한 변수는 바로 제도적 변화이다. 즉, 아무리 혁신적인 기술이 개발된다 하더라도 그것이 제도적으로 적용되지 못할 경우 혁신적인 변화로 간주하는 데에는 분명한 한계가 있다. 또한 이에 부합되는 정치적 군사적 리더십, 재정적 지원 그리고 효율적인 인력관리 등 다양한 측면에서의 움직임이 있어야만 비로소 새로운 차원에서의 전쟁으로 인식할 수 있는 것이다. RMA에서 강조하고 있는 여러 기술이 있으나 대체로 보아 다음과 같은 부문에 우선 순위를 두고 있다: ① 생물공학(biotechnology), ② 초미니 과학기술(micro or nano technologies), ③ 가상현실(virtual

28) Harley, 위의 글, p. 17.

reality) 기술을 포함한 차세대 정보기술, ④ 자율적 시스템(autonomous systems), ⑤ 고성능 에너지와 동력기술, 그리고 ⑥ 고성능 프로펄션(advanced propulsion) 등이다.[29] 이 밖에도 다양한 기술들을 RMA에 포함시킬 수 있을 것이다. 물론 작금의 전자통신기술 개발현황을 하나의 혁신으로 간주할 수 있는 충분한 근거가 있다. 정보기술의 발전은 무엇보다도 정보의 처리와 분배과정의 가속화로 의사결정주기를 활성화시켰다. 이와 함께 정보기술은 제한된 자원을 극대화함으로써 목표획득(target acquisition)과 전력증강(force multiplier)의 효과를 얻을 수 있다. 전술적인 측면에서 보았을 때 제반의 새로운 군사기술과 RMA기술은 거의 실시간의 관점에서 적의 행방, 위치, 이동 등의 핵심적인 정보의 입수를 가능하게 한다. 특히 상대방이 이와 유사한 기술을 보유하고 있지 않을 경우 실전에서의 효과를 무시할 수 없다.

많은 전문가들 사이에서 RMA의 성격규정에 대한 논란이 있으나 분명히 정보기술의 혁신으로 말미암아 새로운 형태의 전쟁수단이 태동하고 있다는 점에는 모두 이견이 없을 것이다. 그러나 RMA에 지나친 기대를 두는 것도 문제가 많다. 사실 1945년에 핵시대가 열린 이후 많은 전문가들은 당시의 상황 속에서 보았을 때 재래식 전쟁의 종말을 당연한 순서로 점치기도 했다. 물론 핵무기의 개발로 새로운 군사기술체제가 형성되었고 군사교리와 전략에도 획기적인 영향을 미쳤다. 그럼에도 불구하고 핵무기가 재래식 전쟁의 종말을 촉진시키지는 않았다. 이러한 관점에서 보았을 때 RMA도 역시 보다 광범위한 테두리 속에서 이해할 필요가 있으며 전쟁의 성격을 완전히 뒤바꾸어 놓을 것이라고 속단할 수는 없다. 특히 제반의 군사기술이 새로운 군사적 가치를 부여하는 것은 사실이지만 동시에 상당수준의 모험성도 있다.

여기서 정보전의 양면성을 보다 확실하게 이해할 필요성이 제기된다. 정보전과 RMA는 어디까지나 상관적 차원에서 이해해야 한다. 따라서 RMA는 새로운 기회와 도전을 동시에 내포하고 있으며 다음과 같은 문제를 인식할 필요가 있다. 첫째, 상대방의 위치를 실시간으로 파악할 수 있다면 상대방도 같은 차원의 정보를 확보할 수 있다. 그러지·못했을 경우에도 서로의 취약점을 적극적으로 이용할 수 있다. 또한 정보기술의 발전과 더불어 기습공격이 그만큼 어

29) Richard Hundley and Eugene C. *Gritton, Future Technology-Driven Revolutions in Military Operations*(Santa Monica, CA: National Defense Research Institute, RAND, 1994), p. 7.

려워졌다. 둘째, 현대군의 기술의존도가 계속 증가하고 있다는 사실은 그만큼 전략적 취약성이 노출되고 있다는 뜻이다. 오늘의 군대가 보유하고 있는 대다수의 무기들은 각종 정보 시스템에 의존하고 있는 만큼 이러한 '내관' 없이는 전쟁을 수행할 수 없게 되었다. 정부의 핵심 기구들도 다양한 정보시스템에 절대적으로 의존하고 있는 만큼 정부의 취약성 역시 군대의 취약성 못지않게 새로운 문제로 대두되고 있다. 셋째, RMA가 현대전에 있어서 다양한 역할을 할 수 있으나 동시에 다각적인 저강도 분쟁(LIC)에 효과를 거둘 수 있을지는 미지수이다. 가장 대표적인 예로서 베트남 전쟁 당시 미군은 베트콩보다 모든 면에 있어 당시의 기준에서 최첨단 장비와 무기를 가지고 있었음에 불구하고 결국 군사적으로 후퇴할 수밖에 없었다. 넷째, 기술적 우위를 항상 유지할 수는 없는 법이다. 당시의 예상과는 달리 핵무기 시대가 열린 1945년 이후 소련이 불과 몇 년 안에 자체 핵무기 개발에 성공했다는 점이 좋은 예이다. 끝으로 RMA는 민간 기술개발과 밀접한 관계를 유지하고 있는 만큼 지속적인 기술개발이 둔화되거나 필요한 예산이 투입되지 않거나, 아니면 경제가 위축될 경우 결정적인 타격을 입을 수 있다.[30)]

걸프 전쟁만큼 정보전과 RMA에 많은 영향을 미친 사례가 없다 해도 과언은 아닐 것이다. 미 걸프전에 대한 다양한 분량의 공식·비공식 연구보고서들이 발간되었으며 세계의 거의 모든 군대들은 걸프전의 여파를 체계적으로 분석해 왔다. 걸프전을 구체적으로 분석할 필요는 없으나 최소한 이 전쟁이 RMA 전개과정에 미친 영향을 살펴볼 필요는 있다. 걸프전의 전반적인 군사적 결과를 분석함에 있어서 크게 보아 두 개의 학설이 지배적인 위치를 차지하고 있다. 첫째는 미국을 중심으로 한 연합군의 기술적 우위가 전승의 핵심적인 변수였다는 점이며, 둘째는 이라크가 패배한 근본적인 원인은 사담 후세인의 전략적 오판과 이라크 군대의 광범위한 결함과 취약점에 있다는 것이다. 미국이 걸프전에서 승리하자 미 국방부를 비롯한 많은 군사 전문가들과 국제정치 학자들은 걸프전을 계기로 향후 전쟁의 성격이 본질적으로 개선된 것으로 믿었는가 하면 기술적 혁신을 탈냉전 후 군사전략의 핵심적인 과제로 내다보기도 했다. 따라서 냉전종식의 여파로 방위비와 전력이 감소되자 이러한 현상을 극복할 수 있는 유일한 길이 RMA라는 전망이 차츰 가속화되기에 이르렀다.

이러한 기본적인 분석 이외에 새로운 각도에서 걸프전과 RMA를 평가하

30) 위의 글, p. 8.

는 경향이 있다. 예컨대 걸프전을 RMA의 확산과 진정한 의미에서의 '사이버 전쟁'으로 분류할 경우 적잖은 문제가 있다는 것이다. 물론 걸프전에서 새로운 군사기술과 정보전의 영향을 무시할 수 없고, 하이테크 무기와 제반의 지원 시스템 없이 장기간 통합군사작전을 지휘할 수 없었을 것이다. 그러나 승리하는 데에 핵심적인 혹은 결정적인 기여를 했다고 믿는 것도 문제라는 것이다. 왜 연합군이 승리할 수 있었는가를 보다 정확하게 이해하지 못할 경우 걸프전의 교훈을 'RMA의 승리'로 단순화시킬 수 있으며, 이 또한 새로운 문제가 될 수 있다는 것이다.[31] 이러한 관점에서 제기할 수 있는 주요과제는 다음과 같다.

첫째, 향후 전력 및 무기체계의 개발을 위해 다양한 연구가 진행되고 있으나 군사력의 기술적 측면이 지나치게 강조될 경우 군사력의 상승작용 효과를 군사기술로 단순화시킬 우려가 있다. 이럴 경우 위협평가, 전력기획, 방위예산 투입 등 중장기적인 군사력 건설에 적잖은 문제가 발생할 수 있다. 예를 들면 집중적인 기술개발만이 향후 군사력을 확보하는 데에 핵심적인 변수로 작용할 것으로 판단한다면 군사훈련과 인력 관리 예산을 삭감할 것이며, 그럴 경우 실질적인 군사 능력을 저하시키는 결과를 촉진시킬 수 있다는 것이다. 그러나 현재 많은 전문가들이 제기하고 있는 새로운 견해는 걸프전을 미래 전쟁의 기본적인 모델로 인식할 경우 더 많은 문제가 있다는 것이다. 무엇보다도 걸프전과 같은 유형의 전쟁이 앞으로 발생하지 않을 것이라고 장담할 수 없으나, 걸프전의 보편성보다는 독특한 측면을 분석해야 한다. 걸프전과 같이 비대칭적인 성격이 짙은 전쟁을 새로운 전쟁의 유형으로 간주할 경우 승리의 원인을 하이테크 무기로 단순화시킬 수 있으며, RMA에 지나친 무게를 둘 수 있기 때문이다. 문제의 핵심은 21세기에 발생할 수 있는 다양한 위험을 RMA로 대처할 수 있다는 확신을 가질 경우 많은 손실을 초래할 수 있다는 점에 있다.[32]

둘째, 이러한 시각에서 걸프전의 주요교훈을 이해할 경우 새로운 전략적 문제의 발단이 될 수 있다는 점이다. 특히 다각적인 위협 평가, 새로운 방위기술이 실전에 미치는 영향, 전술적 측면을 충분히 고려한 군사교리 개발, 지속적인 군사 교육과 훈련, 효율적인 인력관리 등 군사력을 형성하는 다양하고 복잡한 요소들을 두루 고려하지 않은 RMA 중심의 전력은 더 많은 문제를 촉진

31) Stephen Biddle, Victory Misunderstood, *International Security,* vol. 21, no. 2(Fall 1996), pp. 139-140.

32) Richard K. Betts, The Downside of the Cutting Edge, *The National Interest,* no. 45 (Fall 1996), p. 82.

시킬 수 있다.[33] 셋째, 아무리 기술적 우위를 확보할 수 있다고 가정한다 하더라도 이에 상응한 조직상 그리고 작전상의 개선과 혁신이 동시에 추진되지 않을 경우 우수한 기술적 효과가 무효화될 수 있다. 넷째, RMA를 강조하는 측면에서는 RMA가 지니고 있는 기술적 우위를 마치 독립적 변수로 취급하는 경향이 있으나 어떠한 기술적 우위도 조직적 우위 없이는 효과가 없다.

걸프전에서 각종 하이테크 무기들이 실전에서의 효능을 발휘했고 실전에서의 정보전이 본격적으로 등장한 것은 사실이지만, 군사적 숙련(military skill)과 조직상의 성능(organizational performance)을 배제한 차세대 전투나 전쟁을 논의하는 자체는 문제가 있다. 물론 실시간으로 분석할 수 있는 상대방에 관한 복합적인 정보, 명확한 목표획득 기술, 각종 스마트 무기, 최첨단 병참관리 시스템 등 걸프전에서 선보인 다양한 기술들의 전반적인 역할을 과소 평가할 수 없다. 더욱이 걸프전에서 중요한 기여를 한 대다수의 무기들이 1970년대에 개발되었다는 점에 비추어 볼 때 앞으로는 진정한 의미에서의 RMA를 기대할 수도 있을 것이다.

향후 20-30년 동안 발생할 수 있는 주요 안보위협을 분석함에 있어서 동북아와 한반도는 각각 새로운 도전에 직면할 것으로 전망된다. 탈냉전 이후 동북아의 안보환경을 여러 차원에서 분석하고 있으며 긍정적인 시나리오는 가속화되고 있는 경제협력, 역내 민주화의 확산, 강대국들간의 전쟁 발발 가능성 감소, 그리고 예방 및 다자외교의 활성화 등으로 불안정한 요소들이 분명히 존재하고 있으나 궁극적으로는 해소될 수 있다는 점을 강조하고 있다. 반면, 한반도와 대만해협 문제, 남지나해 문제, 미중갈등, 중일갈등, 대량살상무기 확산 등 부정적인 요소들도 잠재하고 있다. 냉전당시 발생했던 전쟁들의 주요원인 이데올로기 대립이었으나 21세기에 진입하면서 분쟁과 전쟁의 원인은 다양화되었음은 물론 다원화 되었다. 따라서 성공적인 민주화와 경제시장체제의 도입을 재래식 분쟁예방의 필수조건으로 간주할 수 있어도 충분요소로 간주하는 데에는 분명한 한계가 있다.[34] 이와 같은 현상의 대표적인 사례가 바로 정보전이며 한국을 포함한 많은 동아시아 국가들은 다가오는 정보전과 사이버전에 활용할 수 있는 다양한 정보전 능력을 구축하고 있다.[35]

---

33) Blank, 위의 글, p. 21.

34) *The Economist,* July 31, 1999, p. 7.

35) Charles Bickers, Combat on the Web, *Far Eastern Economic Review,* August 16, 2001, p. 30.

6. 테러전, 혼합전, 그리고 정보전

비록 한국과 동아시아 국가들이 사이버전에 대비하기 위한 다양한 방법을 강구하고 있었음에도 불구하고 그 누구도 2001년 9월 11일 테러 학살과 이에 따른 여파를 예측할 수 없었다. 탈냉전 시대 이후 거론되어 왔던 비재래식 안보 위협은 전례 없는 테러 공격인 9·11 사태를 계기로 새로운 국면을 맞이하게 되었으며 현 시점에서 동북아와 한반도 안보에 어떠한 영향을 미칠 것인지에 대한 정확한 예측을 하는 데에는 한계가 있다. 그럼에도 불구하고 9·11 사태는 '21세기의 첫번째 전쟁'이라는 관점에서 뿐만 아니라 혼합전과 정보전의 대표적인 사례로 지목해야 한다. 물론 9·11 사태 이후에도 전통적인 개념의 분쟁과 국가간의 군사적 마찰들이 희석될 것이라고 볼 수 없다. 그러나 2001년 10월부터 전개된 아프간 작전은 일단 RMA 극대화의 한 측면을 잘 보여주고 있으며 특히 미국이 보유하고 있는 원격조종 무기를 바탕으로 한 새로운 힘의 투사능력과 우주항공력 중심의 전략·전술·작전 정보력의 시너지 효과를 확인할 수 있다고 본다. 다시 말해서 전통적인 차원에서의 분쟁과 전쟁이 분명히 사라지지는 않았지만 차세대 전투는 고도의 정보력 없이 성공적으로 수행할 수 없다는 점이 9·11 사태의 본질적인 교훈이라고 여겨진다. 따라서 한국을 포함한 역내의 주요 국가들은 전통적인 개념의 군사력이라고 할 수 있는 '하드 파워'(hard pover)와 새로운 시대의 군사력으로 정의할 수 있는 '소프트 파워'(soft power)를 겸비한 '퍼지 파워'(fuzzy power)를 구축하는 데에 주력할 수밖에 없다고 본다.

민족국가가 있는 이상 전통적인 개념의 국력과 힘의 투사 능력은 여전히 중요한 군사력의 지표가 될 수밖에 없으나 문제는 파지 파워를 보유하지 않는 국가는 더 이상 결정적인 군사적 우위를 확보할 수 없다는 것이다. 또한 이와 같은 파지 파워의 핵심적인 변수는 바로 고도의 정보력과 정보전을 수행할 수 있는 능력을 의미한다. 한 예로 21세기 중반까지의 포괄적인 전략적 우위를 강화·유지하기 위한 결정적인 요소는 지상군, 공군, 그리고 해군과 같은 전통적인 차원에서의 군사력뿐만 아니라 우주와 사이버 공간에서의 군사력도 겸비해야만 한다고 보았을 때 미국과 동등하게 경쟁할 수 있는 세력이 현재 보이지 않고 있다. 뿐만 아니라 현대전의 특징 중 하나인 합동작전 혹은 연합작전의 효력을 감안할 때 통합적 군사력을 배제하고 군사력을 평가할 수 없다. 이러한 맥락에서 보았을 때 미국의 군사적 우위는 더욱더 놀랍다. 2003년도 미국의 국방예산은 총 396억 달러로 확정되었으며 이 액수는 러시아 국방비의 6배이며 핵심 7개국 불량국가로 지목되고 있는 북한, 쿠바, 이란, 이라크, 리비아, 수단, 그리고 시리아 국방비의 26배이다. 미국의 주요 동맹국들인 북대서양조약기구(NATO)회원국, 호주, 일본, 그리고 한국의 국방비와 중국, 인도, 그리고 러시아의 총 국방비를 합친 액수가 약 322억 달러라는 점을 감안할 때 미국은 여전히 이들 국가보다 74억 달러를 더 지출하고 있다. 물론 한 국가의 종합적인 군사력을 판단함에 있어서 국방비와 함께 인적자원, 훈련강도, 무기체계, 교육수준, 실전경험 등 다양한 변수를 고려하지 않을 수 없으나 이러한 부분에서도 미국은 괄목할 만한 비교우위를 확보하고 있다. 인류역사상 어떠한 제국도 21세기 초의 미국과 같은 규모의 군사력을 보유한 적이 없었다고 해도 과언이 아닌만큼 미국의 군사적 우위는 당분간 지속될 수밖에 없다.

그렇다면 어떠한 이유 때문에 미국은 이와 같은 전례 없는 규모의 군사력으로 확보하고 있는가? 미국의 신 군사전략은 다음과 요인들에 의해 촉진되고 있다고 본다. 첫째, 탈냉전 이후 미국의 기본적인 군사전략은 위협중심 국방기획에서 능력중심 국방기획으로 전환되고 있다. 냉전 당시 소련이 미국의 주적이었던 만큼 미국은 유럽에서 소련의 군사적 위협을 차단하고, 한반도에서 전쟁을 억지하고, 그리고 중동 지역에서 전쟁을 예방한다는 기본적인 군사전략을 유지해 왔으나 옛 소련의 붕괴로 이와 같은 전략은 전면 수정될 수밖에 없었다. 2002년 1월 미 국방부가 의회에 제출한 "핵진력 태세 검토보고서"(NPR: Nuclear Posture Review)에 의하면 미국의 핵전략은 공격적 억지 개념으로 전환될 것이며 미국을 직접적으로 공격하거나 아니면 미국의 주요 우방국들 (예를 들면 이스라엘과 한국)이 불량국가들로부터 군사적 공격을 받을 경우 핵무기나 고성능 재래식 무기를 실질적으로 사용할 수 있다는 것이다. 이와 같은 새로운 억지 전략은 대량 살상무기, 탄도미사일, 생화학 무기, 그리고 순항미사일 등과 같은 비대칭적 군사위협(asymmetrical military threat)의 확산에 대비하기 위한 방안의 일환으로 고려한 것으로 보도되고 있다. 따라서 냉전 당시 미국의 군사전략이 미소간의 핵전쟁을 예방하기 위한 핵 균형유지에 초점을 맞추었다면 탈냉전 이후와 특히 9·11 사태 이후에는 다양한 비대칭적 군사적 위협에 능동적으로 대처하기 위한 탄력적 군사전략으로 전환하고 있다고 볼 수 있다.

둘째, 인공위성을 중심으로 한 실시간 전략 및 전술 정보 시스템, 최첨단 통신망을 기반으로 한 통합적 지휘통제 체제, 그리고 우주항공력을 극대화하고 있는 종합적인 공군력과 다양한 원격조정 무기체계들은 전쟁의 개념을 원천적으로 변화시키고 있으며 바로 이러한 새로운 전쟁수행 패러다임 중심에 미국이 위치하고 있다. 9·11 테러 사태 이후 전개되고 있는 아프간 작전은 무인전투기와 정부수집 무인항공기, 다양한 정밀 미사일과 폭탄, 고도로 훈련된 특수전투 요원 등을 중심으로 전개되고 있으며 그 결과 탈리반 정권과 알 카이다 조직을 와해시켰음은 물론 고밀도 우주항공력의 포괄적인 능력을 잘 보여주고 있다. 전쟁역사상 처음으로 소규모 군사작전 상황까지 실시간으로 사령부에 전달되고 있다는 점은 미 합동참모본부가 강조한 바 있는 총체적 정세인식 능력(total situation awareness)의 현실화를 입증하고 있다.

셋째, 공격능력과 방어능력을 보완적으로 확보하고 있는 상황 속에서 적의 공격이 확인된 이후의 보복을 해왔던 전통적인 전쟁의 개념과는 달리 선제적 공격을 포함한 적의 군사적 우위를 차제에 무력화 할 수 있는 다양한 무기체계들이 개발되고 있다. 다시 말해서 미래전의 특징은 성역과 전선이 없는 새로운 차원에서의 전쟁을 의미하고 있으며 적의 전략적 중력(center of grarity)을 소모적인 확전 없이 사전에 무력화할 수 있다는 것이다. 이러한 군사작전을 성공적으로 수행할 수 있는 국가는 미국과 부분적으로나마 영국 밖에 없다. 한 예로 2012까지 미국이 보유하고 있는 핵탄두는 현재의 약 6,000개에서 약 1,700-2,200개로 하양 조정될 계획이지만 종전의 핵무기보다 월등히 높은 명중률을 보유한 차세대 핵무기들이 개발될 것이다. 현재 실험중인 861-11핵 폭탄은 지하 20피트까지 들어가서 표적을 제거할 수 있으며 지하 100피트의 표적들까지 파괴할 수 있는 새로운 핵무기를 개발하고 있는 것으로 전해지고 있다. 뿐만 아니라 본토방위용으로 미사일 방어체제(missile defense)를 구축할 경우 상대방의 공격용 탄도미사일을 발사직후 감지하고 파괴할 수 있는 미사일을 개발하고 있다.

미국의 신 군사우위 전략은 9·11을 이전부터 준비되어 왔으나 9·11 테러 이후 본토방위의 극대화, 능력중심의 국방기획, 새로운 핵전략 구축, 미사일 방어체제의 조기 구축, 우주항공력 현대화, 그리고 무인항공기 추가 개발 등을 골자로 빠른 속도로 전개되고 있다. 미국이 과연 어떠한 도전에 직면할 것인지 그리고 어떻게 유지될 것인지를 정확하게 예측할 수 없으나 21세기 초 미국의 포괄적인 군사적 우위를 감안할 때 미국의 힘의 투사능력은 21세기 중반까지 국제질서를 좌우할 수 있는 중요한 변수로 작용할 수밖에 없으며 그 중심에는 미국의 총괄적인 정보력에 기초하고 있다고 본다. 물론 고도로 RMA화 된 미국의 군데가 앞으로 모든 분쟁과 전쟁에서 반드시 승리한다고 예단할 수는 없으며 미국도 테러공격을 포함, 다양한 형태의 도전에 직면할 수밖에 없을 것이다. 그럼에도 불구하고 걸프전, 보스니아 작전, 코소보 작전, 그리고 아프간 작전 등은 RMA화, 고도의 정보력, 그리고 전통적인 공간과 사이버공간을 통합한 새로운 공간에서의 작전템포(operational tempo)를 의미하고 있다. 사이버 시대에서 발생할 수 있는 다양한 유형의 분쟁들을 효과적으로 예방하고 혹은 적극적으로 통제·방어할 수 있는 방안들이 현재 명확하게 보이지 않지만 중요한 사실은 전략적 정보와 사이버 능력이 없는 국가는 새로운 차원에서의 국가안보 페러다임에 적응할 수 없다는 점이며 한국도 결코 예외일 수 없다.

제10장

정보기관과 민주적 통제

문정인 · 배종윤

1. 서　　론

국가정보기관은 국가안보를 위해 존재한다. 국가안보는 어느 집단이나 정파의 전유물이 아니다. 국민 모두를 위한 공공재가 바로 국가안보이고 국가정보이다. 그러나 국가정보의 현실은 그렇지 못하다. 대부분의 권위주의 국가들에 있어서 국가정보기관은 국가안보를 위한 것이 아니라, 정권안보와 체제안보의 도구로 전락하고 있다. 심지어 성숙한 민주주의 국가에서도 국가정보기관의 중립성 문제가 대두되고 있는 실정이다.[1] 정보의 독점, 은밀성, 그리고 지휘·감독체계의 집중성 등은 최고정책결정자로 하여금 국가정보기관을 자의적으로 오용·악용할 수 있는 여지를 제공해 주기 때문이다. 정보기관에 대한 민주적 통제라는 사안은 바로 여기에서 대두된다. 어떻게 하면 국가정보기관을 비정치화, 탈정치화하여 국가안보의 수호라는 본연의 임무를 책임성 있게 수행하도록 하느냐 하는 것은 민주국가에 있어서 중요한 정치적 과제라 할 수 있다.

본 논문에서는 이 점에 유념하면서 국가정보기관과 민주적 통제와의 상관

1) J. Ramsden, *The Age of Balfour and Baldwin,* 1902-1940(London: Longman, 1987), p. 25.

관계를 심층적으로 살펴보고 있다. 보다 구체적으로 본 논문은 정보기관에 대한 민주적 통제의 필요성과 통제유형 및 그 과정들을 우선적으로 규명해 보고, 거기에서 도출된 분석적 준거를 바탕으로 미국과 한국에 있어서의 민주적 통제를 비교론적으로 다루고 있다. 특히 본 논문에서는 정보기관에 대한 민주적 감시와 통제를 논함에 있어 행정수반, 입법부, 그리고 언론의 역할을 집중적으로 조명하고 있다.

2. 정보기관과 민주적 통제: 정보의 속성 및 통제의 필요성

(1) 정보기관에 대한 민주적 통제 — 이론적 논의

정보기관에 대한 민주적 통제의 필요성은 정보기관의 정치화 현상과 연계성을 가진다. 원론적으로 정보기관은 국가정보의 첨병으로서 중립적, 객관적 입장을 유지해야 하지만, 현실적으로는 정치화의 성향을 보이는데에서부터 문제가 시작된다. 정보기관의 민주적 통제에 대해서는 세 가지의 상충적인 견해들이 있다.[2] 그 하나는 정보기관들의 정치적 개입은 업무의 기능과 성격상 불가피하다는 현실주의적 입장이다. 이들은 국제적 상호의존의 심화로 인해 국내외의 경계가 불분명해지고 있는 만큼, 국제적 문제에 초점을 맞춘 정보기관의 활동도 일정부분에서는 국내정치에 대한 개입으로 진행될 수밖에 없다는 입장이다. 특히, 정보기관에 대한 통제가 지나칠 경우, 국가안보를 책임지고 있는 정보기관의 활동이 위축될 것이며, 이는 국가이익에도 부정적 영향을 미치게 될 것이라는 점을 지적한다. 적대적 행위자들에 대한 신속하고도 적절한 대응을 위해서는 국가정보기관의 은밀성과 비밀성이 반드시 필요하고, 경우에 따라서는 국내정치에 대한 일정한 개입도 불가피하다는 주장이다.

반대로 정치에 대한 정보기관의 개입은 본연의 기능도 아니며 결코 생산적이지 못하다는 비판이 제기된다. 즉, 정보기관 본연의 임무는 전문가적인 입장에서 정보를 수집하고 분석하는데 치중해야 한다는 원칙론적인 입장이다. 이

2) 다음에 제시된 분류에 대해서는 Uri Bar-Joseph, *Intelligence Intervention in the Politics of Democratic States*(University Part, Penn.: The Pennsylvania State University Press, 1995), pp. 22-30의 내용 참조.

들은 정보기관에 대한 민주적 통제가 결코 정보기관을 약화시키지 않으며, 오히려 활동에 유용한 역할을 하게 될 것이라는 점을 지적한다. 정보기관의 활동을 자유롭게 하고, 국가의 민주적 가치와 자유를 보호하기 위한 안전장치로서 필요하다는 주장이다.[3] 마지막으로, 이들 사이의 중도적 입장으로서, 정치에 대한 정보기관의 개입은 불가피하다는 점은 인정하면서도, 원칙적인 측면을 중시하는 절충주의적 입장들도 존재하고 있다.

이들간의 논란에서 어느 쪽도 완전한 해답이 될 수는 없다. 정보기관에 대한 통제의 필요성을 주장하는 이들도 정보기관의 활동이 지나치게 통제되어져서는 안된다는 점을 알고 있다. 그러나 정보기관이 갖고 있는 정보의 독점적 현상 때문에 정보기관에 대한 적절한 견제와 감시가 없다면 국내 정치에 쉽게 개입함으로서 독점적 권력을 자의적으로 악용할 가능성이 높아질 수 있다. 이외에도 정보기관은 최고정책결정자에게 직접 보고하는 경우가 일반적이기 때문에 견제세력이 없다는 점, 정보의 남용과 오용에 대한 검증이 어렵다는 점, 절대적 전문성의 확보 문제, 인력과 비용의 절대적 우월성 문제 등 정보기관의 구조적 특성 때문에 정보기관에 대한 민주적 통제는 필수적이라고 할 수 있다.

(2) 정보기관에 대한 민주적 통제의 필요성

앞에서 언급한 정보기관의 본질적 측면들과 관련하여, 정보기관에 대한 민주적 통제의 필요성을 주장하는 내용들을 정리하면 다음과 같다. 첫째, 국가정보기관의 존재이유는 국가안보를 위한 것이지, 결코 체제안보나 정권안보를 위해 존재하는 것이 아니다. 따라서, 국가의 이익에 부합되는 행동을 진행하고 있는지를 감시하고 관리하며, 통제하는 행위는 필수적이다. 만약 민주적 통제와 감시가 결여될 때에는 정보기관은 국가안보가 아니라, 체제안보나 정권안보를 위한 도구로 전락할 가능성이 높아진다. 그리고 이러한 사태의 발전은 정보기관을 개인적 권력유지의 수단으로 전락시키게 만들고, 궁극적으로는 정보기관에게도 부정적인 부메랑 효과를 초래하게 만든다.

둘째, 정보기관에 대한 민주적 통제는 정보기관의 활동 범위에 대한 준거

3) Rhodri Jeffreys-Jones, *The CIA and American Democracy*(New Haven: Yale University Press, 1989), pp. 248-249; Loch K. Johnson, "The CIA and the Question of Accountability," *Intelligence and National Security,* vol. 12, no. 1(January 1997), pp. 196-197.

를 분명히 해줌으로서 불필요한 말썽의 소지를 없앨 수 있다. 즉, 민주적 통제가 없다면 어느 선까지가 국가안보와 관련하여 정당화될 수 있는 행동인지, 아니면 개인의 정치적 이익과 관련되어 정당화될 수 없는 행동인지를 스스로 판단해야만 한다. 그리고 이러한 과정은 정보기관의 활동 범위에 대한 객관성을 상실케 할 수 있다. 따라서 민주적 통제를 통해 일정한 기준을 마련하는 것은 정보기관의 활동 영역과 범위를 더욱 신뢰성 있게 만들 것이며, 결과적으로는 정보기관의 행동을 자유롭게 할 수 있다. 미국의 역대 CIA 국장들 9명 중 7명은 정보기관이 의회와 같은 조직으로부터 민주적 감시와 통제를 받는 것이 정보기관을 오히려 편하게 해주며, 부담을 덜어주게 된다는 점에 동의한다는[4)]지적은 이러한 측면들을 반증해 주고 있다.

셋째, 정보기관으로서는 민주적 통제하에서 업무와 관련된 작업을 진행하는 것이 책임소재를 분명히 함으로써 조직 스스로를 보호할 수 있는 방법이 된다. 정보기관이 수행하는 업무의 핵심적 기능은 비밀성에 있다. 이는 정보기관이 추진하는 활동의 성공여부를 결정짓는 핵심적 요소이기도 하다. 그러나 일상적이고도 본연의 임무에 충실한 '기능적인 은밀성'과 정치적 요소가 강하게 작용되는 '정치적 성향의 은밀성'을 서로 구분하는 것은 쉬운 일이 아니다. 경우에 따라서는 기능적 은밀성이 정치적 은밀성을 은닉시킬 수도 있으며, 순수한 기능적 은밀성이 외부에게는 오히려 정치적 은밀성으로 이해될 수도 있기 때문이다. 따라서, 민주적 통제를 통해 가능한 한 투명성을 확보하고 업무의 책임소재를 분명히 하는 것은 정보기관을 불필요한 정치공세로부터 보호하는 데 유리하게 작용할 수 있다.

넷째, 정보기관의 사회적 책임감과 관련해서도 민주적 통제는 중요한 의미를 가진다. 정보의 수집과 분석, 분배와 관련하여, 정보기관은 정보를 독점하고 있고, 국가는 이러한 정보기관에 전적으로 의존하고 있다. 만약 정보기관의 정보활동이 잘못되거나 불순한 의도가 반영된다면, 이는 정보기관 조직만의 일이 아니라 사회 나아가 국가 전체에게도 악영향을 미칠 수 있다. 정보기관의 책임감 문제에 대한 점검 역시 민주주의 국가들도 예외는 아니다. 따라서 정보를 독점하고 있는 정보기관들이 무책임하게 행동하지 않도록 다양한 형태로 견제하고 감시하는 작업이 필요하다. 물론 감시한다고 해서 항상 사회적 책임감이 구현되는 것은 아니다. 미국 CIA가 칠레의 Allende 대통령을 암살한 경

4) Loch K. Johnson, "The CIA and the Question of Accountability," p. 188.

우와 같이 민주적 합의를 무시한 인권침해 사건들이 발생할 수도 있으며, 미국의 피그만 침공 사건과 같이 국민들을 기만한 행동들이 진행될 수도 있다. 그렇지만, 비효과적이라고 해서 민주적 통제를 완전히 배제한다면, 그 결과는 국가이익에 대한 엄청난 손실로 나타날 수 있다.

다섯째, 정보기관은 정부기관의 하나로서 국민의 세금으로 편성된 정부예산을 사용한다. 따라서, 정보기관이 사용한 예산에 대해서는 효과적이고도 적절한 평가가 필요하며, 집행된 예산에 대한 책임도 져야만 한다. 비록 다른 정부 부처에 비해서는 상대적으로 감시와 감독의 강도가 낮기는 하겠지만, 정보기관이라고 해서 민주적 통제를 회피할 수는 없다. 감시가 없는 예산사용은 무책임을 초래할 수가 있고, 이는 부정과 부패의 온상이 될 수 있다. 바꾸어 말하면, 정보기관의 예산은 국민의 세금인 만큼 책임 있는 관리가 필요한 것이다.

여섯째, 정보기관이 아무리 전문성과 은밀성, 효율성을 전제로 한다고 하더라도, 민주적 절차가 배제되어져서는 안된다. 효율성과 관련하여 일정한 민주적 절차가 생략될 수도 있다. 그러나 기본적인 원칙이나 절차의 생략은 단순한 정보기관만의 문제가 아니라, 국가전체의 원칙이나 기본이 붕괴된다는 것을 의미한다. 따라서 법이 정한 민주적 절차와 원칙은 준수되어져야만 한다. 정보기관의 입장에서도 민주적 절차를 거치는 것이 국민적 지지를 획득하고 사회적 위상을 향상시키는 데 유리하게 작용할 수 있다.

정보기관의 입장에서는 민주적 감시와 견제가 불편할 수도 있다. 그러나 정보기관에 대한 민주적 통제가 반드시 부정적인 측면만을 갖고 있는 것은 아니다. 다양한 형태의 국가기구나 조직들이 정보기관을 견제하고, 조사하며, 감시하게 될 경우, 정보기관의 위상은 더욱 높아지고, 활동은 더욱 자유로워지며, 가치는 더욱 높아질 수 있는 것이다. 특히, 정보기관이 위기에 처했을 때에는 이러한 감시체제가 정보기관에게 오히려 도움이 된다[5]는 주장들도 결코 간과되어져서는 안될 것이다.

5) 미국 국회의원 Mike Mansfield의 주장 내용 참조. *Congressional Record,* 1956년 4월 11일자, p. 6068; 1966년 7월 14일자, p. 15699, Loch K. Johnson, "The CIA and the Question of Accountability," p. 181 참조.

3. 정보기관과 민주적 통제: 통제유형과 과정

앞에서 살펴본 바와 같이 정보기관에 대한 민주적 통제는 필수적이라 하겠다. 그렇다면 정보기관에 대한 통제와 감시는 어떻게 이루어지고 있는가? 정보기관에 대한 통제유형들을 행위자별로 정리하면 다음과 같다. 첫째, 특정한 개인에 의해 통제되는 사적인 통제형태와, 법률 또는 제도에 의해 통제되는 제도적 통제형태로 분류될 수 있다. 이 경우, 제도화된 통제의 형태가 보다 민주적인 통제의 형태로 분류될 수 있을 것이다. 두 번째로 분류할 수 있는 것은 정보기관의 통제에 대한 다원성 여부이다. 특정한 개인 또는 특정한 조직 등 단일 행위자에 의해 정보기관이 통제된다면 정보의 독점과 정보기관의 오용, 남용이 발생할 가능성은 높아질 수밖에 없다. 반면 복수의 행위자들에 의해 서로 교차적으로 통제할 경우, 통제영역이나 업무가 분담되면서 보다 효율적인 통제가 가능해질 수 있다. 정보기관의 불법적 이용 가능성도 상당히 줄어들 수밖에 없다. 결국, 개인에 의한 통제나 단일 행위자에 의한 통제보다는 제도에 의한 통제나 복수의 행위자들에 의한 통제가 민주적인 원칙에 보다 근접한 동시에 세련된 통제를 가능하게 만든다.

여기에서 제도에 의한 복수행위자들의 민주적 통제라는 것은 통상 3가지 행위자들에 의한 감시와 통제를 의미한다. 우선 정보기관은 정보의 일차적 소요제기자이자 최우선적 소비자인 국가수반의 감시와 통제를 받기 마련이다. 둘째, 국가정보기관은 행정부의 일부이다. 민주국가의 삼권분립과 견제 및 균형의 원칙에 의해 행정부는 입법부의 감시와 통제를 받도록 되어 있다. 따라서 국가정보기관은 입법부의 감시와 통제를 피할 수 없다. 마지막으로 언론과 시민단체의 역할을 들 수 있다. 국가정보기관의 기밀성 때문에 일반 시민단체의 감시와 견제는 다소 어려울 수 있다. 그러나 언론기관의 감시와 감독 기능은 정보기관에 대한 민주적 통제의 중심 부분이라고 할 수 있다. 이제 이들의 통제와 감독기능을 각론적으로 살펴보고자 한다.

(1) 대통령의 정보기관 통제와 감독

정보기관의 가장 기본적인 존재 목적은 최고정책결정자인 대통령과 수상에게 정책결정에 필요한 정보들을 수집하고 분석해서 제공하는데 있다. 때문에 최고정책결정자는 정보기관에 대한 장악과 통제를 우선적 과제로 설정해야 한다. 특히, 국가운영과 정책결정에 있어 고급정보의 중요성, 정보를 판단할 수 있는 전문가의 확보, 은밀한 비밀사업의 비중 등을 염두에 둔다면, 최고정책결정자로서는 정보기관에 대한 통제를 가볍게 인식할 수만은 없다.

그러나 정보기관에 대한 최고정책결정자의 통제가 항상 성공하는 것은 아니다. 최고정책결정자의 입장에서는 정보기관이 자신에게 충성하고 수족처럼 움직여주기를 바라게 된다. 그러나 관료조직의 하나인 정보기관은 자신의 조직이익을 근거로 움직이려는 관성을 보이기 마련이다. 바로 정치적으로 판단하고 지시하는 최고정책결정자의 입장과 전문가적인 입장에서 판단하고 행동하는 관료조직간의 차별적 입장이 발생하는 것이다. 다음에서는 정보기관에 대한 최고정책결정자의 통제수단과 통제 가능성들을 점검해 보았다.

1) 정보기관에 대한 최고정책결정자의 통제와 수단

이론적으로 국가의 최고정책결정자가 관료들을 통제할 수 있는 가장 중요한 수단은 인사권이다. 정보기관의 장뿐 아니라, 주요 보직 인사들은 최고정책결정자의 승인을 거치도록 되어 있다. 최고정책결정자는 집권 당시는 물론이고 집권기간 중에도 수시로 인사를 단행할 수 있다. 이러한 인사권의 행사를 통해 최고정책결정자는 자신에게 충성할 수 있는 인물들을 임명하게 되고, 이를 통해 정부조직들을 장악해 나가게 된다. 정보기관도 예외는 아니다. 물론 이러한 과정에서 정보기관들이 대통령의 사조직화될 가능성도 있지만, 정보기관에 대한 대통령의 통제력을 확보할 수 있는 가장 유효한 수단인 것만은 사실이다. 국가운영을 책임지고 있는 최고정책결정자는 정보기관이 자신이 원하는 정보들을 적절히 제공해 주기를 희망한다. 따라서 신뢰할 수 있는 측근들을 정보기관의 책임자로 임명함으로써 정보기관의 조직적 이익이나 외부의 개인적 이익을 차단하고, 최고정책결정자 자신의 입장에서 정보를 판단하고 평가하고, 제공해 주기를 희망하는 것이다.[6]

두 번째, 최고정책결정자는 정부조직들을 새롭게 만들거나, 제거할 수 있다. 최고정책결정자의 조직장악력은 정보기관에게도 매우 강도높은 통제의 방

6) Robert M. Gates, "The CIA and American Foreign Policy," *Foreign Affairs,* vol. 66, no. 2(Winter 1987/1988), p. 227.

안이 될 수 있다. 최고정책결정자가 행사할 수 있는 조직상의 통제유형을 보면 다음과 같다. ① 해당된 정보기관의 조직을 직접 축소시키거나 확대시킴으로써 정보기관에 대한 직접적인 통제를 진행할 수 있다. ② 정보기관을 통제하고 감시할 수 있는 새로운 정부조직을 만듦으로써 해당 정보기관을 간접적으로 장악해 나가는 방법이다. 국가정보위원회(NSC)와 같이 최고정책결정자 직속의 기관을 정보기관 상위에 배치시킴으로써 해당 정보기관을 통제하는 것이 대표적인 형태라 할 수 있다. 비록 최고정책결정자가 직접 정보기관을 확인하고, 감독하지는 못하지만, 그에 버금가는 효과를 얻을 수는 있다는 장점을 갖고 있다. ③ 대안적인 정보조직을 중복적으로 만듦으로써 특정한 정보기관의 정보독점을 차단하는 것이다. 즉, 국가정보기관을 복수화하고, 정보기관들간의 상호 견제와 경쟁을 유발시킴으로써, 부패나 국내정치 개입을 차단하는 방안이 될 수 있을 것이다.

마지막으로 지적될 수 있는 최고정책결정자의 또 다른 통제수단은 행정명령권이다. 비록 입법권은 의회가 갖고 있지만, 대통령은 행정명령을 통해 입법과 유사한 기능을 수행하도록 함으로써, 정보기관을 법률적으로 통제할 수 있는 방안을 갖고 있다. 물론 행정명령이 영구적이지 못하고, 강제가 어려우며, 일반 법률만큼의 효력을 가지지 못한다는 단점도 있다. 그러나 대통령은 의회의 승인을 받지 않고서도 자신이 원하는 형태로 업무를 처리할 수 있고 신속성을 발휘할 수 있다는 측면에서는 매우 유용한 통제수단이 될 수 있다는 장점도 갖고 있다.

2) 최고정책결정자와 정보기관 통제의 한계

외교정책과 관련된 기존의 연구들은 한 국가의 최고정책결정자가 국가를 대표하는 유일한 존재일 뿐 아니라, 외교정책을 결정하고 추진하는 당사자로서 외교정책의 결과에 대해 전적으로 책임을 지는 존재로 인식하고 있다. 그리고 정보기관이 존재하는 목적도 보다 효율적인 외교·안보정책을 수립하기 위한 정보수집에 있는 만큼, 최고정책결정자가 정보기관을 통제하는 것은 지극히 당연하고 효율적이라는 시각이 있다.[7)]

7) 관료들에 대한 최고정책결정자의 통제가 적절히 이뤄질 수 있다는 주장들과 관련해서는, Carnes Lord, *The Presidency and the Management of National Security*(NewYork: Free Press, 1988); Jon Hurwitz and Mark Peffley, "The Means and Ends of Foreign Policy as Determinants of Presidnetial Support," *American Journal of Political Science,*

반면에 정보기관을 비롯한 관료조직들에 대한 최고정책결정자의 관리와 통제에 대해 회의적인 입장들도 있다. 이들은 현대의 관료조직이 최고정책결정자를 속일 수도 있고, 조직의 장을 정책결정과 판단에서 배제시킬 수도 있다는 점을 지적한다.[8] 그 이유는 최고정책결정자의 능력과 시간이 현실적으로 분명한 한계를 가지고 있기 때문에 정보기관에 대한 효율적 통제가 어렵다는 것이다. 따라서 정보기관에 대한 통제도 원칙적인 측면과 달리 효율적으로 진행되기가 힘들다고 판단한다. 또 다른 이유로는 정보기관들이 전문성을 갖고 있을 뿐 아니라, 정보의 선별적 제공을 통해 오히려 최고정책결정자를 좌지우지할 수도 있다는 점을 들고 있다.[9] 이외에도 최고정책결정자에게만 정보기관의 통제를 맡길 경우에는 최고정책결정자의 개인적 판단이 정보기관들을 사유화시킬 가능성이 있고, 잘못된 형태로 유도될 경우에도 이를 수정할 수 없다는 점이 한계로 지적되고 있다.

최고정책결정자의 정보기관 통제와 관련하여 주목해야 할 또 다른 대목은 정보기관에 대한 최고정책결정자의 통제와 감시가 성공적으로 진행된다 하더라도 그에 수반되는 부정적인 측면들을 어떻게 극복해 나갈 것인가 하는 점이다. 그 하나는, 최고정책결정자가 정보기관을 완벽하게 장악하게 될 경우, 정보기관의 정보수집이나 분석과정에 최고정책결정자의 정치적 가치나 판단이 심각하게 영향을 미칠 수 있다는 점이다. 정보기관은 최고정책결정자를 최종고객으로 하는 만큼, 최고정책결정자의 편견이나 개인적 업무스타일에 정보기관의 행보가 제한받을 수밖에 없다. 따라서 대통령이 의도적으로 정보기관을 개인적 목적을 위해 이용하고자 하는 경우에는 정보기관으로서는 그 굴레를

vol. 31, no. 2(1987), pp. 236-258; Ronald Randall, "Presidential Power versus Bureaucratic Intrasigence: The Influence of the Nixon Administration on Welfare Policy," *American Political Science Reivew,* vol. 73, no. 3(1979), pp. 795-810 등 참조.

8) Uri Bar-Joseph, *Intelligence Intervention in the Politics of Democratic States,* p. 40. 또한 외교정책에 있어 관료정치적 현상을 연구하는 이들도 이러한 측면들을 발견하고 있다. Graham T. Allison, *Essence of Decision: Explaining the Cuban Missile Crisis*(Boston: Little, Brown, 1971) 중에서 특히 pp. 137-142; Morton H. Halperin, *Bureaucratic Politics and Foreign Policy*(Washington, D.C.: The Brookings Institution, 1974), pp. 279-280 등 참조.

9) 외교정책과 관련해서는 Graham Allison의 관료정치 모델 이외에도, Randal B. Ripley and Grace A. Franklin, *Policy Implementation and Bureaucracy*(Chicago: Gorsey Press, 1986); Charles F. Hermann, "New Foreign Policy Problems and Old Bureaucratic Organization," in Charles W. Kegley, Jr., and Eugene R. Wittkopf, eds., *The Domestic Sources of American Foreign Policy: Insights and Evidence*(New York: St. Martin's Press, 1988), pp. 248-265; B. Dan Wood, and Richard W. Waterman, *Bureaucratic Dynamics: The Role of Bureaucracy in a Democracy*(Boulder: Westview Press, 1994) 등 참조.

벗어나기가 쉽지 않다는 것이다. 물론 권위주의 정권하의 정보기관들이 민주적 정권에 비해 보다 더 효율적으로 정보업무를 추진할 수도 있다.[10] 비밀 공작과 관련된 더 많은 경험과 노하우들을 갖고 있을 수 있고, 최고정책결정자의 전폭적 지원에 의해 업무가 보다 효과적으로 진행될 수 있기 때문이다. 그러나 정보기관이 정치지도자의 사조직으로 전락하는 그 시점부터 정보기관이 갖고 있는 국민적 신뢰는 떨어지기 시작하고, 정보기관의 가치나 존재는 약화되기 마련이다. 1970년대 초 Watergater 사건이 보여주고 있듯이, 미국의 CIA가 대통령의 개인 기관처럼 국내정치에 개입했고, 그 결과 정보기관인 CIA가 전 국민적인 지탄의 대상이 되었던 사실을 인지해야만 한다.

다른 하나는 최고정책결정자가 정보기관을 완벽히 통제하는 것이 제도화되어 있다 하더라도 현실적인 측면에서는 최고정책결정자의 개인적 특성에 따라 차별적인 모습을 보일 수 있다는 것이다. 정보기관의 활동 전반을 최고정책결정자가 개입하고 관여할 수도 없을 뿐 아니라, 임기에 따라 교체되는 최고정책결정자의 개인별 차이가 정보기관에 대한 통제의 양상을 차별화시키게 된다. 1970년대 Watergate 사건 이후 미국 내에서는 정보기관들에 대한 통제와 감시의 필요성이 강력히 제기되었다. 의회의 법률적 제도적 통제가 강화되었고, 미국 대통령의 정보기관에 대한 장악이 강화되면서, 정보기관에 대한 통제가 제도화되는 양상을 보였다. 그러나 1980년대에 발생한 Iran-Contra 사건은 이러한 제도화도 완벽하지 않다는 사실을 입증해 주고 있다. 정보기관을 운용하고 통제하는 최고정책결정자의 개인적 차이나 스타일의 문제가 또다른 논의의 대상이 되고 있는 것이다.

(2) 삼권 분립과 입법부의 통제 및 감시

정보기관에 대한 입법부의 통제 및 감시 문제가 거론되는 것은 '견제와 균형'의 원리, 삼권 분립의 원리에서부터 출발한다. 정보는 곧 권력이라는 점을 염두에 둔다면, 최고정책결정자에게만 정보가 집중된다는 것은 행정부에 대한 권력의 편중을 초래할 가능성이 있음을 의미한다. 따라서 의회가 정보기관을 감시하고 감독한다는 것은 행정부의 권력남용에 대한 견제와 감독의 의미를

10) Pat M. Holt, *Secret Intelligence and Public Policy: A Dilemma of Democracy*(Washington, D.C.: A Division of Congressional Quarterly, Inc., 1995), pp. 241-242.

가진다. 따라서 입법부는 최고정책결정자와 같이 정책집행에 있어서의 수직적 통제와 관리의 측면이 아니라, 정보기관의 오·남용을 방지하기 위한 수평적이고도 예방적인 통제와 감시기능을 행사한다.[11]

1) 입법부와 외교 · 안보정책

정보기관의 주요 활동영역이라고 할 수 있는 외교 · 안보정책과 관련된 업무들은 그 동안 국가원수이며 행정부의 수반인 대통령이나 수상의 고유한 기능과 권한에 속한다는 입장이 지배적이었다. 따라서 정보기관에 대한 통제나 관리도 최고정책결정자에게만 허용된다는 것이 일반적 통념이었다.

그러나 이러한 인식에 변화가 발생하기 시작했다. 사회가 급성장하고 국가의 기능이 확대되기 시작하면서 더 이상 국가를 대표하는 행정수반 1인에게 모든 외교 · 안보정책을 담당하도록 하는 것은 문제가 있다. 또한 외교정책의 영역이 군사-안보 부문을 초월하여 경제, 문화 등 다양한 영역으로 확대되기 시작했고, 외교의 주체들이 국가라는 공식적인 행위자뿐 아니라, 비공식적인 행위자들이 주요한 행위자로 등장하게 되었다. 이같은 상황하에서 외교 · 안보정책에 대한 입법부의 개입은 새로운 민주적 현상으로 자리잡기에 이르렀다. 이러한 현상을 반영하여 일부 학자들은 행정부와 정보기관에 대한 입법부의 통제를 기정사실화하고 있다.

반면, 외교정책은 행정부만의 고유 영역이라고 주장하는 현실주의자들은 외교정책에 의회가 개입하는 것은 부적절하다는 입장을 표명하고 있다.[12] 첫째, 무엇보다도 외교정책은 국내정치와 달리 대통령만이 책임을 지는 대통령

---

11) Mathew D. McCubbins, Thomas Schwartz, "Congressional Oversight Overlooked: Policy Patrols versus Fire Alarms," *American Journal of Political Science,* vol. 28, no. 1 (February 1984), p. 175. 물론 정보기관에 대한 감시를 반드시 의회가 진행해야 할 필요성은 존재하지 않는다. 캐나다의 경우, 1984년 캐나다 의회가 Security Intelligence Review Committee(SIRC)를 만들어 캐나다 정보기관들의 국내정보활동을 감시하도록 만들었다. 그런데, SIRC는 의회내 기구가 아니다. 국회의원으로 구성된 것도 아니다. 비록 입법권이나 예산 심의권과 같이 의회 본래의 기능은 수행하지 못하지만, 민간 기구에서 정보기관을 감독하도록 구성함으로서 보다 더 객관성을 유지하도록 만들어놓은 것이다.

12) Bernard S. Morris, "Presidential Accountability in Foreign Policy: Some Recurring Problems," *Congress & The Presidency,* vol. 13, no. 2(Autumn 1986), pp. 157-161; Barry M. Blechman, *The Politics of National Security: Congress and U.S. Defense Policy* (New York: Oxford University Press, 1990); David S. Cloud, "White House Looks to Senate to Maintain China Studies," *Congressional Quarterly Weekly Report,* June 1991, p. 1434; I. M. Destler, "Executive-Congressional Conflict in Foreign Policy: Explaining it, Coping with it," in Lawrence C. Dodd and Bruce I. Oppenheimer, *Congress Reconsidered,* 3rd ed.(Washington, D.C.: CQ Press, 1985) 등 참조.

고유의 영역이기 때문에 의회가 개입할 여지가 없다. 둘째, 외교정책에 있어 최고정책결정자와 행정부 이외의 행위자들이 개입하는 것은 정책결정에 있어 비효율적이다. 셋째, 의회는 조직성격상 수평적이며, 국회의원들이 자기 중심적으로 개별적으로 행동하기 때문에 보안이 준수되지 않는다. 넷째는 국회의원들은 경험과 전문성이 부족하다. 다섯째, 여론에 쉽게 휩쓸리며, 일관성과 지속성이 미약하다. 여섯째, 선거에만 관심이 있으며, 외교정책도 정치적 재선을 위한 수단으로 활용된다. 일곱째, 국회의원의 속성상 지역구의 이익과 관련된 압력단체나 이익단체의 로비에 취약하다는 점 등을 들고 있다.

그러나 외교정책에 대한 의회 개입의 당위성을 주장하는 이들의 입장도 만만치 않다.[13] 첫째, 대통령과 행정부가 외교정책을 독점하는 것은 적절치 않으며, 독점으로 인해 발생되는 단점들을 극복하기 위해서도 의회가 외교정책에 개입하고 행정부를 견제해야 한다. 둘째, 외교정책에 대한 의회의 개입은 때때로 대통령의 외교정책 수행, 특히 외교협상에 긍정적 기제로 작용할 수 있다. 셋째, 행정부 조직의 특성이 수직적이고 위계적인 만큼, 수평적이고 분절적인 특성을 갖고 있는 의회 조직들이 행정부의 단점들을 보완할 수 있다. 넷째, 오히려 차분하고 느긋한 의회의 속성이 행정부의 성급함과 신속성으로 인한 실수를 보완해 준다. 다섯째, 전문성 부족과 관련, 상식적인 수준의 지식만 갖고 있다면, 의회도 외교정책에 충분히 개입할 수 있음을 강조한다. 마지막으로 국회의원들이 선거와 표에만 집착한다는 지적에 대해서는, 이는 국회의원은 물론이고 대통령과 관료들 모두에게 공통된 현상이라며 반박한다.

결국 이들간의 논쟁은 궁극적인 책임 소재의 문제와 정책의 신속성, 전문성, 효율성 문제에 대한 논의로 정리될 수 있다. 일상적인 경우에는 최고정책결정자를 중심으로한 외교정책 추진이 진행되고 있지만, 최고정책결정자가 추진한 외교정책이 실패하던지, 외교정책에 대한 국내정치적 이해관계가 복잡하게 연계되어 있을 경우 의회의 개입은 불가피한 현상으로 나타나고 있다. 특

13) Eileen Burgin, "Congress and Foreign Policy: The Mispercetptions," in Lawrence C. Dodd, Bruce I. Oppenheimer, eds., *Congress Reconsidered*(Washington, D.C.: Congressional Quarterly, Inc., 1993), pp. 333-363; Eileen Burgin, "Representatives' Decisions on Participation in Foreign Policy Issues," *Legislative Studies Quarterly,* no. 16(November 1991), pp. 521-546; James M. Lindsay and Randall B. Ripley, "How Congress Influence Foreign and Defense Policy," in Randall B. Ripley and James M. Lindsay, eds., *Congress Resurgent: Foreign and Defence Policy on Capital Hill*(Ann Arbor: The University of Michigan Press, 1993), pp. 17-35 등 참조.

히, 탈냉전 이후 국내적 이해관계가 외교정책과 연계되는 경우가 많아지게 되면서, 국내의 다양한 이익들을 대변하는 의회가 외교정책에 개입할 여지는 더욱 확대되는 추세라 할 수 있다. 바로 이러한 논란들 속에는 외교정책과 긴밀한 연관을 갖고 있는 정보기관에 대한 의회의 개입논의도 병행되어 진행되고 있다.

2) 정보기관에 대한 입법부의 통제 수단과 유용성

입법부는 일반적으로 3권분립의 원칙에 따라 행정부를 견제할 수 있는 기능과 수단들을 다양하게 확보하고 있다. 그 중 가장 유용한 수단은 바로 정부예산에 대한 심의와 승인이다. 의회에게 강력한 권한을 부여해 주고 있는 예산안 심의는 두 가지 측면을 갖고 있다. 그 하나는 정부가 제출한 예산안이 의회를 통과되어야만 집행될 수 있다는 점이다. 다른 하나는 정부가 사용하고 집행한 결산안을 의회가 감사하고, 감독하도록 되어 있다는 점이다. 정보기관도 예외는 아니다. 제한적인 형태라 하더라도 정보기관에 배정된 예산을 어떻게 집행했는가 하는 내용을 의회에게 보고해야 하는 만큼 정보기관으로서도 예산문제와 관련해서 부담을 가질 수밖에 없는 것이다.

이러한 예산과 관련된 의회의 견제수단 이외에도, 청문회나 공청회 개최가 두 번째 수단으로 지적될 수 있다. 정보기관을 상대로할 경우에는 청문회 등의 진행이 대부분 비공개로 진행되고, 관련 내용들이 공개되는 것도 극히 일부분으로 제한되는 것이 현실이다. 그러나 입법부가 정보기관을 통제할 수 있는 수단으로서 청문회와 같은 합법적 수단을 보유하고 있는 것은 사실이다. 그리고 그 운용 방식에 따라서는 매우 유용한 견제수단이 될 수도 있다.

셋째는 대정부 질문을 진행하거나, 의회 상임위원회에 관련 공무원들을 출석시켜 보고를 받고, 질문을 하며, 답변을 요구할 수 있는 권한이다. 구체적인 정책 사안들의 잘잘못을 추궁하고 잘못을 바로잡을 수 있다는 점에서는 이 역시 유용한 통제와 감시수단이 되고 있다.

넷째로 입법부는 국정감사와 국정조사를 진행할 수 있다. 의회는 정기적으로 행정부의 직무수행을 감사한다. 한국도 1994년부터 정보기관에 대한 국정감사가 진행되고 있다. 물론 국정감사의 결과보고서가 완전히 공개되는 것은 아니지만, 정보기관으로서는 국정감사에 대한 부담을 가지지 않을 수 없다. 한편, 필요한 경우에는 의회가 국정조사를 실시할 수도 있다. 정보기관의 활동에 대한 의회의 국정조사도 불가능한 것만은 아니다. 미국의 경우에는 국정조사를 실시하며, 필요하다고 판단될 경우에는 결과보고서를 공개함으로써 정보기관에 대한 효율적인 통제수단으로 사용되고 있다. 그리고 결과보고서를 통해 정책적 대안을 제시함으로써 정보기관의 활동방향을 제기하기도 한다.

다섯째는 최고정책결정자의 인사권에 대한 동의와 관련된 내용이다. 비록 한국의 경우에는 정보기관까지 그 대상에 포함되어 있지 않지만, 미국의 경우에는 의회의 동의를 받지 못해 정보기관장의 인사가 실패한 경우들이 몇 차례 있을 만큼 효과가 있었다. 물론 1977년까지는 미 CIA 국장의 임명이 미국 대통령의 의지대로 진행되는 양상을 보였다. 그러나 Carter 행정부 시기에 Theodore Sorensen CIA 국장 지명자의 지명이 처음으로 철회되는 사건이 발생했다. 그 이후, 1987년 Robert Gate, 1991년 Anthony Lake 등의 지명이 의회 인사청문회를 통과하지 못하고 철회되었다.

마지막으로 입법부 본연의 임무인 입법권도 아주 중요한 통제, 감시수단이 된다. 입법부는 자신에게 필요한 권한을 스스로 법제화할 수 있다는 점에 주목해야 한다. 비록 현재로서는 정보기관에 대한 적절한 통제수단이나 방법이 없다 하더라도, 필요하다고 판단될 경우에는 적절한 내용들을 법률화시키고, 합법화시킬 수가 있기 때문이다. 그리고 입법 내용에 따라서는 통제수단이나 방법의 내용이나 형태도 매우 다양화될 수 있다.

3) 정보기관에 대한 입법부 통제의 순기능과 역기능

만약 입법부가 이러한 합법적 수단들을 적극적으로 충분히 활용한다면, 정보기관에 대한 입법부의 견제나 감시는 매우 강력해지면서, 민주적 통제의 순기능을 고양시킬 수 있다. 그러나 입법부가 이러한 권한과 수단들을 지나치게 자의적으로 행사하도록 방치할 경우에는 오히려 역기능을 초래할 수도 있다.[14] 이러한 주장은 외교·안보정책에 대해 입법부가 개입하고 관여하는 데 대한 부정적인 입장들과 내용면에서 일맥상통한 부분들이 많다. 앞에서 살펴본 내용들과 관련하여, 정보기관에 대한 감시라는 측면에 국한하여 그 내용들을 정리하면 다음과 같다.

---

14) 이와 관련된 내용들은 Mark M. Lowenthal, *Intelligence From Secrets to Policy* (Washington, D.C.: A Division of Congressional Quarterly, Inc., 2000), pp. 141-147의 내용들을 새롭게 정리하고, 확대시킨 것들이다.

첫째, 과연 어느 정도 선까지 의회가 개입하는 것을 허용해야 하는가 하는 문제이다. 의회의 개입에 반대하는 입장에서는 의회가 지나치게 개입할 경우, 정보기관 고유의 업무가 제한을 받게 되고 결국에는 효용성이 크게 떨어진다는 주장이다. 이 문제에 대한 논란은 사건이 발생할 때마다 반복적으로 초래되는 양상을 보인다.

둘째, 보안의 문제를 어떻게 해결할 것인가 하는 점이다. 대체로 정보기관과 관련하여 국회의원들이 획득한 정보는 공개하지 못하도록 규정해 놓고 있다. 그러나 정치인인 국회의원들은 자신이 알게 된 정보를 의식적으로 또는 무의식적으로 공개하거나 유출시킬 가능성이 높다. 따라서 국회의원들이 지나치게 많은 내용을 알 경우 국가기밀이 유출되고, 국가이익에 반하는 결과가 초래될 수도 있다. 이는 정보기관에 대한 입법부의 개입에 부정적인 입장으로서 제기되는 대표적 내용이다. 현실적인 내용과 상관없이 정보기관 정보의 누설과 관련하여, 주된 행위자로서 의회가 지목되고 있는 것도 이러한 측면과 무관하지가 않다.[15)]

셋째, 정보기관의 예산공개가 어느 정도, 어느 수준까지 진행되어져야 하는가 하는 문제이다. 이는 의회의 감시나 감독이 허용될 경우, 결국 정보기관의 예산규모가 공개될 가능성 높아진다는 점과 관련되어 있다. 비록 세부적 내용까지 공개되지는 않는다 하더라도 총액 규모의 예산만으로도 정보기관 전체의 규모나 활동 내역들이 공개될 가능성이 높아진다는 점에서 정보기관으로서는 상당히 부정적인 입장을 보이는 부분이다.[16)]

넷째, 정보기관의 통제를 위해 의회가 법률들은 제정한다고 하더라도, 법률로서 정보기관의 모든 행동들을 충분히 제어할 수는 없다는 점이다. 따라서 정보기관의 활동을 규제하기만 하는 입법부의 입법권에 대해 부정적이다. 그리고 법률로서 정보기관들의 활동들을 제어한다는 것은 항상 사후적인 측면이 강하다는 점에서 의회의 감시활동이 한계를 갖고 있다. 한편, 법률로서 규정하지 않는 내용과 영역에서는 정보기관이 어느 수준까지 활동할 수 있는가에 대한 논란이 아직도 제기되고 있다.

15) 1999년 미국 CIA 국장이었던 George Tenet는 의회 상임위에서, '자신의 기억으로는 의회보다 행정부 관료들로부터 정보가 유출되는 경우가 더 많다'는 점을 언급했다. *Ibid.*, p. 143.

16) 미국의 경우에도 1997년 CIA국장 George Tenet가 예외적으로 1998년도 CIA의 정보예산이 266조달러 규모에 이른다고 언급한 적이 있다. 그러나 그 이후에는 관련 내용들을 언급하지 않고 있다. *Ibid.*, p. 144.

다섯째, 원칙적으로는 정보기관을 감시하고 견제해야 할 의회가 정보기관의 활동들을 정당화하고 면죄부를 주는 역할만을 수행한다는 점이다. 즉, 정보기관에 대한 적절한 감시와 감독은 실패하는 반면, 정보기관의 감시기관으로서 의회가 들러리를 서게 되면서, 정보기관의 활동을 정당화시키는 역기능만을 초래한다는 것이다. 의회와 정보기관간의 접촉이 빈번해지면 서로에게 익숙해지고 친밀해지게 된다. 결국에는 서로를 견제하기보다 상대방이 필요한 부분을 서로 도와주는 역할을 진행하게 된다.[17] 의회는 형식적인 심사를 통해 정보기관들에게 면죄부를 부여하면서 정보기관을 보호하는 보호막 역할을 하는가 하면, 정보기관들은 국회의원 개인들에게 필요한 정보를 제공하는 부정적인 관계가 형성될 가능성이 있다는 것이다.

마지막으로 미국의 피그만 사태나 이란-콘트라 사건 등과 같이 의회가 정보기관의 불법적, 탈법적 행위를 감시하고 감독하는 작업에 실패했을 경우에 대한 문제이다. 의회가 정보기관을 감시하는 작업에 실패했다 하더라도, 책임있는 대책을 마련하거나 효과적인 처벌을 진행하기에는 한계가 있다. 결국 의회의 무능만을 확인하게 된다는 지적이다. 정보기관이 의회를 속이고 있다는 점을 확인했다고 하더라도 과연 의회가 얼마만큼 효과적으로 정보기관이 대가를 치르도록 해줄 수 있는가 하는 점에 대해서도 부정적이다.

4) 입법부의 정보기관 통제에 대한 현실적 한계

앞에서 살펴본 입법부의 정보기관 통제에 대한 부정적 입장과 달리, 정보기관에 대한 통제에는 긍정적이지만 입법부의 현실적 기능에 대해서는 분명한 한계가 있다는 지적들도 제기된다. 즉, 입법부가 정보기관들을 감독하고 정보활동을 감시하는 것이 필요하며 당위성도 있다는 점에 대해서는 공감한다. 그러나 실질적인 성과나 현실적 유효성에 대해서는 회의적인 시각이 있다. 왜냐하면, 첫째, 의회가 현실적으로 정보기관을 감시하고 통제할 만한 능력과 의사도 없고, 시간과 인력, 자질이 절대 부족하기 때문이다.[18] 광범위하고도 전문적이며 미시적인 부분에 대해서는 국회의원들의 능력이 분명한 한계를 보일

17) Pat M. Holt, *Secret Intelligence and Public Policy,* p. 230.

18) Kathryn Olmsted, *Challenging the Secret Government: The Post-Watergate Investigations of the CIA and FBI*(Chapel Hill: University of North Carolina Press, 1996); Thomas G. Paterson, "Oversight or Afterview?-Congress, the CIA and Covert Actions Since 1947," in Michael Barnhart(ed.), *Congress and United States Foreign Policy: Controlling the Use of Force in the Nuclear Age,* pp. 166-167 참조.

수밖에 없다는 것이다. 국회의원 개인은 물론이고, 참모들도 전문적 식견을 갖추기가 쉽지 않고, 결국에는 정보기관에 대한 통제와 감시가 분명한 한계를 가질 수밖에 없다.[19]

둘째, 국회의원들이 책임감 있게 행동하는데 더 소극적이라는 점이다. 국회의원들은 정보기관을 감시한 결과에 책임지기 싫어하기 때문에, 책임문제에 대해서는 더욱 소극적일 수밖에 없다. 따라서, 정보기관에 대한 의회의 감시가 의미 있게 진행되기는 힘들다는 점이다. 국회의원들이 정보위원회에 참석하여 비밀정보들을 많이 알면 알수록, 기밀을 준수해야 하는 의무는 커지게 된다. 그 결과 국회의원들의 발언내용과 활동범위는 더욱 위축될 수밖에 없다. 따라서 국회의원들은 정보기관과 관련된 업무에 더욱 소극적으로 행동하게 된다.[20] 정보기관과 관련된 문제에 깊숙이 개입함으로써, 스스로의 행보를 제한하기보다는 형식적이고도 피상적인 수준에 머무르는 것이 개인적으로 더 유리하다는 판단을 진행한다는 점이다.

셋째는 현실적으로 정보에 대한 국회의원들의 접근이 쉽지 않다는 점이다. 국회의원들이 개인적으로 정보기관의 정보와 접촉하는 경우는 드물다. 결국 국회의원의 참모들이 주로 정보를 취급하게 된다. 그러나 참모들이 정보에 대해 충분히 접근할 수 있다는 것은 현실적으로 불가능하다.[21] 정보기관이 먼저 나서서 정보를 제공하지 않는다는 점을 염두에 둔다면 이러한 측면은 더욱 설득력을 가진다. 결국, 의회가 요구하는 정보에 대해서만 정보기관이 관련 내용을 제공하는 경우가 일반적인데, 의회가 필요한 정보를 요구하려면 충분한 자료를 갖고 있어야 한다. 결과적으로는 의회는 관련 내용이 없기 때문에 상황을 잘 알지 못하고, 따라서 정보기관에 대해서도 적절하고도 충분한 정보를 요구하기가 힘들게 된다.

(3) 언론과 '국민의 알 권리'

언론이 정보기관을 통제한다는 것은 '국민들의 알 권리'라는 민주적 당위성과 직결되어 있다. 일반적으로 정보기관의 기본적 속성은 비밀의 추구이다.

---

19) Loch K. Johnson, "The CIA and the Question of Accountability," p. 186; Kathryn Olmsted, *Challenging the Secret Government*, p. 180.

20) Thomas G. Paterson, "Oversight or Afterview?" p. 158.

21) *Ibid.*, p. 160.

국민들에게 공개적으로 알려지는 것보다 비밀스럽게 정보사업을 진행한다. 따라서 국민들의 세금으로 운영되는 정부 부처 중의 하나인 정보기관들이 얼마만큼 적실성 있게 활동하고 있으며, 국가와 국민을 위해 얼마나 충실하게 일하고 있는가를 확인하는 것이 필요하다. 그 역할을 제 4 부인 언론이 맡는다는 것이다. 비록 의회가 상임위원회 등을 통해 정보기관을 감시하고 통제할 수는 있지만, 국회의원들은 상임위 활동을 통해 획득한 정보를 모두 공개할 수가 없다. 따라서 이 역할을 언론이 보완할 수 있다는 것이다. 결국 원론적으로 국가에 대한 시민사회의 감시와 통제가 언론이란 매체를 통해 이루어진다고 볼 수 있다.

1) 언론의 '공개성', 정보기관의 '은밀성', 그리고 이중적 관계

제 4 부라고 일컬어지는 언론은 삼권 분립에 대한 보완적 존재이다. 정보기관에 대한 언론의 감시는 정보기관 자체 뿐 아니라, 정보기관과 부적절한 관계를 맺고 있는 행정부 또는 의회 모두를 감시하는 기능을 수행한다. 그리고 언론의 기능과 역할은 국가 정책에 대한 단순한 보조적 기능을 뛰어넘어, 정책 자체를 수정하거나 전환시키는 기능을 수행할 만큼 확대되고 있다.[22)]

정보기관은 기본적으로 '은밀성'을 지향하는 반면, 언론들은 '공개성'을 지향한다. 이 둘의 관계는 기본적으로 쉽게 조화되기 힘든 구조를 갖고 있다. 정보기관이 정보를 '독점'하고 '은닉'함으로써 권력을 창출할 수 있다면, 언론은 정보를 '공개'함으로써 권력을 창출한다고 할 수 있다. '공개'를 통해 얻게 되는 언론의 권력은 정보기관의 활동을 무위로 돌릴 만큼 강력한 영향력도 갖고 있다. 그리고 이 과정에서 '은밀성'과 '공개성' 중 어느 것이 더 '국가이익'에 부합되는가 하는 점에 대한 상반된 입장이 치열하게 대립하기도 한다. 이처럼 서로 상충되는 가치, 언론의 강력한 영향력 등은 언론과 정보기관과의 관계를 대립과 모순적인 관계로 만든다.

언론과 정보기관 사이에 갈등이 발생하는 부분은 '은밀성'과 '공개성'에 대한 기본적 시각차이가 크며, 결코 완전히 조화될 수 없다는 점에 있다. 정보기관으로서는 '은밀성'이 국가이익에 직결된다는 주장을 전개한다. 그러나 언론은 정보기관의 활동에 방해되더라도 언론보도를 통해 관련 정보들을 '공개'하

22) Patrick O'Heffenan, *Mass Media and American Foreign Policy*(Norwood, NJ: Ablex Publishing Corporation, 1991) 참조.

고 국민들의 알권리를 충족시키는 것이 국가이익에 더욱 부합된다는 입장을 취한다.[23] 이처럼 국가이익에 대한 '은밀성'과 '공개성'의 입장이 상호 대립하는 구도에서 정보기관에 대한 언론의 감시와 통제 기능이 작동하게 되는 것이다.

정보기관과 언론간의 갈등적인 모습은 뉴스에 대한 상반된 시각 때문에 발생하기도 한다. 정보기관의 입장에서는 자신에게 유리한 정보만 공개되거나 뉴스로 보도되기를 희망한다. 따라서 조직에게 유리한 정보만을 공개하거나 언론에 제공하려 하며, 부정적인 정보에 대해서는 은닉하거나 공개를 꺼리게 된다. 특히 은밀성과 기밀성을 지향하는 정보기관의 속성이 자신에게 부정적인 정보들의 공개를 더욱 꺼리게 만든다. 반면, 언론으로서는 본능적으로 숨겨진 사실에 대한 공개를 지향한다. 따라서 정부가 의도적으로 공개하는 정보에 대해서는 관심의 정도가 약한 반면, 조작하거나 왜곡시키려는 정보에 대해서는 더욱 강한 집착을 보인다. 특히 언론은 정보기관이 숨기는 무엇인가를 찾아내기 위해 지속적으로 노력한다. 바로 이러한 인식의 차이점이 정보기관에 대한 언론의 감시기능을 보다 강화시키고 있는 것이다.

그러나 언론과 정보기관과의 관계가 항상 경쟁적이고 대립적인 관계만을 갖고 있는 것은 아니다. 대립하는 만큼 상대방의 존재를 필요로 하고 있고, 따라서 서로 공생하기도 하며, 협력하기도 한다. 몇 가지의 사례를 살펴보면 다음과 같다. 첫째 국가이익과 관련하여 정보기관의 '은밀성'에 언론의 '공개성'이 동의하는 경우이다. 이는 1950-60년대 냉전이 치열하게 전개되고, 동서간에 정보전이 가열되고 있던 시기에 일반적으로 나타난 바 있다. 실제로 미국의 피그만 사건의 경우를 보면, 미국 언론들은 관련 정보를 확보하고 있었음에도 불구하고 관련된 쿠바인들을 미국 정부가 완전히 철수시킬 때까지 보도를 유보하고 있었다.

두 번째는 언론과 정보기관이 일정수준까지 서로를 이용하고 보호함으로써 자신의 이익을 확보하려는 경우에 상호협력관계가 발생할 수 있다. 이는 냉전시기는 물론이고 냉전이 끝난 지금에도 나타나고 있는 현상이다. 즉, 정보기관에게 있어 언론은 국민들에게 자신의 의사나 관련 정보들을 전달할 수 있는 유용한 통로의 역할을 해주고 있다. 정보기관은 자신에게 유리한 정보를 유출시킴으로써 자신들에게 긍정적인 여론을 조성할 수도 있다. 또한 판단이 쉽지

23) 언론과 정보기관의 관계에 대해서는, Pat M. Holt, *Secret Intelligence and Public Policy*, pp. 169-188 참조.

않은 정책결정의 경우에는 관련 내용들을 언론을 통해 유출시킴으로써 국민들의 여론이나 분위기들을 미리 확인할 수도 있다. 반면, 언론에게 있어 정보기관은 뉴스꺼리를 제공해 주는 매우 훌륭한 정보원이 된다. 특히 특종을 노리는 언론에게는 정보기관만이 갖고 있는 비밀이나 기밀사항들은 가치 있는 내용이 될 수밖에 없는 것이다. 결국 서로를 필요로 하는 이러한 관계가 언론과 정보기관을 공생적인 관계로 유도하는 것이다.

세 번째 사례는 극단적인 경우인데, 정보기관이 언론인들을 정보원으로 활용하는 사례를 지칭한다. 언론인들은 정보기관의 정보원에 비해 공개적인 행동이 가능하고, 활동이 상대적으로 자유로우며, 목표에 대한 접근도 보다 용이하다. 1977년 당시 미 CIA국장이었던 Stansfield Turner는 정보수집 등과 관련하여 언론인들을 이용했다는 사실을 공식 부인했지만, 1950년대부터 1970년대 초반까지 CIA가 언론인들을 활용했다는 것은 여러 가지 통로를 통해 확인되고 있다. 1977년 현재 거의 25년 동안 CIA를 위해 활동해 온 미국인 언론인만도 400여명 수준이었다는 지적이 제기된 바 있다.[24] 이같은 현상은 미국에 국한되는 것은 아니었다. 냉전이 끝난 후인 1991년 10월 소련 KGB 국장이었던 Yevgeny Primakov가 정보원으로 기자를 활용하는 관행을 중단하겠다고 언급한 바 있다. 이러한 언급과 동시에, 러시아의 *Izvestia* 신문은 미국 주재 특파원의 수를 40명에서 15명으로 축소하는 작업을 진행했다.[25] 줄어든 만큼의 인원들이 정보원으로 이용되고 있었다는 사실을 반증해 주는 대목이기도 하다.

2) 정보기관에 대한 언론의 견제

언론과 정보기관의 관계가 협력, 공생 관계만을 갖고 있는 것은 아니다. 많은 경우 '알권리'와 '비밀의 보존'간에 충돌이 있기 마련이다. 이 경우, 언론은 크게 두가지 형태로 정보기관에 대한 견제를 가할 수 있다.

그 하나는 언론이 보도를 통해 관련 정보와 내용들을 공개하고 정보기관의 행동을 직접적으로 제한하는 경우이다. 이는 국민들의 관심을 자신의 언론

24) Stuart H. Loory, "The CIA's Use of the Press: A 'Mighty Wurlitzer'," *Columbia Journalism Review*(September/October, 1974), pp. 9-18; David E. Rosenbaum, "CIA Will Keep More than 25 Journalist-Agents," *New York Times*(April 27, 1976).

25) Michael Dobbs, "KGB Spy War with U.S. Falls Victim to Glasnost," *Washington Post*(October 3, 1991); Pat M. Holt, *Secret Intelligence and Public Policy*, p. 175.

매체에 집중시킬 수 있을 뿐 아니라, 특종과 관련하여 언론매체의 위상을 강화시키는 계기로 활용할 수도 있다. 물론 이를 통해 정보기관의 행동, 특히 비밀사업들을 중단시킬 수 있는 위력을 발휘할 수도 있다. 그러나 이 경우에는 비밀정보를 제공한 정보원의 보호가 쉽지 않을 뿐 아니라, 정보공개에 대한 전반적인 책임을 해당 언론사가 감내해야 한다는 문제점이 있다. 언론기관이 얼마만큼 객관적인 판단력과 정보분석력을 갖고 있는가 하는 문제가 제기될 수 있다. 왜곡된 정보, 의도적으로 유출된 정보, 또는 역정보에 대한 진위 여부를 판단해야 하기 때문이다. 만약 언론매체가 이러한 선별력과 판단력을 갖추고 있지 못하다면, 언론은 정보기관을 감시하거나 통제하는 기능을 수행하기보다는 국가정보기관 또는 여타 국내외의 정보기관에 의해 활용되는 공작원으로 전락할 수도 있기 때문이다.

다른 하나는 언론기관이 갖고 있는 정보들을 의회나 경쟁적인 정보기관에 제공함으로써 간접적으로 해당 정보기관을 통제하는 경우가 될 수 있다. 직접적인 보도보다는 의회나 경쟁적 정보기관이 먼저 공개하고, 이를 수집하여 보도하는 형태를 취하는 것이다. 뉴스꺼리들을 의회의 정보위원회 등에서 흘러나오도록 함으로써 뉴스원의 객관화를 시도하는 경우라 하겠다. 그리고 언론으로서는 사건에 대한 직접적인 책임을 피할 수 있다는 긍정적인 측면도 있다. 또한 의회의 정보위원회 등으로 하여금 청문회나 국정조사를 진행하도록 유도함으로써 정보기관을 보다 효과적으로 통제하는 결과를 초래할 수도 있다. 물론 이 경우는 언론이 부담해야 할 판단력이나 책임감은 덜 수 있겠지만, 특종보도와 같이 언론매체의 위상이 부각되는 성과는 일정부분 포기해야만 한다.

3) 정보기관에 대한 효율적 감시를 위한 전제조건

앞에서 살펴본 바와 같이, 정보기관에 대한 언론의 감시 및 통제가 효과적으로 진행되기 위해서는 두 가지 측면들이 고려되어야 한다. 무엇보다도 언론활동과 보도의 자율성이 충분히 보장되어져야만 한다. 정보기관을 견제해야 할 최고정책결정자나 입법부, 사법부의 기능이 제한적이고 유효하지 못한 상황이 전개된다면, 언론매체의 대정부 비판과 폭로기능은 정보기관을 감시하는데 매우 유용할 수 있다. 따라서 이를 위해서는 자유로운 언론활동이 보장되는 사회적 분위기가 반드시 선행되어야 한다.

이와 더불어 정보기관에 대한 언론의 감시기능이 적절하게 작동하기 위해서는 언론보도에 대한 언론의 강력한 책임이 요구되어져야 한다. 이를 위해 언론의 정보분석력과 판단력이 강화되어야 하며, 그래야만 정보기관에 대한 언론의 감시, 통제기능이 보다 효율적으로 작동할 수 있을 것이다. 정보기관과 정부에 대한 언론의 감시자 역할만큼 국가안보와 관련된 언론매체의 책임도 크기 때문이다. 최근들어 언론매체의 영향력은 과거 어느 때에 비해서도 막강해지고 있다. 과학기술과 통신기술의 발달로 인해 대중들에게 뉴스가 실시간으로 전달되는 것이 가능해졌다. 이미 걸프전에서 CNN이 보여준 보도양태는 이를 극명하게 입증해 주었다. 그만큼 언론 보도에 대한 통제가 어려워지게 되었고, 그만큼 언론의 힘, 언론의 권력이 강력해졌다는 것을 의미한다. 따라서 정보기관에 대한 언론의 감시가 보다 신뢰성을 가지기 위해서는 보다 책임감 있는 언론의 태도가 요구된다.

4. 미국의 정보기관과 민주적 통제의 경험

이제까지 정보기관을 통제할 수 있는 주요한 국내 행위자로서 행정수반, 입법부, 그리고 언론의 기능과 그 위상을 살펴보았다. 다음에는 이러한 논의를 기초로 하여, 미국의 정보기관에 대한 민주적 통제를 사례 중심으로 다루고자 한다.

(1) 미국 정보기관과 민주적 통제 — 역사적 고찰

미국의 국가정보기관은 대통령의 직속기관으로서 출범 때부터 여타 관료조직들에 비해 상당히 자유로운 위상을 확보하고 있었다. 견제와 균형의 원칙에도 불구하고 미국 의회는 정보기관의 활동에 대해 예외적으로 대우해 왔다. 그러나 이러한 정보기관의 '자유로운' 위상도 역사적 상황과 사건에 따라 변화해 오고 있다.[26)]

26) 외교정책과 관련하여 미국의 행정부에 대한 의회의 견제에 대해서는, Randall B. Ripley and James M. Lindsay, eds., *Congress Resurgent-Foreign and Defense Policy on Capital Hill*(Ann Arbor: The University of Michigan Press, 1993); William D. Pederson, ed., *Congressional-Presidential Relations in the United States-Studies in Governmental Gridlock*(Lewiston, The Edwin Mellen Press, 1991) 등 참조. 특히 정보기관에 대한 의회의 견제와 통제 시도의 역사에 대해서는, Pat M. Holt, *Secret Intelligence and Public Policy,*

1) 미국 정보기관의 국내적 위상 변화

일반적으로 1960년대까지만 해도 미국의 정보기관들도 충분히 제도화되지 못했다. 대통령과의 관계도 개인적이거나 비공식적인 성격이 강했다. 그러나 1960년대부터 미국 정보기관들도 관료화와 더불어 본격적으로 제도화되기 시작했다. 이같은 제도화의 노력은 미 정보기관들의 정책실패와 그에 따른 통제의 필요성에서 유래된 것이라고 할 수 있다.

그러나 무엇보다도 정보기관에 대한 통제가 급격한 전환기를 맞는 시기는 1970년대 초반이다. 1970년대 초반의 Watergate 사건은 민주주의 국가인 미국에서도 정보기관들이 대통령 개인의 사조직화될 가능성이 있음을 보여준 사건이었다. 따라서 Watergate 사건은 정보기관에 대한 의회의 감시와 통제의 범위를 확대시켰다. 정보기관뿐 아니라 대통령에 대한 의회의 견제와 감시 기능까지 강화시키는 주요한 전환점 역할을 했다.[27] 그 동안 정보기관에 대한 의회의 견제가 느슨했던 것은 냉전이라는 국제적 상황이 주요하게 작용했기 때문이다. 그러나 냉전이란 국제상황하에서도 정보기관이 특정인의 사조직처럼 이용되는 것이 용납되지는 못했다. 미국 의회를 중심으로 정보기관에 대한 민주적 통제의 필요성이 제기되기 시작했다. 그 동안 느슨해져 있던 견제와 균형의 원리가 다시 강화되기 시작한 것이다.

이러한 감시와 견제도 일관성 있게 유지되지는 못했다. Watergate 사건이후 감시와 견제, 관리는 다소 느슨해지기 시작했고, 1980년대 발생한 Iran-Contra사건을 계기로 다시 강화되어가는 조짐을 보여왔다. 이처럼 부정적인 국내외의 사건발생에 따라 정보기관에 대한 감시와 견제, 통제의 강도 및 형태가 다양하게 변화되어 왔다고 할 수 있다.

2) 정보기관에 대한 통제의 법제화와 한계

정보기관에 대한 의회의 감시와 통제를 가능케 한 가장 대표적인 법률은 1974년에 제정된 Hughes-Ryan 법률이다. 이 법률이 가능했던 것은 당시 대내

---

pp. 215-223의 내용 참조.

27) Stephan F. Knott은 Watergate사건을 계기로 미국 대통령의 권한이나 정보기관들의 활동영역이 제한받게된 것을 비판하면서, 1974년 이전처럼 대통령이 정보기관을 적극적으로 활용할 수 있도록 만들어야 한다고 주장한다. Stephen F. Knott, *Secret and Sanctioned: Covert Operations and the American Presidency*(New York: OUP, 1996), p. 6; Loch K. Johnson, "The CIA and the Question of Accountability," pp. 184-185 참조.

외적 환경과 밀접한 관련이 있다. 대외적으로는 1973년 당시 칠레의 사회주의 정부였던 Salvador Allende 정부를 CIA가 압박한 소위 'Track Ⅱ' 사건이 있었고, 대내적으로는 1974년의 Watergate 사건이 주요한 전환점으로 작용했던 것이다. 특히, Watergater 사건과 관련하여, 당시 Nixon정부는 미국내 반전 시위가 소련이 진행한 비밀공작의 결과물로 이해하고 있었다. 따라서 Nixon정부는 정보기관을 이용하여 1만명 이상의 미국인들에 대한 개인 파일을 작성했고, 우편검열, 무단침입 및 가택수사, 도청 등을 광범위하게 진행하였다.[28] 이 과정에서 인권을 침해하는 사건들이 빈번히 발생했다. 바로 이러한 점들이 정부에 대한 의회의 견제, 정보기관에 대한 민주적 통제의 필요성이 제기되는 요인으로 작용했다.

당시 미국의 CIA가 진행하고 있었던 비밀사업들 중에서 국민들에게 공개됨으로써 상당한 충격을 주었던 내용들을 살펴보면 다음과 같다. 쿠바의 카스트로 암살계획, 생화학 무기의 불법 보유, 미국 시민들의 스파이 활용, Martin Luther King, Jr.의 암살계획 공모, 언론통제, 대학 및 교회 단체들의 감시 및 통제, 미국내 아프리카 흑인들의 폭동 유발 등이 대표적으로 지적될 수 있다.[29] 당시 국민들에게 있어 이러한 내용들은 결코 상상할 수 없는 것들이었다. 결국, Watergate 사건은 정보기관에 대한 의회의 감시와 통제를 정당화하는 중요한 계기가 되었다.

미국 CIA가 비밀공작을 진행할 경우 이를 의회에 보고하도록 규정한 소위 Hughes-Ryan 법률이 상원의 Harold E Hughes의원과 하원 Leo J. Ryan의원의 주도로 제정되었다. CIA의 활동에 대한 의회의 감시기능이 법률로서 보장된 것이다. 그리고 실제로도 Hughes-Ryan 법률에 따라 앙골라에 대한 CIA의 비밀공작을 의회가 금지시키는 실질적인 성과를 얻어내기도 했다. 이후에는 상하 양원에 정보위원회를 각각 신설하게 되는 가시적인 성과도 있었다. 그러나 Hughes-Ryan 법률이 정보기관에 대한 의회의 감시 및 견제와 관련된 내용들을 모두 해결해 주지는 않았다. 정보기관이 의회에 보고해야 하는 비밀공작 사안의 수준과 범위에 대해서는 여전히 분명하지 않았고, 모호한 상태가 지속되고 있었다.

결국, 1970년대 초반의 현상들이 1980년대를 기점으로 재현되었다. 1985

28) Pat M. Holt, *Secret Intelligence and Public Policy,* p. 220.
29) Loch K. Johnson, "The CIA and the Question of Accountability," pp. 187-188.

년과 1986년 사이에 발생했던 Iran-Contra사건은 정보기관에 대한 의회의 견제와 감시에 분명한 한계가 있다는 점을 확인시켜 주었다. 이후 의회는 정보기관을 보다 효율적으로 감시하기 위한 구체적 시도들을 계속한다. 의회의 권한과 위상을 강화시키는가 하면, 보다 현실적인 문제들을 해결하기 위한 다양한 법률들을 제정한다. 1991년에 통과된 Intelligence Authorization Act는 미국의 국가이익을 위해서는 비밀사업의 진행을 허용하지만, 제 3 자가 개입했을 경우에는 미국 의회에 즉각 보고하도록 규정했다. 이는 Iran-Contra 사건 과정에서 확인한 문제점들을 보완하기 위해 취해진 내용이라 할 수 있다.

감시의 주체가 누구이건 간에 정보기관에 대한 완벽한 감시와 통제는 현실적으로 불가능하다. 이는 미국 정보기관 스스로도 알고 있으며, 정보기관을 통제해야 하는 기관이나 조직들도 알고 있다. 그러나 정보기관이 오·남용되는 것을 방지하고 차단하기 위한 방안들을 모색하는 작업들은 중단없이 계속되고 있다는 점에 주목해야 할 필요가 있다.

(2) 미국 대통령의 정보기관 통제와 NSC

1) 미국의 대통령들과 정보기관

미국에서 정보를 취급하는 부처들은 국가안전보장회의(NSC: National Security Council)의 참모들, 국가간 관계에서의 정보를 수집하는 국무부, 국가방위와 관련된 정보를 취급하는 국방부, 정보전문 부서인 중앙정보부 등이 있다. 그런데 이러한 부처들이 부상하게 된 것은 제 2 차 세계대전의 종전과 냉전의 시작이 주요한 계기가 되었다. 이전까지만 해도 미국의 정보기관들은 소규모로 존재했고, 단순히 대통령을 보조하는 스텝들 중의 하나였다. 정보기관들은 조직화되거나 제도화되지 못한 상태였고, 대통령들은 개인적 정보망에 더욱 의존하는 양상을 보였다. 특히 Harry Truman과 Dwight Eisenhower 대통령의 경우가 대표적이다.[30] Truman은 자체적인 개인 정보망을 이용하여 관료조직들을 완전히 장악한 상태였고, NSC 등을 통해 정보기관도 강력히 통제하고 있었다. 그리고 당시의 CIA는 국가정보를 완전히 장악할 수 있을 만큼의 역량을 갖추고 있지도 못했다.

30) 미국의 역대 대통령들과 미국 정보기관과의 관계에 대해서는, Pat M. Holt, *Secret Intelligence and Public Policy*, pp. 191-198 참조.

John F. Kennedy는 1961년의 피그만 사태 이후 정보기관의 비밀공작을 중단시키는 등 적극적으로 통제하는 양상을 보였다. Lyndon Johnson은 정보기관에 대한 직접적 통제보다는 당시 CIA 국장이었던 Richard Helms를 통해 관리하는 방식을 보였다. Richard Nixon은 외교에서는 정보기관을 효율적으로 활용하는 양상을 보였지만, 내치와 관련해서는 정보기관을 남용함으로써 불명예스럽게 퇴진해야만 했다. Nixon은 국내적인 도청, 감시, 우편검열 등에 정보기관을 활용함으로써 안보와 국내정치와의 분명한 구분에 실패하였던 것이다. Nixon의 후임자 Gerald Ford는 Watergate사건을 뒤처리해야만 했고, 결국 정보기관에 대한 통제와 감독을 강화하는 양상을 보였다. Jimmy Carter 정부하에서는 Cyrus Vance 국무장관과 Zbigniew Brezezinski 국가안보 특보간의 갈등으로 외교정책이 순조롭지 못했고, 정보기관들도 실책을 연발하는 모습을 보였다. 따라서 정권 초기에는 정보기관에 대한 통제를 강화하는 양상을 보였으나, 정권의 후반기로 가면서 정보기관들을 강화시키는 모습을 보였다. 그러나 이러한 노력에도 불구하고 Carter 행정부 시기에는 정보기관의 업무실패가 반복되는 모습들을 보였다. CIA와 NSA간의 주도권 싸움으로 1980년에는 주이란 미국대사관 인질 구출작전이 실패했는가 하면, 1979년에는 소련의 아프카니스탄 침공을 예상하지 못함으로써 정보망의 빈틈을 노출시켰다. 그리고 1979년 이란 Shah 정권의 붕괴에 대한 CIA의 정책도 실패로 돌아갔다.

Ronald Reagan 시절에는 대통령이 직접 정보기관을 관리하지 않았다. 대신 측근 참모들에 의해 정보기관이 관리되고 정책결정에 이용되는 양상을 보였다. Reagan 대통령은 첫 CIA 국장으로 자신의 오랜 친구였던 William Casey를 임명하고, 그에게 상당한 자율권을 부여하기도 했다. 따라서 정보기관들은 다소 자유롭게 활동할 수 있었지만, 적절한 감시와 견제가 결여됨으로써 Iran-Contra 사건이 발생하는 부작용을 초래하기도 했다. CIA국장 출신인 George Bush는 정보기관들을 다소 효과적으로 통제하는 양상을 보였고, 정보기관의 활동과 외교정책에도 깊이 관여하는 양상을 보였다. Bill Clinton의 경우에는 George Bush와 달리 국내정치적 요인과 외교정책을 분리하여 진행하는 양상을 보였고, 냉전이 종료된 것과 병행하여 미국 정보기관들의 새로운 위상 정립을 추진하게 된다. 냉전에 적합하도록 설계된 기존의 정보조직들을 축소하는가 하면, 정보기관들의 목표와 활동 방향들을 새롭게 설정하기 위한 시도들을 진행한다. 1994년에는 "A Joint President-Congressional Commission on the Roles and Capabilities of the United States Intelligence Community"를 설치하여 1995년 5월부터 작동시켰다. 대통령과 의회가 공동으로 정보기관을 통제하고 관리하기 위한 시도를 진행한 것이다.

2) 미국 대통령의 정보기관 통제

미국의 대통령들이 정보기관을 통제하는데 실제로 사용할 수 있는 수단들은 크게 3가지로 정리될 수 있다. 첫째, 미국 대통령은 행정부의 수반인 만큼 대통령 직속의 기관들을 적극 활용하는 방안이 있다. 미국의 경우에는 국가안전보장회의(NSC: National Security Council)가 정보기관을 통제할 수 있는 가장 대표적인 기관으로 지적된다. NSC는 대통령, 부통령, 국무장관, 국방장관으로 구성되도록 법으로 규정되어 있는데, 그 이외에 대통령 비서실장이나 수석비서관들, 기타 대통령이 임명한 자들도 참여할 수 있다. NSC의 본래 목적이 국가안보 업무와 관련하여 대통령 개인을 보좌하기 위한 조직체인 만큼, 미국 대통령들은 NSC을 적절히 활용함으로써 정보기관들을 통제해나갈 수 있는 것이다. 그리고 미국의 대통령들은 NSC 조직 내부에 정보기관의 비밀공작을 통제하기 위한 별도의 조직들을 설치해 운용하기도 했다.

둘째, 대통령은 행정명령을 발동시킴으로써 정보기관을 통제하기 위한 다양한 수단 및 방안들을 스스로 확보할 수가 있다. 우선, 정보기관의 특정한 행동을 금지시키거나 진행하도록 '명령'함으로써, 정보기관을 직접 통제할 수도 있다. 또한 행정명령을 통해 정부의 조직이나 기관들을 신설하고, 이를 통해 간접적으로 정보기관을 통제하게 만들 수도 있다. Dwight Eisenhower 대통령의 경우, 1956년 2월 6일 행정명령 10656호를 통해 Board of Consultant on Foreign Intelligence Activities를 설치해 운영했다. John F. Kennedy 대통령은 피그만 사건 이후 이를 대통령해외정보자문위원회(PFIAB: President's Foreign Intelligence Advisory Board)로 개칭했고, 정보기관들이 제공하는 정보의 객관성을 정보기관과 무관한 인사들로 하여금 검증받도록 했다. Kennedy는 PFIAB의 활동에 상당한 관심을 두었지만, Johnson이나 Nixon은 크게 주목하지 않았다. 결국 Cater 시기에는 PFIAB가 폐지되기도 했다. 그러나 Reagan 시기에 와서 다시 조직이 부활하게 된다. 특히 Reagan은 텍사스 출신의 측근들과 공화당의 주요 인사들을 집중 배치함으로써 PFIAB에게 상당한 힘을 실어주기도 했다.

이외에도 정보기관을 통제하기 위한 기구설치는 여러 차례 있었다. 1974년 CIA가 칠레의 Salvador Allende 정권 붕괴를 위한 사업을 진행하고 있다는 사실을 확인한 Ford 정부는 Intelligence Oversight Board(IOB)를 설치해 정보기관의 활동을 통제하고자 했다. 해외지도자에 대한 암살금지 '명령'과 함께 CIA의 비밀작전 범위를 크게 제한하는 조치를 취하기도 했다.

셋째는 대통령의 공무원 임명 및 해임 등 인사권과 관련된 내용이다. 즉, 대통령이 정보기관을 항시적으로 감독하고 관리할 수 없는 만큼, 믿을 수 있는 측근을 정보기관의 책임자에 임명함으로써 정보기관을 직·간접적으로 통제한다는 것이다. Johnson의 경우 Richard Helms를 CIA 국장에 임명했고, Helms를 통해 정보기관을 관리하는 형식을 취했다. 그리고 상당히 효과적인 성과를 얻었다. 반면, Nixon은 Richard Helms를 James R. Schlesinger로 대체시킴으로서 자신의 의사에 충실한 인물을 임명했다. Reagan은 비록 정보기관의 통제에 깊은 관심을 보이지 않았지만, Iran-Contra 사건이 발생한 이후 CIA 국장을 Willliam Casey에서 William Webser로 교체함으로써, 정보기관과 관련된 정책이 급선회하는 결과를 초래하기도 했다.

미국의 대통령들이 정보기관에 대한 다양한 견제수단과 권한들을 갖고 있음에도 불구하고, 정보기관들을 완벽하게 장악하지는 못했다. 최고정책결정자가 관련 정보들을 확보하느냐 아니냐의 문제는 정보기관의 보고 여부와 수준에 달려 있기 때문이다. 예를 들면, Iran-Contra 사건의 진행은 미국 중앙정보부의 주도로 진행되었지만, 의회의 조사결과 대통령 Ronald Reagon과 부통령 George Bush 모두가 관련 정보로부터 소외되어 있었다는 것을 확인할 수 있었다.[31] 심지어 CIA 국장이었던 William Casey도 관련된 내용을 충분히 알고 있지 못했다. 이는 대통령과 부통령이 모두 정보의 핵심에서 배제되어 있을 정도로 무능력함을 의미하거나, 정보기관들이 의도적으로 이들을 속이고 기만했거나, 아니면 정보기관을 통제하고 감독하기 위한 미국 대통령들의 수단들이 결코 적절치 못했다는 사실을 반증해 주는 부분이라 하겠다.

(3) '견제 및 균형의 원리'와 미 의회의 정보기관 견제

삼권분립과 견제와 균형의 원리에 충실한 미국의 경우에도 정보기관의 활

31) *Ibid.*, p. 242.

동과 업무에 대한 '견제와 균형'은 대체로 예외적인 존재로서 인식되어져 왔다. 따라서 의회가 정보기관을 감시할 수 있는 권한과 제도를 갖고 있는 것은 사실이지만, 이러한 권한들이 절대적으로 행사되어져 왔던 것은 아니다. 미국 CIA의 예산이 세부적 형태까지 공개된 경우가 없으며, 국회의원들도 깊이 관여하지 않으려는 양상을 보여왔다. 현재도 예산에 대해서는 대통령과 극히 소수의 인사들만이 인지하고 있을 뿐이다.[32] 결국, 정보기관에 대해 민주적 통제의 필요성이 강조되고 보다 강력한 형태의 제도와 법률들이 형성된 것은 1970년대에 들어와서부터라고 할 수 있다.

앞에서 살펴본 바와 같이 미국의 의회가 정보기관을 완벽하게 감시하고 관리한다는 것은 현실적으로 불가능하다. 그러나 정보기관에 대한 의회의 개입 범위가 확대되고, 권한이 강화되며, 관련된 조직이나 기구가 신설되는 작업은 지속되고 있다. 정보기관의 왜곡된 모습들이 확인될 때마다 이를 보완하기 위한 작업의 일환이기도 하지만, 의회가 갖고 있는 정치적인 측면들도 주요하게 작용하고 있기 때문이라는 점도 인식해야만 한다. 국회의원 개개인이 정치인일 뿐 아니라, 행정부와 의회간의 정치적 관계도 작용하고 있기 때문이다.

1) 의회의 입법권 행사

정보기관과 관련된 의회 청문회가 개최된 것은 1960년 U-2기 격추 사건이 계기가 되었다. 그러나 청문회를 주도한 상임위는 군사위원회가 아니라 외교위원회였다. U-2기가 격추된 군사기술적 이유를 밝히기 위한 청문회가 아니라, 정보기관을 대상으로 한 청문회 개최라는 점에 초점이 맞춰져 있었던 것이다. 1961년 피그만 사건과 비밀공작의 실패에 대해서도 외교위원회가 관여했고, 1962년 쿠바 미사일 사건 이후에도 상원 외교위원회가 조사를 실시했다. 결국 미국 의회는 군사적 배경이나 안보적 측면에 초점을 맞추기 보다는 정치적 배경에 따라 정보기관의 문제들을 부각시키기 위해 노력하고 있었던 것이다. 정보기관들의 실패한 사례들을 부각시킴으로써 의회의 상대적 위상을 강화하려는 의도가 작용하고 있었던 것이다.[33]

정보기관을 견제하기 위한 의회의 조치가 본격화되고, 의회의 입법권이 활발히 작동하기 시작한 것은 1973년 칠레의 Allende 정권에 대한 CIA의 개입

32) Loch K. Johnson, "The CIA and the Question of Accountability," p. 180.
33) Pat M. Holt, *Secret Intelligence and Public Policy,* p. 213.

과 1974년 8월의 Watergate 사건이 발생한 직후이다. 다소 예외적으로 취급되던 정보기관에 대해서도 '견제와 균형'의 원칙을 적용하려는 조짐을 보이기 시작한 것이다.[34] 1970년대 이후 정보기관을 감시하고, 통제하기 위해 의회가 진행한 법제화의 주요 작업들을 정리하면 다음과 같다.

앞서 지적했지만, 정보기관과 관련하여 가장 대표적인 내용으로 지적되는 법안은 1974년에 제정된 Hughes-Ryan 법안이다. 미 의회는 Hughtes-Ryan 법안을 통해 정보기관은 비밀작전을 수행하기 전에 대통령의 확인을 거치도록 했고, '적절한 시기'에 의회의 관련 위원회들에게 관련 사실들을 보고하도록 규정해 놓았다. 정보기관에 대한 의회의 감시와 관리가 법률적으로 공식화된 것이다. Hughes-Ryan 법안이 CIA의 활동에 영향을 준 것은 사실이다. 그러나 1974년의 법률안도 완벽하지는 못했다. 우선, '적절한 시기'의 규정이 다소 모호했기 때문에 정확한 시기를 규정하기가 힘들었다. 또한, 과연 어느 정도까지 보고해야 하는가 하는 문제가 해결되지 못했다. 그리고, 만약 보고하지 않았을 경우에 대한 처벌이나 대응이 미약하다는 것이다.[35] 물론 예산안 삭감 등의 형태로 정보기관에 대응할 수는 있지만, 여전히 구체적 내용이 결여되어 있었던 것은 사실이다. 결국 Hughes-Ryan 법안이 통과한 이후에도 CIA가 국내 사찰을 진행하고 있다는 사실이 *New York Times*를 통해 폭로되었고,[36] 정보기관을 감시하기 위한 법제화작업은 이후에도 계속된다.

1978년에는 의회에게 더 많은 권한을 스스로 부여하도록 규정한 '해외정보감시법'(the Foreign Intelligence Surveillance Act)을 제정했고, 미국 정보기관이 암살행위를 진행하는 것을 금지한 National Intelligence Reorganization and Reform Act을 신설하기도 했다. 그리고 1980년에는 '정보감시법'(the Intelligence Oversight Act)을 개정하여 비밀공작을 포함하여 정보기관의 활동 전반을 소위 'Gang of Eight'이라고 불리는 의회의 주요 인사들[37]에게 보고하도록 규정했다. 만약 사전에 충분히 통지하지 못할 경우에는, 그 이유를 알려

34) 보다 자세한 내용은, Loch K. Johnson, "The CIA and the Question of Accountability," pp. 178-200 참조.

35) Rhodri Jeffreys-Jones, *The CIA and American Democracy,* pp. 205-206.

36) 이삼성, 「현대미국외교와 국제정치」(서울: 한길사, 1993), pp. 545-546.

37) 미국 정보기관이 비밀 공작을 진행할 경우 사전에 통고하도록 되어 있는 대상은 모두 8명으로서 'Gang of Eight'으로 불리워 진다. 이들은 상하원 정보위원회 위원장과 정보위원회 소속 의원중 소수당 출신 간사(각 2명씩 4명), 하원 의장 및 하원의 소수당 대표인사, 상원의 다수당 대표인사 및 상원의 소수당 대표인사 등 모두 8명이다.

주도록 명시해 놓고 있다. 1984년에는 '중앙정보국정보법'(the Central Intelligence Agency Information Act)을 통과시켰다. 그러나 이러한 많은 법률 제정에도 불구하고, 1986년 Iran-Contra 사건이 터지자 보다 확고한 통제수단이 필요하다는 점을 인식하게 된다. 결국 1991년 '정보감시법'을 개정하여, CIA 요원들의 의회 보고를 구두보고가 아니라, 서면보고하도록 명문화시킴으로써, 정보기관에 대한 의회의 감시를 보다 강화시켜 나가게 된다.

2) 정보위원회의 설치

미국 의회는 정보기관의 활동을 제어할 수 있는 내용들을 법제화하는 작업을 진행함과 동시에 관련 조직과 기구들을 만들어 정보기관을 직접 감시해 나가기 시작했다. 칠레 Allende 정권에 대해 CIA가 개입한 'Track Ⅱ'와 관련하여, 1976년 4월 미 상원에서는 Church Committee(위원장, Frank Church)가 출범하였다. 15개월간의 조사를 진행하였고, 결과 보고서에서는 정보기관을 상시적으로 감시, 감독할 수 있는 기구의 설치를 제안했다. 하원의 Pike Committee(위원장, Otis Pike)가 제출한 보고서에서도 동일한 내용이 강조되었다. 마침내 1976년 5월에는 상원이 '상원정보특별위원회'(SSCI: the Senate Select Committee on Intelligence)를 설치했다. 1977년 7월에는 하원도 '하원상임정보특별위원회'(HPSCI: the House Permanent Select Committee on Intelligence)를 설치하였다.

상원의 SSCI는 상임위원회가 아니라 특별위원회의 성격을 띠고 있으며, 당연직 의원을 제외한 15명으로 구성되어 있다. 그리고 정보위원회 소속 의원들의 활동임기를 8년으로 제한하고 있다. 그리고 정보위원회의 위원 의석은 여당에게 8석, 야당에게 7석을 배분하고 있으며, 위원장은 여당 소속 상원의원, 부위원장은 야당 소속 상원의원으로 선출한다. 반면 하원의 HPSCI는 상임위원회 형태이며, 당연직 의원을 제외하고 19명으로 구성된다. 의원들의 활동임기는 6년으로 제한하고 있다. 그리고 정보위원회의 의석배분은 상원과 달리 별다른 규정이 없다. 일반적으로 하원 의장이 결정하는데, 대체로 하원의 의석 비율에 따르고 있다. 위원장은 하원 의장이 임명하며, 부위원장은 없다.

한편, 미국 상하원의 정보위원회에는 민주당, 공화당의 지도부들이 대부분 당연직으로 참여하고 있다. 민주-공화 양당의 지도부들이 정책을 판단하고 결정하는 데 중요한 정보들을 확보하는 것이 필요하다고 인식한 결과이다. 그리고 상하 양원의 정보위원회들은 관련된 여타 상임위원회 소속 국회의원들을 정보위원회에 동시에 참여시키는 모습을 보인다.[38] 예를 들면, 세출위원회, 국방위원회, 외교위원회, 법사위원회 소속 상하원 의원들이 정보위원회에 동시에 참여함으로써 정보위원회의 전문성을 높이려는 모습을 보이고 있다. 정보기관이 갖고 있는 분야별 전문성을 유지함으로써, 정보기관에 대한 의회의 감시와 관리, 통제의 효과를 극대화시키고자 하는 의도를 반영시키고 있는 것이다.

미국 의회의 정보위원회가 관장하는 주요 업무들은 첫째, 정보기관의 예산과 지출들을 심의하고 의결하며, 이와 관련된 the Annual Intelligence Activities Authorization Act를 매년 작성하는 것이다. 둘째는 정보기관들의 활동을 통제하기 위한 법안들을 작성한다. 예를 들면, 1980년의 the Classified Information Procedures Act는 의회 정보위원회가 정보기관이 갖고 있는 정보들을 확보하는 것이 가능하도록 법률적으로 보장해 놓은 내용이다. 셋째, 필요하다고 판단되는 사안에 대해서는 청문회 개최 등을 주도한다. 1986년에는 하원 정보위원회 HPSCI가 Angola에 대한 미국 정보기관의 개입문제와 관련한 청문회를 개최함으로써 하원 전체의 관심을 집중시키기도 했다. 마지막으로 정보기관과 관련된 특별보고서를 작성하며, 경우에 따라 공개하기도 한다. 예를 들면, 1985년 11월 상원 정보위원회 SSCI의 스텝들은 필리핀의 Ferdinand Marcos 대통령에 대한 미국의 지지 여부와 관련하여 보고서를 작성했는데, 이 보고서가 CIA의 정책결정에 상당한 영향을 미치기도 했다.[39]

3) 정보기관에 대한 의회 감시의 현실적 한계

미국 의회가 정보기관을 통제하기 위한 다양한 법제화 작업과 정보위원회 설치를 이행했음에도 불구하고, 정보기관에 대한 의회의 감시, 통제가 현실적으로 완벽하다고 할 수는 없다. 결국, 미 의회의 감시와 통제 능력은 분명한 한계를 갖고 있다.[40]

무엇보다도 정보기관들을 견제하고 통제하기 위한 법률들을 지속적으로 만들고 있음에도 불구하고, 정보기관들의 불법적·탈법적 행위들을 완전히 차단하지는 못했다. 정보기관의 활동을 제한하거나, 통제하기 위한 법제화 작업

38) Pat M. Holt, *Secret Intelligence and Public Policy,* pp. 223-224.
39) *Ibid.,* pp. 225-229.
40) Kathryn Olmsted, *Challenging the Secret Government,* p. 5.

은 항상 사후적인 성격이 강하기 때문이다. 따라서 기존의 법률만으로는 제어할 수 없는 새로운 현상들이 발생할 수 있다는 점은 항상 염두에 두어야만 한다. 정보기관의 입장에서도 기존 법률을 위반하지 않는 범위 내에서 기술적인 위법을 추진하려는 의도를 충분히 가질 수 있기 때문이다.

둘째, 정보기관을 직접적으로 통제하는 정보위원회의 구성 및 운영과 관련해서도 다양한 문제점들이 지적되고 있다. 이와 관련, 정보위원회에 포함된 국회의원들의 임기가 제한되어 있고 교체가 잦기 때문에 국회의원들의 전문성이 떨어지고, 경험이 없는 국회의원들이 정보위원회에 배정되는 상황이 발생한다. 이는 정보기관과의 유착을 견제하고 전문성을 높이려는 초기의 의도와 달리, 정보기관에 대한 견제와 감시 기능을 약화시키는 요인으로 지적되고 있다.[41] 또한, 상하원의 정보위원회 구성 및 운영과 관련해서도 다양한 논란들이 제기되고 있다.[42] 첫째, 상원 정보위원회는 특별 위원회라는 점에서 누구를 선출하고, 어떻게 구성할 것인가 하는 문제가 있다. 둘째, 정보위원회의 운영과 관련하여, 과연 다양한 정파들이 정치적 측면들을 배제한 채 초당적 운영을 진행할 수 있을 것인가 하는 점이다. 마지막으로 정보기관의 예산, 정보 등에 대한 정보위원회 내부의 인식공유 가능성에 대한 문제이다. 만약 이러한 측면에 대한 인식공유가 없다면, 정보위원회의 기능 또한 제한적일 수밖에 없을 것이다.

셋째, 미국 의회가 행정부를 견제하는 데 효과적으로 사용되는 수단들 중의 하나인 청문회 운영에서도 의회의 현실적 한계를 발견할 수 있다. Hughes-Ryan 법안이 발효한 이후 정보기관과 의회간의 접촉이 빈번해졌고, 정보기관의 활동이 공개적으로 진행된 경우가 많아진 것은 사실이다.[43] 그러나 그 내용을 살펴보면 초기의 의도와는 다소 거리가 있음을 발견하게 된다. 1975년부터 1990년까지 정보기관을 대상으로한 청문회 개최 횟수가 1년당 1.6회를 기록했다. 그러나 1976년, 1985년 1990년에는 청문회가 한건도 없었으며, 1979-1980년에 13회가 집중되는 양상을 보였다.[44] 이는 당시 하원에는 Les Aspin 의원, 상원에는 Margan Murphy 의원이 정보위원회 위원장으로서 활동하고 있었고, 매우 적극적인 모습을 보였던 결과이다. 미국 의회의 다소 소극적인

41) Pat M. Holt, *Secret Intelligence and Public Policy,* p. 232.

42) 자세한 내용들은, Mark M. Lowenthal, *Intelligence From Secrets to Policy,* pp. 147-152 내용 참조.

43) Loch K. Johnson, "The CIA and the Question of Accountability," p. 190.

44) *Ibid.,* p. 76.

이러한 태도는 상하원 의원들의 출석률에서도 확인할 수 있다. 이 기간 동안 개최된 24회 공개청문회에서 하원 정보위원회 소속 의원들의 출석률은 35%, 상원 정보위원회의 경우에는 51%에 그쳤다.[45] 결국, 법제화되고 제도화되어 있는 내용과 현실적으로 운영되는 내용 사이에는 괴리가 존재한다는 점에서, 정보기관에 대한 의회의 감시와 견제의 현실적 한계를 확인할 수 있다.

(4) 미국 언론과 정보기관의 협력 및 견제

미국의 언론과 정보기관들은 1970년대까지만 해도 앞에서 살펴본 공생과 협력의 관계를 유지하는 경우들이 많았다. 특히, 1940-50년대의 경우 미국의 언론들은 냉전과 관련하여, '국가 이익'이라는 측면에서 정보기관의 요구사항들을 가능한 수용하고 협력하는 모습들을 보였다. 예컨대, *New York Times*지는 1960년 미국의 정찰기 U-2기가 소련 영공을 침공하였고, 이로 인해 격추당했다는 사실을 알면서도 보도하지 않았다. *Times*지도 쿠바 피그만 사태가 발생했을 때, 침투한 쿠바인들이 완전히 철수할 때까지 보도하지 않았다. *Glomar Explorer*지는 하와이 부근에 침몰한 소련 잠수함의 인양작업을 확인하고서도 비밀을 지켰다.[46] 관련 내용을 공개하는 것이 정보기관의 활동을 어렵게 만들 수도 있다는 판단아래, 공개를 지연시킴으로써 정보기관에 최대한 협조하려는 모습을 보였다.

또한 냉전기간 동안 미국의 언론인들, 특히 프리랜스로 활동하던 언론인들은 정보기관을 위해 다양하게 활동하는 모습들을 보였다. 정보기관에 소속된 정보원들을 대신하여 언론인들이 접근하기 힘든 정보들을 수집하는 역할들을 담당해 왔던 것이 사실이다. 예를 들어, 1950년대 초반 이란의 Mohammad Mossadegh 정권을 붕괴시키고 친서방 세력이었던 Shah 정권을 수립하는 과정에서 CIA가 개입했고, 이에 언론인들이 이용되었다. 이는 *New York Times*의 Kenneth Love와 관련된 재판이[47] 진행되면서 관련 내용이 공개되었다. 한편, 언론인들이 정보기관들간의 메신저 역할을 하기도 했다. 쿠바 미사일 사건이

45) *Ibid.*, p. 97.

46) Pat M. Holt, *Secret Intelligence and Public Policy*, pp. 183-185; Loch K. Johnson, "The CIA and the Question of Accountability," p. 185.

47) Jonathan Kwitny, *Endless Enemies: The Making of an Unfriendly World*(New York: Congdon & Weed, 1984), pp. 160-176에서 관련 내용을 폭로했고, 이후 소송에 휘말리기도 했다. Pat M. Holt, *Secret Intelligence and Public Policy*, p. 176.

발생했을 당시 국무성을 출입한 ABC의 John Scali 기자는 1960년대 초반 미국 내 KGB의 활동 대장격이었던 Alexander Fomin과 빈번한 접촉을 가지고 있었다. 그리고 Scali의 이러한 존재는 쿠바 미사일 사건이 발생했을 때, 소련 KGB와 미 국무부간의 대화 통로 기능을 수행함으로서 문제해결을 용이하게 만들기도 했다.[48]

언론과 정보기관의 관계가 상호 공생적인 모습을 보이던 양상은 Wagergate 사건을 계기로 크게 변화했다.[49] Watergate 사건 전까지는 언론과 정보기관과의 관계가 공생적인 측면이 강했다면, 이후부터는 정보기관의 은닉된 비밀을 폭로하기 위해 움직이는 언론들의 모습을 쉽게 발견할 수 있게 되었다. 특히, Watergate 사건의 발생 자체가 언론기관의 보도에서부터 시작되었다는 점은 이러한 양상을 증명해 주는 대목이다. 이제 더 이상 언론들이 정보기관에 대한 보도를 자제하거나, 지연, 축소하기를 기대하기는 힘든 상황이 전개되기 시작했다. 언론들은 더 빠른 속보를 위해 움직이고 있고, 폭로 위주의 특종보도에 치중하게 되면서, 이러한 양상은 더욱 확대되어 갔다. 정보기관이 언론을 통제하거나 적극적인 협력을 요구하기에는 무리한 상황들이 전개되고 있는 것이다. 심지어 CNN과 같은 생방송 중심의 언론매체들은 정보기관들의 정보망보다 더 빠르고 더 효과적으로 정보를 파급시키는 결과를 가져오고 있다. 언론에 대한 정보기관들의 통제와 협력 요청은 과거와 달리 제한적인 형태로 진행되는 양상을 보이고 있다 하겠다. 2001년 '9 · 11 테러' 이후 아프카니스탄에 대한 미국의 공격과 관련하여, 여타 언론매체들은 미국 정부의 보도지침을 대체로 수용하는 양상을 보였던 반면, CNN은 독자적인 보도를 진행했던 점은 이러한 양상을 단적으로 보여주고 있다.

5. 한국의 정보기관과 민주적 통제

한국의 정보기관은 그 동안 권력자의 사조직화, 국내 정치 개입, 불법과 탈법적 행위참여 등의 부작용이 있기는 했지만, 정보의 독점과 권력층의 비호 등으로 절대적인 위상을 유지해 오고 있었다. 주요 정책의 중심에 존재했는가

48) *Ibid.*, p. 177.
49) Mark M. Lowenthal, *Intelligence From Secrets to Policy,* p. 199.

하면, 국가운영의 핵심적 역할을 담당하기도 했다. 그러나 1980년대 후반의 한국 민주화 이후 정보기관들의 위상은 점진적으로 위축되는 양상을 보여왔다. 국내 정치에 대한 개입은 제어되기 시작했고, 권력자의 사조직에서 제도화된 공조직으로 탈바꿈하는 양상을 보여왔다. 그러나 이러한 긍정적 측면과 달리, 과거에는 덮혀져 있던 부정과 탈법의 어두운 그림자들이 공개적으로 나타나는 경우들이 빈번해지고 있다.

결국, 현재 한국의 정보기관은 과거의 절대적 위상이 약화된 것은 물론이고, 국내 정치 개입이라는 부정적 이미지를 깨끗하게 씻어내지 못한 채, 부정과 부패에 다양하게 연루되어 있다는 인상을 주고 있다. 만약 이러한 상태가 지속되거나 더 악화된다면, 정보기관에 대한 국민적인 반감은 확대, 심화될 것이다. 정보기관 본연의 임무인 정보수집과 관련된 활동들이 크게 제한을 받게 될 것이고, 이는 바로 정보기관에 대한 손실일 뿐 아니라 국가 전체의 이익에도 부정적인 결과를 초래하게 될 것이다. 따라서 정보기관의 부패와 정치개입의 여지들을 사전에 차단하고 예방하며, 그 가능성을 줄여나가기 위해서는 민주적 통제의 틀을 적극 수용하는 것이 필요하다. 그리고 미국의 경우를 살펴보더라도 장기적 측면에서는 민주적 통제가 오히려 정보기관에게 긍정적 결과를 가져올 수 있다.

(1) 한국 정보기관과 정치적 민주화, 그리고 민주적 통제

국가정보기관의 필요성은 아무리 강조해도 지나침이 없다. 그러나 한국의 국가정보기관은 태생적 한계를 노정시켜 왔다. 1961년 중앙정보부 창설과 더불어 시작된 한국의 국가정보기관은 그 출발에서부터 군부 쿠데타라는 정치색을 배제할 수 없었다. 사실 1987년 민주화 이행시까지 한국의 국가정보기관은 국내 정치에 깊숙히 개입하면서 정권안보의 하수인 역할을 해왔다. 이러한 정치화현상은 국가정보기관의 정통성을 크게 저하시키면서 국가안보라는 본연의 임무를 이행하는 데 또 다른 제약으로 등장해 왔다. 아직도 정치적 개입의 관성이 완전히 제거된 것은 아니나, 민주화 이행 이후 정보기관에 대한 민주적 통제가 제도화되면서 과거와 같은 탈법, 초법적 행동은 찾아보기 어렵게 되었다. 이제 정보기관에 대한 민주적 통제의 변화 양상을 살펴보기로 하자.

1) 정보기관의 국내 정치 개입금지와 법제화

한국의 정보기관은 소속 인사들의 정치활동이나 정치개입을 법률상으로는 분명히 금지하고 있다. 「중앙정보부직원법」에는 정보기관 직원들의 정치운동을 금지하고 있다.[50] 이 규정은 1963년부터 1980년까지 계속되었다.[51] 그리고 「중앙정보부법」도 1973년 3월 10일 개정 때부터 제 8 조에 '정치활동 금지'를 규정해 놓고 있다. 그러나 이들 법률들은 그 형태가 다소 포괄적인 모습이었으며, 법제화된 내용과 달리 쉽게 지켜지지 않는데 문제가 있어 왔다.

그러나 1987년 민주화 이행 이후 정보기관과 관련된 법률들의 개정 논의가 본격화되기 시작했고, 정보기관의 국내 정치개입에 대한 논의도 구체화되는 양상을 보였다. 오랜 논의 끝에 1994년 1월 5일 개정된 안기부법에서는 민주적 통제와 관련된 규정을 더욱 확대시키고 구체화시키고 있다. 이는 정보기관의 정치활동 금지와 관련하여 새로운 전환점을 마련한 것이다. 과거의 규정에서는, '부장, 차장 및 기획조정실장은 정당에 가입하거나 정치활동에 관여할 수 없다'는 내용뿐이었다. 그러나 1994년 개정에서는 이 내용을 제 1 항에 포함시켰고, 그 범위도 '부장 차장 및 기타 직원'으로 확대시킨 것이다. 「중앙정보부직원법」의 1980년 개정에서 삭제된 일반 직원들의 정치개입 문제를 새로 규정해 놓은 것이다. 그리고 더욱 중요한 것은 다소 막연히 규정되어 있던 '정치활동'의 내용을 제 2 항에서 보다 포괄적으로 분명하게 규정해 놓고 있다는 점이다. 즉, 정치단체의 결성 및 가입과 관련된 행위, 특정 정치인의 비방 및 찬양과 관련된 행위, 정치자금과 관련된 행위 등 과거 정보기관들이 정치에 개입했던 유형들을 토대로 그 내용을 구체화시켜 놓았고, 정치활동 금지의 내용도 광범위하게 확대시켜 놓았다.[52]

---

50) 「중앙정보부직원법」, 1963년 5월 31일자 제정, 제22조.

51) 그러나, 직원들의 정치활동 금지규정은 1980년 「국가안전기획부」로 개칭되면서, 「직원법」에서는 삭제되었다. 「국가안전기획부직원법」, 1980년 12월 31일 개정, 참조. 반면, 「국가안전기획부법」에서는 '정치활동 금지'를 계속 규정해 놓고 있으며, 그 범위를 안기부장, 안기부차장, 기획조정실장으로 한정해 놓고 있다. 「국가안전기획부법」, 제8조 참조. 결국, 1994년 안기부법 개정 때까지 약 14년동안 정치활동 금지에 대한 규정이 부장, 차장, 기획조정실장에만 적용될 뿐, 하위 직급의 인사들에 대한 규정은 간과되고 있었던 것이다.

52) 「국가안전기획부법」, 1994년 1월 5일 개정, 법률 제4708호, 제 9 조 참조.

2) 한국 정보기관의 위상과 국내외 환경

과거에는 이러한 법률 규정에도 불구하고 최고정책결정자인 대통령의 자의적이고도 사적인 이용으로 인해 정보기관들이 정치에 개입하는 일들이 종종 발생했었다. 한국의 정보기관이 그 동안 정치집단과 정치인들에 대한 감시와 정치사찰을 감행하는 등 초법적, 탈법적인 행동들이 가능했던 배경에는 국내외의 요인들이 크게 작용했다.[53)]

첫째는 무엇보다도 북한이라는 대외적인 적대세력의 존재가 정보기관의 초법적, 탈법적 행위들을 정당화시켜 주고 있었다. 국가안보라는 이름으로 포장된 한국 정보기관들의 초법적, 탈법적 행동들은 국내적으로 상당한 부분까지 묵인되고 있었던 것이다. 둘째는 한국 대통령들의 장기 집권과 정치적 견제세력의 약화가 한국 정보기관들의 정치화, 사조직화를 초래하는 요인이 되었다. 정보기관들의 입장에서는 대통령의 지시를 어기면서까지 '법의 지배', '제도화된 행동'을 선택하기보다는, 대통령 개인에게 충성하는 것이 조직의 안전과 이익 확대에 도움이 되었기 때문이다. 셋째, '법치'보다는 '인치'에 익숙해져 있는 한국의 정치 풍토 또한 정보기관들이 법의 통치보다 지도자 개인의 지배를 선택하는 결과를 초래하도록 만든 환경적 요인으로 작용했다. 넷째, 정보기관을 통제하기 위한 제도나 법률들의 내용이 매우 미비했을 뿐 아니라, 매우 애매모호하게 규정되어 있는 국가보안법의 존재가 한국 정보기관들의 활동을 묵인하는 결과를 초래했던 것이다. 다양한 형태로 해석될 수 있고, 규제나 제한의 범위가 애매모호했던 법률적 내용들이 정보기관의 정치개입이나 정치화, 초법적, 탈법적 행위를 정당화시키는 근거로서 적극적으로 활용되고 있었던 것이다.

3) 민주화와 한국 정보기관

한국의 정보기관들은 국가안보와 관련된 중요한 위상에도 불구하고, 국내정치개입 등과 관련한 부정적 측면들을 극복하는 데 상당히 오랜 시간이 걸렸다. 1987년 민주화 이행 이후에도 정보기관들은 정치개입이나 정치성 높은 작업들을 완전히 근절하지 못했다. 1987년 대통령 선거 당시의 야권 분열, 1992

---

53) Jonathan Morgan, "The Role of the Security Services in Democratization: An Analysis of South Korea's Agency for National Security Planning," *Intelligence and National Security,* vol. 13, no. 4(Winter 1998), p. 25.

년 대통령 선거 당시의 박태준 부상, 김종필 후보 출마 방해 등 정보기관의 정치개입 흔적은 최근까지도 찾아볼 수 있다. 앞에서 살펴본 바와 같이, 한국 정당의 허약함이 정보기관의 정치화를 초래하는 요인으로 작용하는가 하면, 정보기관을 감시하고 통제할 만큼 한국 사회가 강력하지 않았고, 민주화에도 불구하고 권위주의적 요소들이 한국 정치문화에 뿌리깊게 지속되고 있으며, 북한이라는 적대적 존재의 위협은 핵과 미사일 등을 통해 더욱 강력해지고 있다는 점들이 크게 작용했던 것이다. 그러나 역으로 살펴보면 이러한 국내외의 상황적 조건들 때문에 국가의 안보를 책임지는 정보기관의 존재가 더욱 중요하고, 정보기관의 정보활동이 더욱 가치가 있다는 점을 반증해 주는 부분이라고 할 수도 있다.

그러나 민주화와 함께 진행된 정보기관의 자체적 개혁 시도들은 결코 무의미하지는 않았다. 많은 성과를 거두어 왔고, 현재에도 이러한 노력은 진행중이다. 우선, 1987년 민주화운동 이후, 노태우 정부는 1988년 서울 형사재판소와 대법원 등에 배치되어 있던 정보요원들을 철수시켰다. 국회 내에 파견되어 있던 보안사 요원들도 철수시켰다. 그리고 1988년부터 안기부법 개정에 대한 논의가 본격화되면서, 상당한 법률적, 제도적 성과를 거두고 있다. 특히, 1994년의 안기부법 개정을 통해 정보기관에 대한 국회의 감시, 관리가 가능해짐으로서 정보기관의 민주적 통제에 대한 새로운 전환점이 되고 있다. 그 결과 정보기관에 대한 통제가 최고정책결정자라는 단일 행위자가 아니라, 입법부에 의해서도 가능해졌고, 이러한 기능은 법제화되고, 제도화되었다. 또한 이는 정보기관에 대한 민주적 통제의 필요성이 사회적으로 합의되기 시작했음을 시사하는 것이다.

(2) 대통령의 정보기관 통제와 남용

한국의 정보기관은 대통령 직속기관으로서 대통령에게만 업무를 보고하고, 정보를 보고하도록 되어 있다. 정부조직법 제 2 장 제16조에는, '국가안전보장에 관련되는 정보·안보 및 범죄수사에 관한 사무를 담당하기 위하여 대통령 소속하 국가정보원을 둔다'고 규정되어 있다. 따라서, 국정원(안기부)은 여타 부처의 통제없이 대통령의 절대적인 통제만을 받도록 되어 있다. 특히, 「국가안전기획부법」도 1994년 이전까지는 정보기간의 지위에 대한 구체적 언급이 없었지만, 1994년 1월 5일 개정에서는 제 2 조에 '안전기획부는 대통령 소속하에 두며, 대통령의 지시 · 감독을 받는다'고 규정해 놓았다.[54] 정보기관에 대한 대통령의 확고한 장악을 의도했던 것이다. 결국 대통령으로부터만 통제를 받았던 국정원(안기부)의 이러한 절대적 위상은 정보의 절대적 독점을 초래하였고, 이는 바로 권력으로 연결되어 왔다.

한국의 역대 대통령들은 정보기관의 중요성을 대체로 인지하고 있었다. 박정희, 전두환, 노태우 등은 군인 출신으로서 군 정보기관에서 근무한 경험이 있다. 이들은 개인적으로 정보기관을 적극 활용했고, 강력하게 통제하는 양상을 보였다. 김영삼, 김대중 등 문민 출신 대통령들도 정보기관의 정치적 활동으로 인한 '최대' 피해자임에도 불구하고, 정보기관의 중요성은 인지하고 있었다.

1) 대통령의 정보기관 통제와 관리 수단

한국의 대통령이 정보기관을 직·간접적으로 통제할 수 있는 수단들 중에서 가시적으로 유효한 효력을 발휘할 수 있는 내용들을 살펴보면 다음과 같다. 첫째, 대통령은 인사권을 갖고 있다. 그리고 그 효력은 절대적이라고 할 수 있다. 특히 국정원장(안기부장 또는 중앙정보부장)과 같은 정보기관의 장은 대통령이 직접 임명하며, 차장이나 기획조정실장에 해당하는 핵심 인물들은 정보기관장의 제청에 의해 대통령이 임명하도록 되어 있다. 1963년 제정된 「중앙정보부직원법」 제 7 조 제 1 항에 의하면, '3급 이상 직원의 임면은 중앙정보부장의 제청에 의하여 국가재건최고회의 의장(대통령)이 행한다'고 규정해 놓고 있다. 그리고 4급 이하 직원은 중앙정보부장이 임명하도록 되어 있었다. 1980년 국가안전기획부로 개칭되면서, 대통령이 임면하는 직원의 범위를 '5급 이상'으로 확대시켰다.[55] 정보기관에 대한 대통령의 영향력 확대와 통제의 필요성이 대두된 결과이기도 하다. 이는 군 정보기관 출신인 전두환 대통령이 내린 판단의 결과일 수도 있으며, 박정희 대통령의 시해가 정보기관 책임자와 관련되어 있었다는 점도 주요하게 작용했다고 볼 수 있다.

그 동안 한국의 대통령들은 대체로 정보기관의 장에 자신의 측근들을 임명하는 양상을 보여왔다. 전두환 정권하의 장세동과 같은 인물이 대표적이라 하겠다. 한편, 김영삼 정권에서는 대학 교수 출신인 김덕 교수를 안기부장에

54) 「국가안전기획부법」, 1994년 1월 5일 일부개정, 법률 제4708호, 제 2 조 참조.
55) 「국가안전기획부직원법」, 1980년 12월 31일 전면개정, 법률 제3314호, 제 7 조 참조.

임명함으로서, 안기부의 체질개선과 탈정치화를 시도하기도 했다. 또한 김대중 정부는 국내 정치 불개입 등 안기부의 업무능력을 제한하면서, 국가정보원으로 이름을 개칭했다. 그리고 대북 포용정책을 강조하는 통일원 출신의 임동원 장관을 국가정보원 원장에 임명함으로써 국정원의 변화를 시도하기도 했다. 이러한 모습들이 가능했던 것은 바로 대통령이 인사권을 장악하고 있기 때문이다.

두 번째로는 국가안전보장회의를 통한 정보기관 통제이다. 1963년 제정된 「국가안전보장회의법」에는 국가안전보장회의의 목적을 '국가안전보장에 관련되는 대외정책 · 군사정책과 국내정책의 수립에 관하여 대통령의 자문에 응하는' 것으로 되어 있다. 정보기관과 국가안전보장회의와의 관계는 1998년 5월 법률 개정 전의 「국가안전보장회의법」 제 8 조에, 정보기관은 '국가안전보장에 관련된 국내외정보를 수집 · 평가하여 회의에 보고하여 심의에 資하여야 한다'고 예외적으로 규정해 놓고 있었다.[56] 즉, 국가안전보장회의를 보다 효율적으로 진행하기 위해 정보기관이 관련 정보들을 보고하도록 규정함으로써, 정보기관의 활동을 간접적으로 점검하도록 만들었던 것이다. 국가안전보장회의의 구성은 의장인 대통령을 포함하여 국무총리, 경제기획원장관(재정경제원 장관), 통일원장관, 외무부장관, 내무부장관, 국방부장관 및 대통령이 임명하는 무임소 국무위원, 중앙정보부장(또는 안기부 등 정보기관장)과 그 외 인사들로 구성되어 있었다(2조). 인적 구성에서도 국가안전보장회의에 정보기관장을 포함시킴으로써 정보기관의 활동을 확인하고 통제하고자 했던 것이다. 이러한 인적 구성은 1963년부터 1998년까지 계속되었다.

한편, 김대중 정부는 1998년 5월의 법률 개정을 통해 국가안전보장회의의 위상과 역할을 보다 실질적이고도 현실적인 형태로 발전시킨다. 첫째는, 회의 참여 인사들이 대통령, 국무총리, 통일부장관, 외교통상부장관 및 국가정보원장과 대통령이 임명한 약간의 위원으로 구성원 수를 줄였고, 국방부와 경제관련 부처의 장관들을 제외[57] 시킴으로써 회의의 의제와 논의 내용을 집중시키고

56) 이는 1963년 법률부터 1998년 5월 개정될 때까지 계속되어 왔다. 「국가안전보장회의법」, 1997년 12월 13일 개정, 제 8 조 참조. 그런데, 1998년 5월의 법률 개정에서는 국가안전보장회의와 국가정보기관과의 관계를 규정한 관련조항을 삭제했다. 「국가안전보장회의법」, 1998년 5월 25일 개정, 제10조 참조. 정확한 배경은 파악할 수 없지만, 정보기관을 예외적으로 취급하기 보다는 일반 부처와 동일하게 취급하고자 하는 의도와 정보기관과 국가안전보장회의와의 관계를 수직적인 상하관계로 오해할 가능성을 차단하기 위한 조치로 추정된다.

57) 「국가안전보장회의법」, 1998년 5월 25일 개정, 법률 제5543호, 제 2 조 참조.

있다. 둘째, 국가안전보장회의의 의장인 대통령은 필요에 따라 별도의 조직을 국가안전보장회의 내부에 설치할 수 있도록 만들었다. 1998년 5월 개정된 「국가안전보장회의법」 제 7 조에는 '위임된 사항을 처리하기 위한 상임위원회를 둔다'고 되어 있다. 즉, 대통령이 필요하다고 판단될 경우에는 상임위원회를 통해 현안을 집중적으로 취급할 수 있도록 만든 것이다. 셋째, 국가안전보장회의내 사무처를 신설하고 국가안전보장회의를 지속적으로 점검하도록 함으로써, 형식적인 회의가 아닌 실질적인 회의진행이 될 수 있도록 만들었다. 이러한 법률 개정은 국가안전보장회의를 보다 실질적이고 구체적으로 운영되도록 만들었다는 점에서 정보기관에 대한 통제가 더욱 강화될 수 있다. 국가안전보장회의의 상임위원회나 사무처를 통해 대통령의 정보기관 통제가 더욱 구체화될 것이기 때문이다.

세 번째는 대통령이 필요하다고 판단될 경우, 정부조직들을 개편할 수 있는 권한을 갖고 있다는 점이다. 가장 직접적으로는 정보기관의 조직들을 직접적으로 축소, 폐지하거나, 새로 신설, 또는 확대할 수도 있다. 이는 김영삼 정권 당시의 군 기무사 축소의 경우나, 김대중 정권 초기의 국가정보원 제 3 차장제 폐지 또는 신설의 경우가 대표적인 예가 될 수 있다. 또한, 정보기관을 감시하고 통제하기 위한 새로운 조직들을 신설하는 방안도 예상될 수 있다. 예컨대, 앞서 살펴본 바와 같이 김대중 정부는 「국가안전보장회의법」의 1998년도 법개정을 통해 '국가안전보장회의 사무처'를 신설(제 8 조)하고, 대통령 비서실의 외교안보수석비서관이 사무처장을 겸직하도록 했다. 즉, 국가안보와 관련된 입무를 보다 효율적으로 추진하기 위해 사무처를 신설하고 이를 대통령 비시실에서 직접 통제함으로써 국가안전보장회의에 대한 대통령의 장악력을 강화시켰다. 그리고 이는 정보기관에 대한 통제로 연결되고 있는 것이다.

3) 대통령의 정보기관 통제와 사유화 가능성

국가의 중요 정보를 취급하는 정보기관들을 대통령이 직접 통제하는 것은 지극히 당연하다. 그러나 정보기관에 대한 대통령의 통제가 지나치게 강력할 경우, 정보기관의 개인 사조직화 가능성을 확대시킬 수 있을 뿐 아니라, 정보기관을 통제해야 할 대통령이 정보기관에 지나치게 의존함으로써 오히려 정보기관에 대한 통제가 어려워질 수도 있다.

박정희, 전두환, 노태우는 군인 출신일 뿐 아니라, 군 내부의 정보부서 요직들을 거쳤기 때문에 정보의 중요성을 이해하고 있었다. 따라서 정보기관을 적절하고도 적극적으로 이용한 바 있다. 특히 박정희의 경우에는 정당보다도 정보기관에 우선적으로 의존함으로써, 정보기관을 정치의 장에 직접적으로 끌어들이기도 했다. 역설적인 것은 박정희 정권이 권력강화를 위해 정보기관을 적극 활용했지만, 결국에는 1979년 중앙정보부 부장이었던 김재규로부터 시해당했다는 점이다. 군 보안사령관 출신인 전두환의 경우도 군 정보기관을 활용해 집권에 성공했고, 정보기관의 힘을 활용해 정치세력을 구축한 바 있다. 특히, 전두환 대통령은 안전기획부라는 국가정보기관보다는 보안사라는 군 보안기구를 정치·사회의 주요 감시 및 통제기구로 적극 활용했다. 사실 전두환 정권은 박정희 정권과 유사하게 안기부와 보안사를 효과적으로 활용하면서 통치기반을 구축해 나갔다. 반면, 민주화 이행 이후 출범한 노태우 정부는 정보·보안기구의 활용에 기본적 제약이 있었다. 그럼에도 불구하고 안기부는 노태우 정부의 정권안보에 깊숙히 개입되어 왔다. 안기부 조직을 통해 대통령의 정치자금이 관리되었던 사례가 이를 단적으로 입증해 주는 것이다.

문민정부가 출범한 이후에도 정보기관에 대한 반감은 있었지만, 정보기관에 대한 대통령들의 의존은 지속되었다. 물론 김영삼 정부는 정보기관들을 개혁시키기 위해 노력했다. 안기부의 지휘부 70%에 해당하는 인사들을 세대교체했는가 하면,[58] 1994년에는 안기부법을 개정하여 의회가 안기부 예산을 심의하도록 만들었다. 또한 국회 내 정보위원회를 설립하여 안기부의 예산과 활동을 감시하도록 만들었다. 또한 군 기무사의 위상을 크게 약화시키는 등 군부개혁을 단행하기도 했다. 그러나 김영삼 정부도 전현직 안기부 간부들을 적극 중용하는가 하면, 정보기관과의 관계가 정권 후기로 갈수록 더욱 긴밀해지는 양상을 보였다. 북풍사건으로 구속된 권영해 안기부장 사건, 김기섭 기조실장과 김현철과의 연계, 그리고 15대 총선자금의 안기부 유입 사건 등은 김영삼 문민정부하에서도 국가정보기관의 국내 정치개입이 지속되어 왔다는 것을 시사해 주고 있는 것이다.

대북 포용정책을 추진하고 있고, 남북 정상회담을 성사시킨 김대중 정부로서도 정보기관의 중요성은 더욱 절실해지고 있다. 북한과의 접촉이 확대될 수록 북한측 인사 및 북한관련 자료가 필요하고, 정보기관의 활용도는 높아질 수밖에 없기 때문이다. 그만큼 정보기관에 대한 의존도도 높아지고 있다. 따라서

58) *Far Eastern Economic Review*(30 December 1993 ~ 6 January 1994).

집권 초기에는 국가안전기획부를 세계화시대에 맞게 업무를 조정한다며 국가정보원으로 탈바꿈시켰고, 소위 '총풍', '세풍' 등과 관련하여 북한담당 차장직을 없애는 등 조직 개편을 단행하기도 했다. 그러나 남북정상회담이 진행되고 집권 후반기로 접어들면서, 북한문제를 전담하는 제 3 차장제를 신설하는 등 정보기관의 조직 확대를 다시 추진하는 모습을 보였다. 한편, 정보기관의 국내 정치개입 문제와 관련하여 김대중 정부는 극도로 신중한 태도를 보여왔다. 무엇보다 국내 담당 차장을 차석차장인 제2차장으로 보하여 그 비중을 약화시켰고, 국내 정치개입을 제도적으로 금지시킨 바 있다. 이러한 조치에도 불구하고, 이종찬 원장은 국회 529호실 사건으로 인해 물러나야만 했다. 천용택 원장 역시 김대중 대통령의 대선자금과 정형근 의원에 대한 미행사실이 공개되면서 경질되었다. 그러나 임동원 원장이 취임하면서 국가정보원은 국내정치에 대한 불개입원칙을 지켜나갔다. 2000년 4월의 총선 결과는 이러한 측면들을 부분적으로 입증해 주고 있다 하겠다. 임동원 원장의 후임인 신건 원장도 정치적 불개입원칙을 고수하고 있다. 따라서, 국정원의 국내 정치개입에 대한 민주적 통제는 어느 정도 성과를 거두고 있다고 할 수 있다.[59)]

(3) 국회의 정보기관 감시와 한계

한국의 국회가 정보기관들을 감시할 수 있게 된 계기는 1987년 민주화 운동 이후 형성된 사회적 분위기가 주요하게 작용했다. 국가안전기획부법의 개정 논의가 활발히 진행되면서 정보기관에 대한 감시와 통제의 필요성이 제기되었고, 그 결과 정보기관에 대한 국회의 감시, 감독이 1994년부터 현실화될 수 있었다.

59) 그러나 2002년 초인 현재는 정보기관의 부정적 모습들이 국내정치 개입으로 인한 정치적 문제가 아니라 경제 분야의 부정과 비리의 형태로 노정되고 있다. 김대중 정권 후반기의 3대 게이트로 불리워지는 비리 사건에 정보기관이 한결같이 연루되어 있기 때문이다. 소위 '진승현 게이트'와 관련된 김은성 전 국정원 차장, '이용호-정현준 게이트'와 관련된 김형윤 전 국정원 경제단장, '윤태식 게이트'와 관련된 정보기관의 살인사건 조작 및 은폐, 그리고 비호 등이 바로 그것이다. 한편, 국정원 내부에서도 자신의 구성원들이 이러한 게이트들과 연루된 데 대해 '자정결의대회'를 열고 새출발을 다짐했다는 것 자체가 이러한 측면을 인정했음을 반증해주는 측면이라 하겠다.

1) 국회 정보위원회 신설과 운영

국회의 정보기관에 대한 감시는 주로 정보위원회를 중심으로 이루어진다. 정보위원회는 상임위원회의 형태로서,[60] 1994년 6월에 구성되어졌으며, 구성위원수는 12명이다.[61] 1994년 개정된 국회법 제36조에 의하면, 정보위원회의 소관 업무는, (1) 국가안전기획부 소관에 속하는 사항, (2) 국가안전기획부법 제 3 조 제 1 항 제 5 호에 규정된 정보 및 보안업무의 기획·조정 대상 부처 소관의 정보예산안과 결산심사에 관한 사항 등이다. 일반적인 상임위원회 위원장의 임기는 2년으로 되어 있지만, 정보위원회 위원장은 임기 동안 재임할 수 있도록 해놓고 있다.[62]

정보위원회 위원의 구성은 미국의 경우를 상당부분 모방하고 있다. 1984년 6월 24일 개정된 국회법 제48조 제 3 항에는, '정보위원회의 위원은 의장이 각 교섭단체대표의원으로부터 교섭단체 소속의 법제사법위원회·외무통일위원회·행정경제위원회·내무위원회·국방위원회의 위원 중에서 후보를 추천받아 부의장 및 각 교섭단체대표의원과 협의하여 선임 또는 개선한다. 다만, 각 교섭단체대표의원은 정보위원회의 위원이 된다'고 규정하고 있다.

정보위원회의 개회 및 의결은 일반 상임위원회의 경우와 동일하다. 즉, 재적위원 3분의 1 이상의 출석으로 개회하고, 재적위원 과반수의 출석과 출석위원 과반수의 찬성으로 의결하도록 되어 있다.[63]

또한, 국회법 제54조에서는 특례조항을 두어, 정보위원회의 회의는 공개하지 못하도록 규정하고 있다. 그리고 정보위원회 활동과 관련하여 직무수행상 알게된 국가기밀도 공개하거나 누설하지 못하도록 규정해 놓고 있다. 국가정보원법 제12조 제 5 항에는 예산심의와 관련해서도 공개하지 못하도록 규정되어 있다.

---

60) 세계에서 정보기관을 견제하기 위해 국회에 정보위원회가 신설된 국가는 미국과 독일, 그리고 한국뿐인 것으로 지적되고 있다. "어디에 얼마나 썼나? … 안기부 예비비,"「주간동아」, 제255호, 2000년 10월 19일자.

61) 여타 상임위원회들은 "국회 규칙"으로 정하도록 되어 있지만, 정보위원회는 "국회법"상으로 12인으로 규정해 놓고 있다.「국회법」, 1994년 6월 28일 개정, 제38조 참조. 16대 국회의 경우, 한나라당 6명, 새천년민주당 6명으로 구성되어 있다.

62)「국회법」, 1994년 6월 28일 개정, 제40조 제 2 항 참조.

63)「국회법」, 1989년 6월 28일 개정, 제54조.

2) 정보기관에 대한 국회의 통제 수단과 한계

국회가 정보기관을 감시, 감독, 통제할 수 있는 방법은 공청회(국회법 제64조), 청문회(제65조), 특별위원회 구성 및 운영(제82조), 예산 및 결산에 대한 심사(제84조), 안건 심의(제93조-제98조), 대정부 질문(제121조, 제122조), 국정감사 및 국정조사의 실시(제127조), 탄핵소추(제130조) 등이 국회법으로 규정되어 있다.

그러나 이러한 규정 및 제도와 달리 국회 정보위원회가 현실적으로 정보기관 활동 전반을 감시, 감독하고 통제할 수 있는 것은 아니다. 우선 한국 정보기관의 예산은 '국가안전 보장상 필요한 경우에는 이를 다른 기관의 예산에 계상할 수 있다'. 이 규정은 1963년 「중앙정보부법」 제10조에 규정된 이후, 관련 법률이 수 차례 개정되었음에도 불구하고 수정없이 계속되고 있다. 따라서 예산규모를 정확히 확인하기가 쉽지 않다. 또한 국회의 예산-결산 심의와 관련해서도 정보기관의 세출은 세부항목별 심의가 아니라 '총액'으로 심의받도록 되어 있으며,[64] 국회 예산결산특별위원회를 거치지 않도록 되어 있다. 따라서 구체적인 활동 내역을 확보하기가 쉽지 않다. 그만큼 정보기관의 활동을 통제하는 것이 힘들도록 되어 있다. 그리고 회계감사는 정보기관장의 책임하에 진행하며, 대통령에게만 보고하도록 되어 있다.[65] 물론 1994년 1월 5일 「안전기획부법」 개정과정에서 예외적인 사항으로서 국회 정보위원회에 대해서는 안기부의 모든 예산에 관하여 실질심사를 받도록 규정해 놓고 있다.[66] 그리고 회계감사 결과를 대통령과 국회 정보위원회에 보고하도록 규정해 놓았다.[67] 그러나 이 역시 비공개로 진행되며, 국회 정보위원회 위원은 안기부의 예산과 관련한 내역들을 공개하지 못하도록 규정해 놓고 있기 때문에 공개적인 확인과 검증은 여전히 어려운 실정이다.

한편, 정보기관은 국회에 대한 증언이나 답변을 거부할 수 있도록 「중앙정보부법」에 규정되어져 왔다.[68] 1994년 개정에서는 '국가기밀 사항'이라는 규정을 보다 구체화시켜, '국가의 안전보장에 중대한 영향을 미치는 국가기밀사항

---

64) 「중앙정보부법」 1963년 개정 법률, 제10조.
65) *Ibid.*, 제12조.
66) 「국가안전기획부법」, 1994년 1월 5일 개정, 제12조.
67) *Ibid.*, 제14조.
68) 「중앙정보부법」 1963년도 개정법률, 제11조.

에 한하여' 거부할 수 있다고 규정해 놓았다.[69)]

그러나 이 역시 제 2 항에 안기부장의 판단에 따른 예외조항을 부여해 놓고 있어, 그 범위 역시 여전히 유동적인 것이 현실이다.[70)]

이러한 법률적 내용 이외에, 국회 정보위원회의 실질적 활동 내역을 살펴보더라도 국회의 현실적 한계를 확인할 수가 있다. 14대 국회부터 16대 국회의 2001년 11월초까지의 정보위원회 활동은, ① 모두 55회의 정보위원회가 개최되었고, ② 29개의 의안을 처리했으며, ③ 14개의 청원 및 진정을 접수하여, 13개를 처리했고, ④ 8번의 감사를 통해 20일간 31곳의 기관을 감사한 것으로 정리될 수 있다.[71)]

이러한 활동에도 불구하고, 과연 정보기관에 대한 국회의 견제와 감시, 감독이 원활히 진행되고 있는가 하는 점에 대해서는 충분한 점수를 주기가 어렵다. '비공개'라는 원칙 때문에 국정감사의 내용들은 개략적인 통계수치로만 확인될 수 있을 뿐이며, 얼마만큼 시정되고 있고 적절히 감독되고 있는가를 확인하기가 어렵다. 또한 무엇보다도 의안처리의 경우에는 정보기관에 대한 감시, 감독을 진행함에 있어 필요한 법률적 내용들이 적절히 법률화되고 있는가 하는 측면에서는 긍정적이지 못하다. 1994년부터 정보기관에 대한 국회 감시가 시작된 만큼, 필요한 법률안들이 대규모로 법제화될 것으로 예상할 수 있다. 그러나 정보위원회가 그 동안 처리한 의안들의 대부분은 정보기관의 예산과 관련된 내용이 주류를 이룬다. 1994년부터 2001년 11월까지 처리된 의안은 모두 29개지만, 예산안이 8개, 결산안이 8개, 예비비 관련 의안이 8개로서 모두 24개이다.[72)] 결국 5개 의안만이 법률안과 관련된 내용인데, 그 중 하나는 임기만료로 폐기되었다는 점을 염두에 둔다면, 7여년 동안 4개 법률만이 제정되었음을 의미한다.[73)] 이러한 상황을 염두에 둔다면, 국회 정보위원회가 정보기관을 통제하고 감시하는 데 필요한 법률안들을 충분히 법제화시켰다고 평가하

69) 「국가안전기획부법」, 1994년 1월 5일 개정, 법률 4708호, 제13조.

70) 1997년 대통령선거에서 김대중 후보가 당선된 이후, 1998년 1월 대통령직인수위(위원장, 이종찬)가 국가안전기획부에 대한 업무보고를 받는 자리에서 당시 권영해 안기부장은 '안기부의 조직과 인력, 예산은 보안사항이므로 보고할 수 없다'며 업무보고를 거부하기도 했다. "어디에 얼마나 썼나? …안기부 예비비," 「주간동아」, 제255호, 2000년 10월 19일자.

71) 활동 내역과 관련된 내용들은 국회 홈페이지 정보위원회 site 참조. http://www.assembly.go.kr:4000/intelligence/public-html/menu2-1.htm

72) 국회사무처, 「국회 경과보고서」(서울: 국회사무처, 각년도) 참조.

73) 처리된 법률안은 제181회 정기회에서 법률안 1개, 제185회 정기회에서 법률안 1개, 제190회 임시회에서 법률안 1개, 제198회 정기회에서 법률안 1개 등이다.

기는 힘들다.

그러나 국회의 정보기관에 대한 감시·감독 강화는 민주적 통제와 관련하여 새로운 지평을 보여주고 있는 것이다. 국정원장의 국회출석, 정보위원회 소속 위원들의 국정원 국회감사, 그리고 아무리 총액심사라 하더라도 정보기관의 예산·결산에 대한 국회 심의 등이 진행될 수 있다는 것은 한국의 국가정보기관도 민주적 통제라는 제도적 틀 속에서 새롭게 사회화되고 있다는 것을 예시해 주고 있다 하겠다. 1960년대 김형욱 씨가 주먹구구식으로 국가정보기관을 다룰 때와 비교한다면, 이는 혁명적 변화라 하지 않을 수 없다. 결국 민주주의가 성숙해질수록 국가정보기관에 대한 민주적 통제는 심화될 수밖에 없다. 그리고 이러한 현상은 궁극적으로 국가정보기관의 존속에 순기능적 역할을 하게 될 것으로 예상된다.

(4) 한국의 언론과 정보기관간의 갈등 및 압력

한국 정보기관들에 대한 언론의 감시기능은 그 동안 매우 취약했던 것이 사실이다. 장기간 지속된 권위주의적 군사정권하에서는 언론이 제기능을 발휘하기가 쉽지 않았다. 1980년대 초반까지만 해도 언론에 대한 보도지침이 강력한 힘을 발휘하면서, 언론이 정보기관을 감시하기보다는, 정보기관에 의해 감시되고 통제되는 양상을 보여왔다. 언론 통폐합과 반체제 언론인들의 강제 해직, 보도 지침의 작성 등은 한국 언론의 위상을 크게 굴절시켜 왔다. 언론들은 정보기관에 의해 이용당하고 탄압받아 왔다. 이러한 탄압과 저항이라는 부정적 경험들은 언론탄압에 대한 논란이 현재까지도 지속되도록 만들고 있다.[74)]

그러나 민주화 이행 이후 두 가지 현상이 두드러지게 나타나고 있다. 그 하나는 국가정보기관의 적극적인 대국민 홍보작업이다. 국가정보원 내에 공보담당관을 두는가 하면, 국가정보원 홈페이지를 개설하는 등 제한적이긴 하지만 정보의 선택적 공개를 통해 국민적 지지를 얻으려는 노력이 과거 어느 때보다도 가시적으로 나타나고 있기 때문이다. 다른 하나는 언론의 자율성 강화로 인

74) 대표적으로 2000년부터 시작하여 2001년 본격화된 국내 언론사 사주들의 부정축재 및 비리 처벌, 언론 개혁 등에 대한 일련의 과정에서 언론탄압에 대한 논란이 재개된 것이다. 특히, IPI와 같은 국제기구들은 한국정부에 대해 공식으로 문제를 제기하기도 했다. 결국, 이러한 논란들은 한국 언론들의 선진화 수준과 정부와 언론과의 관계가 얼마만큼 성숙했는가 하는 점을 재고하도록 만들었다.

해 정보기관에 대한 언론의 감시와 폭로 기능이 회복되고 있다는 점이다. 특히 소위 '수지 김'사건에 대한 언론의 집요한 추적과 폭로는 이를 가장 명시적으로 보여주고 있다.

'수지 김' 사건 또는 '윤태식 게이트'는 언론과 정보기관이 서로 상호보완적인 형태이면서도 서로 대립적 관계라는 점을 여실히 보여주는 사건이다. 1987년 대통령 선거를 목전에 둔 당시 북한 요인들에게 납치되었다가 탈출하여 무사히 귀국한 사람이 있다는 것은 언론에게 있어 매우 매력적인 보도내용이었다. 특히 부인이 북한 공작원으로서 자신을 포섭하려는 공작을 전개했다는 부분은 언론으로서는 상당한 가치를 가진 뉴스꺼리였던 것이다. 따라서 언론들은 정보기관이 제공한 왜곡된 정보들을 적극 수용했고, 관련된 보도를 대규모로 진행하는 모습을 보였다. 1987년 당시의 언론과 정보기관과의 관계는 정보를 제공하는 자와 이를 보도하는 자의 관계로서 공생적인 측면이 강했다고 할 수 있다. 그러나 2001년에 와서는 동일한 사건을 두고 언론과 정보기관과의 관계가 대립적인 모습으로 바뀌었다. '수지 김' 사건 과정에서 제기된 다양한 의혹과 사실 왜곡, 그리고 정치적 측면들이 공개된 것은 바로 언론의 보도에서부터 시작되었다. 정보기관은 선별적으로 사실을 공개하고 선별적으로 은닉함으로써, 정보기관의 정치적 측면을 감추고 사실을 왜곡하려고 했다. 반면, 언론은 이러한 정보기관의 은닉과 왜곡에 대해 문제를 제기하고 이를 사회 문제화시켰다. 언론은 정보기관의 잘못된 부분들을 공개했고, 이를 뉴스꺼리로 만들어냈다. 언론으로서는 '국민들의 알권리'를 충족시킨다는 본연의 임무에 충실하는 모습을 보인 것이다. 상호 공생적인 관계가 아니라, 정보기관을 감시하고 통제하는 언론의 기능이 작동된 것이다.

이와 같이 한국의 언론도 정보기관에 대한 감시와 통제 기능을 실질적으로 작동시키고 있다. 따라서 국회와 더불어 제 4 부로서의 언론은 정보기관에 대한 민주적 통제를 가능케 하는 중요한 기제라고 할 수 있다. 이는 매우 바람직한 현상이라 할 수 있다. 그러나 여기에서 한 가지 유념해야 할 점이 있다. 한국은 아직도 국가안보의 위협에서 벗어나지 못하고 있다는 사실이다. 최근 김대중 정부의 햇볕정책에도 불구하고 북한으로부터의 군사위협은 사라지지 않고 있다. 따라서 국민의 알 권리와 국가안보의 보존이라는 두 개의 상반된 목표를 조화롭게 절충시켜 나가는 지혜가 필요하다 하겠다.

6. 결 론

지금까지 국가정보기관에 대한 민주적 통제를 이론적, 경험적, 비교론적 측면에서 다루어 보았다. 여기에서 도출되는 가장 중요한 함의는 아무리 국가정보가 국가안보를 위해 중차대한 역할을 한다고 하더라도 민주적 통제라는 민주주의의 기본적 원칙으로부터 완전히 자유로울 수는 없다는 것이다. 오히려 민주적 감시와 통제를 거쳐 정보기관의 투명성과 정통성을 구축할 때, 정보기관에 대한 국민적 지지가 상승하고, 정보기관의 존속과 확장이 가능해진다는 점을 인식해야 한다. 따라서 국가안보의 사활적 이익을 저해하지 않는 한 국가정보기관을 민주적 통제하에 두는 것이 바람직하다 하겠다.

그러나 여기에서 유념해야 할 것은 정보기관에 대한 민주적 통제가 현실적으로 그리 용이하지 않다는 사실이다. 미국과 같이 성숙된 민주주의가 정착되어 있고, 정보기관에 대한 민주적 통제를 일찍부터 제도화시킨 국가에서도 Iran-Contra 스캔들과 같은 예상 밖의 사건이 발생한 바 있다. 물론 미국은 여타 국가들과 다르다. 한국을 포함한 대다수의 국가에서는 국가정보기관의 정치개입과 부정·부패가 주요 현안이 되고 있는 반면, 미국의 경우는 법의 지배와 책임성(accountability) 문제가 민주적 통제의 주요 대상이 되고 있다. 미국의 사례를 보면 정보기관의 비정치화 못지않게, 법의 지배와 책임성을 구현시키는 작업도 그리 용이하지는 않다. 그러나 주목해야 할 것은 이를 위한 노력은 꾸준히 지속되고 있다는 사실이나.

특히 한국의 경우는 국가정보기관의 비정치화, 탈정치화는 물론이고 법의 지배와 책임성, 그리고 정보요원의 직업윤리 등 모든 면에서 민주적 통제가 요청되고 있는 현실이다. 사실 김영삼 정부 이후 이 부분에 대해서 괄목할 만한 진전을 보여온 것은 사실이다. 그러나 아직도 갈길은 요원하다. 새로운 제도의 정비 못지않게 중요한 것은 기존의 법과 제도를 존중하고 이를 실행에 옮기는 것이라 하겠다. 이제 한국의 정보기관도 각종 구설수에서 벗어나 국가안보의 첨병으로서 본연의 임무를 수행해야 할 것이다. 그러기 위해서도 민주적 통제는 조속히, 그리고 과감하게 실현되어져야 할 것이다.

제 3 편

국가정보기관의 비교분석

제11장

미국의 국가정보체계

송 문 홍

1. 미국의 국가안보와 국가정보

국가정책, 특히 외교안보정책의 결정과정에서 국가정보는 사활적인 중요성을 갖는다. 그릇된 정보에 입각해서 수립·집행된 정책은 단순히 정책의 실패로 끝나는 것이 아니라 국가와 국민의 생존을 위협할 수도 있기 때문이다. 그런 점에서 외교정책이 국가의 방패라면 정보는 그 방패를 적질한 시기와 상소에 갖다 놓는 것이며, 칼을 어느 방향으로 향하게 해야 하는지 알려주는 것이라고 할 수 있다.[1)]

외교안보정책의 결정과정에서 정보기관의 역할은 크게 세 가지로 나누어 볼 수 있다. 첫째, 정보를 수집·분석하고 최종 생산된 정보를 정책결정자들에게 제공한다. 다시 말하면 정책결정자들의 요구에 따라 외국의 현재와 미래의 상황, 능력, 의도에 대한 정확한 평가, 즉 사전지식(foreknowledge)을 제공하는 것이다.[2)]

1) Sherman Kent, *Strategic Intelligence for American World Policy,* 2nd ed. (Princeton, N.J.: Princeton University Press, 1966), p. viii.

2) Harry H. Ransom, *Central Intelligence and National Security*(Cambridge, Mass: Harvard University Press, 1958), p. 8.

둘째, 정보기관은 정보의 수집 · 분석 · 배포 등 단순한 정보의 제공자 역할에서 한 걸음 더 나아가 외교안보정책의 자문 역할을 하며[3] 셋째, 정보기관은 정책 집행의 한 가지 수단으로서 비밀공작(covert action)을 수행한다.[4] 이렇게 볼 때 정보기관과 정책결정집단 간의 긴밀한 관계는 국가의 정책 목표를 달성하기 위한 중요한 수단이자 투입변수라고 할 수 있다.[5]

미국의 경우 20세기 이전까지는 다른 강대국들과 대양을 사이에 두고 있는 지리적 특성과 고립주의 외교 전통, 도덕주의적 가치관 등으로 인해 국가정보의 필요성을 크게 느끼지 않았다. 그러나 미국이 제 2 차 세계대전에 참전하는 계기가 된 일본의 진주만 기습을 전환점으로 미국은 국가정보 및 국가정보체계의 중요성을 자각하게 되었고, 전후 냉전 시기에 정보능력을 꾸준히 팽창시켜 지금은 세계 최고 수준의 정보체계를 보유하고 있다. 오늘날 미국의 정보공동체(Intelligence Community)는 13개의 핵심 정보기관과 그 외 여러 정보기관들로 구성되어 있으며, 미국 언론의 추산에 따르면 정보기관에서 일하는 인력은 총 15만명, 한 해 예산은 280억~300억 달러에 달하는 것으로 알려졌다.[6]

미국과 소련이 정치 · 군사 · 사상 등 모든 면에서 대립했던 냉전 시기는 달리 표현하면 양 진영의 정보기관 사이에 치열한 전쟁이 벌어졌던 시기였다. 정보전쟁은 첨단무기 개발 노력의 이면에서, 각자 자신의 영향력을 확장 혹은 방어하려고 경쟁한 제 3 세계 무대에서, 심지어 군비통제 협상 테이블 아래에서 대상과 장소를 막론하고 벌어졌다. 그래서 80년대 말 사회주의권이 붕괴한 원인을 놓고서 미국의 레이건 대통령과 윌리엄 케이시 CIA 국장, 캐스퍼 와인버거 국방장관 등 당시 외교안보팀이 정보기관을 앞세워 치밀한 비밀전략을 수행한 결과라고 주장하는 시각도 대두되었다.[7]

---

3) Harry T. Nash, *American Foreign Policy*(Homewood: The Doresy Press, 1973), p. 130.

4) Robert M. Gates, "The CIA and American Foreign Policy," *Foreign Affairs* 66 : 2 (Winter 1987-88), pp. 215-216.

5) 문정인, "국가안보와 국가정보,"「국가전략」2 : 1 (1996), p. 43.

6) Lock K. Johnson, *Secret Agencies: U.S. Intelligence in a Hostile World*(New York: Vail-Ballou Press, 1996), p. 6.

7) 이에 대한 자세한 논의는 피터 슈바이처(Peter Schweizer), 한용섭 옮김,「냉전에서 경제전으로: 소련을 붕괴시킨 미국의 비밀전략」(서울: 오롬시스템, 1998)을 참조할 것.

2. 미국 정보 · 보안 체계의 기원과 발전

(1) 제 2 차 세계대전 이전

미국에서는 1882년 해군이 처음으로 항구적인 정보조직(ONI · Office of Naval Intelligence)을 갖추었으며 이는 주로 외국의 군사력, 특히 함선 건조기술에 대한 정보를 얻기 위한 노력에서 시작됐다. 1885년에는 육군이 뒤를 이어 정보조직(MI · Division for Military Intelligence)을 창설했다.[8)]

그러나 미국에서 어느 정도 본격적인 의미의 정보활동이 시작된 것은 제 1 차 세계대전 때부터였다. 당시 국무부와 육군 및 해군은 각기 독자적으로 외국의 암호 해독과 자국 암호의 보호에 심혈을 기울였는데, 이 분야의 선구자는 허버트 야들리(Hurbert O. Yardley)였다. 야들리는 1912년 연봉 900달러를 받고 국무부의 암호 요원으로 채용돼 암호분석 작업을 시작했다.

제 1 차 세계대전 이후 1917년부터 1929년까지 야들리는 국무부와 전쟁부(War Department)의 재정지원을 받아 뉴욕 맨해튼에서 '블랙 채임버'(Black Chamber)를 운영했는데, 이는 신호정보(SIGINT)의 수집 · 해독 · 분석 기능을 가진 미국 최초의 기관이었다.[9)] 블랙 채임버는 1921년 워싱턴에서 열린 미·일 간의 해군군축회담 당시 일본측 암호전문을 해독했으며, 이를 통해 미국은 일본측 의도를 사전에 파악하고 미국의 요구를 성사시킬 수 있었다. 전후 12년간 야들리와 그의 팀은 19개국의 암호전문 4만5,000건을 해독하는 성과를 올렸으며, 심지어 교황청의 암호체계까지 해독해냈다.[10)]

1929년 야들리는 당시 후버 행정부의 스팀슨(Henry L. Stimson) 국무장관에게 블랙 채임버가 해독한 일련의 외국 전문을 보냈다. 야들리는 이를 통해 국무장관에게 블랙 채임버의 중요성을 일깨워주려는 의도였지만 불행히도 스팀슨 장관의 반응은 정반대였다. 완벽하게 해독된 외국 전문에 경악한 스팀슨 장관은 "신사는 서로의 편지를 훔쳐보지 않는다(Gentlemen do not read each

8) Bruce Berkowitz and Allen E. Goodman, *Strategic Intelligence for American National Security*(Princeton, N.J.: Princeton University Press, 1989), p. 126.
9) Berkowitz and Goodman, *Strategic Intelligence for American National Security,* p. 7.
10) David Kahn, *The Codebreakers: The Story of Secret Writing*(New York: Macmillan, 1967), p. 359.

other's mail.)"라는 유명한 말을 남기며 블랙 채임버의 즉각 폐쇄를 명령했던 것이다.[11)]

때마침 미국을 뒤덮은 대공황의 여파로 새 직장을 얻지 못한 야들리는 낙담 끝에 「미국의 블랙 채임버」(*American Black Chamber*)라는 책을 출간했는데, 이 책은 미국에서 일대 센세이션을 일으켰다. 야들리는 이어서 「일본의 비밀 외교전문 1921-22」(*Japanese Diplomatic Secrets,* 1921-22)를 썼지만, 미국의 어떤 출판사도 정부와의 마찰을 우려해 이 책을 출판하려고 하지 않았다. 이 사본은 결국 법무부에 압수돼 보관되어 오다가 1979년 당시 미국의 암호체계에 관한 책을 쓰고 있던 제임스 뱀포드(James Bamford)의 요청으로 세상에 나오게 되었다.[12)]

야들리가 세상을 시끄럽게 하던 당시 미 전쟁부에는 윌리엄 프리드먼(William Friedman)이라는 또 한 명의 암호 천재가 활약하고 있었다. 프리드먼은 1921년 육군 신호정보부대(Army Signal Corps)에 채용돼 20～30년대에 암호해독 그룹을 이끌었다. 그는 제 2 차 세계대전 발발 전까지 야들리의 블랙 채임버가 폐쇄됨으로써 야기된 손실을 거의 복구해 놓고 있었다. 다른 한편에선 해군 또한 독자적으로 일본 해군의 암호체계를 파악하는 데에 노력을 기울였다. 전체적으로 보면 1941년 미국이 제 2 차 세계대전에 개입하기 이전에 이미 미국은 상당한 수준의 암호해독 능력을 보유하고 있었던 것이다.

그러나 일본군의 진주만 기습은 미국에 일대 충격을 주었다. 이 사건은 국가정보의 원활하고 적절한 평가·보고체계가 국가안보에 얼마나 사활적인 역할을 하는지를 미국 정부가 새롭게 인식하는 계기가 되었다.

당시 미국 수뇌부는 암호전문 해독을 통해서 일본측의 기습계획을 사전에 파악하고 있었지만, 일본군이 구체적으로 어느 지역을 기습 공격할 것인지에 대해서는 파악하지 못하고 있었다. 미국측 정보부서가 마지막으로 입수한 일본군 암호전문은 1941년 12월 7일 이른 시각에 워싱턴에 접수됐는데, 그 전문 내용은 기습공격이 그 날 오후 1시에 시작된다고만 되어 있을 뿐 어느 지역인지는 명기하지 않고 있었던 것이다. 당시 해군장관 프랭크 녹스(Frank Knox)를 비롯한 미국 수뇌부는 일본군의 기습 대상이 필리핀이나 동남아가 될 것이

11) Pat M. Holt, *Secret Intelligence and Public Policy: A Dilemma of Democracy*(Washington, D.C.: Congressional quarterly Inc. 1995), p. 23.

12) 제임스 뱀포드는 암호해독기관인 NSA에 관해 종합적이고 상세하게 다룬 책 *The Puzzle Palace*의 저자다.

라고 예측하고 있었다.

더욱 심각한 것은, 이런 정보가 정작 하와이 주둔 미군에게는 적절한 시각에 전달조차 되지 않았다는 사실이었다. 이는 관료주의의 병폐, 당시의 통신기술상의 제약 등 여러 가지 배경이 작용한 결과였지만, 아무튼 미국의 정보역사상 최악의 실패 사례로 기록된 이 사건은 전후 CIA 설립을 주장한 사람들에게 중요한 논거가 되었다. CIA의 탄생 배경에는 정보활동의 체계화를 통해서 다시는 진주만 사건같은 치욕을 겪지 않겠다는 의지가 배어 있었던 것이다.[13)]

한편 미 정보공동체에서 국내 방첩기능에 대한 주된 책임을 맡고 있는 FBI(Federal Bureau of Investigation)는 시어도어 루스벨트 대통령 시절이던 1908년 찰스 보나파르트 법무장관이 창설한 특수요원팀(force of Special Agents)에 뿌리를 두고 있다. 진보적 철학을 공유했던 시어도어 루스벨트와 찰스 보나파르트는 법무부 내 특수요원팀으로 하여금 연방정부와 관련된 범죄, 주(州)의 경계를 넘나드는 범죄를 수사하도록 했다. 이 조직은 1909년부터 수사국(Bureau of Investigation)이라고 불리다가 1935년 현재의 명칭을 갖게 되었다.[14)]

(2) 제 2 차 세계대전

제 2 차 세계대전 시기 미국 정보사(史)의 주역은 윌리엄 도노반(William J. Donovan)이었다. 개전 초기 프랭클린 루스벨트 대통령은 제 1 차 세계대전의 영웅이었던 도노반을 자신과 처칠 영국 수상간의 비밀연락망으로 활용하다가 1941년 6월 정보협력관실(Office of Coordinator of Information)을 신설해 책임자로 임명했다. 정보협력관에게 주어진 임무는 대체로 비밀정보활동과 공개적인 선전활동 두 가지였다.

그러나 이처럼 하나의 기관이 비밀활동과 공개활동을 병행해서 수행하는 방식은 오래 가지 않았다. 그로부터 약 1년 뒤 정보협력관실이 OWI(Office of War Information)와 OSS(Office of Strategic Service)로 분리된 것이다. 오늘날 미국 행정조직의 계보상에서 보면, 미국공보처(U.S. Information Agency)는

---

13) Holt, *Secret Intelligence and Public Policy*, p. 24.

14) FBI의 역사에 대해서는 FBI 홈페이지 http://www.fbi.gov/fbinbrief/historic/history를 참조할 것.

OWI가 모태가 되었고, CIA는 OSS에서 활동하던 인력을 중심으로 탄생된 조직이다. 도노반은 이 중 OSS의 책임자가 되었는데, OSS는 형식상으론 합참에 보고하게 되어 있었지만 실제로는 대통령의 직접 통제하에 있었다.[15)]

그러나 비밀공작활동과 비정규전, 조사 및 분석을 임무로 한 OSS의 활동은 탄생 직후부터 순탄치 않았다. 당시 육군과 해군은 여전히 독자적인 정보활동을 하고 있었고, FBI는 그 때까지 자신의 텃밭으로 여겼던 라틴 아메리카 지역에 OSS가 개입하는 것을 견제했다. 심지어 더글러스 맥아더 장군이나 니미츠 제독도 OSS가 자기네 영역인 태평양 지역에서 활동하는 것을 허용하지 않았다. 결과적으로 제 2 차 세계대전 중 OSS의 활동영역은 유럽 지역에 국한될 수밖에 없었다.[16)]

(3) 제 2 차 세계대전 이후

일본이 항복한 뒤 얼마 지나지 않아 트루먼 대통령은 OSS의 해체를 지시했다. OSS가 맡았던 정보수집 기능은 전쟁부 및 육군으로, 조사·분석 기능은 국무부로 이관됐다. 비밀공작활동은 전면 중단됐다.

그러나 이 조치는 행정부 내 여러 당사자들의 불만을 샀다. 일례로 국무부에서는 딘 애치슨(Dean Acheson) 당시 차관처럼 국무부가 강력하고 일원화된 정보수집 기능을 갖추어야 한다고 생각한 사람도 있었지만, 대다수는 정보수집 기능이 국무부의 고유 임무인 외교업무를 심각하게 훼손할 것이라며 반발했다. 전쟁부와 해군 역시 타 기관에 자기 요원을 파견하는 것에 반발했다. 다른 한편 전후 세계는 미국의 기대처럼 낙관적이지도 않았으며, 냉전이 시작되면서 국가안보를 위한 정보체계를 확립해야 할 필요성은 점점 커졌다. 그러는 동안 정보담당 부서들 사이에 충분히 조율되지도 않고, 제대로 분석되지도 않은 정보 보고가 대통령에까지 올라가는 일도 빈번하게 일어났다.

15) William Colby and Peter Forbath, *Honorable Men: My Life in the CIA*(New York: Simon and Schuster, 1978), p. 57.

16) 이러한 정보기관들 사이의 미비한 협조체제(coordination) 문제는 사실상 냉전시기 내내 계속되었다. DCI의 임무 중에서 정보기관 사이에 긴밀한 협조체제를 구축하는 문제는 다른 임무에 비해 상대적으로 간과되어 왔고, 국방부 산하 정보기관들과 FBI는 정보체계의 효율화를 위한 DCI 스탭의 제안에 명시적·묵시적으로 저항해 왔다. 이에 관한 자세한 설명은 Mark M. Lowenthal, U.S. Intelligence: *Evolution and Anatomy,* 2nd Edition (Washington D.C.: Center for Strategic and International Studies, 1992)을 참조할 것.

트루먼 대통령은 이에 1946년 1월 CIG(Central Intelligence Group)의 신설을 지시했다. CIG는 국무부, 전쟁부, 해군의 최고 수뇌들로 구성된 CIA(Central Intelligence Authority)의 지휘를 받아 국가정보활동의 통합·조정 기능을 맡았는데, 책임자로는 당시 해군 정보담당 부책임자였던 시드니 소어스(Sidney W. Souers) 소장이 임명됐다. 인력과 예산을 전적으로 타 부처 정보조직에 의존했던 CIG가 정보기능의 통합·조정이라는 소기의 목적을 달성하기는 원천적으로 어려운 일이었지만, 이로써 최소한 매일 아침 대통령에게 올라가는 정보 보고만큼은 한결 개선됐다.

CIG는 1947년 미 의회에서 국가안전보장법(National Security Act)이 통과되면서 오늘날의 CIA(Central Intelligence Agency)로 재탄생했다. 국가안전보장법의 원래 입법 취지는 군조직을 재정비하는 것이었으며, 이 법에 따라 훗날 국방부로 개칭된 NME(National Military Establishment)와 공군, 그리고 CIA가 창설됐다. 이로써 미국 역사상 처음으로 법률적 근거를 가진 정보기관이 탄생하게 된 것이다.

CIA는 1949년 중앙정보국법(Central Intelligence Agency Act)에 의해 더욱 확고한 법적 기반을 갖게 되었고, 3대 DCI였던 월터 베델 스미스(Walter Bedell Smith)는 CIA의 체제를 정비했다. 스미스는 또 한국전쟁에서 북한의 남침과 중국의 참전을 사전에 예측하지 못한 것을 계기로 1950년 BNE(Board of National Estimates)를 설치하고, NIEs(National Intelligence Estimates)의 생산을 시작했다.[17)]

트루먼 대통령은 훗날 회고에서 CIA를 탄생시킨 것을 후회했지만,[18)] 그의 집권 시절에 이미 CIA는 비밀공작활동을 시작했고, 1952년에는 암호해독

17) U.S., Congress, Senate, *Final Report of the Select Committee to Study Governmental Operations with Respect to Intelligence Activities,* 94th Cong., 2d sess., (Washington D.C.: Government Printing Office, April, 1976), p. 43. 이 보고서는 처치 위원회 보고서(Church Committee Report)라고도 불린다. NIEs는 특정국가의 상황이나 특정주제에 대한 모든 정보기관의 현 정보지식을 포함하며, 미래의 특정기간 내에 어떤 일이 발생할 것인지 예측·판단한다. 이 보고서는 최고 정책결정 수준에서 사용되며, 전체 정보공동체의 정보판단 의견을 제시하게 되어 있다. 조정된 판단내용과 의견을 달리하는 기관의 견해는 보고서 본문과 각주에 명기하도록 되어 있다.

18) Merle Miller, Plain Speaking: *An Oral Biography of Harry S. Truman*(New York: G.P. Putnam's Sons, 1973), pp. 391-392. 이 책에서 트루먼 대통령은 "자유롭고 민주주의적인 정부와 CIA의 비밀주의는 조화되기 어렵다"며 "막대한 예산을 쓰면서도 비밀이라는 이유로 그들이 무엇을 하는지 모르고, 따라서 감시와 통제 바깥에 있는 CIA"를 강력하게 비판했다.

및 개발을 전문으로 하는 NSA(National Security Agency)의 창설을 승인하기도 했다.

이렇게 보면 미국의 핵심 정보기관들인 CIA와 NSA, 그리고 DIA는 모두 정책결정자들이 깊이 숙고하지 않은 채 창설됐다는 공통점을 갖고 있다. CIA의 법률적 근거를 처음 제공한 국가안전보장법에서 CIA 관련 조항은 3쪽이 채 못되는 분량이었다. NSA와 DIA의 창설과정에는 의회가 개입하지도 않았다. NSA는 대통령이 행정명령(Executive Order)조차 내지 않고 간단한 지침 하나만으로 창설됐고, DIA는 1961년 당시 로버트 맥나마라(Robert S. McNamara) 국방장관이 백악관과 상의도 없이 창설한 기관이었다.[19]

3. 미국 정보 · 보안 체계의 구성

(1) 미국 정보 · 보안 체계의 조직

미국 정보공동체(intelligence community)의 활동범위와 기법, 특히 정보수집 분야의 기술 수준은 러시아를 제외하고는 다른 모든 국가의 정보기관을 훨씬 능가하고 있다. 미국은 전통적인 공개 · 비공개의 인적 자원을 바탕으로 한 정보수집 이외에도 정찰위성 · 항공기 · 선박 · 세계 각지에 산재한 지상관측소 · 레이더 · 해저 경계 등의 수단을 동원하여 전세계의 정보를 수집하고 있다.

미국의 정보공동체는 CIA, NSA, DIA, NRO, 육·해·공·해병 등 각군 정보조직, 국무부의 INR, 법무부의 FBI와 DEA 그리고 재무부와 에너지부 산하의 정보부서 등으로 구성되어 있다.[20] 1990년대 이후에는 여기에 CIO(Central Imagery Office)와 대테러 · 대마약 등 방첩부문을 전담하기 위한 정보기관들의 연합체(fusion centers)들이 추가되었고, 이 외에 국방부 내 통합사령부 산하 정보기구들, 상무부 산하 정보담당 부서 등도 정보공동체에 포함된다.

이들 미국의 정보기관은 ▲ 국가정보기관 ▲ 국방부 산하 정보기관 ▲ 각군 산하 정보기관 ▲ 통합사령부 산하 정보부대 ▲ 민간 정보조직 등으로 구분할 수 있다.[21] 이 중, 독립 정보기관인 CIA와 조직체계상 국방부 산하기관

19) Holt, *Secret Intelligence and Public Policy,* p. 30.
20) U.S. President Executive Order 12333(December 4, 1981).

으로 되어 있는 NSA, NRO, CIO 등은 자신이 소속된 특정 부처가 아니라 미 정부 전체를 위해서 기능한다는 점에서 국가정보기관으로 분류된다.

미국의 정보기관은 또 기능과 예산출처에 따라서 국가대외정보조직(NFIP: National Foreign Intelligence Program)과 합동군사정보조직(JMIP: Joint Military Intelligence Program), 전술정보관련조직(TIARA: Tactical Intelligence and Related Activities) 등으로 나눌 수도 있다. 일반적으로 TIARA는 군 지휘관이 특정 전장과 작전을 통제하기 위해서 필요로 하는 군사정보를 의미하고, JMIP는 통합 군 차원에서 필요한 정보, NFIP는 TIARA와 JMIP를 제외한 모든 정보를 말한다. 이들간의 구별이 분명하지 않은 경우가 있지만,

그림 1 **조직체계로 본 미국의 정보공동체**

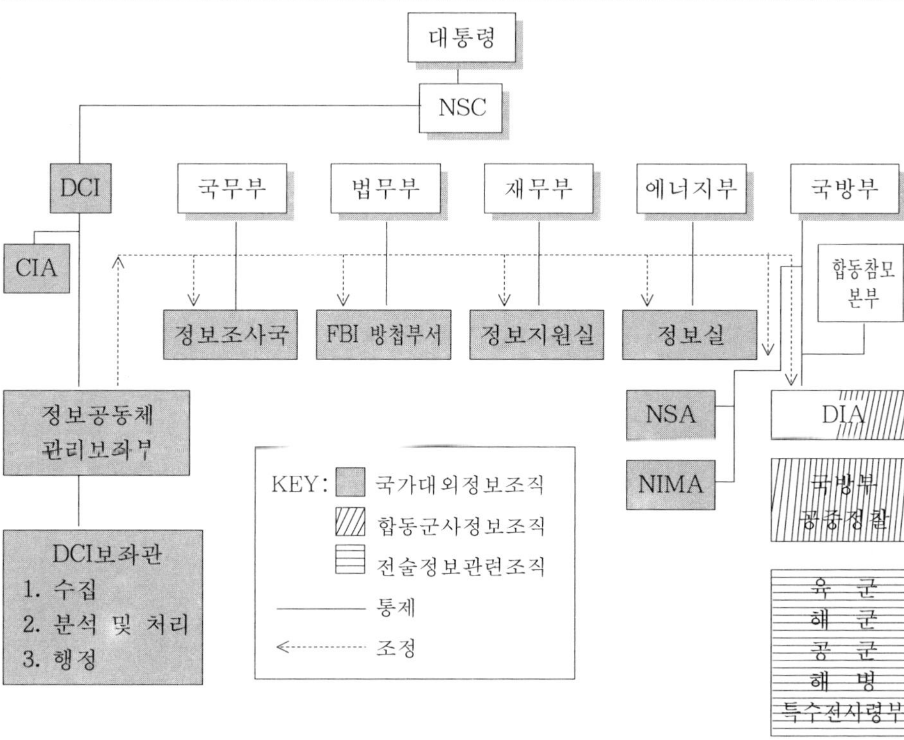

출처: U.S. House Permanent Select Committee on Intelligence, IC21: The Intelligence Community in the 21st Century, 2nd session, 1996. Mark M. Lowenthal, *Intelligence: From Secrets to Policy*(Washington D.C.: CQ Press, 2000), p. 25에서 재인용.

21) Jeffrey T. Richelson, *The U.S. Intelligence Community*(Boulder: Westveiw Press, 1995), p. 10.

NFIP는 정책결정자들이 필요로 하는 정보, JMIP와 TIARA는 군 지휘관이 필요로 하는 정보로 보는 게 일반적이다.[22)]

미국 정보공동체의 전체 구조와 기능은 다음 표를 통해 일목요연하게 알 수 있다. 〈그림 1〉은 지휘계통체계면에서 본 전체구조, 〈그림 2〉는 각 정보기

그림 2 기능으로 본 미국의 정보공동체

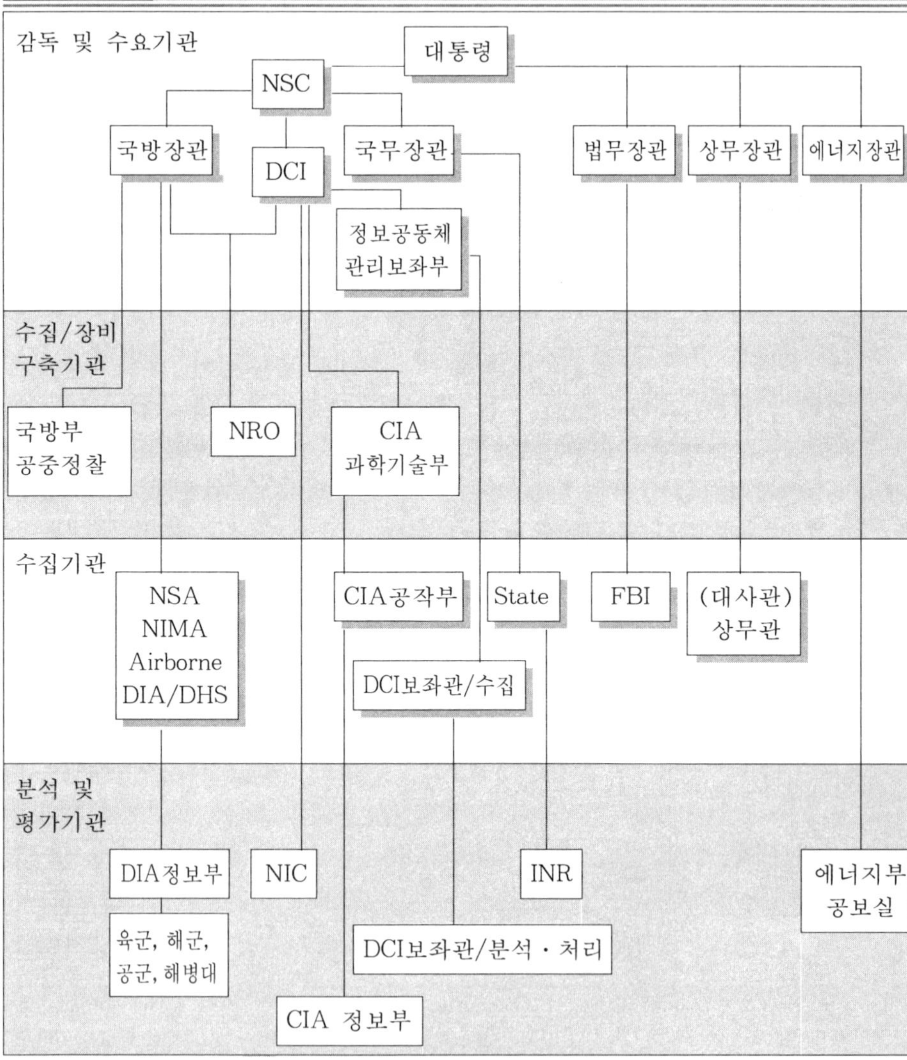

출처: Lowenthal, *Intelligence: From Secrets to Policy,* p. 28.

22) Holt, *Secret Intelligence and Public Policy,* p. 41.

관의 기능면에서 바라본 정보공동체의 구조다.

1) 중앙정보장(DCI: Director of Central Intelligence)

일반인들 사이에서 흔히 간과되거나 혹은 CIA 국장과 혼동되는 부분으로서 미국에는 DCI라는 직제가 있다. DCI는 트루먼 대통령 시절에 창설되었으며, 미국의 정보공동체 전체를 감독·조정·협의하는 정보공동체의 수장(首長)이다. DCI는 또 대통령과 NSC(National Security Council)에 대해 국가정보에 관한 수석 자문의 역할을 담당하고, NSC 산하 NIC(National Intelligence Council)의 의장으로서 국가정보의 우선순위 결정, 정보예산 편성과 정책 지침 등의 업무를 관장한다.[23] 한편 CIA 국장은 정보공동체의 일원인 CIA의 책임자일 뿐이다. 그러나 현실적으로는 CIA 국장이 DCI를 겸임해 오고 있으며, CIA의 실제 운영은 CIA 내부의 각 부서를 담당하는 부국장들에 의해 이뤄지고 있다.

CIA 국장이 DCI를 겸임해 온 관례에 대해서는 그 동안 미 의회에서 여러 차례 문제제기가 있었다. 이는 무엇보다 한 사람이 두 가지 임무를 겸임함으로써 야기되는 업무의 과중함 때문이었다. 예를 들어 카터 행정부 시절의 DCI였던 스탠스필드 터너(Stansfield Turner) 제독은 30분간의 대통령 보고 한 차례를 위해서 10~12시간을 준비해야 했고, 그런 대통령 보고를 일주일에 두 차례씩 했다고 회고했다.[24] 이는 일주일간 정상 업무시간의 절반에 해당되는 시간이며, 따라서 초과근무를 하더라도 나머지 다른 업무를 충분히 돌볼 수가 없다는 게 일각의 비판이었다.

그러나 DCI를 CIA 국장이 겸임하는 관례와 관련해서 더욱 중요한 문제는 전체 정보기구의 구성 자체에서 기인한다. 즉, DCI는 전체 정보기구를 총괄한다는 취지로 만들어졌음에도 불구하고 실제로는 정보기관들 사이에 유기적인 협력체제가 이뤄지기가 어려웠다는 것이다. 현실적으로 미국 정보예산의 80~85%와 정보 인력의 상당 부분은 국방장관의 통제하에 있다.[25]

이런 문제를 극복하기 위해서 미 의회는 1993년 정보위임법(Intelligence

23) DCI의 임무에 대해서는 President Executive Order 12333, Section 1.5 참조.

24) Stansfield Turner, *Secrecy and Democracy: The CIA in Transition*(Boston: Houghton Mifflin, 1985), p. 129.

25) DCI가 통합·조정 역할 수행에 제약을 받아온 내용에 대해서는 Berkowitz and Goodman, *Strategic Intelligence for American National Security,* pp. 42-46을 참조할 것.

Authorization Act)에 DCI의 권한을 대폭 강화하는 조항을 포함시켰다. 이에 따라 DCI는 정보수집의 우선순위를 설정하고 필요한 자원을 제공하는 권한을 확보하게 되었으며,[26)] 국방장관은 국방부 산하 정보기관들인 NSA, NRO, DIA의 책임자를 임명할 때에 반드시 DCI와 협의를 거치도록 했고, DCI가 국가안보회의(NSC: National Security Council)에 참석하는 것[27)] 등이 명문화됐다. 이

표 1 역대 DCI

재직기간	이 름	비 고
1946	Sidney W. Souers	해군 소장
1946-1947	Hoyt S. Vandenberg	육군 중장(육군 항공대)
1947-1950	Roscoe H. Hillenkoetter	해군 소장
1950-1953	Walter Bedelle Smith	육군 대장
1953-1961	Allen Dulles	
1961-1965	John McCone	
1965-1966	William F. Raborn, Jr.	해군 중장(전역 후 임명)
1966-1973	Richard Helms	
1973	James R. Schlesinger	
1973-1976	Willam E. Colby	
1976-1977	George Bush	
1977-1981	Stansfield Turner	해군 대장(전역 후 임명)
1981-1987	William J. Casey	
1987-1991	William H. Webster	
1991-1993	Robert Gates	
1993-1995	R. James Woolsey	
1995-1996	John M. Deutch	
1997-	George Tennet	

26) 사실 DCI는 이런 권한을 그 전부터 몇몇 행정명령에 의거해 갖고 있었지만, 1993년에 이것이 법적으로 명문화되었다는 것이 다른 점이다.
27) 이전에는 대통령의 재량 사항이었다.

런 일련의 조치들은 DCI의 지위와 권위를 한 단계 높여주는 것들이었다.[28)]

DCI와 DDCI(Deputy DCI)는 상원 인준을 거쳐 대통령이 임명하며, 두 사람 중 한 명은 반드시 군 출신이 아니어야 한다. 역대 DCI는 〈표 1〉과 같다.

2) 국가안보회의(NSC: National Security Council)

NSC는 정보공동체의 멤버는 아니다. 그러나 DCI는 NSC에 정보공동체의 활동상황을 보고하고 정책조언을 하도록 되어 있다. NSC 구성원은 대통령, 부통령, 국무장관, 국방장관, 합참의장, DCI 등이며, 부처간 정책조율을 위한 자체 스탭을 보유하고 있다. NSC 스탭에는 정보공동체를 담당하는 OIP(Office of Intelligence Programs)가 있다.

3) 국가정보회의(NIC: National Intelligence Council)

1979년에 설치된 NIC의 주된 기능은 NIEs(National Intelligence Estimates)의 초안을 작성하는 일이다. NIC는 지역별·분야별로 전문성을 가진 다수의 NIO(National Intelligence Officers; 국가정보관)들로 구성돼 있으며, DCI의 지휘를 받는다.

1992년 당시 DCI였던 로버트 게이츠(Robert M Gates)는 NIC의 기능을 대폭 강화하는 조치를 취했다. 즉, 검증(evaluation) 담당 부의장직을 신설해서 과거의 정보분석이 얼마나 정확했는지를 검증하고 그 결과를 향후 정보수집의 우선순위에 반영하는 기능을 부여했다. 역시 신설된 평가(estimates) 담당 부의장에게는 NIEs의 작성과정에서 정책결정자들이 고려할 수 있는 반대의견과 대안이 반드시 포함되게 하는 등의 역할을 맡겼다. 예전에는 NIC 사무실이 CIA 내에 위치해 NIEs 등의 작성과정에 관례적으로 CIA 요원이 동원됐지만, NIC 자체 스탭을 보강하고 사무실을 옮김으로써 독립성을 강화하는 등의 조치를 취했다.[29)]

4) 국가대외정보위원회(NFIB: National Foreign Intelligence Board)

NFIB는 DCI의 전체 정보기관에 대한 감독기능을 보좌한다. CIA 부국장과 DIA·NSA·INR의 최고 책임자, 재무부와 에너지부의 정보 책임자들로 구성되며, NIEs가 발행되기 전 마지막 단계에서 이 배포를 최종 승인한다.

---

28) Holt, *Secret Intelligence and Public Policy,* p. 44.
29) Lowenthal, *U.S. Intelligence,* p. 132.

5) 대통령대외정보자문위원회(PFIAB: President's Foreign Intelligence Advisory Board)

대통령에게 정보분석 및 비밀공작 관련 조언을 하는 기관으로서 1956년에 설립되었다. 대통령이 행정부 바깥에서 다양한 전문성을 가진 인사들로 구성하며, 그 중 일부는 전직 정보 전문가들이 임명된다.

6) 정보감독위원회(IOB: Intelligence Oversight Board)

정보활동의 법률적 검토를 하는 기관으로 1976년에 설립되었다. 현재는 PFIAB 산하 위원회로 되어 있으며, 정보기관에 대한 직접적인 수사권은 갖고 있지 않다.

7) 정보공동체 관리부(CMS: Community Management Staff)

예산, 임무조정, 자원배분 등 전체 정보기관에 대한 DCI의 업무를 보좌하기 위한 스탭으로 1992년 기존의 ICS(Intelligence Community Staff)에서 개편되었다. CMS는 CIA 본부 안에 사무실을 두고 있지만 CIA 소속이 아니며, DCI의 정보공동체 전체의 업무조정과 협조체제 관리를 돕는 독립기구다.

이외에 정보관련 주요 감독기구로서 상·하원의 정보관련 위원회가 있다. 하원정보위원회(House Permanent Select Committee on Intelligence)는 1977년부터 시작되었으며, DCI와 CIA에 대한 독점적인 법률적 감시기능을 갖고 있다. 구성원은 공화·민주당의 의석비율에 따라서 정해지며, 하원의 다른 위원회와는 달리 소속 의원들은 정해진 임기가 있다. 이는 위원회의 감시 대상인 정보기관들과 의원들간의 유착을 방지하기 위한 것이다. 상원정보위원회(Senate Select Committee on Intelligence)는 상원에서 하원정보위원회와 같은 기능을 담당하며, DCI 및 DDCI에 대한 인준을 한다. 위원회 구성은 상원 내의 공화·민주당의 의석 비율에 상관없이 집권 여당에 항상 1명을 더 배정하는 방식으로 구성된다. 하원과 마찬가지로 소속 의원은 임기 제한을 받는다.

(2) 미국의 정보기관

1) 중앙정보국(CIA: Central Intelligence Agency)

미국 정보공동체를 대표하는 기관인 CIA는 트루먼 행정부 시절이던 1947년 국가안전보장법(National Security Act)에 의거해 탄생했다. 이 법에 따르면 CIA의 기능은 "미국의 국가안보를 위해서 여러 행정부처와 기관의 정보활동에 협조"하는 것이며, 이를 위해서 다음의 다섯 가지 기능을 수행하도록 되어 있다.

첫째, 국가안보와 관련한 정부부처 및 기관의 정보활동에 대해서 국가안전보장회의(NSC)에 자문한다.

둘째, 국가안보와 관련해서 정부부처 및 기관이 행하는 정보활동의 조정을 위해서 국가안전보장회의에 권고안을 제출한다.

셋째, 국가안보 관련 정보를 상호 연관지어 분석·평가하고, 그 정보를 해당 정보기관과 시설에 적절히 배포한다.

넷째, 국가안전보장회의의 지휘하에 좀더 효율적인 정보관리를 위해서 정보기관들 공동의 추가적인 관심사안인 임무를 수행한다.

다섯째, 국가안전보장회의가 수시로 제기하는 국가안보에 영향을 끼치는 그 밖의 정보관련 기능과 임무를 수행한다.[30)]

CIA는 정보의 수집 및 분석에서 전체 정보공동체를 선도해 왔으며, 여러 정보기관들이 수집한 정보는 CIA에서 종합적으로 분석된다. CIA는 또 비밀활동을 인가받은 기관이며, 해외에서의 대공업무를 담당한다.

첩보기관으로서 CIA는 그 동안 신비롭고 전지전능한 이미지를 축적해 왔고, 이는 외부인들로 하여금 실제로는 CIA가 관여하지 않은 일까지 CIA의 탓으로 돌리게 하는 결과를 초래하기도 했다. 그러나 사실 CIA 업무의 상당 부분은 공개자료 속에서 의미 있는 정보를 추려내는 단조롭고 지루한 일들이다.

CIA는 인류학에서 동물학에 이르기까지 거의 모든 학문분야에서 미국의 웬만한 대학보다 많은 수의 박사급 요원을 보유하고 있다. 예컨대 CIA에 소속된 내과의사들은 단편적인 증세 정보로부터 외국 지도자의 질병 유무를 진단

---

30) U.S. Congress, House Permanent Select Committee on Intelligence, *Compilation of Intelligence Laws and Related Laws and Executive Orders of Interest to the National Intelligence Community*(Washington D.C.: U.S. Government Printing Office, 1983), p. 7.

그림 3 DCI 및 CIA의 조직체계

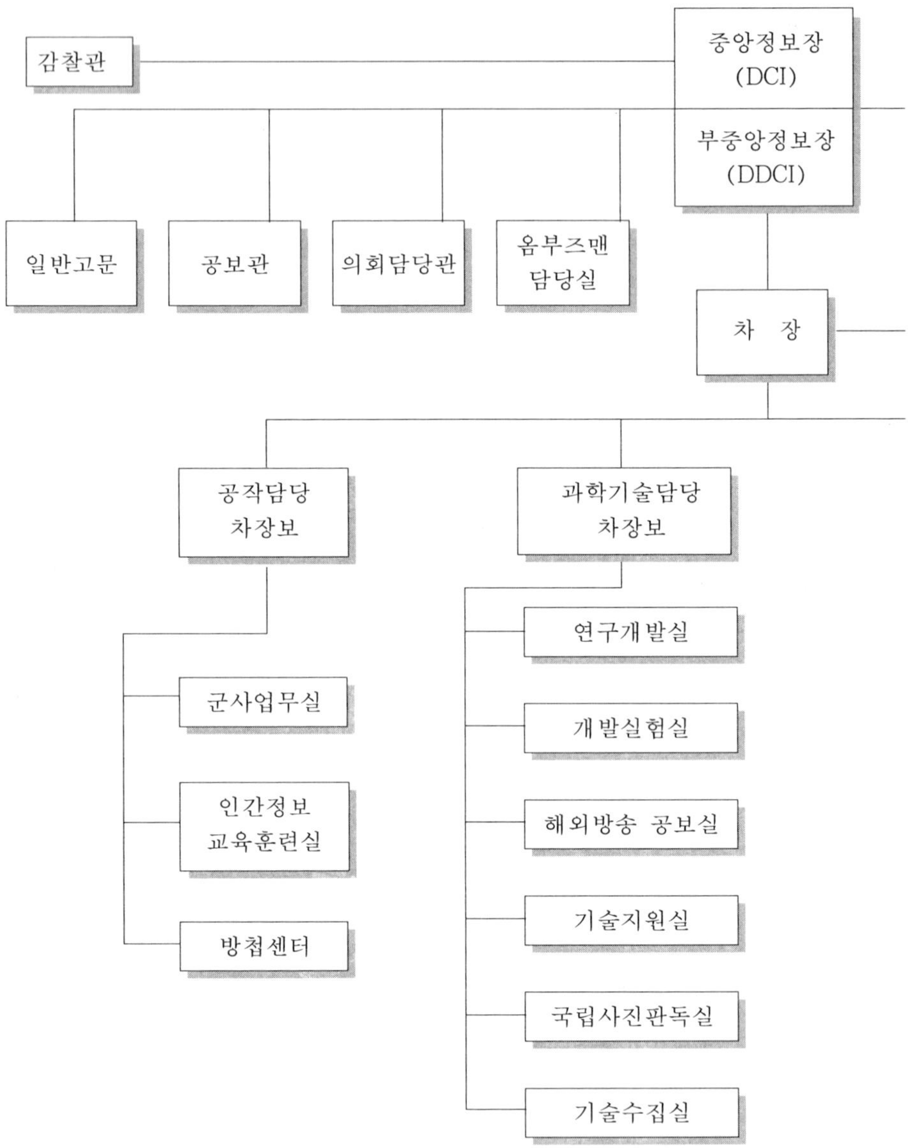

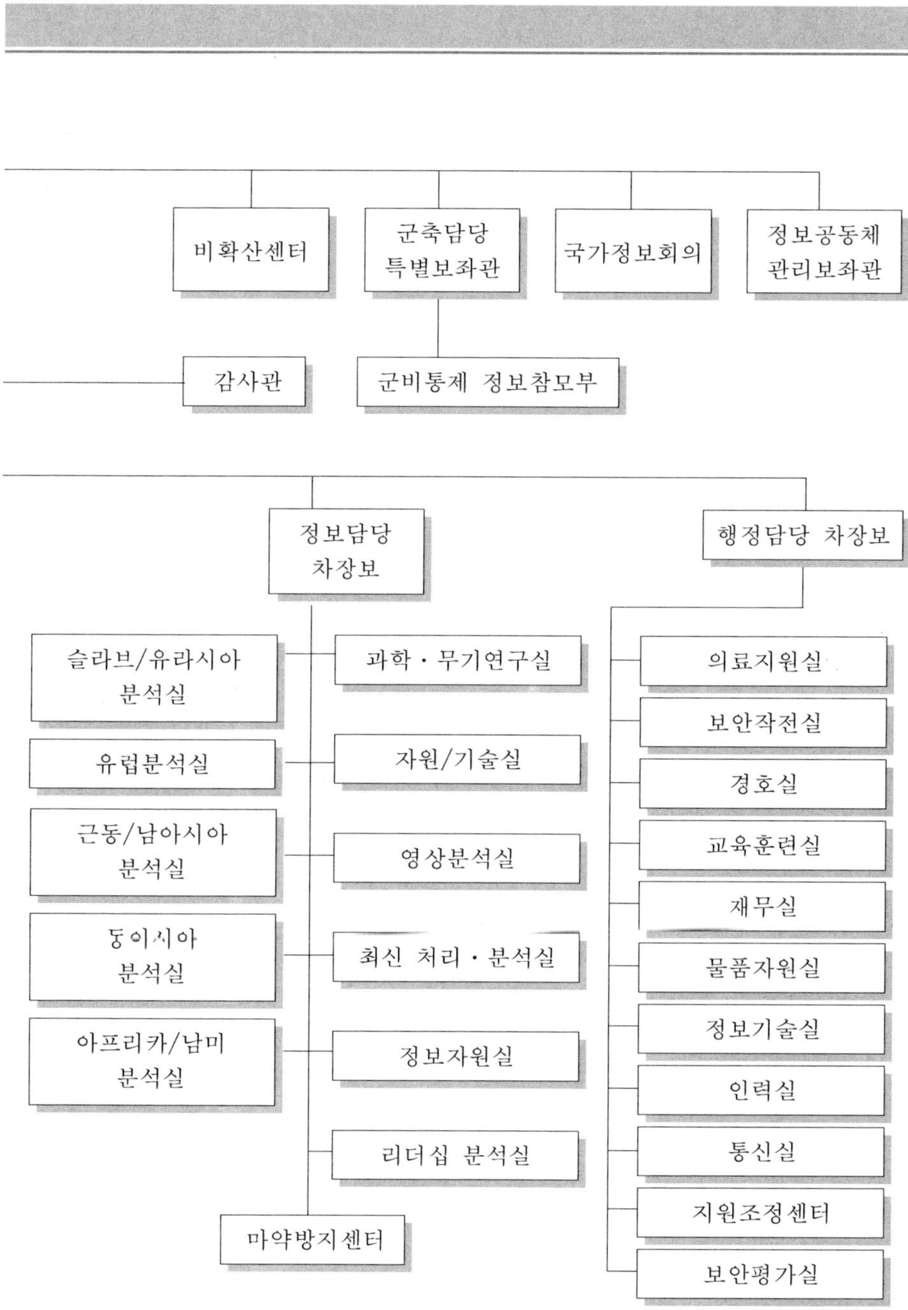

출처: Lock K. Johnson, *Secret Agencies: U.S. Intelligence in a Hostile World*(New York: Vail-Ballou Press, 1996), pp. 8-9.

하고, 정신과 의사들은 외국 지도자의 정신상태를 수시로 분석해 성격자료를 작성한다. 외국 정부의 전문에 나오는 문장의 마침표 하나까지도 세밀하게 분석하는 전문가가 있는가 하면, 얼굴과 목소리를 바꿔주는 전문가도 있다.

CIA의 전체 규모는 구체적으로 드러난 적이 없지만, 예산에 관한 한 비밀공작활동의 빈도와 범위에 따라 해마다 상당한 변동이 있는 것으로 알려졌다. 1980년대에는 전체 정보예산에서 NFIP 관련 부문이 연간 17% 수준으로 증가했는데, 이 중 상당 부분이 CIA의 몫이었다. 왜냐하면 이 시기에 CIA는 니카라과, 앙골라, 아프가니스탄 등 세 곳에서 수행한 대규모 비밀공작활동 등 다수의 비밀공작을 벌였기 때문이었다. 1986년 CIA 예산은 28억 달러 정도로 추산됐다.[31] 1994년도의 예산은 30억 달러, 직원수는 1만 5,000명 선으로 보는 게 일반적인데, 다른 전문가는 4,000명에 달하는 계약직, 파트타임 근로자를 제외하고도 2만 2,000명 선에 이른다고 주장하기도 한다.[32]

CIA 본부는 워싱턴 D.C. 근교인 버지니아주 랭리(Langley)의 포토맥 강가에 위치해 있으며, DCI는 본부 7층의 집무실 외에 백악관 옆 구행정건물(Old Executive Office Building)에도 전용 사무실을 갖고 있다.

CIA의 조직체계에서 핵심은 행정관리부(Directorate for Administration)·정보부(Directorate for Intelligence)·공작부(Directorate for Operations)·과학기술부(Directorate for Science and Technology) 등 4개 부서다. 행정관리부는 인력·예산·보안·의료 서비스·해외 병참지원 등 행정 및 관리를 맡는 부서다.

정보부는 CIA의 부서 중 최대 규모이며, 정보를 분석하고 최종 생산해내는 부서다. 1952년에 설립됐으며 카터행정부 시절에 국가해외평가센터(NFAC·National Foreign Assessment Center)로 개칭되었다가 훗날 윌리엄 캐이시 국장이 원래 이름으로 환원시켰다. 정보부에는 무기통제 정보·(정보)수집 소요 및 평가·기획 및 관리·(정보)생산평가 등 4개 특수 스탭을 거느리고 있으며, 당면정보 생산·지구적 사안·영상분석·정보자원·리더십 분석·과학 및 무기연구 등의 업무를 담당하는 부서 및 전세계를 5개 지역으로 나누어 담당하는 부서들이 배치돼 있다.

---

31) Patrick E. Tyler, "How the U.S. Cloaks a $24 Billion Budget," *Washington Post* (March 26, 1986).

32) Walter Pincus, "White House Labors to Redefine Role of Intelligence Community," *Washington Post*(June 13, 1994).

공작부는 비밀수집·방첩·비밀공작을 담당하는 공작부서다. CIA라고 하면 일반인들이 가장 먼저 떠올리는 곳이 이 공작부이지만, 인력과 배당되는 자원면에서는 다른 부서보다 상대적으로 규모가 작은 편이다.

과학기술부는 기초 및 응용과학 연구개발·기술정보 수집시스템의 설계 및 운용·과학기술 정보의 최종 생산 등을 담당한다. 이 곳에는 연구개발·연구 엔지니어링·해외 방송정보서비스·신호정보(SIGINT) 공작·기술 서비스·국립사진판독센터 등의 부서가 배치되어 있다.[33)]

2) 국가안보국(NSA: National Security Agency)

NSA는 미국의 정보기관 중에서 가장 일반에 알려지지 않은 기관이다. 1952년 대통령 비밀지침에 의거해 설립됐지만, 90년대 초반에 그 지침의 일부 내용만 공개됐을 뿐이다.

NSA는 미국 정부기관이 사용하는 암호와 암호기계를 제작하고, 외국 정부가 사용하는 암호를 해독하는 암호 전문기관이다. NSA는 워싱턴 근교 매릴랜드의 포트 미드(Fort Meade)에 거대한 규모의 본부가 있고 세계 각처에 통신감청소를 운영하고 있다.[34)]

NSA는 휘하에 육·해·공군의 정보부대를 거느리고 있으며, 따라서 본부의 민간인 직원 외에 해외에 주둔하는 수천 명의 군 요원들을 지휘한다. 전체 직원 수는 해외 요원을 포함해서 8만~12만 명에 이르는 것으로 추산되는데, 이는 미국 정보기관 중 최대 규모다. 예산은 1994년의 경우 약 40억 달러로 추산된다.[35)] 이 예산의 상당 부분은 암호해독을 위한 첨단 컴퓨터 실비에 소요되고 있다.

NSA는 전세계의 공중을 떠다니는 모든 종류의 전자신호에서 정보를 추출해낸다. 즉, NSA의 기능은 신호정보활동(Signals intelligence activities)의 범주에 속하며, 여기에는 타국의 암호화된 정보를 가로채고 해독하는 기능과 자국의 암호보안을 유지하는 두 가지 기능이 포함된다. 신호정보(Sigint), 통신정보(Comint), 전자정보(Elint), 심지어는 미사일 시험발사 때 방출되는 신호(telem-

33) 좀 더 자세한 CIA의 조직에 대해서는 Richelson, *The U.S. Intelligence Community,* pp. 12~24 참조할 것.

34) NSA에 대한 자세한 설명은 James Bamford, *The Puzzle Palace: A Report on America's Most Secret Agency*(Boston: Houghton Mifflin, 1982)와 송문홍, "팍스 아메리카나의 진짜 힘, 미 국가안보국(NSA)의 비밀," 「신동아」, 1997. 9, pp. 208-225를 참조할 것.

35) Walter Pincus, "White House Labors."

etry)[36)]까지가 NSA의 공략 대상이다. 결론적으로 NSA는 정보의 최종 생산자가 아니라 여타 정보기관의 요청에 따라 정보를 수집하는 기능을 맡는다.

NSA 국장은 육·해·공군의 3성 장군이 번갈아 가면서 맡으며, 상원 인준을 거쳐 임명된다. NSA는 국방장관의 지휘체계에 속하지만, DIA처럼 국방부 산하기관으로 인식되지는 않는다.

NSA의 조직체계는 비밀로 분류돼 있으며, 대략적인 모습만이 알려져 있을 뿐이다. 핵심 부서는 흔히 DDO라고 불리는 신호정보실(Office of Signals Intelligence Operation)이다. 이 곳에서는 모든 종류의 암호분석과 경로분석, 우방국을 포함한 모든 국가의 암호체계 분석 등이 이뤄진다.

DDO에는 3개의 그룹이 있는데, A그룹은 구소련 및 그 우방국, B그룹은 아시아의 공산국가들, G그룹은 제 3 세계 국가를 비롯한 나머지 국가들과 미국을 오가는 모든 국제통신을 담당한다. 탈냉전 이후 무게중심은 A그룹에서 G그룹으로 상당 부분 옮아간 것으로 알려졌다. 여기에 더해서 C그룹은 컴퓨터 지원, W그룹은 모든 도청(intercept) 관리를 담당하며, 외부와의 협조체계와 공작계획 및 정책을 수립하는 스탭진이 있다. NSA는 또 국가암호학교(National Cryptological School)을 운영하고 있다.

통신보안실(Office of Communications Security)은 COMSEC 혹은 'S조직'이라고 불리는데, 미국의 모든 비밀통신에 대한 보호 기능을 담당한다. S조직의 정책은 국무장관 · 국방장관 · 상무장관 · 재무장관 · 법무장관 등으로 구성되는 통신보안위원회(U.S. Communications Security Board)에서 결정된다.

3) 국가정찰국(NRO: National Reconnaissance Office)

NRO는 미국 정부가 1992년까지 그 존재조차 인정하려 하지 않았던 정보기관이다. 1981년 12월 레이건 대통령이 낸 행정명령 12333에도 NRO는 "경계 프로그램을 통해서 특수한 정보를 수집하는 곳"(offices for the collection of specialized intelligence through reconnaissance programs)이라고 애매하게 표현되어 있다.

NRO는 1960년 5월 미국의 첩보비행기 U-2기가 소련 상공에서 격추된 뒤 소련 영토에 대한 항공사진을 얻기 위한 대안으로서 첩보위성을 개발하는 기

36) 외국장비신호정보(FISINT: foreign instrumentation signals intelligence)라고 한다. 여기에 대해서는 본서 제 5 장을 참조.

관으로 창설됐다. 당시 긴박했던 미소관계에서 볼 때 미국 정부가 NRO의 존재를 철저하게 비밀로 하려 했던건 당연한 일이었다. 1960년대 후반 이후 70년대 내내 미소 양측은 일련의 군비통제 협상을 계속했는데, 상대방이 합의 내용을 이행하는지 검증하는 데에도 첩보위성은 유용한 수단이었다. 그러나 소련이 붕괴한 뒤까지도 미국 정부는 NRO의 존재를 밝히지 않다가 1992년 9월 처음으로 언론에 그 존재를 인정했다.

NRO는 미국의 정보기관들 중에서 가장 많은 예산을 쓰는 곳이기도 하다. 1994년의 경우 추정 예산은 70억 달러 이상이었다.[37] NRO가 이렇게 많은 예산을 쓰는 이유는 첩보위성을 개발하거나 타 업체에 위성제작을 의뢰하는 게 주 기능이기 때문이다.

NRO는 1993년 8월에 대실패를 경험했다. NRO의 위성 세 개를 싣고 캘리포니아주 반덴버그 공군기지를 이륙한 타이탄 6호 로켓이 발사 직후 공중에서 폭파되는 사고가 일어난 것이다. NRO는 이 사고로 10억 달러 상당의 손실을 본 것으로 추정되고 있다.[38]

NRO의 엄청난 예산은 의회 정보위원회에서도 논란이 된 적이 있다. 주적인 소련이 사라진 냉전 이후에도 미국이 많은 위성을 계속 운영해야 하느냐는 반론에서부터, 첩보위성 제작과 관련해 형성된 '정보-산업 복합체'(intelligence industrial comlex)의 이익을 보호하기 위한 것이라는 비판에 이르기까지 많은 논란이 있었지만, 첩보위성이라는 민감한 주제에 본격적인 메스를 대려는 시도는 아직까지 미미한 편이었다.

4) 중앙영상국(CIO: Central Imagery Office)

CIO는 비교적 최근인 1992년 5월 국방부 산하기관으로서 출범했다. 주 임무는 NRO가 운영하는 첩보위성에서 보내온 영상자료를 비롯해 CIA, 국방부, 야전의 군 지휘관, 그 밖의 정보기관들에 대해 영상정보(Imint) 처리를 지원하는 것이다. CIO의 장은 DCI의 추천에 의해 국방장관이 임명한다.

---

37) Walter Pincus, "White House Labors," Tim Weiner, "Lost Titan Missile Carried 3 Satellites, U.S. Officials Reports," *New York Times*(Aug. 4, 1993).

38) *Ibid.*

5) 국방정보국(DIA: Defence Intelligence Agency)

DIA는 국방부의 정보수집·생산·배포 과정을 합리적으로 통합하기 위해서 1961년 로버트 맥나마라 국방장관에 의해 창설됐다. 다시 말해 DIA는 아이젠하워 행정부 시절부터 시작되어 케네디 행정부 시절에 최고조에 달했던 정보공동체의 중앙집중화(centralization) 움직임에 부응해서 등장한 기관이다. 1950년대 후반 아이젠하워 행정부는 육·해·공군 소속 정보부대들이 각자 자기 군의 무기도입 등 예산소요를 정당화시키는 방향으로 경쟁적인 정보활동을 벌이는 것을 통합 조정할 필요가 있다고 판단했다. 당시 핵심 쟁점은 소련의 미사일 전력과 개발능력에 대한 각군 정보부대의 상이한 평가 보고였고, 이 문제를 조사하기 위해서 1959년에 구성된 합동연구팀의 제안으로 DIA가 창설된 것이다.

DIA는 국방장관, 합참, 미 통합사령부 및 특수사령부, 그 밖의 국방부 예하 조직들을 위해서 활동하는 해외 군사정보 기관이다. DIA는 국방부 산하 정보기관들의 활동을 통합 조정하고 해외주재 무관을 관리한다. DIA는 또 NFIB (National Foreign Intelligence Board)에 해외 군사정보를 제공하며, 이 위원회에서 육·해·공 각군의 의견이 아닌 국방부 전체의 의견을 대변한다. DIA는 독자적인 정보분석활동을 벌이며, 소련이 붕괴되기 오래 전부터 매년 '소련의 군사력'이라는 공개보고서를 발간하기도 했다.

DIA 국장은 육·해·공군의 3성 장군이 번갈아가면서 맡으며, 상원 인준을 거쳐 임명된다. 요원은 육·해·공군에서 차출되며 이 밖에 다수의 민간인이 근무하고 있다. 1978년 기준으로 해외주재 무관 1,000여명을 포함해서 4,300~5,500명의 직원과 2억~2억 5,000만 달러의 예산, 90년대 중반에는 6,500명 정도의 직원과 6억 2,200만 달러의 예산을 쓴 것으로 알려졌다.[39] DIA 본부는 워싱턴 DC 볼링(Bolling) 공군기지 내의 국방정보분석센터에 위치해 있다.

미국의 핵심 정보기관들 중에서 DIA는 탈냉전의 영향을 가장 먼저 받은 곳이기도 하다. 미 의회는 1990년 DIA에 대해서 향후 5년간 인력의 5%를 감축할 것을 의무화했다. 1991년에는 C3I 담당 국방차관보와 의회 사이에 국방부 조직개편안을 놓고 신경전이 벌어지기도 했다. 1991년 3월의 조직개편안

39) Tony Capaccio and Eric Rosenberg, "Deutsch Approves $27 Billion for Pentagon Spy Budgets," *Defense Week*(August 29, 1994).

에 의하면, C3I 담당 국방차관보가 DIA와 정보예산을 다루는 국방정보 프로그램(GDIP: General Defense Intelligence Program)에 대해 더 많은 권한을 갖게 되기 때문이었다. 아무튼 그 결과 DIA는 다음의 조직체계를 갖게 됐다.

J2(Directorate for Current Intelligence, Joint Staff and Command Support)는 단기적 정보 현안과 공작지원을 담당하며, 그 예하에 대마약지원(Counterdrug Support)·통합사령부, 특수사령부 및 합참지원(Unified and Specialized Command and Joint Staff Support)·현재정보(Current Intelligence)·조직 대응(Organizational Readiness)·징후 및 경고(Indications and Warning) 등의 담당 부서를 둔다.

해외 정보실(Directorate for Foreign Intelligence)은 장기적인 조사 및 분석, 평가 업무를 맡으며, 과학기술 정보(Scientific and Technical Intelligence)·조사 및 평가(Research and Assessments)·지구적 분석(Global Analysis) 등의 예하 부서를 두고 있다. 이 중 지구적 분석을 담당하는 부서는 일정 사안에 대해서 공작지원 기능을 갖고 있으며, 방첩분석 자료를 생산한다.

이외에도 해외 무관 및 공작 담당(Directorates for Attaches and Operations)·수집 및 영상정보활동(Collection and Imagery Activities)·기획 및 행정(Planning and Administration) 등의 부서가 있다.[40]

6) 육·해·공·해병 등 각군 정보부대 및 통합사령부 단위 정보부대

국방정보를 종합적으로 총괄 조정하는 DIA 외에 육·해·공·해병 각군은 각각 자신의 특수한 정보 수요를 충족시키기 위해서 별도의 정보부대를 운영하고 있다. 이들의 조직체계는 대체로 비슷하지만, 각군의 특별한 요구에 부응하기 위한 조직을 갖고 있다.

군 정보부대의 기본임무는 군 지휘관이 필요로 하는 정보를 제공하는 것이다. 정보장교는 중대 단위에서부터 합참의장에 이르기까지 각 지휘단계별로 배치돼 있으며, 육군의 경우 정보담당 최고위직은 중장급인 합참차장이다. 그러나 전세계에 포진한 정보담당 장교들은 합참차장을 위해서 봉사하는 것이 아니라 각기 자신이 소속된 야전군 지휘관을 위해 봉사하도록 되어 있다.

공군 정보부대는 군 정보기관 중 최대 규모인데, 이는 공군이 정보수집과 관련된 기술적 시스템을 가장 많이 운용하기 때문이다. 핵심 기관인 AFIA

40) Richelson, *The U.S. Intelligence Community*, pp. 42-52.

(Air Force Intelligence Agency)에는 평가(Assessments)·연구 및 협상지원(Studies and Negotiations Support)·경보 및 지역평가(Warning and Regional Assessments) 등의 기능을 담당하는 부서가 있으며, 이외에 공군 무관 및 인적정보 프로그램을 운영한다.

미군은 각 군단위 이외에도 육·해·공·해병 등 각군들이 통합적으로 구성되는 통합사령부(Unified Command) 단위로도 정보부대를 운영하고 있다. 미군은 세계 각 지역별로 대서양사령부(Atlantic Command)·중앙사령부(Central Command)·유럽사령부(European Command)·태평양사령부(Pacific Command)·남부사령부(Southern Command) 등 통합사령부를, 지역 개념이 아닌 것으로 우주사령부(U.S. Space Command)·특수작전사령부(U.S. Special Operations Command)·전략사령부(U.S. Strategic Command)·수송사령부(U.S. Transpotation Command) 등을 운영하고 있다.

7) 국무부 정보조사국(INR: Bureau of Intelligence and Research)

국무부의 정보기능은 제 2 차 세계대전 이후 해체된 OSS(Office of Strategic Services)의 조사·분석기능이 국무부로 이관되면서 시작됐다. 몇 차례 명칭변경과 조직개편 이후 현재 모습을 갖게 된 것은 1957년 이후부터다.

INR은 비밀활동을 하지 않지만, 해외 주재 대사관 요원들이 수집한 정보를 정상적인 외교경로를 통해 보고받으며 공개자료를 수집한다. 공작활동과 관련해서는 정보기관의 활동이 국무부의 외교정책과 상충되지 않도록 매개 기능을 담당한다.

정보의 생산면에서 INR은 첫째, 여타 정보기관들과 공동작업의 산물인 NIEs(National Intelligence Estimates)의 작성에 관여하며 둘째, 국무장관을 비롯해서 핵심 간부들을 위한 보고서를 작성한다. 예컨대 국무장관은 매일 아침 국가안전보장회의(NSC)의 멤버로서 NIEs를 받아보는 외에도 INR이 그때 그때의 당면 현안을 중심으로 작성한 '아침정보보고'(Morning Intelligence Summary)를 받아본다. 이외에도 INR은 각종 지역별, 특정 사안별, 기능별 종합정보보고서를 작성한다.

INR의 장은 차관보급이며, 3명의 부차관보가 17개 부서를 나누어 관장한다. 수석 부차관보(정보·조사담당)는 전체 업무를 통괄 조정하는 사무국을 담당한다. 분석담당 부차관보는 아프리카·동아시아 및 태평양·미주·중동 및 남아시아·러시아 및 유라시아·유럽 및 캐나다 등 6개 지역별 분석실을 관장한다. 분석담당 부차관보는 이외에도 장기 분석을 요하는 과제를 연구하는 조직을 거느리고 있는데, 경제분석실·지리 및 지구적 사안 분석실·정치-군사 분석실·전략 및 무기확산 분석실·테러 및 마약 분석실 등이 그런 것들이다.

마지막으로 협력(Coordination) 담당 부차관보는 정보협력실·정보연락실·정보자원실 등을 관장한다. 정보협력실은 공동 관심사에 대해서 DIA, FBI 등 여타 정보기관과의 협력과정에서 국무부의 입장을 대변하는 역할을 한다. INR의 전체 인력은 약 360명 선으로 알려져 있다.[41)]

8) 연방수사국(FBI: Federal Bureau of Investigation)

CIA가 해외 방첩을 담당한다면 법무부 산하기관인 FBI의 주된 임무는 미국 내에서의 방첩업무다. 다시 말해 미국 내에서 활동하는 외국 스파이 혹은 외국 정보기관을 위해서 일하는 미국인을 체포하는 것이 FBI의 주 임무다. CIA와 DIA도 자체적인 방첩 기능을 갖고 있지만, 방첩 분야에 관한 한 FBI는 정보공동체에서 최고의 권위를 인정받고 있다.

FBI의 지휘계통은 법무장관을 수장으로 FBI 국장, 그리고 핵심 부서인 방첩부서(Intelligence Division)를 이끄는 부국장으로 이어진다. FBI는 또 해외 테러활동에 대응하는 기능도 맡고 있는데, 이는 범죄수사 부서(Criminal Division)에서 담당한다. 이외에도 FBI는 미국 내에서의 방첩활동과 관련해서 다른 정보기관들과 업무를 조정한다.

FBI는 1930년대 이래 해외 정보분야로까지 업무영역을 확장하기 위해서 노력해 왔다. 1939년 프랭클린 루스벨트 대통령은 FBI에게 서반구 지역에서의 정보수집 임무를 맡겼고, FBI는 산하에 SIS(Special Intelligence Service)를 창설해 멕시코·아르헨티나·브라질 등의 미국 대사관에 자체 요원을 파견했다. 제 2 차 세계대전 이후 FBI는 해외 정보 기능을 상실했지만, 여전히 일부 국가의 미국대사관에 요원을 파견하고 있다. 이런 점에서 FBI가 해외 정보부문의 주무 기관인 CIA와 갈등을 빚어온 것은 당연한 일이었다.[42)]

FBI의 전설적인 존재였던 에드가 후버(Edgar Hoover) 국장은 국내 정치

41) U.S. Congress, House Committee on Appropriations, *Department of Commerce, Justice, and State, the Judiciary, and Related Agencies Appropriations for 1992, Part 3*(Washington D.C.: U.S. Government Printing Office, 1991), p. 451.

42) Holt, *Secret Intelligence and Public Policy,* p. 51.

인들을 회유·협박하는 과정에서 자체 수집한 정보를 활용한 것으로 유명하다. 후버 국장은 1924년 29세에 FBI 국장에 취임해 1972년 5월 2일 사망할 때까지 48년간 재직하면서 절대적인 권한을 휘둘렀고, 8명의 대통령이 바뀌는 것을 지켜봤다.

해외로 업무영역을 확장하려는 FBI의 노력은 그다지 성공적이지 못했지만, 미국 내에서의 해외 정보수집이나 공작활동에는 활발하게 개입해 왔다. 예컨대 1980년 9월 FBI는 미합참의 공식 요청을 받고 당시 이란에 억류된 미국인 인질과 관련된 미국 내 정보수집 및 공작활동에 참여하기도 했다.

FBI는 또 해외 정보수집과 관련해서 워싱턴 주재 외국 대사관에 대해서 수많은 도청 및 무단침입을 자행한 것으로도 유명하다. FBI 요원은 공산국가 대사관의 전화를 일상적으로 도청했으며, 심지어 특별 현안이 있을 경우에는 우방국에 대해서도 도청을 자행했던 것으로 알려졌다.[43)]

CIA와 FBI간의 오랜 갈등은 80년대 후반에 대법관 출신인 윌리엄 웹스터가 차례로 두 기관의 수장을 맡으면서 상당 부분 완화됐다. 먼저 FBI 국장으로 재직한 다음에 CIA 국장으로 자리를 옮긴 웹스터는 양 기관에 대해서 편견을 갖지 않고 공정한 리더십을 발휘했다는 평가를 받았다.

그러나 두 기관 사이의 갈등은 1994년 알드리치 애임스(Aldrich Ames) 사건으로 다시 심화됐다. 애임스는 CIA 간부 출신으로서 수년간 소련과 러시아를 위해 활동하다가 검거됐는데, 이 사건 당시 두 기관은 허술한 방첩기능에 대해서 서로를 비난했다. 이 사건 직후 정보기관간의 방첩업무 협조를 위해서 국가방첩센터(NCC: National Counterintelligence Center)가 설립됐다.

9) 마약단속국(DEA: Drug Enforcement Administration)

FBI와 함께 법무부 산하기관인 DEA는 기본적으로 경찰조직에 가까우며, 정보기관으로 보기 어려운 측면도 있다. DEA는 레이건의 행정명령 12333이나 1993년 정보인가법상에서 정보기관의 범위를 규정하는 조항에도 포함되어 있지 않다. 그러나 이 법에는 DEA의 정보관련 활동을 인가해 주는 조항을 포함하고 있다.

DEA의 주된 임무인 마약관련 정보업무는 CIA와 FBI, 각군 정보부대들도

43) Victor Marchetti and John Marks, *The CIA and the Cult of Intelligence*(New York: Knopf, 1974), p. 204.

주요 기능의 하나로서 담당하고 있다. 그런 점에서 CIA와 DEA는 해외에서, FBI와 DEA는 미국 내에서 담당 영역이 중복된다. 그러나 CIA와 FBI에게 마약단속은 자신이 담당해야 할 여러 기능 중 하나일 뿐인 데 반해 DEA는 오로지 마약단속 업무에만 전념한다는 데에 차이가 있다.

DEA의 정보실(Office of Intelligence)에는 수사정보(Investigative Intelligence)·수집 및 출판(Collection and Publications)·금융 및 특수정보(Financial and Special Intelligence)·전략정보(Strategic Intelligence)를 담당하는 4개 부서가 있다. DEA는 또 미국 내에 23개, 해외에 50개의 분소를 운영하고 있는 것으로 알려졌다.[44)]

10) 에너지부

에너지부(Department of Energy) 산하 에너지정보실(Office of Energy Intelligence)은 국무부와 함께 해외 에너지 관련 정보를 수집하고 있다. 그러나 에너지부가 독자적으로 정보수집활동을 벌이지는 않는다. 에너지부의 정보기능은 1946년으로 그 기원이 거슬러 올라간다. 당시 행정부는 핵에너지위원회(AEC: Atomic Energy Commission)에 해외에서 필요한 정보를 수집할 수 있는 기능을 부여했고, 이것이 1977년 에너지부 창설과 함께 에너지부로 이관돼 오늘에 이르고 있다.

에너지정보실의 일개 부서인 핵비확산국(Nonproloferation Division)은 외국의 핵무기 개발 프로그램을 감시 보고하는 것이 주 기능이며, 1990년 '사막의 방패' 작전 때에 미 합참과 DIA에 이라크의 핵무기 프로그램에 대한 평가보고를 제출했다. 핵비확산국은 또 러시아 및 구소련 공화국들의 핵무기에 대한 지휘·통제 상황과 해체, 핵물질 제거 등에 대해서도 감시해 오고 있다.

에너지부는 또 일명 'Z 부문'(Z Division)이라고 불리는 로렌스 리버모어 연구소(Lawrence Livermore Laboratory)의 정보활동을 관장하고 있다. 1965년 소련의 핵무기 개발능력을 평가하기 위한 목적으로 설립된 Z 부문은 그 후 중국 및 여타 국가로 대상을 넓혀왔다.

11) 상 무 부

1954년에 만들어진 상무부(Department of Commerce) 산하 전략정보실

44) Drug Enforcement Administration, *Briefing Book*(September 1992), p. 30.

(OSI: Office of Strategic Information)의 주요 기능은 첨단무기 기술을 포함한 민감한 기술이 소련으로 넘어가는 것을 막는 것이었다. 그러나 OSI는 항공사진기술 문제와 관련한 상무부와 국방부 및 의회간의 의견다툼으로 1957년에 폐지되고 말았다. 그 후 상무부는 산하에 OLI(Office of Intelligence Liaison)·OEE(Office of Export Enforcement)·OFA(Office of Foreign Availability) 등 3개 부서를 두고 해외로의 기술이전 문제를 다루고 있다.

12) 재 무 부

재무부(Department of Treasury) 산하 정보지원실(Office of Intelligence Support)은 국무부와 협조 아래 공개적으로 해외에서 경제·금융·통화 정보를 수집하고, 미국의 경제정책에 영향을 끼칠 수 있는 해외 정보를 행정부 내 여타 기관에 배포하는 기능을 한다. 해외 경제정보 수집에서 국무부와 기능이 중복되는 측면이 있지만, 국무부의 경제담당관이 경제 상황에 관한 보고를 중심으로 한다면, 재무부가 해외에 파견하는 직원은 통화(monetary)에 관한 보고에 치중하는 경향이 있는 것으로 알려졌다.

정보지원실의 장은 재무장관의 특보(Special Assistant)가 맡으며, 한 명의 고위직을 포함해서 총 6명의 국가정보 고문(National Intelligence Advisor)이 지역별·교역·에너지·통화 등을 나누어 담당하고 있다.

재무부는 또 대통령 경호 및 대통령과 행정부 내 고위 인사를 보호하기 위한 방첩업무를 담당한다. 외국 기관의 백악관에 대한 도청 여부를 알아내기 위한 조사('counter-audio survey'라고 부른다)가 그런 예인데, 1965년 존슨 대통령 시절에 처음으로 백악관에 대한 도청 검사가 두 달 동안 이뤄졌다.

13) 교 통 부

교통부(Department of Transfortation) 산하 정보보안실(Office of Intelligence and Security)은 1990년에 설립됐는데, 80년대 후반 팬암 103기 폭파사건의 여파로 만들어진 '항공안전 및 테러리즘에 관한 대통령 위원회'의 권고에 따른 것이었다. 정보보안실은 교통관련 정보 및 안보문제의 전략기획·협력·감시 업무를 담당한다.

(3) 정보예산과 정보기관에 대한 민주적 통제

1) 정보예산

미국의 정보예산은 그 동안 안보상의 이유로 공개되지 않다가 1997년과 1998년 단 두 차례 전체 규모로만 발표됐다. 빌 클린턴 대통령의 지시에 따라 발표된 미 정보기구의 전체 예산규모는 1997년 266억 달러, 1998년 267억 달러였다.[45] 그러나 그 후 DCI 조지 테닛(George Tennet)은 클린턴 대통령에게 CIA 예산을 공개하지 말것을 설득했고, 이에 따라 1999년 이후로는 다시 예산규모가 공개되지 않고 있다.

그림 4 예산 출처 차원에서 본 미국 정보공동체

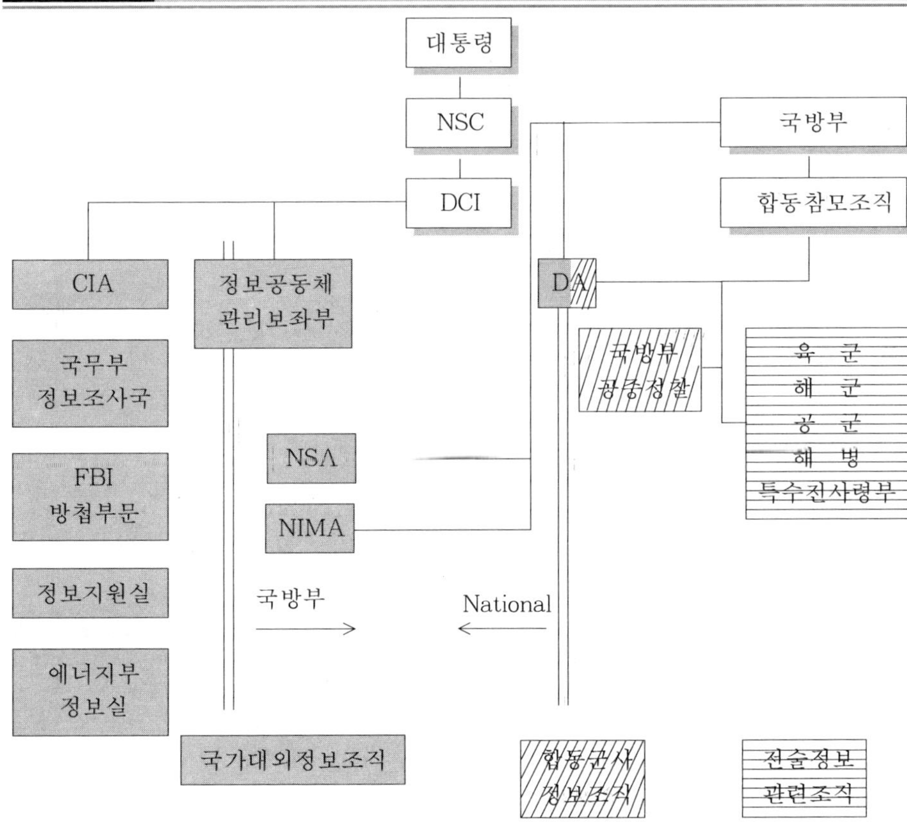

출처: Lowenthal, Intelligence: From Secrets to Policy, p. 35.

45) 「세계일보」, 1999. 11. 5.

관료기구의 팽창 경향, 비밀활동의 과다(過多), 신기술 개발비용 등의 요인으로 인해 해마다 약간의 변동이 있지만, 90년대 이후 미국의 정보예산 규모는 평균 280억 달러 선이라는 게 일반적인 관측이다. 1981~89년간의 레이건 행정부 시절에는 정보예산이 줄곧 높은 수준을 유지해 왔으며, 때로는 300억 달러를 상회하는 때도 있었던 것으로 알려져 있다.[46)]

미국의 정보예산과 관련해서 해묵은 논쟁 중 하나는 이 예산에 대해서 누가 실질적인 권한을 갖고 있느냐는 문제였다. 제럴드 포드, 지미 카터, 로널드 레이건 대통령은 정보예산의 총괄 관리책임을 DCI에게 맡기는 행정명령(Executive Order)을 내려 DCI가 매년 통합·조정된 정보예산안을 마련하도록 했다. 그러나 실제로는 정보예산의 상당 부분은 국방예산 속에 은닉되어 있고, 국방부 산하 정보기관들이 그 예산을 사용해 왔기 때문에 DCI의 예산통제권은 명목적인 것이 되어온 측면이 있었다. 미 의회는 1993년 정보위임법(Intelligence Authorization Act)을 통해서 DCI에게 NFIP 관련 예산에 대한 법률적 권한을 부여함으로써 DCI의 권한 강화를 꾀했다.

위의 표는 예산 출처 차원에서 본 미국 정보공동체의 전체 구성도이다.

2) 정보기관에 대한 민주적 통제

미국의 정보기관들은 오랫 동안 '견제와 균형'이라는 민주주의의 기본원칙 바깥에서 활동해 왔다. 의회는 겉으로는 정보기관에 대한 통제 필요성을 강조하면서도 실제로는 이들의 비밀활동을 묵인하면서 어떤 사건이 발생하면 그 책임을 회피하려는 경향을 보인 적이 많았다. 정보공동체의 상급기관인 NSC 역시 정보예산이나 비밀공작 활동에 시시콜콜 간섭하지 않았다. 이에 따라 CIA의 비밀공작 중에는 심지어 NSC의 형식적인 승인조차 받지 않고 감행된 예도 있었다.

그러나 이런 경향은 1974년 12월 언론인 세이모어 허쉬(Seymour M. Hersh)가 「뉴욕타임스」에 일련의 폭로기사를 연재하면서 극적으로 바뀌기 시작했다. 그 전에도 U-2기 격추사건(1960년), 피그만 사건(1961년)에서부터 워터게이트 사건에의 CIA 개입 의혹(1973년)까지 간헐적으로 정보실패 사례가 드러날 때마다 정보기관에 대한 감시·통제의 필요성이 제기되곤 했지만, 세이모어 허쉬의 폭로는 의회가 좀더 본격적으로 정보기관에 대한 감시기능을

46) Johnson, *Secret Agencies,* p. 43.

갖추게 된 계기가 되었다.

허쉬가 폭로한 내용은 베트남전쟁 기간 중 CIA가 'CHAOS'라는 공작명하에 미국 시민에 대해서 스파이 활동을 했으며, 민주적으로 선출된 칠레의 좌파 아옌데 정권을 전복하려고 기도했다는 것이었다. 이 중 특히 미국 시민에 대한 CIA의 감시 의혹은 지역 선거구민을 의식하지 않을 수 없는 의원들로서는 무시해버릴 수 없는 소재였다.

상하 양원과 당시 포드 행정부는 즉각 조사에 착수해 과거 정보기관들이 수행해 온 수많은 일들을 들춰냈다. 외국 지도자에 대한 암살 음모, 여러 정보기관들이 자행한 미국민에 대한 감시, 국제조약에 위반되는 화학·생물학 무기저장소 등의 의혹이 이때 제기됐다.

이에 따라 1975년 포드행정부는 IOB(Intelligence Oversight Board)를 새로 설립하는 한편 기존에 활동이 중단돼 있었던 PFIAB(President's Foreign Intelligence Advisory Board)를 재가동하는 조치를 취했다. 또 행정명령을 통해 비밀공작의 일환으로서 정보기관이 암살수단을 활용하는 것을 금지하고, CIA 활동에 대한 NSC의 감독기능을 강화했다.

의회 차원에서는 더욱 활발한 움직임이 있었다. 1974년 휴즈-라이언법(Hughes-Ryan Act)를 통해서 주요 비밀공작활동에 대해서 대통령의 재가를 요하도록 하는 한편 의회위원회에 보고하도록 의무화했다. 의회는 또 1975년 정보기관의 국내외 활동을 조사한 끝에 1976년 정보기관의 예산심의와 활동을 모니터하기 위해서 상원정보위원회를 상설화했다. 1977년에는 하원에도 같은 내용의 상설 위원회가 만들어졌다.

그 후 카터, 레이건, 부시 행정부로 이어지면서 미 의회는 정보기관을 통제하는 일련의 법률을 통과시켰다. 이에 대해 정보공동체 일각에서는 의회가 너무 세밀하게 간섭한다고 불평을 터뜨렸지만, 역대 DCI를 비롯한 다른 일각에서는 의회와 책임을 분담한다는 측면에서 이런 변화를 대체로 환영했다. 아무튼 이런 일련의 과정을 거치면서 미국 정보기관들은 '견제와 균형'이라는 측면에서 미 행정부의 정식 일원으로 점차 편입되어갔다.

냉전이 끝나는 1980년대 후반까지 의회의 정보기관에 대한 감시 기능은 때로는 강화되었다가 때로는 이완되는 곡선을 그려왔다. 이는 그때 그때의 현안과 상·하원 정보위원회 소속 의원들이 비밀공작활동을 바라보는 성향, 그리고 정보기관에 대한 언론의 논조에 따라 영향을 받았다. 다음 표는 입법부·사

그림 5 입법 · 사법 · 행정부의 정보기관에 대한 통제

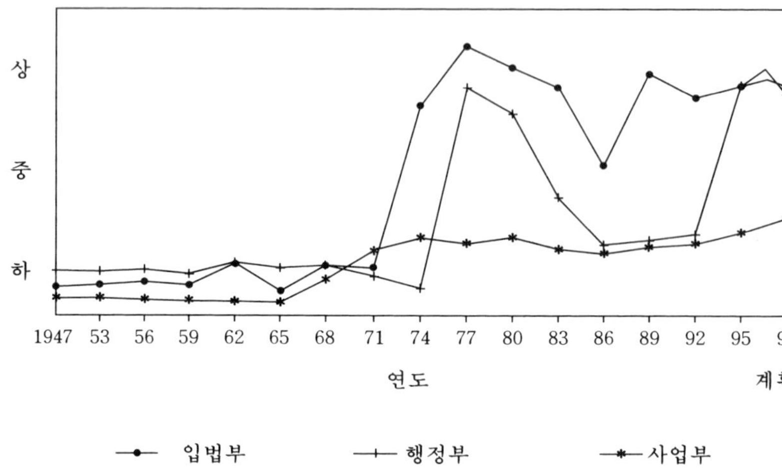

출처: Johnson, *Secrets Agencies,* p. 46.

법부 · 행정부 차원에서 정보공동체에 대한 통제수위의 변화 추이를 나타낸 것이다.

4. 미국 정보 · 보안 체계의 활동

(1) 정보활동

정보의 수집과 분석, 생산과정을 통칭해 정보활동이라고 부른다면, 미국의 정보능력은 세계의 다른 어떤 정보기관이 가진 능력보다 뛰어난 것이었다. 특히 기술정보(Techint), 신호정보(Sigint), 영상정보(Imint) 등 정보수집면에서의 기술수준은 꾸준히 제고돼 왔으며, 국제무대에서 미국이 행사하는 영향력의 실질적인 배경이 되었다.

이런 정보능력의 비약적인 발전 뒤에는 미소간의 무한 대결이라는 냉전체제가 중요한 자양분이 되었음이 물론이다. 다시 말해 지구상에서 미국과 소련 두 나라만이 상대방을 포함해 전세계를 초토화할 수 있는 대량의 핵무기를 보

유하고 있다는 사실은 상대방의 실제 군사력과 지도부의 의도(intention)에 대한 보다 구체적인 정보 욕구를 부채질했다. 이에 따라 냉전시절 미국의 정보공동체는 핵무기·대륙간탄도탄(ICBM) 등 소련 군사력에 대한 정보수집 및 분석에 자원의 대부분을 쏟아부었다.

소련 군사력에 대한 정보수집 및 분석과 관련, 제4대 DCI였던 알렌 덜레스의 재직 후반기인 50년대 말에 벌어졌던 '미사일 갭' 논쟁은 다시 음미해볼 필요가 있다. 미사일 갭 논쟁이란 미·소간의 전략핵무기 균형에 대한 논쟁으로, 당시 미국 정보기관들은 소련이 1949년에 이미 원자폭탄을 개발했고, 1953년에는 수소폭탄 개발에까지 성공했기 때문에 중폭격기와 대륙간탄도탄 개발능력에서도 상당 수준에 올라 있을 것이라고 평가하고 있었다. 이런 위기감은 1957년 미국에 한발 앞서 소련이 스푸트니크(Sputnik) 위성 발사에 성공하면서 더욱 증폭되었다.

이 문제가 본격적인 논란이 된 것은 1960년 대통령 선거전에서였다. 당시 민주당 존 F. 케네디 후보는 유세에서 아이젠하워 행정부가 미국에 불리한 군사정보를 감추고 있다며 맹비난을 퍼부었다. 아이젠하워 대통령은 U-2 첩보기가 촬영한 항공사진 및 정보기관 보고를 토대로 이런 주장을 반박했지만, 정치적으로 민감한 근거 자료를 일반에 공개할 수는 없었다.[47)]

그러나 케네디 행정부 출범 후 미·소간의 전략적 균형은 실제로는 미국이 우월한 것으로 판명되었다. 이로써 미사일 갭 논쟁은 일단락되었지만, 이 논쟁이 남긴 여파는 냉전시절 내내 계속되었다. 미사일 갭 논쟁을 통해서 사람들은 정보기관이 소련의 군사력 팽창을 과대 평가하는 경향이 있다고 믿게 되었고, 정보기관이 의도적인 정보분석을 통해 국방예산의 팽창을 도모했다고 의심하게 된 것이다.

1970년대는 CIA를 비롯한 정보기관의 기능 및 역할이 전반적으로 약화되었던 시기였다. 가장 큰 이유는 예산 감축 때문이었는데, 당시 기술수집체계에 소요된 비용의 급격한 증가가 예산부족 문제를 더욱 심화시켰다. 다른 한편으로는 닉슨 행정부 당시 안보담당 특별보좌관이었던 헨리 키신저(Henry Kissin-

47) 미국은 1956년부터 소련 영공 위로 U-2기를 비행시켜 소련의 주요 군사기지를 항공 촬영해 왔다. 이는 1960년 프란시스 게리 파워스가 모는 U-2기가 격추되면서 중단됐지만, 같은 해에 미국은 최초의 첩보위성 발사에 성공했고 키홀(KEYHOLE)라 불리는 일련의 첩보위성은 1962년부터 본격 가동됐다. 이 부분에 대한 구체적인 설명은 Richelson, *The U.S. Intelligence Community,* pp. 150～166을 참조할 것.

ger)가 CIA의 정보판단보다는 자신의 직속 참모들이 올리는 정보분석에 더 의존했고, NIEs 작성시 1차 자료를 많이 포함시키도록 요구하면서 자신의 정책의도에 맞는 결론을 도출함으로써 NIEs의 권위를 약화시킨 것에도 영향을 받았다.[48)]

정보기관의 영향력은 1980년대 레이건 행정부 시절에 다시 회복되었다. 이 시기 레이건 행정부가 대소(對蘇) 강경 노선을 견지하면서 정보예산은 줄곧 상승곡선을 그렸고, 대통령과 당시 DCI였던 윌리엄 케이시의 개인적 친분관계로 인해 정보기관의 견해는 행정부 최고위층에까지 영향력을 끼칠 수 있었다.[49)]

결론적으로 미국 정보기관의 임무를 수집 · 평가 · 정보기관간의 협조체제 · 방첩 · 비밀공작 등으로 분류할 때 냉전 시절 이들 임무의 우선순위는 미·소관계의 변화, 미 국내정치 상황, 역대 대통령 및 DCI의 성향 등에 따라 시기별로 변화되어 왔다. 〈그림 6〉은 그러한 변화 추이를 보여주고 있다.

그림 6 시대별로 본 미국 정보기관 임무의 우선순위: 정보수집 및 분석

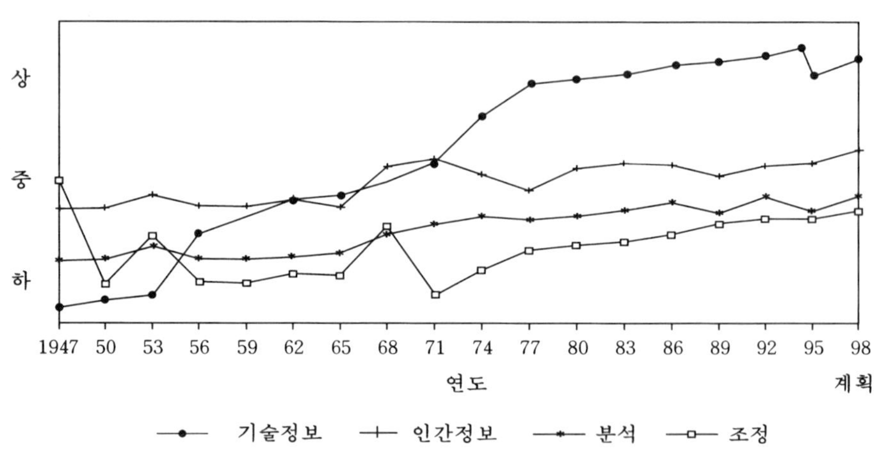

출처: Lock K. Johnson, *Secret Agencies: U.S. Intelligence in a Hostile World*(New York: Vail-Ballou Press, 1996), p. 32.

48) Ray S. Cline, "Policy without Intelligence," *Foreign Policy* 17(Winter 1974), pp. 121~135. 김용순, "국가안보정책 결정과 정보의 기능에 관한 이론적 고찰: 미국의 정보실패 요인분석을 중심으로," 국방대학원 석사학위 논문, 1994. 12에서 재인용.

49) Berkowitz and Goodman, *Strategic Intelligence*, pp. 12-13.

(2) 보안활동

냉전 이래 세계 어느 나라의 정보기관도 보안(Counterintelligence) 영역에 관한한 완벽을 자신할 수는 없었고, 그것은 지금도 마찬가지다. 방첩부문에 관해서는 완벽이라는 말이 있을 수 없다는 것이다. CIA와 FBI 등 미국 정보기관들도 1994년에 적발된 알드리치 에임즈 사건에서부터 뉴욕의 세계무역센터 폭발물 사건(1994년), 오클라호마시 연방건물 폭파사건(1995년) 등 굵직한 보안부문의 실패를 경험했다.

그 중 미국의 보안(Counterintelligence)활동사에서 최대 오점으로 남을 만한 사건은 알드리치 에임즈(Aldrich Hazen Ames) 사건이었다. 지금까지 CIA에 침투한 소련 스파이 중 최고위급 간부였던 에임즈는 냉전시절 장기간에 걸친 스파이활동을 통해 CIA 비밀요원 10여명의 사망과 200건 이상의 비밀공작활동을 와해시키는 등 CIA에 막대한 피해를 끼쳤다. 따라서 미국의 정보전문가들 중에는 이 사건 하나만으로도 미국 정보기관의 방첩활동에 높은 점수를 줄 수 없다고 말하는 이들이 많다.[50]

냉전시기에는 에임즈 사건 외에도 수많은 스파이 사건들이 있었다. 일례로 소련에 미 해군의 통신정보를 판 존 워커(John A. Walker, Jr.) 일당은 만약 미소 양대 진영에 전쟁이 났더라면 에임즈 건보다도 더 큰 피해를 미국에 끼쳤을 정도의 사건이었다. 이외에 거이 버게스(Guy Burgess), 해롤드 필비(Harold' Kim' Philby), 도널드 맥클린(Donald Maclean) 등이 1940～50년대에 영국 정보원 신분으로 미국에서 활동한 소련 스파이들이었으며, 이들은 60년대에 적발되기 전까지 미국 정보체계에 심대한 타격을 입혔다.

1980년대 이후의 소련 스파이들로는 CIA가 모스크바에서 벌인 공작활동의 상당한 내용을 갖고 소련으로 망명해 버린 에드워드 하워드(Edward Lee Howard), 첩보위성 KH-11의 작동체계를 KGB에 넘긴 CIA요원 윌리엄 캠파일스(William P. Kampiles), 로널드 펠튼(Ronald W. Pelton)을 비롯한 몇몇 NSA 요원들 등이 있다.

여기서 보안체계의 효율적인 작동과 관련해 정보기관을 어떻게 구성, 운영하는 것이 바람직한지에 대한 해묵은 논쟁이 제기된다. 예컨대 고도로 전문화된 집단을 중심으로 집중화된 형태의 정보기관을 운영하는 것이 옳으냐, 아니

50) Johnson, *Secret Agencies,* pp. 196-197.

면 정보요원 모두에게 보안책임을 주지시키면서 분권화된 형태로 정보기관을 운영하는 것이 바람직한가 하는 논쟁이다. 전자의 경우 보안체계는 강화할 수 있지만 정보기관이 여타 기관과의 관계에서 고립될 우려가 있다는 단점이 있다. 반면 후자의 경우 보안체계는 취약해지지만 정보기관이 다루는 사안의 범위는 훨씬 넓어진다는 장점이 있다. 이 논쟁은 냉전 이후에도 여전히 방첩 관계자들 사이에서 논의되고 있는 주제이며, 미국뿐 아니라 전세계 모든 정보기관들에게 똑같이 제기되는 숙제다. 1954년에서 1974년까지 20년간 CIA에서 방첩부문 책임자로 재임했던 제임스 앵글턴(James Angleton)은 전자의 방법을 선택했다.

〈그림 7〉은 방첩과 비밀공작 부문에서 미 정보기관의 시대별 변화 추이를 보여주고 있다.

그림 7 시대별로 본 미국 정보기관 임무의 우선순위: 방첩 및 비밀공작

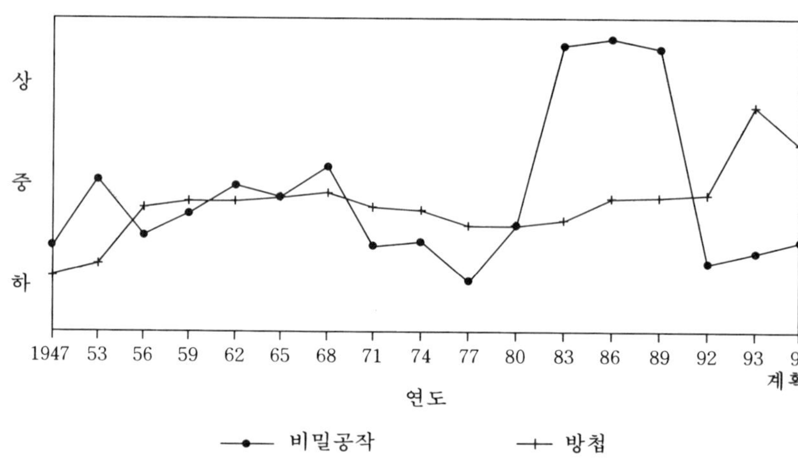

출처: Lock K. Johnson, *Secret Agencies: U.S. Intelligence in a Hostile World*(New York: Vail-Ballou Press, 1996), p. 33.

(3) 비밀공작

CIA를 중심으로 한 미국의 정보기관이 냉전 이래 수행해 온 비밀공작(Covert Operation)의 성공과 실패에 대해서는 여러 가지 사례가 알려져 있다. 그

중 CIA가 성공 예로서 제시하는 몇 가지를 소개하면 다음과 같다.

• 제 2 차 세계대전 직후 유럽의 반공산주의 세력에 대한 자금지원 및 마샬플랜 막후 지원.

• 소련 블록의 내부적 이완을 목표로 수행한 자유유럽 라디오(Radio Free Europe) 및 자유 라디오(Radio Liberty) 활동.

• 냉전 중 소련 블록에 서방세계의 서적 및 잡지를 밀반입함으로써 공산권의 주민들에게 서방문화 및 소비에트 체제에 대한 비판의식을 주입.

• 라틴 아메리카에 소련 영향력이 침투하는 것을 성공적으로 저지. 대표적 예로서 CIA는 1963년부터 1973년까지 10년간에 걸쳐 칠레 내정에 개입해 사회주의자인 아옌데(Savador Allende)의 집권을 방해했고, 1970년 끝내 아옌데가 집권에 성공하자 1973년 피노체트(Augusto Pinochet)의 군부 쿠데타를 지원해 성공시킴.

• 1954년 과테말라의 좌익 민선정부인 아르벤츠(Arbenz) 정권을 전복시킨 아르마스(Carlos Castillo Armas) 대령의 쿠데타 지원.

• 1953년 이란에서 민족주의 정권인 모사데크 정권을 전복시키고 권좌에서 축출당했던 팔레비왕을 재집권시키는 데 성공.

• 1953년 필리핀에서 훅스(Huks) 게릴라 진압을 위해 막사이사이 집권을 지원.

• 1963년 베트남의 쿠데타를 이용해 고딘디엠 암살. CIA는 또 베트남에서 베트공 조직 붕괴를 목표로 한 악명높은 '피닉스 작전'(Operation Phoenix)을 수행했는데, 이 작전의 총책임자는 훗날 DCI를 역임한 윌리엄 콜비(William Colby)였다.

• 80년대 아프간 반군에 스팅어(Stinger) 미사일 등 군사적, 경제적 지원을 함으로써 소련으로 하여금 아프간전쟁의 지속 여부에 대해 회의감이 들게 함.[51)]

그러나 이러한 성공 사례 뒤에는 그보다 훨씬 많은 실패 사례가 있었다. 대표적인 실패 사례가 1961년 쿠바의 피델 카스트로를 제거할 목적으로 수행했던 피그스만(Bay of Pigs) 공격이었다. 이 작전은 아이젠하워 행정부가 승인하고 케네디 행정부 하에서 실행됐는데, 1,400명의 침공군 중 100여명의 사상자를 낸 끝에 대실패로 끝나고 말았다. 이 사건으로 미국의 대외적 위신은 크게 실추되었고,

51) Johnson, *Secrets Agencies*, p. 197.

CIA에 대한 여론 또한 최악으로 떨어졌다.[52)]

피그스만 참사에도 불구하고 CIA는 카스트로 정권 타도를 위한 비밀공작을 계속했다. 한편으론 카스트로 암살 공작이 시도됐고, 다른 한편으론 '몽구스(Mongoose) 작전'이란 공작명으로 전복공작을 전개했다. 그러나 쿠바에 대한 비밀공작은 케네디 암살 이후 중단되었다.

이외에 CIA의 실패 사례로는 1958년 인도네시아의 수카르노 정권 전복기도 실패, 아프리카의 앙골라내전 개입 실패 등 많이 있다. CIA는 해외에서 반공주의를 내건 반군 세력을 지원한다면서 오히려 그들을 곤경에 몰아 넣은 경우도 종종 있었다. 심지어는 미소 데탕트 기간 중에도 대소 비밀공작활동을 벌임으로써 냉전을 더 심화시키기도 했다.

5. 새로운 제약과 도전

(1) 탈냉전의 안보환경

탈냉전이라는 새로운 상황은 국가안보 개념에 새로운 변화를 가져왔다. 냉전 시절의 전통적인 국가안보 개념이 군사적 측면에 큰 비중을 두었다면, 탈냉전 이후에는 경제안보, 생태안보, 기술안보 등의 중요성이 새롭게 부각되었다.[53)] 일례로 문정인 교수는 탈냉전기 국가안보의 다원적 구조를 군사안보, 경제안보, 생태안보, 사회안보의 4가지로 분류하면서, 국가안보 개념이 냉전 시기보다 훨씬 다원적·복합적으로 변화하고 있다고 강조한다.[54)]

국가안보의 필수적인 도구로서 정보기관의 기능과 활동범위 역시 이같은 국가안보의 개념 변화에 따라서 변화를 요구받게 되었다. 냉전 시기 정보기관의 주된 관심사가 다른 국가, 특히 소련의 정치·군사 정보의 수집 및 분석에 두어졌다면, 탈냉전 이후에는 경제정보, 기술정보 등으로 정보기관의 관심과 활동의 비중이 상당 부분 옮아가게 된 것이다. 또 일부 국가에서는 테러나 마

52) 로드리 제프리 존스(Rhodri Jeffreys-Johns), 김상민 옮김, 「미국대외공작사」(서울: 학민사, 1991), pp. 7-9.

53) Jin-hyun Kim and Chung-in Moon, eds. *Post-Cold War, Democratization and National Intelligence: A Comparative Perspective*(Seoul: Yonsei University Press, 1996), p. 14.

54) 문정인, "국가안보와 국가정보," p. 40.

약, 국제조직범죄 등 이른바 초국가적(transnational) 문제가 탈냉전 이후 정보기관의 본격적인 대상으로 부각되면서 국가정보는 국내 사회질서와 안정을 유지하는 기본도구가 되었다.[55)]

미국 정보공동체에게도 탈냉전은 전적으로 새로운 토양이었다. 냉전 시절 정보수집 및 비밀공작의 주된 대상으로 삼았던 소련이라는 상대 자체가 사라져버렸기 때문이었다. 그러나 탈냉전 직후 미국의 정보공동체에게 돌아간 것은 승리의 영광이 아니라 또 한 차례의 비판과 질책이었다. 정보공동체는 냉전 후반기 소련의 쇠퇴를 과소평가했고, 궁극적으로는 소련의 붕괴를 사전에 예측하지 못했다고 비판받았다. 다니엘 모이니핸(Daniel Patrick Moynihan) 전 상원의원같은 이는 정보공동체에 대한 비판자들 중에서도 가장 유명한 인물이었는데, 그는 소련 고르바초프 서기장이 진심으로 경제개혁을 추진했다는 점을 미국 정보공동체가 간과했고, 따라서 고르바초프가 국내 정치적으로 곤경에 처할 것이며 보리스 옐친 등 강력한 정치적 반대집단이 급부상할 것이라는 점을 정보기관이 예견하지 못했다고 주장했다. 모이니핸 의원은 정보공동체가 본래 임무인 소련의 정황을 예측하지 못했으므로 정보업무를 국무부로 이관하고 CIA를 폐지해야 한다고 주장하기도 했다.[56)]

이러한 비판에 대해 당시 DCI였던 로버트 게이츠는 미국의 정보공동체가 80년대 전 기간에 걸쳐 소련의 경제력을 세밀하게 추적·분석한 자료를 공개하면서 반박했지만, 모이니핸 의원의 센세이셔널한 주장만큼 언론의 주목을 끌지는 못했다. 아무튼 이제 미국 정보기관에게 변화는 불가피한 사안이 되었다.

클린턴 대통령은 1994년 정보공동체의 장래 역할과 능력에 대한 대통령위원회를 만들었다. 마침 상원 정보위원회 소속의 존 워너(John Warner) 상원의원도 의회 차원에서 정보기관에 대한 전면적인 조사를 추진해야 한다고 주장하고 있었으므로, 백악관과 의회는 타협을 거쳐 1994년 10월 PFIAB(President's Foreign Intelligence Advisory Board) 소속 위원 9명과 의회가 추천한 민간인 8명으로 위원회를 구성했다. 위원장은 처음에는 전 국방장관이자 PFIAB 의장인 레스 애스핀(Les Aspin)이 맡았으나 그가 1995년 5월 사망하면서 전 국방장관 해롤드 브라운(Harold Brown)이 이어받았다. 위원회는

55) Kim and Moon, eds. Post-Cold War, *Democratization and National Intelligence,* p. 15.

56) Daniel P. Moynihan, 'Do We Still Need the C.I.A.? The State Dept. Can Do the Job' *New York Times*(May 19, 1991).

1996년에 보고서를 제출했다.[57)]

(2) 탈냉전 이후 미국 정보기관의 변화

탈냉전 이후 미국 정보기관의 변화와 관련해서 미국 내에서는 서로 상충하는 두 가지 입장이 대립했다. 하나는 소련이라는 주적이 사라진 이상 정보기관의 예산 및 인력을 전면적으로 감축해야 한다는 입장이었고, 다른 하나는 소련보다 규모는 작지만 여전히 위험한 여러 상대를 다루기 위해서는 정보기관의 역량을 강화 내지는 최소한 기존역량을 유지해야 한다는 입장이었다. "우리는 큰 용 한 마리를 쓰러뜨렸지만 지금은 수많은 독사가 우글거리는 밀림 속에서 살고 있다"[58)]고 말한 DCI 제임스 울시의 말은 후자의 입장을 은유적으로 대변한 표현이었다.

1991년부터 1995년까지는 이 두 가지 입장이 뒤섞인 형태로 현실에 반영되었다. 1993~95년간 DCI로 재임했던 울시는 의회와 백악관의 전반적인 여론과는 반대로 정보예산의 증액을 강력하게 추진했다. 이로써 정보예산은 사상 최고 수준에 달했던 1989~91년간의 연간 300억 달러 수준에 비하면 다소간 줄어 들었지만, 일반적으로 예상됐던 것과 같은 급격한 예산 삭감은 피할 수 있었다.

그러나 울시가 예산의 급격한 삭감을 막을 수 있었던 것은 노후화된 첩보위성 교체, 워싱턴 덜레스 공항 인근에 새로 지은 NRO 본부 건축비 등 불가피한 예산소요가 상대적으로 이 시기에 집중되었기 때문이었고, 다른 면에서 울시는 정보자원의 전반적인 재조정을 단행했다. 예컨대 인력면에서 CIA의 신규 인력 채용을 중단하고, 1993~94년간 기존인력의 24%를 감축했다.[59)]

과거 소련에 집중되어 있던 정보기관의 목표도 전면 재조정되었다. 냉전 후반기까지 정책결정자들에게 충분한 정보를 제공할 수 없었던 그레나다, 파나

57) '브라운 보고서'를 비롯해서 90년대 이후 미국 정보공동체의 변화에 대해서는 인터넷에서 상당한 자료를 찾아볼 수 있다. 국가정보 관련 웹사이트로서 대표적인 것으로는 http://www.odci.gov, http://www.kimsoft.com 등이 있다.

58) 「중앙일보」 1995. 10. 21.

59) 그러나 실질 화폐 가치로 보면 미국의 정보예산은 90년대 이후 상당 수준으로 삭감되어 왔다는 분석도 있다. 예를 들어 언론 보도에 따르면 1992년도 정보예산은 290억 달러, DCI가 정보공동체 재조정을 단행했던 때인 1993~94년간에는 280억 달러였는데, 이는 실질 가치로 따져서 4년마다 10%씩 삭감된 비율이라는 것이다. Johnson, *Secret Agencies,* p. 53.

마, 리비아, 북한, 이라크 등 미국에 잠재적 위협이 될 수 있는 작은 국가들이 새롭게 부각되었고, 경제정보의 비중도 크게 늘어났다. 예컨대 냉전 시절에 수집·분석 부문에서 경제정보에 투입된 자원은 10%에 불과했지만, 탈냉전 초기에는 무려 40%까지 증가했다. 그 40%를 제외한 나머지 자원은 예컨대 AIDS 확산 추세같은 지구적 차원의 보건문제라든가 러시아가 북극해에 방사능 물질을 투기한 사례 등의 환경문제, 난민, 마약 흐름, 국제조직범죄 등의 문제에 배당되었다. 그 중에서도 가장 큰 관심사는 북한의 핵무기 개발계획이나 중국의 파키스탄 및 이란에 대한 미사일 판매 등 대량살상무기의 확산 문제였다.[60)]

DCI 울시는 또 정보공동체 전반의 협조체제(coordination) 구축에 노력을 경주했고, 무엇보다 과거부터 줄곧 사이가 좋지 않았던 CIA와 국방부 산하 정보기구간의 협조체제를 강화했다. 영상정보를 전체 정보공동체 차원에서 처리하기 위해서 CIO(Central Imagery Office)를 국방부와 함께 창설·운영한 것도 이런 노력의 일환이었다. 이러한 CIA와 군 정보기관의 협조체제는 국방차관 출신인 존 도이치가 울시의 후임으로 DCI로 부임하면서 더욱 강화되었다. 탈냉전 이후 두 명의 DCI가 추진했던 이같은 시도는 기본적으로 정보기관별로 불필요하고 중복되는 기능을 제거하고, 정보자원을 보다 효율적으로 배분하기 위한 것이었다.

냉전 종식과 함께 비밀공작의 빈도와 범위는 대폭 감소되었다. 반면 방첩 부문은 탈냉전 이후에 그 중요성이 더욱 부각되었고, DCI들은 여러 정보기관들이 연합해서 기구를 새로 구성하는 방법으로 방첩, 대테러, 대마약, 비확산 등의 문제에 대응했다. 여기에는 ▲ 1989년 이후 러시아의 군사정보기관인 GRU가 미국에 대한 정보활동을 오히려 강화했다는 사실 ▲ 미국 민간기업들이 외국 정보기관의 목표가 되는 사례가 잦아지고 정부 내 방첩 전문가의 도움을 요청하는 일이 빈번해졌다는 점 ▲ 1992년 뉴욕 세계무역센터 폭파기도 및 1995년 오클라호마시티 연방빌딩 폭파사건 등 미국이 테러의 예외지대가 아니라는 사실이 확인되었다는 점 ▲ 미국 국경을 통과하는 마약류를 제대로 막지 못하고 있다는 사실 등이 동인(動因)이 되었다. 무엇보다 방첩부문의 심각성을 극적으로 부각시킨 사례는 1994년 CIA 간부였던 알드리치 애임즈가 소련 스파이로 밝혀진 사건이었다.

60) *Ibid.*, p. 50.

결론적으로 말해서 탈냉전은 미국 정보공동체의 변화에 심대한 영향을 끼친 요인이었다. 그러나 미국민에 대한 스파이활동 폭로(1974년), 이란-콘트라 사건(1984년) 등 국내적으로 큰 논란을 일으킨 사건들을 통해서 미국의 정보공동체는 냉전 시절부터 꾸준히 외부 비판과 변화 요구를 수용해 오고 있었다. 그런 점에서 미국의 정보공동체는 탈냉전 이후 성공적으로 새로운 역할과 위상을 찾을 수 있었던 것이다.

참고문헌

● 참고도서 및 간략한 책 소개

Allen W. Dulles, *The Craft of Intelligence*(New York, Harper & Row, 1963): 정보기관 역사와 저자의 DCI 재직기간(1953~61년)의 주요 사건에 대한 회고가 섞여 있는 책. 공작부문에서 경력을 쌓은 저자의 취향과 함께 최종 생산된 정보가 정책결정에 활용되는 과정을 잘 설명하고 있다.

Abram N. Shulsky, *Silent Warfare: Understanding the World of Intelligence,* 2nd Edition(revised by Gary Schmitt)(New York: Brassey's, 1993): 수집과 분석, 공작 등 정보의 핵심 부문을 잘 설명하고 있으며, 정책 차원에서 정보의 적절한 활용에 대해서 논하고 있다.

H. Bradford Westerfield, ed. *Inside CIA's Private World : Declassified Articles from The Agency's Internal Journal 1955-1992*(Michigan: Edward Brothers, 1995).

Bruce Berkowitz and Allen E. Goodman, *Strategic Intelligence for American National Security*(Princeton, N.J.: Princeton University Press, 1989): 기획에서부터 수집, 생산에 이르기까지 전략 정보의 전반적인 과정과 문제점을 통찰력있게 분석한 책. 정보 과정이 어디서 어떻게 잘못될 수 있는가를 예시해주는 부록이 유용하다.

James Bamford, *The Puzzle Palace: A Report on America's Most Secret Agency* (Boston: Houghton Mifflin, 1982): NSA(National Security Agency)에 대해서 지금까지 나온 저서들 중에서 가장 방대한 내용을 담고 있는 책.

Jeffrey T. Richelson, *The U.S. Intelligence Community, 3rd Edition*(Oxford, Westview press, 1995): 정보기관의 조직체계가 상세히 설명되어 있는 책. 그러나 정보기관의 기능과 역할에 대한 평가는 취약한 편이다.

Jin-hyun Kim and Chung-in Moon, ed. *Post-Cold War, Democratization and National Intelligence: A Comparative Perspective*(Seoul: Yonsei University Press, 1996).

Lock K. Johnson, *America's Secret Power: The CIA in a Democratic Society*(Oxford: Oxford University Press, 1989): 분석 및 비밀공작 부분의 핵심 논점이 잘 정리되어 있으며, 민주사회에서 비밀 정보기관이 야기하는 문제에 대해서도 상세하게 설명하고 있는 책.

Lock K. Johnson, *Secret Agencies: U.S. Intelligence in a Hostile World*(New York: Vail-Ballou Press, 1996): 미국 정보기관의 특징, 수집 분석 및 비밀공작 등 분야별 활동상을 체계적으로 잘 정리해 놓았다.

Mark M. Lowenthal, *U.S. Intelligence: Evolution and Anatomy,* 2nd Edition (Washington D.C.: Center for Strategic and International Studies, 1992): 전체 2부 중 미국 정보공동체의 역사를 쟁점별, 시기별로 상세하게 정리해 놓은 1부가 특히 잘 정리되어 있다.

Pat M. Holt, *Secret Intelligence and Public Policy: A Dilemma of Democracy* (Congressional quarterly Inc. 1995): 민주주의와 정보기관의 상충성이라는 비판적 시각에서 정보기관의 제 문제를 접근하고 있는 책. 언론·대통령·의회 등과 정보기관의 관계를 상술하는 부분이 특히 인상적이다.

Rhodri Jeffreys-Johns, *The CIA & American Democracy*(New York: Vail-Ballou Press, 1989): CIA의 역사 및 미국 외교정책과의 관련성을 풍부한 사례와 함께 설명하고 있다.

Roy Godson, *Dirty Tricks or Trump Cards: U.S. Covert Action and Counterintelligence*(National Strategy Information Center, 1995).

Sherman Kent, *Strategic Intelligence for American Foreign Policy*(Princeton: Princeton University Press, 1949): 정보관련 고전 중 하나로서, 저자는 미국의 정보공동체를 창설한 초창기 멤버 중 한 사람이었다. 출간된지 오래된 책이지만 여전히 유효한 논점을 제공해준다.

Stansfield Turner, *Secrecy and Democracy: The CIA in Transition*(Boston: Houghton Mifflin, 1985).

Victor Marchetti and John D. Marks, *The CIA and the Cult of Intelligence.*

William E. Colby and Peter Forbath, *Honorable Men: My Life in the CIA*(New York: Simon and Schuster, 1978) 1973-76년간 DCI로 재직했던 콜비가 자신의 OSS 시절부터 기술한 자서전. 그의 재직시절 처음으로 시작된 의회의 정보기관 감시활동 관련 내용과 민주주의 체제 하에서 정보기관의 기능에 대한 입장이 잘 설명돼 있음,

한용섭 역, 「냉전에서 경제전으로: 소련을 붕괴시킨 미국의 비밀전략」(서울: 오롬 시스템, 1998), Peter Scheweizer, *Victory: The Reagan Administration's secret strategy that hastened the collapse of the Soviet Union*(New York: Flaming Star Literary Enterprises, 1994).

● 논 문

Arthur S. Hulnick, "The Ames Case: How Could It Happen?" *International Journal of Intelligence and Counterintelligence* 8 : 2(Summer 1995), pp, 133-154.

David Kahn, "Intelligence Failure of Pearl Harbor," *Foreign Affairs* 70 : 5 (Winter 1991).

Harvey Nelsen, "The U,S, Intelligence Budget in the 1990s," *International Journal of Intelligence and Counterintelligence 6*(Summer, 1993), pp. 195-203.

Lock K. Johnson, "Smart Intelligence," Foreign Policy 89(Winter 1992/93), pp. 53-69.

Robert M. Gates, "The CIA and American Foreign Policy," *Foreign Affairs,* 67 : 1(Winter 1987/88), pp. 215-230.

Scott D. Breckkindidge, "The Shape of Post-Cold War Intelligence," *International Journal of Intelligence and Counterintelligence* 8 : 1(Spring 1995), pp. 1-10.

Thomas F. Troy, "Writing History in CIA: A Memoir of Frustration," Intelligence, *International Journal of Intelligence and Counterintelligence* 7 : 4 (Winter 1994).

김부식, "미국 외교정책과 국가정보기관의 역할: CIA를 중심으로," 경남대학교 대학원 박사학위 논문, 1998년 12월.

김용순, "국가안보정책 결정과 정보의 기능에 관한 이론적 고찰: 미국의 정보실패 요인분석을 중심으로," 국방대학원 석사학위 논문, 1994년 12월.

문정인, "국가안보와 국가정보 — 바람직한 정보기구 모색을 위하여,"「국가전략」 2 : 1(1996 봄), pp. 39-57.

제12장

러시아의 정보기구: 전체주의적 지배도구로부터 사회적 네트워크로

양승함 · 김태환

1. 서 론

러시아의 비밀경찰은 제정 러시아 이래 특히 볼셰비키혁명에 따른 소비에트 사회주의 공화국의 설립으로부터 그의 붕괴 및 러시아연방의 형성과 변혁의 전사에 있어서 단순한 대외 첩보활동뿐 아니라 사회통제(social control)의 주요매체로서 중요한 정치제도의 하나로 자리 매김을 해왔다. 소련의 붕괴과정에서 특히 1991년의 쿠데타에 비밀경찰의 수뇌부가 참여한 직후 잠시 비밀경찰의 약화를 목표로 하는 개혁이 시행되었으나 이는 곧 옐친의 정치적 목적하에 무산되었으며 마침내는 비밀경찰 출신의 블라디미르 푸틴(Vladimir Putin)이 러시아연방의 대통령직에까지 오르게 됨으로써 정치제도로서의 러시아 비밀경찰의 중요성과 위상은 그 어느 때보다도 고조되고 있다. KGB를 승계하는 러시아의 정보기구들은 대내외 첩보활동, 반첩보활동, 전자통신, 국경수비, 국세징수의 규율관리로부터 조직범죄와 마약밀매의 단속, 국가 관료의 부패척결 및 정치적 후견에 이르기까지 실로 광범한 활동을 전개하고 있으며 이에 따라 러시아의 정치과정이나 경제·상업구조에 깊숙이 침투하고 있는 것이다.

러시아연방의 출범이래 과거 소련 비밀경찰인 KGB조직은 급격하고도 빈번한 변화를 겪어오고 있으며 이러한 제도·조직상의 변화는 물론 공식적인 정부조직 개편의 차원에서 이루어지고 있으나, 러시아 비밀경찰의 실질적 기능과 활동은 의회로 대표되는 러시아의 정치적 견제기구들은 물론 옐친과 푸틴에 이르는 최고지도자들의 통제에서조차도 벗어나는 경우가 있음은 부정할 수 없는 사실이다. 이는 러시아의 비밀경찰이 과거 소련시대부터 확고한 제도로서 자리 매김을 하고 그 자체로서의 제도적 유산을 지니고 있으며 이에 따라 제도적 기득권을 중심으로 하는 자체적인 변화와 적응의 양태를 보여주고 있기 때문이다. 이러한 점은 러시아 사유화과정에서 보여지고 있는 과거 강력한 국영기업들 및 이들에 대해 명목적 실제적 통제권을 행사하던 국가 관료들의 시장개혁에 대한 암묵적 저항과 그로 인한 "일탈적 사유화" 및 반시장적(anti-market) 경제행위의 만연과 반시장제도의 형성에 비견될 수 있다.

물론 비밀경찰 조직의 생태적 특성상 이러한 제도적 생존과 저항양식이 경제 분야에서처럼 가시적으로 두드러지게 드러나는 것은 아니며 바로 이러한 점이 러시아 정보기관의 실질적인 기능과 활동을 추적하는 데에 외부 옵서버들에게 많은 어려움을 주는 원인이 되고 있다. 그럼에도 불구하고 KGB를 승계하는 러시아 정보기관의 기능과 활동을 가늠하기 위해서는 단순히 공적 영역에 국한될 것이 아니라 사적 영역에 까지 분석의 영역이 확대되어야한다. 이는 오늘날 러시아에서의 정보기구는 공적영역과 사저영여에 걸처 광범히고도 자율적인 합법적, 비합법적 네트워크를 구성하고 있으며 이에 따라 많은 경우 그들의 활동에 있어서 양 영역의 구분이 모호하기 때문이다. 러시아의 정보기구는 다른 주요 국가들의 정보기구들이 수행하는 국내 안보유지와 해외 정보활동 기능 이외에도 사회적 네트워크를 형성하여 부가적인 특별한 역할을 수행하기도 한다.

본 장에서는 구 소련에서의 정보기구의 조직과 활동의 변천을 배경으로 이를 승계하는 러시아연방에서의 정보기구의 변화를 살펴볼 것이다. 구 소련의 정보기관의 이해는 단순히 러시아 정보기구의 전사로서의 의미보다 훨씬 심대하며 이는 전술했듯 그것이 러시아 정보기관의 직접적인 제도적 유산(institutional legacy)으로 작용함으로써 그 실제적인 조직과 활동을 이해하기 위해서는 필수적이기 때문이다. 본 장에서의 초점은 구 소련의 KGB를 승계하는 러시아 정보기관의 조직적 변신과 더불어 하나의 중요한 정치제도로서 과거의 제도적 유산을 반영하는 자체적인 네트워크 구성과 확산 및 그 사회적인 영향력에도 주목하고 있다.

2. 소련 정보기구의 제도적 유산

러시아 비밀경찰의 효시는 1565년 무스코비(Muscovy)의 짜르 이반 4세(Ivan Ⅳ, Ivan the Terrible)에 의해서 세워진 아프리츠니나(Oprichnina)이다. 아프리츠니나는 짜르의 직속기관으로서 반역자나 부정행위자에 대한 특별 처벌권을 가지고 짜르의 정적들을 처형하거나 직위와 재산을 몰수했으며 농민과 하인들까지도 숙청대상이 되었다. 1572년 아프리츠니나가 폐지될 때까지 고대 러시아 국가는 6,000여 명의 아프리츠니키(Oprichniki)의 폭압적 전횡에 의해서 공포정치 속에 휘말렸으며, 4세기 후 스탈린은 아프리츠니나가 귀족들의 권력을 줄이고 국가권력을 중앙집권화하는 "진보적 역할을 수행했다"고 찬양했다.[1] 다음의 정치경찰 조직은 17세기말 피터 대제(Peter the Great)에 의해서 설립된 프리오브라젠스키 프리카즈(preobrazhensky Prikaz)로서 아프리츠니나보다는 작은 규모였으나 처벌대상은 국가 봉사를 회피하는 귀족으로부터 술취해서 짜르에 대해 농담을 하는 주정꾼에 이르기까지 다양했는데, 피터 대제가 죽기 전에 폐지되었다.

러시아의 첫 혁명운동으로서 짜르제도를 폐지하고 입헌군주제 또는 공화국을 설립하려고 했던 1825년 디셈브리스트(Decembrist)의 봉기 이후 니콜라스 1세는 1826년 반정부활동을 억압하기 위하여 이른바 제 3 국(Third Section)이라는 정치경찰을 설립했다. 제 3 국은 그 이전의 정치경찰의 무정형적 잔인성에서 벗어나 정치범죄에 대한 규정과 조직운영의 제도화를 시도했다는 점에서 구 소련과 러시아연방으로 이어지는 정보기관의 기원이라고 할 수 있다. 그러나 당시의 비밀경찰은 인력면이나 기능면에서 이후의 정보기구와는 거

1) N. V. Riasanovsky, *A History of Russia,* 4th ed.(New York: Oxford University Press, 1984), pp. 148-55. 아프리츠니키는 검은 옷을 입고, 검은 말을 탔으며, 반역자를 색출해서 쓸어버린다는 임무를 상징하기 위하여 말안장에는 개의 머리와 비의 문장을 새기고 다녔다.

리가 먼 것이었으며 그 활동에 있어서도 효율적이지 못했던 것으로 기록되고 있다.[2] 이러한 비효율성을 개선하기 위해서 1880년에는 내무성 산하에 국가경찰부(State Police Department)가 신설되어 기존의 제 3 국을 대체하였고 1881년 알렉산더 2세의 암살을 계기로 러시아의 주요 도시에 보안과가 설치되기에 이르렀다. 그러나 이러한 보안기구들은 러시아왕조를 무너뜨린 혁명조류를 막기에는 역부족이었다.

볼셰비키혁명의 성공직후 반혁명과 외국의 간섭위협이 높아감에 따라 제르진스키(Feliks Dzerzhinskii)에 의해서 소련의 최초 정보기관인 VChK(All-Russian Extraordianry Commission to Combat Counterrevolution and Sabotage: Vserosiiskaya Cherzvychainaya Komissiya po Borbe s Kontrrevolyusiei i Sabotazhem의 러시아어 약자로서 흔히 베체카 또는 체카로 불리워진다)가 1917년 12월 20일 설립되어 즉결심판권 등의 초법적 권한을 행사하였다. 1918년 레닌의 암살기도 이래 이른바 '붉은 테러'(Red Terror)로 일컬어지는 체카의 초법적 활동은 1920년대 초까지 지속되면서 수천의 인명을 희생시켰다. 그러나 러시아내전의 종식과 더블은 신경제정책(New Economic Policy) 시행의 유화국면은 비밀경찰의 개혁 필요성을 가중시켰으며 이에 따라 체카는 1922년 초 폐지되고 그 기능은 국가정치부(GPU: Gosudarstvennoe politicheskoe upravlenie)로 이전되었으며 소련 정권의 설립과 함께 GPU는 인민위원회(Council of People's Commissars) 산하의 OGPU(Ob'edinennoe gosudarstvennoe politicheskoe upravlenie)로 개편되었다. 설립 당시 OGPU의 권한은 체카의 그것에 비해 최소한 명목상으로는 제한된 것이었으나 이러한 명목상의 제약은 점차 완화되었으며, 당 내부의 정쟁 및 1929년말부터 시행된 집단농장화(collectivization)와 더불어 그 권한이 크게 강화되기에 이르렀다. 스탈린의 절대 권력은 이미 1924년 레닌 및 1926년 제르진스키의 사망과 함께 스탈린 자신이 OGPU의 통제권을 장악하기 시작하면서 예견되고 있었던 것이다. 트로츠키를 비롯한 볼셰비키 정적들이 차례로 제거되고 1920년대 후반 제 1 차 경제계획이 시작되면서 OGPU는 공산당의 우위에 군림하면서 단지 스탈린 일인에

2) 당시의 제 3 국은 정치적 불만자를 추적하기 위하여 여론조사를 실시하고 대규모 제보자 네트워크를 가지고 수천명의 무장경찰을 지휘하에 두었다. 처음 시작할 때는 16개의 아파라트(apparat)를 두었으며 니콜라스 1세가 사망하는 1855년에는 40개로 성장하였다. Christopher Andrew and Oleg Gordievsky, *KGB: the Inside Story*(New York: Haper Collins, 1990), pp. 18-19. 1823년과 1861년 사이에 29만명이 시베리아로 유배되었는데, 이 중 5%만이 러시아 정치범들이고 나머지는 러시아 통치에 저항한 폴란드 애국자였다.

게만 직속하게 되었다. 이때부터 이미 강압적 대중 테러를 근간으로 하는 전체주의정권(totalitarian regime)이 시작되는 것이었으며, 비밀경찰은 전체주의 지배의 가장 주요한 수단이자 버팀목으로서 소련 정치제도에 자리를 잡게 되었다.

1934년 OGPU는 국가안보국(GUGB: Glavnoe upravlenie gosudarstvennoi bezopasnosti)으로 개편되면서 국가내무위원회(NKVD: Narodnyi kommissariat vnutrennykh del)에 통합되었다. NKVD는 정규경찰 기능과 정보 기능 외에도 국경수비대와 교도소 및 강제수용소를 관리 감독하는 광범한 역할을 수행했을 뿐 아니라 금광이나 주요 토건프로젝트 등 강제 노동력을 이용하는 수많은 국영기업들도 관리하게 되었다. 특히 NKVD 산하의 특별위원회는 사회적 '불순분자'의 처결에 관한 초법적 권한을 부여받음으로써 1930년대 스탈린 대숙청의 주요 도구로서 역할을 하였다. 1935년부터 1940년까지의 피의 대숙청 기간을 당시 비밀경찰의 장인 예조프(Nikolai Yezhov)의 이름을 따라 예조브쉬취나(Yezhovshchina)라고 부르며, 이 기간 동안 1천 9만 명이 체포되고 이 중 적어도 7백만 명이 처형되거나 굴락에서 사망한 것으로 알려졌다.[3] NKVD 장관이었던 베리아(Lavrentii Beria)는 이러한 초법적 기구를 이끌면서 꾸준히 정치적 힘을 증대시켰으며 이를 기반으로 1946년에는 공산당의 정식 정치국원으로 선임되는 동시에 내각의 부수상의 지위에까지 오르게 되었다. 그는 스탈린 사후 이러한 정치적 힘을 배경으로 하여 비록 실패하기는 했지만 스탈린의 승계자로서의 지위에까지 도전하게 되었다. 제 2 차 세계대전 종전 직후 비밀경찰은 다시 NKVD로부터 분리되어 독립적인 국가안보성(Ministry of State Security, MGB)으로 개편되고 NKVD는 내무성(Ministry of Internal Affairs, MVD)으로 축소 개편되었으나 스탈린의 사망 이틀 후 베리아에 의해서 다시 하나의 기관으로 통합되었다.

스탈린 치하에서 비밀경찰은 이른바 전체주의정권의 형성과 유지에 가장 중요한 버팀목으로서 역할하는 것이었다. 스탈린의 사회통제 수단으로서의 매스 테러는 피지배계층인 일반 대중만을 대상으로 한 것이 아니라 군과 공산당 수뇌부를 포함한 최고위 정치엘리트까지도 그 대상에서 벗어날 수가 없었다. 이에 따라 베리아의 체포 및 처형과 더불어 당 지도부가 공산당에 의한 비밀

3) 이 수치는 1956년 정치국의 비밀요청에 따라 KGB가 제공한 것으로서 실제 사망자 수는 더 많을 것으로 예상된다. Jonathan Lewis and Philip Whitehead, *Stalin: A Time for Judgement*(London: Methuen, 1990), p. 109.

경찰의 통제를 골자로 하는 개혁을 서두른 것은 너무도 당연한 일이었으며, 이는 곧 소련에서 대중 테러를 주 지배수단으로 하는 전체주의정권의 종식을 고하는 것이었다.[4)]

1954년 3월 13일에는 최고소비에트 간부회의 법령에 의해 국가안보위원회(Committee for State Security: Komitet Gosudarstvennoy Bezopanosti: KGB)가 신설되었다. 이에 따라 소련의 정보 기능은 내무부로부터 분리되어 내각(Council of Ministers)에 직속하게 되었으며 이러한 조직개편이 과거 통합된 정보기구의 힘을 약화시키기 위한 것이었음은 의심의 여지가 없다. 흐루시쵸프는 탈 스탈린주의의 공식 표명으로 이미 널리 알려진 1956년 제20차 당대회에서의 비밀연설에서 스탈린 치하 비밀경찰이 자행한 범죄행위를 비판하였으며, 정보기구에 대한 흐루시쵸프 개혁의 골자는 당의 통제와 감독을 강화하는 방향으로 집약되었다. 이러한 개혁의 와중에서도 1958년말 쉘레핀(Aleksandr Shelepin)이 KGB를 이끌면서 정보기관의 공적 이미지 제고와 위상강화가 점진적으로 이루어지기 시작했으며 1961년에는 법령의 정비로 KGB의 수사권이 강화되기도 하였다. 그러나 기본적으로 KGB의 약화를 골자로 하는 흐루시쵸프 개혁은 KGB내부에 상당한 반감을 불러일으켰으며, 이에 따라 KGB는 물론 당 및 국가 관료 전반의 기득권을 위협하는 흐루시쵸프의 개혁이 마침내 1964년 그의 실각을 초래하는 과정에서도 쉘레핀 및 그의 후임자인 세미차스트니(Vladimir Semichastnyi)가 반 흐루시쵸프 세력으로서 깊숙이 연루된 것으로 전해지고 있다.[5)]

흐루시쵸프의 실각은 후계자인 브레즈네프에게 명백한 교훈을 주는 것이었다. 그는 당 및 국가 관료의 안정과 기득권 보호는 물론 정보기구의 위상 강화에 만전을 기했으며 특히 정보기구를 이용한 정치적 반대세력의 탄압을 강화하였다. 1965년 KGB의 수사권은 특정 범주의 경제범죄에까지 확대되었으며

4) 소련 정권의 전사를 전체주의 정치체제로 볼 것인지 아니면 스탈린 치하만을 전체주의로 볼 것인지의 문제는 서방의 소련학계에서 이른바 전체주의 학파(totalitarian school)와 이에 대한 수정주의 학파(revisionist school)간의 대 논쟁점이었으며, 특히 1960년대 이후 소련의 붕괴직전까지는 후자의 견해가 우세한 듯 하였으나 소련의 붕괴와 더불어 다시 전체주의 학파가 큰 반향을 불러일으키게 되었다. 이는 포스트 스탈린 체제의 자생력을 과대평가함으로써 소련의 붕괴를 예견하지 못했을 뿐 아니라 그 현상을 설명하기조차 어려운 수정주의의 논리들의 한계에 기인하는 바가 크다. 그러나 여기에서는 특히 소련정권의 비밀경찰에 대한 지배도구로서의 의존도의 차이에 주안, 포스트 스탈린 체제를 탈 전체주의 정권으로 인식한다.

5) Andrew and Gordievsky, *KGB: The Inside Story,* pp. 477-478.

1960년대 말과 1970년대에는 정치적 반대에 대한 탄압 및 흐루시쵸프에 의해 어느 정도 용인되었던 문화적 자유의 구속으로까지 확장되었다. 동시에 브레즈네프와 측근 당관료들은 KGB에 대한 견제도 고려하여 1967년에는 세미차스트니를 해임하고 쉘레핀을 중앙위원회 서기국(Secretariat)에서 축출하는 한편 신임 안드로포프(Yurii Andropov)의 수하에 자신의 측근들을 기용하는 등 세심한 주의를 기울였다. KGB내부의 이러한 측근 세력이 브레즈네프 권력의 중요한 근간이 되었음은 의심의 여지가 없다.

신임 KGB 위원장인 안드로포프는 브레즈네프 리더십에 의한 KGB의 지위 향상 및 권한 강화에 힘입어 KGB의 제도적 기반위에 그 자신의 정치적 힘을 배양할 수 있었으며 마침내는 브레즈네프 사후 소련 역사상 처음으로 비밀경찰 출신으로서 소련 최고지도자 자리를 승계할 수 있었다. 비록 짧은 집권기간이었지만 그의 집권기(1982.11-1984.2)에 KGB가 소련 사회의 기강과 법질서를 확립하기 위해서 동원됨으로써 KGB의 권한이 더욱 강화된 것은 너무도 당연한 일이었다. 물론 스탈린 치하에서처럼 KGB가 당의 우위에서 당을 압도한 것은 아니었지만, 브레즈네프 치하에서 정태적이고 보수화되고 타락한 당에 비하여 KGB는 상대적으로 덜 얼룩져 있었다.[6)]

■ KGB의 조직과 구조

KGB는 정부부처(ministry)의 지위를 가진 이른바 연방-공화국(union-republic) 국가위원회로서 러시아공화국을 제외한 14개 공화국에 동일한 명칭의 위원회들을 두고 이들을 감독하였다. 연방에서 직접 관할하는 러시아공화국에는 별도의 공화국 수준의 기구를 두지 않았으며, 여타의 공화국에서는 그 행정적 하부단위인 크라이(krai)와 오블라스트(oblast) 수준에 관리국(uplavelniie)을 두었고 그 하위인 자치구(autonomous okrug), 시, 구(raion)에는 KGB 부(department)나 과(section)를 운영하였다. 이러한 지역적 조직에 더하여 모든 정부기구나 국영기업들에도 1인 이상의 KGB요원들로 구성된 부서를 두면서 광범한 네트워크를 운영하였는데 이들의 주 기능은 국가 관리나 고용인들의 보안관리 및 정치적 감시였다. 이와는 별도로 KGB는 군과 국방에 관련된 조

6) Ilya Zemtsov, *Policy Dilemmas and the Struggle for Power in the Kremlin: the Andropov Period*(Fairfax, Virginia: Hero, 1985).

직에서 역시 세밀한 네트워크를 유지하였다. KGB의 지부들은 여타 행정기구나 조직에 영향받지 않고 단지 KGB 자체의 위계조직에만 복속되는 고도의 중앙집권적 운영체제를 가지고 있었다. KGB 위원장은 형식적으로는 최고소비에트(Supreme Soviet)에 의해 임명되었으나 사실상 당정치국(Politburo)에 의해 선임되었으며 KGB의 주요 정책결정권은 KGB 고위 간부들로 구성된 지도부(Collegium)가 행사하였다.

KGB의 활동은 원칙적으로 정부(Council of Ministers) 법규(statute, polozhenie)에 의해 규제되는 것이었으나 여타 정부 부처의 활동을 규제하는 법규와는 달리 공개되지는 않았다. KGB의 주 기능은 외국 첩보요원에 대한 첩보 및 정보전, 내국인의 정치·경제범죄에 대한 수사, 국경수비 및 국가기밀의 보호 등 크게 네 가지 범주로 나누어질 수 있으나 이외에도 광범한 범죄예방 업무에 개입하는 등 국가와 당에 대한 잠재적 위협 요소를 불식하는 포괄적 기능을 수행하였다. 1970년대 중반경 KGB의 인력은 약 70만 명에 이르는 것으로 추산되고 있으나 정확한 인력이나 예산은 공개된 바 없다. 그 내부조직과 기구 역시 공개되지 않았으나 1980년대 후반경 4개의 주무국(chief directorate)과 그 보다 규모가 작은 10여 개의 부서(directorate) 및 다양한 행정 및 기술지원과(department)들이 있었던 것으로 전해진다(KGB의 조직은 〈표 1〉을 참조).

주무국 중의 하나인 제1국은 모든 해외공작과 첩보수집활동을 전담하였으며 기능 및 지역부서로 구성되었고 산하에 특수임무부대(spetznaz)를 거느리고 있었다. 이에 반해 제2국은 주로 내국인과 외교관, 관광객을 비롯한 국내거주 외국인들의 정치적 감시통제 역할을 전담하였고 제3국은 군사첩보와 군부 내의 정치적 감시 기능을 수행하였다. 소비에트정권의 수립 이래 군부의 충성과 신뢰성을 확보하고 유지하는 일은 비밀경찰의 소관이었으며 이에 따라 제3국은 군부의 각급 조직에 이른바 특수분과(osovye otdely)의 네트워크를 운용하였다. 특히 악명이 높았던 제5국은 1960년대 말 설립 이래 제2국의 기능을 상당 부분 이관 받으면서 종교계, 유태인을 포함한 소수민족, 지식인, 예술계 등의 광범한 영역에 걸친 정치적 반대세력의 통제와 검열을 담당하였다. 정치적 반대자들에 대한 탄압은 직접적인 체포 이외에도 정신병원에의 사실상 연금 등의 방법이 자주 사용되었다. 내외국인의 감시를 위한 요원 및 기술장비의 조달은 제7국에서 담당하였으며 그 산하에 아프가니스탄 전에도 투

표 1 KGB의 조직

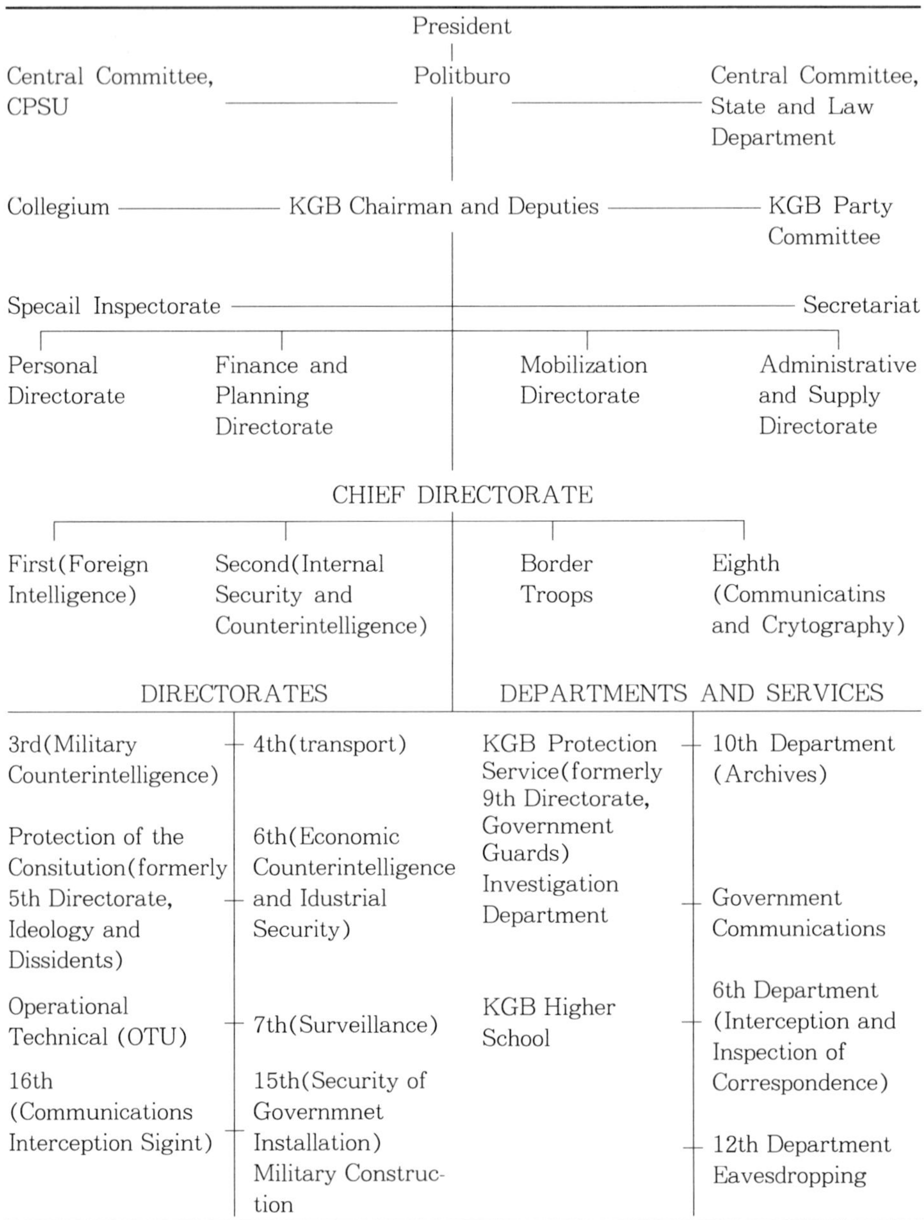

자료: Desmond Ball and Robert Windren, "Soviet Signals Intellgence(Sigint): Organization Management," *Intelligence and National Security.* vol. Ⅳ(1989), no. 4. Andrew and Gordievsky, *KGB: The Inside Story,* p. 651에서 재인용.

입된 바 있는 알파(Alpha) 대 테러부대를 거느리고 있었다. KGB의 특수부대들은 주로 대 테러나 대 반정부소요 작전을 위하여 조직되었으며 내무성 산하의 병력(Internal Troops)과 더불어 1987년의 타타르에서의 시위와 1988년 3월 아르메니아, 아제르바이잔에서의 소요 등 공공 시위나 소요의 진압과 해산에 동원되었다. 제 8 국은 코뮤니케이션 분야를 관할하면서 암호화, 암호해독 및 통신장비의 개발까지 담당하였고 제 9 국은 당지도자들과 가족들의 신변경호 업무 및 정부 주요부처의 경호임무를 맡았으며 이를 위해 1980년대 말 현재 약 40,000명에 이르는 별도의 보안부대(Security Troops)를 거느리고 있었다. 제16국은 정부 요원들의 통신과 무선시스템을 관장하였고 국경수비국(Border Guards Directorate)은 1980년대 말경 약 230,000여 병력으로 알려진 국경수비대를 운영하면서 소련의 육상 및 해상국경의 보안을 담당하는 임무를 수행하였으며 그들 임무의 초점은 안보에 위협이 되는 물류의 밀반입·출과 월경 내외국인의 통제에 맞추어져 있었다.

소련의 여타 조직에서와 마찬가지로 KGB의 각급 조직 내에도 당위원회가 존재했으며 이들은 요원들의 정치적 교화 기능을 수행하면서 당과 KGB간의 연결은 물론 KGB내부에 대한 지도·감독의 신경으로 작용하였다. 이 시스템을 통해서 당은 KGB에 대한 세부적 통제를 행사할 수 있었다. KGB에 대한 당의 또 하나의 중요한 통제권 행사의 수단은 수뇌부의 임면권과 요원 충원정책이었는데, 공산당과 공산청년동맹(Komsomol)이 KGB의 주 충원 소스가 되었음은 이론의 여지가 없으며 인종적인 구성면에서도 러시아인과 우크라이나인이 지배적이었다. 공화국 레벨에서는 당조직에서와 마찬가지로 흔히 토착민족의 대표들이 공화국 KGB의 위원장으로 임명되었고, 이 경우 모스크바의 KGB 본부에서 러시아인을 제 1 부의장으로 임명 파견하였다. 이들은 당해 지역 KGB 의장과 조직에 대한 중앙의 감시채널로서 역할하였다.

3. 고르바쵸프 개혁과 러시아연방에서의 조직개편

고르바쵸프의 권력획득과정에서도 역시 안드로포프의 경우와 마찬가지로 KGB를 동원 구 브레즈네프 관료들의 부패상을 공략함으로써 정적들을 제거한 것으로 전해진다.[7] KGB 의장인 체브리코프(Chebrikov)가 고르바쵸프의 집권

후 약 한 달여 만에 정치국의 정회원으로 승진되고 1987년 27차 당대회 연설에서는 KGB의 권위와 파워에 대해 유례없는 강조를 하는 등 고르바쵸프 역시 KGB의 위상과 대우에 세심한 배려를 보였다. 그러나 흐루시쵸프 개혁의 선을 넘어서는 고르바쵸프의 개방정책은 KGB의 전통적 영역을 불가피하게 침해하는 것으로서, KGB는 사상 처음으로 의회의 청문회 대상이 되었으며 국내 정치사찰을 담당하는 제 5 국이 폐지되는 등 KGB의 조직과 역할이 축소 개편되었다. 이에 따라 당 및 KGB 내부에서는 불만이 점증되었고 마침내 리가쵸프(Yegor Ligachev)를 중심으로 하는 보수세력에 KGB도 가세하게 되었다. 체리브코프는 일련의 연설에서 정치개혁의 급진화에 대한 KGB의 우려를 단호하게 표현하였으며 이에 따라 KGB 위원장직에서 밀려나게 되었다. 그러나 후임인 크류츠코프(Vladimir Kriuchkov)가 소련의 붕괴에 결정타가 된 1991년의 쿠데타에 핵심인물로 참여했음은 이미 널리 알려진 사실이다.

크류츠코프의 지도하에 알파부대를 비롯한 KGB의 특수부대들이 러시아 의회빌딩을 장악하고 옐친을 비롯한 개혁파 인사들을 체포하기로 계획되었으나 이 계획은 특수부대의 현지 지휘관들의 저항으로 실행되지 못했으며 마침내 반 고르바쵸프 쿠데타의 실패로 귀결되었다. 1991년 8월 21일 크류츠코프는 쿠데타 주모 인물의 하나로 체포되었고 바로 다음날 개혁주의자인 바카틴(Vladimir Bakatin)이 KGB의 위원장으로 임명되었으며, 12월 소련의 KGB는 공식적으로 폐지되기에 이르렀다. 그러나 사실상 소련 KGB의 조직과 기구 및 인력은 옐친에 의해서 러시아공화국의 관할로 이관되었다. 바카틴의 개혁은 표면상으로는 KGB의 조직을 뒤흔들어 놓는 것이었지만, 바카틴 자신이 후일 커다란 실책으로 인정했듯[8] 실제적으로는 KGB구조의 중 · 하위조직을 그대로 보존시킴으로써 그 제도적인 정체성과 운용상에 근본적인 변화를 초래하지는 못하였다. 오히려 1991년 이래 러시아 정보기관의 힘은 꾸준히 강화되어 왔으며 1994년 옐친의 대통령령으로 그 절정에 이르게 되었다. 1994년 6월의 이 법령에 따르면 용의자는 30일까지 구금시킬 수 있을 뿐만 아니라 구금기간 동안 심문과 아울러 그들의 재정 상태나 친지까지도 조사가 가능하게 되었으며,

---

7) 당시 KGB 의장인 체브리코프는 고르바쵸프의 권력승계 경쟁자인 그리쉰(Grishin)과 로마노프(Romanov)의 비행을 공개하겠다고 위협한 것으로 알려졌다. Dusko Doder and Louise Branson, *Gorbachev: Heretic in the Kremlin*(New York: Viking, Penguin, 1990), pp. 60-61.

8) Amy Knight, *Spies without Cloaks: The KGB's Successors*(Princeton, NJ: Princeton University Press. 1996), p. 30.

내무성이나 정보기관 요원들은 영장 없이 검문이나 수색을 할 수 있도록 허가되었다. 정치적 반대에도 불구하고 옐친은 이러한 조항들을 연방정보부(FSB, Federal Security Service)의 설립과 함께 마침내 연방정보부에 관한 법(Law on Organs of the Federal Security Service)으로 법제화하였다.

1991년 8월 위기 이래 옐친의 기본전략은 구 정보기관의 조직과 기구를 사실상 보존하되 그들이 다시금 정치권력에 도전하는 위험성을 배제하기 위하여 이를 몇 개의 조직으로 나눔으로써 이른바 분할통치(divide and rule)의 방법을 사용하고자 하는 것이었다. 이에 따라 과거 KGB의 핵심부서 중 해외 업무를 전담하던 제1국은 해외 정보부(SVR, Foreign Intelligence Service)로 분리·독립되었으며 제2국은 안보성(MB, Ministry of Security)으로 독립하였다. 옐친은 정치적 실권을 장악하자마자 1991년 12월 내무성과 안보성을 통합하는 새로운 부서(MBVD, Ministry of Security and Internal Affairs)를 창설하는 법령을 발표하였으나, 이 시도가 헌법재판소의 위헌판결로 무산되자 구 소련 내무장관이었던 바란니코프(Viktor Barannikov)를 안보성 장관으로 임명하고 바카틴을 배제시킨채 구 KGB의 조직과 기구를 안보성 관할로 편입시켰다. 곧 이어 옐친은 안보성을 그 자신이 주관하는 안보회의(Security Council)의 직속관할하에 놓는 동시에 동 기관에 특별수사권을 부여하는 법률을 통과시켰다. 이후 1992년 한해 동안 옐친은 일련의 대통령령을 통하여 안보성의 권한을 강화하고 사실상 구 KGB의 조직과 기구들을 공식적으로 부활시키는 작업을 진행시켰으며 여기에는 바카틴이 분리시켰던 국경수비대의 재복구도 포함되었다. 이 과정에서 러시아 정보기구에 대한 감시 기능을 강화하고자 하는 의회의 시도가 있었으나 결과는 아이러니칼하게도 의회 국방안보위원회(Committee for Defense and Security)의 지지에 힘입은 옐친의 승리로 귀결되었다.

이러한 일련의 조치들은 의심할 바 없이 옐친의 정치권력 공고화를 위한 정보기구의 정치적 필요성에 입각한 것이었으며 바카틴에 의해 주도되었던 KGB 축소개혁의 사실상의 종언을 의미하는 것이었다. 소련의 붕괴와 러시아의 새로운 출발이 과거 스탈린의 비밀경찰 강화를 연상시키는 조치로부터 시작되었다는 사실은 아이러니칼하기까지 하다. 러시아의 새로운 지도부는 정치적 목적에서 단순한 정보기구를 필요로 한 것이 아니라 과거 KGB의 방대한 권한과 조직에 상응하는 강력한 정보기구를 필요로 하였던 것이었으며 이를 위한 가장 효율적인 방법은 구 KGB 조직과 기구의 재건과 부활이었던 것이다. 1993년 10월 의회의 강제해산시에는 주로 내무성과 군이 동원되었으며 정보기구에서는 정예 특수부대 빔펠(Vympel)과 알파가 참여하기는 하였으나 안보성의 역할이 핵심적인 것은 아니었다. 비록 옐친의 측근인 스테파신(Sergei Stepashin)이 안보성의 부책임자로 임명되었으나 정보기관에 대한 옐친의 통제는 아직까지는 완전하지 못했던 것으로 보인다.

의회의 해산에 따른 총선 직후인 1993년 12월 옐친은 안보성의 개혁불가능성을 이유로 들어 이를 폐지하고 권한이 훨씬 축소된 연방첩보부(FSK, Federal Counterintelligence Service)를 신설하였다. 그러나 이러한 개편의 사실상 목적이 정보기관에 대한 그 자신의 통제를 강화하기 위한 것이었음은 FSK의 정관상에 명확히 드러나고 있다. FSK에 대한 입법·사법부의 감시·감독 기능은 전혀 언급되지 않고 단지 대통령에 의한 감독 기능만을 명시하고 있는 것이다. 이와 함께 경호국(GUO, Main Guard Directorate)의 기능이 강화되고 광범한 권한을 가진 대통령경호실(PSB, Presidential Security Service)이 신설되었다. 1995년에는 옐친 측근인 스테파신이 FSK 부장으로 임명되었으며 곧 이어 또 한번의 이름변경으로 오늘의 연방정보부(FSB, Federal Security Service)에 이르고 있다. 1993년 의회 해산과 새로운 총선으로 탄생한 새 의회(Duma)는 옐친의 입장에서는 과거의 의회보다 정치적으로 훨씬 다루기가 수월한 것이었으며 정보기구에 대해서도 관대한 입장을 보이고 있다. 일례로서 1997년 두마는 러시아 정보기구에 거의 90억 달러에 이르는 예산책정을 승인하였는데 이는 과학·농업에 대한 연방예산의 세 배에 해당하는 것으로서 산업, 전기, 건설 분야에 할당된 예산총액에 맞먹는 것이었다.[9] FSK로의 재편시에는 기구의 축소와 권한의 약화가 그 골자였으나 FSB로의 개편은 그 반대로 정보기구의 강화를 특징으로 하며 이는 곧 정보기구에 대한 옐친의 통제체제가 어느 정도 완성되었다는 것을 의미한다. 구 KGB 조직의 개편은 〈표 2〉와 같이 요약될 수 있다.

(1) 대외정보부(SVR, Foreign Intelligence Service)

KGB의 제 1 국을 골간으로 1991년 10월 제일 먼저 독립부서로 구성된 SVR은 제 1 국의 해외 업무 기능을 승계하면서 특히 경제·상업 및 과학기술

---

9) Oleg Kalugin, *Intercon Daily Report on Russia*(January 8, 1997).

분야의 첩보활동에 초점을 맞춰오고 있다. 고르바쵸프에 의해 KGB의 제 1 부의장겸 제 1 국장으로 임명되었던 프리마코프(Yevgenii Primakov)가 다시금 옐친에 의해서 SVR 부장으로 임명되었으며 이후 그는 주지하듯 외무부장관과 총리로까지 중용된다. SVR 부장 재임시 프리마코프는 특히 NATO의 확장과 미국의 범세계적 패권 장악에 따른 안보위협을 강조하면서 이에 대한 SVR의 첩보역할을 강조하였다. 경제첩보 분야에서의 SVR의 활동은 무기나 항공우주기술 분야나 특정 전략상품 시장에서의 동향파악 및 분석과 러시아의 국

표 2 소련-러시아연방 정보기구의 조직변화

소 련	러시아연방
제 1 국(First Chief Directorate)	대외정보국(SVR, Foreign Intelligence Service)
제 2 국(Second Chief Directorate) 제 3 국(Third Chief Directorate) 제 4 국(Fourth Directorate) 제 5 국(Directorate for Protecting Constitution) 제 6 국(Sixth Directorate) 제 7 국(Seventh Directorate)	안보성(MB, Ministry of Security, 1992. 1-1993. 12) 연방첩보부(FSK, Federal Counterintelligence Service, 1993. 12-1995. 4) 연방정보부(FSB, Federal Security Service)
제 8 국(Eighth Chief Directorate)	연방정보통신청(FAPSI, Federal Agency for Government Communications and Information)
제 9 국(Ninth Directorate)	경호국(GUO, Main Guard Directorate)(1995. 7이후 SBP에 예속) 대통령 경호실(SBP, Presidential Security Service)(1993. 11까지는 GUO의 일부였음) 연방경호부(FSO, Federal Protective Service)
KGB 국경수비대(KGB Border Guards)	러시아국경수비위원회(Committee for Protection of Russian Border, 1992. 1-6) 안보성국경수비위원회(Border Troops under the Ministry of Security, 1992. 6-1993. 12) 연방국경수비대(Federal Border Service, 1993. 12-)

영업체와 사업관계를 맺고자 하는 외국 회사나 업체들의 신상·배경 파악까지 포함한다. 불법적 수출이나 해외로의 자본유출 역시 SVR의 감시 대상이 되며, 1996년 FBI와 CIA 요원의 체포에서 드러나듯 외국 정보요원에 대한 이른바 대인 첩보활동(HUMINT, human intelligence)도 지속적으로 강조되고 있다.

SVR은 전 세계에 퍼져 있는 러시아 공관에 사무소와 요원을 운영하고 있으며 KGB 제 1 국과 마찬가지로 3개의 국(directorate)과 3개의 부(service)로 구성되어 있다. 이 중 S국은 전 세계에 퍼져 있는 비밀요원들을 관리하며, T국은 과학기술 분야의 첩보수집활동, 또한 K국은 외국 정보기관에의 침투 및 해외거주 러시아인들의 동향 감시를 전담한다. I부는 SVR 해외 요원들이 수집한 정보를 종합분석하여 보고서를 작성하며 A부는 각종 조치들의 입안과 시행, R부는 SVR의 해외활동의 평가를 전담한다. SVR의 실제 활동은 11개의 지역과(department)를 중심으로 이루어지고 있으며 SVR의 해외 요원은 표면적으로는 통상 외교관이나 언론인으로 활동하고 있다. 이외에도 SVR은 산하에 요원 양성을 위한 해외 정보학교(Foreign Intelligence Academy)와 대 테러 특수부대인 빔펠을 운용하고 있다.

(2) 연방정보부(FSB, Federal Security Service)

제 2 국을 비롯한 KGB의 국내담당 부서들은 1992년 1월 안보성(MB, Ministry of Security)으로 통합되었고 이는 FKS를 거쳐 오늘날의 FSB에 이르고 있다. 스테파신(Sergei Stepashin)과 푸틴은 이 기관의 장을 거쳐 오늘날 러시아연방의 최고 정치지도자로 부상하였다. FSB의 권한과 위상은 러시아연방의 출범이래 일련의 법률의 제정을 통하여 꾸준히 증대되어 왔으며, 특히 1995년 8월의 FSB에 관한 법에 의해서 기존의 안보 및 첩보업무 이외에도 대 범죄 및 부패에 관한 광범한 법집행권이 부여되었다. 이에 따라 FSB는 독자적인 감옥체제를 운영하고 그 요원들을 타 정부기관원으로 위장하여 배치할 수 있게 되었으며 또한 법원의 재가하에 일반 서신을 검열하고 전화를 도청할 수 있는 권한과 법률이 정하는 바에 따라 경우에 따라서는 영장 없이도 수색할 수 있는 권한을 부여받았다. 이에 반해서 FSB에 대한 검찰이나 의회의 감시기능은 상당히 미미한 것이었다. 이러한 일련의 조치들은 공권력의 남용에 따른 사생활과 인권침해의 가능성을 가중시키면서 러시아의 정보기관에게 과거 KGB가 누렸던 권한을 상당 정도 회복시켜 주는 것으로 평가될 수 있다.

FSB의 수사국(Investigations Directorate)은 무기와 마약밀매, 범죄, 부패 등 경제사범과 조직범죄 분야를 주로 관장하며 군사첩보국(Military Counterintelligence Directorate)은 군부조직 내에서 외국 정보요원의 활동을 차단하는 데 주력한다. 군사첩보국은 특히 러시아군의 핵안보를 보장하는 데에 최우선순위를 부여하고 있으며 정치적 소요발생시 군부에 대한 통제를 확보하는 일 역시 주요임무로 부가되고 있다. T국으로 불리우는 대테러국(Antiterrorism Directorate)은 FSB 대테러센터라는 특수분과 산하에 알파부대를 포함한 대 테러부대를 운용하고 있다. 알파부대는 1991년의 쿠데타에의 미심쩍은 연루로 인하여 여러 차례 소속이 바뀌었으나 궁극적으로는 FSB의 관할로 귀속되게 되었다. 1997년 5월 옐친은 대통령령을 통하여 FSB의 기존 34개 부서를 5개 과(department)로 개편하였다.

FSB의 인력은 77,640명으로 법률에 의해 제한되어 있으나 최대 130,000명의 보조인력까지 포함하면 총 인력은 SVR의 12,000명을 훨씬 초과하여 200,000명이 넘는다.[10] 이는 러시아 국민 약 700여 명당 1명의 FSB 요원이 있는 꼴로 인력면에서도 명백하듯 러시아의 정보기구는 구 소련에서와 마찬가지로 여전히 국내 활동에 그 주안을 두고 있다. FSB는 러시아연방 내 지역 지도자들의 반대에도 불구고 오블라스트 수준에 지역 부서(administration)를 운영하면서 러시아 정부기관으로는 드물게 연방 중앙이 통제의 정점에 있는 수직적 조직관리체제를 갖추고 있다.

(3) 연방정보통신청(FAPSI, Federal Agency for Government Communications and Information)

과거 KGB 제8국과 제16국의 핵심부서는 대통령비서실의 정보국(Administration of Information Resources)으로 편입되었으며 이는 다시 1994년 2월 대통령 직속기관으로 설립된 FAPSI로 대체되었다. FAPSI는 미국의 국가보안부(National Security Agency)에 비견될 수 있는 기구로서 연방정부 정보통신을 총괄하는 통합 중앙시스템을 관장한다. 이에 따라 FAPSI는 정부와 대통령

10) Mark Galeotti, *Heirs of the KGB: Russia's Intelligence and Security Services*. Jane's Intelligence Review Special Reports, ed. by Johan J. Ingles-Le Nobel and Peter Felstead, no. 19(Jane's Information Group, 1998), pp. 6, 10.

정보통신 시스템과 텔레코뮤니케이션 라인을 유지·관리하고 정부 전화선, 고주파 통신 및 통신보안과 암호해독을 전담할 뿐 아니라 정보통신산업 분야에 대한 국가 규제에도 중요한 역할을 담당한다. 이 기구의 또 다른 주요역할 중의 하나는 전자첩보(electronic intelligence)활동을 통한 범세계적 차원의 정보수집이다. FAPSI는 또한 러시아 정부 기관들을 위한 인터넷 서비스제공에도 관여하며 특히 정부 인터넷 네트워크(RGIN, Russian Government Internet Network)를 관리한다. 최근 급증하고 있는 전자금융 및 증권거래와 사적 인터넷 엑세스를 비롯한 여타 전자통신 역시 FAPSI의 감독망하에 놓여 있다. 1995년 러시아 의회는 FAPSI에 의해 승인되지 않은 모든 전자암호체제(encrypton system)를 금지하고자 하는 법률의 승인을 거부한 바 있으나 이는 곧바로 대통령령으로 시행되었으며 FAPSI의 이러한 역할 확대는 조직범죄와의 투쟁을 강화한다는 명분으로 정당화되었다. 동 법령의 시행으로 러시아의 모든 암호화 소프트웨어 회사들은 의무적으로 FAPSI에 사전 등록을 하게 되었다.

FAPSI의 창설과정과 그 이후에도 GUO와 FSK-FSB는 끊임없이 그 기능 중 일부를 자기 관할로 옮기고자 하였으며 이에 따라 FAPSI 기능 중 일부가 독립되어 GUO 관할하에 이른바 대통령통신시스템(Presidential Communications System)이 설립되기도 하였다. GUO의 책임자인 바르수코프(Barsukov)와 콜자코프는 이에 만족하지 않고 아예 FAPSI 자체의 폐지까지 주장하였으나 성공적이지는 못하였고, 1996년 GUO의 재조직과정에서 FAPSI는 과거 상실했던 기능을 회복할 수 있었다. FAPSI는 공식적으로 상업행위에도 참여할 수 있도록 허가되었으며 이에 따라 국내외 회사들에게 무선주파수 밴드와 정부 통신라인을 대여하는 사업에도 참여하고 있을 뿐 아니라 로스꼼테크(Roskomtekh)와 시마코(Simaco) 등의 회사설립에도 참여하고 있다.

(4) 연방경호부(FSO, Federal Protective Service)와 대통령경호실(PSB, Presidential Security Service)

KGB의 제 9 국은 애초 경호국(GUO, Main Guard Directorate)으로 재편되었으며 바르수코프 하에서 과거 제 9 국의 규모를 넘어서는 강력한 부서로 성장하였고 FAPSI로부터 대통령의 정보통신에 관한 기능을 인수받기도 하였다.

GUO는 독자적인 첩보 팀은 물론 과거 제 7 국의 알파부대를 비롯 25,000여의 KGB산하 특수부대들로 구성되었으며 정부 요인과 주요정부 건물의 경호를 주 임무로 수행할 뿐 아니라 러시아의 무기수출회사(Rosvooruzhenie) 등 주요 시설물에 대한 경비업무까지 전담하였다. GUO의 업무가 과중하게 됨에 따라 1993년말에는 그로부터 대통령경호의 기능이 분리되어 독립적인 대통령경호실(PSB, Presidential Security Service)이 KGB 베테랑인 동시에 옐친의 오랜 경호원이었던 코르자코프(Alksandr Korzhakov)의 주도하에 창설되기도 하였다. 애초 정부기관으로 창설되었던 PSB는 시간이 지남에 따라 코르자코프의 정치적 이익에 종속되는 기구로 변질되어 갔으며 옐친의 가장 가까운 측근의 하나였던 코르자코프는 크레믈린의 막후 인물로 위세를 떨쳤다. 그는 1994년 12월에는 차기 대통령선거에서 옐친의 강력한 경쟁자로 지목되던 모스크바 시장 루즈코프(Yurii Luzhkov)와 긴밀한 관계에 있는 구신스키(Vladimir Gusins-kii)의 모스트은행(Most Bank)에 대한 무장급습을 조직·감행하였고, 1996년 대통령선거에서 옐친의 재선 전망이 불투명해지자 대통령선거의 연기를 주장함으로써 정치적 파문을 일으키기도 하였다.

1996년 승부가 나지않은 대통령선거의 제 1 차 선거 직후 코르자코프는 당시 FSB 부장이었던 바르수코프와 제 1 부총리 사스코베츠(Oleg Soskovets)와 더불어 전격 해임되었는데 이의 배후에는 크레믈린 심층부 내의 권력투쟁이 도사리고 있었던 것으로 추정되고 있다. 코르자코프의 해임과 함께 PSB는 동년 1월 FSO로 개편된 구 GUO로 예속되었다. 이와 함께 과거 PSB가 보유하던 광범한 기능과 권한, 즉 정부 관료나 고위 정치인들에 대한 자체적인 정보수집 등의 권한이 박탈되었으며 그 기능은 대통령의 경호에만 엄격히 국한되게 되었다. FSO는 그 기능상의 특성상 정치적 후견관계에 따른 상당한 정도의 비공식 혜택(perks)을 향유하는 것으로 알려져 있다.

(5) 연방국경수비대(FPS, Federal Border Service)

대통령 직속기관인 FPS는 KGB 국경수비대의 후신으로서 180,000여 명의 병력과 자체 내의 정보국(Intelligence Directorate)을 유지하고 국경감시를 전담하고 있으며, 특히 다른 정보부서들과의 협조하에 대 마약작전에도 깊숙이 개입하고 있다. 1995년에는 미국의 해안경비대와 공해상의 마약에 관한 의정서를 체결한 바 있으며 키르기즈스탄 및 타지크스탄과 아프가니스탄, 파키스탄, 이란 접경지역에서의 대 마약작전의 협조를 위한 3자 협정을 체결하기도 하였다.

(6) 정보총국(GRU, Main Intelligence Administration)

GRU는 비록 KGB의 후속기관은 아니지만 해외 첩보분야에 있어서는 SVR에 못지않은 자원과 활동력을 갖고 있는 것으로 평가되고 있다. 구조적으로도 과거 소련 정권하에서의 골격을 그대로 유지하고 있으며, 1992년 4월 러시아연방의 국방성이 창설된 이래 그 산하에서 해외 군사첩보의 주요 에이전트로 역할해 오고 있다. GRU의 주 임무는 해외에서의 군사적, 군사·정치적, 군사·기술적, 군사·경제적 정보수집에 있으며 그 외에도 러시아 영토 내에서의 군사관련 정보활동에도 참여하고 있다.

4. 비공식 네트워크의 확산

이상에서 살펴본 바와 같이 구 KGB 조직은 러시아의 여러 공식 정보기구들로 재편되어 전통적인 보안·정보업무를 수행하고 있으며 그 공식적 권한도 과거 KGB에는 미치지 못한다 할지라도 1991년 이래 꾸준히 증대되어 왔다. 러시아 정보기구의 권한강화의 이면에는 과거 KGB가 그러했던 것처럼 정보기구에 대한 권력자의 정치적 필요가 무엇보다도 중요한 역할을 하는 것이었다. 그러나 구 정보기관의 제도적 유산은 공적이고 합법적인 국가기구의 차원을 넘어서 비공식적이고 또한 많은 경우 불법적인 조직·인맥상의 네트워크를 형성하면서 러시아 사회의 도처에 광범하고 깊숙하게 침투하고 있다. 이에 반해서 정보기구를 견제하는 법적·제도적 장치는 여전히 미비하며 입법부나 사법부의 감시·감독은 명목상의 기능에 머무르고 있고 행정부의 통제 역시 제도화되었다기보다는 특정 정치지도자의 개인적인 정치적 영향력의 수준에 머무르고 있다. 개인적인 영향력이나 통제는 그러나 정보기관의 활동에 대한 감시(monitoring or oversight)를 의미하는 것은 아니며, 따라서 제도화된 감시·감독의 부재나 미비는 곧 러시아 정보기구의 정치제도와 사회로부터의 자율성의 증대를 의미한다. 사실상 정보기구들 자체 내에서도 과거와 같은 중앙집중적인 수직적 통제는 더 이상 유지되고 있지 못하다. 더군다나 과거 정보기관의 제도적 유산이 분산된 네트워크의 형태로 사회로 확산되어 있는 경우 최고 지도자의 개인적 영향력은 뚜렷한 한계를 갖는다. 물론 이러한 자율성이 통합된 정보기관 조직의 중추에 의해서 체계적으로 행사되고 있는 것은 아니지만 분산된 네트워크에 의한 자율적 활동의 정치·경제적 파급효과는 아직도 체제변혁의 진통을 겪고 있는 러시아의 정치경제에 심대한 영향력을 행사할 수 있다.

러시아 정보기관의 비공식 네트워크의 규모나 범위를 정확하게 파악하기는 사실상 불가능하지만 여러 언론매체나 관측자들 그리고 전·현직 정보기구 관리들 자신에 의해서 그 존재가 거듭 확인되고 있다. 본 절에서는 구 체제 제도적 유산의 보다 비가시적인 영역을 러시아 정보기관의 정치적 공작과 조직범죄와의 연계 및 경제적 상업구조에의 침투라는 세 가지 측면에서 살펴봄으로써 과거와는 상이한 형태로 대두되고 있는 러시아 정보조직의 사회적 영향력을 가늠해 보고자 한다.

(1) 정치적 공작

고르바쵸프가 소련 공산당의 정치권력 독점을 공식적으로 폐지한 이래 사실상 KGB의 정치공작은 더욱 활성화되었다. 1990년 러시아를 비롯한 각 공화국의 의회(Congress of People's Deputies)선거에 앞서 KGB는 선거과정을 조작하기 위한 특수 팀을 조직하여 KGB가 선호하는 후보자들에게 여러 지원을 제공하였을 뿐 아니라, 2,756명에 이르는 KGB요원들이 소연방 각 수준의 선거에 참여하여 그 중 86%가 첫번째 라운드에서 승리하는 성과를 거두기도 하였다.[11] 관제 야당의 설립이라는 목적하에 울트라 민족주의자인 지리노프스키(Vladimir Zhirinovskii)에 대한 러시아 정보기관의 지원은 이미 널리 보도된 바 있으며, 심지어는 상당수의 러시아 민주계 정치지도자들이 정보기관의 요원이라는 관측도 있다.[12] 뿐만 아니라 2000년 결성된 친여, 친푸틴 정당인 '연합'(Soiuz)에는 FSB를 비롯하여 국방성과 내무성의 전직 관료들이 대거 참여하고 있는 것으로 전해지고 있다.[13]

11) Alexander Rahr, "Kryuchkov, the KGB, and the the 1991 Putsch," *RFE/RL Research Report,* 2 : 31(July 30, 1993).

12) J. Michael Waller, "The KGB and Its Successors," *Perspective,* Ⅳ : 4(April-May 1994).

러시아 정보기관의 정치적 반대세력에 대한 탄압은 1993년초 당시 과거 정치범이었던 그리고리얀츠(Sergei Grigoriants)를 비롯한 일단의 반체제 인사들이 러시아 정보기관에 관한 일련의 국제회의를 조직할 때 이들에 대한 노골적 위협과 협박을 가하면서 공개화 되었다. 익년에는 이와 관련 스테파신이 공개적으로 민주 러시아(Democratic Russia) 운동과 언론매체 내부의 '러시아의 적'을 비판하고 회의에 참석한 인권운동가들을 '테러리스트'로 매도하였으며, 이후 그리고리얀츠와 그의 변호사(Tatiana Kuznetsova)가 테러를 당하기도 하였다.[14]

러시아 정보기관의 불법행위에 대한 연루에 대해서도 끊임없이 문제가 제기되어 왔다. 물론 이러한 사례들을 결정적으로 입증하기란 쉬운 일이 아니지만 그간 꾸준히 과거 KGB나 FSB의 요원들 자신에 의해 공개적으로 폭로된 바 있다. 이들의 증언에 의하면 정보기관의 적지 않은 고위 관리들이 정보기관을 자신들의 사적인 또는 정치적인 목적을 위하여 악용하는 경우가 빈번하며 보다 광범하게는 FSB조직 자체가 청부살인이나 인질, 테러 등의 범법행위에 깊숙이 연루되어 있다는 것이다. 1994년 10월 국방성의 비리를 추적하고 있던 언론인 홀로도프(Dmitri Kholodov)의 살해는 현직 FSK요원의 연루로 인하여 세간에 널리 알려지게 되었다.[15] 1998년말에는 당시 푸틴이 이끌고 있던 FSB의 8명의 요원들이 모스크바에서의 기자회견을 통하여 자신들이 러시아 신흥 '과두귀족'(oligarchs) 중 대표격이며 옐친 측근의 핵심 인물이었던 베레조브스키(Boris Berezovskii)를 암살코자 하는 FSB의 비밀계획을 폭로한 이유로 FSB로부터 위협을 받고 있다고 밝힌 바 있다. 이와 더불어 그들은 이러한 정치적 음모가 FSB의 조직에서는 전혀 드문 일이 아니라고 증언하였다.[16] 푸틴 취임 후 이른바 '과두귀족과의 전쟁'에서도 2000년 5월의 미디아-모스트에 대한 급습이 예시하듯 FSB를 비롯한 정보기관이 일선에 투입되고 있다.

보다 최근에는 러시아의 정보부가 체첸공화국 내의 반대세력을 재정적으로 지원했을 뿐 아니라 체첸전의 수행을 위한 정치적 명분과 사회적 지지를 위해서 일련의 위장 테러사건을 조작했다는 주장이 잇따르고 있다.[17] 이들 증

13) *Segodnia*(September 30, 2000).

14) J. Michael Waller, "Russia's Security Services: A Checklist for Reform," *Perspective*, Ⅷ:1(September-October 1997).

15) Knight, *Spies Without Cloaks*, pp. 100-102.

16) "Berezovskii i URPO-delo Litvinenko," Agentura 웹사이트 자료, http://www.agentura.ru/timeline/1998/urpo/.

언에 따르면 1차 체첸전의 시작 직후인 1994년 12월 23일 모스크바 순환선상의 폭발이 대 체첸전을 정당화시키기 위한 FSB의 첫번째 위장 테러로 기록될 수 있다.[18] 1999년의 2차 체첸전의 시작은 300여 명의 인명을 앗아간 모스크바, 다게스탄, 볼가돈에서의 일련의 폭탄테러에 의해 선행되었으며 이 역시 FSB와 GRU에 의해 조작된 것으로 폭로되고 있다. 러시아 정부가 체첸전을 민족주의적 분리주의운동을 저지하기 위한 무력개입이 아니라 반 테러리스트 캠페인으로 공식화하고 있는 점과 관련, 이러한 폭로는 러시아 내외에서 상당한 반향을 불러일으키고 있는 것이 사실이다. 더욱이 체첸전, 특히 제2차 체첸전의 수행이 KGB출신으로서 강성 이미지를 갖고 있는 당시 푸틴 총리의 정치적 위상을 높이는데 기여함으로써 마침내 그의 대통령 당선에 결정적 역할을 하였음은 물론, 이후 푸틴의 대중적 지지와 인기에도 커다란 기여를 한 것은 부정할 수 없는 사실이다. 보다 최근에는 체첸에서의 대 테러작전이 공식적으로 FSB 부장인 파트루쇼프(Nikolai Patrushev)의 지도하로 이관되었다.[19]

(2) 대 조직범죄 및 대 부패캠페인과 조직범죄와의 연루

러시아에서 조직범죄와 국가 관료의 부패가 고질적인 정치적·사회적 문제로 부각되고 있는 것은 이미 널리 알려진 사실이다. 그간 옐친과 푸틴에 의해서 수차례의 반범죄 반부패 이니시어티브가 취해져 왔으나 이러한 캠페인의 성과는 그리 효율적이지 못했던 것도 사실이다. 1995년 러시아 의회 상원(Federation Council) 부의장과 의회 국방안보위원회 등에 의해서 작성된 한 보고서("Economic Crime and the Security of Citizens, Society, and the State")에 의하면 정부 관료의 부패가 경제적 쇠퇴나 조직범죄보다도 러시아의 경제에 훨씬 중대한 위협이 되고 있는 것으로 인식되고 있을 정도이다.[20] 이 보고서에 따르면 1993-94년의 기간 동안 연방정부 관리들의 뇌물수수나 이권

17) 예컨대 "Nastuplenie na terror prodolzhaeltsia," *Nezavisimaia gazeta*(March 17, 2000); "Spetssluzhby vtikharia predotvrashchali vzryvy," *Moskovskaia pravda*(March 17, 2000); "Tishina posle vzryvov," *Moskovskii komsomolet*(January 19, 2000); "Russian Agents Blew Up Moscow Flats," *Independent*(January 6, 2000).

18) FSB 전직 요원이었던 Aleksandr Litvinenko와 Yurii Felshtinskii의 미 간행저서 *FSB Vzryvaet Rossiiu*. 동 저서의 상당 부분이 *Novaia gazeta*에 게재되었다. *Novaia gazeta*, no. 61(August 27, 2001).

19) *Kommersant*(January 23, 2001).

20) J. Michael Waller and Victor J. Yasmann, "Russia's Great Criminal Revolution:

개입 등 불법적 행위에 연루된 금액이 1천억 달러에 이르는 것으로 추정되고 있으며, 조직범죄 집단이 러시아 GDP의 약 40%를 통제하는 것으로 보고되고 있다. 특히 조직범죄 집단은 1,500여 국영기업체와 4,000여 주식회사, 500여 합자회사 및 550여 개의 은행을 포함, 41,000여 개의 경제단위들에 직간접적인 소유권과 영향력을 행사하고 있으며 약 700여 개의 금융-상업기관이 이들에 의해 돈세탁의 목적으로 창설된 것으로 추정되고 있다.

러시아 최고지도자의 대 범죄, 대 부패투쟁의 거듭된 강조와 더불어 FSB가 조직범죄 및 국가 공직관료들의 부패일소의 최전선에서 활동하고 있지만 그 이면에는 오히려 정보기구와 조직범죄간의 암묵적 연루와 동원 및 후견관계가 이루어지고 있기도 하며, 또 다른 한편으로는 정보기관을 동원하는 캠페인이 적지 않은 경우 정적에 대한 탄압의 수단으로 악용되고 있기도 하다. 후자의 대표적인 예로서 바란니코프(Viktor Barannikov)에 의한 반부패캠페인이 옐친 측근에까지 미치게 되자 바란니코프 그 자신이 부패를 이유로 해고된 경우를 들 수 있다.[21] 1992년 정보부장 이바넨코(Viktor Ivanenko)가 옐친 측근의 부패를 고하자 옐친은 그를 해고하고 바란니코프를 후임으로 앉혔으나 바란니코프가 점차 그의 정적들인 하스블라토프와 루츠코이(Alksandr Ruts-koi)에게 기울자 1993년 그를 해임하기에 이른다. 바란니코프의 해임 사유가 부패에 따른 부의 축적이었음에도 불구하고 그의 해임 후 그에 대한 정부의 조사는 행해지지 않았다. 이와 유사한 맥락에서 1992년 정부의 반부패캠페인을 지휘하도록 임명된 볼디레프(Yurii Boldyrev)의 수사가 옐친의 측근에까지 이르자 그 역시 이바넨코나 바란니코프와 같은 길을 걷게 되었다. 볼디레프의 후임인 일류쉔코(Aleksei Iliushenko)는 반부패 수사의 초점을 옐친의 측근으로부터 루츠코이 등 그의 정적에게로 옮겼으며, 이에 따라 옐친은 그를 검찰총장의 직위에까지 임명했으나 의회의 반대에 부딪혀 무산되었다. 1995년 10월 옐친은 자신의 정적에 대한 공격과 부패한 측근들의 보호 등 일류쉔코에 대한 공개적 비난이 거세어지자 그를 해임하였다.

조직범죄 집단과 법 집행기관, 특히 정보기관과의 연계에 관해서는 1996년 11월 26일 「노바야 가제타」(*Novaia gazeta*)에 게재된 두마 의원인 동시에

The Role of the Security Services," *Journal of Contemporary Criminal Justice,* 11 : 4(December 1995).

21) Knight, *Spies Without Cloaks,* pp. 54-55.

동 신문의 부 편집인인 쉐코치힌(Yurii Shchekochikhin)의 공개 서한에 잘 드러나고 있다. FSB, MVD, 검찰총장 및 대통령비서실장에 대한 그의 공개질의는 두마 안보위원회에 접수된 내무성 고위관리의 서한에 근거하고 있다. 동 사건의 내용은 모스크바와 모스크바 오블라스트의 FSB 관리들이 조직범죄 집단이 배후에 있는 한 석유회사 사장의 개인 신변보호를 비롯, 그와 긴밀한 관계를 유지하고 있으며 석유사업의 이권에 관련된 암살 등 범죄행위에 깊숙이 연관되어 있다는 것이다. 이외에도 이 서한에서는 FSB 관리들의 은행이나 제조회사 등 여러 상업구조들에의 연루가능성을 간접적으로 그러나 구체적인 거명과 사례를 통해서 폭로하고 있다.[22)]

조직범죄 집단이 러시아 경제에 침투하는 주 경로는 부패한 관료들을 통해서 이루어지며 양자간에는 실타래처럼 엉킨 상호 공생관계가 성립되어 있고 따라서 조직범죄 그 자체는 오히려 부차적인 적으로 인식되고 있기까지 하다.[23)] 이러한 사실은 많은 러시아 저작에서 확인될 수 있으며[24)] 심지어는 구 소련과 러시아연방의 조직범죄가 상당부분 법 집행기관, 특히 내무성이나 KGB, 그리고 러시아의 후속 정보기관들에 의해서 조종되고 있다는 견해까지 대두되고 있다.[25)] 조직범죄와 관련된 정보기구의 부패는 사실 러시아연방에서 새롭게 대두된 문제는 아니다. 이미 1980년대부터 소련 비밀경찰조직의 전·현직 기관원으로 구성되어 비밀경찰의 실질적 통제하에 있는 외곽단체들이 형성되기 시작하였다. 이러한 단체들은 정보기관이 공식적으로 수행하기 어려운 초법적 작전에 동원되었으며, 그 단체들 스스로가 비밀경찰의 후원을 받는 강력한 범죄조직으로 성장하였다. 이는 1980년대 조반 이래 MVD를 포함한 당 및 정부기관의 부패와의 투쟁에서 범죄자들을 충원하고 동원한 KGB의 관행에 그 직접적인 연원을 둔다. KGB는 범죄 집단에의 침투를 위한 특수 팀을 별도로 구성하고 훈련시켰는데 이들의 주 임무는 조직범죄 집단을 동원, '인민의 적'인 부패한 당·정부 관리들에 대해 초법적인 폭력과 테러를 감행하는 것이었다.[26)] 이러

22) Litvinenko and Felshtinskii, *FSB Vzryvaet Rossiiu.*

23) Stephen Handelman, *Comrade Criminal: The Theft of the Second Russian Revolution* (New Haven, CT: Yale University Press, 1995).

24) 예컨대 Vladimir Ovshinskii, *Mafiia: Neobiavlennyi vizit*(Moscow: Infra-M, 1993); Stanislav Govorukhin, Strana Vorov(Narva: Shans, 1994); Aleksandr Gurov, *Krasnaia Mafiia*(Moscow: Samozvet, 1995).

25) Georgii Podlesskikh and Andrei Tereshonok, *Vory v Zakone: Brosok k Vlasti*(Moscow: Khudozhestvennaia literatura, 1994).

26) Podlesskikh and Tereshonok, *Vory v Zakone,* pp. 117-123.

한 과정에서 조직범죄 집단은 KGB의 후견하에 KGB의 전문적 자원을 습득할 수 있었으며 바로 이 점이 소련 붕괴 후 러시아연방에서 조직범죄의 극성과 만연에 상당한 역할을 한 것으로 보여진다.

정보기관과 조직범죄간의 미묘한 공생관계는 러시아연방의 출범 이후에는 전직 KGB 요원들의 은퇴와 더불어 더욱 빈번하게 노골화되는데 이러한 복잡한 공생관계는 다음의 사례에 의해서 잘 예시되고 있다.[27] 1994년 12월 모스크바 근교에서 체첸 테러리스트로 가장 버스에 위장 폭탄테러를 감행한 보로비에프(Vladimir Borob'ev)는 당시 FSK의 외곽 에이전트인 동시에 비밀경찰 조직과 긴밀한 관계를 유지하고 있는 라조프스키(Lazovskii)에 의해 운영되고 있는 석유회사(Lanako)의 근무자로 판명된 바 있다. 라조프스키는 FSK와 SVR에서 요원으로 근무한 경력이 있으며 재직 당시 수슬로프(Petr Suslov)라는 자를 상관으로 모시고 있었고 이후 계속 그의 비밀요원으로 활동한 것으로 전해지고 있다. 수슬로프는 1995년 표면상으로는 KGB를 떠나 사업계에 투신한 것으로 되어 있으나 사실상 러시아 정보기관의 초법적 업무를 계속 수행하였으며 이를 위해 그는 과거 KGB 제 1 국 산하의 특수부대(Vympel) 전직 요원을 포함한 전문가들을 충원, 별도의 조직을 형성하였다. 이러한 활동의 재정적 지원을 위하여 그는 빔펠(Vympel)이라는 특수재단을 설립, 그 자신이 부이사장으로 취임하였으며 동 재단의 이사장으로는 쿠블리츠키(Sergei Kublits-kii)라는 조직범죄의 우두머리를 취임시켰다. 수슬로프는 FSB를 비롯한 러시아의 정보부서들과 긴밀한 관계를 유지하면서 특히 1996년 여름에 FSB 산하에 설립된 특수 프로그램(UPP, Upravlenie perspektivnykh programm)의 책임자와 긴밀한 공조체제를 형성하였는데, 익년에는 UPP를 근간으로 FSB 산하에 새로운 부서(URPDPO 또는 URPO, Upravlenie razrabotki i presecheniia deiatel' nosti prestupnykh organizatsii)가 설립되었다.[28] 이 새로운 부서의 창설은 FSB가 표면에 나설 수 없는 암살, 납치, 테러, 선동 등의 초법적 업무수행을 위한 것으로 전해지고 있다. UPP는 다시 여러 산하 조직으로 구성되었으며 그 중에는 스텔스(Stels)를 포함한 두 개의 사립 경비회사가 포함되었는데, 이 들 사립 경비회사는 애초 1989년 KGB 제 5 국의 요원이었던 자에 의해서 설립된

27) 이에 관한 구체적 사례들의 예시는 Litvinenko and Felshtinskii, *FSB Vzryvaet Rossiiu* 참조. 여기에서 제시하고 있는 사례는 이 자료에 근거한 것이다.

28) "V FSB sozdanot URPO," 러시안 웹사이트 Agentua, http://www.agentura.ru/timeline/1997/urpo/.

것이었다. 특히 스텔스의 전위 요원으로서는 조직범죄 집단이 활약하였으며 이 과정에서 스텔스는 동 조직범죄 집단의 후견(krysha)으로서 역할하는 공생관계가 형성되었다. 스텔스는 600여 명에 이르는 전직 요원들로 구성되었으며 이 중 약 70%는 FSB-SBP의 전직 요원들인 것으로 알려지고 있다. UPP의 설립과 함께 스텔스는 사실상 UPP의 관할하에 놓이게 되었다.[29)]

(3) 상업적 경제구조에의 연루

소련 말기의 혼란기 소련공산당을 비롯한 여타 주요정치기구들이 그러했던 것처럼 비밀경찰 역시 소련 말기와 러시아연방 초기의 사유화과정에서 국내외의 방대한 자산을 모호한 상업구조의 형태로, 특히 금융기관과 무역기관의 설립 형태로 전환·전용시켰으며 이 과정에서 상업구조에 대한 정보기관의 대규모 개입이 이루어졌다. 브레즈네프 치하에서 KGB를 비롯한 소련의 당·국가가 부패로 만연되었었다는 사실은 이미 고르바쵸프 개혁기에 공공연하게 밝혀진 바 있으나 소련 말기 이른바 노멘클라투라 또는 자발적 사유화(nomenklatura or spontaneous privatization)의 과정에서 일어난 국가자산의 전용은 그 규모를 어림하는 일조차 쉽지 않다. 전직 KGB 장군이었던 칼루긴(Oleg Kalugin)은 1991년말 즈음에는 이미 KGB 기관원의 1/3 이상이 기관을 떠났으며 그들 중의 상당수가 사업계에 투신하였거나 범죄계에 발을 들여놓았다고 증언하고 있으며, 과거 KGB 제5국 소속이었던 키치힌(Viktor Kichikhin) 대령은 특히 소련 말기인 1989-90년 기간 동안 거의 대부분의 소련-서방 합자회사들은 자신이 소속한 KGB 제5국과 소련 공산당의 중앙위원회에 의해서 설립되었다고 증언하고 있다.[30)]

고르바쵸프의 개방정책으로 서방의 상업적 관심이 소련에 몰렸을 당시 KGB라는 배경은 이들의 소련 벤처에 있어서 경제적 불확실성과 위험부담을 줄여주는 든든하고 믿을 만한 파트너가 아닐 수 없었으며, 바로 이러한 점이 소련 정보기관의 상업적 구조에 대한 깊숙한 연루를 가속화시켰음은 의심의 여지가 없다. 1992년 경에는 러시아연방에서 활동하고 있는 전체 합자회사의 약 80%에 KGB 요원들이 활동하고 있는 것으로 추정되었다.[31)] 또한 1991-92

29) Litvinenko and Felshtinskii, *FSB Vzryvaet Rossiiu.*

30) Waller and Yasmann, "Russia's Great Criminal Revolution."

31) Alexander Rahr, "Reform of Russia's State Security Apparatus," *RFE/RL*

년의 러시아 의회의 조사는 그 피상성에도 불구하고 SVR의 전신인 KGB 제 1 국이 1989-91년의 기간 동안 대규모의 돈세탁과정에 중추적 역할을 담당했고 SVR은 이를 의도적으로 은폐해 왔다는 사실과, 수십억 달러에 이르는 돈이 소련 공산당과 KGB의 해외 구좌에 예치되어 있다고 밝힌 바 있다.[32] 사적인 상업구조 외에도 러시아에서는 과거 소련에서와 마찬가지로 중간 규모 이상의 국영 및 반국영 기업체의 부지배인급에 정보기관 요원을 배치하는 것이 통례화 되어 있다. 물론 이러한 관행이 단순히 정보기관의 부패나 불법행위에의 연루만을 의미하는 것은 아니며, 정보기관에 의한 주요 국유시설에 대한 통제와 나아가서는 대 서방 경제첩보활동의 일환인 것임은 재언의 여지가 없다.

대규모의 국가자산 전용과 기회주의적인 불법행위는 소련 말기와 러시아 초기의 혼란스러운 과도기에 집중되었으며 이후에는 수그러들었지만 특히 러시아 정보기관의 상업적 구조에의 연루는 상이한 양상으로, 그러나 보다 지속적으로 이루어지고 있다. 전 현직 비밀경찰 요원들이 사설 보안회사를 설립하여 각종 회사들의 보안을 담당하고 있는 것은 새로운 사실이 아니나, 문제는 과거의 인맥을 통해서 현직 정보기관의 요원이나 관리들까지도 이러한 사업에 연루되고 있으며 이들이 사업상의 이권경쟁과정에서 정치적인 후견인 또는 해결사(krysha)로까지 역할하고 있다는 것이다. 즉 과거 KGB 인맥과 제도적 변화를 중심으로 하는 보호-후견관계는 범죄조직과의 연계 외에도 각종 분야의 사업체와도 복잡한 네트워크 형태로 확산되어 왔다. 과거 안드로포프가 KGB를 이끌 당시 제 5 국을 창설하는 데 주도적 역할을 하였던 보브코프(Bobkov)가 1991년 KGB를 떠나면서 곧바로 구신스키가 이끄는 모스트 그룹(Most Group)의 고문위원회 의장으로 취임한 예에서 처럼 다른 KGB 간부들도 러시아 신흥 은행들에 음으로 양으로 포진하였으며[33] 이들의 배경과 정치적 커넥션이 유력한 모스크바 은행을 중심으로 하는 러시아의 신흥 금융-산업그룹(financial-industrial group)의 대두에 적지 않은 역할을 한 것으로 믿어진다.

Research Report, 3 : 8(February 25, 1994), p. 28.

32) 이러한 의회의 조사에도 불구하고 옐친 대통령은 방관적인 자세로 일관했으며 당시 SVR 부장이었던 프리마코프는 오히려 최고회의의장인 하스블라토프(Ruslan Khasblatov)에게 조사위원회의 활동을 중지시킬 것을 요청한 바 있다. 하스블라토프는 이 요청을 받아들였다.

33) 러시아은행연합회(Association of Russian Banks)의 한 간부에 따르면 러시아은행들의 보안부서장의 약 50%는 과거 KGB 요원들이며 나머지 25%는 내무성 그리고 나머지는 군부나 GRU 출신인 것으로 전해지고 있다. 전직 KGB요원들로 조직된 펠릭스

정보기구의 상업구조 진출의 또 다른 전형은 처음에는 사업체에 대한 단순한 보호-후견관계에서 비롯되어 차츰 관계가 발전되어 감에 따라 정보기관 요원이 피보호 업체의 경영진으로 들어가거나 아니면 아예 사업체 자체가 자율성을 상실하고 사실상 정보기구의 관할로 복속되는 경우를 들 수 있다. 여하한 경우이던 그 사업체는 정보기구와의 긴밀한 관계하에 당해 분야에서의 각종 이권을 취득, 짧은 기간 안에 급성장을 하게 되는 것이다. 이러한 양태를 거쳐서 러시아의 정보기구는 경제적 상업구조들을 드러나지 않게 자신의 통제와 영향력하에 두고자 하며 여기에는 정보기관의 독자적 재원확보라는 고려가 적지 않은 동기부여를 하고 있는 것으로 보인다.

5. 결　론

이상에서 살펴본 것처럼 소련과 러시아의 정보기구는 공히 정쟁과 권력의 획득 및 공고화의 주요수단으로서 소련-러시아의 정치과정에서는 간과할 수 없는 핵심 정치행위자로서 자리매김을 해왔다. 레닌과 스탈린하에서는 혁명정권의 건설과 특히 스탈린 전체주의정권의 가장 중요한 버팀목으로서 사회에 대한 강압적 지배의 수단이었으며, 스탈린 사후에는 매스 테러의 종식으로 비록 지배수단의 최전선에서 후퇴하긴 하였으나 많은 소련전문가들이 논의한 바와 같은 여러 비강압적 지배매체와 더불어 여전히 대 사회통제의 중요 부분을 담당하는 것이었다. 특히 잠재석 노는 현재적인 반체세세력에 대해시는 스탈린 이후에도 어김없이 정보기관의 단호한 대처가 취해졌다. 따라서 KGB의 해외정보 담당 제 1 국은 가장 위상이 높은 부서임에도 불구하고 국내 정보 담당부서에 비하면 훨씬 작은 규모로 조직되었다.

정치적 · 경제적 체제변혁의 와중에 있는 러시아연방에서 정보기구의 역할은 사회통제나 규제의 측면에서 물론 구 소련에서의 정보기구의 그것에 비견될 수는 없지만 적어도 정치적인 측면에서 만큼은 여전히 정쟁의 추이와 승패를 가름하는 데에 적지 않은 역할을 하고 있다. 현 푸틴 대통령을 비롯 프리마코프, 스테파신, 코르자코프 등 러시아의 핵심 정치엘리트들이 그들의 정치경

(Felix)라는 집단은 러시아의 유력 일간지들에 일단의 전직 KGB 장성들이 보브코프가 핵심이 되는 국제마약조직을 조직 운영하고 있다고 폭로한 바 있다.

력에 있어서 정보기관의 경력을 등에 업고 있다는 사실이 이를 단적으로 입증하고 있으며 이는 소련의 정치과정에서와 크게 다를 바 없다. 사회통제의 측면에서도 직접적이지는 않지만 공작정치 등을 통해서 간접적으로 정치지도부의 이익과 목적을 실현시키는 데에 일익을 담당하고 있다. 비록 분산된 형태이기는 하나 과거 소련 정보기구의 방대한 구조와 조직이 거의 그대로 유지되고 보존되고 있다는 점이 러시아 정보기관의 이러한 정치적 · 사회적 기능의 수행에 있어서 커다란 보탬이 되고 있는 것이다.

그러나 러시아 정보기구의 새로운 특징은 동 조직의 깊숙한 사회침투의 측면에서 찾을 수 있으며 이는 과거와 같은 국가의 직·간접적인 대 사회통제나 규제의 차원이 아니라 보다 은밀하고 비공식적인, 그리고 많은 경우 불법적인 대 사회 영향력 증대의 차원이다. 이미 살펴 본대로 소련-러시아 정보기구는 국가를 대변하는 공적 권위(public authorities)로서가 아니라 오히려 그로부터는 상당한 자율성을 유지한 채 자체 내의 인적 · 조직적 네트워크를 형성하면서 러시아의 사회, 특히 경제 분야에 깊숙이 침투해 오고 있으며 이에 따라 상당한 정도의 사회적 영향력을 획득해 오고 있다. 물론 현재 이것이 러시아 정보기구의 일관된 제도적 이익을 대변하는 목소리로 표현되고 있는 것은 아니지만, 장기적으로는 오히려 그에 못지않은 효과를 초래할 수 있는 러시아식 자본주의의 운영과 제도 내에 서서히 자리매김을 하고 있는 것이다. 정치적 후견과 조직적 연계, 인맥이 지배적인 경제원리로 자리를 잡게 되면 이는 분명 시장 메커니즘을 우회하는 자본주의 형태를 의미하는 것이며, 특히 이러한 비시장적 관행의 연원이 정보기구라는 특정제도에 집중될 때 그것의 사회적 영향력은 실로 심대하다 할 수 있다. 정치적 목적을 위하여 러시아 정보기구에 부여되어온 합법적 권한의 증대를 감안하면 이는 전혀 근거 없는 추론일 수만은 없는 것이다. 러시아 정보기구의 가시적인 권력의 남용과 특정 정치세력의 이익에 부응하는 정치공작, 그리고 이에 따른 인권의 침해문제 등이 러시아에서의 민주주의가 당면하고 있는 산적한 문제 중의 하나라면, 또한 러시아 정보기구 내의 부패일소 등을 통해서 정보기구로서의 효율성을 제고하는 것이 현재 러시아 국가가 당면하고 있는 풀어야 할 숙제 중의 하나라면, 러시아 정보기구의 비공식적 네트워크에 의한 사회 · 경제제도에의 은밀한 침투는 러시아 자본주의가 반드시 해결해야 할 과제가 아닐 수 없을 것이다.

참고문헌

Albats, Yevgenia, *The State Within a State: The KGB and Its Hold on Russia* (New York: Farrar, Straus and Giroux, 1994).

Andrew, Christopher, and Gordievsky, Oleg, *KGB: The Inside Story of Its Foreign Operations from Lenin to Gorbashev*(New York: Harper Collins, 1990).

Azrael, Jeremy R., and Rahr, Alexander G., *The Formation and Development of the Russian KGB, 1991-1994*(Santa Monica, CA: Rand, 1993).

Azrael, Jeremy R., *The KGB in Kremlin Politics*(Santa Monica, CA: Rand/UCLA Center for the Study fo Soviet International Behavior, 1989).

Bakatin, Vadim, *Izbavleniie ot KGB*(Moscow: Novosti, 1992).

Borovoi, Konstantin, "KGB i rynochnaia ekonomika," in *KGB: Vchera, Segodnia, Zavtra*(Moscow: Glasnost Public Foundation, 1994).

Carson, William R., and Crowley, Robert T., *The New KGB: Engine of Soviet Power*(New York: William Morrow, 1985).

Ebon, Martin, *KGB: Death and Rebirth*(Westport, CT: Praeger, 1994).

Govorukhin, Stanislav, *Strana vorov*(Narva: Shans, 1994).

Gurov, Aleksandr, *Krasnaia mafiia*(Moscow: Samozvet, 1995).

Handelman, Stephen, *Comrade Criminal: The Theft of the Second Russian Revolution*(New Haven, CT: Yale University Press, 1995).

KGB, *Politicheskaia Razvedka s Territorii SSSR: Uchebnoe posobiie*(Moscow: Krasnoznamennyi Institut KGB SSSR imeni Yu. V. Andropov, 1989).

Knight, Amy, *Spies without Cloaks: The KGB's Successors*(Princeton, NJ: Princeton University Press. 1996).

———, *The KGB: Police and Politics in the Soviet Union*(Boston: Unwin Hyman, 1990).

Ovchinskii, Vladimir, *Mafiia: Noebiavlennyi vizit*. Moscow: Infra-M, 1993.

Podlesskikh, Georgii, and Terehonok, Andrei, *Vory v Zakone: Brosok k Vlasti* (Moscow: Khudozhestvennaia literatura, 1994).

Richelson, Jeffrey T., *Sword and Shield: The Soviet Intelligence and Security Apparatus*(Cambridge, MA: Ballinger, 1986).

Sherr, James, "The New Russian Intelligence Empire," *Problems of Post-Com-*

munism, 42 : 6(November-December 1995).

Staar, Richard F., "KGB and Other Buddies in Putin Apparat," *Perspective,* Ⅹ : 4(March-April 2000).

Timofeiev, Lev. ed., *Russia's Secret Rulers: How the Government and Criminal Mafia Exercise Their Power*(New York: Knopf, 1992).

Vaksberg, Arkady, *The Soviet Mafia*(New York: St. Martin's Press, 1991).

Waller, J. Michael, "Russia's Security Services: A Checklist for Reform," *Perspective,* Ⅷ : 1(September-October 1997).

———, *Secret Empire: The KGB in Russia Today*(Boulder, CO: Westview, 1994).

———, "The KGB and Its Successors," *Perspective,* Ⅳ : 4(April-May 1994).

———, and Yasmann, Victor J., "Russia's Great Criminal Revolution: The Role of the Security Servies," *Journal of Contemporary Criminal Justice,* 11 : 4(December 1995).

Webster, William, H., de Borchgrave, Arnaud, and Cilluffo, Frank J. et al. eds., *Russian Organized Crime: Global Organized Crime Project*(Washington, D. C.: CSIS, 1997).

Yevgenia, Albats. *The State Within a State: The KGB and its Hold on Russia-Past, Present, and Future.* tr. by Catherine A. Fitzpatrick(New York: Farrar, Straus and Giroux, 1994).

인터넷 자료

러시안 웹사이트 Agentura, http://www.agentura.ru/.

Federation of American Scientists의 웹사이트에서 소련-러시아 섹션, Soviet/Russian Intelligence Agencies, http://www.fas.org/irp/world/russia/index.html.

제13장

이스라엘 정보 · 보안 체계

"기만에 의하여 전쟁을 수행한다(By way of deception, thou shalt do war)"

— 모사드 모토 —[1)]

문정인 · 전병준

1. 이스라엘의 국가안보와 정보

국가안보는 어느 국가에게나 중요한 것이지만, 이스라엘보다 그 중요성을 느끼고 있는 국가는 거의 없다고 해도 지나친 말은 아니다. 제 2 차 세계대전 중의 홀로코스트의 비극 그리고 건국 선언과 동시에 발발한 독립전쟁을 시작으로 하여 겪은 4 차례의 아랍과의 전쟁은 왜 이스라엘이 국가안보를 중요하게 여기는지를 여실히 보여준다고 할 수 있다. 1973년 10월 전쟁을 마지막으로 아랍과의 전면전은 더 이상 발발하지 않았지만 대신 이스라엘 건국으로 인해 영토를 잃은 팔레스타인을 중심으로 한 아랍 게릴라와의 충돌이 끊임없이 발생하고 있어 국가안보는 여전히 이스라엘에게 중요한 사안이다.

1) 모사드의 모토는 손자병법(孫子兵法) 시계(始計)편에 나오는 "전쟁(전략)이라는 것은 곧 속임수(기만)이다"(兵者詭道也)라는 표현과 유사하다. 영어로 이 구절은 다음과 같이 번역된다. "모든 전쟁은 기만에 기반한다"(All warfare is based on deception). Sun Thu, trans. by Lionel Giles, "The Art of War," in Thomas R. Philips, ed., *Roots of Strategy*(Harrisburg: The Military Service Publishing Company, 1950), p. 23.

이스라엘은 국가안보를 위해 규모는 작지만 강력한 군사력 건설, 효율적인 동원체제를 구비하는 데에 전력을 기울여왔다. 여성의 병역의무와 유사시 50만명을 동원할 수 있는 예비군 제도는 그러한 노력의 일환이다. 또한 이스라엘은 대략 GDP의 10-15%[2)]에 해당하는 군사비와 연 18억 달러에 달하는 미국의 군사원조[3)]를 바탕으로 주변의 아랍국들을 질적으로 압도하는 군사력을 유지하고 있다. 이미 이스라엘은 최첨단기인 F-15와 F-16을 보유하고 있을 뿐만 아니라, 독자적으로 메르카바(Merkava) 전차와 크필(Kfir) 전투기 등을 양산하는 등 군수산업 육성에도 전력을 기울이고 있다.

이스라엘은 국가안보에 있어 군사력뿐만 아니라 국가정보의 중요성을 이해한 나라이다. 사실 국가정보는 외교정책결정에 있어 중요한 투입변수일 뿐만 아니라, 군사력을 사용하는 데 있어 필수불가결한 요소이다. 이스라엘은 정보 중요성을 잘 인식하고 있었기 때문에 건국 직후 영국과 미국을 모델로 한 체계적인 공동체를 창설하여 운용해오고 있다.[4)] 이 장에서는 이스라엘 정보·보안 체계의 기원과 발전, 주요 활동 그리고 앞으로의 전망을 다루도록 하겠다.

2. 이스라엘 정보·보안 체계의 기원

이스라엘 정보·보안 체계의 기원은 영국의 팔레스타인 위임통치하에서 형성된 지하군사조직에서 찾을 수 있다. 당시 유태인들은 아랍과의 무력충돌에 대비하여 촌락별로 자체 방위대를 조직하였고, 이것이 이스라엘군(Zahal:

2) 1992년을 기점으로 이스라엘의 군사비는 GDP의 10% 아래로 떨어졌다. 그러나 1998년 군사비는 85.4억 달러(1995년 불변가)로 사우디 아라비아(171.4억 달러)에 이어 중동지역 군비지출 2위를 차지했다. 이 액수는 국경을 맞대고 있는 이집트, 시리아, 요르단, 레바논 군비지출의 합계 62억 달러보다 더 많은 수치이다. SIPRI, *World Armaments, Disarmaments and International Security: SIPRI Yearbook 1999*(London: Oxford University Press, 1999), pp. 315, 321.

3) 미국의 대이스라엘 군사원조는 1980년대 후반 매년 18억 달러에 달하고 있다. 자세한 내용은 U.S. Department of the Army, "Chapter 5.08. Military Cooperation with the United States," *Israel: Army Area Handbook,* gopher://gopher.umsl.edu/00/library/govdocs/armyahbs/aahb6/aah60050%09%09%2B; Appendix, 〈Table 7〉 gopher://gopher.umsl.edu/00/library/govdocs/armyahbs/aahb6/aah60054%09%09%2B 참조.

4) 한국도 이스라엘과 마찬가지로 1948년에 독립을 했지만, 1961년 군사쿠데타 후에 중앙정보부가 창설되기까지는 육군정보국(G-2) 중심의 군 정보기관 이외에는 체계적인 정보기관을 가지고 있지 못했다. 이런 점에서 한국과 이스라엘의 국가역량의 차이가 드러난다고 할 수 있다.

Zvah Haganah Le Yisrael; IDF: Israel Defense Forces)의 바탕이 된 하가나(Hagana: Irgun HaHaganah)이다.[5] 하가나는 그 휘하에 쇄이(SHAI: Sherut Yedoit)라는 정보조직을 가지고 있었다. 이 당시 쇄이는 영국당국, 아랍, 유태인 내부 정치세력(주로 극우와 극좌), 나찌 독일에 대한 정보수집활동을 전개했다.[6]

또 다른 기원은 유태인 불법이민을 담당하던 모사드 르 알리야 베트(Mossad le Aliyah Bet), 즉 「이민협회 B」(Institute of Immigration B)에서 찾을 수 있다. 당시 공식적인 이민담당기구는 「이민협회 A」였는데, 영국이 제 2차 세계대전에서 아랍인의 지지를 구하기 위해 유태인 이민을 제한하였다. 이를 타개하기 위해 만들어진 것이 「이민협회 B」이다. 이 조직은 여권 위조, 안전가옥의 활용 등을 통하여 유럽 각지로부터 유태인을 팔레스타인으로 이주시켰다.[7]

이 밖에도 유태인 군사조직에게 무기를 공급하는 활동을 한 레크헤쉬(Rekhesh), 팔마(Palmach)[8]의 아랍과와 후일 이스라엘 해군정보부의 모체가

---

5) 하가나 이외에도 여러 비밀군사조직이 존재했다. 하가나의 사회주의 성향에 불만을 품은 중산층 도시민과 자본주의적 영농자들은 「민족군사조직」(IZL: Irugun Zevai Leumi)이라는 무장단체를 조직했고, 이는 우파적 성향을 가지고 있었다. 또한 「이스라엘의 자유를 위한 전사」(Lehi: Lehamel Herut Israel)라는 무장단체와 스턴 갱(Stern Gang) 등의 극우군사단체가 IZL로부터 분리되어 나왔다. 독립전쟁 중에 이스라엘 정부는 하가나를 중심으로 다른 무장조직을 흡수하여 이스라엘군을 창설하고자 했다. IZL의 일부세력은 여기에 조직적인 반발을 했고 결국 하가나와의 무력충돌이 벌어지기도 했다. 김희상, 「중동전쟁」(서울: 일산사, 1989), pp. 24, 59, 65-66.

6) Jeffrey T. Richelson, "Israeli Intelligence organizations," *Foreign Intelligence Organizations* (Cambridge: Ballinger, 1988), pp. 191-192.

7) 리첼슨은 이런 불법적인 이민활동을 영국 당국이 눈치채지 못했다고 주장하였다. Richelson, "Israeli Intelligence organizations," p. 192. 그러나 이 주장은 전혀 타당성이 없다. 영국은 아랍인뿐만 아니라 유태인 또한 전쟁에 활용하고자 했다. 이를 위해 영국은 유태인 부대를 창설하여 대독전선에 투입하였다. 뿐만 아니라 롬멜의 이집트 및 팔레스타인 침공에 대비하여 유태인 군사단체인 팔마를 정예부대로 훈련시키고 장비를 지원하였다. 이런 점으로 판단할 때 영국은 불법적인 이민을 묵인했다고 보는 편이 정당한 평가일 것이다. 그리고 나찌 독일의 홀로코스트 또한 유태인 이주에 대한 묵인이 가능하도록 했다. 유태인 학살은 미국과 서유럽에 큰 충격을 주었고, 이에 따라 유태인의 팔레스타인 이주가 동정적으로 받아들여졌기 때문이다. 제 2 차 세계대전 중 대규모의 유태인의 팔레스타인 이주는 모사드 르 알리야 베트의 역할이라기 보다는 열강의 동정과 영국 당국의 묵인에 힘입어 이루어졌던 것이다. 김희상, 「중동전쟁」, pp. 39-40.

8) 팔마는 하가나에 바탕을 둔 최초의 전문적 군인집단이었다. 영국은 제 2 차 세계대전 중 아랍인의 지지를 구하기 위해 유태인 이민을 제한하고 지원을 중단하였다. 또 많은 유태 청년들이 전쟁에 종군하게 되자 팔레스타인의 유태인 촌락촌의 방위력이 약화되었다. 이를 타개하고자 유태 지도자들이 조직한 것이 팔마이다. 그러던 중 전쟁이 북아프리카로 비화되자 영국은 팔마를 군사적으로 활용하기 위하여 이들에게 군사훈련을 시키고 지원을 제공하였다. 이 결과 팔마는 고도의 훈련을 받게 되었고 병력도 대폭 증가하게 되었다. 독립전쟁 당시 12명의 장군 중 3명, 45명의 대령 중 20명 중소령급의 40% 이상이 팔마 출신이었다. 김희상, 「중동전쟁」, pp. 37-38.

되는 팔마의 해안분견대인 팔리암(Palyam) 등이 이스라엘 정보・보안체계의 기원을 이루는 조직들이다.[9)]

1948년 건국 후에 이스라엘은 이들 조직을 바탕으로 체계적인 정보・보안체계 구성에 착수하게 된다. 군사정보를 담당하는 기관으로 이스라엘군 참모본부 휘하에 이써 베리(Isser Beeri) 대령이 지휘하는 정보부가 창설되었다. 국내 보안을 담당하는 기관으로 이쎄르 하렐(Isser Harel)을 부장으로 하는 신베트(Shin Bet: Shabak)가 조직되었다. 마지막으로 해외정보를 담당하는 기관으로 외무부 휘하에 루벤 실로아(Reuven Shiloah)를 국장으로 하여 정치국(Political Department)을 설치하였다. 그리고 영국의 합동정보위원회(JIC: Joint Intelligence Committee)를 모방하여 정보・보안체계 내의 조정을 담당하는 기관으로 1949년 4월 바다트 라세이 하세루팀(Va'adat Rashei Hasherutim)[10)]을 조직하였다.[11)]

하지만 정보・보안 체계 내에서, 주로 군정보부와 정치국 사이의 갈등이 나타나기 시작했다. 군정보부는 정치국의 정보활동이 이스라엘군이 필요로 하는 정보를 제공하는 데 미흡하다고 비난을 하였다. 이는 일시적인 현상이 아니라 조직특성상 정치국이 군사정보를 등한시 하기 때문이라고 주장을 하면서 군정보부의 활동영역을 넓히려고 하였다. 이 결과 1949년에 군정보부는 유럽에 독자적인 지부를 설치하게 되었고 정치국과의 경쟁도 더욱 첨예해졌다.

벤 구리온(David Ben-Gurion) 총리와 실로아 의장은 정치국의 정보활동이 미흡할 뿐만 아니라 대외관계를 책임지는 외무부가 정보활동을 한다는 것이 이스라엘 국익에 도움이 되지 않는다는 것을 깨닫고 1951년 2월에 정치국을 해체하고 새로운 정보조직을 창설하였다. 이 정보조직이 모사드(Mossad)였고 1951년 4월 1일부터 정식활동을 개시하였다.[12)] 모사드 초대 부장은 실로아였으나 1952년 5월 바그다드에 있는 모사드 첩보망이 이라크 보안당국에 의해 일망타진되고 또한 로마에 주재하고 있는 모사드 첩자가 이집트의 이중첩자라

9) Richelson, "Israeli Intelligence organizations," p. 192.

10) 최고정보조정위원회(Supreme Inter-Service Coordination Committee)로 번역될 수 있으며, 군정보부, 외무부 정치국, 이스라엘 경찰의 책임자와 부책임자가 참석하였고, 당시 의장은 실로아였다.

11) Uri Bar-Joseph, "Alternation of Ends: Israel's 'Unfortunate Business' of 1954," *Intelligence Intervention in the Politics of Democratic States: The United States, Israel and Britain* (University Park: The Pennsylvania State University Press, 1995), pp. 154-155.

12) *Ibid.*, p. 155.

는 사실이 밝혀져 실로아는 부장직을 사임하였다. 그 후임으로 신베트 부장이었던 이써 하렐이 제 2 대 모사드 부장으로 취임하였다.[13] 모사드는 하렐 부장 지휘 아래 그 기틀을 마련하게 되었다. 한편 군정보부는 1953년에 참모본부의 한 부서에서 해군, 공군과 같은 독립적 조직으로 지위가 격상되었고 그 기능도 확대되었다. 바로 이 조직이 아만(Aman)이다.[14]

3. 이스라엘 정보·보안 체계의 구성

이스라엘의 정보·보안 체계는 해외정보를 담당하고 있는 모사드, 국내보안을 담당하고 있는 신베트, 군사정보를 담당하고 아만, 외무부 산하의 정치기획·조사센터, 내무부 산하의 경찰 등으로 구성되어 있다. 그리고 정보·보안

그림 1 이스라엘의 정보·보안체계

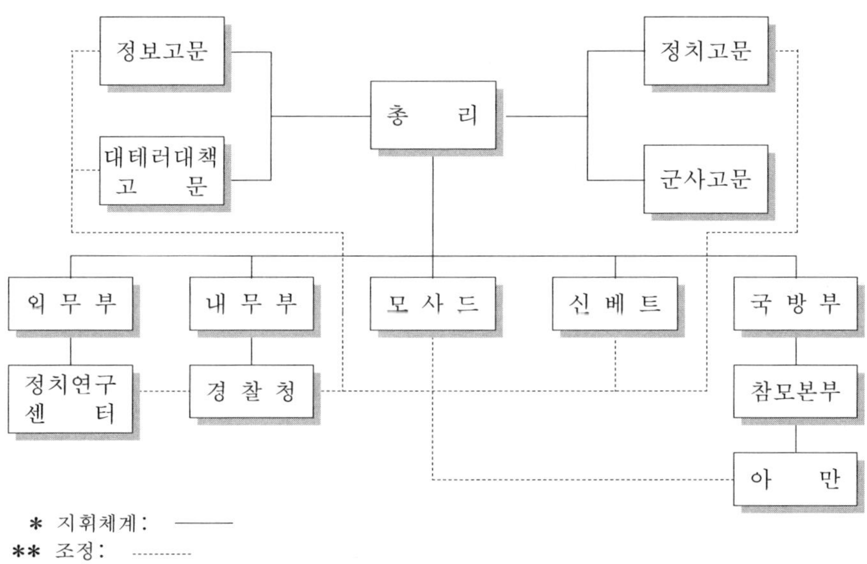

출처: Central Intelligence Agency, *Foreign Intelligence and Security Service: Israel* (Washington, D.C.: CIA, 1977); 윌리엄 케네디 외, 진웅기 외 옮김, 「첩보전쟁」(서울: 삼중당, 1985). p. 51에서 재구성함.

13) Gordon Thomas, *Gideon's Spies: The Secret History of the Mossad* (New York: Thomas Dunne Books, 1999), p. 42.

14) Richelson, "Israeli Intelligence organizations," p. 193.

체계를 조정하는 기관으로는 최고정보조정위원회(Va'adat Rashei Hasherutim)가 있다. 여기에는 각 정보기관의 책임자와 총리의 정보·군사·정치·대테러대책 고문이 참석한다. 의장은 모사드 부장이 맡고 있다.[15)]

(1) 모 사 드

모사드의 정식 명칭은 ha Mossad le Modiin ule Tafkidim Meyuhadim으로 정보 및 특수임무 연구소(The Institute for Intelligence and Special Tasks)로 번역될 수 있다. 모사드는 이스라엘의 정보·보안체계에서 해외정보를 담당하고 있으며, 주로 인간정보(Humint)와 비밀공작(Covert Action), 대테러활동(Counterterrorism) 등의 임무를 수행하고 있다.

모사드의 본부는 텔 아비브(Tel Aviv)에 위치하고 있으며, 그 요원은 1980년대 후반의 평가에 의하면 1,500-2,000명으로 알려지고 있다. 최근의 자료는 모사드요원 수를 1,200명이라고 평가하고 있다.[16)]

모사드의 조직구성을 알려주는 자료는 크게 두 가지이다. 우선 미국 CIA가 1977년에 작성한 이스라엘 정보기관에 대한 보고서이다.[17)] 이 자료에 의하면 모사드는 작전기획조정국(Operational Planning and Coordination Department), 수집국(Tsomet: Collection Department), 정치활동연락국(Tevel: Political Action and Liaison Department), 인력·재정·병참·보안국(Manpower, Finance, Logistics, and Security Department), 훈련국(Training Department), 분석국(Research Department), 기술공작국(Technical Operation Department), 기술국(Technology)의 8개국으로 구성되어 있다. 정치활동연락국과 수집국은 공동으로 8개의 지역과를 운영했고, 이스라엘 대사관의 모사드요원들은 첩보수집국과 정치활동연락국에서 파견나온 요원들로 구성되어 있던 것으로 알려

15) Richelson, "Israeli Intelligence organizations," p. 229.

16) Fedeation of American Scientists(FAS), "Mossad," http://www.fas.org/irp/world/israel/mossad/index.html. 전직 모사드 요원이었던 빅터 오스트로브스키는 전세계적으로 모사드가 고용하고 있는 첩자(agent)는 35,000명이며, 20,000명이 활동 중이며, 15,000명은 활동을 하고 있지 않다고 주장하고 있다. Victor Ostrovsky and Claire Hoy, *By Way of Deception* (New York: St. Martin's Press, 1990), p. 357.

17) Central Intelligence Agency, *Foreign Intelligence and Security Service: Israel* (Washington, D.C.: CIA, 1977). 이 자료는 극비자료였으나, 1979년 1월 이란 혁명 중에 테헤란에 주재 미 대사관이 점거되었을 때 외부로 유출되어 알려지게 되었다. 윌리엄 케네디 외, 진웅기 외 옮김, 「첩보전쟁」(서울: 삼중당, 1985), p. 49.

지고 있다.[18]

두 번째는 전직 모사드요원이었던 빅터 오스트로브스키(Victor Ostrovsky)가 1990년에 밝힌 모사드 조직표이다.[19] 이 조직표에 모사드는 작전을 담당하는 부서와 지원을 담당하는 부서로 나누어져 있으며, 국(department)과 기타 다른 부서들로 구성되어 있다. 하지만 모두 몇 개의 국이 있는지는 이 도표만을 가지고는 확인하기 어렵다.[20]

먼저 모사드의 작전부서에는 수집국과 정치활동연락국, 심리전국(LAP: Lohamah Psicholgit Department)국 등의 부서로 구성되어 있다. 수집국은 가장 규모가 큰 부서로서 해외첩보수집을 담당하고 있다. 수집국은 A, B, C의 3개 실을 가지고 있으며, 각 실은 지역과와 해외지부를 관리하고 있다. 정치활동연락국은 우호국의 정보기관과 정보교환업무를 담당하고 있으며, 외교관계가 없는 국가들과의 접촉 및 연락업무를 수행하고 있다. 심리전국은 모사드의 심리전, 선전, 기만작전을 담당하고 있다.[21]

모사드의 작전부서 중 챠프리림(Tsafririm)은 전세계에 있는 유태인과의 연락을 담당하고 있다. 야할로민(Yahalomin)과는 특별통신부서로서 이스라엘의 적대국에서 활동하고 있는 첩자들과 통신을 담당하고 있다. 네비오트(Neviot)는 정해진 목표물에 대한 도청 등을 전문적으로 담당하는 부서이다. 그리고 모사드 내부보안을 담당하는 부서로 APM(Autahat Paylut Medient: Security Branch)이 있다.[22]

지원부서 중 가장 중요한 것은 분석국이다. 수집된 첩보를 정보화하는 역할을 담당하고 있으며 구체적으로 일일보고서, 주간동향보고서, 월간보고서 등을 제작하고 있다. 연구국은 14개의 지역과와 핵담당과로 구성되어 있다. 기술국은 모사드의 작전을 지원하기 위한 최첨단의 기술과 장비를 개발하는 업무를 담당하고 있다.[23]

---

18) Richelson, "Israeli Intelligence organizations," pp. 196-197; 8개의 지역과는 중미, 남미, 동유럽·소련, 아프리카, 아시아·오세아니아, 중근동, 유럽, 북미과로 이루어져 있다.

19) Ostrovsky and Hoy, *By Way of Deception,* pp. 337-338.

20) 미국과학자연합(FAS)은 모사드가 8개의 국으로 이루어져 있다고 밝히고 있지만 5개국의 명칭만을 제공하고 있을 뿐이다. FAS, "Mossad."

21) "Inside Israel's secret organizations," *Jane's Intelligence Review,* October 1996, p. 465; FAS, "Mossad,"; Ostrovsky and Hoy, *By Way of Deception,* pp. 337-338.

22) Thomas, *Gideon's Spies,* pp. xiii-xiv, 113; Ostrovsky and Hoy, *By Way of Deception,* pp. 359-361; "Inside Israel's secret organizations," p. 465.

23) FAS, Israeli Intelligence Agencies: Mossad,; "Inside Israel's secret organizations," p. 465.

그림 2 모사드 조직표

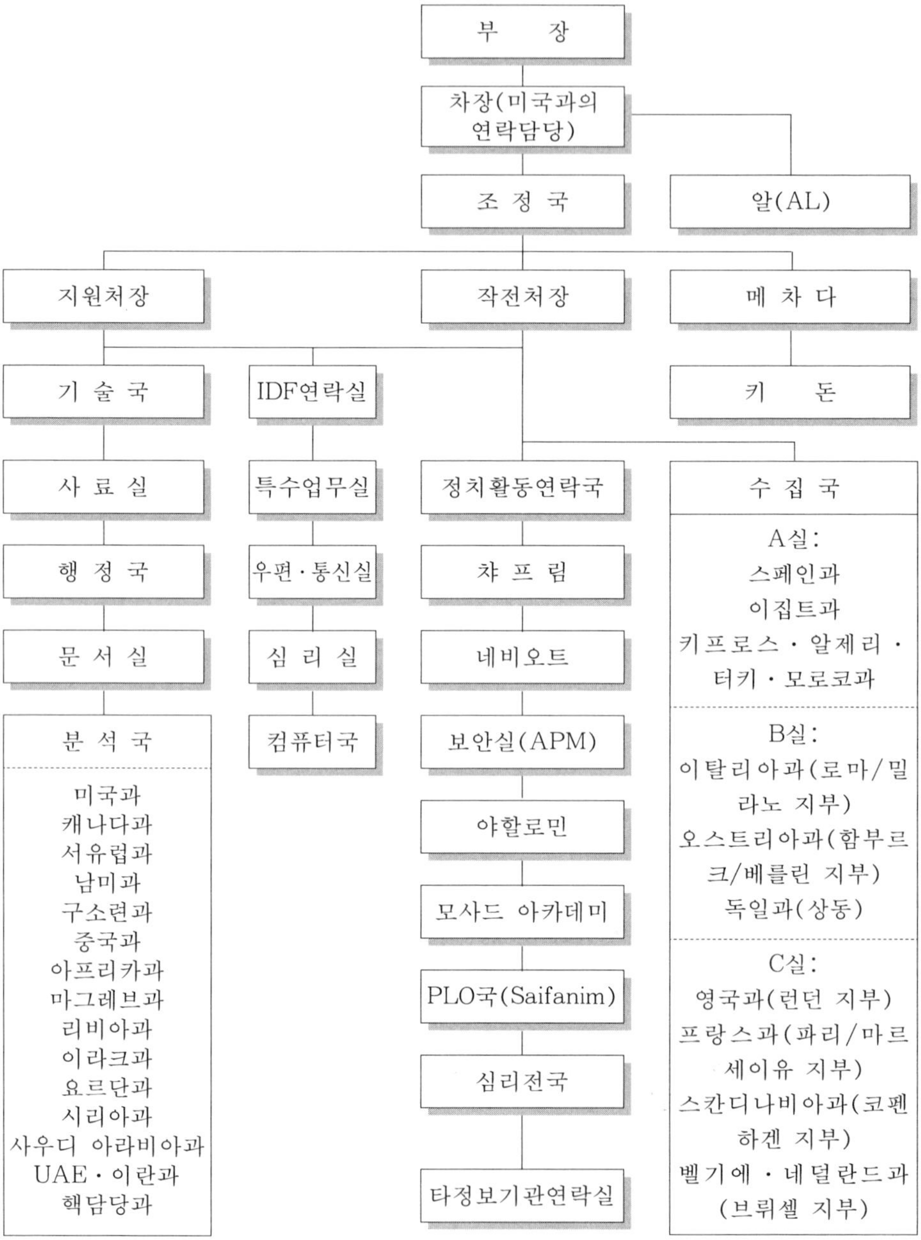

출처: "Inside Israel's secret organization," *Jane's Intelligence Review,* October 1996, p. 465; Victor Ostrovsky and Claire Hoy, *By Way of Deception* (New York: St. Martin;s Press, 1990), Appendix I, p, 335.

독립부서 중 가장 중요한 하나는 메차다(Metsada)이다. 메차다는 모사드의 비밀공작(covert action)을 담당하고 있는 부서로 암살, 사보타지, 준군사적 활동을 수행하고 있다. 그리고 특히 메차다 휘하에는 암살을 전문적으로 수행하는 키돈(Kidon)과가 활동하고 있다.[24)]

알(Al)은 히브리어로 위(above)나 정상(on top)을 의미하며 미국 내에서 비밀리에 첩보활동을 벌이고 모사드의 특수부서이다. 오스트로브스키에 의하면 모사드 내에서도 알의 존재를 알고 있는 사람은 극히 드물며, 조직자체도 모사드의 다른 부서와는 전적으로 독립적이라고 한다. 3명의 카트사(Katsas)[25)]를 포함한 24-27명의 현장요원으로 구성되어 있다고 한다.[26)]

(2) 신 베 트

신베트의 정식 명칭은 Sherut Bithachon Klali로 일반보안국(General Security Service)로 번역될 수 있다. 사바크(SHABAK)로 표기되기도 한다.

신베트는 국내방첩과 보안활동을 담당하고 있다. 구체적으로 외국정보기관의 조직구성 및 활동에 대한 정보수집, 해외 이스라엘 공관원의 신변보호, 극우, 극좌 등 내부세력과 및 외부세력에 의한 전복활동과 사보타지, 테러에 대비한 활동을 수행하고 있다. 냉전시 모사드의 주요 활동목표는 아랍국가들과 소련 및 동유럽 국가들의 정보기관의 활동이었다.[27)]

신베트는 3개의 작전담당 부서와 5개의 지원담당 부서로 구성되어 있다. 작전부서에는 아랍국(Arab Affairs Department), 비아랍국(Non-Arab Affairs Department), 보안국(Protective Security Department)이 있다. 아랍국은 하마스(Hamas)와 같은 아랍테러단체의 테러, 전복활동 등을 감시하고 대처하는 것을 임무로 하고 있다. 헨자(Henza)라고 불리는 신베트의 파견대는 아만의 비밀파견대인 미샤르빔(Mista'arvim 혹은 Maruaders)과 함께 팔레스타인의 봉기활동을 감시하고 대응하는 임무를 수행하고 있다. 비아랍담당국은 이스라엘 내의 외국정보기관과 외국의 외교활동에 대하여 관심을 기울이고 있다. 냉전시에는 소련과 동유럽 담당부서가 설치되어 소련과 동유럽 정보기관의 활동과 이

24) *Ibid.*, p. 464; Thomas, *Gideon's Spies*, p. xiii.
25) 카트사는 수집정보관(Gathering Officer) 또는 공작담당관(Case Officer)을 의미한다.
26) Ostrovsky and Hoy, *By Way Deception*, p, 269.
27) Richeloson, "Israeli Intelligence organizations," p. 222.

들 국가로부터의 유태인 이민자에 대한 조사를 수행하기도 하였다. 보안국은 정부청사와 방위산업체, 엘알(El Al) 항공사 등의 보안업무를 담당하고 있다.[28]

지원부서에는 기획조정국(Coordination and Planning Department), 작전지원국(Operational Support Department), 기술국(Technology Department), 행정국(Administration Department), 신문·법률자문국(Interrogation and Legal Counsel Department)이 있다. 기획조정국은 신베트 부서간의 업무조정, 교육 등을 담당하고 있다. 작전지원국은 검열, 감시 등의 방법을 통하여 작전부서를 지원하는 임무를 담당하고 있다. 기술국은 음성·영상 감시, 통신, 우편검열 등의 임무를 수행하고 있다.[29]

그리고 신베트는 이스라엘 경찰 소속의 특수보안국(LATAM)과 밀접한 협력하에 그 임무를 수행하고 있다.[30]

(3) 아만(Aman)

이스라엘 정보·보안 체계에서 군사정보를 담당하고 있는 기관은 아만이다. 아만의 정식 명칭은 Agaf ha Modi'n이며, 위에서 언급한 것과 마찬가지로 처음에는 참모본부의 정보부로 출발하였으나, 1953년에 지역사령부, 해군, 공

그림 3 신베트 조직(1977년 현재)

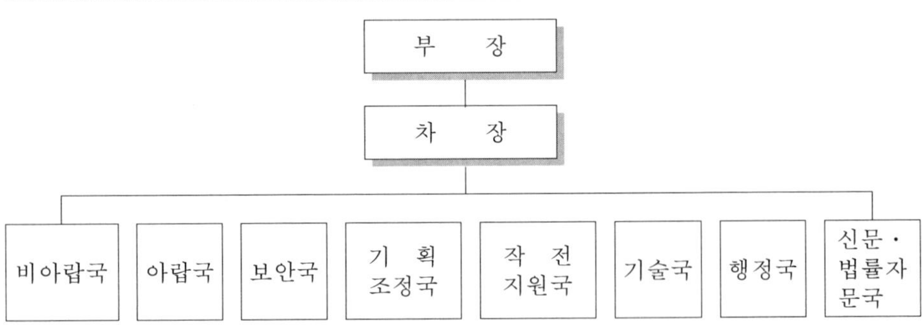

출처: Central Intelligence Agency, *Foreign Intelligence and Security Service: Israel* (Washington, D.C.: CIA, 1977); Jeffrey T. Richelson, "Israeli Intelligence organizations," *Foreign Intelligence Organizations* (Cambridge: Ballinger, 1988), p. 223에서 재구성.

28) "Inside Israel's secret organizations," p. 464; FAS, "Shin Bet," http://www.fas.org/irp/world/israel/shin_bet/index.html.

29) Richelson, "Israeli Intelligence organizations," pp. 222-224.

30) "Inside Israel's secret organizations," p. 465.

군과 같은 독립적인 조직으로 격상되었다. 아만의 부장은 야전보안부대, 지역사령부 산하 정보부, 공군정보부 및 해군정보부를 지휘하는 책임을 맡고 있다.[31)]

아만의 요원은 7,000명 정도로 파악되고 있다. 아만은 생산국(Production), 외교관계국(Foreign Relations), 야전보안·검열국(Field Security and Military Censorship), 그리고 정보단(Intelligence Corps)으로 구성되어 있다.[32)]

생산국은 국가정보판단 작성을 담당하고 있으며, 연례적으로 전쟁위험을 평가하고 있다. 또한 일일정보 동향 등을 작성하고 있다. 아만 전체 인원 7,000명 중 약 2,800명이 생산국에서 일하고 있다.[33)]

생산국은 지역실, 기능실, 문서기록실로 구성되어 있다. 지역실은 다시 이집트·수단·리비아를 담당하고 있는 서부과, 이라크·시리아·레바논을 담당하고 있는 동부과, 요르단·아라비아 반도를 담당하고 있는 남부과로 구성된다. 기능실은 근동경제과, 아랍관계과, 팔레스타인과, 근동국제과로 구성되어 있다. 문서기록실은 모든 보고서를 분류화하는 작업을 수행하고 있다.[34)]

외교관계국은 외국정보연락실(Foreign Intelligence Liasion Division)과 무관실(Attaches Division)로 구성되어 있다. 외국정보연락실은 아만과 정보교류 협정을 맺은 외국정보기관과의 교류, 이스라엘 내의 외국무관과의 연락업무를 담당하고 있다. 그리고 외국정보연락실에 배속되어 있는 비밀연락대(Secret Liaison Unit)는 아만과 외국정보기관과의 합동공작에 관여하는 것으로 여겨진다. 특히 모사드가 이스라엘 군장교가 해외특수공작을 추진하는데 가장 적합하다고 판단하며, 비밀연락대가 이를 담당한다. 무관실은 외국에 파견된 이스라엘 무관들의 활동을 담당하고 있다.[35)]

정보단은 공개 및 비밀첩보수집을 담당하고 있으며, 특히 이스라엘 정보·보안체계 전체의 신호정보(Singint)를 수집하고 있다. 정보단은 본부, 수집실, 교육실, 조직실, 지원실, 인력실, 연구개발실로 구성되어 있다. 이 중 본부는 군사정보학교, 기술개발연구과를 담당하고 있다. 수집실은 그 밑에 신호정보과

31) Richelson, "Israeli Intelligence organizations," pp. 211-214.

32) FAS, "Military Intelligence-Agaf ha-Modi'in,' http://www.fas.org/irp/world/israel/aman/index.html; U.S. Department of Army, *ISRAEL ARMY AREA HANDBOOK* (1994), gopher://gopher.umsl.edu/00/library/govdocs/armyahbs/aahb6/aah60052%09%09%2B; Richelson, "Israeli Intelligence organizations," p. 210.

33) *Ibid.*

34) *Ibid.*, p. 213.

35) *Ibid.*, pp. 213-214.

그림 4 아만 조직(1977년 현재)

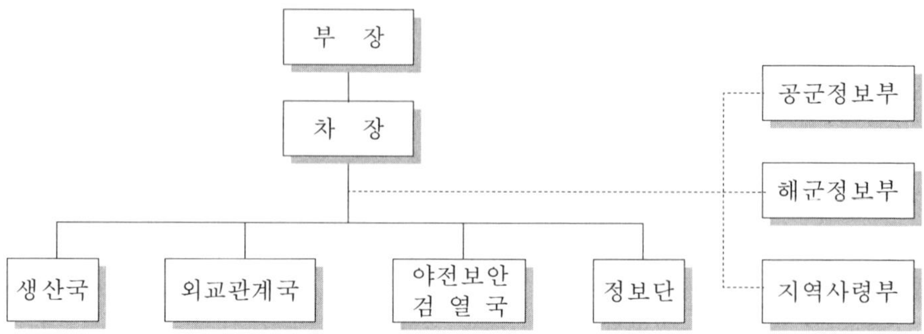

출처: Central Intelligence Agency, *Foreign Intelligence and Security Service: Israel* (Washington, D.C.: CIA, 1977); Jeffrey T. Richelson, "Israeli Intelligence organizations," *Foreign Intelligence Organizations* (Cambridge: Ballinger, 1988), p. 211에서 재구성.

를 두고 있으며, 신호정보의 실제적 수집은 이스라엘군 통신단(Signals Corps)에 의해 수행되고 있다. 공작원과에서는 이스라엘 주변국에서의 아만요원들의 모든 활동을 담당하고 있다. 또한 수집실은 공개수집과, 그리고 장거리 정찰대를 운영하고 있다.[36] 마지막으로 야전보안·검열국은 한국군의 국군기무사령부처럼 군내의 방첩업무를 담당하고 있다.

아만과 더불어 군사정보를 수집하고 있는 기관은 공군정보부와 해군정보부이다. 이들 정보부는 공군과 해군에 필요한 정보를 수집하는 것을 임무로 하고 있다. 공군정보부는 주로 기술정보(Techint)를 통하여 첩보수집을 하고 있으며, 주로 항공정찰을 통한 영상정보(Imint)수집과 신호정보(Singint)를 수집하고 있다. 해군정보부는 해군무관 또는 소규모 함선을 이용한 첩보수집을 하고 있다.

(4) 라캄(LAKAM)

라캄의 정식 명칭은 Leshkat Kesher Madao이며, 약어로 LAKAM, 혹은 LEKEM으로 표기되며, 과학관계국(Bureau of Scientific Relations)으로 번역될 수 있다. 모사드, 신베트, 아만이 모두 영국의 팔레스타인 위임통치 시절 유태인 비밀조직에서 그 기원을 찾을 수 있는 반면 라캄은 이스라엘 독립 후에 창

36) *Ibid.*, pp. 212-213.

설된 정보조직이다. 라캄은 시몬 페레스(Simon Peres)가 국방차관(1959-1955)으로 근무할 때 국방부산하 기관으로 창설되었다.[37] 라캄의 최초 임무는 이스라엘의 핵개발의 보안을 유지하기 위한 것이었나 점차 과학기술정보, 주로 군사부문의 과학기술정보를 수집하는 활동을 담당하게 되었다. 주로 미국과 유럽의 대사관과 영사관의 과학관(Science Attaches)활동을 통하거나 위장업체를 설립하여 과학기술정보를 수집하여 왔다. 특히 이스라엘의 핵개발과 독자적 전투기인 크필(Kfir) 등의 생산 등은 라캄의 활동에 힘입은 바 크다. 그러나 1986년 조나단 폴라드(Jonathan Jay Pollard)사건의 여파로 인해 라캄은 해체되고, 그 기능은 외무부와 과학기술부로 이관되었다.

(5) 정치연구센터(Center for Political Research)

정치연구센터의 기원은 1948년에 외무부 산하에 설치한 정치국이다. 그러나 정치국은 1951년 모사드가 설치되면서 해외정보수집 기능이 박탈되고 연구국으로 축소되었다. 그러나 1973년 10월 전쟁정보실패를 조사하기 위해 구성된 아가나트위원회(Arganat Commission)는 보다 다양한 정보를 제공할 수 있는 통로를 마련하는 것이 필요하다고 건의했다. 이 결과 연구국이 정치연구센터로 확대개편되었다.[38]

정치연구센터는 외무부산하 기관으로서 정치정보를 수집하고, 분석하고, 평가하는 것을 주요 임무로 하고 있다. 미국 국무부산하의 정보조사국(INR: Bureau of Intelligence and Research)과 그 기능이 유사하다. 정치연구센터는 중동실, 국제실, 기능실로 구성되어 있다. 그리고 각실은 여러 개의 과들로 구성되어 있다.[39]

---

37) 라캄의 창설 연도 또한 불확실하다. 1957년, 1960년, 1960년대 중반 등으로 추정된다. Chung-in Moon, *Israeli Science and Technology Information Collection System in the United States*(October 31, 1994), Chapter 5, p. 5; Thomas, *Gideon's Spies*, p. 86; Richelson, "Israeli Intelligence organizations," p. 193.

38) Richelson, "Israeli Intelligence Organizations," p. 221.

39) 이스라엘 외무부 공식 홈페이지, http://www.israel-mfa.gov.il/mfa/go.asp?MFAH012t0

4. 이스라엘 정보 · 보안 체계의 활동

(1) 정보활동

정보기관의 활동 중 가장 언론을 비롯한 대중적인 관심을 받는 것은 비밀공작이라 할 수 있다. 하지만 정보기관의 본연의 활동은 정보활동, 즉 정보를 수집하고 분석하는 활동이다. CIA 부국장을 지낸 로버트 게이츠는 미국의 정보예산에서 95% 이상이 정보수집과 분석에 소요된다고 말하고 있다.[40] 따라서 이스라엘 정보기관에 대한 진정한 평가는 비밀공작보다 정보활동에서 찾아야 할 것이다.

1) 엘리 코헨(Elie Cohen)

엘리 코헨은 이스라엘의 가장 유명한 첩보원이며, 코헨의 첩보활동은 전형적인 제 3 국 우회침투를 통한 첩보수집의 사례를 보여준다고 할 수 있다.

코헨은 이집트 태생의 유태인으로서 1951년 비밀리에 이스라엘에서 정보원 및 사보타지 훈련을 받았다. 훈련을 마친 후 이집트로 돌아갔지만 코헨은 라본(Lavon)사건[41]과 연루되어 이스라엘로 추방되었다.

이스라엘로 돌아온 코헨은 모사드의 정식 요원이 된다. 모사드는 코헨을 카밀 아민 타베스(Kamil Amin Taabes)라는 레바논으로 이주한 시리아인의 아들로 위장하여 시리아에 침투시킬 공작을 전개하였다. 신분을 위장한 코헨은 먼저 아르헨티나의 부에노스 아이레스로 가서 그 곳의 시리아인 공동체에서 활동하기 시작하였다. 코헨은 아르헨티나 주재 시리아 무관 아민 엘-하페즈(Amin el-Hafez) 장군 등 저명한 시리아인들과 접촉할 수 있었고, 이들로부터 소개장을 받아 1962년 1월 10일에 시리아로 침투할 수 있었다.

무역업자로 위장한 코헨은 시리아 육군참모총장의 조카인 마지 자레딘(Maazi Zahereddin) 중위, 선전공보부의 라디오 · 신문 과장 조지 세이프(George Sief) 등의 고위층과 교류할 수 있었다. 그리고 아르헨티나 주재 무관이었

40) Robert M. Gates, "The CIA and American Foreign Policy," *Foreign Affairs* 66 : 2 (1987), p. 216.

41) 라본 사건에 대해서는 본장 비밀공작 사례를 참조하기 바람.

던 엘-하페즈 장군이 귀국하자, 코헨은 그와 다시 접촉을 시작하였다. 엘-하페즈 장군은 1963년 시리아의 대통령이 되자 코헨의 첩보활동은 시리아 대통령까지 포괄하게 되었다.[42)]

이러한 시리아 고위층과의 교류를 통하여 코헨은 막대한 정보를 입수할 수 있었다. 코헨이 획득한 정보에는 소련고문단이 작성한 이스라엘 공격계획, 또한 골란고원[43)]의 시리아군 배치도, 그리고 소련이 시라아에 제공한 무기들의 사진, 이스라엘의 물공급을 단절하려는 시라아의 단수계획 등이었다. 이중에서도 골란고원의 시리아군 배치도는 1967년 6일전쟁에서 이스라엘군이 승리하는 데 커다란 기여를 하였다.

코헨은 수집한 정보를 초단파를 통하여 모사드에 보고하였다. 하지만 코헨이 사용한 초단파는 인도 대사관의 무선통신을 방해하게 되었고, 인도 대사관은 이에 대해 시리아 정부에게 항의를 하였다. 시리아 방첩부대는 처음에는 그 원인을 알 수 없었으나, 소련으로부터 공여받은 탐지기를 통하여 전파의 발신지를 추적하여, 1965년 1월 코헨을 체포하였다. 이스라엘 정부의 구명노력에도 불구하고 코헨은 5월 18일 다머스커스의 순교자 광장에서 교수형에 처해졌다.[44)]

2) 볼프강 로츠(Wolfgang Lotz)

로츠는 독일 만하임 태생의 유태인으로 제2차 세계대전 전에 팔레스타인으로 이주하였다. 로츠는 영어와 독일어에 능통하였기 때문에 제2차 세계대전 중 독일군포로 심문자로 영국군에 복무하였다. 제2차 세계대전이 끝나자 로츠는 하가나에 가입하였고, 이스라엘의 독립 후에는 이스라엘군의 일원으로 근무하게 되었다.

1959년 모사드요원이 되어 롬멜휘하 아프리카 군단의 전 독일군 장교로

42) 이와 비견할 만한 사례로는 서독 브란트(Willy Brnadt) 총리실까지 침투한 구 동독 정보부(HVA)의 스파이 귄터 기욤(Guenther Guillaume) 사건을 들 수 있다.

43) 코헨은 자레딘 중위와 같이 골란고원을 방문할 수가 있었고 시리아 지휘관들은 참모총장의 조카와 같이 방문한 코헨에게 부대 배치를 보여주곤 하였다.

44) 한무혁 편역, 「이스라엘 첩보전」(서울: 세림 출판사, 1975); Dennis Eisenberg, Uri Dan, and Eli Landu, tras. by Eva Adrien and De Theas, *Le Mossad: Les Services Secrets Israêliens*(Paris: Stanke, 1977), pp. 101-167.; NBC, "Elie Cohen," http://members.nbci.com/_XMCM/1spy/CohenE.html#mossad; Thomas, *Gideon's Spies*, pp. 23-67. Ernest Volkman, *Spies: The Secret Agents Who Changed the Course of History*(New York: John Wiley & Sons, 1994), pp. 149-151.

위장하여 이집트로 파견되었다. 로츠는 이집트에서 군사정보부 부국장이었던 아브델 라흐만(Abdel Rahman) 대령, 파지 모네임(Fawzi Moneim) 제독, 이집트 미사일 부대의 보안사령관이었던 파바드 오즈만(Favad Osman) 장군, 살람 슐레이만(Saalam Suleiman) 장군, 경찰간부였던 유세프 고랍(Youssef Ghorab) 등과 활발한 사교활동을 전개하였다. 또한 나세르 암살 후에 이집트 대통령이 되는 안와르 사다트(Anwar Sadat) 장군도 로츠가 주재하는 파티에 참석하기도 하였다.

로츠는 이러한 교류를 통하여 많은 정보를 획득하였다. 여기에는 이집트의 미사일 개발에 참여하고 있는 독일과학자들의 명단, 주소, 가족상황 그리고 미사일 전자통제시스템에 대한 정보 등이 포함되었다. 또한 로츠는 오즈만 장군의 안내로 이집트의 지대공 미사일 기지와 시나이 반도에 설치되어 있는 미사일 발사대를 볼 수 있어 여기에 대한 첩보도 모사드로 보고할 수 있었다.

로츠는 목욕탕에 설치된 송신기로 수집한 첩보들을 모사드에 보고해 왔다. 그러나 이집트 방첩부대는 그 전파를 탐지하게 되었고 1965년 2월에 로츠를 체포할 수 있었다. 하지만 이집트 방첩당국은 로츠를 자발적인 이스라엘 협조자로 잘못 파악했기 때문에 로츠는 사형을 면할 수 있었다. 종신형으로 수감중이던 로츠는 6일전쟁 후에 500명의 이집트 포로와 교환되었다.[45)]

3) 슐라 코헨(Shula Cohen)

모사드의 여성정보요원으로는 "중동의 마타하리"[46)](Mata Hari of the Mid-

45) Eisenberg et al,, *Le Mossad,* pp. 169-192; Richelson, "Israeli Intelligence organizations," pp. 199-200; NBC, "Lotz, Wolfgang: Israeli Spy in Egypt(1921-1993)," http://members.nbci.com/_XMCM/lotz.html#Mossad: Thomas, *Gideon's Spies,* p. 67; Volkman, *Spies,* pp. 144-148.

46) 마타하리의 본명은 마가레타 게르트루데 첼레(Margaretha Geertruida Zelle)이며 네덜란드 태생이다. 마타하리는 인도네시아말로 "아침의 눈"을 의미한다고 한다. 마타하리는 제 1 차 세계대전 전 파리에서 동양적 춤으로 인기를 끈 무희였으며, 많은 고위층 남자들과 스캔들을 일으키기도 했다. 마타하리가 사귀던 남자에는 프랑스 전쟁장관을 지낸 아돌프-피에르 메시미(Adolphe-Pierre Messimy), 작곡가 푸치니(Giacomo Puccini), 로스차일드 남작(Henri de Rothschild) 등이 포함된 것으로 알려지고 있다. 제 1 차 세계대전의 발발로 경제적 곤궁에 처하게 된 마타하리는 돈을 받고 독일과 프랑스의 이중첩자로 활약하였다. 마타하리의 활동은 영국 정보부의 감시를 받게 되었고, 영국측으로부터 정보를 제공받은 프랑스 정보부도 마타하리를 감시하였다. 결국 마타하리는 1917년 2월 13일에 프랑스 당국에 체포되었다. 재판에서 유죄판결을 받고 1917년 10월 15일 빙센느(Vicennes)에서 눈도 가리지 않은 채 총살당했다. 하지만 마타하리가 진짜 첩보활동을 했는지에 대해서는 논란의 여지가 많다. 1917년 4월 연합군의 니벨(Robert Nivelle) 공세의 대실패와 그로 인한 프랑스군의 반란 등을 수습하기 위한 희생양이 마타하리라는 것이다. Nicholas

dle East)라고 불린 슐라미트 키사크-코헨(Shulamit Kishak-Cohen)을 들 수 있다. 슐라 코헨으로도 알려진 이 여인은 베이루트에 사는 일곱 명의 자녀를 가진 유태인 주부였다. 이미 1940년대부터 코헨은 상인이었던 남편의 반대를 무릅쓰고 많은 유태인 난민을 팔레스타인으로 이송하는 일을 해왔다.

1950년대 초반에 코헨은 모사드요원이 되었고 암호명 '진주'(Pearl)로 활동하기 시작하였다. 대가족을 부양하면서 코헨은 사교활동을 통해 레바논과 시리아로부터 획득한 정부 및 정치 관련 문서를 모사드에 제공하였다. 코헨이 제공한 정보는 매우 유용했고 모사드는 그녀에게 많은 활동자금을 지원했다. 그러나 코헨의 첩보망은 유능한 레바논 정보장교에 의해 침투받기 시작했고, 결국 코헨을 포함한 첩자들이 모두 체포되었다. 코헨은 유죄판결을 받고 교수형을 선고받았으나, 7년형으로 감형되었다. 1967년 6일전쟁 이후 레바논 포로들과 코헨과 그 가족들은 교환되었다.[47]

4) 라캄과 폴라드(Pollard) 사건

조너던 제이 폴라드(Johanthan Jay Pollard)는 명문 스탠포드 대학교를 졸업한 유태계 미국인이었다. 폴라드는 1979년 9월부터 미 해군함대정보부에서 근무하게 되었고 1984년 6월부터 대테러경보센터(Anti-Terrorist Alert Center)로 자리를 옮겼다. 폴라드는 여기서 전세계 주요 테러조직에 대한 정보들을 접하게 되었다. 미국과 이스라엘의 정보협력관계에도 불구하고 이들 정보들이 이스라엘에 제공되지 않는다는 사실을 알게 된 폴라드는 그 정보들을 이스라엘에 제공할 의향을 가지게 된다.

1984년 4월 폴라드는 안식년을 맞아 뉴욕대학교에서 컴퓨터를 공부하고 있던 이스라엘 공군대령 아비엠 셀라(Aviem Sella)에게 접근하여 정보제공 의사를 밝혔다. 셀라 대령은 처음에는 모사드와 폴라드를 연결하려고 하였으나 모사드는 이를 거절하였다. 이미 폴라드는 셀라 대령에게 접근하기 2년 전에 모사드와의 접촉을 시도하다 거절당했던 것으로 알려지고 있다.

모사드로부터 거절당한 셀라 대령은 1984년 11월 뉴욕 이스라엘 영사관의

Rufford, "MI5 lifts veil on Mata Hari's luckless lovers," *The Sunday Times, January* 24, 1999. http; //www.sunday-times.co.uk/news/pages/sti/99/01/24/stinwenws/014004.html?1056493; Volkman, *Spies,* pp. 140-143.

47) NBC, "Mossad: Israeli Intelligence," http://members.nbci.com/_XMCM/1spy/mossad.html.

과학관이며 라캄의 뉴욕지부 책임자였던 요세프 야구르(Yosef Yagur)에게 폴라드를 소개시켰다. 이 접촉을 계기로 폴라드는 라캄에게 정보를 제공하기 시작했다. 접촉장소는 주미 이스라엘 대사관의 과학관 비서였던 이리트 에르브(Irib Erb)의 아파트였다.

체포당하기 직전까지 폴라드는 라캄에 360 입방피트의 문서분량에 해당하는 기밀정보를 제공하였다. 여기에는 튀니지에 있는 PLO 본부, 리비아의 방공시스템, 이라크와 시리아의 화학전 능력, 시리아를 비롯한 아랍국가들에 대한 소련의 무기지원, SS-21과 SA-5 미사일 위치, 파키스탄의 핵개발 프로그램 등이 포함되어 있었다. 또한 폴라드는 중동과 남아프리카 공화국에서의 미국의 첩보수집방법에 대한 자료도 라캄에 넘겨주었다. 여기에는 1979년 11월 남아공의 핵실험에 대한 정보도 들어가 있었다. 핵개발을 이유로 남아공과 밀접한 관계에 있던 이스라엘은 남아공에 미국 첩보망에 대한 정보를 제공하였고, 이 정보를 바탕으로 남아공은 미국 첩보망을 일소할 수 있었다고 한다.

정보활동의 대가로 라캄은 폴라드에게 이스라엘 여권을 만들어 주었고 10년 동안 총 300,000만 달러를 지급하기로 하였다. 처음에는 월 1,500달러가 지급되었으나 후에는 2,500달러로 증액되었다. 체포되기 직전까지 폴라드는 약 45,000달러를 수령받은 것으로 알려지고 있다.

폴라드는 미국 NSA의 이스라엘에 대한 감청활동과 주미 이스라엘 대사관에 대한 도청활동에 등에 대한 정보를 라캄에 전달하려다 1985년 11월 21일에 주미 이스라엘 대사관 밖에서 체포되었다. 폴라드가 체포되자마자 과학관 야구르와 셀라 대령, 에르브는 이스라엘로 도주하였다.

폴라드사건으로 인해 그 동안 베일에 가려져 있던 라캄의 존재가 드러나게 되었다. 미국은 이 사건에 매우 격분하였다. 이스라엘은 이 첩보수집활동이 총리의 승인을 받은 것이 아니라 라캄의 책임자인 라피 에이탄(Rafi Eitan)의 독단적인 활동이었다고 주장하였다. 그리고 미국을 달래기 위해 라캄을 해체하고 에이탄을 해임하였다. 하지만 미국은 이러한 이스라엘의 움직임에도 불구하고 폴라드에게는 종신형을 그의 아내는 5년형을 선고하였다.[48)]

48) Wolf Blitzer, "Pollard: Not A Bumbler, But Israel' Master Spy," *The Washington Post,* February 15, 1987. Justice of Jonathan Pollard라는 구명단체의 홈페이지에서 재인용. http://www.jonathanpollard.org/8693/021587.htm; Thomas, *Gideon's Spies,* pp. 88-92; Richelson, "Israeli Intelligence organizations," pp. 237-240; Chung-in Moon, *Israeli Science and Technology Information Collection System in the United States,* Chapter 5, pp. 6-7.

5) 10월 전쟁

이스라엘 정보활동의 가장 큰 실패사례는 1973년 10월 전쟁을 예측하지 못한 것이다. 이 결과 이스라엘은 이집트와 시리아로부터 전략적인 기습을 받았고 패전의 위기까지 직면하기도 했다.[49] 미국의 전폭적인 병참과 정보지원 아래 반격작전을 전개하여 최종 승리를 거두었지만, 무적의 이스라엘군과 세계 최고의 정보기관 모사드라는 이미지는 붕괴되고 말았다.

이스라엘 정보기관의 실패는 첩보수집의 부족에서 비롯된 것은 아니었다. 수집된 첩보를 제대로 정보화하지 못하고, 정보를 제대로 판단할 수 없었던 데서 비롯되었다.[50] 이미 아만은 1972년 4월 16일에 이집트의 전쟁계획을 정확하게 기술한 보고서를 제출한 바 있다. 그리고 이집트군과 시리아군의 병력 및 장비 증강, 그리고 부대 움직임에 대하여 상세한 첩보를 수집하고 있었다. 더구나 전쟁발발 하루 전인 10월 5일에는 시리아로부터 소련 군사고문단이 철수한 사실도 확인되었다.[51]

그러나 수집된 첩보의 해석을 둘러싸고 아만과 모사드가 대립하기 시작하였다. 아만 부장인 엘리 자이라(Eli Zeira)는 전쟁가능성을 낮게 평가했다. 반대로 모사드 부장 즈비 자미르(Zvi Zamir)는 전쟁가능성을 경고하였다. 정보

---

49) 패망의 위기에 직면한 이스라엘은 제리코(Jericho) 미사일에 20킬로톤 핵탄두를 장착하여 카이로와 다마스커스를 타격하기로 결정했다. 이러한 이스라엘의 움직임은 미국의 정찰위성에 의하여 포착되었고 미국 제9전략정찰 항공단은 플로리다에서 SR-71 블랙버드 정찰기를 출동시켜 이스라엘의 움직임을 항공촬영하였다. 이스라엘의 대아랍 핵공격 움직임을 파악한 미국의 닉슨 대통령은 소련의 브레즈네프 서기장에게 소련이 이집트에 소규모의 핵탄두를 제공하는데 이의가 없음을 말했다. 미국은 소련이 이집트에 핵탄두를 제공하면 아랍과 이스라엘이 사이의 핵전쟁이 발발하더라도 이 핵전쟁이 미국과 소련의 전면적인 핵전쟁으로 확전되지 않을 것이라고 판단하여 이러한 제의를 하였던 것이다. 미국의 제의에 동의를 한 소련은 1973년 10월 13일 핵탄두를 실은 수송선을 오데사의 니콜라에프 해군기지에서 이집트로 출항시켰다. 다행히 미국의 병참과 정보지원에 힘입은 이스라엘의 반격이 성공하여 더 이상 핵무기를 사용할 필요가 없게 되었고, 이로써 최악의 위기는 피할 수 있었다. 윌리엄 케네디 외, 「첩보전쟁」, pp. 217, 260-262; LTC Warner D. Farr, *THE THIRD TEMPLE'S HOLY OF HOLIES: ISRAEL'S NUCLEAR WEAPONS,* The Counterproliferation Papers, Future Warfare Series No. 2(Maxwell Air Force Base, Alabama: USAF Counterproliferation Center, Air War College, Air University, September 1999), http://www.fas.org/nuke/guide/israel/nuke/farr.htm.

50) 사실 대다수 정보실패의 원인은 첩보수집과정이 아니라 수집된 첩보수집의 분석과 평가과정에서 찾을 수 있다. 임진왜란과 한국전쟁, 독소전, 진주만 기습 등에서 나타난 정보실패의 원인은 잘못된 정보판단에서 비롯된 것이다.

51) Uri Bar-Joseph, "The Wealth of Information and the Poverty of Comprehension: Israel's Intelligence Failure of 1973 Revisited," *Intelligence and National Security 10 : 4* (October 1995), pp. 231, 233-236.

기관의 의견대립뿐만 아니라 정책결정자들 사이의 의견도 엇갈렸다. 골다 메이어(Golda Meyer) 총리와 모세 다얀(Moshe Dayan) 국방장관은 아만의 판단에 무게를 두었고 참모총장이었던 엘리자르(Elizar) 장군은 모사드의 의견에 동조하고 있었다. 이와 같은 정보·보안체계 내부와 정책결정자들 사이의 의견대립으로 인하여 이스라엘 정부는 아무런 대응조치를 취하지 못한 상태에서 기습을 받았던 것이다.[52)]

정보실패의 원인으로 다음의 3가지를 들 수 있다. 우선 정보·보안체계 내의 대립, 즉 모사드와 아만의 대립이 조정되지 못했다는 점이다. 모사드는 총리 직속의 기구이며, 모사드 부장은 정보·보안 체계를 조정하는 역할을 하고 있다. 그럼에도 불구하고 모사드는 정보·보안 체계에서 입지가 매우 약화된 상태였다. 10월 전쟁이 발발하기 일주일 전부터 열린 주요 회의에 모사드 부장은 참석요청을 받지 못한 것으로 알려지고 있다.[53)] 그 이유는 1973년 5월 모사드의 정보판단 실패에서 비롯된 것으로 보인다. 당시 이집트가 동원령을 내리자, 이스라엘 정부도 모사드의 판단을 의거하여 부분적인 동원령을 내렸다. 하지만 당시 이집트의 동원령은 통상적인 군사훈련에 불과했고 결국 이스라엘은 모사드의 잘못된 정보판단으로 1,100만 달러의 예산만 낭비하고 말았던 것이다. 이로 인해 모사드의 입지는 좁아지고 대신 아만의 입김이 강해지게 되었던 것 같다.[54)]

두 번째는 이스라엘 군부, 특히 아만을 지배하던 선입관이었다. 지난 3차례의 중동전쟁에서 압도적 승리를 거둔 이스라엘은 자신들의 능력을 과대평가하고 아랍의 능력을 과소평가하는 선입관에 사로잡히게 되었던 것이다. 더구나 아랍 민족주의의 기수 나세르(Gamal Abdel Nasser)가 사망하고 보다 온건하고 친서방적 이미지를 가진 사다트가 권력승계를 했다는 사실 또한 이러한 선입견을 강화시켰던 것이다. 그리고 아만은 전쟁이 벌어진다 해도 우세한 공군력을 활용하여 쉽게 전쟁을 승리할 수 있다고 믿고 있었다.

마지막으로 이집트와 시리아의 주도면밀한 전쟁준비 때문이다. 이집트와 시리아는 모든 수단을 동원하여 이스라엘을 기만하고자 하였고, 또 실제로 성공하였다. 예를 들어 아랍측의 동원령에 대한 이스라엘의 면역성을 기르기 위

52) Thomas, *Gideon's Spies*, pp. 152-154; 김희상, 「중동전쟁」, pp. 484-487.
53) Walter Laqueur, *A World of Secrets*(New York: Basic Books, 1985), p. 222, endnotes 29(p. 378)
54) Richelson, "Israeli Intelligence organizations," p. 216.

해 이집트는 1973년에만 20차례나 예비역을 동원하였고, 시리아 역시 매년 여름에는 골란고원 인근에 병력을 투입하곤 하였다.[55] 이 같은 방책은 이스라엘 정보기관들의 혼선을 불러 일으켰다. 또한 전쟁계획에 대하여 이집트와 시리아는 철저한 기밀유지에 힘을 기울였다. 이러한 보안조치로 인하여 이스라엘 정보기관들은 10월 5일 밤이 되어서야 이집트와 시리아의 개전의지를 알게 되었다. 그나마 정확한 개전시간은 파악도 못하고 대책회의를 하다 이집트와 시리아의 기습을 받게 되었던 것이다.

전쟁 후 먼저 아그라낫위원회(Agranat Commission)가 구성되어 정보체계의 문제점에 대한 조사가 시행되었다. 아만 부장 자이레는 아그라낫위원회의 권고에 의해 해임되었고 아만에 대한 숙정이 단행되었다. 또한 모사드 부장 자미르 또한 이츠하크 호피(Yitzhak Hofi)로 교체되었다. 그리고 정보·보안 체계에 대한 개혁이 이루어지게 되었다. 총리를 보좌하는 정보고문이 임명되고, 모사드의 독립성을 강화하고, 아만을 재편성하는 등의 조치가 취해졌다.[56]

6) 예후다 길(Yehuda Gill) 사건과 스위스 도청 스캔들

1990년대는 이스라엘 정보·보안 체계에게는 시련의 시기였다. 먼저 예후다 길 사건은 모사드 간부에 의한 정보조작 사례로서 이스라엘 정보·보안체계에 큰 충격을 주었다. 길은 에티오피아의 유태인(Falashas)을 이스라엘로 데려오는 모세공작(Operation Moses)[57]에 참여한 바 있으며, 그 후로도 분석국에서 오랫동안 근무한 유능한 요원 중의 하나였다. 하지만 1997년 2월에 길은 20여년 동안 시리아에 대한 첩보보고서를 조작한 것이 드러나 체포되었다. 길은 존재하지도 않은 첩보원이 시리아의 수도 다마스커스에 활동하고 있는

---

55) 김희상, 「중동전쟁」, pp. 48-487.

56) Thomas, *Gideion's Spies,* p. 154; Richard K. Betts, "Analysis, War, And Decision: Why Intelligence Failures Are Inevitable," *World Politics* 31 : 1(October 1978), p. 73, footnotes 30. 10월 전쟁의 악몽에 사로잡힌 이스라엘 정보·보안체계는 다시금 최악에 경우를 상정하는 정보판단을 내리게 되었다. 1976년 이스라엘의 정보·보안체계는 연례평가에서 아랍의 어느 국가도 이스라엘과 평화를 원하지 않는다는 평가를 내렸으며, 이러한 평가는 1년 후에도 지속되었다. 또한 이스라엘 정보·보안체계는 이집트의 정책은 막다른 골목에 다다랐고, 사다트는 전쟁에 호소할지 모른다는 정보분석을 했다. 그러나 이스라엘 정보·보안체계의 판단과는 달리 사다트는 1977년 11월 이스라엘 국회(Knesset)에서 역사적인 연설을 하였고, 1978년 9월 18일에는 미국 카터(Carter) 대통령의 중재로 이스라엘의 베긴 총리와 캠프 데이비드(Camp David) 협정을 맺었던 것이다. Laqueur, *A World of Secrets,* p. 222.

57) 모세공작에 대해서는 Ostrovsky and Hoy, *By Way of Deception,* pp. 287-309 참조.

것처럼 조작하여 허위보고서를 작성해 왔던 것이다. 그리고 가공의 첩보원에 지급되는 돈을 유용했다. 이와 같은 정보조작의 원인은 길이 가진 극우적인 정치성향 때문이었다고 한다. 밝혀진 바에 의하면 길은 서안지구(West Bank)와 가자지구에서 팔레스타인인을 몰아낼 것을 주장하는 극우정당의 사무총장까지 지냈다는 것이다.[58)]

더욱 문제가 되는 것은 길의 허위보고서로 인하여 1996년 여름에 이스라엘과 시리아 사이에 전쟁이 발발할 뻔했던 것이다. 당시 시리아가 몇 개의 사단을 골란고원 가까이 이동시키자 길은 이를 과대평가하는 보고서를 모사드에 제출했고, 모사드는 이 보고서를 바탕으로 전쟁준비를 건의했다. 그러나 이스라엘 국방장관 이츠하크 모데차이(Yitzhak Modechai)는 시리아군의 이동을 공세적인 것이 아니라고 판단했고 미국도 이 의견에 동조했기 때문에 전쟁위기는 피할 수 있었다.[59)]

모사드의 또 다른 실패는 1998년 2월 19일에 실행한 도청작전 실패이다. 모사드 공작요원(남3명, 여2명)은 2월 19일 새벽 스위스 베른 교외 바베르색커(Wabersacker) 27번지 소재 한 고급주택 지하실에 있는 이슬람 무장단체인 헤즈볼라 간부들의 활동을 감시하기 위하여 도청장치를 설치하고 있었다. 그러나 작업중에 발생한 소음이 너무 커서 같은 건물 1층에 거주하는 여주인의 잠을 깨우고 말았다. 여주인은 즉각 스위스 경찰에 신고를 했고, 신고를 받고 출동한 경찰은 모사드요원을 전원 검거했다. 최종적으로 1명은 구속되었고, 4명은 풀려났지만 이 사건은 커다란 파문을 일으켰다.

이 사건이 발생하기 전까지 스위스는 이스라엘에게 이라크 공격에 대비하여 25,000개의 방독면과 30만개의 신경가스 해독제를 제공할 정도로 긴밀한 관계에 있었다. 그러나 이 도청스캔들은 양국의 우호관계에 치명타를 가했다. 스위스 정부는 주 스위스 주재 이스라엘 대사를 불러 이 사건이 스위스 주권에 대한 명백한 침해임을 경고하고, 이스라엘 정부의 사과를 요구했다. 이스라

58) "Another Mossad scandal chips away at agency's credibility," http://www.cnn.com/WORLD/9712/06/israel/mossad.deception/. 제 2 대 모사드 부장이었던 이쎄르 하렐도 마파이(Mapai)당의 열성당원이었으며 샤레트 총리에게 선거 등의 정당정치에 대한 의견을 개진한 것으로 알려졌다. Bar-Joseph, "Alternation of Ends: Israel's 'Unfortunate Business' of 1954," p. 223, footnote 90.

59) Thomas, *Gideon's Spies,* pp. 339-340; "Mossad Agent Faked Syrian 'War' Reports," *London Daily Telegraph*(December 5, 1997), http://www.aci.net/kalliste/mossafake.htm.

엘 정부는 보석금 200만 달러를 지급하여 구속된 요원을 석방시키고 스위스 정부에 사과를 하였다.[60] 또한 이 사건에 대한 책임을 지고 대니 야톰(Danny Yatom) 부장이 사임하고 주 EU 대사인 에프라임 할레비(Ephraim Halevy)가 1998년 3월에 제 9 대 모사드 부장으로 임명됐다.

(2) 비밀공작

이스라엘 정보·보안 체계에서 가장 활발하게 비밀공작을 하고 있는 조직은 모사드이다. 모사드는 이름에서부터 비밀공작을 담당하는 것으로 규정되어 있다. 하지만 모사드 이외에도 아만과 신베트, 그리고 라캄도 비밀공작을 수행하고 있다. 모사드와 아만의 비밀공작이 해외에서 이루어지는 반면에 신베트는 이스라엘 국내와 가자 지구와 서안 지구 등 점령지구에서 비밀공작을 수행하고 있다.

이스라엘 정보·보안 체계가 해왔던 비밀공작은 대략 3가지로 분류할 수 있다. 첫째는 납치 및 암살, 둘째는 전략무기 및 물자 획득공작 그리고 마지막으로 모략공작이다.

1) 암살 및 납치 공작

납치공작의 대표적 사례는 모사드가 추진했던 아돌프 아이히만(Adof Eichman) 납치공작이다. 이 공작은 당시 신생조직이었던 모사드의 역량과 나찌즘에 대한 이스라엘 정부의 단호한 의지를 전 세계에 과시한 것이었다고 할 수 있다.

아이히만은 제 2 차 세계대전시 나찌 독일의 친위대(SS) 장교로 유태인 학살에 깊은 간여를 한 인물이었다. 제 2 차 세계대전의 종전 후 아이히만은 신분을 감추고 잠적함으로써 전범재판에 회부되는 것을 피할 수 있었다.

1957년 모사드는 아이히만이 아르헨티나에 살고 있다는 첩보를 입수하게 되었다. 그로부터 약 3년간의 추적 끝에 1960년 3월 21일에 모사드는 아이히만이 리카르도 클레망(Ricardo Klement)란 이름으로 아르헨티나의 수도 부에

60) "MOSSAD AGENT ARRESTED IN SWITZERLAND," http://www.fas.org/irp/news/1998/02/980226-il.htm; 풀려나지 못한 모사드 요원의 이름은 이삭 벤탈(Issac Bental)이며, 2000년 7월에 열린 재판에서 모사드 지령을 받은 것임을 인정했다고 한다. "SWISS SPY TRIAL," http://www.fas.org/irp/news/2000/07/000703-spy1.htm.

노스 아이레스에서 살고 있다는 사실을 밝혀냈다.

1960년 5월 1일 하렐 부장의 진두지휘 아래 후일 라캄의 책임자가 되는 라피 에에탄을 포함한 모사드 공작팀이 부에노스 아이레스로 파견되었다. 모사드의 계획은 아이히만을 납치한 후 아르헨티나 독립 150주년 축하사절단이 타고 온 비행기로 이스라엘로 데리고 오는 것이었다. 모사드 공작팀은 5월 11일에 아이히만을 납치하는 성공했고, 5월 21일에 아이히만을 이스라엘로 데려와 재판에 기소하였다. 아이히만은 유죄판결을 받고 1962년 5월 21일에 처형되었다.[61]

모사드가 전개한 또 하나의 납치공작은 바누누(Mordechai Vanunu) 납치공작이다. 모로코 태생의 유태인인 바누누는 이스라엘의 핵시설인 디모나(Dimona)에서 근무한 기술자였다. 1985년 11월에 좌파적이고 친아랍적이라는 이유로 해고되자 바누누는 영국의 「선데이 타임즈」(*Sunday Times*)에 이스라엘의 핵개발에 대한 상세한 정보와 사진을 제공했다. 또한 바누누는 이스라엘이 남아공의 1979년 9월의 핵실험을 지원했다고 폭로하였다.[62]

모사드는 더 이상의 파문을 막기 위해 바누누를 납치하기로 결정했다. 사용된 방법은 미인계였다. 모사드는 신디 존슨(Cindy Johnson)[63]란 가명을 가진 여성공작원을 런던에 파견하여 바누누를 유혹하여 로마로 유인할 수 있었다. 1986년 9월 30일 로마로 온 바누누는 대기하던 모사드요원들에 체포되어 텔아아비로 송환되었다. 텔아비브로 압송된 바누누는 반역죄로 18년형을 선고받고 현재 복역중이다.[64]

암살공작의 대표적 사례는 1972년 뮌헨 올림픽에서 검은 9월단[65]이 저지

---

61) Thomas, *Gideon's Spies,* pp. 79-83; Eisenberg et al, *Le Mossad,* pp. 66-88.

62) Ostrovsky and Hoy, *By Way of Deception,* p. 150.

63) 본명은 셰릴 벤-토브(Cheryl Ben-Tov)으로 알려져 있다.

64) Thomas, *Gideon's Spies,* pp. 185-195. 바누누는 독방에서 엄격한 감시하에 생활하게 되었다. 하지만 이러한 이스라엘 당국의 조치는 국제사회의 압력을 불러일으켰다. 국제사면위원회는 바누누를 양심수로 규정하였고 선데이 타임즈는 정기적으로 바누누의 실상을 알리곤 했다. 이러한 노력의 결과 이스라엘 정부는 1998년 3월에 바누누에 대한 엄격한 조치를 단소 완화하였다. (Israel) Minisitry of Justice Spokeswoman, "Israel Government Response to Vanunu Application" http://www.fas.org/news/israel/980316-vanunu.htm

65) 검은 9월단은 1970년 9월 요르단군의 팔레스타인인에 대한 토벌과 축출을 계기로 창설되었다. 당시 요르단에는 100여만에 달하는 팔레스타인 난민이 있었고, 이 난민을 바탕으로 여러 팔레스타인 게릴라단체가 활약 중이었다. 그 중의 하나인 팔레스타인인민해방전선(PELP: Popular Front for the Liberation of Palestine)은 요르단에서 항공기를 납치하는 등의 테러를 저지르자, 격분한 후세인 국왕은 아랍국가들의 반발을 무릅쓰고 1970년 9월 군대를 동원하여 요르단에서 팔레스타인 게릴라 세력을 몰아내었고, 이 축출과정에서 2만여 명이 사망하였다. 검은 9월은 팔레스타인에게 암흑 같았던 9월을 상기하는 차원에서 나온 이름이다.

튼 테러에 대한 모사드의 보복암살이라고 할 수 있다. 1972년 9월 5일 검은 9월단(Black September) 소속의 테러리스트들이 뮌헨 올림픽 선수촌에 침입하여 2명의 이스라엘 육상선수를 사살하고, 9명을 인질로 하여 로드공항 학살극의 주범이었던 일본 적군파 오카모토 고조(岡本公三)[66]와 234명의 아랍인을 이스라엘 감옥에서 석방할 것을 요구하였다. 서독 정부는 테러리스트와의 협상을 원했으나 이스라엘 정부의 강경입장으로 협상이 어려워지게 되었다. 결국 서독 경찰은 저격수와 장갑차를 동원하여 인질구출에 나서게 되었다. 하지만 인질구출작전은 실패로 돌아가고 납치된 이스라엘 선수 9명이 전원 사망하는 참사가 발생했다.[67]

당시 이스라엘 총리였던 골다 메이어(Golda Meir)는 X 위원회(Committee X)[68]를 구성하여 대응책을 논의했고 결국 뮌헨 참사와 관련된 검은 9월단 단원들을 암살할 것을 결정했다. 모사드는 메차다가 중심이 된 여러 암살팀을 편성하여 공작에 들어갔다. 첫번째 희생자는 검은 9월단의 로마 책임자인 와엘 아부 즈웨이터(Wael Abu Zwaiter)였다. 1972년 10월 16일 저녁 모사드요원은 귀가중인 즈웨이터에게 14발의 총격을 가해 사망케했다. 다음 표적은 검은 9월단의 파리조직의 2인자였던 마히문 함차리(Mahimun Hamchari)였다. 1972년 12월 8일 모사드는 함차리의 집 전화기에 폭탄을 설치해 놓은 다음, 전화를 걸어 신분을 확인하자마자 순간 원격조종으로 폭탄을 폭발시켜 함차리를 암살했다. 몇 주 후에 모사드는 다시 후세인 압두 엘 히르(Hussein Abdu El Hir)를 그가 묵은 호텔 침대 밑에 설치해 놓은 폭탄으로 폭사시켰다. 1973년 4월에는 베이루트 아메리칸 대학교의 교수였던 비실 알 쿠바시(Basil al-Kubaisi)가 파리에서 모사드요원에 의해 암살되었다. 같은 달에 모사드와 이스

66) 1972년 5월 30일 PELP와 협정을 맺은 일본 적군파 소속의 3명의 테러리스트들이 로드 공항에서 여객기 승객을 향하여 수류탄과 자동소총으로 무차별 공격을 가했다. 이 공격으로 29명이 사망하고, 70여명이 부상당했다. 테러리스트 두 명은 현장에서 사살되고, 오카모토 고조는 체포되어 재판에 회부되었다. 최진태, 「테러, 테러리스트 & 테러리즘」(서울: 대영문화사, 1998), pp. 259-260.

67) Alexander B. Calahan, "Counter Terrorism: The Israeli Response to the 1972 Munich Olympic Massacre and the Development of Independent Covert Action Teams," Thesis submitted to the Faculty of the Marine Corps Command and Staff College in partial fulfillment of the requirements for the degree of Master of Military Studies, April 1995, www.fas.org/irp/eprint/calahan.htm, pp. 8-13. 이 사건을 계기로 독일정부는 대테러리스트 부대인 GSG-9을 창설하게 된다.

68) X 위원회는 그 존재가 알려지지 않았으나 언론인인 요엘 마르쿠스(Yoel Marcus)가 처음으로 「하레츠」(*Haaretz*)지 1986년 6월 10일자에 그 활동내용을 공개함으로써 세상에 알려졌다. *Ibid.*, p. 15.

라엘군은 합동으로 베이루트에 특공대를 상륙시켜 검은 9월단 책임자인 무하마드 나가르 아부(Muhammad Naggar Abu)를 포함한 3명의 검은 9월단원을 살해했다. 이어서 모사드는 검은 9월단의 파리 책임자인 모하메드 부디아(Mohamed Budia)를 자동차에 설치해 놓은 폭탄으로 암살을 했다.[69)]

모사드는 '붉은 왕자'(Red Prince)라고 불리는 알리 하산 살라메(Ali Hassan Salameh)의 암살을 시도했다. 첫번째 시도는 노르웨이의 릴레함메르에서 이루어졌지만 잘못된 정보판단으로 무고한 아메드 부치키(Ahmed Bouchiki)를 암살하고 말았다. 그 후로도 몇 번의 시도를 실패한 후에 모사드는 1979년에 다시 살라메가 베이루트에 있는 것을 파악하고는 자동차에 설치해 놓은 폭탄으로 살라메를 폭사시킬 수 있었다.[70)]

모사드의 암살공작이 모두 다 성공한 것은 아니다. 대표적 실패사례로 위에서 언급한 "릴레함메르 실패"(Lillehammer Fiasco)를 들 수 있다. 살라메가 노르웨이 릴레함메르에 있다는 정보를 입수한 모사드는 5명으로 구성된 암살팀을 파견하였다. 1973년 7월 21일에 모사드 암살팀은 현지의 지원팀과 협조하에 임신상태인 부인 면전에서 부치키를 살라메로 오인하고 사살했다. 부치키는 외모로도 살라메와 전혀 닮지를 않았고, 암살시의 기본수칙인 신원확인도 제대로 하지 않은 상태에서 성급하게 부치키를 암살하고 말았던 것이다.

암살팀은 곧 탈출을 시도했으나 미숙한 일처리로 인해 곧 전원이 노르웨이 경찰에 체포되었다. 또한 지원팀의 1명도 같이 체포되었다. 체포된 모사드 요원들은 암살방법과 그 밖의 모사드 비밀공작 방법, 그리고 유럽지역의 비밀첩보망, 안가(safe house), 비밀전화망 등을 노르웨이 경찰에 자백했다. 이들의 진술로 인해 모사드의 유럽활동은 상당한 타격을 받았다. 1명은 방면되었지만 나머지 5명은 2년에서 6년 6개월의 징역형을 선고받았다.[71)]

또 다른 실패는 1997년 9월 25일에 하마스(Hamas)[72)]의 간부였던 칼리드

---

69) Eisenberg et al, *Le Mossad,* pp. 241-244; Calahan, "Counter Terrorism," pp. 21-34. 모사드 암살팀의 활동에는 모사드가 수집한 정보보다는 직 프랑스 레지스탕스들로 구성된 사설 비밀정보조직인 Le Group의 정보가 큰 기여를 한 것으로 알려지고 있다.

70) Richelson, "Israeli Intelligence Organizations," pp. 208-210.

71) Calahan, "Counter Terrorism," pp. 18-21.

72) 하마스는 1987년 인티파다(Intifada)라 불리는 팔레스타인 민중봉기 발생한 후 등장한 테러단체이다. 무슬림 형제당(Muslim Brothers)에서 활동하던 세이크 아흐마드 야신(Sheikh Ahmad Yasin)에 창설되었으며, 자살특공대를 이용한 테러를 하고 있다. 이스라엘과 평화협상에 반대를 하고 있으며 PLO와는 경쟁관계이다. 최진태, 「테러, 테러리스트 & 테러리즘」, pp. 140-141.

메샬(Khalid Meshal)을 암살하려다 미수한 그친 사건이다. 당시 이스라엘 총리였던 벤야민 네탄야후는 1997년 7월 30일과 9월 4일에 있었던 하마스의 자살폭탄테러에 대한 보복암살을 단행하기로 결정하고 암만(Amman)에서 하마스 사무실을 운영하는 메샬을 대상으로 선정했다.[73)]

모사드는 2명의 실행요원을 포함한 8명의 암살요원을 암만에 파견했다. 9월 25일 오전 10시경 모사드요원 2명은 운전사와 경호원과 함께 사무실로 출근하던 메샬에 접근하여 피부로 흡수되어 죽게 만드는 독극물을 메샬의 귀에 분사했다. 메샬은 그 자리에서 쓰러졌고 주변에 있던 사람들에 의해 병원으로 후송됐다. 모사드요원은 메샬의 경호원과 운전사를 뿌리치고 미리 대여한 현대자동차를 타고 도주했다. 메샬의 경호원은 차를 타고 모사드요원을 추격했다. 모사드요원은 다시 차를 버리고 도주를 했으나 경호원에게 따라잡혔고, 평복을 입은 요르단 경찰이 가세하게 되어 곧 체포되었다. 나머지 요원 6명은 이스라엘 대사관으로 급히 피신을 했다.

이 암살공작은 요르단의 후세인 국왕을 격분시켰다. 후세인 국왕은 아랍국가의 반발을 무릅쓰고 친이스라엘 정책을 취해 왔고, 요르단 정보기관도 모사드와도 협력관계를 유지해 왔기 때문이었다. 하지만 모사드가 이런 관계를 무시하고 요르단에서 암살공작을 전개한 사실은 후세인 국왕에 대한 모독으로 간주되었다. 뿐만 아니라 후세인 국왕의 반대세력에게는 좋은 빌미가 되었다.

후세인 국왕은 이스라엘 정부에 요르단 주재 모사드 요원의 철수와 사경을 헤메고 있는 메샬을 구하기 위한 해독제를 이스라엘에 요구했다. 사태의 원만한 수습을 위해 이스라엘은 해독제를 제공했고, 9월 29일에는 네탄야후 총리가 직접 요르단에 가서 후세인 국왕과 비밀회담을 하려고 했다. 하지만 격분한 후세인 국왕이 그 회담을 거부하였기 때문에 대신 왕제인 하산(Hasan) 왕자만을 만나볼 수 있었다.

그 이후의 사태진행은 이스라엘에게는 굴욕적이었다. 후세인 국왕은 체포된 모사드 요원 2명의 석방조건으로 하마스의 창설지도자인 야신[74)]을 석방할

73) 하마스는 요르단의 후세인 국왕으로부터 요르단을 기지로 대이스라엘 테러를 하지 않는다는 조건 아래 지부를 암만에 설치하는 것을 승인받았다. 실제로 하마스는 이 조건을 준수해왔다. Blanche, "Israeli intelligence agencies under fire," p. 21.

74) 야신은 1936년에 태어났으며, 1952년 6월 달리기 시합 중에 쓰러져 전신마비가 되고 만다. 하지만 개인적 역경에 굴하지 않고 야신은 대이스라엘 정치투쟁을 전개했고, 1987년 인타파다 이후 하마스를 창설하여 본격적인 무장투쟁에 나섰다. 1989년에 이스라엘군에 체포되어 종신형을 선고받고 복역하게 된다. 야신은 서방에게는 악명높은 테러리

것을 요구했다. 군부와 정보기관은 야신의 석방에 반대했다. 야신의 석방은 하마스를 분쇄하려는 그 동안의 정책노선에 반하는 것이었기 때문이었다. 하지만 체포된 요원 2명을 구하기 위해서는 선택의 여지가 없었다. 10월 1일에 석방된 야신은 영웅이 되어 가자지구로 귀환할 수 있었다.[75)]

메샬 암살실패는 이 밖에도 많은 부작용을 초래했다. 캐나다 정부는 모사드요원들이 위조 캐나다 여권을 사용한 것에 분노하여 주이스라엘 대사를 소환하였다. 국내적으로는 암살공작이 전혀 최고정보조정위원회(Va'adat Rashei Hasherutim)에서 다루어지지 않았으며, X 위원회(Committee X)에서도 논의되지 않은 사실이 도마 위에 올랐다. 또한 이스라엘 일간지 「하레츠」(*Haaretz*)에 의하면 요르단 주재 모사드 책임자는 암살공작이 진행되고 있는 사실조차 몰랐다고 한다.[76)] 이스라엘 의회는 공작실패의 원인과 책임소재규명, 그리고 개선방향을 논의하기 위해 조사위원회를 구성했다. 하지만 빈약한 권한만을 가진 조사위원회는 대다수 사람들이 기대하는 진실규명을 하기에는 역부족이었다.[77)]

2) 무기 및 전략물자 획득공작

1966년 8월 15일 이라크 공군 소속 미그-21 한 대가 이스라엘 북부의 한 비행장에 착륙했다. 이 비밀공작은 모사드의 실력을 전세계에 유감없이 과시한 공작 중의 하나이다. 이 비밀공작의 메이어 아미트(Meir Amit)가 모사드의 3대 부장으로 취임한 지 얼마 안되서 살만(Salman)이라는 사람이 파리 주재 이스라엘 대사관에 찾아와 100만 달러를 지불하면 미그-21기를 넘겨주겠다는 제의를 함으로써 시작되었다. 살만은 바그다드에서 조셉(Joseph)이란 사람과 접촉하면 더 구체적인 것을 알 수가 있다고 말했다.

모사드는 요원을 바그다드에 파견하여 조셉과 접촉하였다. 조셉은 자신의

스트로 알려졌지만, 팔레스타인인에게는 전설적인 무장투쟁 지도자이다. 야신의 글이 「한겨레21」에 게재된 바 있다. "이스라엘, 죽어서도 용서할 수 없는…," 「한겨레21」(2001. 3. 7); "아들을 인질로 자백을 강요받다," 「한겨레21」(2001. 3. 20). 또한 야신과의 인터뷰가 「주간동아」(2001. 6. 7)에 게재된 바 있다.

75) Blanche, "Israeli intelligence agencies under fire," pp. 20-23; Thomas, *Gideon's Spies*, pp. 129-137.

76) Blache, "Israeli intelligence agencies under fire," p. 23.

77) 조사위원회는 암살공작의 실패원인을 모사드의 경직된 고정관념, 모사드 조직내부의 결함, 그리고 정보기관의 사이의 협조와 조정실패를 원인으로 들고 있다. Dr. Yosef Ciechanover et al, *Ciechanover Report on Mish'al Affair* (Report of the Commission Concerning the Events in Jordan September 1997), Summary for Publication(Jerusalem Government Press Office, 17 February 1998), http://www.fas.org/irp/world/israel/ciechanover.htm.

조카 무니르 레드파(Munir Redfa)가 이라크 공군조종사이며, 100백만 달러를 지불하고 가족과 친적(43명)을 이라크에서 탈출시켜 주면 미그-21 전투기를 넘길 수 있다고 제안했다. 모사드는 조셉의 제안을 신중히 검토하였고, 벤 구리온 총리와 이츠하크 라빈(Yitzhak Rabin) 참모총장에게 공작승인을 요청하였다. 총리와 참모총장의 허락이 떨어지자 모사드는 곧 바로 공작 실행에 들어갔다.

모사드는 먼저 스위스 은행에 공작금을 입금한 후 조셉의 친척으로 하여금 이를 확인하게 했다. 그 다음에는 5개의 공작팀을 이라크와 쿠르드족 거주 지역인 이라크 접경지역에 파견했다. 그리고 모사드 부장 아미트는 적국 이스라엘로 날아가기를 망설이는 무니르를 설득하기 위해 리챠드 헬름스(Ricahrd Helms) CIA 국장에게 협조를 구했다. 헬름스는 바그다드 주재 미 대사관의 무관으로 하여금 무니르를 접촉하게 하고 미그-21기는 미국으로 보내질 것이라고 설득하게 했다.

공작전날 조셉과 친인척들은 피서를 위장하여 이라크 북부 산악지방으로 향했다. 거기서 조셉 일행은 모사드요원과 접선을 하였고 준비해 놓은 터키 공군헬기를 타고 국경을 넘어 터키로 이동하였다. 다음날 무니르는 훈련비행차 공군기지를 이륙한 다음 기수를 북쪽으로 돌려 터키로 향하였다. 터키 국경을 넘자마자 미 공군 팬텀기의 호위를 받으면서 터키 공군기지에 착륙하여 재급유를 받은 후 이스라엘에 도착함으로써 공작은 성공했다.[78)]

이스라엘은 이집트의 해군력 증강에 대응하기 위해 8척의 미사일 고속정을 건조하기로 결정하였다. 더구나 1967년 10월 21일 이스라엘 해군의 구축함 에일라트(Eilat)호가 이집트 해군의 소련제 코마(KOMAR)급 미사일 고속정이 발사한 3발의 스틱스(Styx) 미사일에 격침되는 사건이 발생했다. 이 사건을 계기로 이스라엘은 더욱 미사일 고속정 획득이 시급해졌다.

이스라엘 정부는 처음에는 서독을 대상으로 교섭에 임했으나 실패하고 프랑스의 셸부르(Cherbourg)에서 CCM사가 건조하기로 계약을 맺고 대금을 지불했다. 그러나 이스라엘 특공대가 1968년 12월 26일 베이루트 공항을 습격하여 13대의 항공기를 폭파시킨 사건[79)]의 여파로 프랑스의 드골(De Gaulle) 대

78) Thomas, *Gideon's Spies,* pp. 50-55; 아이젠버그, 단, 란다우는 이 공작이 모사드의 미인계에 의한 것이라고 주장하고 있다. Eisenberg et al, *Le Mossad,* pp. 17-24. 하지만 이 주장은 신뢰성이 떨어진다고 할 수 있다.

79) 이 공격은 1968년 12월 24일 팔레스타인이 엘 알 항공사의 보잉 707기를 공격한데에 대한 보복으로 이루어졌다.

통령이 대이스라엘에 무기 수출금지령을 내렸다. 이 결과 셸부르에서 건조 중인 미사일 고속정은 이스라엘로 인도되지 못하게 되었다.

8척 중 건조가 완료된 3척은 1969년 1월 4일 프랑스의 금수령에도 불구하고 이스라엘 하이파항으로 향했다. 그러나 이 조치는 프랑스를 더욱 격분하게 만들었고 나머지 5척에 대한 감시를 강화했다.

모사드는 나머지 5척을 손에 넣기 위해 "노아의 방주"(Noah's Ark) 공작을 추진했다. 모사드는 스타보트-웨일(Starboat & Weill)이란 위장회사를 설립하고 오슬로 출신의 선박업계의 저명한 인사 올레 마틴 시엠(Ole Martin Siem)을 회사의 이사로 초빙했다. 시엠은 셸부르의 CCM사와 접촉하여 이스라엘이 주문한 미사일 고속정을 대신 구입하기로 결정했다. 그리고 이 고속정은 석유탐사를 위해 사용될 것이라고 했다. 이 판매는 프랑스 정부의 승인을 받았고, 12월 23일까지 이스라엘 선원들이 개별적으로 셸부르에 집결했다. 크리스마스 새벽 2 : 30에 5척의 미사일 고속정은 셸부르를 출발했고, 7일 후에 이스라엘의 하이파항에 도착했다. 이 공작은 프랑스 정부를 격분시켰지만 이스라엘은 소기의 목적을 달성할 수 있었다.[80)]

이스라엘은 자국의 안전을 확고하게 보장하기 위해 핵개발을 추진하였다. 1956년 11월 7일에 이스라엘-프랑스 외무·국방장관간 비밀회담을 계기로 이스라엘의 핵개발은 프랑스의 전폭적인 지원아래 추진되었다. 이스라엘은 네게브 사막 지하에 디모나(Dimona) 핵시설을 건설했다.

이스라엘은 핵무기 제조에 필요한 우라늄을 획득하기 위하여 많은 노력을 기울였다. 당시 고농축 우라늄은 미, 소, 영, 프, 중 등 5개국만이 보유하고 있었다. 하지만 이스라엘은 우방인 미국으로부터 핵물질을 얻을 수 없었다. 미국 케네디 행정부는 디모나 핵시설을 탐지하고 여기에 대한 핵사찰까지 한 적이 있었다. 처음에 이스라엘의 핵개발을 지원했던 프랑스도 알제리가 독립을 하자 친아랍정책으로 선회했다. 이러한 상황에서 이스라엘은 공개적으로 핵물질을 획득할 수가 없었다.

이에 따라 이스라엘은 비밀리에 고농축 우라늄을 획득하기 위한 공작을

80) Thomas, *Gideon's Spies,* pp. 296-301; Eisenberg et al, *Le Mossad,* pp. 48-65. 하지만 이 공작에는 미심쩍은 데가 있다. 전투용으로 특별히 건조된 고속정을 석유탐사에 사용하기 위해 구입한다는 자체가 어폐가 있으며, 이를 프랑스 정부가 쉽게 승인한 것도 의심스럽다. 아랍의 시선을 의식하여 겉으로는 대이스라엘 금수조치를 내렸지만 속으로는 무기를 파는 것이 프랑스 정부의 진짜 의도가 아니었을까?

추진하였다. 그러한 공작 중의 하나가 라캄에 의해 수행한 뉴멕(NUMEC: Nuclear Materials and Equipment Corporation)사를 통한 우라늄 획득공작이다. 뉴멕사는 미국 테네시주 아폴로시에 소재한 핵재처리 공장이었다. 라캄요원들로 구성된 이스라엘 대표단의 방문 이후 뉴멕사는 식료품과 의료기기 살균사업에 대해 이스라엘 정부와 제휴관계를 맺었다. 이 제휴사업 속에서 고농축 우라늄이 이스라엘로 빼돌려졌다. 그 양은 약 200파운드에 달하는 것으로 알려졌다. 미국 FBI는 방사능을 띤 물질이 뉴멕사부터 이스라엘로 보내지는 것을 알고 있었지만 여기에 대한 밀접한 조사를 할 수는 없었다고 한다. 그 이유는 미 국무부가 외교적 분란을 일으킬 수 있다는 이유로 FBI의 조사를 막았기 때문인 것으로 알려지고 있다.[81)]

3) 정치모략공작: 라본 사건(Lavon Affair)

영국은 1882년이래 수에즈 운하에 군대를 주둔시켜 오고 있었다. 수에즈 운하 주둔 영국군은 운하에 대한 영국의 이권을 보호하는 동시에 이집트와 이스라엘 사이의 완충지대 역할을 하기도 하였다. 그러나 이집트 정부가 1950년 10월 8일에 영-이집트 조약(1936)을 일방적으로 폐기하고 영국군의 철수를 요구하면서 상황은 달라지기 시작했다. 더구나 1952년 7월 왕정이 몰락하고 나세르가 등장하면서 영국군 철수요구는 더욱 강력해졌다.

한편 영국도 경제적 어려움으로 인해 수에즈 주둔군의 유지가 점차 어려워지는 상태였고, 대신 미국이 수에즈 운하 방어책임을 맡을 것을 희망하고 있었다. 미국은 중동에서 소련의 팽창을 막기 위해 중동방위기구(MEDO: Middle East Defense Organization)를 구상하고 있었고, 영국군 철수를 이집트 등의 중동국가를 중동방위기구에 참여시키는 계기를 삼고자 하였다. 그리고 이를 위해 미국은 영국에게 수에즈 운하 주둔군 철수를 설득하고 있었다. 이런 정세 속에서 영국과 이집트는 협상을 시작했고, 1954년 6월에 이르러서는 영국군 철수를 골자로 한 대략적인 합의에 도달했다.

이스라엘 군부, 특히 아만은 이러한 사태진전을 매우 우려했다. 영국군 철수는 이집트와의 완충지대가 사라짐을 의미했고, 미국과 이집트의 우호증진은 이집트의 군사력 증대를 가져올 수 있었기 때문이다. 더구나 중동방위기구의

81) Thomas, Gideon's Spies, pp. 98-100; LTC Warner D. Farr, *THE THIRD TEMPLE'S HOLY OF HOLIES: ISRAEL'S NUCLEAR WEAPONS.*

창설은 이스라엘의 고립을 더욱 심화시킬 우려마저 있었던 것이다.[82)]

아만은 이집트에 있는 영국과 미국 시설물에 대하여 모슬렘 형제단(Moselem Brothers)과 같은 이슬람 과격단체의 소행으로 위장한 폭탄테러를 감행하기로 결정했다. 폭탄테러에 의한 치안불안은 영국으로 하여금 철군정책을 재고하도록 만들 것이며, 미국과 이집트의 관계개선 또한 저지할 수 있다고 아만은 판단했다. 비밀공작의 실행부대는 모데차이 벤주르(Mordechai Benzoor) 중령이 지휘하는 131부대(Unit 131)가 1951년에 구축한 이집트 첩보망이었고, 현장 지휘자는 일명 엘-아드(El-Ad)로 불리는 독일 사업가로 위장한 아브라함 자인덴베르그(Avraham Zeindenberg)였다.[83)]

폭탄테러는 1954년 7월 2일, 14일, 23일에 미국 문화원 도서관, 우체국, 극장 등을 대상으로 3차례 감행되었다. 2일과 14일의 공격은 성공했으나, 23일의 공격을 실패로 돌아가고 말았다. 알렉산드리아에서 폭탄공격을 책임진 나탄손(Natanson)이 폭탄을 운반하던 중, 그 폭탄이 인화되어 바지에 옮겨 붙는 사고가 발생하였다. 화상을 입은 나탄손은 현장에서 체포되었고 곧 이어 현장 지휘자였던 엘-아드를 제외한 이스라엘 첩보망이 이집트 보안당국에 의해 일망타진되었으며 공작의 전모가 드러났다. 이 사건으로 총 8명이 체포되었다. 이 중 두 명은 사형선고를 받고 처형되었으며, 두 명은 감옥에서 자살을 했다. 나머지 4명은 장기수로 복역하다가 6일전쟁 후 포로교환의 일환으로 석방되었다.[84)]

공작실패의 원인으로는 우선 아만의 국제정세에 대한 판단착오를 들 수 있다. 수에즈 운하 주둔 영국군 철수는 거스를 수 없는 역사적 흐름이었다. 이 흐름을 폭탄테러를 통해 저지할 수 있다는 아만의 판단은 매우 순진하다 못해 어리석었던 것이다. 둘째로 공작의 시기마저 부적절했다. 공작이 실행된 7월에는 이미 대부분의 사항에서 영국과 이집트는 합의에 도달한 상태였기 때문이다. 세 번째로는 공작수행이 전문적이지 못하고 아마추어적이었다. 사용된 폭

82) Bar-Joseph, “Alternation of Ends: Israel's ‘Unfortunate Business’ of 1954,” pp. 186-194.

83) *Ibid.*, pp. 159, 194-201.

84) *Ibid.*, pp. 150, 201-210. 이 사건은 이집트 유태인 사회에 큰 피해를 주었다. 당시 이집트에는 약 5-6만명 정도의 유태인이 살고 있었다. 아만의 비밀공작은 이집트인들로 하여금 이집트내의 유태인들에 대한 경각심을 불러일으켰다. 더욱이 1956년 이스라엘이 영국과 프랑스의 제국주의 정책에 부합하여 시나이 반도를 점령하게 되자 유태인에 대한 그 반감은 더욱 격렬해졌다. 결국 1957년에 21,000명에 달하는 유태인들이 이집트를 떠나게 되었고, 더 많은 유태인이 이집트에서 추방되었다. 하지만 이스라엘로 간 유태인은 소수였다. “The Lavon Affairs,” http://www.geocities.com/capitalhill/senate/7891/lavon-hirst.html.

탄은 조잡스럽게 급조된 사제폭탄이었고 결국 오폭발로 인해 전 첩보망이 붕괴되는 결과를 가져왔다. 또한 안가와 위조여권, 탈주로 등이 준비되지 않은 상태에서 공작이 감행되었다. 그리고 공작원들 사이의 차단의 법칙의 전혀 지켜지지 않아 한 명의 체포가 전 첩보망의 붕괴로 이어지게 되었던 것이다.[85)]

하지만 공작실패보다도 더 큰 문제는 아만의 비밀공작이 모세 샤레트(Moshe Sharett) 총리의 외교정책에 반하는 것이었다는 사실이다. 전임자 벤구리온과는 달리 샤레트(Moshe Sharett) 총리 겸 외무부 장관은 군사만능주의에서 탈피한 외교 및 안보정책을 추진하고 있었다.[86)] 특히 이집트와의 관계개선에 역점을 두어 비밀접촉을 해오고 있었고 상당한 진전을 보이고 있었다. 그러나 아만의 비밀공작은 이러한 관계개선 노력에 찬물을 끼얹고 말았다.

더구나 이 공작은 공식적인 지휘계통의 승인없이 수행되었다. 샤레트 총리와 핀하스 라본(Pinhas Lavon) 국방장관은 이 비밀공작을 승인하지 않았다. 아만 부장인 벤야민 기블리(Benyamin Givli)는 자신이 명령을 내렸음을 시인했지만 라본 장관의 명령을 받았다고 주장했다. 하지만 그는 라본 장관의 명령을 이미 두 번의 폭탄테러가 감행된 후인 7월 16일에 받았다고 주장함으로써 의혹을 더욱 불러일으켰다. 한편 기블리의 직속상관인 참모총장 모세 다얀(Moshe Dayan)은 자신은 공작이 실행될 당시 미국과 프랑스를 방문 중(7월 12일-8월 19일)이었기 때문에 관련이 없다고 주장했다. 책임소재를 규명하기 위해 올샨-도리(Olshan-Dory)위원회가 구성되어 광범위한 조사를 했지만 진상규명에는 실패했다. 결국 라본 국방장관이 희생양이 되어 1955년 2월 장관직에서 물러났고, 기블리와 벤주르도 해임되었다.

하지만 라본 사건의 여파는 여기서 끝나지 않았다. 1959년 라본이 이 사건에 결백하다는 증거가 밝혀졌고 오히려 벤 구리온이 관련되었다는 의혹이 제기되었다. 이로 인해 재조사가 시작되었다. 당시 총리였던 벤 구리온은 이 조사를 막으려 했지만 내각은 재조사를 지지했다. 결국 벤 구리온은 1963년에

85) Bar-Joseph, "Alternation of Ends: Israel's 'Unfortunate Business' of 1954," pp. 213-215.

86) 샤레트 총리의 정책방향은 정치적 행동주의(Political Activism)를 기반으로 하고 있다. 이스라엘은 작은 국가이기 때문에 언제까지나 안보를 군사력에만 의존할 수 없다는 것이다. 따라서 이스라엘의 안전보장은 군사력과 더불어 서방세계의 지지와 주변 아랍국과의 화해를 통해서만 달성할 수 있고, 이를 위한 외교적 노력이 필요하다는 것이었다. 반대로 초대 총리였던 벤 구리온, 참모총장 모세 다얀, 시몬 페리스 국방부 국장 등은 군사력만이 이스라엘의 안보를 보장한다는 군사적 행동주의(Military Activism)의 신봉자였다. *Ibid.*, pp. 166-167.

총리직을 사임하고 모세 다얀, 시몬 페레스와 더불어 마파이(Mapai)[87]당을 탈당하여 라피(Rafi)당을 창당하였다. 좌파인 집권정당의 분열은 우파의 득세를 가져오게 되었고, 1977년 처음으로 우파인 리쿠르당이 정권을 잡게 되는 정치적 격변을 가져오게 되었다.[88]

(3) 보안활동

위에서 언급한 것과 마찬가지로 이스라엘 국내보안활동은 신베트가 담당하고 있다. 신베트의 목표대상은 국내적으로는 주로 극우와 극좌세력이다. 국적이나 종교에 관계없이 모든 외국인들이 이스라엘의 안보에 위협이 된다고 보고 있고 이에 대한 감시활동을 해오고 있다. 특히 아랍인과 냉전시에는 소련을 비롯한 동유럽이 주된 감시대상이었다. 외국인의 감시를 위해 신베트는 호텔근무원, 택시운전사, 웨이터 등 다양한 정보제공자를 고용하고 있는 것으로 알려지고 있다.[89]

신베트가 밝혀낸 대표적인 방첩사건들은 대공산권과 대아랍권으로 분류할 수 있다. 대공산권 방첩사건들로는 커트 시트(Kirt Sitte) 교수 사건, 아론 코헨(Aharon Cohen) 사건, 이스라엘 비어(Israel Beer) 사건을 들 수 있다. 시트 교수는 핵물리학자이며 하이파(Haifa)의 과학기술연구소에서 근무하였다. 1954년 하이파 연구소에 근무하기 전에 체코 정보부의 첩자가 되었다. 시트 교수는 체코와 소련에 정보제공을 해오다가, 1961년 체포되어 5년형을 선고받았다. 코헨은 좌파적인 마팜(Mapam)당의 중동전문가로 일해왔다. 코헨은 14개월간 간첩행위를 했다는 죄목으로 1962년 체포되어 5년형을 선고받았다.

가장 큰 방첩사건은 비어 사건이었다. 비어는 아만의 차장과 국방부의 정보연락장교로 근무하였고, 벤-구리온 총리과도 각별한 사이였다. 이스라엘 보안당국은 비어를 소련의 스파이로 의심하고 있었으나 확실한 물증이 없는 상태에서 총리와 절친한 인물을 체포할 수는 없었다. 그러나 1959년에 KGB요원이던 미하일 골레니우스키(Mikhhail Goleniewski)가 서방으로 망명와서 소련

87) 마파이당은 현 노동당의 전신으로 이스라엘 건국에 주도적 역할을 했고, 1977년까지 집권을 해온 정당이었다.

88) Bar-Joseph, “Alternation of Ends: Israel’s ‘Unfortunate Business’ of 1954,” pp. 151-152; “The Lavon Affairs,” http://www.geocities.com/capitalhill/senate/7891/lavon-hirst.html.

89) Richelson, “Israeli Intelligence organizations,” p. 224.

KGB 스파이망에 대한 많은 정보를 제공했다. 골레니우스키는 비어가 소련 스파이임을 증명하는 많은 단서를 제공했다. 또한 비어가 베를린을 방문했을 때 보고없이 동베를린에 잠입했던 사실을 서독의 BND가 이스라엘 제공했다. 결국 1962년 3월 비어는 소련 외교관에 비밀문서를 제공하다 체포되었다. 비어는 10년형을 선고받고 복역하다 1966년에 사망했다. 하지만 비어의 진짜 신분에 대해서는 확실히 밝혀지지 않았다. 비어는 자신의 경력을 오스트리아 출신의 유태인 사회주의자로 스페인 내전에 국제여단의 일원으로 참전하였고, 히틀러의 박해를 피해 팔레스타인으로 이주한 것으로 꾸몄다. 하지만 조사결과 이 사실은 모두 거짓인 것으로 드러났다. 이스라엘은 비어를 1938년 스페인 내전에서 실종된 진짜 비어의 신원을 도용한 소련의 비밀침투요원(mole)[90]이라고 간주하였지만 비어가 침묵을 지켰기 때문에 영원히 미제로 남게 되었다.[91]

대아랍방첩사건으로는 카보렉 야코비안(Kaboerak Yaakouvian) 사건과 샤키브 유세브 아브 자발(Shakib Yousef Abu Jabal) 사건 등을 들 수 있다. 야코비안은 이집트스파이로 1963년에 체포되었다. 야코비안은 1960년에 이스라엘에 입국하여 첩보활동을 했지만 곧 신분이 드러나고 말았다. 신베트는 야코비안을 곧바로 체포하지 않고 역정보를 제공하는 방법으로 그를 활용하였다.

샤키브는 이스라엘에 점령당한 골란고원에서의 시리아 첩보망을 담당하였다. 샤키브의 첩보망은 골란고원에 배치된 이스라엘군과 경찰의 활동과 배치에 대한 첩보수집활동을 전개하였다. 그러나 엘리아트(Eliat)에서 샤키브의 아들이 체포됨으로 인해서 첩보망이 발각되었다.

1972년 11월에는 이스라엘로 이주해 온 독일전자공학자인 피터 풀맨(Peter Fulman)이 레바논을 위한 첩보활동 죄목으로 체포되었다. 또한 공수부대 출신인 에후드 아디브(Ehud Adiv)와 아디브의 친구인 댄 베레드(Dan Vered)가 이스라엘 군부대와 시설에 대한 첩보를 시리아에 제공한 혐의로 체포되어 각각 17년과 10년형을 선고받았다.[92] 신베트의 보안활동에서 가장 큰 실패사례는 1995년 11월 4일에 발생한 이츠하크 라빈(Yitzhak Rabin) 총리의 암살사건이

90) 모올(mole)이란 상대방의 정보조직에 침투시켜 놓은 자국의 정보요원을 지칭하는 용어이다.

91) Richelosn, "Israeli Intelligence organizations," pp. 224-225; Volkman, Spies, 43-47. 리첼슨은 비어를 체포한 것이 신베트라고 보는 반면 포크만은 모사드라고 기술하고 있다. 비어의 체포는 신베트에 의해 이루어진 것 같다. 왜냐하면 국내의 보안을 신베트가 책임지고 있기 때문이다. 하지만 골레니우스 정보, BND의 정보는 모사드와 협력을 통해 이루어졌기 때문에 결국 모사드와 신베트의 협력하에 이루어진 것으로 보아진다.

92) Richelosn, "Israeli Intelligence organizations," pp. 225-226.

다. 라빈 총리는 평화집회에서 참석하던중에 법대생이며 극우단체인 예얄(Eyal)의 일원인 이갈 아미르(Yigal Amir)의 총격을 받고 사망했다. 이 사건은 이스라엘에 커다란 충격을 주었다. 정치적 암살이 아랍이 아닌 유태인에 의해 저질렀다는 점과 신베트의 경호체계의 큰 문제점이 발생했기 때문이다. 특히 라빈 총리 암살 당시 신베트의 역할을 둘러싸고 많은 의혹이 제기되었다.[93] 더구나 라빈 총리 암살이 사전에 제보되었고 이 제보를 신베트도 알고 있었다는 점에서 의혹은 더욱 증폭되었다.[94]

이스라엘 정부는 라빈 총리 암살사건을 조사하기 위해 위원회를 구성하였고, 결국 1996년 1월 카르미 길론(Karmi Gillon) 부장이 사임하고, 퇴역 제독인 아미 아얄론(Ami Ayalon)이 제 7 대 신베트 부장으로 임명되었다.[95]

또 다른 보안활동의 실패는 서안지구(West Bank)와 가자지구에서 발생하였다. 오슬로 협정(1993. 9. 13)으로 인해 이스라엘은 이들 점령지구에서 철수하는 한편 이로 인한 위협, 예를 들면 테러리스트의 공격은 PLO의 보안조직과의 협력을 통해 대처하기로 하였다. 그러나 네탄야후(Netanyahu) 정권이 대PLO 강경책을 표방하며 점령지구에서의 철군을 지연하고 동예수살렘 지역에 정착촌을 건설할 움직임을 보이자 PLO측은 1994년부터 1997년 봄까지 지속되어온 이스라엘과의 모든 보안협력을 단절하였다.

이러한 협력단절은 보안상의 치명적인 문제를 가져왔다. 하마스(Hamas) 소속의 5명의 자살특공대가 서예수살렘의 1996년 7월 30일과 9월 4일에 두 차례의 폭탄테러를 저질렀다. 이 테러로 인해 이스라엘인 21명이 사망했다. 신베트는 이 테러를 예방하지 못했을 뿐만 아니라 또한 자살특공대의 신원을 확인하는 데에도 수주일의 시간을 소비하였던 것이다.

이와 같은 보안활동의 실패는 책임소재와 대처방안을 둘러싼 이스라엘 정보·보안체계의 갈등으로 이어졌다. 이 결과 한때 신베트가 전담수행하던 서안지구와 가자지구의 보안활동에 있어 아만이 보다 큰 역할을 담당하게 되었다. 1997년에는 신베트와 아만은 보안활동의 문제점과 대테러전략을 둘러싸고

93) 제기되는 의문은 다음의 네 가지이다. (1) 어떻게 암살범이 검문·검색을 받지 않고 라빈 총리에게 접근할 수 있었는가 (2) 왜 라빈 총리는 평소와 같이 방탄조끼를 입지 않았는가 (3) 암살범이 세 발이나 발사할 동안 경호원들은 뭘 했는가 (4) 왜 경호원들은 암살범에 즉각 응사, 사살하지 않았는가이다. 「세계일보」(1995. 11. 7).

94) 「한국일보」(1995. 11. 13).

95) FAS, "Shin Bet," http://www.fas.org/irp/world/israel/shin_bet/index.html. 아얄론 부장임명은 언론에 최초로 공개된 신베트 부장임명이다.

공개적인 비난전을 벌였다. 이러한 다툼은 테러리스트의 공격이 성공함에 따라 더욱 격렬해졌다. 많은 신베트의 베테랑 요원들이 사임했고 신베트와 이스라엘군의 핵심에 극우적인 종교세력이 침투해 있다는 비난이 제기되었다. 신베트와 아만의 불협화음과 이들에 대한 비난은 신베트의 신뢰도를 저하시켰다.

웨스트 뱅크와 가자지구에서의 테러리스트 활동에 대한 구체적인 정보를 가지고 있지 못한 이스라엘은 군을 동원하여 팔레스타인을 웨스트 뱅크 변두리에 수용하였다. 인권유린에 해당하는 신문에도 불구하고 테러리스트에 대한 구체적인 정보는 획득하지 못하고 있으며, 신문방법에 대한 국제적인 비난만 가중되고 있는 실정이다.[96)]

신베트 수행하는 보안활동의 가장 큰 문제점은 인권유린이다. 1987년에 설립된 란두 법률위원회(Landu Judicial Commission)는 고문은 금지했지만 첩보 획득을 위하여 '온건한 육체적·정신적 압력'(moderated physical and psychological pressure) 행사하는 것을 허용했다. 이스라엘 형법은 고문 등의 행위를 금지하고 있지만 신베트 부장은 특별법의 적용을 받고 있다. 인명보호를 위한 정보획득에 관해서는 신베트 부장은 신문요원들이 온건한 육체적·정신적 압력 이상의 조사방법을 사용하는 것을 허용할 수 있는 권한을 법적으로 보장받고 있다.[97)] 이러한 법적보장의 밑에서 신베트는 신문과정에서 각종 가혹행위를 저질러왔다. 대표적인 가혹행위 중의 하나가 피의자를 수갑채운 채 온몸을 비틀어 고통을 주는, 한국에서 일명 '통닭구이'라고 불리는 샤베(shabbeh)이다.[98)]

신베트의 대표적 인권유린의 사례로는 1984년 4월 12일에 있었던 팔레스타인들의 버스납치 사건을 들 수 있다. 이스라엘의 점령지구의 팔레스타인 4명이 유태인 승객이 탄 버스를 납치하는 사건이 벌어졌다. 사건 다음 날 이스라엘군은 버스를 습격하여 납치범 4명 중 2명을 생포했으나 이들은 신베트 요원에 의해 신문과정에서 살해되었다. 그리고 이러한 신베트요원들의 행동은 신베트 부장인 샬롬(Avraham Shalom)의 지시에 의한 것이 밝혀져 더욱 파문을 일으켰다.

이스라엘 정부는 메이어 조레아(Meir Zorea)를 의장으로 하는 위원회를 구성하여 이 사건을 조사했다. 샬롬 부장은 증거를 조작하고 증인들로 하여금

96) Blanche, "Israeli intelligence agencies under fire," pp. 19-20.
97) FAS, "Shin Bet," http://www.fas.org/irp/world/israel/shin_bet/index.html
98) 김재명, "이스라엘 정보기관의 '표적사냥': 국제법 논쟁 일으키는 중동사태의 새 불씨,"「월간중앙」(2001. 4), pp. 320-329.

위증을 하게 하는 등의 방법을 통하여 신베트의 역할을 은폐하려고 하였다. 많은 논란 끝에 오히려 이 사건을 계속 조사하려던 검찰총장 이츠하크 자미르(Yitzhak Zamir)가 해임되었고, 샬롬 부장과 은폐에 가담한 3명의 보좌관들은 대통령에 의해 사면을 받았다.[99)]

또한 신베트는 1980년에 체포한 전 육군중위이자 회교도인 이자트 나푸수(Izat Nafsu)를 시리아의 간첩으로 몰기 위해 고문을 가하였다. 고문에 의한 자백으로 나푸스는 군사법정에서 유죄판결을 받았다. 하지만 1987년 이스라엘 대법원은 신베트가 나푸스의 자백을 받기 위해 비윤리적 방법을 사용했고, 거짓증언을 했다는 이유로 나푸스에게 무죄판결을 내렸다.[100)]

신베트의 인권유린 행위들은 국제사면위원회(Amnesty International), 국제적십자위원회와 많은 인권단체들의 비난을 받아왔다. 인권단체 등은 이러한 고문사건에 대해 법원에 제소를 했지만 이스라엘 법원은 제소를 기각하거나 신베트에 유리한 판결을 내리곤 했다. 하지만 이스라엘 대법원이 1999년 9월에 신베트의 가혹한 신문방법을 불법으로 판명함으로써 신베트의 인권유린 문제는 보다 진전을 이루게 되었다.[101)]

5. 이스라엘 정보 · 보안 체계의 현재와 미래

모사드를 비롯한 이스라엘 정보 · 보안 체계는 아이히만 납치공작, 미그-21 탈취공작 등으로 세계 최고의 정보기관의 하나로 명성을 떨쳐왔다. 그러나 1990년대 들어 잇따른 정보실패와 공작실패로 과거의 명성이 무너지고 있는 형편이다. 라빈 총리 암살, 암만에서의 암살공작 실패, 스위스 도청스캔들이 연이어 발생하였다. 1998년 11월에 모사드는 키프로스에 첩보망을 구축하려다가 키프로스 보안당국에 의해 요원 2명이 체포되고 말았다. 에제르 와이즈만(Ezer Wiseman) 이스라엘 대통령이 직접 나서 비아프코스 클레리데스(Biafcos Clerides) 키프로스 대통령에게 제 2 차 세계대전 전우로서 옛정을 호소하며 모사드 요원의 석방을 부탁해야만 했다.[102)]

---

99) Richelson, "Israeli Intelligence Organizations," p. 228.
100) *Ibid.*, p. 229.
101) Amnesty International, *Annual Report 2000,* http://www.web.amnesty.org/web/ar2000web.nsf/countries/84837f03555284fd802568f200552934?OpenDocument
102) Thomas, *Gideon's Spies,* pp. 350-351.

현재 모사드를 비롯한 이스라엘 정보·보안 체계가 직면하고 있는 위기는 여러 가지 원인이 복합적으로 작용한 것으로 보인다. 이미 미 CIA는 1973년 이스라엘 정보·보안 체계의 실패를 분석하면서 그 원인이 유능한 제 1 세대 정보요원들이 사라지는 반면에 대신할 유능한 요원을 충원하는 어려움과 정보기관의 관료화에 있다는 분석을 내린바 있다.[103)]

이 밖에도 총리와 정보·보안 체계 사이의 상호불신과 갈등,[104)] 정보기관과의 과도한 경쟁의식과 비협조, 부적절한 정부지시나 활동제약에 따른 직원들의 불안감 등이 이스라엘 정보·보안 체계의 위기의 원인이 되고 있다.[105)] 모사드의 경우 정보기관의 본연의 업무인 정보수집과 분석보다는 공작에 지나친 투자를 해왔고 이 결과 수집국과 분석국의 기능이 약화되었다는 점도 문제점이라고 할 수 있다.[106)] 여기에 덧붙여 이스라엘 젊은이들 사이에서 모사드의 인기가 하락하고 있는 것도 문제로 등장하고 있다.

이 같은 문제점들을 극복하기 위한 이스라엘 공동체의 움직임은 다음과 같은 것에서 찾아볼 수 있다. 우선 음지 속에서만 존재하던 정보기관들이 점차 베일을 벗고 양지로 나오고 있다. 과거 모사드를 비롯한 이스라엘 정보기관들은 영국의 선례를 따라 철저히 베일 속에 가려져 왔다. 이스라엘 정부는 공식적으로 모사드 등의 존재를 인정하지 않았으며, 모사드와 신베트 부장의 임면은 절대로 언론을 통해 밝혀지지 않았다. 그러나 전례를 깨고 아얄론 신베트 부장과 대니 야톰 모사드 부장 임명 사실을 공개했다.

---

103) 케네디 외,「첩보전쟁」, pp. 50-51.

104) 총리를 포함한 정치지도자들과 정보·보안체계 사이의 갈등은 두 가지로 파악할 수 있다. 첫째는 정보기관 책임자가 총리의 정책에 도전하여 나타나는 갈등이다. 둘째는 총리 등이 정보기관의 판단을 무시하고 독자적인 정책을 밀고 나감으로써 발생하는 갈등이다. 전자의 사례로는 라본 사건과 모사드 제 2 대 부장이었던 하렐이 이집트에서 로케트개발에 참여하고 있는 독일과학자에 대한 대처방안을 둘러싸고 벤 구리온과 의견충돌을 벌이고 결국 사임한 사건을 들 수 있다. 당시 벤 구리온은 로케트의 성능을 높게 평가한 모사드의 평가를 믿지 않았고 독일과의 관계를 고려하여 신중한 대처를 원하였다. 하렐은 이미 몇 번의 폭탄테러(일명 공포의 캠페인)을 실행했고 지속적인 강력대응을 주장하여 벤 구리온과 대립했던 것이다. Eisenberg et al, *Le Mossad,* pp. 127-130; 후자의 사례로는 아리엘 샤론(Ariel Sharon: 현 총리)이 국방장관일 때 주도적으로 감행한 1982년 레바논 침공을 들 수 있다. 아만은 레바논 침공에 부정적이었으나 군의 대선배인 샤론을 설득할 수 없었다. 결국 레바논 침공은 시아파 게릴라의 공격에 시달린 끝에 아무런 성과도 없이 철수할 수밖에 없었다. 네탄야후 총리 당시의 잇따른 정보기관의 활동실패는 네탄야후 총리의 정보· 보안체계에 대한 불신에 기인하였다. 수사연구 편집부, "이스라엘 정보기관의 동향,"「수사연구」, (2000. 6), pp. 113-114.

105) *The Washington Times*(March 2, 1998).

106) Blanche, "Israeli intelligence agencies under fire," p. 19. "기만에 의해 전쟁을 수행한다"라는 모토가 모사드가 지향하는 바를 함축적으로 보여준다고 하겠다.

두 번째로 요원채용에서도 비밀주의에서 벗어나 공채를 통한 요원 채용을 하기 시작했다. 모사드는 2000년 7월 30일에 최초로 언론에 공채광고를 내고 남녀 신입요원 모집에 나섰다.[107] 또한 기술국도 2001년 4월에 언론에 광고를 내고 컴퓨터 전문가들을 모집한 바 있다.[108] 이 같은 변화는 과거와 같은 비밀주의 채용으로는 유능한 인재를 구할 수 없다는 판단에서 나온 것이다.

마지막으로 기술정보(Techint) 수집능력의 강화이다. 그 동안 이스라엘 정보·보안 체계는 인간정보 분야에서 발군의 실력을 발휘한 반면 기술정보는 주로 미국에 의존을 많이 해왔다. 제 4 차 중동전쟁시 이집트군에 대한 반격을 할 때에는 미국이 제공한 위성사진이 커다란 도움을 준 것으로 알려지고 있다. 이스라엘은 미국의 의존도를 줄이기 위해 독자적인 기술정보수집능력을 키우고 있다. 이미 1970년초부터 정찰용 무인항공기(RPV: Remote Piloted Vehicles) 스카우트(Scout)를 개발하여 주변 아랍국에 대한 항공정찰을 수행해 왔다. 그리고 1995년 4월 5일 정찰위성인 오펙(Ofeq) 3를 발사하는 데 성공함으로써 독자적인 기술정보능력을 고양시킬 수 있게 되었다.

부 록 모사드 역대 부장

재직기간	이 름
1951-1952	Reuven Shiloah
1952-1963	Isser Harel
1963-1968	Meir Amit
1968-1974	Zvi Zamir
1974-1982	Yitzhak Hofi
1982-1990	Nahum Admoni
1990-1996	Shabatai Shavit
1996-1998	Danny Yatom
1998-	Efraim Halevy

출처: Gordon Thomas, *Gideon's Spies: The Secret History of the Mossad*(New York: Thomas Dunne Books, 1999), p. ix.

107) 「한국일보」(2000. 8. 1).
108) 광고의 원문과 영문 번역본은 http://www.fas.org/irp/world/israel/mossad/helpwanted.htm 참조.

참고문헌

모사드를 비롯한 이스라엘 정보·보안 체계에 대한 명성에도 불구하고 그에 관련된 국내문헌은 그리 많지가 않다. 또한 이스라엘 정보·보안 체계와 관련된 외국문헌도 국내에서 구하기는 매우 어려운 실정이다. 다음은 국내에서 접할 수 있는 대표적 문헌들에 대한 소개이다.

Jeffrey T. Richelson, "Israeli Intelligence Organizations," *Foreign Intelligence Organizations*(Cambridge: Ballinger, 1988), pp. 191-247. 이스라엘 정보·보안체계에 대한 가장 체계적인 기술이 이루어지고 있는 책이다. 박영일 편저, 「강대국의 정보기구」(서울: 현대문화사, 1994), pp. 211-285에 번역되어 있다.

Gordon Thomas, *Gideon's Spies: The Secret History of the Mossad*(New York: Thomas Dunne Books, 1999). 모사드의 활동에 대한 가장 최근의 저서 중의 하나이다. 모사드 전직 부장을 포함한 요원들의 증언과 각종 자료를 바탕으로 저술되었다.

Uri Bar-Joseph, "Alternation of Ends: Israel's 'Unfortunate Business' of 1954," *Intelligence Intervention in the Politics of Democratic States: The United States, Israel and Britain*(University Park: The Pennsylvania State University Press, 1995), pp. 145-254. 라본 사건에 대한 가장 체계적인 분석을 하고 있다. 또한 초창기 이스라엘 정보·보안 체계의 구성과 역학관계에 대해서도 알 수 있는 책이다.

한무혁 편역, 「이스라엘 첩보전」(서울: 세림출판사, 1975) 모사드의 가장 유명한 스파이 엘리 코헨의 일대기를 다루고 있는 책이다.

Dennis Eisenberg, Uri Dan, and Eli Landu, tras. by Eva Adrien and De Theas, *Le Mossad: Les Services Secrets Israéliens*(Paris: Stanke, 1977) 모사드가 벌여온 여러 공작 활동을 다룬 책이다. 이 책을 부분적으로 번역한 책이 샘터출판사 옮김, 「모사드」(서울: 샘터, 1980)이다.

Victor Ostrovsky and Claire Hoy, *By Way of Deception*(New York: St. Martin's Press, 1990), p. 357. 전직 모사드 요원인 오스트로브스키가 쓴 책이다. 이 책의 번역본이 박은경·조원숙 옮김, 「이스라엘 비밀첩보부」(서울: 시공사, 1991)이다.

손관승, 「우리는 그들은 스파이라 부른다」(서울: 여백, 1999), pp. 265-290. 지은이는 MBC 기자이며, 이 책에서 모사드를 비롯한 미국과 유럽, 일본, 중국 정보기관을 다루고 있다.

제14장

일본의 정보 · 보안 체계

남 창 희

1. 전후 일본의 안보전략과 국가정보체계의 특징

일본은 전후 평화헌법 9조에 의해 전쟁권과 무력보유권을 포기함으로써 일국평화주의의 이념하에 근대적 의미의 주권국가와는 차별되는 새로운 국가를 표방하게 되었다. 전쟁 포기 조항은 후에 순수한 자위를 위한 "개별적 자위권"은 인정하되 "집단적 자위권"은 금지하고, 국군이 아닌 '자위대'는 인정할 수 있다는 식으로 해석하여 왔으나 여전히 일본의 대외정책의 범위를 근본적으로 제약하고 있다. 따라서 일본은 국가안보체제 설계에 있어서 독립적인 안보전략 대신 미국과의 동맹정책을 선택하여 안정보장의 기본적인 수단으로 삼고 '경제우선주의'의 국가전략을 유지하여 왔다.[1)]

이러한 일본의 대미 의존전략은 일본의 지정학적 및 전략적 특성과 무관하지 않다. 일본은 북태평양에 면하여 대륙 동단(東端)에 인접한 고립된 열도이기 때문에 러시아나 중국과 같은 대륙 세력의 해양진출 위협에 민감할 수밖에 없다. 또한 협소한 국토에 다수의 인구, 고도화된 공업기반이 한신, 츄오쿄

1) 미일안보체제에 대한 역사적 개관은 室山義正,「日米安保體制」上·下(東京: 有斐閣, 1992).

오, 케이힌 공업지대 등 특정 지역에 집중된 일본은 핵 및 생화학 등 대량살상무기의 위협에 취약하다. 그리고 에너지 자원 및 수출입선을 해외에 의존하는 무역국가이기 때문에 일본은 늘 해상교통로의 안전과 해교로에 인접한 지역에서의 지역분쟁에 민감할 수밖에 없는 전략설계상의 특징을 안고 있다. 그러므로 전후 일본이 전수방위의 원칙과 미국과의 동맹정책을 지속적으로 유지해온 것은 핵무장한 대륙의 영토대국 러시아 및 인구대국 중국에 대한 억지력의 확보를 위한 현실주의적 계산의 결과로 보는 것이 정확하다.[2)]

전후 이와 같이 축소된 안보목표로 인하여 일본은 태평양전쟁기까지 공격적으로 구축하였던 해외 군사정보 수집체계를 해체하고, 대사관 등 공식적인 기관이 전담하는 구조를 발전시켰다. 대신 광의의 국가정보체계로서 민간기업의 획득 정보가 연구기관을 경유하거나 혹은 직접, 정계실력자와 정부부처로 비공식적으로 보고되는 경로가 해외 정보소요를 충족·보완하는 역할을 담당하였다.

그런데 소련이 붕괴한 뒤 세계 각지의 지역분쟁에 대한 미국의 경찰역할에 과부하가 초래됨에 따라 미국은 일본으로 하여금 지역 안보를 위한 공헌을 확대하라고 요구하고 나섰다. 이러한 배경에서 아태지역의 안보를 위한 미일간의 협력체제는 1996년의 미일안보공동선언과 1997년의 신방위협력지침, 그리고 1999년의 일본 내에서의 관련 법제의 제정을 통해 정착되어 가고 있다. 따라서 앞으로 일본의 아태지역 안보를 위한 역할범위가 확장되면서 그에 필요한 군사부문의 국가정보체계의 정비가 추진되고 있다.

국가정보체계라고 하는 것은 한 국가의 국가목표와 이를 수행하기 위한 국가전략을 실행하면서 요구되는 정보를 수집, 분석, 전파하는 기능체계라고 할 수 있다. 따라서 일본의 국가정보체계도 일본의 국가목표의 수준과 방향에 따라 규정되는 것이다. 일본이 전후에 미일동맹을 기축으로 하는 안보체제에 의존하던 시기에는 일본의 정보수집, 분석, 전파 및 공유체제 역시 능력과 목

2) 최근에 이 문제에 대한 개괄적인 고찰은 Tsuyoshi Kawasaki, "Realism of Japanese Grand Strategy," *A paper presented at the Makuhari ISA-Jair Joint Conference*(September, 1996). 참고로 지정학적, 역사적 및 인식적 조건하에 일본이 전후 현재에 이르기까지 취한 안전보장 대전략을 간단히 정리한다면 ① 해양패권 세력인 미국과의 유착, ② 핵무장한 대륙세력에 대한 공세적 태세의 회피, ③ 미국과 협력하여 대륙세력의 서태평양 진출 억지, ④ 안보, 경제, 자원을 포함한 총합안보개념의 발전, ⑤ 탈냉전기에도 미일동맹의 강화와 군사협력의 심화, ⑥ 사활적 전략물자 공급선의 안정적 유지, ⑦ 미국의 지역분쟁의 예방외교 지원, ⑧ 핵 非3원칙의 유지와 핵확산 억지 노력에 참여와 같은 것들이다.

표가 제한될 수밖에 없었다. 하지만 일본의 지역안보에 대한 참여 확대로 일본의 국가정보체계는 그 역할을 확장해야 할 필요성을 갖게 되었다. 본고는 이와 같이 탈냉전기에 일본의 새로운 안보환경, 전략적 상황에서 배태되는 국가정보체계의 변화의 현황을 파악하고 향후 발전방향을 전망하는 것을 목적으로 한다.

또한 본고에서는 일본 국가정보체계의 과거와 미래에 있어서 두 가지 특징을 강조하면서 일본 국가정보체계에 대한 이해를 도모하고자 한다. 첫째는 근대 이후 일본 정보활동의 역사적 경험이 현재의 일본형 국가정보체계에 미친 유산에 대해서 조사하고자 한다. 그것은 일본의 국가정보체계가 구미의 정형화된 조직의 기능수행을 통해 운용되는 것이 아니라 민간부분과 국가부문이 융합되어 협력하는 특징이 있기 때문이다. 이러한 비정형화되고 자발적인, 그리고 비공식적인 국가정보체계의 메커니즘을 이해하기 위해서는 일본의 사회문화적 특질과 역사적 경험을 이해해야 한다.

둘째는 정보획득, 정보처리 기술의 눈부신 발전과 지구적 차원에서의 정보의 통합화 현상으로 인하여 과거와는 질적으로 다른 국가정보체계의 대두가 진행되고 있다. 특히 대량살상무기와 미사일운반체계 및 사이버 파괴 위협 등 지난 세기에는 존재하지 않았던 새로운 형태의 위협이 대두되면서 국가정보체계의 구조도 변화하여 적응할 필요가 대두되고 있다. 이러한 새로운 위협의 공통된 특징은 거의 실시간대에 정보를 획득, 처리하고 대응해야 하는 문제이기 때문에 첨단 감시체계, 생존성 높은 통신기반, 고성능 컴퓨터의 하드웨어와 소프트웨어가 국가정보체계에서 차지하는 비중이 높아지고 있다. 일본은 지리적 위치 및 유일한 핵 피폭국으로서 역사적 경험 때문에 대량살상무기체계 위협에 대한 민감도가 어느 나라보다도 높다. 본고는 이러한 분초를 다투는 미사일 위협과 광속으로 이루어지는 사이버전쟁을 염두에 두고 일본이 지향하고 있는 미래형 국가안보 정보체계의 발전 방향을 짚어보고자 한다.

2. 역사적 배경

원시 일본의 조몬문화에 야요이문화라는 농경문화가 대륙에서 일본 땅에 정착한 이후, 고분시대 동안 한반도를 경유한 북방계 선진문명의 계속적인 유입은 일본 사회에 외부의 선진문화와 지식에 대한 높은 민감성의 원천이 되었다. 또한 신라에게 패망한 가야의 철기문명이 일본의 부족국가들을 정복·통합해 가는 과정에서 형성된 보호-추종 문화는 오늘날까지 유지되는 강한 피후견주의적(clientelistic) 정보교환 문화의 원형이 되었다.[3)]

이후에도 백제계, 신라계로 분열된 왜국의 호족세력이 아스카시대 말기에 통합되어 가면서 소가(蘇我) 씨 같은 지배가문의 타도를 목적으로 한 대항세력의 치열한 정탐활동은 일본의 오랜 정보활동의 역사를 말해 준다. 또한 백제 난민들의 유입으로 인한 문화적 충격, 도래인의 선진기술의 혜택 경험에서 온 지식열은 일본 사회에 새로운 정보와 지식에 대한 호기심과 탐구심을 축적하는 데 공헌하였다.

카마쿠라시대(1185~1333)에는 쇼군(將軍)이 불만세력을 정탐하기 위하여 상인, 중, 점술인으로 위장한 정보원의 활동기록이 있었다. 전국시대는 가히 정탐활동의 전성기라고 할 수 있어서 정식 스파이라고 할 수 있는 닌자(忍者)들의 활동이 활발하였다. 토쿠가와시대에도 닌자와 니와반(庭番)을 전국의 다이묘(大名)에 대한 감시요원으로 활용하였고 막부의 쇼군은 로쥬(老中) 밑에 오오메츠케(大目付)라는 직위를 두어 다이묘들의 행동을 감시하였다. 다이묘들 역시 닌자를 통해 에도의 쇼군 휘하의 로주, 메츠케, 와카도시요리(若年寄)[4)]와 같은 중간 관료들에 대한 정탐의 수단으로 이용하였다.[5)]

1876년의 명치유신 후 봉건제를 폐지하는 판적봉환(版籍奉還), 페번치현(廢藩置縣), 지조개정(地租改正)과 폐도령(廢刀令)이라는 일련의 조치로 사무라이계급의 특권이 박탈되었다. 무사계급들은 신분제 철폐 후 개혁에 대한 저항감을 삭이며 사이고 타카모리(西鄕隆盛)가 주장하는 정한론(征韓論)이 기치 아래 대륙에 대한 야욕으로 불만의 대상을 바꾸었다. 흑룡회(黑龍會)와 같은 비밀결사에 참여한 사무라이들은 소위 낭인이 되어 조선, 중국 등에서 훗날 대륙침략을 준비하는 비공식적인 조직활동을 수행하였다. 또한 이들의 현지 일본

3) 일본 사회에서 파벌 내 혹은 조직 내의 후견인과 피후견인간의 상하간 비공식적인 정보교환의 행태를 인류학적인 시각에서 추적하면 일본의 역사 문화적 경험과 전혀 무관하지 않다. 지금도 해외에 지사를 거점으로 정보수집활동을 하는 종합상사 상사원의 수집정보는 본사 간부가 정계실력자에게 헌상하는 일종의 권력자원이 되고 있다. 파벌 영수 혹은 자민당 정조회의 부회나 국회 상임위의 족의원들은 이에 대한 대가로 정부 산업정책, 해외 통상정책에 있어서 유익한 정보를 흘려주거나 정책적 배려를 해주는 식으로 기업 정보제공자와 유착관계를 유지한다.

4) 에도 막부의 직명의 하나로서 로쥬의 다음에 해당하는 자위로서 쇼군에 직속되어 하타모토(旗本)를 통할하는 직책.

5) Raymond Lamont-Brown, *Kempeitai: Japan's Dreaded Military Police*(Phoenix Mill: Sutton Publishing, 1998), p. 22.

인 무역상들과의 빈번한 접촉을 통한 자발적인 정보수집은 비공식 경로를 통하여 일본의 정부 요인들에게 보고되었다.

태평양전쟁까지 일본의 국가정보체계는 군의 정보기관과 경찰이 중추적 역할을 맡고 현지의 정보원들을 광범하게 활용하는 인간정보 네트워크로 발전되었다. 군 정보기관의 핵심인 헌병대는 1881년에 349명의 정예요원으로 출범하면서 대본영 휘하 육군성의 소속 기구로 활동을 개시하였다.[6] 1878년에는 참모본부가 설치되고 육군정보기관인 특무부대가 활동을 개시하여 헌병대와 함께 군의 핵심 정보활동 기구로 정비되었다. 또한 수상 밑에 내무성의 특별고등경찰(톡코)라는 민간인 사찰기구도 설치되어 공식적인 정보기관이 완성되었다. 특히, 해외 정보활동은 프러시아의 정보전문가 슈티버의 활동을 모델로 한 헌병대의 활동을 중심으로 네트워크가 확장되었다. 예를 들어 상해에 설립된 통웬대학은 헌병대가 스폰서였으며 졸업생들은 미얀마, 필리핀 등 각지로 파견되어 정보활동을 수행하였다.[7] 일본 군부는 또한 나가노 학교라는 정보요원 양성학교를 설립하여 우수한 재원을 육성하였다. 이 나가노 학교 출신들은 전후에 일본 민간기업에 취직하여 정부와 기업간 해외 정보공유의 핵심적 고리 역할을 하였다.

한편 일본은 국책회사인 만철조사부를 만주, 중국 및 나아가 동남아까지의 국제정세, 현지 경제 및 법 관행 조사뿐만 아니라 학술적인 역사, 문화, 지리를 총괄하는 종합연구기관으로 발전시켰다. 대만총독이었던 고다마 켄타로, 초대 총재 고토 신페이 등이 주도한 만주철도주식회사는 요코하마 정은은행에서 2억엔을 투자하여 외무성과 대장성이 공동으로 관장한 국책회사였다. 1907년 대련에 본사를 둔 만철은 조사부를 설치하였고 동경에는 동아경제조사국을 운용하였다. 동경대학 출신 등 총 4,500여명의 우수한 인력을 보유한 본 기관은 향후 하얼빈, 길림, 북경 등에 지사를 두면서 첩보활동까지 조사활동을 확장하게 되어 결국 관동군 작전참모인 이시하라 칸지(石原莞爾) 중령을 통하여 일본군의 만주 통치를 뒷받침하는 두뇌역할을 하였다. 현재의 일본의 아시아경제연구소와 유사한 기능을 수행한 이 만철조사부는 전후에 일본의 해외투자 및 무역에 관련된 높은 수준의 조사활동 통하여 일본을 부흥시키는 데 큰 공헌을

6) *Ibid.*, p. 16.
7) Richard Deacon, Kempeitai: *The Japanese Secret Service Then and Now*(Tokyo: Charles E. Tuttle Company, 1990), pp. 29-41.

한 소고 신지, 미야자키 마사요시, 마츠오카 요오스케와 같은 인력을 배출하였다. 현재 일본의 노무라총합연구소(NRI), 미츠비시총합연구소들과 같이 민간 대기업의 연구기관이 해외 경제동향 및 정세분석의 중추 역할을 하는 것은 과거 만철조사부가 닦은 역량과 무관하지 않다.

전후에 일본은 국가정보기관이 역할이 축소되고 군사안보보다는 경제중심의 대외관계에 무게를 두면서 민간 연구기관과 현지에 파견되어 있는 종합상사의 상사원들이 수집하는 경제 및 산업정보가 통산성 등과 공유되는 채널을 발전시켰다.[8] 일본의 대기업 간부들은 정기적으로 통산성 등의 관료들과 회동하면서 중요한 해외 산업정보를 공유한다. 또한 종합상사 간부들은 족의원(族議員)이나 자민당 파벌영수와 같은 유력 정치인에게 고급 해외정보를 제공하는 비공식 정보 네트워크를 통하여 정치적 후견세력과 협력하였다. 전후 공식 정보기관의 발전을 보면, 1952년 8월 총리부 설치령으로 내각 관방장관 산하에 내각조사실을 창설하고 1957년에 국가정보수집의 중심기관으로 재발족시키고, 미국 CIA의 요구를 반영하여 공산권 동태 정보수집을 본격적으로 시작하였다. 1976년 12월에는 내각정보조사실로 개칭되어 기능을 확대하였다. 국내치안유지의 목적을 가진 대내기구로서는 1952년 7월 21일에 공안조사청설치법에 의해 공안조사청이 설치되었다. 공안조사청은 1952년 2월의 파괴활동방지법의 제정으로 법무성 외청으로 설치되면서 2,000여명의 요원과 함께 대내정보활동을 수행하게 되었다. 공안조사청은 1996년의 조직개편으로 탈냉전 후 구공산권 정보 및 국내 이념세력에 대한 정보수집 대신 해외정보와 국내 광신도 종교집단을 주로 감시 대상으로 하고 있다.

전후 일본 정보기구의 특징은 45년 이전의 군 정보기관중심의 국가정보체계는 해체되고 미국의 CIA와 같은 통합된 국가정보기관은 설치하지 않았다는 점이다. 하지만 최근에 들어 내각조사실, 공안조사청, 정보본부, 외무성 국제정보국과의 조정·통제 기능의 강화를 위해 행정개혁의 일환으로 내각관방장관실 밑에 내각정보조사실(내각정보관이 지휘)의 설치를 추진하였다. 일본 정부는 행정개혁의 일환으로 2001년 1월 6일부터 지금까지의 1부, 22성청체제를 1부 12성청으로 축소하면서 총리의 권한을 대폭 강화하도록 하였다. 즉 총리부, 경제기획청, 오키나와개발청을 내각부로 통합하고 방위청과 국가공안위원회를 내각부의 직할기관으로 하면서 내각관방의 지원을 받으며 총리의 역할을

8) *Ibid.*, pp. 254-266.

강화하는 것이다. 따라서 내각부 관방장관 예하의 내각정보관에 의한 국가정보의 중앙조정·통제 기능이 강화될 것으로 전망되고 있다.

3. 주요 기구별 조직과 기능

(1) 내각정보조사실

내각정보조사실(약칭 내조실)의 연혁은 1952년으로 거슬러 올라가는데 1957년에 종합정보판단기관으로 재발족된 내각조사실은 1976년 12월에 이르러 조직규칙 제정으로 총무부, 국내부, 국제부, 경제부, 자료부를 설치하면서 본격적인 역할 정비에 들어갔다. 1986년에는 내각정보조사실로 명칭을 변경하고 7개부서로 확대하여 총무부, 국내1부, 국내2부, 국제1부, 국제2부, 경제부, 자료부를 두게 되었다. 95년의 코베대지진을 경험하면서 1996년에는 그 기능을 확대하여 재해정보 수집기능을 추가하고 기상청, 국토청, 소방청 및 방위청과 핫라인을 설치하였다. 1996년 4월에는 내조실 산하에 국토청, 경찰청, 방위청 요원이 공동 참여하는 내각정보집약센터를 신설하였다. 직원은 경찰청, 외무성, 자위대 인원이 약 150여명으로 편성되어 있으며 2001년의 정부 조직 개편으로 실장을 내각정보관으로 하고 내각조사관이라는 명칭은 내각참사관이라는 명칭으로 바꾸었으나 내부조직은 이전과 같이 7개 부, 1개 센터로 구성되어 있다.

내각정보조사실이 공식적으로 표방하는 임무는 총리대신의 중요 정책에 관련된 정보의 수집, 분석 제공, 정보수집 전파에 관련하여 각 성청과의 연락조정 업무를 담당하는 것으로 되어 있다. 각 부서의 임무를 보면 총무부는 외곽 정세연구회를 관리하고 일반행정 기능으로서 인사, 후생, 교육훈련과 주요 정보분석 및 연락·조정의 기능을 수행한다. 국내1, 2부는 각각 국내 정보와 국내 언론을 담당하면서 국민출판협회 등 외곽단체를 운용한다. 국내1부는 내각의 중요 정책수립을 위한 국내 정보수집 및 분석을 담당한다. 특히 국내2부는 내각의 주요 정책에 대한 국민여론의 동향 조사와 신문, 방송, 잡지의 논조를 분석하는 업무를 수행한다. 국제1부는 내각의 해외 정보수집·분석의 창구로서 동남아조사회, 세계경제조사회 등 외곽단체를 주로 운용하는 해외 정보

표 1 내각조사실 외관단체[9)]

단체이름	주요 활동
일본방송협회(NHK), 라디오프레스, 공동통신사, 국민출판협회	해외방송 청취·번역, 해외방송 조종, 내외 뉴스 속보 발행, 매스컴 논조 분석
중국합동통신사	중국 군사 및 경제 상황 조사·연구
내외정세조사회, 정치경제사정연구소	국내외 외국인의 경제활동 실태 조사, 국내외 정세의 연구분석
해외사정조사회	해외 자료수집
동남아조사회	동남아 및 서남아 정세 조사
세계정경조사회, 대륙문제연구소, 대륙정세분석연구소, 러시아 정세연구회	중국, 러시아, 북한 등 공산권 연구
내외사정연구회, 중국정세조사단	중국정세 조사 연구
아세아동태연구회	아시아 제국 간행물 번역
국제문제연구회	구주제국 정세조사
국제경제조사회	국제경제활동 조사
민주주의연구회	민주주의 이론개발 및 연구
미츠비시 경제연구소	아시아제국 공업관계 자료조사
동아경제위원회	동아지역 경제정세조사
동아사료연구회	아시아 비공산권 군사정세조사
방위공업생산협회	국방관련 조사·연구

담당 부서이다. 국제2부는 해외 매스컴의 논조를 분석하고 내외정세조사회와 통신사 등의 협력을 받는 해외 언론담당 부서이다. 경제부는 국내외 경제관련 연구·조사를 담당한다. 자료부는 민주주의연구회를 통하여 정보자료 존안 관리를 담당하고 전산화된 정보와 마이크로 필름을 관리한다. 이처럼 내조실은 자금을 풍부히 가지고 주로 외곽 민간연구기관을 활용하여 정보수집 및 분석, 평가를 시행하는 것으로 알려지고 있다. 무엇보다도 약 25개에 달하는 많은 수의 외곽단체의 인건비, 사업비 예산을 내조실에서 부담하는 것으로 추정되고

9) 아래 명시된 외곽단체 관련 사항은 인터넷과 일반 출판물 등 공개된 자료의 검색과정을 통해서 확보된 자료이며 실제 단체명과 내조실과의 연관관계 여부는 필자의 추정에 의한 것이며 확인되지는 않은 것들이다.

있다. 특기할 것은 표 1과 같은 다수의 외곽단체마다 적지 않은 수의 지원요원을 운용하면서 전세계를 대상으로 공개된 정보를 체계적으로 수집·분석한다는 점이다. 내각정보조사실과 직간접으로 연결된 것으로 추정되는 단체들은 내조실과 깊이 관련된 단체도 있고 인맥을 통해 내조실 출신 인물이 아마쿠다리(낙하산 인사)로 임명되면서 관계를 유지하는 것도 있다. 예를 들어, 대표적인 외곽단체인 세계정경조사회의 이사장은 내조실, 경찰청, 공안조사청 근무경험자를 임용하고 회장은 명예직이고 이사장이 주로 운영을 관장한다.

이들 중 대표적인 외곽단체인 세계정경조사회는 내조실의 일종의 직할단체로서 기능하고 있는데 이 단체의 조직은 회장, 이사실, 전무이사실이 있고 총무부, 제 1 부(국내정보, 경찰청과 협조), 제 2 부 1 반(중국 공개자료 수집·분석), 제 2 부 2 반(공산권 경제연구), 제 2 부 3 반(중국, 북한 동남아 실태조사 분석), 제 2 부 4 반(러시아 실태조사), 제 2 부 5 반(남북한 공개자료 조사·분석)과 제 3 부(우방국과 정보교류 교환, 자료정리 관리, 종합상사로부터의 정보 융합)으로 구성되어 있다. 특히 세계정경조사회의 제 3 부가 수행하는 종합상사로부터의 각종 현지 정세, 경제동향의 융합을 주목할 필요가 있다. 내조실의 공식적인 규모는 여타 나라에 비해 작지만 일본의 미츠이, 미츠비시 등 민간 종합상사가 전세계에 파견한 상사원들이 정보수집요원으로 활동하는 점을 고려하면 그 정보력의 범위는 어느 나라의 공식적인 기관에 뒤지지 않는다고 평가된다.

내각정보조사실의 중앙 조정·통제기능이 강화되면서 각 성청의 해외업무를 담당하는 정보수집 부서가 분석한 정보도 내조실이 종합·관리하는데 대표적인 것이 외무성과 통산성(행정개혁으로 경제산업성으로 명칭 변경)으로부터 취합되는 것들이다. 외무성의 정보부서라고 할 수 있는 국제정보국에는 국제정보과, 분석 1과, 분석 2과가 있는데 국제정세에 대한 정보수집, 분석 및 관리기능을 수행하고 있다. 분석 1과는 국제정세의 종합적인 분석을 담당하고 분석 2과는 아시아, 대양주, 중근동 및 아프리카를 주로 조사 분석한다.[10] 외무성에서 해외로 파견한 외교관들은 허가받은 스파이라고 할 수 있는데 대사관 정무과 소속 외교관이나 영사들이 주재국 정세에 대한 정보 수집업무를 주로 담당한다. 특기할 것은 일본은 대사관과 현지에 파견된 특파원들이 긴밀한 협조체제를 유지하고 있는데 한국 내에서도 주한일본 대사가 요미우리 신문사

---

10) 外務省 編, 「外交青書 1997－相互依存の深まる世界における日本の外交, 第 1 部」(東京: 大藏省印刷局, 1997), p. 412.

그림 1 내각조사실의 조직구성

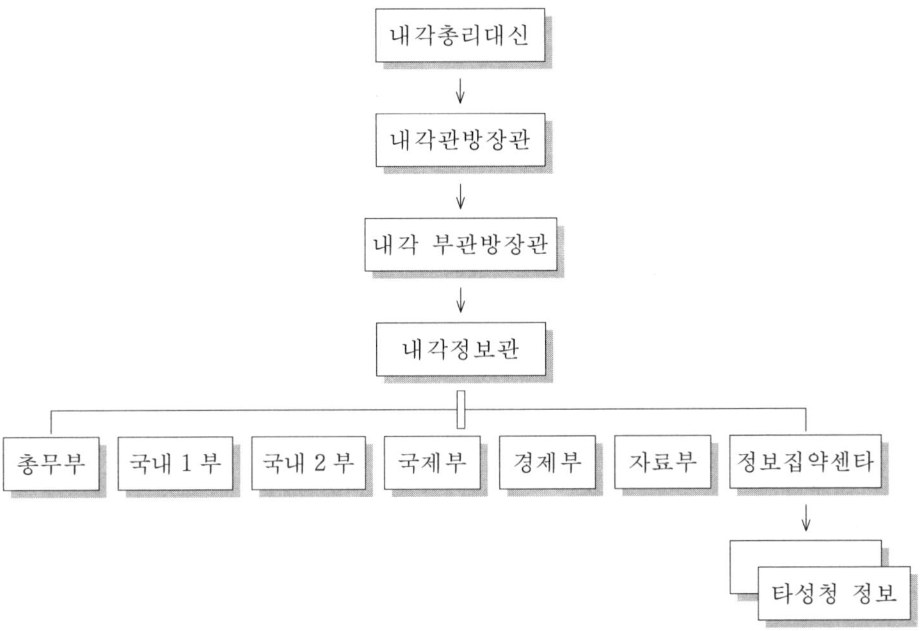

등의 특파원들과 주례 회동을 하면서 고급 정세정보를 교환하는 것으로 알려지고 있다. 특파원들은 취재활동을 한다는 명분으로 자유롭게 정보수집활동을 할 수 있다. 일본의 신문사 및 방송사의 특파원들은 시노하라 기자가 한국에서 군사정보까지 취재하다가 94년에 간첩혐의에 의한 구속사태까지 빚은 바 있을 정도로 적극적이다.

결국, 내각정보조사실은 일본 국가정보체계의 중심기관이라고 볼 수 있고 그 조직과 타성청과의 관계는 그림 1과 같다. 동경 치요다구의 나가타초에 위치한 내각부의 대신관방은 내각정보조사실을 비롯하여 내각총무관실, 내각관방부장관보, 내각광보실로 구성되어 있고 내각심의관 7명과 내각참사관 39명은 특별히 Task Force팀으로 편성되어 현안 정책과제가 있을 경우 총무관실, 광보실, 내조실에 탄력적으로 투입되어 임무를 수행하는 것으로 되어 있다.[11]

11) http://www.kantei.go.jp/jp/cyuo-syocho/gyousei-zu/kanbo.html

(2) 국방정보체계

1) 정보본부

일본 통합막료회의 직속 기관인 정보본부는 각 자위대 정보기관의 분산된 기능을 통합하자는 제안이 1995년 12월에 수용되어 97년 1월에 신설하기로 한 뒤 99년 초에 정식으로 발족되었다. 특히 북한의 미사일발사 실험 등 촌각을 다투는 새로운 형태의 위협에 대응하기 위하여 국방정보 능력을 획기적으로 신장하기 위하여 2000년 6월 동경의 이치가야로 방위청이 이전하면서 방위청설치법 제28조의 2항에 근거하여 본격적인 체제 정비를 완료하였다. 방위청 내에 여타 정보수집 기구로는 방위국 내의 조사과, 통막회의 산하의 사무국, 각 육해공 막료감부의 조사부 등이 있다. 하지만 이 정보본부가 모든 방위청 산하 정보기관의 중추부로서 기능하도록 하였다. 이 정보본부는 모든 국방정보(전파정보, 영상정보, 공개정보, 감시정보, 인간정보)를 중앙에서 융합, 처리, 분석하여 관련 부대에 전파하고 내국 및 막료감부와 공유하면서 수상의 내각으로 보고된다. 이 정보본부의 정원은 현재 대략 1,580명(현역, 1,220명, 민간인 360명)이며 아래 그림 2와 같이 본부장, 부본부장(방위심의관) 산하에 다섯개 부서와 6개 통신소를 두고 있으며 각 부서 밑에 도합 25개 과가 편성되어 있다.[12)]

그림 2 정보본부의 기본조직

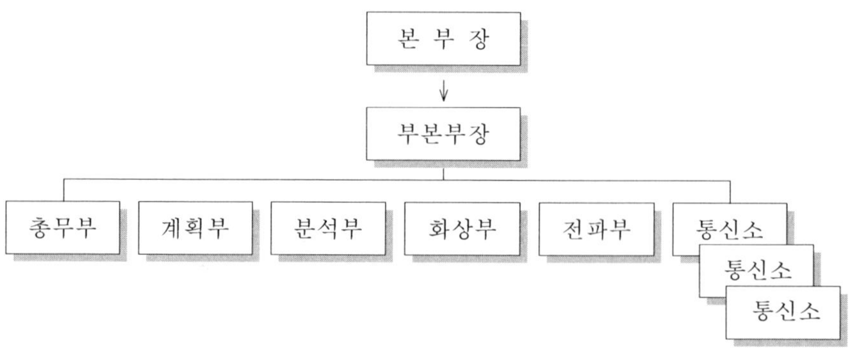

12) 이하 조직 인원 사항은 추정치이며 수시로 변화할 수 있다. 관련 자료는 공군본부 전투발전단, 「2000 외국 군구조 편람」(○○: 공군본부 전투발전단, 2000), p. 38 외에 정보본부 출범 전후에 일본 신문, 군사전문 잡지에서 부분적으로 보도된 것을 모자이크하여 종합한 것으로 일부 자료에 오류가 있을 수 있다.

관련 기관의 배치를 보면 본부장 등은 히노키 쵸에 구 중앙지휘소와 함께 위치하고 있었는데 2000년 6월 이치가야로 이전을 완료하였다. 이치가야에는 또한 약 500여 명의 요원이 영상정보, 분석, 전파정보 등의 처리분석을 담당하고 있고 히가시타치카와에 화상부 일부가 배치되어 있다. 통신소는 히가시치토세를 포함하여 전국에 고루 분포되어 통신중계 거점의 역할을 담당하고 있다.

정보본부 분석부의 기능은 수집·정리·연구, 정세 전망, 주간 및 월간 보고, 지역분쟁 분석·보고, 정보대상국 신문, 방송 등 내용 분석이 중심이다. 분석부 1과는 정보의 종합분석 및 평가, 정세전망 총괄, 주간 정보 요약, 정보자료수집 및 정리를 담당한다. 2과는 한반도, 3과는 중국, 4과는 CIS, 5과는 미주, 아시아 및 대양주이고 6과는 구주, 중동, 아프리카를 담당한다. 7과는 기술정보의 분석, 우주시스템, 핵병기 및 대량살상무기 관련 정보 및 재래식 무기정보를 담당하고 8과는 영상정보를 분석하며 화상부와 연계되어 있다. 정보본부는 또한 과 단위로 자료반을 편성하고 있으며 화상부, 전파부 및 계획부와 데이터베이스를 공유함으로써 종합적인 정보분석이 가능하게 하고 있다.

화상부는 3과로 구성되어 있으며 현재는 주로 상업용 인공위성에서 수집한 영상정보를 지상수신소에서 수신하여 전송받아 판독 및 자료관리를 담당하고 있다. 북한의 WMD 확산 위협 이후, 그 기능을 확대하여 현재는 약 150명 수준의 인원으로 근무하는 것으로 추정된다. 화상부의 화상 1과는 영상정보의 운용·관리 및 향후 영상정보 수집능력 발전에 대한 기획업무를 담당한다. 2과는 4개반으로 편성되어 지상, 항만, 항공시설의 판독을 담당하고 주로 항공기에서 촬영한 사진을 담당한다. 화상 3과에 역시 4개 반이 있으며 유해공의 전략로켓, 핵시설에 대한 인공위성 영상정보를 판독한다.

정보본부 외의 방위청의 정보기관으로는 우선 방위청 내국의 방위국에 있는 조사 1·2과이며 방위정책 수립에 관계되는 정보를 담당한다. 또한 방위청장관 직속의 국제담당참사관 역시 국제실을 통하여 해외정보를 취급한다. 각 막료감부의 조사부는 조사과를 설치하여 운용하고 있으며 육해공 자위대의 예하부대에도 정보기구를 운용하고 있다. 특히 일본의 해상자위대는 냉전기의 소련 잠수함에 대한 대잠전 능력배양 덕분에 약 100대에 달하는 대잠초계기(P-3C)를 포함, 고도로 발전된 對잠수함 탐지 능력을 축적하고 있다. 그리고 각군별 기관과는 별도로 육해공자위대가 합동으로 운용하는 중앙조사대와 중앙자료대가 있으며 연안감시대, 전자대(ECM) 등이 운용되고 있다.

이들 중 육상막료감부 산하의 조사대 내부에 전파첩보나 암호해독을 전문으로 하는 제 2 별실(소위 調別)이라는 기관은 실제로는 과거에 내각정보실의 정보 촉수의 기능을 수행하였다.[13] 이 기구는 1983년 KAL기 격추 사건 당시 감청자료를 공개함으로써 왓카나이 분견대의 실체를 드러냈으며 전국에 통신전파감청국 9개소를 운용하는 것으로 알려져 있다. 이 調別은 분산된 정부기구를 통합한다는 방위청의 시책에 따라 정보본부를 설치하면서 통합되었다. 또한 전자정보를 담당하는 항공자위대 소속의 기구도 실제로는 내각정보조사실의 정보수집 촉수로 기능하고 있음이 KAL기 격추사건을 통하여 노출되었다. 당시 일본은 격추에 대한 전투기 항로추적자료를 공개함으로써 일본 항공자위대의 전자파 탐지수단인 전자정보시설 6개소를 운용하고 있음이 밝혀졌다.

2) 우주감시체계와 공중정보수집체계

일본은 1998년 8월 북한의 미사일발사 실험의 충격을 경험하면서 2002년 회계연도까지 운용을 개시하기로 한 첩보위성 4기의 도입을 위해 2000년 4월에 9,700만불의 관련 예산을 책정하였고 2000년에는 최종적으로 총 8기의 첩보위성을 도입한다는 계획을 발표하였다. 이를 위해 당시 일본 정부는 노나카 히로무 관방장관을 위원장으로 하는 '정보수집위성추진위원회'를 설치하고[14] 5년간 여기에 투입되는 총 예산은 1천9백70억엔에 달할 것이며 총 20조엔을 들여 정찰위성 4기에 관련하여 이미 98년에 14억엔을 기초연구비로 지출하였다.[15] 언론 보도에 의하면 이에 관련된 인원으로 내각조사실 관할 부서가 설치되어 화상정보 해석 교육을 하면서 운용을 준비하고 있는 것으로 알려지고 있다.

이 위성의 해상도는 1m[16] 정도로 비록 미국 정찰위성의 해상도 15cm에는

13) 이하 조별에 관련된 자료는 필자가 오래 전에 미국 대학의 도서관에서 발견한 자료에 근거하였으나 출처가 불분명한 바 오류가 있을 수 있다.

14) 「讀賣新聞」(1999. 4. 1).

15) 정찰위성과 AWACS에 관련된 자료 중 일부는 필자의 고려대 국제대학원 출강시 공개된 자료를 인용하여 필자에게 제출된 보고서를 참고하였다.

16) 해상도 1m란 1m 이내로 근접해 있는 두 물체는 구별할 수 없음을 의미하여 해상도는 탐지, 개괄적 확인, 세부적인 확인, 묘사, 기술적 분석의 단계에 따라 높은 수준이 요구된다. 미사일 기지를 탐지하는 데는 3m, 개괄적 확인에는 1.5m, 세부적 확인에는 0.6m, 묘사에는 0.3m, 기술적 분석에는 0.08m이 요구되므로 1m이라면 일본의 정찰위성이 북한의 미사일 기지를 탐지하고 개괄적으로 확인하는 능력은 확보된다. 흔히 탐지는 대상물체의 존재여부를 확인할 수 있는 수준이며 개괄적 확인은 개략적 표적 형태의 식별이 가능한 정도를 말한다.

못 미치지만 국산이라는 강점이 있으며 정찰 외에 대규모 재해대응 역할도 수행하도록 계획되었다고 한다. 해상도 1m라면 야포, 병력 및 차량이동을 감지할 수 있으며 레이다 통신시설, 미사일 지휘소, 항공기, 함정을 인식할 수 있고 부대, 비행장, 교량, 도로, 항만, 연안시설, 공장, 부상 잠수함, 도시 지형을 식별할 수 있는 수준으로 북한 및 러시아, 중국 등의 주요 군사시설을 감시할 수 있다. 일본이 미국으로부터의 구매 대신 자체 위성개발을 선택한 것은 비용은 비록 더 들지만 장기적으로는 부품조달 등 유지 관리의 용이성이 중요한 고려사항이었을 것이다. 또한 북한 공작선 영해 침범과 같은 경우처럼 비상시에 자위대와 해상보안청이 협력해서 대처하는 데도 국산위성쪽이 용이하다고 판단하였을 것이다. 우선 도입하는 이 첩보위성은 광학위성이 2기, 야간이나 악천후에도 촬영할 수 있는 레이더위성이 2기인데 400~600km 상공의 궤도를 돌며 한반도를 포함한 러시아 극동지역 및 중국해안 지역의 군사시설을 매일 적어도 한차례 감시하게 된다.

99년에 기상관측 위성을 탑재한 일본의 H-2로켓 발사가 실패하자 국산위성 도입을 고집하는 것에 대한 비판이 고조되었지만 일본의 로켓발사 기술은 자체 기술로 한다는 대원칙을 고수할 것으로 예상된다.[17] 앞으로 일본은 정부 차원의 확고한 의지와 막대한 예산투입 현황을 고려할 때 계획대로 독립적인 우주정보수집체계를 조만간에 완비할 것으로 전망된다.

한편 항공자위대는 미국에서 도입한 최신예 공중조기경보기(AWACS) 2대를 시즈오카현 하마마츠기지에 추가 배치했다. 이에 따라 하마마츠기지에는 이미 배치된 2대에 이어 모두 4대의 AWACS를 운용하게 되었다. 이 E-767 AWACS의 항속시간은 약 12시간이며 최대 반경 800km 이내의 항공기나 해상선박 등을 감시할 수 있고 특히 저고도 비행물체 포착에 탁월한 능력을 갖고 있는 것으로 알려지고 있다.

AWACS의 종류에는 미국이 운용하는 E-3 Sentry와 보잉 767이 있으며 영국이 운용하는 타입과 프랑스가 도입한 E-3, NATO의 E-3, 사우디가 보유한 E-3 등 여섯 가지가 있다. 보잉 707을 개조한 공중조기경보기 68대가 현재

17) 일본의 우주개발은 1955년의 펜실로켓의 발사에서부터 시작하여 현재는 과학기술청의 우주개발사업단(NASDA)이 실용위성 개발을 맡고 문부성의 우주과학연구소가 과학위성 개발을 맡는 방식으로 분담하여 수행하고 있다. 우주과학연구소는 펜실로켓, 베비, LS-A, L-4S, M-4S, M-3S, M-3SII, M-5로 개발이 이행되고 있는 한편 우주개발사업단에서는 실용위성과 발사체 개발을 맡아 N-Ⅰ, N-Ⅱ, H-1, H-2로 발전해 왔으나 99년도 H-2로켓 발사는 실패하였다.

미국과 영국, 프랑스, 사우디아라비아 및 나토군에 배치돼 있는 반면 일본이 보유한 E-767은 반경 8백km까지 광역감시가 가능하고 동시에 3백대 이상의 피아기의 식별이 가능한 첨단 기종이다.

3) 일본의 국방정보 자동화 체계: C4I 시스템의 구축

C4I(Command, Control, Communication, Computer, Information) 시스템은 쉽게 설명하자면 적의 위협 징후를 탐지함과 동시에 관련 대응부서로 정보가 실시간으로 공유되어 즉각적으로 최적의 대응수단을 판단하여 적시에 조치가 가능하도록 컴퓨터로 의사결정을 지원하는 시스템이다. C4I 시스템은 현대 군사작전의 신경망으로서 정보우세로 현대전의 성패를 가름하는 결정적 요소로 대두되고 있다. 과거에는 적의 大기갑부대가 고속기동 침투할 경우 이 정보를 입수하여 상부로 보고하는 단계를 거치고 상부에서 적용가능한 전력을 판단하여 투입하기 위한 의사결정과 최종적으로 예하부대로 명령이 내려지는 복잡한 단계를 거쳐야 했다. 하지만 분초를 다투는 미사일 공격의 현대 전장상황에서는 방대한 정보를 취합하여 처리, 분석하고 대응수단을 강구하는 것이 거의 리얼타임으로 수행되지 않으면 안된다. 이처럼 현대전에 C4ISR은 국가안보를 위한 핵심적인 국가정보체계로 인식되고 있다.

현재 일본 방위청의 지휘통신체제를 간략하게 소개한다면 방위청 장관 이하 3개 자위대의 주요 막료감부(각군 본부)가 공동으로 사용하는 중앙지휘시스템이 있다. 여기에 육상자위대의 육자지휘시스템, 해상자위대의 MOF(Maritime Operation Force Command and Control Support System: 해상작전부대지휘관제지원시스템)이 있으며 항공자위대는 방공체제를 위한 밧지시스템을 보유하고 있다. 자위대는 지휘통제체제를 운용되는 조직과 규모에 의해 전략수준지휘통제체제, 전술수준지휘통제체제, 전투수준지휘통제체제로 분류하고 있다.[18)]

우선 평시 및 유사시 군사적 목적 등을 달성하기 위하여 군사적 수단을 대규모로 준비, 계획, 운용하고 대부대를 운용하기 위한 지휘통제시스템을 전략수준지휘통제시스템이라고 하며 기존의 중앙지휘시스템의 공막(공군본부), 해막(해군본부) 연동을 확장하여 육막(육군본부) C4I와 통합하여 연계 중에 있는 신중앙지휘시스템이 여기에 해당한다.

18) 본 절의 일본의 C4I에 관련된 소개 중 일부는 經團聯, 防衛生産委員會, "C41 將來動向," 1998년 5월을 참고, 발췌한 것임.

참고로 舊중앙지휘시스템은 총리와 방위청장관이 방위출동 등 중대한 판단을 내려야 할 때 상황을 실시간에 파악하고 예하부대에 대한 지휘통제를 효율적으로 하기 위한 일련의 활동을 지원하기 위한 시스템이었다. 이 舊시스템은 정보수집·제공기능, 표시기능, 명령전달기능 등으로 구성되어 있으며 주일미군과도 전화와 팩스가 전용선으로 설치되어 있었다. 이것은 자위대가 실력을 충분히 발휘할 수 있도록 중앙에서 지휘명령을 신속 확실히 전달하여 자위대 부대 및 기관이 적시에 행동을 취할 수 있는 태세를 유지하기 위해 1981년 정비에 착수, 83년 말에 운용을 개시하여 84년 말에 모든 장비의 정비가 완료된 것이다. 이 중앙지휘소는 방위청장관을 중심으로 회의하는 방위회의실 외 내부부국 등의 작업실, 각종의 조정을 실시하는 조정실 등으로 구성되어 있었다.

2000년 방위청사의 이치가야[19]로의 이전까지 사용된 동경 록봉기 소재 방위청의 중앙지휘시스템의 운용대상이 되는 사태 중 방위출동에 관련된 것 외의 상황은 치안출동, 해상에서의 경비행동, 대규모의 재해파견 등의 사태 및 그 외 타 全省廳 차원에서 대처해야 하는 긴급사태 등이었다. 이러한 사태가 발생하였을 경우는 즉각 내부부국, 육해공 각 막료감부 및 통막 사무국의 관계자가 중앙지휘소에 집합하여 정세를 파악하고 방위청장관에게 보고하며 부대의 연락, 관계부국간의 조정 등을 신속하게 실시하는 것으로 되어 있다. 또한 방위청장관 이하 관계 간부들은 수시로 중앙지휘소에서 최신 정세를 파악하면서 필요한 조정 및 결정을 내리고 부대에 대해서 명령을 직접 전달한다.

한편 신중앙지휘시스템(NCCS)은 방위청 본청이 이치가야 지구로 이전하면서 운용이 개시된 전략지휘시스템인데, 이것은 중앙시스템, 육막시스템, 해막시스템, 공막시스템, 정보지원시스템을 전부 연동하여 구성되며 미군의 GCCS(Global Command and Control System)과도 연결되어 국가 수준의 안전보장, 위기관리가 통합가능한 시스템으로 운용된다. 이 NCCS는 방위출동, 치안출동, 해상에서의 경비행동, 재해파견 등의 사태에서 자위대의 행동에 관하여 장관이 행하는 지휘감독 및 여기에 관련된 주요 참모가 보좌업무를 적시, 정확하게 통합적으로 지원할 수 있도록 하는 시스템으로서 국가의 위기관리의 중핵이 되는 중요한 시스템이다. 여기에 보다 구체적으로는 국제협력, 대(對)영공 침범조치, 국빈 등의 수송 및 경호, 재외 방인(주: 일본인) 등의 수송이

19) 이치가야 지구(동경도 신주쿠구 이치가야 혼무라쵸 소재)에는 이미 정보본부가 입주해 있으며 동경 시내 어디에서도 보이는 초대형 안테나탑을 쉽게 식별할 수 있다.

포함된다.

이 신중앙지휘시스템은 위로는 내각총리대신 관저의 안정보장실[20]과 외무성, 해상보안청, 경찰청, 국토청, 민간데이터베이스가 연동되며 요코타의 주일미군사령부, 통합기상 통신용 전산기시스템과 비행관리정보처리시스템, 방위청 사무자동화(OA)시스템과 연계되는 것으로 추정된다. NCCS 내의 해막의 시스템은 요코스카의 자위함대 지휘지원시스템과 연동되고 육막시스템은 육자방면대 지휘시스템이, 그리고 공막시스템은 항공총대 지휘시스템과 연동된다. NCCS 내의 정보지원시스템은 또한 같은 이치가야 기지 내의 정보본부의 시스템과 연동된다.

둘째로 전술수준지휘통제시스템으로서는 우선 육자방면대지휘시스템이 있는데 이것은 NCCS와 병행해서 정비중에 있는 육자의 C4I시스템의 핵심적 구성요소이다. 1999년 당시 북부방면대, 동부방면대, 서부방면대에서 운용을 시작하였고 중부방면대, 동북방면대에서도 2000년까지 정비가 완료되었을 것으로 추정된다. 이 시스템에는 데이터통신, TV회의, 헬기전송영상의 편집 및 표시기능, Fax 송수신 기능도 있으며 방면대의 보급관리, 전투지휘시스템을 일괄적으로 관리하는 능력도 보유하고 있다.

다음, 해상작전부대지휘관제지원시스템(MOF system)의 기능은 유사시 및 평시 CMOF(Commander of MOF) 지휘관과 자위함대사령관이 실시하는 작전을 효율적으로 하기 위해 각급 지휘관의 의사결정, 정보의 전달 등을 지원하는 것이다. 이때 상정한 상황은 ① 방위출동, ② 치안출동, ③ 해상 경비행동, ④ 경계, 감시, ④ 재해파견, ⑤ 유엔평화협력업무, ⑥ 국제긴급원조활동, ⑦ 긴급사태 대처 등이다.[21]

한편 항공자위대 밧지시스템은 타겟을 레이다로 발견하여 피아 식별 후 요격기 혹은 미사일을 할당하여 요격계산, 유도 등을 하는 일련의 기능을 보유하고 있다. 이 시스템은 각급 지휘소, 방공사령부 등에 설치된 컴퓨터, 정보표시장치와 각 레이다사이트를 유기적으로 연결하는 통신회선으로 구성되

20) 도쿄 치요타쿠 나가타쵸에 소재하고 있으며 수상의 직속기관으로서 우리의 국가안전보장회의와 유사한 기능을 수행한다.

21) 이 해상작전부대지휘관제지원시스템(MOF System)은 해상작전 전반을 지휘하고 지원하는 해상작전센타, 연안방어 작전을 지휘하고 지원하는 각 방면부대센타, 해상항공작전 전반을 지휘하고 지원하는 해상항공작전센타 및 육상, 양상의 각 단말장치로 구성되어 있으며, 현 중앙지휘소 체제 내에서도 운용중에 있는 시스템이다. 앞으로는 해막시스템을 통하여 신중앙지휘시스템과 연동될 예정이다.

어 있다. 밧지시스템은 주로 전국 28개소의 레이다사이트에서 들어오는 정보와 저공침입기에 대처하기 위한 AWACS에서 수집된 정보를 융합하여 침입항공기에 대하여 대응한다. 현재 운용되고 있는 시스템은 1967년의 구밧지시스템에 대신하여 1983부터 정비가 개시되어 1987년에 완성된 제 2 세대 시스템이다.

국방을 위한 군의 통신망은 얼마만큼 많은 정보가 원활하게 유통되고 생존성이 보장되느냐가 중요한 문제이다. 방위청과 자위대의 통신 기반으로는 통합방위디지탈망(IDDN: Integrated Defense Digital Network)이 정비되어 있어서 고정계의 골간통신으로서 운용되고 있다. IDDN은 지상마이크로 회선을 기본으로 하고 있으며 긴급시의 백업용, 이격된 도서지역과의 통신용으로서 위성회선도 병용하고 있다. 현재 방위청에는 IDDN의 생존성을 향상시키기 위한 복수의 경로화를 검토하고 있다.

한편 육막에서는 데이터교환망의 통합화를 추진하고 있는데 그 목적은 2001년도 이후 각종 데이터교환망의 통합 운용을 통해 회선효율 및 경제성을 도모하기 위한 것이라고 한다. 자위대는 또한 기지 내의 통신 인프라로서 대용량, 고속통신이 가능한 ATM-광/근거리통신망화를 위해 자위대의 차세대 정보통신 기반의 구축사업도 99년부터 시작하였으며 멀티미디어 통신에 대응할 수 있는 기반을 정비하고 있다.

또한 방위청은 신속, 광역으로 전개되는 부대의 지휘통제 및 정보의 전달, 항공자위대와 해상자위대의 연락 조정을 위한 통신 인프라로서 위성단일통신시스템을 방면대 및 사단에 96년부터 도입하고 있다. 이 사업은 97년의 미일신방위협력지침 이후 자위대의 해외 출동시나 해외 재해구난, 방인구출작전에 중요한 역할을 할 것으로 전망되고 있다. 이 위성단일통신시스템에는 Super Bird(X밴드)를 활용하여 동경 이치가야 본부의 통제장치와 연결되고 각 사단의 이동형 표준장치들과 통신연결이 추진되고 있다.

(3) 공안조사청

공안조사청은 1952년 한국전쟁 중에 일본 내 좌익단체의 활동을 통제하기 위한 파괴활동방지법 및 공안조사청법에 근거하여 설치되었다. 공안조사청의 조사관은 수사권은 없고 조사권한만 부여되어 있으며 규제처분을 원할 경우는 공안심사위원회에 규제를 청구한다.[22] 공안조사관은 서류 등 증거물의 열람, 정보교환을 검찰 혹은 경찰에 요청할 수 있고 경찰의 압수, 수색, 검증에 입회할 수 있다. 공안조사관에게는 관계자 혹은 참고인이 자발적으로 제출한 정보자료를 영치, 보관할 수 있는 권한이 부여되어 있다. 공안조사청 장관은 특정 단체가 폭력주의적인 파괴활동을 하고 있다고 판단할 경우 단체활동의 제한, 탈법행위의 금지, 해산 명령, 재산의 정리 등 처분을 공안심사위원회에 심사와 처분의 청구를 요청할 수 있다. 공안심사위원회는 파괴활동방지법의 제 3 장이 정한 규제의 절차에 따라 공안조사청 장관의 처분청구서, 증거, 조서, 관련 단체의 의견서를 참조하면서 필요한 취조와 장부검사, 사무소에서의 검사활동을 할 수 있다.

공안조사청의 조직은 장관, 차장, 총무부, 조사 2개부 및 지방조사국, 조사 사무소로 구성되어 있으며 세부 조직, 시설과 기능은 법률상 비밀로 되어 있으며 또한 편제는 법적인 규제를 받지 않는다. 단 공개된 자료를 종합해 보면 조사 제 1 부는 주로 국내 좌익단체 정보를 담당하는데 제 1 과는 공산당 중앙조직, 제 2 과는 공산당 산하단체, 3-4과는 과격단체를 맡고 있는 것으로 보여진다. 그 밖에 조사 1 부의 제 1 실은 외환법 관계를 담당하는 참사관을 두고 있다. 조사 2부는 주로 사회혼란 및 소요를 관장하고 해외 공산권 정세의 분석, 평가 및 전망을 수행한다. 조사 2부의 해외정보 1과는 러시아를 담당하고 2과는 북한과 조총련이 대상이다. 2000년 공안조사청이 북한의 대남전략을 분석하면서 화해국면에도 불구하고 혁명역량 강화를 기도하고 있음을 주장한 보고서의 출처가 이 부서로 추정된다. 3과는 외사관계를 담당하고 제 2 부의 1실은 국제정보실 참사관이 국제정보의 자료수집, 국제교류 업무를 담당하고 있다. 이 밖에 공안조사청은 연수소를 가지고 있으며 지방에 공안조사국(8개), 지방공안사무소(1, 2과)를 총 43개 설치 · 운용하고 있다. 2,000여 명 정도의 인원은 대부분 경찰요원이며 간부진은 검찰출신으로 구성되어 있다.

공안조사청은 국가공무원법 100조 및 공안조사청 규정 4조가 정한 범위 내에서 비밀 정보활동을 주로 해 왔으나 국내정보 수집에서 최근에는 해외정보 수집, 분석으로 방향을 전환하고 있는 것으로 알려지고 있다. 공안조사청이 생산하는 정보보고서의 일차적인 사용자는 법무대신이지만 내각정보조사실의 조정을 통해 경찰, 방위청, 외무성, 해상보안청 등 유관기관과 횡적으로 정보

22) 鹽野 宏 外 編, 「六法全書」(東京: 有斐閣, 1996), pp. 1302-1304.

를 공유한다.

4. 국가정보의 성공과 실패 사례

일본 역사를 돌이켜 보면 핵심 정보의 획득이 국운을 결정적으로 좌우했던 경우가 많았다. 2장에서 언급한 바와 같이 일본은 오랜 옛날부터 정보의 중요성을 깊이 인식하고 정탐 활동의 가치를 높이 평가하였다. 토쿠가와 막부(德川幕府)는 특히 해외 정세에 민감한 관심을 가졌으며 서양의 군사과학기술을 적극적으로 수용하였다. 네덜란드의 과학기술 문화를 통칭하는 난학(蘭學)이 융성했던 서남웅번[23] 지역의 다이묘(大名)들 역시 최신 정보와 과학에 대한 높은 관심 덕분에 서양 문명의 동점기(東漸期)에 국가체제의 재빠른 변신을 주도할 수 있었다. 토쿠가와 말기의 젊은 지사(志士)들은 아편전쟁(1840) 이후 중국이 처한 위기를 명확히 직시할 수 있었으며 페리(Matthew Calbraith Perry)의 흑선(쿠로부네)의 함포외교에 굴복하면서 개방과 개화만이 살 길이라는 점을 분명히 인식하였다. 그 결과 오쿠보 도시미쯔(大久保利通), 키도 다까요시(木戶孝允), 사이고 타카모리[24] 등은 막부를 타도하고 명치유신을 단행하면서 서양과학 기술을 적극적으로 수용하고 체제변혁을 주도할 수 있었다. 무엇보다도 명치유신 주도세력의 집단 해외견학 여행이었던 1871년의 이와쿠라사절단의 구미 견문을 통하여 이토 히로부미(伊藤博文) 등은 국제정세에 대한 예리한 이해를 통해 일본의 외교역량을 한 단계 높이는 데 중심적인 공헌을 하였다. 즉 일본의 명치지도부는 19세기 말의 지역정세에 대한 전략정보를 정확하게 파악하고 일본의 국운을 좌우하는 대대적인 체제개혁에 나설 수 있었다는 것이다.

한편, 우리에게는 치욕의 역사이었지만 일본의 본격적인 국세 신장의 계기가 되었던 한일합방은 현지에서의 치밀한 인간정보(HUMINT) 수집과 함께 시작되었다. 일본은 이토 히로부미와 이노우에 카오루(井上馨) 등의 지도 아래 조선 조정에 대한 정보수집체계를 면밀히 구축해 나갔다. 우선 부산의 왜관 주재관이었던 오쿠 요시노리, 그리고 보다 정확한 정보를 위해 파견된 외무성 정

23) 사츠마(薩摩), 쵸슈(長州), 히젠(肥前), 토사(土佐)의 네 개의 번(藩)을 말한다.
24) 이들 세 명을 유신삼걸(維新三傑)이라고 한다.

보원 모리야마 시게루 등은 1874년 조선 정세에 대한 보고서를 제출하면서 동래부 비장 남효원, 통사 김주복 등을 매수하여 정보수집활동을 하였다.[25] 조선의 임오군란 후 가까스로 탈출한 하나부사 요시모토(花房義質)는 본국의 이노우에 카오루 외상의 지침으로 히사미즈 사부로와 스기무라 후카시를 정보수집 요원으로 인천과 부산에 파견하여 피해상황을 조사하는 등 일본의 대(對)조선 첩보활동은 갈수록 치밀해졌다.[26] 특히 하나부사 요시모토는 1882년 귀국시 수신사를 초청하여 박영효, 김만식, 서광범, 김옥균 등을 후쿠자와 유키치(福澤諭吉)와 접촉시키면서 친일 네트워크를 심고자 노력하였다. 그 덕분으로 일본의 타케조에 신이치로 공사는 김옥균을 통해 국내 정세를 손바닥 보듯이 파악하였을 정도였다. 이러한 정보를 활용하여 시마무라 히사시 서기관과 후쿠자와의 문하생인 이노우에 카쿠고로(井上各五郞)는 국내정치 개입을 기도하여 1884년에 갑신정변을 유도하였다. 하지만 국내 개화파의 세력을 과대평가하였고 청나라의 개입의지를 과소평가한 정세 평가의 실패로 일본은 1894년까지 한반도 병합의 야욕을 거두어 가야 했다.

1894년 동학혁명이 터지자 주(駐)조선 대리공사 스기무라 후카시의 보고로 외무성은 육군소좌 이치지 코스케를 정보수집 요원으로 부산에 파견하여 다시 침투의 기회를 엿보게 되었다. 청나라에서 서태후의 난정으로 이홍장이 추진한 북양함대의 해군력 강화가 실패했다는 정보의 획득과 조선의 각지에서 수집한 정보를 활용하여 일본군은 청나라와의 일전에서 승리할 수 있었다. 이후, 일본의 정보공작은 더욱 노골화되어 이노우에 카오루는 청일전쟁 후 본국에 귀국하여 조선 조정에 친일세력을 투입하면서 민비를 제거하기 위해 미우라 고로(三浦梧樓) 공사를 지휘하여 서울에 잠입하여 있는 일본 낭인, 신문기자, 상인들을 정보원으로 활용하는 등 현지정보 네트워크를 활용하는데 앞장섰다. 한마디로, 청나라의 영향력을 한반도에서 축출하고 김홍집의 친일파 정권을 세우는데 일본에게 결정적으로 기여한 것은 30여년에 걸친 국제정세에 대한 전략정보의 축적, 그리고 현지 친일정보원의 활용과 같은 인간정보 역량이라고 볼 수 있다.

이처럼 매수를 주요 수단으로 한 일본의 인간정보 네트워크는 만주국 수립과 중국 침공 전후에 우리 독립군에게 악명높던 헌병대 등을 중심으로 지속

25) 성황용, 「근대동양외교사」(서울: 명지사, 1993), pp. 138-139.
26) 위의 책, p. 173.

적으로 확장되었다. 만주 주둔 관동군은 특히 현지 정보수집능력이 탁월하여 각종 침략주의적인 공작활동의 중심이 되었다. 예를 들어 봉천역에서의 장작림 폭사사건은 관동군 대좌 카와모토 타이사쿠가 주도하였고 1931년의 봉천 교외에서 일어난 유조구사건도 관동군 작전참모인 이시하라 칸지 중좌를 중심으로 치밀하게 사전에 모의된 사건이었다. 관동군은 유조구에서의 열차폭파 사건을 중국인의 소행이라고 뒤집어 씌우고 만주사변을 일으키면서 특무기관원들이 주도하여 청나라 마지막 황제였던 푸이(溥儀)를 괴뢰 만주국의 황제로 옹립하는 공작을 자행하였다. 또한 화북분리공작, 내몽고자치정부 수립공작, 왕조명 정부와 같은 중국 내 괴뢰정권 수립 공작은 일본 본토의 특무부대와 현지 관동군이나 화북주둔군 등의 특무부대가 주도하여 수행되었다.

대륙으로의 침략과정에서 인간정보 수집능력에 탁월한 수완을 발휘했던 일본이 태평양전쟁에서는 암호해독 전쟁(cryptological warfare) 능력의 부족 때문에 미국에 완패하는 경험을 하였다. 태평양전쟁 개전 직전에 일본의 도조 내각이 노무라 주미대사를 통해 헐 미국무장관과 회담을 벌이는 동안, 본국과의 암호전문 코드가 누출되어 미국은 일본이 외교적인 타협보다는 개전을 하기 위한 시간을 벌고 있다는 것을 미리 알고 있었다. 태평양전쟁 중에도 독일이 제공한 암호화기(Enigma machine)의 코드가 연합국측 정보원을 통해 유출되어 일본의 중요한 군사정보 통신망이 미군에게 완전히 노출되어 있었다. 미드웨이 결전을 앞두고 일본 해군의 암호전문 정보가 유출되어 미해군은 함대 결전을 충분히 예상하고 준비할 수 있었으며 미드웨이 해전에서 일본은 주력 항모 4척과 항공기 300대를 상실하는 타격을 입었다. 미국의 니미츠 제독은 미드웨이 해전 직전에 일본 해군이 송신하는 특정목표 코드인 AF가 알류샨인지, 하와이인지 혹은 미드웨이인지 알기 위해 미드웨이 부대장에게 식수부족 내용을 송신하라고 하였다. 일본 본국에서 미드웨이를 AF라는 암호명으로 지칭하면서 미드웨이에 식수가 부족하다는 정보를 일본 해군으로 송신하는 것을 미군측에서 중간에 암호해독하여 일본의 공격목표가 미드웨이라는 것을 미리 알고 있었다는 것이다.[27)]

태평양전쟁에서 암호해독전의 실패로 쓴맛을 보았던 일본은 전후에 민간 해외 산업정보 수집능력 덕분에 수출입국에 성공하고 경제대국으로 부활할 수 있었다. 나가노 정보학교 출신의 요원과 만철조사부의 요원 등은 패전 후 민간

27) Deacon, Kempeitai: *The Japanese Secret Service Then and Now*, pp. 220-21.

기업에 취직하여 자신들이 갈고 닦아온 해외 정보수집 능력을 유감없이 발휘하였다. 이들은 또한 정부와 민간기업간의 정보 공유의 고리 역할을 하면서 해외 상사원들이 사실상 정부의 정보요원 역할을 하는 일본의 독특한 해외 정보수집체계의 형성에 공헌하였다. 전후에 안보는 미국에게 의존하면서 경제부흥에만 전념한 일본에게 있어서 "해외 정보의 85% 내지 90%는 어떻게 하면 일본으로 하여금 더욱 번영하도록 할 수 있는가 하는 문제에 집중되었다."[28] 따라서 무역실태, 현지 상업제도, 해외 시장, 기술개발 현황, 경제동향조사 등 일본의 무역흑자를 늘리는 데 도움이 되는 정보는 전세계에서 닥치는 대로 수집되었다. 해외 경제정보수집에서 중요한 역할을 한 것은 통산성(MITI)이었는데 90년대까지도 외무성의 직원이 약 2,510명이었을 당시 통산성의 직원수는 약 15,450명에 달할 정도였다. 통산성은 특히 경단련과 밀접히 협조하면서 해외 경제정보를 수집하는데 예를 들어 요시자네 이와사라는 인물은 경단련에 소속되어 1964년에 미국에서 조사활동을 한 뒤, 향후 對 중국무역을 위해서는 일본 기업들이 뉴욕-보스턴 경제계보다는 서부의 캘리포니아 경제계와 연계해야 한다는 정보를 제공하였다.[29]

종합상사들은 전지구적인 정보수집 네트워크를 가지고 있는데 대표적인 예로서 미츠이그룹은 런던에서 나이로비에 이르기까지 전세계에 185개의 현지 사무소를 운용하면서 산업정보수집의 첨병 역할을 하였다. 놀라운 점은 미츠이의 본국 본부에는 석유화학, 통신, 항공 등 모든 사업분야를 망라하여 관련된 방대한 해외 정보를 관리하는 중앙컴퓨터시스템이 1957년부터 운용되었다는 것이다.[30] 이처럼 고도로 발전된 해외 경제정보수집, 분석, 공유체계가 전후 일본의 급속한 부흥과 경제대국의 성공에 결정적으로 공헌하였다고 평가하여도 과언이 아닐 것이다.

그리고 서론에서 지적한 바와 같이 패전 후 反戰, 反軍 평화사상의 분위기 속에서 해외 군사정보의 수집체계는 대폭 축소되었다. 일본은 국내에 설치된 통신첩보시설을 주로 활용하여 주변국에 대한 군사정보 요구를 만족시켜야 했다. 하지만 영상정보 획득을 위한 군사정찰위성의 부재로 1998년 8월의 북한의 미사일발사 실험정보를 미국에게 의존해야 하는 문제점이 노출되었다.

28) *Ibid.*, p. 254.
29) *Ibid.*, p. 259.
30) *Ibid.*, p. 261.

SIGINT 시설로 북한군의 통신내용을 일부 감청했을 것으로 추정되고 항적과 탄착점 파악에는 이지스함이 활용되어 정보를 수집하였지만 일본 정부 내에서 미국에 대한 정보의존이 심각한 문제로 제기되었다.[31] 특히 발사 이후의 미사일 추적은 가능하였지만 발사준비 상황이나 발사시기 예측이라는 중요한 사전 정보는 전적으로 미국에게 의존할 수밖에 없었다고 한다. 이러한 영상정보 능력의 결여는 이미 북한 영변 핵시설에 대한 정보를 군기관이 확보하지 못하고 상업용 인공위성 사진을 민간인이 판독함으로써 알 수 있었다는 반성에서부터 심각히 제기되었다. 따라서 98년의 북한 미사일발사 실험의 정보 실패를 계기로 일본은 군사목적의 영상정보체계의 본격적인 발전을 도모하고 있다.

마지막으로 정보시스템의 보안문제를 언급한다면 일본 정보인프라의 보안 체제가 취약하여 핵커들의 공격으로 주요 정보인프라가 공격받고 침입당한 것으로 추정되는 사례가 보고되고 있다. 오이타현의 한 인터넷 접속회사에서 외부로부터 침입자에 의해 호스트 컴퓨터의 시스템파일과 데이터파일이 파괴되어 약 2,000명부의 회원 ID와 패스워드가 전부 소멸된 사건이 있었다.[32] 그 후에도 97년 동경대학 대형계산기센터의 컴퓨터시스템이 10여년간 미인가 접속된 사례와 NTT 연구소에 외부로부터 전화회선을 경유한 데이터 파괴, 98년에는 NTT 데이터가 운용·관리하는 크레딧 카드의 온라인 시스템 장애, 97년의 동경증권거래소에서 백업시스템을 포함한 시스템다운이 일어난 바 있고 최근에 JR, 사철 등 교통시스템에서도 원인 모를 장애가 발생하여 사이버 테러의 의심을 받은 바 있다.[33] 일부에서는 사이버 테러리즘의 빈발에도 불구하고 대책이 지체되고 있는 이유가 IT 경쟁력 부족, 국가안보 인식의 결여, 대미안보 의존에 있다고 지적한다.[34] 일본에서는 경제산업성(구 통산성)이 개입하여 설립한 정보처리진흥협회에서 시큐리티 센터를 설치하여 바이러스대책실, 핵커대책실, 암호기술조사실 등에서 사이버 테러리즘에 대한 대책을 강구하기 시작하였다. 이외에도 JPCERT/CC 등의 조직이 핵커들의 부정 침입에 대한 대응방안을 마련하면서 최근에 일본 내에서도 시스템 보안에 대한 인식이 확산되고 있다고 하지만 미국 등 정보선진국에 비하여 본격적인 국가와 기업 수준에

31) 북한의 대포동 미사일 시험발사에 대한 일본의 반응은 *The National Institute for Defense Studies, East Asian Strategic Review*(Tokyo: NIDS, 1999), pp. 64-70 참조.

32) 宮脇らいすけ 「サイバー。クライシス」(東京: PHP 硏究所, 2001), pp. 108-109.

33) *Ibid.*

34) *Ibid.*, pp. 136-152.

서의 사이버전쟁에 대한 준비는 결여되어 있다고 자평하고 있다. 특히 냉전이 끝나고 나서 미국의 CIA는 일본 기업에 대한 정보활동의 방향을 강구하기 위해 *Japan 2000*이라는 연구를 수행하고 이어 전자메일, 전화, 팩시밀리에 대한 방수활동으로 일본의 산업스파이 활동을 적발하고 미국 경영 및 기술정보를 보호하는데 상당한 성과를 거두었다고 한다. 더욱이 국가기관의 보호와 별도로 외국 기업이나 핵커들이 일본 기업들의 정보시스템에 침입하여 경영기밀과 산업기술정보를 절취하는 사례가 늘어나면서 일본의 시스템 보안체계의 부실이 심각한 문제로 지적되고 있다.

5. 일본 국가정보체계에 대한 미래의 도전과 제약

명치유신의 주도세력이 설정한 탈아입구(脫亞入歐)와 부국강병을 한다는 일본의 국가목표는 종국에는 대동아공영권 내지는 팔굉일우(八紘一宇)라는 극단적인 팽창주의로까지 발전되었다.[35] 이 시기 일본의 국가정보체계의 촉수는 가히 유럽과 아시아를 넘나드는 전세계적 범위로 팽창되어 있었다. 하지만 태평양전의 참패 후 일본은 평화헌법의 울타리에서 시민사회의 영역이 확대되고 친미-경제우선주의인 요시다 독트린에 따라 경제부흥에만 전념했다. 전후의 전수방위라는 일본의 안보전략은 그러나 소련의 붕괴에 따른 탈냉전기에 들어오면서 미국으로부터의 역할분담 압력과 일본 정계 내의 국제역할확대론의 압력에 따라 새로운 목표를 요구받고 있다.[36] 이에 따라 아태지역에서 미국의 안보활동에 대한 일본의 지원계획이 구체화되면서 일본의 독립적인 정세 판단에 필요한 군사정보수집, 분석, 평가, 공유 · 전파 및 미군과의 상호운용체계의 정비가 새로운 과제로 대두되고 있다.

하지만 일본의 지역안보에 대한 공헌의 범위를 어디까지 할 것인가에 대한 국가적인 공감대가 아직 형성되어 있지 않은 불투명한 상태가 지속되고 있다. 90년대 이후의 일본의 대외전략에 대한 국론분열의 배경에는 일본의 향후 국가 외교정향에 대한 오자와 이치로(小澤一郞) 등의 국제공헌확대론[37]과 이

35) Chang-hee Nam, "Japan's Pre-war Expansion into Korea and Manchuria," *Korea Observer* 24:1 (Spring 1993), pp. 139-140.

36) 남창희, 「일본의 외교정책」, 김계동 외 공저 「세계외교정책론」(서울: 을유문화사, 1995), pp. 304-308.

에 저항하는 후나바시가 대표하는 시민평화세력(Civilian Global Power)[38]과의 첨예한 노선 대립이 있다. 이것은 경제대국이 된 일본의 국가적 잠재력과 국제사회에서 일본의 역할구조간의 불균형에 대한 미국을 중심으로 한 국제적인 압력과 일본 국내의 대국주의화 경향에 대한 시민사회 세력의 저항을 반영하는 것이다.[39] 군사안보역할 강화라는 방향과 평화대국이라는 상치되는 국가목표의 충돌을 해소하지 않는 한, 일본은 독립적인 국가정보체계의 장기 발전방향을 명확하게 설정하기 어려울 것이다. 따라서 앞으로 당분간은 미국과의 지역안보 역할 수행을 위한 정보공유체제의 정비 및 북한 등의 미사일 위협 대처를 위한 목적의 군사정보수집 인프라의 발전을 도모할 것으로 예측되고 있다.

실제로, 방위청은 2000년도 방위예산 요구액 중 지휘통신 기반시설 확충에 높은 우선 순위를 두고 예산을 요구하였다.[40] 즉 정보·지휘통신 기능의 충실이라는 정책 목표하에 방위력의 운용을 신속하고 적절히 할 수 있도록 정보수집, 분석체제의 정비를 도모함과 동시에 지휘통신 기능의 충실화를 추진한다고 하였다. 여기서 우선 정보수집 분야에서는 ① 정보본부 기능의 충실화로서 긴급동태부(가칭)의 신설, 정보본부의 운용태세의 충실을 기하기 위한 요원의 확보 ② 탄도미사일에 관한 정보 기능의 강화로서 고정식 3차원 레이다 장치(J/FPS3)의 探知追尾精度의 향상을 제시하였다. 둘째로 지휘통신 분야에서는 ① 신중앙지휘시스템의 정비 및 운용 개시에 따른 요원의 확보, ② 항공경계감시 능력 등의 향상을 위한 고정식 3차원 레이다 장치의 정비, ③ 통신망

37) 일본의 대전략 구상에 관한 연구는 小澤一郎, 「日本改造計劃」(東京: 講談社, 1993); 日本戰略研究センタ, 「世界に生きる安全保障: 21世紀への指針」(東京: 原書房, 1994); 總合戰略研究會, "日本の總合戰略大綱," 「中央公論」, 1994. 10); 讀賣新聞社, 「安全保障への提言」(東京: 讀賣新聞社, 1995); Akio Watanabe, Kikuchi, Tsutomu, and Yamanouchi, Yasuhide, The Perspective of Security regimes in the Asia-Pacific Region (Tokyo: Japan Forum on International Relations, 1996); 최근의 보수적 안보공헌 확대론의 논점은 渡邊昭夫, "日本の安全保障政策と憲法," 「This Is Yomiuri」 1997년 6月號; 北岡伸一, "橋本外交の現狀と課題," 「アジア時報」 1998. 3; 中西揮政, 「日本 ょ, 國として核を持て」, 「中央公論」(1998. 10) 참조.

38) 시민평화세력개념에 관련된 대표적 논문은 Funabashi Yoichi, "Japan and the New World Order," *Foreign Affairs*, (1991-2 Winter); 최근의 미일동맹 폐기론으로서 평화주의적 논의는 Morihiro Hosokawa, "Are U.S. Troops in Japan Needed?" *Foreign Affairs*, (1998 July/August); 入江昭, "二一世紀の米中日關係," 「世界」, 1998. 9 進藤英一, "日米安保に代わるもの," 「軍縮問題資料」(1998. 5); 외교관으로서의 입장은 孫崎亨, "東アジアの新たな外交課題," 「中央公論」(1998. 4).

39) Mike Mochizuki ed., *Toward A True Alliance*(Washington D.C.: Brookings Institution Press, 1997).

40) 방위청 기관지 1999년도 「아사구모」의 자료 종합.

의 안전성의 향상을 위한 방위통합디지탈통신망(IDDN)의 정비, ④ 통신의 신뢰성의 향상, ⑤ 컴퓨터 보안의 향상을 위한 기반 정비를 제시하였다.

두 번째 도전 요인으로서, 정보화 혁신의 물결 속에서 선진국들의 국가정보체계는 새로운 문명도약 차원의 도전에 직면하고 있다. 과거처럼 감추어진 정보의 수집이 중요시되던 시대에서 이제는 개방된 공간에 노출된 정보의 무한한 확대, 인터넷에 의한 실시간 정보공유, 첨단 감시·정찰능력의 발달, 초고속의 정보처리기술 및 분석프로그램의 대두라는 기술적 변화가 가시화되고 있다. 이러한 새로운 환경은 지금까지의 국가정보기구의 조직, 기능 및 교육방법을 새롭게 재편하지 않으면 안되도록 요구하고 있다.

우선, 앞으로는 특수한 비밀조직이 국가정보활동을 독점적으로 수집, 분석, 평가, 보호하는 방식만으로는 그 국가 정보체계의 경쟁력을 유지하기 어렵게 되었다. 오프라인의 모든 정보가 디지털 정보로 전환되어 온라인 공간에서 공유되는 상황에서 얼마든지 몇 개의 프로그램만으로 방대한 조직의 정보수집, 분석, 평가의 기능을 대행할 수 있다. 예를 들어 인터넷 검색포털사이트의 발전 추세를 보면 앞으로 사용자가 필요한 지식과 정보를 인간의 언어 수준에서 명령하면 실시간에 응답을 해 주는 Expert System으로 발전될 것이 예측되고 있다. 다시 말해 무국적의 사설 정보기관이 수없이 탄생하여 개인, 조직, 국가기관의 서비스 요청에 따라 무한경쟁을 할 것이라는 것이다. 따라서 기존에 오프라인 정보활동 인력을 가지고 정보수집, 공작, 분석, 평가, 전파 및 방첩, 통제·조정의 기능을 수행하던 정보기구는 불가피하게 재편될 것이다. 대신 예를 들어 강고한 다중 방화벽(fire wall)으로 보호되는 국가핵심 정보인프라 보호 기능이 중시될 것이다. 예를 들어 전자정부, 통신, 금융, 교통, 에너지 시스템, 국방시스템에 대한 시스템 보안능력의 소요는 갈수록 증가할 것이다. 결국, 앞으로 이 방어시스템에는 해커, 크래커, 논리폭탄, 바이러스 등 사이버공격에 대한 방어능력을 무한히 발전시켜야 하는 정보전(cyber warfare) 기능과 새로운 전문가 인력이 강조될 것이다.

따라서 앞으로 국가정보력의 수준은 독점적인 국가 정보기구의 조직적 능력보다는 전 사회 구성원의 참여와 활발한 사이버 지식생산의 질과 양으로 결정될 것이다. 99년도의 한국전산원의 국가정보화 백서에 의하면 한국의 정보화 지수가 97년말 기준 204일 때 일본은 408로서 일본이 정보화 기반면에서 두배 정도 앞서 있다. 이 정보화 수준의 평가 기준은 PC 보유대수, 통신인프라 구축 정도 및 휴대폰 가입자 및 각종 인터넷 관련 지표를 종합하여 산정한 것인데 일본은 대체로 상위권에 속해 있다. 일본은 우리의 정통부의 기능을 갖는 우정성이 막대한 예산을 들여 이미 오래 전부터 통신인프라 구축에 나섰다.

더욱이 일본 정부는 미국에 비해 뒤떨어져 있다고 스스로 판단하고 정보화 발전에 박차를 가하기 위해 오부치 총리의 주도로 차세대 산업육성이라는 정책 목표하에 2000년부터 민관 공동으로 전학교 인터넷 정비와 전자정부 실현 등을 담은 밀레니엄 프로젝트를 추진하였다. 모리 총리 역시 일본의 IT 대국화라는 정책목표를 내걸고 대규모 국가적 지원을 추진하였고 우정성[41] 장관 출신 경험이 있는 코이즈미 총리 역시 정보화에 높은 관심을 보이고 있다.

일본이 대체로 통신 및 정보시스템 기반을 튼튼하게 구축하고 있으나 인터넷 열기나 개인용 PC의 활용도를 보면 다소 국가 정보화가 상대적으로 저조한 감이 없지 않다. 일본 경제인들은 한국의 인터넷 붐을 예의주시하면서 한국사회의 네트워크 지향적 역동성을 부러워하고 있다고 한다.[42] 이러한 문화 지체 현상은 제조업 중심 경제와 첨단 기술력의 상대적 우위라는 산업기술구조의 타성력뿐만 아니라 일본 사회의 분절적 사회·조직문화[43]와도 관련이 있다고 생각된다. 일본인들은 독립적 조직 내에서의 수직적인 정보유통은 매우 잘 되어 있으나 네트워크와 같은 개방된 수평적 정보유통에는 문화적으로 익숙하지 않다. 일본인들은 전통적으로 개인이 속한 마을(무라)나 회사의 범위를 벗어나지 않고 평생 자기 조직(나카마)의 일원으로서 자기 몫의 책임(이치닌마

41) 참고로 오래 전에 구상되었던 우정성의 정보통신 기반 발전 계획을 보면 일본의 국가 정보화의 초기 개념을 가늠하여 볼 수 있다. 이 계획은 대체로 통신 네트워크의 정비로부터 시작되는데 여기에는 광섬유망의 정비, 신세대 통신망과 파이로트 모델사업(실험적 정보통신공동체 사업) 등이 포함된다. 둘째로 정보통신의 활용방법의 개발 및 보급에도 관심을 두고 있는바, 여기에는 ① 멀티미디어 파이로트 타운 구상, ② 선진적 정보통신 시스템 모델 도시 구축, ③ tele-work center 시설 정비 사업, ④ 자치체 네트워크 시설 정비 사업, ⑤ 신세대 지역케이블 시설 정비 사업 등이 포함된다. 셋째로 방송분야에서는 ① 위성데이터 방송과 지상데이터 통신의 발전, ② 위성디지털 다채널 방송의 발전에 주력하고 있다. 끝으로 기술연구 분야에서는 ① 초고속네트워크 기술, ② CATV 종합정보 네트워크 체계, ③ 광대역 ISDN 실용화 실험 등에 우선 순위를 두었었다.

42) 宮脇らいすけ「サイバー。クライシス」, p. 227.

43) 일본 사회의 문화적 특질에 대한 소개 문헌은 많지만 몇 가지만 소개한다면 다음과 같다. Ruth Benedict, *The Chrysanthenum and the Sword*(Boston: Houghon Mifflin, 1946); Bennett, J. W. and Iwao Ishino(Minneapolis: n.d., 1963); Roger Buckley, *Japan Today* (Cambridge: Cambridge University Press, 1988); Takeo Doi, Amae: *The Anatomy of Dependence*(Tokyo: Kodansha International, 1973); Chie Nakane, *Japanese Society*(Berkeley: University of California Press, 1970); Edwin, Reischauer, *The Japanese*(Cambridge: The Belknap Press, 1977); Jared Taylor, *Shadows of the Rising Sun*(New York: Quill, 1983).

에)을 다하는 것을 최고의 미덕으로 삼아 왔다. 따라서 자신이 속한 조직공동체를 이탈하여 전세계로 열린 네트워크 환경에서 활동한다는 데 심리적 부담감을 가질 수 있다. 따라서 미국과 같이 개인주의 문화가 발달한 서구사회에 비하여 폐쇄·집단지향적인 일본의 사회문화에게 무한히 열려 있는 인터넷 공간은 기회의 바다라기보다는 기존조직의 폐쇄성과 특수성을 위협하는 도전으로 비추어질 수 있다.

실제로 일본이 한국보다 시스템 구축과 네트워크 확장 및 이용면에서 느리게 성장하고 있음은 통계치로도 알 수 있다. 한국은 95년 인터넷 이용자수가 37만명에서 99년에는 943만명으로 증가하였는데 반해 같은 기간에 일본은 177만명에서 933만명으로 증가하여 일본이 한국보다 증가 속도가 느린 것으로 나타나고 있다. 아무튼 일본은 앞으로 새로운 방향으로의 국가정보화라는 문명적 도전에 직면하면서 과거의 낡은 사회문화와 조직체계의 체질을 변화시켜야 하는 국가적 과제를 안고 있다. 반면, 세계를 하나의 통일체로 묶어버리는 인터넷이라는 정보공동체와 달리 일본을 하나의 거대한 독립적인 인트라넷으로 본다면 물리적으로 차단된 국방정보화망에서의 정보화는 급속도로 발전할 수 있다. 우선 앞에서 지적된 바와 같이 일본의 통신기반은 질적으로 우수하며 안정되어 있고 기능이 뛰어난 컴퓨터 및 관련 하드웨어를 보유하고 있다.[44] 그리고 일본은 광학 및 전자기술이 발달하였기 때문에 우주감시 체계 등 영상정보획득 및 고도로 발전된 신호정보, 전자정보 획득 기술을 활용하여 강력한 정보탐지시스템을 보유할 것으로 예상된다. 여기에 AEGIS함 등 정밀유도 기술이 필요한 첨단 타격체제까지 잠재력을 보유하고 있기 때문에 미국이 선도하고 있는 군사혁신(RMA)이 일본에서 구현될 가능성이 매우 높다. 이미 미국은 일본의 잠재력을 인정하고 MD의 핵심구성 요소 중 하나인 TMD 공동연구에 착수하여 머지 않아 실시간에 감지장치(senser)와 발사장치(shooter)를 자동화된 체계로 연결하는, 다시 말해 ISR, C4I, PGM 삼박자가 실시간으로 연동된 체계의 체계(system of systems)를 구축할 것으로 예상된다. 그렇게 되면 일본열도를 보호하는 미사일 방어막을 건설하는 새로운 미래형 국가정보 및 안보체계가 실현될 것이다.

하지만 TMD라고 하는 하나의 RMA 시스템 구축에 머무르지 않고 국방

44) 防衛廳 防衛局 防衛政策課 硏究室, "情報 RMAについて," 「硏究報告書」(2000年 9月), p. 13.

정보화를 앞당기기 위해서 일본은 낙후된 C4I의 발전이 시급히 필요할 것이다. 1998년에 방위생산위원회는 자위대의 C4I의 과제로서 지적한 미군과의 공동작전에 필요한 상호운용성의 정비, 방위기간(防衛基幹)통신망의 정비와 방위 CALS의 구축, 기술연구개발의 촉진을 제시한 바 있다.[45)]

결론적으로 말하자면, 일본의 국가정보체계의 미래는 하나의 체계로 통합되어 가는 전세계 정보망에서 미래 정보총력전의 수행 능력을 배양하고 사이버전쟁에 대비하면서 여기에 기초가 되는 전국민적 정보화의 성공 여부에 달려 있을 것이다. 그리고 한편 급속한 발전이 예상되는 국방정보화 부문에서 일본은 탄탄한 통신 기반과 첨단기술력을 바탕으로 선두주자의 자리를 차지할 것으로 전망되며 그 실현의 예는 미사일방어시스템과 같은 군사혁신 분야에서 구현될 가능성이 높다.

45) 經團連·防衛生産委員會, *Op. Cit.*

제15장

중국의 정보 · 보안 체계

김 태 호

1. 중국의 국가안보와 정보

중국 정보체계의 조직, 기능 및 활동을 분석하기 위해서는 중국의 국내외 정보환경에 대한 기본적인 이해가 필수적이다.[1] 특히 중국은 기타 주요 국가와는 다른 특수성을 많이 갖고 있는데, 이는 중국의 정보환경과 밀접한 관련이 있다. 우선, 중국은 중국공산당(中國共產黨)이 통치하는 '당-국가'(party-state)로서, 당의 목표는 중국 내 주요 권력관계를 독점하는 것이다. 이를 위해 당은

1) 정보 · 보안체계에 대한 연구는 언제나 자료부족에 직면하고 있지만 중국의 경우는 자료적 제약이 더 심하다고 할 수 있다. 우선 개혁 · 개방정책에도 불구하고 중국은 서구에 비해 '국가기밀'의 범위가 매우 넓고, 그 종류 또한 매우 다양하다. 따라서 자료에의 접근이 매우 어렵다. 둘째, 중국 정보조직 및 활동내용의 민감성으로 인해 중국내에서도 이에 대한 자료공개와 논의는 거의 이루어지지 않고 있다. 셋째, 중국은 체제의 경직성으로 인해 정보가 비정상적으로 유포되는 경향이 있으며, 이같은 정보의 신뢰도는 매우 낮다. 이와 같은 점 때문에 중국의 정보 · 보안체계에 대한 연구는 연구자의 솔직한 해석과 객관적이고 논리적인 판단에 의존할 수밖에 없다. 본 연구에서는 이런 문제를 고려하여 중국 정보의 정보 · 보안체계에 대한 자료의 수집, 검증 및 정확성 판단을 위해 다양한 출처를 사용하였다. 그러나, 중국 정보체계 연구에 대한 현실적 한계를 감안할 때, 상기한 자료 · 방법상의 문제가 향후 어느 정도 개선되기 전까지 본 연구에 나타난 분석, 판단 및 결론은 국내외에서 접근이 가능한 공개자료에 근거하여 정황적 증거와 논리적 추론을 제시한 잠정적인 연구결과로 보아야 할 것이다.

모든 국가조직을 통솔·동원하며, 약 6,400만명의 당원은 정부('國務院')의 조직, 사회단체 및 각급 행정단위로부터 충원되고, 당원은 당의 지배를 지원하기 위한 다양한 역할을 수행한다. 더욱이, 당 지도자의 정·군 주요 보직 겸임제 및 주요 단위내 당위원회(黨委員會) 설치 등과 같은 조직 장악 외에도 당·정·군(기능)과 각급(행정)/지역별 조직 내 정보/보안 업무단위의 설치를 통해 사회에 대한 전면적인 감시 및 정보통제를 유지하고 있다. 중국의 정보계통은 이 같은 1당 지배를 지속시켜 주는 핵심적 기능이다.

중국의 공식 국가조직은 행정부인 국무원과 산하 29개 부·위원회, 국회격인 '전국인민대표대회'(全國人民代表大會: 全國人大), 통일전선조직인 '중국인민정치협상회의'(中國人民政治協商會議: 政協), 검찰기관인 '최고인민검찰원'(最高人民檢察院), 재판기관인 '최고인민법원'(最高人民法院) 등으로 구성되어 있다. 국내 안정을 통한 1당 지배의 영속은 중국 지도부의 최우선 목표로서, 이를 위해서는 국가 및 사회의 모든 조직이 동원되나 특히 사회안정은 상기한 검찰·재판 기관 이외에도 '국가안전부'(國家安全部: 國安部), '공공안전부'(公共安全部: 公安部), '중국인민해방군'(中國人民解放軍), '중국인민무장경찰'(中國人民武裝警察: 武警) 등 공식 국가조직의 주요 업무목표이다.

중국 관료·행정조직의 가장 큰 특징은 다층성과 복잡성이다. 예를 들어, 국무원에는 현재 산하에 29개 부·위원회가 있고, 각 부와 위원회는 '총국'(總局) 혹은 '사'(司, 局), '처'(處), 그리고 '과'(課)의 순으로 구성되어 있다. 중국의 행정단위는 성(省)급은 32개 단위(22개 성, 5개 자치구, 4개 직할시 및 홍콩특별행정구), 그리고 성의 경우는 일반적으로 '지구'(地區), '현'(縣), '향'(鄕) 혹은 '진'(鎭), 그리고 '촌'(村)급으로 구성되어 있고, 도시의 경우에도 각 급에 해당하는 행정단위가 존재한다. 다른 나라와 마찬가지로 중국에서도 명령은 위에서 아래로, 선거는 아래서 위로 행해지고 있으나 이같이 극도로 복잡한 행정·관료 조직체제로 인해 정보의 흐름을 포함한 전반적 당·정 업무의 시행에 많은 문제가 발생한다.

그러나 실제적으로 중국은 25-35인의 최고위급 지도자들에 의해 통치되고 있다.[2] 동 지도자들은 당·정·군 및 기타 기관의 임무, 업무절차 및 인사에 대

2) 중국의 공식적 행정·관료조직과 최고지도자 및 비공식 단위에 의한 실제 업무절차에 대한 비교연구는 Kenneth Lieberthal, *Governing China: From Revolution Through Reform*(New York: W. W. Norton, 1995), 6장과 7장 참조. 중국의 정치엘리트에 대한 최근 연구는 Joseph Fewsmith, *Elite Politics in Contemporary China*(Armonk: M. E. Sharpe,

한 최종 권한을 보유하고 있으며, 대체적으로 기존 법규 및 법령에 크게 제한을 받지 않는다. 이는 중국이 근본적으로 법치(法治)가 아닌 인치국가(人治國家)임을 반영하고 있으며, 이같이 개인화된 통치·운영 방식은 권력의 최상부뿐만이 아니라, 지극히 복잡한 조직구조 및 각급 단위 내에 확산되어 있다. 중국 권력구조 내에서의 지도자 개인의 중요성으로 인해 특정 조직의 위상은 대부분 조직의 법적·제도적 임무나 권한이 아닌 동 조직의 장(長)이 갖고 있는 개인적 위상에 의해 결정된다. 다음 장에 나타나는 바와 같이, 국가통치에 필수적인 정보기능의 중요성은 변함이 없으나, 정보계통 내 조직의 경우도 기관장의 개인적 위상 및 영향력에 따라 해당 조직의 위상이 변하는 경우가 많이 있다.

또한, 중국 내에는 방대한 공식적 관료·행정조직이 존재하고 있으나, 실질적인 업무수행은 '계통'(系統)이라고 하는 해당 업무에 관련된 공식 관료조직 및 비공식 단위 내에서 이루어진다. 동 '계통'은 '당무계통'(黨務系統), '조직계통'(組織系統), '선교계통'(宣敎系統),[3] '정법계통'(政法系統), '재경계통'(財經系統) 및 '군사계통'(軍事系統)의 6개 분야로 나뉘어 있고, 정보분야는 '정법계통'에 속해 있다. 6개 '계통'은 중국 내 주요 분야 및 업무를 모두 포괄하나, 각 '계통'의 경계는 항상 고정되어 있지 않다. '당무계통'은 현재 당 총서기인 강택민(江澤民)이 담당하고 있으며, '당중앙'에서 '성'(지구), '현', 그리고 '향/진'의 서기를 포괄하고 있다. '정법'도 다른 '계통'과 마찬가지로 당 중앙정법위원회(中央政法委員會: 서기 羅幹)에서 하위 단위(향/진)까지를 포괄하고 있다. 정보기능은 다른 '계통' 내 각급 단위에도 설치되어 있으나, 업무의 경계는 비교적 명확한 편이다.

요약하면, 중국의 정보체계는 '당-국가'인 중국 내 1당 지배를 영속시켜주는 필수불가결한 기능을 수행하며, 동 기능은 중국의 당·정·군 각급 단위에서 수행되고 있다. 그러나, 중국의 방대한 행정·관료조직간 업무 협조 및 정책 시행상 효율을 기하기 위해 실질적 업무처리는 공식·비공식 단위, 즉 '계통'을 통해 이루어지고 있다. 특히, 체제의 특성상 소수의 최고위급 지도자들이 당무(黨務)를 포함, 입법·사법·행정분야에 대해 막강한 권한을 행사하고 있고, 지도자의 공식 직함보다는 개인적 위상이 보다 중요한 요인이기 때문에

2001) 및 김태호, "중국의 정치엘리트 연구," 정재호 편, 「중국정치연구론: 영역, 쟁점, 방법 및 교류」(서울: 나남, 2000), pp. 31-67 참조.

3) '선전과 교육'을 의미.

중국의 정보계통에 속한 조직의 위상 및 업무권한도 제도적 임무·역할 규정보다는 해당 기관장의 개인적 위상 및 영향력에 의해 좌우되는 경우가 많이 있다.

또한, 중국의 정보환경을 이해하기 위해서는 중국이 현재 지향하는 목표, 보다 구체적으로는 중국의 국가안보목표에 대한 논의가 선행되어야 하겠다. 현재 중국이 추구하고 있는 국가안보목표는 가장 포괄적 개념으로 볼 때, '주권수호, 현대화 달성 및 안정 유지'로 요약될 수 있다. 이같은 중국의 3대 국가안보목표는 국가(PRC: People's Republic of China)로서의 중국뿐만 아니라, 역사적으로 중국혁명 및 당의 기원, 정통성과 불가분의 관계를 갖고 있다.[4)]

'주권'은 현대 국제체제에서 국가로 인정되기 위한 가장 기본적 요건으로서, 국가안보목표라기 보다는 중국정부의 수사적 선전 문구로 들릴 수 있겠다. 그러나 현 중국(PRC)은 1839년 아편전쟁의 발발부터 1949년 중화인민공화국의 건국까지 110년 간의 외세의 중국침략 및 분할, 군벌, 내전과 같은 극심한 내란의 소용돌이 속에서 세워진 국가로서, 중국대륙의 통일 및 치욕적인 근대사의 청산은 중국 공산당 최고의 위업이다. 이같은 역사적 배경으로 인해 중국이 주장하는 '주권'은 매우 포괄적 의미로 사용되는데, 중국과 육속국경을 접하고 있는 14개 국과의 영토문제, 대만·홍콩·마카오의 '회귀'(回歸), 중국 내 55개 소수민족 문제, 남사(Spratlys)·서사(Paracels)군도 등 영토·영해문제, 중국의 인권·민주화 등이 포함된다. 요약하면, 중국의 주권과 관련된 '자력갱생'(自力更生), '내정불간섭'(內政不干涉), '중국식 사회주의'(中國特色的社會主義) 등 정치·역사적 용어는 공허한 수사가 아니다.

'현대화' 또한 중국의 근대사와 밀접한 관련이 있는데, 19세기 중엽 이후 증국번(曾國藩), 이홍장(李鴻章), 장지동(張之洞)의 양무운동과 강유위(康有爲), 양계초(梁啓超)의 변법운동에서 20세기 초반 손문(孫文), 장개석(蔣介石), 모택동(毛澤東), 그리고 현 개혁·개방기의 등소평(鄧小平), 강택민(江澤民)에 이르기까지 중국지도자들의 일관된 목표는 중국의 '근대화/현대화'이다. 현대화는 '경제발전'뿐만 아니라, 정치·사회 개혁, 과학·기술 발전, 문화·교육 수

4) 중국의 국가안보목표에 대한 주요 자료로는 劉德福, 「跨世紀治國方略: 學習十五大報告」(北京: 中共中央黨校出版社, 1997); 閻學通, 「中國國家利益分析」(天津: 天津人民出版社, 1996), pp. 154-90; David M. Finkelstein, "China's National Military Strategy," in James C. Mulvenon and Richard H. Yang, eds., *The People's Liberation Army in the Information Age* (Santa Monica: The RAND Corporation, 1999), pp. 99-145; *idem., China Reconsiders Its National Security: "The Great Peace and Development Debate of 1999"* (Alexandria: The CNA Corporation, December 2000) 참조.

준 제고 등을 통칭하는 개념으로서, '4개 현대화'(농업, 공업, 과학 · 기술 및 국방), '종합국력'(綜合國力), '부국강병'(富國強兵), '중체서용'(中體西用) 등으로 표현되고 있다. 또한, 개혁 · 개방기 중국의 현대화는 군사력 발전보다는 경제발전에 중점을 두고 있기 때문에 후자에 대한 국내 자원배분 이외에도 평화롭고 안정된 대외환경의 유지가 필수적이다.

'안정'은 국내 정치 · 사회적 안정 및 대외 전략 · 경제 환경의 안정을 통한 1당 지배의 유지를 의미한다. 특히, 지난 20여 년간 누적된 개혁의 경제 · 사회문제, 즉 부정부패, 국유기업, 인플레, 범죄, 중앙 · 지방정부간 갈등, 지역간 소득 격차와 같은 구조적 문제의 해결은 국내안정뿐만 아니라, 현 지도부의 단결 및 정치 안정과 직결된 사안이다. 대외적으로는 새로운 국제적 · 역내 위상 확립, '중국의 등장'에 대한 미국을 비롯한 서방의 압력 대처, 대만 및 남사군도와 같은 주권 · 영토 문제의 해결은 중국의 대외 전략환경의 안정을 좌우하는 문제이다.

중국 정보업무의 목표, 내용 및 범위는 이같은 중국 국가안보목표의 포괄적 · 다층적 성격에 의해 크게 좌우되고 있다. 첫째, 1949년 국가설립 이후 중국 정보체계의 지속적인 최중점 업무는 국내 안정유지로서 치안, 보안, 방첩 외에도 상대적으로 업무수행이 용이한 국내에서의 활동을 중심으로 자치구의 분리 · 독립운동, 민주화 활동, 반사회 조직 등을 중점 관리한다. 특히, 1970년대 말 중국이 개혁 · 개방정책을 채택한 이후 중국인의 개인적 활동 및 선택의 범위가 크게 확대되고, 사회의 다원화 및 체제의 분권화(decentralization)가 이루어지고 있음에도 불구하고, 정보기능은 조직, 인사기능과 함께 당의 국가·사회 통제를 가능하게 해주는 필수기능이다.

둘째, 정보계통은 중국의 국가 최대 목표인 '경제발전'을 지원하기 위한 다양한 업무를 수행한다. 동 업무에는 외국의 경제 · 산업동향, 과학 · 기술 발전사례, 외국군의 군사력 증강추세에 대한 통상적인 정보수집 및 분석 활동이 포함되며, 일반적으로 외국의 공개자료(예, 주요 신문 및 잡지)에 크게 의존한다. 이외에도 홍콩과 마카오에 진출해 있는 중국 당·정·군의 기업단위를 통한 각종 정보수집이 이루어지고 있고, 중국에 진출해 있는 대만을 비롯한 선진 외국의 기업은 경제 · 산업정보의 주요 수집원이다. 사실, 개혁 · 개방기 외국에 대한 문호개방은 중국 내 반간첩 활동의 우려에도 불구하고, 외국에 대한 정보수집의 주요 수단이 되기도 한다.

셋째, 대(對)대만 공작은 중국의 정보업무중 가장 오래된 분야로서, 홍콩(1997년 7월)과 마카오(1999년 12월)의 중국반환 이후 중국의 '조국통일' 문제는 대만으로 귀결되고 있다. 특히, 중국지도부는 1990년대 '대만독립' 및 '미·대만 관계 강화' 추세로 인해 중국의 통일환경이 '악화'되었다고 판단하였는데, 이같은 정세판단으로 인해 대대만 공작의 중점을 대만 독립관련 동태의 탐지·추적·분석에 두고 있다.[5] 일상적인 중국의 대대만 정보활동에는 대만의 국내외 정세분석, 요원 파견, 중국 내 반간첩활동 탐지 등이 포함되며, 대만의 대중국 투자가 집중되고 있는 복건성, 광동성, 홍콩지역도 중국의 대대만 공작 대상지역이다.

넷째, 중국의 당·정·군 정보조직은 중국의 대외정책 및 군사전략의 수립·시행에 필요한 정보를 제공한다. 중국의 외교·안보는 전통적으로 다른 주요국과의 관계(大國關係)를 중시하며, 특히 냉전기 중국의 대외정책 및 안보전략은 소련으로부터의 군사위협 대처에 중점을 두었다. 그러나 중국의 개혁·개방정책 추진이후 동아시아는 중국의 경제·외교·안보정책에 있어 가장 중요한 지역으로 인식되고 있다. 동 지역은 중국 경제·외교 활동의 중심무대일 뿐만 아니라, 주변국의 군사력에 대한 올바른 평가는 중국의 안보와 직결된 사안이기 때문이다.

중국의 광범위한 국가안보목표 및 이에 따른 정보소요를 감안할 때, 다음과 같은 몇 가지 잠정결론을 도출할 수 있다. 1) 중국은 상당한 규모의 정보조직을 설치·운영할 필요가 있으며, 동 조직은 당·정·군의 업무계통에 속해 있다. 2) 중국의 정보업무는 1당 지배를 영속시켜 주는 필수적인 기능이며, 이외에도 경제발전, 통일 및 외교·안보정책을 지원한다. 3) 중국 정보조직의 주 대상 국가에는 미국, 러시아와 같은 강대국과 동아시아 주변국, 그리고 홍콩, 마카오 및 대만이 포함된다. 상기한 정보목표의 수행을 위해 중국의 정보체계

5) 1990년대 중국 '통일환경의 악화'에는 대만의 민주화 및 대만화 경향, 당과 이념의 지위 저하, 중국내 소수민족의 자치운동 증가 등 많은 국내외적 요인이 작용하고 있으나, 중국의 당·정 지도부는 특히 미국의 '패권주의', '강권정치', '신간섭주의'가 주 원인인 것으로 인식하고 있다. 中華人民共和國 國務院新聞辦公室,「2000年中國的國防」(北京: 中華人民共和國 國務院新聞辦公室, 2000), pp. 5-8; National Intelligence Council (NIC), *Recent Chinese Leadership Priorities and Their Implications for the United States*, Memorandum NIC 512-99 (July 12, 1999); Wu Xinbo, "U.S. Security Policy in Asia: Implications for China-U.S. Relations," 〈http://www.brookings.org/fp/cnaps/papers/2000_wu.htm〉; Willy Wo-Lap Lam, "Beijing Bows to Beat Back NATO," *South China Morning Post* (May 13, 1999), p. 1; Sa Benwang, "The Impact of the Kosovo War on International Situations," *International Strategic Studies* (October 1999), pp. 1-9 참조.

는 방대한 조직을 설치·운영하고 있으며, 정보조직의 기원과 역할은 중국공산당의 역사적 변화에 기인하는 바 크다.

2. 중국 정보체계의 기원 및 약사

중국은 당의 무력혁명을 통해 이룩된 국가로서, 정보조직의 기원도 당 설립초기로 거슬러 올라간다. 특히, 중국은 국가 수립(1949년)이전, 당(1921년)과 군(1927년)이 먼저 성립된 특이한 경우로서, 정보계통도 당→군→국가의 순으로 설립·운영되어 왔다. 이는 중국의 현 정보체계가 지하 비밀조직인 당의 생존보장에서 무장 혁명조직의 전투지원, 그리고 국가설립 후 당·국가 체제 유지와 같이 역사적 환경변화에 따라 주요 업무의 내용, 범위 및 대상이 변화되어 왔음을 의미한다. 사실, 현재 중국 내에서 지속적으로 시행되고 있는 당 지도자의 정·군 보직 겸임, 주요 조직단위 내 당위원회 운영 및 '계통'을 통한 실제 업무수행과 같은 관행은 이같은 당의 역사적 배경에 기인하고 있다.

당내 정보조직의 정식운영은 1925년 말 중앙군사부(中央軍事部), 그리고 1926년 11월 중앙군사위원회(中央軍事委員會: 일명 '중앙군사부'; 현 '당 중앙군사위원회'), 1927년 11월 중앙특별공작위원회(中央特別工作委員會: 일명 '중앙특위') 산하 중앙특과(中央特科: 일명 '보위부') 등의 설립과 함께 실시되었다.[6]

중앙특위는 주은래(周恩來) 외 2인, 중앙특과는 고순장(顧順章)이 각각 책임을 맡고 있었는데, 중앙특과의 서기는 진운(陳雲)이었다. 당시 특과의 주임무는 '총무(總務), 정보(情報), 행동(行動) 및 통신(通信)'으로서 진운은 당시 특과의 업무를 "특과는 주은래 동지 영도하의 전투보루로서 백구(白區; 국민당 점령지역) 내 전투력을 갖춘 당의 지하조직이였다"고 회고록에서 밝히고

6) 중국의 당·군 조직사 자료는 동 기구의 명칭을 '중앙군사부'(中央軍事部), '중앙군사위원회'(中央軍事委員會), '중앙국군위회'(中央局軍委會)로 다양하게 사용하고 있으나, 본 연구와 관련된 부분은 중국의 정보조직이 현재 당 중앙군사위원회의 전신인 기구내에 설치·운영되었고, 이로 인해 '당무'(黨務)와 '정보업무'(情報業務)의 구별이 없었다는 점이다. 이하 중국 당·정·군 조직사에 대한 논의는 별도의 주를 달지 않는 한, 다음 자료를 토대로 작성되었다. 何虎生 外 主編, 「中華人民共和國職官志」(北京: 中國社會出版社, 1996); *Directory of PRC Military Personalities* (Hong Kong: Defense Liaison Office of U.S. Consulate General, various years); 「中國組織別人名簿(*China Directory*)」(Tokyo: Radiopress, various years); 軍事科學院 軍事圖書館 編著, 「中國人民解放軍 組織沿革和各級領導成員名錄」(北京: 軍事科學院出版社, 1990).

있다.[7] 이외에도 1928년 6월 모스크바에서 개최된 6차 당대회에서 신설된 중앙군사위원회(中央軍事委員會) 특별임무위원회(特別任務委員會) 특별공작과(特務工作科), 그리고 1931년 6월 신설된 중앙특별공작위원회(中央特別工作委員會)도 당시 당 중앙군사부 부장인 주은래가 책임을 맡고 있었다. 1920년대 당시 당내 정보조직의 설립 및 운영 방식은 소련 공산당의 영향을 크게 받았고, 특과도 소련의 지시에 따라 대도시를 중심으로 선동 및 비밀공작을 수행하였으나, 국민당군의 조직적인 방해공작으로 인해 공산당 조직의 와해 및 당원의 체포가 이루어졌고, 이로 인해 대도시에서의 공산혁명 가능성은 점차 감소하고 있었다.

1934년 10월 대장정(大長征)의 시작과 1935년 1월 존의회의(遵義會議)시 모택동의 당권 장악, 그리고 1936년 12월 서안사변(西安事變)과 국공합작(國共合作)에 의한 항일전쟁(1937-1945)의 시작은 국민당군에 의해 전멸위기에 놓인 공산당에게 기사회생의 기회를 제공하였는데, 특히 당내 군사·정보조직의 재건은 공산당의 사활적 과제로 대두되었다. 중국의 건국(1949년) 이전 정보업무 총괄부서인 중앙사회부(中央社會部)는 연안시절인 1930년대 말 성립되었는데, 기존의 특과(보위부)를 흡수하였고, 부장은 강생(康生),[8] 부부장은 이극농(李克農) 외 1인이었다. 1940년대 초에는 중앙사회부외 중앙정보부(中央情報部)가 설립되었는데, 부장은 강생, 부부장은 엽검영(葉劍英), 이극농이였다. 1930년대 말에서 1940년대 말은 일본의 중국침략에 대한 항전 및 국민당군과의 내전시기로서 중앙사회부는 연안시절 당 지도부의 대외정세 판단에 필요한 해외정보 수집 및 제공임무를 수행하였다. 또한, 중앙사회부는 중국 각지의 비밀정보조직의 건설, 요원의 해외 파견, 반당 및 변절자의 처리, 국민당의 내부상황 및 군정보를 입수하는 데 큰 공헌을 세운 것으로 평가되고 있다.[9]

1949년 이전 중국 정보조직의 주요 업무는 '정보(情報), 책반(策反), 간첩

7) 鄭義 著, 曉庶 主編, 「中共情報首長」(香港: 夏菲爾國際出版公司, 1999), p. 98에서 재인용. 이책은 주은래에서 웅광해(熊光楷)까지 중국의 정보책임자 20명을 소개한 자료로서, 특히 1949년 이전 중국 정보조직의 주요 인물과 조직변화를 이해하는데 매우 유용하나, 부분적으로 내용이 상치되고, 같은 조직단위를 다르게 호칭하는 등의 문제를 볼 때, 공식자료와의 대조가 필요하며 1인이 집필했다고 보기 어렵다.

8) 강생에 대해서는 Ernest Volkman, *Spies: The Secret Agents Who Changed the Course of History*(New York: John Wiley & Sons, 1994), pp. 170-176 참조.

9) 1920년대 당내 정보조직의 설립에서 1980년대 초 개혁·개방 초기까지의 중국 정보체계의 운용을 국민당의 이념적 관점 및 중국의 정치적 사건을 중심으로 설명한 자료로는 다음 문건을 참조. 張紀彭, "中共特務工作與活動的研究(1-9)," 「中共研究」, 1985. 9, pp. 118-27; 1985. 10, pp. 118-28; 1985. 11, pp. 122-31; 1985. 12, pp. 117-26; 1986. 3, pp.

(間諜) 및 통전(統戰)'으로서 업무내용이 중복될 뿐만 아니라, 상호보완적이었다. 정보조직도 당내 군사조직, 특히 당 중앙군위 내에 설치 · 운영되었기 때문에 '당통'(黨統)과 '군통'(軍統)의 구별이 없고, 다만 공작원의 경우 해방지나 적 점령지의 구분이 있었다. 혁명 무장조직인 중국 공산당의 성격을 감안할 때, 당과 군 지도자의 구별이 없고, 또한 당의 정보공작도 당·군 지도부에 의해 지휘 · 통제를 받은 것은 당연할 조치라고 하겠다. 더욱이 이같은 정보조직에 대한 당과 군의 장악은 1949년 국가성립 이후에도 지속적인 관행으로 남아 있으며, '중국의 영원한 총리'로 불리는 주은래나 모택동 시절 도시경제의 총책임을 맡고, 개혁 · 개방기 '새장경제(鳥籠經濟)이론'을 주장한 진운이 중국 정보조직의 1세대 인물이라는 사실은 동 지도자들이 극심한 당내 정치 · 이념투쟁에서 장기간 생존한 것과 무관하지 않은 것으로 보인다.

중국의 건국직후인 1950년대 초에는 정부(국무원)의 미성립으로 인해 당과 군내에만 정보단위가 존재하였는데, 당내에는 내사 및 내부 안전을 담당하는 중앙조사부(中央調査部: 전 중앙사회부), 공산권 국가의 정보사무를 담당하는 중앙대외연락부(中央對外聯絡部), 그리고 '책반' 및 국내외 침투활동 조직인 중앙통일전선공작부(中央統一戰線工作部: 統戰部)가 설치 · 운영되었다. 군사부문에는 총참모부 정보부와 중앙군사위원회(중앙군위) 총정보부를 통합하여 총참모부(總參謀部) 2부(총참 2부)를 신설하였다. 또한, 중앙군위 3국과 총참 기술부는 총참 3부로 통합되었고, 총정치부(總政治部) 연락부(聯絡部)가 존재하여 군내에는 모두 3개의 정보조직이 설립 · 운영되었다. 이상 당내 3개, 군내 3개 주요 정보조직 외 당의 중앙정보위원회(中央情報委員會)가 존재하였는데, 동 위원회의 책임자는 이극농이었다.

1954년 9월 중국정부(국무원)가 정식 출범함으로써 중국은 비로소 당·정·군 체계를 갖추게 되었다. 이극농은 1950년대 초 중앙조사부 부장, 외교부 부부장, 중앙군위 총정보부 부장, 군 부총참모장 등 당·정·군내 상당 수의 정보관련 보직을 겸직하였는데, 당과 군, 그리고 신설된 정부조직 내 정보단위간 업무 중복성을 감안, 지휘 · 통제의 일관성 유지를 위한 조처라고 판단된다.[10)]

108-17; 1986. 4., pp. 112-19; 1986. 5, pp. 127-34; 1986. 6, pp. 104-15; 1986. 9, pp. 108-14 및 王紹麒, "中共僭立政權前特務組織的演變與發展,"「中共硏究」, 1985. 7, pp. 96-107; 王紹麒, "中共僭立政權後特務組織的變化及其現況,"「中共硏究」, 1985. 8, pp. 103-14.

10) 중국 외교부는 부서의 설립일자를 1949년 11월 8일로 규정하는데, 당시 외교부의 경우 부장 주은래, 부부장 왕가상(王稼祥: 당 중앙대외연락부 부장), 이극농(당 중앙조사부 부장), 소련동구사(蘇聯東歐司) 사장(司長: 국장급) 오수권(伍修權) 등 상당수의 주요

이극농은 중국 정보공작사의 주요 인물로서, 1936년 서안사변시 국민당과의 담판 참여에서 항일전과 국민당과의 내전, 그리고 한국전쟁 당시 유엔군과의 막후협상시 중국측의 정보책임자였다.[11] 특히, 이극농은 1950년대 중국의 국제정보공작 조직의 기초를 확립하였는데, 이를 위해 중국 각지에 요원 교육·훈련소 설치, 주중 외국대사관 감시·감청, 공작요원의 해외파견(예, 일본, 프랑스, 영국, 미국) 등 상당한 공로를 세운 것으로 알려져 있다.[12]

문화혁명기간중 중앙조사부와 기타 당·정·군 정보조직은 강생(康生)과 사인방(四人幇)[13]에 의해 조직이 와해되었고, 이집트 주재 중국 대사를 제외한 모든 해외주재 중국 대사가 본국으로 소환되었기 때문에 해외정보업무의 대부분이 마비되거나 중단되었을 것으로 판단된다. 1971년 임표(林彪)의 사망 이후 주은래 총리에 의해 중앙조사부, 총참 2부 및 총참 3부가 재건되었으나, 모택동 통치 말년인 1970년대 전반기는 극심한 국내 정치투쟁으로 인해 정보조직도 파벌간 정쟁에 휩싸이게 되었다. 1976년 모택동 사망 후 화국봉(華國鋒), 왕동흥(汪東興) 등 모택동 추종파인 '범시파'(凡是派)는 당 중앙조사부의 역할 및 권한 증대를 통해 개인 및 파벌의 세력확대를 추구하였고, 문화혁명 이전 해외 중국 대사관 내에 설립된 당 중앙조사부의 조사연구단위의 재건을 통해 해외 정보체계의 구축을 희망하였으나, 등소평은 외국과의 교류를 통한 방법, 즉 기자, 사업가 및 학술교류를 통한 정보수집을 선호했던 것으로 알려져 있다.

개혁·개방기 중국의 정보체계에 가장 많은 영향을 미친 인물은 교석(喬石)이다. 교석은 1982년 2월 당 중앙대외연락부 부장에 임명된 이후, 중앙판공청(中央辦公廳) 주임(1983년 6월), 중앙조직부 부장(1984년)을 역임한 후, 중앙정법위 서기(1985년 9월)에 임명됨으로써 중국 '정법계통'의 최고책임자가 되었다. 이외에도 교석은 1985년 9월 중앙보밀위원회(中央保密委員會: 일명 '국가보위국') 주임, 중앙기관단정당풍영도소조(中央機關端正黨風領導小組) 조장

보직자는 정보업무 경력자였다. 陳明顯 主編, 「中華人民共和國政治制度史」(天津: 南開大學出版社, 1998), pp. 339-43 참조.

11) 이극농의 생애 및 정보업무에 대해서는 鄭義 著, 曉庶 主編, 「中共情報首長」, pp. 121-39 참조.

12) 1985년 미 연방수사국(FBI)은 미 중앙정보부(CIA)에서 장기간 근무한 김무태(金無怠: Larry Wu-tai Chin)를 간첩혐의로 체포하였는데, 김무태는 소위 장기간첩('深低魚')로서, 1950년대 이극농이 부장을 맡은 중앙조사부에 의해 미국으로 파견되었다. 동 사건에 대해서는 Nicholas Eftimiades, *Chinese Intelligence Operations*(Annapolis: Naval Institute Press, 1994), pp. 32-37 참조.

13) 문화혁명기(1966-1976) 주도세력인 4인의 지도자, 즉 모택동의 부인 강청(江靑), 장춘교(張春橋), 요문원(姚文元), 왕홍문(王洪文)을 지칭한다.

(1986년 1월), 중앙기율검사위원회(中央紀律檢査委員會) 서기(1987년 11월), 그리고 1991년 3월 신설된 중앙사회치안종합치리위원회(中央社會治安綜合治理委員會) 주임에 임명됨으로써 명실공히 중국 정보계통의 1인자의 위치를 점하게 되었다. 교석은 개혁·개방기 중국 정보체계의 '현대화', 그리고 전국인민대표대회 상무위원장(1993년 3월-1998년 3월) 재직시 치안·정보업무의 입법화 및 법적 근거를 마련하였다.

개혁·개방기에는 크고 작은 정법계통의 단위가 신설·운영되었는데, 그 주요 원인은 국내외 전략환경의 변화이다. 외국에 대한 문호 개방으로 인해 중국에 대한 외국의 정보활동이 크게 증가했을 뿐만 아니라, 소련위협의 감소, 미국의 유일 초강대국화, 대만의 독립화 성향 등 대외환경의 변화는 중국의 대내외 정보활동 강화 필요성을 야기시켰고, 이같은 중국 당 지도부의 인식으로 인해 신설된 대표적인 국가 방첩기관이 국가안전부(國家安全部: 國安部)이다. 국안부는 공안부의 기존 방첩단위(1-4국), 중앙조사부의 일부 기능 및 군 총참모부의 일부 인력을 통합하여 1983년 6월 설립되었으며, 초대 부장은 당시 공안부 부부장인 능운(凌雲)이 임명되었다. 그러나 설립초기인 1985년 4월 국안부의 정보처장(과장급) 유강성(兪強聲: Yu Qiangsheng)이 미국으로 망명한 사건이 발생하여 국안부 주요 보직자에 대한 문책 인사가 이루어졌고, 동년 9월 47세의 가춘왕(賈春旺)이 국안부장으로 정식 임명되었다.[14] 이외에도 1989년 9월 천안문 사태 이후 일부 학생지도자들이 홍콩 민주단체의 도움으로 중국당국의 감시를 피해 출국하는 사례가 발생하였는데, 상기한 중앙사회치안종합치리위원회는 중국 내 하부단위에 대한 치안활동 강화를 목적으로 설립되었다. 이상에서 논의한 바와 같이, 개혁·개방기 중국 내 정보체계의 설립·운영은 국내정세 및 대외환경의 변화와 깊은 관련이 있으며, 당·정·군내 정보조직은 과거에 비해 보다 복잡한 조직체계 내에서 해당부처의 구체적인 정보업무를 수행하고 있다.

14) 유강성의 미국망명으로 인해 미국내 중국 정보조직의 일부가 노출되었는데 김무태(金無怠: Larry Wu-tai Chin)의 검거가 대표적인 사례이다. 鄭義 著, 曉庶 主編, 「中共情報首長」, pp. 379-82 참조. 1985년 9월 가춘왕이 국안부장으로 임명될 당시 그의 나이는 47세로서 당시로서는 매우 파격적인 인사였고, 1998년 3월 공안부장으로 전보될 때까지 12년 이상을 국안부장으로 재직하였다. 가춘왕의 파격적 인사와 장기 재임에는 그의 학력(清華大), 경력(공산청년단), 당성(문화혁명 피해자) 등 상당한 자질이 작용하였으나, 당원로인 진운 및 등소평의 신임이 가장 중요한 요인으로 평가된다. 위의 책, pp. 371-86 참조.

3. 중국의 당·정·군 정보 체계: 주요 조직 및 기능

중국 내 정보단위는 당·정·군내에 모두 존재하며, 각 조직 내 하급단위에서 보고되는 정보는 일반적으로 각 조직 최상급 단위의 판공실(청)에서 취합되어 당 중앙정법위원회의 결정을 거쳐 당 정치국에서 최종 확정되는 것으로 추정된다. 이는 당의 경우 중앙 판공청, 정부는 국무원 판공실, 그리고 군은 중앙군위 판공실을 의미하며, 당·정·군에서 수집된 정보 및 각 부서의 의견은 중앙정법위에 상신되기 전에 해당 단위간 의견조율이 이루어지는 것으로 판단된다. 중국의 권력구조 및 정책결정과정상 가장 중요한 단위는 정치국이나, 정치국의 과중한 업무, 정치국 위원 수(23인) 및 회동 주기를 감안할 때, 정치국의 역할은 특별한 하자가 없는 한 중앙정법위의 '결정'을 형식상 승인(*pro forma* approval)하는 것으로 판단된다.[15)]

현재 중앙정법위원회는 서기 1인,[16)] 위원 7인, 비서장 1인(위원이 겸직) 등으로 구성되어 있다. 중앙정법위 위원은 최고인민법원장인 소양(蕭揚), 최고인민검찰원 검찰장인 한저빈(韓杼濱), 공안부장인 가춘왕, 국안부장인 허영약(許永躍), 사법부장 장복삼(張福森), 총정치부 부주임인 주자옥(周子玉), 중앙기율검사위원회 위원 겸 중앙정법위 비서장 왕승준(王勝俊)이며 해당 기관장이 당연직으로 동 위원회에 참석하나, 위원의 수가 고정된 것은 아니다.[17)] 1990년에 부활된 중앙정법위는 현재까지 교석(1990년-1992년 12월), 임건신(任建新: 1992년 12월-1998년 4월), 라간(1998년 4월 현재) 3인만이 서기직을 역임하였다. 현대 라간은 전임자들과 같이 유사업무 위원회인 중앙보밀위원회, 그리고 중앙사회치안종합치리위원회의 주임(최고 책임자)을 겸직하고 있는데, 3개 위원회간 업무관계는 분명하지 않다. 다만, 동 3개 위원회의 구성인원의

15) 정보업무에 대한 정책결정과정은 대외정책 및 대외경제정책 결정과정의 경우처럼 당의 위원회·영도소조 체제를 통한 최고위급 지도자간의 업무분장 관례를 따를 것으로 추정된다. 중국의 대외정책결정과정은 본 연구의 범위를 벗어나며, 이에 대한 최근의 종합적인 연구로는 Michael D. Swaine, *The Role of the Chinese Military in National Security Policymaking,* Rev. ed. (Santa Monica: The RAND Corporation, 1998) 참조.

16) 정치국 위원인 라간(羅幹)이 맡고 있다.

17) 예를 들어, 최고인민법원장인 임건신(任建新)의 중앙정법위 서기(1992년 12월-1998년 4월) 재직시, 그리고 동 위원회 설립초기인 1990년대 초 위원과 비서장이 분리된 경우가 이에 해당한다. 「中國組織別人名簿(*China Directory*)」, 2001년판 p.18과 1997년판 p.16 참조.

일부 중복 및 해당 업무, 그리고 당 조직 내 '정법'조직의 위상을 감안할 때, 중앙정법위가 보다 중요한 기구로서, 타 위원회와는 사안에 따라 의견 청취 및 의결 통보를 하는 것으로 추정된다. 중앙정법위는 매년 12월에 개최되는 '전국정법공작회의'(全國政法工作會議)를 통해 다음 해 정법활동의 주요 목표를 발표하며, 경제계획과 마찬가지로 5년 단위의 정법목표를 추진한다. 중국의 '9.5계획' 기간(1996-2000)중 정법활동의 주요 목표는 정치 · 사회의 지속적 안정, 중대 형사사건 발생 증가의 억제 및 처리, 도시 · 농촌의 기층에 대한 침투를 통한 치안질서 확립, 사회주의 시장경제에 부응하는 법률보장 및 지원 등이었다.[18)]

중국 정보조직의 규모나 예산에 대해서는 외부에 알려진 바 없으나, 홍콩의 시사 주간지 「쟁명」(爭鳴)은 1996년 9월 당시 부총리 추가화(鄒家華)가 '정보공작강화회의'(情報工作強化會議)에서 '약 50개 국가, 170여 개 도시에서 활동하는 수만 명의 중국 정보요원'의 공로를 치하한 것으로 보도하였는데, 동 보도가 사실일 경우 중국은 대단히 광범위한 해외 정보조직을 설치 · 운영하고 있다고 볼 수 있다.[19)] 또한, 업무성격 및 정황적 증거로 판단할 때, 해외 파견요원의 대다수는 국안부, 신화사, 군 정보부(총참 2부), 그리고 당 통일전선공작부의 정보임무를 수행하는 것으로 보아야 한다.[20)]

현재 중국의 '정법계통'(政法系統)에는 당의 대외연락부, 통일전선공작부, 국무원 산하의 공안부, 국안부, 사법부, 민정부, 민족사무위원회(民族事務委員會) 외 최고인민법원, 최고인민검찰원 등이 포함되며, 각 성·시·자치구 내 당 위원회 내에는 정법위원회가 설치되어 있다. 군계통의 경우는 '4총부'(총참모부, 총정치부, 총후근부, 총장비부) 중 총참모부 2부, 3부, 4부와 총정치부 연락부외 각 (대)군구 내 집단군과 사단급까지 정법위가 설치되어 있다. 아래에서는 〈그림 1〉에 나타난 바와 같이, 당의 중앙대외연락부, 국무원 국가안전부, 그리고 군 총참 2부(군 정보부)를 중심으로 중국의 당·정·군 정보체계의 주요 조직 및 기능을 설명하겠다.

---

18) 중앙정법위원회의 구성 및 활동에 대한 소개는 일본 대외정보조사부 동아시아국의 웹 사이트(〈http://www2.odn.ne.jp/~cae02800/index.htm〉 참조. 동 싸이트는 일본 방위청 조직이 아니며, 전 첩보원에 의해 운영되는 민간 싸이트로서 일부 중국 정보 · 치안조직의 개요 및 조직도가 수록되어 있다.

19) 羅冰, "中共間諜秘密," 「爭鳴」(1997. 1), pp. 6-9.

20) 홍콩의 군사전문지 편집장과의 토론. 홍콩, 2001년 1월.

그림 1 중국의 주요 정보체계 총괄도

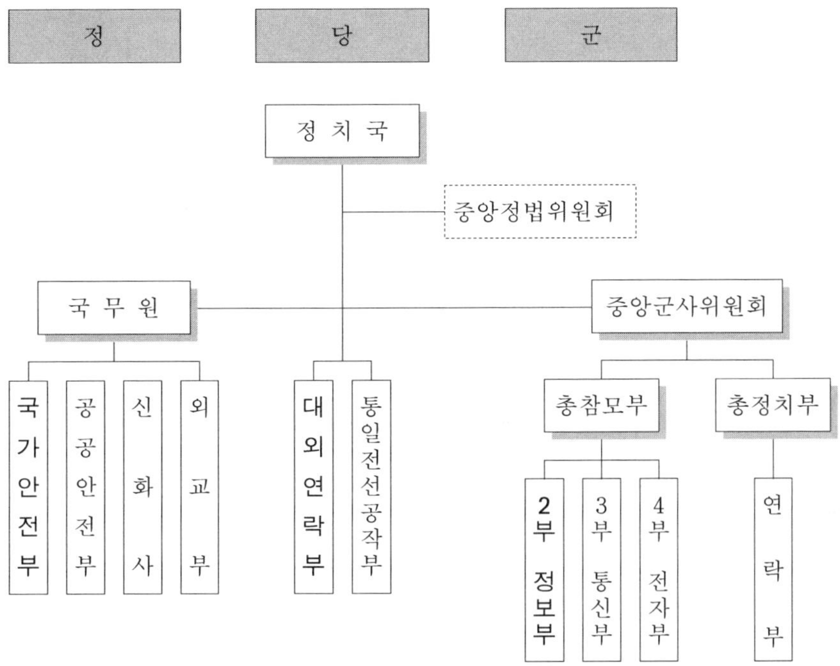

(1) 당 정보계통

중앙대외연락부(中央對外聯絡部; 中央聯絡部)는 1930년대 중앙연락국(中央聯絡局; 국장 이극농)으로 운영되었고, 건국 이후 현재 명으로 개칭되어 왕가상(王稼祥; 1951년 1월-1966년 3월)이 문화혁명 시작때까지 부장을 역임한 당 중앙 직속기관이다. 중앙연락부는 당의 대외관계 주무 부서로서, 사회주의 국가, 전세계 공산당, 좌파 정당 및 단체와의 관계를 유지·발전시키는 업무목표를 갖고 있다. 그러나 탈냉전기 사회주의 국가의 체제 전환 및 국제공산주의 운동의 쇠퇴로 인해 업무비중은 과거 공산권과의 연대에서 보다 실질적인 국가이익의 추구로 전환되었다.

중앙연락부는 타기관의 지역구분과 유사한 형태인 6개 지역국을 운영하며, 국무원 외교부의 업무를 지휘·조정하는 기관으로서 중국의 대외정책 결정과정에서의 위상은 외교부에 비해 높다. 중앙연락부는 당의 대외 정보수집을 담당하는 기관으로 외부와의 노출이 적은 편이나. 특히 북한과의 '당대당'(黨對黨) 관계는 모두 동 부서가 주무 부서 역할을 하고 있다. 외교부 부부장(차관) 출신인 대병국(戴秉國)이 1997년 8월 이후 부장직을 맡고 있으며, 동 인은 2001년 4월 서울, 2000년 9월 평양을 방문한 바 있다. 참고적으로 1994년 7월 김일성의 사망 이후 중국과 북한간의 공식 교류는 과거에 비해 상당히 위축되었고, 특히 중국측 인사의 북한 방문이 크게 감소한 상황에서도 중앙연락부 부부장급 인사의 북한 방문은 거의 매년 이루어졌다.[21)]

통일전선공작부(統一戰線工作部: 統戰部)는 당의 통일전선 주무 부서이다. 통전부는 1930년대 이후 진소우(陳紹禹)를 부장으로 운영되었고, 1949년 건국 후에서 문화혁명 전까지는 이유한(李維漢)이 부장직을 수행하였다. 중앙판공청 주임과 국무원 대만사무판공실 주임을 역임한 왕조국(王兆國)이 1992년 12월부터 현재까지 통전부장을 맡고 있다. 7명의 부부장과 1명의 비서장으로 운영

그림 2 당 대외연락부 조직도

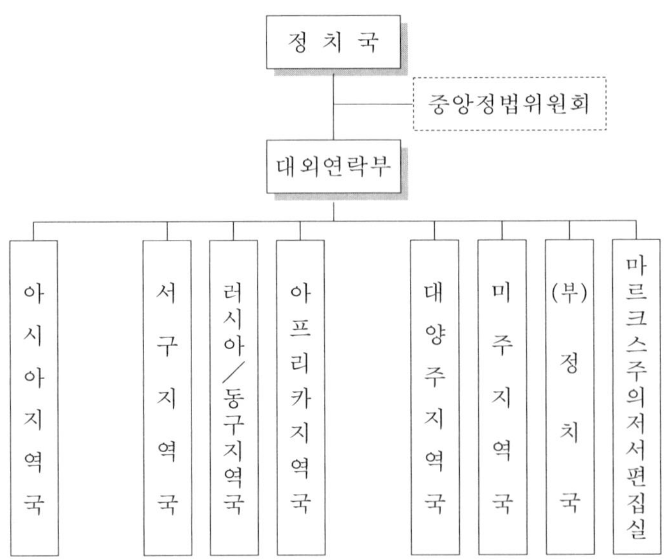

21) 1990년대 중국과 북한의 관계, 특히 인적 교류 현황에 대해서는 다음 자료를 참조. Taeho Kim, "Strategic Relations Between Beijing and Pyongyang," in James R. Lilley and David Shambaugh, eds., *China's Military Faces the Future*(Armonk: M. E. Sharpe, 1999), pp. 295-321, esp. pp. 307-8; Xiaoxiong Yi, "Dynamics of China's South Korea Policy: Assertive Nationalism, Beijing's Changing Strategic Evaluation of the United States, and the North Korea Factor," *Asian Perspective,* Vol. 24, No. 1 (2000), pp. 71-102.

되며, 부부장 중 이덕수(李德洙)는 조선족 출신으로 국가민족사무위원회(國家民族事務委員會) 주임(장관급)이며, 1992년 12월 이후 통전부 부부장직을 맡고 있다. 통전부는 대만, 홍콩, 마카오 및 전세계 화교단체에 대한 통일공작을 주임무로 하고 있으나, 대외 활동이 잘 드러나지 않는 기관이다. 통전부의 대대만 공작은 제 4 장에 논의되는 바와 같이 대만에 대한 국가공작 차원의 일환으로서 매우 복잡한 업무체계 내에서 이루어지고 있다.

(2) 국무원 정보계통

국가안전부(국안부; MSS)는 중국정부의 대표적 정보기관이다. 정식 설립 목적은 "국가안전 및 반간첩 공작을 영도·관리하며, 사회주의 현대화 건설 및 조국통일의 대업을 보위·촉진"시키는 것으로 공안부 내 간첩 및 방첩단위(1-4국)와 중앙조사부의 일부 기능이 통합되어 1983년 6월 설립되었다.[22] 국안부의 설립은 중국의 개혁·개방정책의 채택과 밀접한 관련을 갖고 있으며, 그 주요 목적은 중국의 대외 개방으로 인한 외국인의 입국 및 내국인의 출국이 폭발적으로 증가함에 따라 보다 조직적으로 간첩·방첩 활동을 전개할 필요가 있었기 때문인 것으로 사료된다.

국안부의 설립초기에는 9개 공작국과 4개의 직할 지원기관으로 구성되었으나, 개혁·개방의 추진으로 인한 대외접촉의 증가 및 컴퓨터, 정보통신, 위성, 무인항공기(UAV) 등 첨단기술을 이용한 첩보활동 증가에 대처하기 위해 업무 범위와 조직이 크게 확대되었다.[23] 다음 〈그림 3〉에 나타난 바와 같이

22) 국가안전부의 중요성으로 인해 그 조직 및 기능에 대해서는 다른 정보단위보다 자료가 비교적 많은 편이나, 자료의 출처나 국안부 내외의 업무관계에 대해서는 아직 불투명한 부분이 많이 있다. 국안부의 기능과 〈그림 3〉의 조직도, 그리고 총참과 총정 정보조직에 대해서는 郭瑞華 編著,「中共對臺工作組織體系概論」, 修訂 1版(臺北: 法務部 調査局, 1999), 특히, pp. 154-56, 158-61을 주로 참고하였고, 추가적으로 미 과학자협회(Federation of American Scientists)의 싸이트(〈http://www.fas.org/irp/world/china/index.html〉); 陳東龍,「中共軍備現況」(臺北: 黎明文化事業公司, 1999), pp. 1-21을 참고하였다. 이외에도 Mark A. Stokes, *China's Strategic Modernization: Implications for the United States* (Carlisle Barracks: U.S. Army War College Strategic Studies Institute, 1999), pp. 32-42는 중국군 정보수집의 기술적 측면을 매우 상세하게 소개하고 있다.

23) 미 과학자협회(FAS)의 경우 중국 공안부 조직을 11개국, 외사국 및 기타 보조 단위로 구분하고, 각국 업무에 대해 간략히 소개하고 있으나, 주 출처가 대부분 홍콩자료이며, 동 조직 구분은 국안부 창설 초기인 1980년대 조직구조로 판단된다. 동 조직구조에 대한 설명은 미 과학자협회 싸이트(〈http://www.fas.org/irp/world/china/index.html〉)와 Jane's 그룹의 중국 정보 및 치안능력 관련 싸이트(〈http://catalogue.janes.com/tocdata/srep077/title.shtml〉)를 참고 할 것.

1990년대 말 현재 국안부는 17개 공작국과 10여 개의 행정지원국으로 편성되어 있다. 1-3국은 지역국으로 해당 지역의 정보수집을 담당하며, 4국은 중국 내 기타 정보부서와 마찬가지로 대만·홍콩·마카오를 별도 관리한다. 5국은 정보분석의 통보와 정보 수집을 지도·연구하며, 6국은 과학·기술 정보의 수집·연구 및 통신공작을 지휘한다. 동국은 업무의 성격으로 인해 다수의 자연과학 전공자를 충원하는 것으로 알려져 있다. 7국과 8국은 반간첩(방첩) 단위로서, 반간첩 정보의 수집, 외국간첩의 정찰·체포를 맡고 있고, 해외의 중국 민주화 인사에 대한 감시 및 공작을 담당한다. 9국은 우편물 검사 및 통신정찰, 10국은 해외 중국 대사관/영사관의 안전공작을 담당한다.[24] 11국은 문서자료의 수집·연구·관리를 맡고 있는데, 이는 대외적으로 '중국현대국제관계연구소'(中國現代國際關係硏究所; CICIR)로 알려져 있으며, 동 연구소의 대외 학술활동으로 인해 외국에도 잘 알려져 있다.[25] 12국은 사회 내 민의 및 동태조사, 13국은 과학기자재 관리·연구, 14국은 암호통신 공작을 담당한다. 15국은 대만·홍콩·마카오 연구국으로서, 4국과 업무영역이 중첩되는 것으로 보인다. 16국은 국안부 내부 전산망의 안전관리, 전산망의 외부침입 방지 및 관련 정보분석 단위로 추정된다. 17국은 국안부 소속 기업 및 사업(예, 淸安總公司)의 관리를 담당한다.

공공안전부(공안부; MPS)는 사회 공공치안을 담당하는 주무 부서로서, 타국의 일반 경찰기관의 업무 외 국경수비, 출입국 관리, 소방 및 산불예방, 민간항공, 산아제한, 기술정찰 등 1개 부서에서 수행한다고 보기 어려운 수다한 업무를 담당한다.[26] 더욱이, 1989년 천안문 사태 이후 각종 소요진압 및 치안유지에 중요한 기능을 수행하는 '인민무장경찰'(人民武裝警察: 武警)도 공안부 소

24) 일부 자료는 국안부 10국이 해외 중국 대사관 및 영사관 보호업무와 병행하여 유학생 및 반중국 세력의 활동을 감시하는 것으로 보고 있다. 嚴家祺, "'國家安全'的三道防線," 「爭鳴」, 1999. 2, p. 49.

25) 동 국은 과거 국안부 8국이 개칭된 것으로 「現代國際關係」의 내부용과 일반 배포용, 중문판과 영문판(*Contemporary International Relations*) 등 다양한 자료를 발간하며, 상기 자료의 일반 배포용 중문판과 영문판은 국내 주요대학 도서관과 정책연구소 자료실에서 열람이 가능하다.

26) 매우 다양하고 연관이 적은 업무가 모두 공안부에 귀속되어 있는 주요 원인은 '공공안전'의 확대해석으로서 도시와 농촌의 기층단위로 내려갈수록 주민에 대한 공안의 영향력이 커지며, 이는 사회에 대한 당의 '절대영도'의 일환이다. 공안부의 조직에 대해서는 일본대외정보조사부 아시아국의 웹 사이트(〈http://www2.odn.ne.jp/~cae02800/cn/police/mps.htm〉); 미 과학자협회의 웹 싸이트(〈http://www.fas.org/irp/world/china/mps/org.htm〉); 郭瑞華 編著, 「中共對臺工作組織體系槪論」, pp. 178-82 참조.

그림 3 국가안전부 조직도

속이다. 1997-99년 기간중 군의 50만 감축으로 인해, 무경의 규모는 현재 약 150만으로 추산되고 있으며, 공안부는 당 중앙군사위의 지휘하에 무경을 관리·운영한다.

공안부의 업무 중 치안 관리, 출입국 관리, '호구(戶口)' 관리는 국내 방첩 활동과 밀접한 관련을 갖고 있어 국안부의 업무영역과 중첩되고 있다. 공안부는 각 성·자치구 및 직할시에 공안청(국), 그리고 하급단위에는 공안처를 설치·운영하고 있다. 대(對)대만 업무로는 대만인의 출입국 관리, 대만 투자기업에 대한 감시 및 대만, 홍콩 및 마카오 주민의 국내활동 관리 등이 포함된다. 전 국안부장인 가춘왕이 1998년 3월 이후 공안부장을 맡고 있다.

신화사(新華社; NCNA)는 중국의 소식을 대외에 전파하고, 외국의 소식을 국내에 보도하는 일반적인 통신사의 기능 외 전세계 각지의 소식을 수집, 번역, 요약, 분석하여 중국의 고위급 지도자를 포함한 관계부처에 수시 보고한다. 더욱이, 신화사는 국안부 등 정보기관 요원의 대외파견시 신분을 은폐하는 수단으로 사용되기도 한다. 신화사는 당 중앙선전부의 지휘·감독을 받으며, 신화사 사장은 「인민일보」(人民日報) 사장과 마찬가지로 국무원 부장(장관)급에 해당한다. 국내 31개 지부, 국외 107개 지국을 운영하며, 고용인원은 1만명이 넘는다.[27] 특히, 신화사의 홍콩지국은 1997년 7월 홍콩의 중국 반환이전 중국정부의 홍콩대표부로서 통일전선공작을 수행하였으나, 홍콩이 중국의 1개 특별행정구로 설정된 현재도 과거와 같은 정보기능을 수행해야 하느냐는 문제를 안고 있다.[28]

중국 외교부는 중국의 대외정책 결정과정상 주요 행위자나 엄밀한 의미에서 정보조직이 아니며, 중국 정부의 대외 공식창구로서 당 정치국과 中央外事領導小組의 결정을 집행하는 외교실무조직이다.[29] 중국의 정보계통상 외교부

27) Todd Hazelbarth, *The Chinese Media: More Autonomous and Diverse — Within Limits,* CSI 97-10003(Washington, DC: CIA Center for the Study of Intelligence, 1997), p. 16. 중국은 당의 정보통제 수단으로 국내외 소식지의 내부 배포선 체계를 유지하는데, 「參考資料」는 실무부서장, 「內部參考」는 부장(장관)급 이상, 그리고 가장 제한적인 「紅頭參考」는 소수의 최고위급 해당 지도자에게 배포되며, 신화사는 동 체계의 배포를 담당하는 것으로 알려져 있다.

28) 신화사 홍콩지국의 지위에 대한 논란은 Frank Ching, "Clarify the Status of Xinhua," *Far Eastern Economic Review,* April 16, 1998, p. 33 참조.

29) 중국의 대외정책 결정과정에서의 외교부의 역할과 위상에 대한 이같은 사실적 표현에 대해 이견이 있을 수 있다. 중국의 대외정책 결정시 행위자, 구조 및 과정에 대한 보다 자세한 논의는 Michael D. Swaine, *The Role of the Chinese Military in National Security Policymaking;* Carol Lee Hamrin, "The Party Leadership System," in Kenneth G. Lieberthal and David M. Lampton, eds., *Bureaucracy, Politics, and Decision Making in Post-Mao China* (Berkeley and Los Angeles: University of California Press, 1992), pp. 95-124; David Bachman, "Structure and Process in the Making of Chinese Foreign Policy," in Samuel S. Kim, ed., *China and the World: Chinese Foreign Policy Faces the New Millennium,* 4th ed. (Boulder: Westview Press, 1998), pp. 34-54 참조.

는 보조적 정보기관의 역할을 하는데, 2000년 말 현재 160여 개 수교국 주재 중국 대사관과 50여 개 총영사관은 다른 국가와 마찬가지로 주재국의 정세를 본국에 정기 보고한다. 또한, 해외 대사관에 파견된 중국 외교관은 공개적인 첩보업무를 수행하며, 동 업무에는 상기한 '경제발전 지원, 대대만 공작, 반중국 인사·단체 동정 파악, 군사·안보 동향 파악' 등이 포함된다. 또한, 대외 학술교류 단위인 국제문제연구소(國際問題研究所; IIS), 외교관 양성기관인 중국외교학원(中國外交學院; FAC) 등을 운영하고 있다.

(3) 군 정보계통

군 총참모부는 작전, 기획, 정보, 훈련, 동원 등을 담당하는 전국 군사력의 지휘기구로서, 총참모장외 현재 6명의 부총참모장을 두고 있는데, 이 중 웅광해 상장이 군정보 책임을 맡고 있다.[30] 중국군의 정보수집 업무는 총참모부(총참) 2부(정보부; 일명 '군정보부'), 3부(통신부), 4부(전자부) 및 총정치부(총정) 연락부의 4개 부서에서 수행되는데, 이중 가장 중요한 부서는 총참 2부이다. 총참 3부는 '통신부' 혹은 '기술정찰부'라고도 불리는데, 무선통신 감청, 암호번역, 위성정찰사진 판독 등을 주업무로 하고 있다. 업무의 특성상 신호정보(SIGINT: signals intelligence)에 크게 의존한다. 중국은 아·태 국가중 가장 광범위한 신호정보망을 보유하고 있으며, 중국의 각 지역 및 부대단위에 배치·운용되고 있는 신호정보 수집소에 대한 관리·운영권한은 총참 3부가 갖고 있으며, 배치 지역이나 단위의 지시를 받지 않는다.[31] 총참 4부는 '전자부' 혹은 '전자·대레이다부'(電子對抗雷達部)로서 대전자대책(對電子對策: ECM)과 대대전자대책(對對電子對策: ECCM)을 포함한 전자전 관련 연구, 전자정보 수집·분석, 대레이다 교란, 대적외선 교란 및 대적 기만작전 설계 등의 업무를 담당하고 있다. 4부는 1993년에 설립되어, 2부나 3부에 비해서는 그 역사

30) 웅광해 상장은 이외에도 당 중앙대대공작영도소조(中央對臺工作領導小組)의 위원이며, 총참 2부는 나우동(羅宇棟) 소장, 3부는 시권(時權) 소장, 4부는 장유재(張有才: 계급 미상)가 맡고 있다.

31) 중국의 신호정보능력에 대한 가장 권위있는 연구는 Desmond Ball, "Signals Intelligence in China," *Jane's Intelligence Review,* August 1995, pp. 365-370이다. 볼(Ball) 교수는 소련, 일본, 대만, 북한 등 다수 국가의 신호정보에 대한 연구결과를 발표하였는데, 중국의 신호정보능력에 대한 상기 자료에는 총참 3부의 관련 부서, 신호정보 수집소의 위치, 지상·해상 및 공중 수집 수단, 그리고 국안부, 공안부 및 신화사의 제한적 신호수집능력 등이 자세히 설명되어 있다.

가 짧으나, 국내 전자산업 및 미래전의 핵심인 전자전을 담당하는 부서로서 중국의 전자정보(ELINT: electronic intelligence) 관리를 맡고 있다.[32)]

총참 2부('군 정보부' 혹은 '총참 정보부')는 군 정보활동의 총괄부서라고 볼 수 있는데, 중국의 가상적국 및 주변국을 중심으로 세계의 다양한 군사·전략정보, 예를 들면 군사사상 및 독트린, 군사지리, 병력규모, 무기체계, 주요 군인사에 대한 정보 외에도 군사분야의 반간첩활동을 총괄지휘한다. 또한, 1990년대에는 현대전의 요구에 부응하는 전략·전술 정보의 적시 지원 및 전장환경의 변화예측을 위한 중국식 기법 개발, 인적정보(HUMINT: human intelligence)와 다른 정보획득 방식간의 자동융합 등 보다 복잡하고, 구체적인 노력을 경주하는 것으로 알려져 있다.[33)]

총참 2부는 7개 활동국(공작국) 및 6개 행정지원 단위로 구성되어 있다. 1국은 해외정보수집 및 간첩의 파견업무를 맡고 있다. 1국은 북경, 심양, 상해, 남경 및 광주에 분국(일명 '연락국')을 운영하고 있는데, 특히 북경분국은 주중 외국무관부를 포함, 외국인에 대한 감시 및 대간첩 활동, 그리고 광주분국은 대만에 대한 첩보활동을 수행하는 것으로 알려져 있다. 1국 내에는 러시아, 동구, 일본, 서구, 미국, 동남아, 대만, 홍콩, 마카오에 대한 첩보단위를 운영하며, 또한 군 예하 정보단위인 '(대)군구 정보국' 및 '집단군 정보처'를 관할한다. 예를 들면 1개 대군구의 정보국은 업무절차상 소속 대군구 사령관과 총참 2부 부장의 지휘를 동시에 맡는 것을 의미한다.

총참 2부 2국은 전술정찰국으로서 적대국가 군대의 정찰 및 국경보안활동을 수행한다. 특히 2국은 유사시 전략적 결정에 필요한 정보수집 및 분석을 목표로 대군구, 병종, 집단군 및 사단급 등 각급의 정찰부대를 총괄한다. 3국(무관국)은 해외파견 중국 무관업무를 관장하며, 중국 무관인력의 훈련기관인 '중국 인민해방군 국제관계학원'(國際關係學院: 일명 '南京國際關係學院')을 운영한다. 4국은 러시아, 중앙아시아, 우크라이나 및 동구의 군사정보 수집·분석국이다. 5국은 미국과 서구, 6국은 대만, 일본, 한국 및 동남아 군사동향분석을 담당한다. 7국은 1990년대 신설된 과학기술국으로서 정보공작의 현대화 추진 및 사이버 스페이스상의 반간첩활동에 대한 대응을 담당한다. 동 7국은

32) Mark A. Stokes, *China's Strategic Modernization: Implications for the United States*, pp. 32-42 참조.

33) 외국 군사정보 분석의 다양한 방법론을 소개한 저서로는 翟曉敏·楊壽青 編著, 「軍事情報分析與豫測」(北京: 國防大學出版社, 2000)(軍內發行) 참조.

'북방교통대학컴퓨터센터', '제57연구소', '제58연구소', '북경전자창', '해구전자장비창'(海鷗電子裝備廠)과의 공동협력하에 중국군의 컴퓨터정보연락망을 구축하고 있는 것으로 알려져 있다.[34] 이외에도 '중국국제전략학회'(中國國際戰略學

그림 4 군 총참모부 2부(군 정보부) 조직도

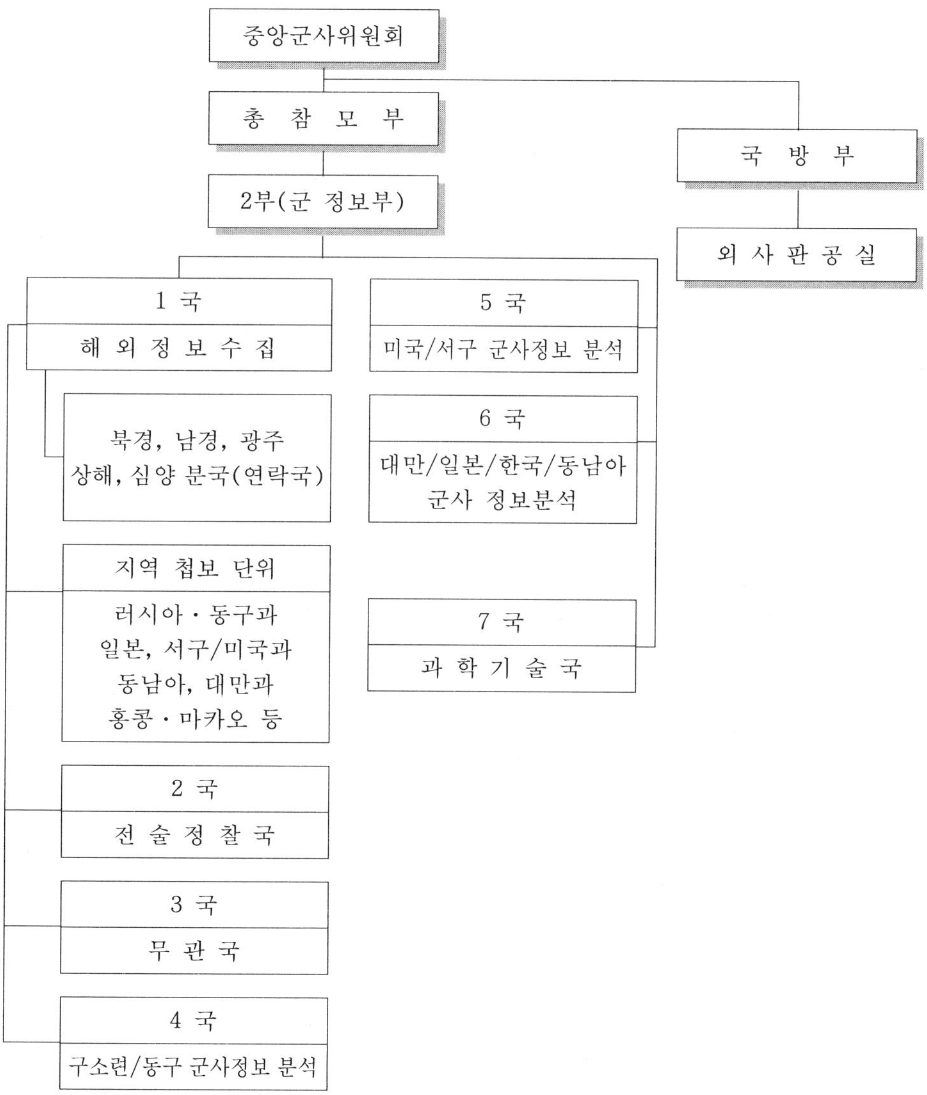

34) 郭瑞華 編著,「中共對臺工作組織體系概論」, pp. 154-56 참조.

會; CIISS)는 대외학술연구 및 교류를 위해 설립된 총참 2부의 단위(연구소)로서 군사전략 및 국제안보를 주로 연구하며, 현 회장은 웅광해 부총참모장이고 연구원의 대부분은 전·현직 장교로 구성되어 있다.[35]

총정치부 연락부(총정 연락부)[36]는 홍군시절 '백군공작부'(白軍工作部)에서 유래하였는데, 과거 명에 나타난 바와 같이 국민당군 내 '침투, 모반 · 책동 및 심리전'을 담당하고 있다. 총정 연락부는 '연락국', '조사연구국', '변방국' 및 '대외선전국'의 4개 연락국과 상해 및 광주에 분국을 운영하고 있다.[37] 외국에도 잘 알려져 있는 '평화 및 발전연구센터'(和平與發展硏究中心)는 총정 연락부 소속으로서, 대외학술협력 및 교류업무를 맡고 있다. 연락국의 주요 업무는 대만의 정세파악, 대만군에 대한 심리전, 그리고 요원의 대만 파견 등이다. 조사연구국은 주중국 외국대사관을 주요 공작대상으로 정보를 수집하며, 대외적으로는 '중국인민대외국제우호연락회'(中國人民對外國際友好聯絡會)의 명의로 활동을 전개한다. 또한 조사연구국은 각 (대)군구 정치부 내 조사연구처를 통해 정치정보를 수집 · 분석한다. 변방국의 경우 업무중점은 베트남에 대한 침투공작, 대외선전국은 군의 선전활동, 특히 '대만의 소리'(海峽之聲) 방송을 운영하는 것으로 알려져 있다.

4. 중국의 대외정보활동: 첨단기술 획득 및 대(對)대만 공작

중국의 당·정·군 정보체계는 방대한 조직을 통해 다양한 정보목표를 수행하는데, '첨단기술 획득'은 중국의 4개 현대화, 그리고 '대대만 공작'은 중국의 통일문제와 직결된 주요 업무분야이다. 그러나 첨단기술 획득과 대만에 대한 공작은 업무목적이 매우 다를 뿐만 아니라, 내용, 수단 및 범위에서 많은 차이

35) 중국 국제전략학회는 사실상 '학회'가 아닌 연구소로서, 내부용 외국 군사동향 분석지인 「外軍動態」, 일반배포용인 국제안보 · 군사연구지 「國際戰略硏究」의 중문판과 영문판(*International Strategic Studies*) 등을 발간한다. 「國際戰略硏究」는 국내 도서관에서 열람이 어려우나, 한국국방연구원 자료실과 국내 일부 중국군사 연구자에게 제한적으로 배포되고 있다.

36) 과거이름은 대적공작부(對敵工作部: 敵工部)이다.

37) 총정치부의 조직도 및 개요에 대해서는 일본 대외정보조사부 아시아국의 웹 사이트(〈http://www2.odn.ne.jp/~cae02800/cn/military/politics.htm〉) 참조.

가 있다. 예를 들어, 첨단기술 획득은 미국과 같은 기술선진국을 주 대상으로 관련 분야의 전문지식 습득이 필요하고, 거의 예외없이 특정 정보에 접근이 가능한 포섭대상을 상정하는 반면, 대대만 공작은 전방위적 정보공작으로서 다수를 대상으로 할 뿐만 아니라, 언어나 전문지식의 습득 필요성이 낮다. 이같이 상반된 정보요구에 대한 중국 정보기관의 활동을 통해 중국 정보능력의 일면을 살펴보기로 한다.

개혁·개방기 중국이 추구하는 4개 현대화 목표 중 한 가지가 과학·기술의 현대화일 뿐만 아니라, 과학·기술은 중국의 경제발전, 그리고 '중국의 등장'을 가능하게 해주는 필수 조건이라고 할 수 있다. 그러나 이같은 소요에도 불구하고 개혁·개방 초기 중국의 과학·기술 수준은 전반적으로 매우 낙후된 수준이였고, 현재까지도 첨단 과학·기술분야는 일부 분야를 제외하고 대부분 상당한 문제를 안고 있는데 이에는 역사적·기술적 배경이 있다.

중국은 1949년 건국 당시 100여 년간 외세의 침략과 내란으로 인해 국내산업 및 과학·기술 기반이 극도로 취약하여 외국의 자본투자와 기술지원이 시급한 상황이었으나, 중국은 당시 세계정세의 양극화로 인해 1950년대 소련의 사회주의 발전모델을 선택하여 국가·경제·군사체제를 건설하게 되었다.[38] 그러나 1960년 중·소갈등의 표면화 및 소련의 갑작스런 기술지원 중단으로 인해 자력으로 경제 및 방산기술 발전을 추구하였고, 이는 중국 산업기술 및 무기체계의 전반적인 구형화 및 노후화의 주요 원인으로 작용하게 되었다. 1970년대 초 미국과의 관계정상화 이후 1980년대 말까지 중국은 미국을 비롯한 서방국가와의 제한적인 무기이선 및 기술제휴를 통해 사국의 방산 수준을 세고시키기 위해 노력하였으나, 중국의 정치·경제·기술·행정적인 이유 및 대중국 첨단 군사기술 이전에 대한 서방국가의 우려로 인해 기술향상에 실패하였고, 결과적으로 1980년대 까지 중국은 소련의 1950년대 기술에 기초한 산업 및 방산체제를 유지하고 있었다.

---

38) 소련은 1950-60년 기간중 중국의 258개 주요 산업시설 건설을 지원하였고 2만 4천세트의 과학기술 자료를 중국측에 이전했을 뿐만 아니라, 1만명 이상의 소련 과학자와 엔지니어의 중국방문이 이루어졌다고 주장하고 있다. 또한 동 기간중 약 3만 8천명의 중국 유학생 및 과학자가 소련의 대학, 연구소 및 기타 기관에서 장·단기간 체류한 것으로 알려지고 있다. R. K. I. Quested, *Sino-Russian Relations: A Short History*(Sydney: George Allen & Unwin, 1984), pp. 124-25; Lowell Dittmer, *Sino-Soviet Normalization and Its International Implications, 1945-1990*(Seattle: University of Washington Press, 1992), pp. 21-22 참조.

1970년대 말 개혁 · 개방정책의 채택과 특히 1986년 3월(소위 '863계획') 과학 · 기술의 현대화 추진은 우주, 레이저, 자동화, 생물공학, 정보체계, 에너지 및 신소재의 7개 중점 분야 외 첨단 과학기술분야에 대한 수요를 급속히 증가시켰고, 이는 합법적인 외국기술의 획득 외 비합법적인 수단을 통한 획득의 필요성을 야기시켰다고 볼 수 있다.[39] 이에는 외국수출이 금지되어 있는 상업용 기술 및 장비가 포함되나, 특히 일부 국가의 우려는 군사적 목적으로 사용될 수 있는 범용 기술 혹은 장비의 합법적 · 비합법적 도입이다.

중국의 외국 첨단기술 불법획득에 대해 가장 심각하고도 공개적으로 문제를 제기하고 있는 국가는 미국이나, 적어도 동 문제는 1990년대 중반까지는 양국관계의 주요 현안으로 등장하지 않았다.[40] 그 주요 이유로는 1980년대 미·중간 전략적 대소 연합 및 1990년대 미국의 대중 포용(engagement) 정책, 중국에 대한 상업적 이익, 그리고 미 행정부 내 기술 수출절차에 대해 이견을 들 수 있다. 또한, 1990년 중반 이후에도 중국측의 불법 기술획득에 대한 미국의 심각한 우려에도 불구하고, 중국의 조직적 정보활동을 명백히 증명한 사례는 매우 드물다. 미국 내에서는 의회 및 반중국 성향 단체들이 중국의 미국 내 첨단기술 불법 획득에 대해 다양한 사례를 제시하였는데, 그 활동지역, 포섭대상, 획득방법 및 표적기술을 요약하면 다음과 같다.

① 중국의 국가안전부 및 기타 정보기관은 미국 서부에 집중되어 있는 고기술 산업단지에 대해 집중적인 첩보활동을 전개하는데. 중국의 첩보활동은 1990년대 말 현재 미국 내 70여 개 사무실에서 근무하는 2,600명의 중국외교관 및 경제관료, 미국에 체류하는 약 40,000명의 중국 유학생, 그리고 연간 약 25,000명의 공식방문 중국인사 및 연간 20,000명의 중국 이민자 등을 통해 이루어지고 있다.[41]

② 중국의 불법 기술획득은 주로 3가지 방법을 통해 이루어지는데, 국내

39) '863' 계획에 대한 중국측 평가는 Feng Jing, "863 Program Spurs Science and Technology," *Beijing Review,* March 29, 2001, pp. 13-17 참조. 중국의 상업용 기술의 군수전환 가능성에 대한 비관적 평가로는 Roger Cliff, *The Military Potential of China's Commercial Technology*(Santa Monica: The RAND Corporation, 2001) 참조.

40) 미 의회는 미국에 대한 외국의 불법 기술획득 및 산업스파이 활동이 점증하고 있다고 판단, 1995년 정보수인법(Intelligence Authorization Act), 1996년 경제스파이법(Economic Espionage Act) 등 관련 법안을 제정한 바 있다. National Counterintelligence Center, *Annual Report to Congress on Foreign Economic Collection and Industrial Espionage, 1998*(Washington, DC: U.S. Government Printing Office, 1998) 참조.

41) 예를 들어 미 과학자협회 웹 싸이트(〈http://www.fas.org/irp/world/china/mss/ops.htm〉)참조.

요원 교육 후 표적기술획득을 위한 외국 파견, 표적기술을 생산하는 미국기업의 인수, 그리고 중국 정보기관이 운영하는 홍콩 기업의 활용이다. 이외에도 미국 내 중국 유학생의 학위취득 후 잔류 종용, 기자 및 주재원으로의 잠입, 중국계 재미 과학자의 포섭, 또한 보다 공개적으로 미국 과학자의 중국 초청이나 중국 과학자의 미국 방문 등의 다양한 방법을 사용하여 왔다.[42)]

③ 이같은 방법을 통해 중국은 미국의 고급 및 중급 기술획득을 추구하며, 경제발전을 지원하기 위한 수많은 민간기술 외 특히 겸용기술 및 군사기술에 관심을 갖고 있다. 전략무기 현대화를 위한 미국 내 중국의 스파이 활동은 핵탄두(W-88)의 소형화, 중성자탄(W-70) 개발, 신형 장거리 미사일(DF-31)의 탄두 개발에서 나타나고 있다.[43)]

미국 내 중국의 불법 기술획득 의혹에 대해서는 크고 작은 사례가 보도되고 있으나, 대외적으로 가장 잘 알려진 사례는 이문화(李文和; Wen Ho Lee)로서, 대만계 미국인인 이문화는 로스 알라모스 국립실험실(Los Alamos National Laboratory) 연구원으로 재직시 핵탄두 설계, 미사일 및 기타 군사 비밀정보를 다량 유출시킨 혐의로 1999년 초 체포되었고, 이후 중국의 대미 기술획득 공작의 대표적인 사례로서 미의회, 언론 및 반중국 성향 단체에 의해 집중포화를 받았다.[44)] 그러나 동 사건은 재미 외국계 과학자에 대한 인종차별적 논조를 띠고 있을 뿐만 아니라, 중국의 첩보활동(즉, 혐의)와 첩보결과(중국의 핵무기 현대화)간 연계를 입증하지 못하고, 첩보활동 주체가 중국인지 혹은 대만인지도 구별하지 못하는 등 증거 불충분으로 인해 현재 종결단계에 있다.[45)]

중국 정보조직이 불법으로 미국의 기술을 획득한 보다 분명한 사례는 피터 리(Peter Lee) 사건으로서 대만계 미국인인 동 연구원은 같은 실험실 근무

42) Nicholas Eftimiades, *Chinese Intelligence Operations*는 중국 정보단위의 요원 훈련 및 포섭방법에 대해 소개하고 있다.

43) 중국의 전략무기 현대화를 위한 미국 군사기술 획득 의혹에 대해서는 '콕스(Cox) 보고서'가 가장 광범위한 사례를 소개하고 있다. 아래 주 47 참조. 중국의 과학·기술 정보획득 조직에 대해서는 廖文中, 「中共科技情報蒐集專業組織概況」(臺北: 中華民國 高等政策硏究協會, 1999. 4. 15) 참조.

44) 예를 들어 James Risen, "U.S. Fires Scientist Suspected of Giving China Bomb Data," *New York Times,* March 9, 1999, pp. A1, A8; James Risen and Jeff Gerth, "China Spy Suspect Reportedly Tried to Hide Evidence," *New York Times,* April 40, 1999, p. A6; Hoyt Zia, "Is He a Spy—Or Not?" *New York Times,* May 26, 1999, p. A33 참조. 동 사건의 인종차별적 측면에 대한 문제제기는 Frank Ching, "Wen Ho Lee: A Witch Hunt?" *Far Eastern Economic Review,* January 20, 2000, p. 30 참조.

45) Matthew Purdy and James Sterngold, "The Prosecution Unravels: The Case of Wen Ho Lee," *New York Times,* February 5, 2001, pp. A1, A13, A14.

중 1985년과 1997년 각각 소형 핵탄두의 폭발시험 정보 및 대잠전 관련 비밀자료를 2회에 걸친 중국 방문을 통해 전달한 혐의를 인정하고 1997년 1년의 금고형과 벌금형을 선고받았다.[46] 그러나 피터 리가 중국측에 전달한 비밀 과학기술정보는 그가 형집행을 마칠 무렵 대부분 비밀해제되어 소위 군사과학기술의 비밀등급 부여에 대한 논란을 불러일으켰다.

미국 내 중국의 정보활동에 대해 가장 광범위하고, 심각하게 문제를 제기한 자료는 1999년 5월 미 의회의 위원회에 의해 발표된 소위 '콕스(Cox)보고서'로서, 그 주요 내용은 중국이 자국의 군사·정보능력의 향상을 위해 미국의 다양한 군사기술(예, 핵무기, 미사일, 항공우주 등)을 수십 년간 불법적으로 획득하였으며, 미국 정부의 방만한 기술 수출통제 정책이 이같은 중국의 스파이 활동을 용이하게 했다는 주장이다.[47] 동 보고서는 국가안보에 영향을 줄 수 있는 '민감한 내용'을 제외하고도, 총 3권, 872쪽으로 구성되어 있는데, 상기한 군사기술 외에도 슈퍼컴퓨터,[48] 정밀기계 공작장비,[49] 로케트 발사기술[50] 등과

46) 피터 리의 사례에 대한 보다 자세한 보도는 James Brooke, "An Earlier China Spy Case Points Up Post-Cold War Ambiguities," *New York Times*(March 13, 1999), p. A13.

47) Select Committee on U.S. National Security and Military/Commercial Concerns with the People's Republic of China, *U.S. National Security and Military/Commercial Concerns with the People's Republic of China,* 3 Vols. (Washington, DC: U.S. Government Printing Office, 1999) 혹은 미 국방대학 전략문제연구소(INSS) 중국군사연구센타의 관련 싸이트(〈http://www.ndu.edu/inss/China_Center/Chinarel.html〉) 참조. 핵탄두 성능 개선을 위한 기술정보의 불법획득 가능성에 대해서는 Jeff Gerth, "Report Warns of Big Gains to Chinese from Spying," *New York Times*(April 22, 1999), p. A11. 중성자탄 제조기술 절취 의혹에 대해서는 Jeff Gerth and James Risen, "Intelligence Report Points to 2nd China Nuclear Leak," *New York Times*(April 8, 1999), pp. A1, A8. 미사일 관련 보도는 David E. Sanger, "U.S. Says It Caught a Chinese Smuggler Seeking Gyroscopes That Can Guide Missiles," *New York Times* (March 1, 1999), p. A8. 잠수함 탐지용 레이다 기술 절취의혹에 대해서는 Jeff Gerth and James Risen, "Reports Show Scientist Gave U.S. Radar Secrets to Chinese," *New York Times* (May 10, 1999), pp. A1, A6. 중국의 공식 반응에 대해서는 Mark O'Neill, "Beijing Reveals Neutron Bomb," *South China Morning Post*(July 16, 1999), p. 1을 참고할 것.

48) 소위 슈퍼컴퓨터는 연산처리속도가 1초에 2,000 MTOPS(Million Theoretical Operations Per Second) 이상으로서 미국은 1998년 동 슈퍼컴퓨터 390대를 소위 '위험도가 높은 국가'(Tier Ⅲ countries)에 판매하였는데, 이 중 대중 수출은 약 절반을 차지하고 있다. Barbara Opall-Rome, "China Leads Supercomputer Charge," *Defense News*(January 25, 1999), p. 8. 다른 보도는 미국의 대중 슈퍼컴퓨터 판대 대수를 1996-97년 사이에 150대로 밝히고 있다. Jeff Gerth, "U.S. Adds 6 Chinese Sites to List That Alerts Computer Sellers," *New York Times*(June 10, 1999), p. A8.

49) 미국의 맥도넬 더글라스(McDonnell Douglas)사는 1994년 中國航空技術進出口總公司(CATIC)과의 항공기 제작 계약의 일환으로 정밀기계 공작장비(precision machining equipment)를 후자에게 제공하였는데 CATIC은 계약내용과는 달리 동 장비를 북경이 아닌 南昌으로 불법 이전하였다. 남창은 중국의 A-5공격기 및 순항미사일 제조공장이 위치한 도시로서 동 장비가 중국의 군현대화를 촉진시킬 가능성에 대해 문제가 제기되었다. 보다 자세한 내용은 Jeff Gerth, "Justice Dept. Is Said to Be Close to a Decision on Indicting

같은 '민군 겸용기술', 그리고 미국 내 중국의 광범위한 정보활동에 대한 강한 비판이 포함되어 있다. 그러나 동 보고서는 기본적으로 추측성 주장, 반중국 감정 및 국내 정치적 고려에 기초한 문건으로서 증거 부족, 논리적 문제, 핵전략과 핵공학에 대한 몰이해 등 수다한 문제를 안고 있어, 미국의 전략가와 과학자들에 의해 크게 비난을 받았다.[51] 그러므로 동 보고서가 이문화나 피터 리의 사례에 비해 보다 광범위하고 철저한 중국의 대미 공작활동을 제시하였음에도 불구하고, 동 보고서가 주장하는 것처럼 미국 내 중국의 불법 기술획득 공작이 크게 성과를 거두었다고 결론 내리기는 어렵다고 판단된다.

중국의 첨단 기술획득 활동에 비해 대대만 공작은 중국통일의 문제로서, 중국의 정보활동중 가장 역사가 깊고, 포괄적이며, 철저한 업무분야이다. 또한, 사안의 중요성으로 인해 당·정·군 지도부에서 민간 직능대표단이 동원되며, 적어도 정보수집 차원에서는 모든 영역을 망라하는 총체적 국가공작이다. 대대만 공작의 최고 지도기관은 중국대대공작영도소조(中央對臺工作領導小組)로서 조장은 강택민, 부조장은 전 외교부장인 전기침(錢其琛), 비서장에는 통전부장 왕조국(王兆國) 외 해협회(海協會) 회장 왕도함(王道涵), 부총참모장 웅광해, 국안부장 허영약, 중앙대대판공실(中央對臺辦公室) 주임 겸 국무원대대판공실(國務院對臺辦公室) 주임 진운림(陳雲林)의 4명의 위원으로 구성되어 있다. 또한, 업무내용의 종합적 성격으로 인해 동급 단위인 당 중앙군위 및 당 중앙외사영도소조(中央外事領導小組) 외, 의회격인 전국인민대표대회, 통일전선조직인 중국인민정치협상회의가 동원된다. 하급단위로는 당 통전부, 군 총참(2부, 3부, 4부), 총정(연락부), 국무원 국안부, 공인부, 신화사, 외교부와 이들 조직의 하부 행정 · 지역 조직인 각 성·시·자치구 당위원회 대만공작 판공실, 국안부·공안부 청(국)이 관련 업무를 맡고 있으며, 당 '선전 · 교육 계통'의 각 민주당파와 전국 사회 · 직능단체가 참여하여, 총 320여 개의 대소 단위가 포함된다.[52]

---

a Chinese Company," *New York Times*(June 4, 1999), p. A26 참조.

50) 예를 들어 Jeff Gerth, "U.S. Business Role in Policy on China Is Under Question," *New York Times*(April 13, 1998), p. A1 참조.

51) 대표적인 예로 *Arms Control Today*(April/May 1999)의 '콕스 보고서 특집호'에 수록되어 있는 정치인, 전략가, 과학자 및 정부관료의 입장에서 본 '콕스 보고서'의 문제를 참고할 것.

52) 중국의 대만정책 결정시 관련 조직 및 과정에 대한 최근의 종합적 연구로는 蔡瑋, "中共對臺政策的決策組織與過程,"「中國大陸研究」, 第40卷 第5期(1997. 5), pp. 36-58. 동 논문의 영문 수정본은 George W. Tsai, "The Making of Taiwan Policy in Mainland China: Structure and Process," *Issues & Studies* 33 : 9(September 1997), pp. 1-30이다.

'양안관계'를 연구하는 대만의 주요 전문가들은 중국의 대대만 공작을 '협상, 교류, 삼통(三通: 通商, 通航, 通郵), 무력위협 및 선전'의 5개 분야에 대한 전면적인 차원에서 파악하고 있다.[53] 양측의 준 정부차원의 간헐적 협상을 제외하고, 교류분야는 1987년 대만인의 대륙방문 허용 및 1991년 대만의 계엄해제이후, 양안교류의 급속한 증가가 이루어졌다. 대만측은 중국의 정보단위가 양안교류의 확대를 십분이용하여 경제적 유인을 통한 대만 사업가 접촉, 국안부의 경우 현대국제관계연구소, 그리고 군 총참 2부는 중국국제전략학회의 학술교류를 통해 대만에 대한 동태를 파악하는 것으로 판단하고 있다. 또한, '삼통'의 확대는 대만에 대한 중국 정보요원의 침투를 보다 용이하게 해주는 측면이 있는데, 예를 들어 총참 3부의 기업단위인 '개리공사'(凱利公司)는 대만기업과의 '정상적인 상업활동'을 이용하고 있다고 보고 있다. 또한, 대만에서는 이같은 상업활동을 통한 정보공작이 중국과 대만의 세계무역기구(WTO) 가입후 더욱 확대되고, 북경의 2008년 제29회 올림픽 개최로 인한 중국의 국제적 위상과 경제적 활동 제고는 대만에 대한 압력을 가중시킬 가능성이 있다고 보고 있다.[54]

'무력위협'(武嚇)과 선전은 '협상, 교류, 삼통'에 비해 보다 직접적이고 고압적인 방법으로서, 중국 지도부가 1990년대 통일환경이 '악화'되었다고 판단한 것과 무관하지 않다. 중국측 관점에서 볼 때, 1992년 9월 미국의 F-16기 대만판매 승인, 1995년 6월 이등휘(李登輝) 대만 총통의 방미, 2000년 3월 민진당(民進黨) 진수편(陳水扁) 후보의 대선 승리는 대만 독립화 추세의 대표적인 사례로서, 배후에는 일부 대만 정치인 외에도 미국이 핵심적 역할을 하고 있다고 판단한다. 이같은 판단으로 인해 1990년대, 그리고 현재 중국의 대대만 정보공작의 중점은 '대만독립'의 방지와 미·대만간 군사관계를 포함한 '대만의 군사력' 파악으로 중국은 대만의 당·정·군 인사 및 민간기업가, 언론인, 학자 등에 대한 상세자료를 전산화하여 동 인사들의 동태를 수시로 확인하는 것으로 알려져 있다. 또한, 대만은 중국의 군현대화, 특히 외국무기 획득의 주요 동인으로 작용하고 있고, 대만해협에서의 유사사태는 중국군의 미래전 준비의 시험사례로 상정되고 있는 것으로 알려져 있다.[55]

53) 楊開煌, "共軍在'對臺政策'中角色變遷初探," 楊日旭·楊念祖 合編, 「新世紀中共解放軍與臺海安全學術研討會論文集」(臺北: 中華民國高等政策研究協會, 2000), pp. 5-23.

54) 대만 안보전문가와의 토론(서울, 2001년 7월).

55) 중국의 군현대화와 대만간의 관계에 대해서는 대단히 많은 자료가 있으나 최근 연

대만에 대한 중국의 정보공작은 국가차원의 대대만 정책의 변화에 따라 그 완급과 강약이 조절되는데, 1997년 9월 개최된 중국공산당 15차 당대회 이후 현재까지 대만정책의 기본방침은 '평화통일과 일국양제(一國兩制)'이다. 특히, 강택민은 1998년 5월 '중앙대대공작회의(中央對臺工作會議)'시 대만에 대한 보다 유화적인 8개 조항을 발표했는데, 동 조항과 이후 대만에 대한 정책을 감안할 때, 대대만 공작의 중점을 '대만동포의 애족·애국주의'에의 호소, 경제발전과 '종합국력' 발전을 통한 통일조건 조성, 양안간 조기 협상을 위한 대내외 선전 강화가 포함된 것으로 알려져 있다.[56] 그러나 이같은 유화정책은 대만에 대한 무력사용 불배제를 전제로 하고 있기 때문에 북경, 대북, 워싱톤 중 어느 일방의 단독행동, 혹은 쌍무관계의 변화는 대만해협의 긴장을 재개시킬 가능성을 항상 안고 있다.

대만에 대한 공작은 다층적·종합적 성격을 띤 국가차원의 과제로서, 중국의 정보활동 능력에 대한 평가도 다양한 기준에서 이루어져야 한다. 예를 들면, '대만독립'을 방지하는 기준에서 본다면, 군사력 사용 불배제를 전제로 한 중국의 정보능력은 분명히 성공을 거두었다고 볼 수 있다. 그러나 대만정세에 대한 전면적인 정보수집으로 인해 중국 지도부가 대만의 상황을 충분히 이해하고 있느냐는 또 다른 문제라고 본다. 또한, 중국지도부는 현실주의적 관점에서 볼 때, 국제사회에서의 전략적 우위를 점하고 있고 장기적으로 조국통일에 유리한 조건을 실현시킬 수 있다고 보고 있다. 그러나 중국의 장기적이고 종합적인 대대만 정보공작에도 불구하고, 대만인의 대다수는 단·중기적으로 대만이 중국으로 '回歸'하거나, 역으로 대만이 독립할 가능성을 모두 배제하고 있다. 이같이 상반된 평가는 기본적으로 '대만문제'의 불확실성과 복잡성을 반영하고 있다. 결론적으로 '첨단기술의 획득'과 '대대만 공작'간 분명한 차이에도 불구하고 중국의 정보공작은 전자에 비해 후자에 대해 있어 보다 많은 성과를 이룩하고 있다고 평가된다.

구로는 다음 자료를 참조. 楊日旭·楊念祖 合編, 「新世紀中共解放軍與臺海安全學術硏討會論文集」(臺北: 中華民國高等政策硏究協會, 2000); 廣角鏡出版社 編, 「台海軍情: 兩岸戰爭何日爆發?」(香港: 廣角鏡出版社, 2000); 廖文中 主編, 「中共軍事硏究論文集」(臺北: 中共硏究雜誌社, 2001); David A. Shlapak, David T. Orletsky, and Barry A. Wilson, *Dire Strait? Military Aspects of the China-Taiwan Confrontation and Options for U.S. Policy* (Santa Monica: The RAND Corporation, 2000).

56) 강택민의 8개 조항은 「人民日報」(1998. 5. 14), p. 1 참조.

5. 전망 및 한국에 대한 시사점

본 연구의 목적은 중국 정보체계의 주요 조직과 기능, 그리고 일부 활동의 소개로서, 동 조직과 기능의 변화 전망, 그리고 한국에 대한 함의는 상술한 내용에서 추론함으로써 보다 분명해질 수 있겠다. 또한, 본 연구는 미국, 대만, 홍콩 자료를 위주로 작성되었기 때문에 위의 논의가 한국에 갖는 시사점 또한 우리의 시각에서 재조명해야 할 필요가 있다. 이는 한국이 미국과 같은 유일 초강대국이나 선진기술 보유국, 대만과 같은 조국통일 문제 및 통일전선 대상, 그리고 홍콩과 같은 국제적 정보기관의 활동지와는 다른 정보대상이기 때문이다.

중국은 '주권 수호, 현대화 달성, 안정 유지'라는 개혁·개방기 국가안보목표의 추진을 위해 당·정·군내 각종 정보단위를 신설하였고, 이로 인해 중국의 정보단위는 과거에 비해 보다 복잡한 행정·관료체제 내에서 구체적인 업무를 수행하고 있다. 중국의 체제 특성상 정보업무의 중복 및 다층화는 불가피한 현상으로서, 업무 중점을 국내 안정에 두고 있으나 역사적·현재적 이유로 인해 다른 정보업무 목표와는 성취도의 차이를 보이고 있다. 예를 들어, 중국의 정보조직은 국내 안정에 가장 큰 성과를 거두고 있고, 경제발전 지원업무는 상대적으로 가장 적은 성과를 내고 있다고 판단된다. 이는 경제발전 지원을 위한 기술정보 획득의 경우, 정보조직의 고유업무를 벗어날 뿐만 아니라, 기술 공급국의 수출제한 및 획득기술의 사용상 문제는 중국 지도부의 통제영역 밖이기 때문이다. 대대만 공작과 외교·안보정책 지원은 양 극의 중간에 위치한다고 볼 수 있다.

중국이 개혁·개방정책을 고수하는 한, 향후 중국의 정보목표는 현재와 크게 다르지 않을 전망이다. 국내 안정을 위한 치안·방첩활동을 중심으로 경제발전 및 외교·안보정책 지원을 추진할 것이며, 미국과 러시아와 같은 주요국과 비중이 높아지고 있는 동아시아 주변국, 대만에 대한 정보활동은 향후 지속적으로 전개될 것으로 짐작할 수 있다. 중국의 정보기관은 현재까지 인적정보 및 주요 언론 매체의 분석에 크게 의존하고 있으나, 정보기술을 포함한 첨단기술이 민간경제 및 방위산업에서 차지하는 비중을 고려할 때, 보다 현대화된 기술적 정보수집 능력 획득을 위해 지속적으로 집중 투자를 할 것이다. 또한, 외국과의 교류 확대는 방첩대상이자 정보획득의 주요 수단으로 남게 될 전망이다.

그러나 중국의 정보조직과 기능의 향후 변화가능성을 현재의 상황으로 미루어 단순추정하는 것은 위험한 발상이다. 중국의 역사적 변화가 말해주듯이, 중국의 미래에 대해서도 모든 가능성을 열어두는 자세가 필요하다. 이는 현 중국이 국내적으로 심각한 사회·경제문제, 4세대 지도자간의 단결과 업무관리 능력, 공산당의 장래 등 수다한 불확실성을 안고 있고, 대외적으로도 건국 후 지난 50여 년간 대외관계의 급변을 경험하였기 때문이다. 특히, 낙관론이나 비관론을 배제하고 중국의 과거 실패사례와 향후 성공가능성의 다양한 경우를 고려해야 한다. 예를 들면, 개혁·개방초기 중국의 경제발전가능성에 대한 외국의 비관적 평가, 천안문사태의 예측 부족, 그리고 강택민의 장기 집권에 대해 회의는 각각 중국의 체제능력, 도시 사회집단 및 개인차원에 대한 외국의 부정확한 이해와 판단을 보여주고 있다.

중국의 정보체계에 대한 연구는 한국에 대한 정책상 함의 외에도 체제·조직운영상 시사점을 갖고 있는데, 첫째, 중국의 경우 1당 지배가 유지되고 있기 때문에 최고지도자 및 정보·안보업무 책임자의 재임기간이 매우 긴 편이다. 예를 들어, 賈春旺은 약 13년 간 국안부장을 역임한 후 현재 공안부장을 맡고 있다. 둘째, 첫번째 특성으로 인해 중국의 경우, 타국에 비해 정책의 일관성·지속성이 비교적 오랜 기간 유지될 수 있다. 역으로, 개인적 권한과 권력이 최상부의 소수에 집중되어 있기 때문에 정책·노선의 수정시, 단기에 이루어질 가능성도 존재한다. 셋째, 중국체제·조직의 다층성과 복잡성 속에서도 업무의 효율성을 제고하기 위한 방안으로 오랜 기간동안 '系統'제도를 시행하고 있으며, 이를 통해 각 당·정·군 조직 및 부처의 의견 및 입장이 수렴되고 있다. 이는 국내의 현실을 감안할 때, 귀감이 되는 점이 많다. 특히, 단기 성과 및 형식적 자문 위주의 관련부처와 배타적 권위주의의 학계간 교류 부재, 그리고 단발성 사건에 대한 일부 국내 언론의 과장성향은 시정되어야 할 사안이다.

본 연구의 정책적 함의는 중국의 대한반도 정책목표, 그리고 보다 중요하게는 한국의 대중국 정책목표와 외교전략에 대한 검토를 필요로 한다. 중국의 대한반도 정책 기조 및 목표는 한반도의 안정과 중국의 영향력 유지로서, 중국의 당·정·군 정보조직은 이같은 목표를 지원하기 위한 다양한 노력을 경주하고 있다. 미국의 정보기관들은 중국의 대미 활동이 일부 사례를 제외하고, 조직적이고 '현대화'되기보다는 기본적인 정보활동을 광범위하게 수행하기 때문에 방첩활동에 어려움이 따른다고 결론짓고 있는데, 이는 비록 짧은 수교 기간이나 급속도로 증가하고 있는 한·중간 정부 및 민간차원의 교류를 감안할 때, 타산지석으로 삼아야할 부분이다.

한국의 외교전략 차원에서 볼 때, 정부, 학계 및 언론간 한·중관계의 구조적 맥락과 중·장기적 과제에 대한 인식과 공감대가 필요하다. 즉, 중국에 대한 한국의 장기전략은 과연 무엇인가? 한·미동맹과 한·중협력을 어떻게 조화시킬 것인가? 한·중관계를 통해 한국이 추구하는 목표는 무엇이며, 이는 실제적으로 어떻게 나타나고 있는가? 또한, 양국관계의 현황 및 전망은 향후 한국의 통일문제 및 대외환경과 어떤 관계를 갖게 될 것인가? 이같이 거시적이고 근본적인 문제의 제기는 한국을 포함한 모든 국가의 외교정책 수립 및 시행시 출발점일 뿐만 아니라, 정기적으로 평가 · 반영되어야 하는 필수적인 과정이다. 사실, 한·중관계는 체제상의 차이, 역사적 · 현재적 관계간 변화, 국가 잠재력 및 대외 · 동맹관계의 상이 등을 안고 있기 때문에, 원칙상의 합의나 외교적 수사 이면에는 상당한 갈등가능성을 내포하고 있다.

또한, 중국의 대외 · 대한반도 정책결정구조 및 과정, 동 과정에서의 특정 중국 당·정·군 조직과 행위자의 역할 및 관계, 중국의 국내정치와 대한반도 정책간의 연계성 등 구체적인 정책사례를 제시하고, 이를 통해 한국의 대중국 외교에 기여하는 연구는 아직 일천한 실정이다. 더욱이, 한·중관계를 우리의 시각에서 접근하는 노력이 크게 미흡하다고 판단되며, 양국관계 전망에 대한 낙관론도 무비판적으로 수용하기보다는 선험적 · 논리적으로 검증되어야 한다. 중국의 이같은 대외 · 대한 정책결정 구조 및 과정상 특성은 한국의 대중국 정책 수립 및 시행시, 양국간 통상적인 업무관계 이외에도 다차원적이고, (일부는) 비공식적 차원에 대한 노력이 병행되어야 함을 의미한다. 한국은 국가이익에 입각한 한·미, 한·중관계에 대한 주기적이고, 종합적인 평가가 필요하며, 장기적 전략과 치밀한 계획하에 21세기 안보환경에 대비해야 한다. 특히 어느 강대국과도 적대관계를 갖지 않는 것이 중요하며, 장기적으로 4강과의 외교·안보관계 증진을 통한 한반도의 평화정착은 한민족의 死活的 과제로 남아 있다.

제16장

유럽의 국가정보체계 — 영국, 독일, 프랑스

최 진 우

1. 유럽의 국가안보와 정보체계

현재 국제관계를 이루는 모든 요소들은 베스트팔렌 조약 이후의 유럽의 질서 속에서 탄생되었다 해도 과언은 아니다. 근대적 정보기관의 기원도 유럽에서 찾을 수 있다. 유럽 각국 사이의 잦은 전쟁과 대립, 그리고 유럽 외 지역에서의 제국주의적 침략은 필연적으로 정보수요를 발생시켰고, 이에 따라 근대적 정보기관도 등장하게 되었다.

그리고 이때 등장한 정보기관은 지금까지 중요한 모델로 남아 있다. 바로 영국과 소련의 모델이다. 영국의 비밀정보국(SIS 혹은 MI-6)과 보안국(SS 혹은 MI-5)은 순수하게 정보의 수집과 분석 및 평가를 위해서 만들어진 정보기관들이다. 반면에 소련의 KGB는 그 기원을 러시아 혁명 이후 반혁명 세력의 동향을 감시하고 탄압하기 위해 만들어진 체카(CHEKA)[1)]에 두고 있다. 체카는 대외 정보보다는 국내 보안의 필요성을 위해 만들어진 조직이라고 할 수 있다. 영국의 정보·보안 체계가 미국을 위시한 서유럽과 이스라엘의 모델이 되었다면, 소련의 정보·보안 체계는 많은 제 3 세계 독재국가들의 모델이 되

1) 「반혁명 및 태업진압 전(全)러시아 특별위원회」를 의미한다.

어 왔다.

유럽의 정보기관들은 다른 나라의 모델이 되어 왔을 뿐만 아니라 사실상 제 2 차 세계대전까지는 전세계 정보활동의 중심지였다고 할 수 있다. 흔히 1920년대 미국에서는 여섯 개 기관이 전세계를 지배한다는 말이 있었다. 그 여섯 개 기관은 버킹검 궁, 백악관, 영국은행, 미국 연방은행, 바티칸, 그리고 영국 비밀정보부를 지칭한 것이었다.[2)]

제 2 차 세계대전 후 국제질서의 주도권은 미국과 소련에게로 넘어 갔고, 서유럽의 국가들은 주도적 위치에서 한 계단 내려와야만 했다. 이러한 국제질서 변화는 유럽의 정보기관들에도 많은 영향을 미쳤다. 하지만 그 변화의 양상은 각국마다 다른 모습을 보여주고 있다. 영국은 1909년 정보·보안 체계가 확립된 이래 비록 제 2 차 세계대전 이후 그 위상은 낮아졌지만 연속성을 보여주고 있다. 반면에 프랑스는 단절성과 연속성이 중첩되는 모습을 보이고 있다. 반면 독일은 단절적 성격이 강하고, 동독의 붕괴 이후에는 정보기관의 통합이라는 실험을 겪기도 했다. 이 글에서는 영국, 독일, 프랑스의 정보·보안체계의 비교론적 이해를 도모하기로 한다.

2. 영국의 정보·보안 체계

(1) 기원과 발전

영국의 정보·보안 체계의 기원은 1570년에 월싱햄(Francis Walshingham)이 엘리자베스 여왕 밑에서 해외 정보망을 구축한데서 찾을 수 있다.[3)] 그러나 근대적인 정보·보안 체계의 기원은 1909년부터 시작되었다고 할 수 있다. 물론 군정보부의 기원은 18세기말로 거슬러 올라갈 수 있다.[4)] 그러나 중앙정보기관의 기원은 1909년 대영제국 국방위원회(Committee on Imperial Defence)의 분과위원회의 건의에 따라 설립된 비밀첩보부(Secret Service Bureau)에서

2) 니겔 웨스트, 이덕웅 옮김, 「영국비밀정보부」(서울: 대왕사, 1990), p. xi.

3) Jeffrey T. Richelson and Desmond Bell, *The Ties That Bind: Intelligence Cooperation between the UKUSA Countries*(Boston: Allen & Unwin, 1985), p. 13.

4) 박영일 편저, 「강대국의 정보기구」(서울: 현대문예사, 1994), pp. 17-18.

비롯된다.[5] 처음에는 육군과와 해군과로 분리되었지만 1년도 채 되지 않아 비밀첩보부의 편제는 국내과(Home Section)와 국외과(Foreign Section)로 재편되었다. 당시 비밀첩보부는 육군성(War Office) 소속 군사작전총국(Military Operations Directorate)의 특별 분과인 MO5의 통제하에 있으면서 세 가지의 기능을 수행하게 된다. 첫째, 공공기관과 외국 스파이들간의 차단막의 기능, 둘째, 공공기관과 해외 주재 영국 공작원간의 중개 기능, 셋째, 방첩 기능이 그것이다. 그 후 국내과는 영국 보안국(MI5)으로 변천되었다가 현재는 보안국(Security Service)으로 발전되었으며, 국외과도 국외 첩보부(MI6)로 되었다가 현재는 비밀정보국(Secret Intelligence Service)으로 발전되었다. 하지만 보안국과 비밀정보국은 아직도 일반적으로 MI5와 MI6로 각각 불리고 있다.

1909년 비밀첩보부의 창설 당시 버논 켈(Vernon Kell) 육군대위와 맨스필드 스미스-커밍(Mansfield Smith-Cumming) 해군대령이 각각 육군과와 해군과의 지휘를 맡았다. 이후 조직개편에 따라 편제가 국내과와 국외과로 변경되면서 켈은 국내과, 커밍 대령은 국외과를 담당하게 된다. 제 1 차 세계대전 발발 이전까지 비밀첩보부는 바깥으로는 주로 독일의 군비증강에 관련된 첩보활동을 전개하였고, 안으로는 영국 내에서 암약하던 12명의 스파이를 검거하는 성과를 올리기도 하였다. 전쟁이 시작된 후에도 비밀첩보부는 21명의 스파이를 체포하였으며, 전쟁이 진행되고 있는 동안에는 35명의 스파이를 검거함으로써 1916년에 이르러서는 영국 내에서 활동하는 스파이는 더 이상 없는 것으로 파악되었다. 1916년 국내과와 국외과는 군사정보국(Directorate of Military Intelligence)의 일부로 편입되면서 각각 MI5와 MI6라는 명칭을 부여받았다.[6] 전쟁이 끝난 후 1921년 국외과는 외무성의 관할로 옮겨지게 되고 이때 비밀정보국(SIS)으로 개편된다. 한편 MI5는 1931년 아일랜드 테러분자와 무정부주의자들을 제외하고 영국의 안보에 위협이 되는 모든 사안들을 담당하게 되면서 현재의 정식 명칭인 보안국(Security Service)으로 거듭나게 된다. 커밍은 1923년까지 MI5를 지휘하였으며 켈은 1940년까지 MI6의 국장으로 재직하였다.

한편 통신정보 담당 정보기관의 기원은 제 1 차 세계대전 당시의 군사암호

5) 공식명칭은 대영제국 보안 정보국(Imperial Security Intelligence Service)이었다고 한다. Norman Polmar and Thomas B. Allen, *Spy Book: The Encyclopedia of Espionage* (New York: Randon House, 1998), p. 363 참조.

6) 여기에서 MI는 Military Intelligence의 약어이다. 이렇게 이름 붙여진 것은 이 기관들이 초창기 당시 군조직의 일부였기 때문이다. 당시에는 이외에도 MI-8(암호해독), MI-11(심리전 공작) 등이 있었지만 현재는 존재하지 않는 것으로 알려진다.

해독담당부서에서 찾을 수 있다. 영국의 육·해군은 각각 MI-1(b)와 40호실(Room 40)이라는 암호해독반을 운영하고 있었다. 특히 40호실은 암호해독에 있어 중추적인 역할을 했다. 제 1 차 세계대전에 미국이 참전하게 되는 계기를 마련하는 침머만(Zimmermann) 전문을 해독한 기관이 바로 40호실이다.[7] 제 1 차 세계대전이 종료된 후 이들 기관은 정부암호학교(GCCS: Government Code and Cypher School)로 통합되었다. GCCS는 이후에도 외국의 암호전문을 해독하는데 발군의 실력을 발휘했고, 특히 소련의 전문해독에 많은 노력을 기울였다. 제 2 차 세계대전에는 독일이 자랑하는 에니그마(Enigma) 암호를 해독해내기도 했다. 당시 영국은 블레치리 파크(Bletchley Park)에 수학자와 암호전문가를 모아놓고 에니그마 암호를 해독하기 위한 울트라(Ultra) 프로젝트를 추진했고 결국 암호해독에 성공했던 것이다.[8] 1942년에 GCCS는 정보통신본부(GCHQ: Government Communication Headquarters)로 개칭되었고 현재까지 그 명칭이 존속되고 있다.

(2) 기능과 편제

1) MI5(보안국: Security Service)

보안국(MI5)은 영국 정부의 기관임에도 불구하고 최근까지 법적 지위가 부여되지 않은 것은 물론이요 그 존재 자체가 인정되지 않고 있었다. MI5는 법령에 의해 창설되지 않았으며 관습법에 의해 인정되지도 않았다. 공무비밀법까지도 MI5의 존재를 인정하지 않았다고 한다. MI5의 존재는 1989년에 이르러서야 보안국법(Security Service Act 1989)이 제정되면서 공식적으로 인정되었다. 이 법에서는 MI5의 역할을 "첩보공작 활동, 테러, 사보타지의 위협, 외국 첩보요원의 활동에 따른 위협, 정치적, 산업적, 또는 폭력적 수단을 동원하

7) 치머만 전문사건은 독일이 멕시코에 공동으로 미국을 공격하자는 전문을 보낸 사건을 말한다. 독일은 암호로 이 전문을 보냈지만 영국의 40호실은 이전부터 독일 전문을 해독해 왔고, 이 전문도 마찬가지로 해독해냈다. 그리고 영국은 이를 공개하였고, 독일의 처사에 격분한 미국은 결국 대독선전 포고를 하게 되었던 것이다.

8) 그러나 이 암호해독이 전적으로 영국에게 돌아가는 것만은 아니다. 이미 폴란드 정보부가 마리안 레예프스키(Marian Rejewski), 헨리크 지갈스키(Henryk Zygalski), 예지 로지스키(Jerzy Rozycki)와 같은 수학자와 함께 암호해독에 착수하여 어느 정도 성공을 거두었다. 그리고 프랑스군의 암호담당자인 귀스타브 베르트랑(Gustave Bertrand)이 주축이 된 프랑스의 암호해독반도 폴란드의 성과를 바탕으로 에니그마 암호를 어느 정도 해독하는데 성공을 거두었던 것이다.

여 의회민주주의를 전복 또는 훼손시키려는 행동에 따른 위협으로부터 국가안보를 보호"하는 것으로 규정하고 있다.

법적 관점에서 보면 MI5 요원들은 아무런 특별한 권한을 가지지 않은 평범한 시민일 따름이다. 경찰이 가진 체포권도 없으며, 집주인의 승낙 없이는 가택 수색조차 할 수 없다. 말하자면 MI5 요원들은 아무런 집행권을 갖고 있지 않다.

MI5는 원래 영국에서 활동하는 외국 첩보기관에 대한 방첩이 주 임무였으며 초기에는 특히 독일 스파이의 침투를 추적, 색출, 방지하는 역할에 초점이 두어졌다. 그 결과 제 1 차 세계대전 발발 이전 영국 내에서 암약하던 12명의 독일 첩자를 체포하는 한편 영국 내에 구축되어 있던 독일의 간첩망이 존재하고 있다는 사실을 탐지해내는 성과를 올리기도 하였다. 제 1 차 세계대전 발발 직후에도 영국은 21명의 간첩 용의자를 체포하였으며 1916년 다시 35명을 검거함으로써 그 동안 영국 내에서 활동하는 독일 첩자를 완전히 소탕한 것으로 알려지고 있다. 제 1 차 세계대전 이후 한동안은 MI5의 활동이 주로 볼쉐비즘으로 무장한 공산주의자에 의한 사회전복 기도의 추적과 색출 및 검거에 역점이 두어지다가, 1930년대 말에 이르러 다시 독일의 첩보공작 가능성에 눈을 돌리게 된다. 제 2 차 세계대전 발발 이후에도 MI5는 혁혁한 성과를 올리게 된다. MI5는 전쟁 중 16명의 독일인과 2명의 스페인인을 간첩으로 체포하여 이들은 결국 처형당했으며, 그 외에도 많은 수의 독일 첩자들을 전향시켜 독일에 대한 기만 전술로 역이용하기도 하였다. 제 2 차 세계대전 이후에는 다시 소련 첩사의 색출이 주 임무가 되어 다수의 스파이들을 검거하기도 하였으나, 후일 알려진 바와 같이 MI5는 아래에서 소개하는 MI6와 마찬가지로 이른바 케임브리지 링(Cambridge Spy Ring)이라고 하는 고정간첩망에 의해 철저히 침투, 유린당하기도 하였다. 이로 인해 MI5는 냉전 시기 대소 첩보전쟁에서는 많은 문제점을 노정하면서 자체의 신뢰도가 하락하였을 뿐 아니라 영국 정보기관과 많은 정보를 공유하고 있는 미국 정보기관과의 협조체제에 손상이 가기도 하였다.[9)]

---

9) 이 고정간첩망은 1930년대 케임브리지 대학 재학 당시 공산주의 사상에 경도된 일군이 학생들이 소련에 의해 첩자로 충원되어 MI5와 MI6의 고위직에 이를 때까지 지속적으로 소련을 위해 첩보활동을 전개하였다. 이들 중 일부는 1950년대 소련으로 탈출하였으며 케임브리지 링 중 가장 대표적인 인물인 MI6의 고위 책임자급의 직책까지 맡은 바 있는 킴 필비(Harold A. R. Philhy)이다. 필비는 1963년 검거 직전 베이루트에서 소련으로 피신, 1988년 사망할 때까지 소련에서 살다가 자신이 원했던 데로 소련 땅에 묻히게 되었

이와 같이 MI5는 과거 주로 적성국가에 의한 간첩침투에 대한 방첩활동에 주로 역량을 집중하여 왔지만 최근 들어서는 테러리즘, 마약, 불법이민, 조직범죄 등 과거 경찰이 담당하였던 영역까지도 활동의 범위를 넓히고 있다. 아울러 MI5는 북아일랜드 문제에 관련된 활동에 상당한 자원을 투여하고 있는 것으로 알려지고 있으며, 그 외에도 웨일즈나 스코틀랜드의 극단적인 민족주의자들에 대한 정보활동도 수행하고 있다고 한다.

이처럼 MI5의 활동영역이 확장되는 것에 대하여 영국 내에서 적지 않은 우려의 목소리가 있었지만, 영국 의회는 MI5의 업무범위의 확대를 인정해 주었다. 이와 같이 MI5의 활동영역이 넓어지면서 MI5와 경찰간의 신경전이 벌어지기도 한다. 예컨대 원래 북아일랜드 문제를 담당해 오고 있는 스코틀랜드 야드(Scotland Yard)의 한 수사관은 MI5가 무능력하고 서투르다고 비난하고 있다.

영연방과 해외를 담당하는 부서를 통한 타국의 보안기관과 연락공작을 수행하는 것을 제외하면 MI5의 기본기능은 국내적이다. 1993년 MI5가 발간한 소책자 「보안국」(*The Security Service*)에 의하면 MI5의 기능은 크게 다섯 가지로 분류된다. 첫째, 테러방지(counter-terrorism), 둘째, 방첩(counter-espionage), 셋째, 국가전복 기도 방지(counter-subversion), 넷째, 방호 보안(protective security), 다섯째, 보안 정보활동(security intelligence)이 그것이다. 이들 기능 속에는 대정보(對情報)와 방첩공작 수행, 민감한 첩보(SI: sensitive information)에 접근할 수 있는 모든 직원의 보안심사 감독, 파괴활동 가능성이 있는 분자들의 국내 활동과 조직들에 대한 감시가 포함된다. 보안국은 대태업 활동과 외교적 임무를 수행하는 인원들을 포함하여 외국의 거류민과 방문객의 감시와 통제에 대한 책임도 맡고 있다.

MI5는 천 8백 5십명의 풀타임 요원을 고용하고 있으며, 총 여섯 개의 처(處)로 편성되어 있다. A처(정보자원 및 운용), B처(참모실, 행정 및 재정), 그리고 S처(지원근무, 등록, 컴퓨터 센터 및 훈련실)가 행정 및 평가를 담당하는 부서들이다. MI5의 기본임무를 수행하는 부서는 C처(방호 보안), F처(국내 전복), K처(방첩)이며, 이들 처는 다시 과(課)로 세분되어 있다. 1997-98년 예산

다. 소련은 필비의 공로를 인정, 생전에 최대한의 예우를 해 주었을 뿐 아니라 사후에는 KGB의 영웅을 주제로 한 우표 시리즈에 필비를 포함시키기까지 하였다. 필비의 킴(Kim)이라는 별명은 MI6 요원으로 재직할 때 스파이 소설의 주인공의 이름을 따서 붙여진 것이라고 한다.

편성에 따르면 MI5는 가용자원의 25퍼센트를 북아일랜드와 연관된 테러 활동 관련 업무에 투여하고 있으며, 15.5퍼센트를 국제 테러활동 관련 업무에, 12퍼센트를 방첩 업무에, 7.5퍼센트를 방호보안 업무에, 그리고 2.5퍼센트를 범죄관련 업무에 사용하는 것으로 나타나고 있다.[10)]

MI5는 냉전이 끝나면서 과거의 비밀성을 탈피하기 시작하여 1991년에는 총책임자는 최초의 여성 국장으로 화제를 불러일으켰던 스텔라 리밍턴 여사(Dame Stella Rimmington)의 임명이 언론에 보도되기도 하였다. 두 아이의 어머니이기도 한 리밍턴 여사는 MI5를 냉전의 그림자로부터 이끌어내어 처음으로 MI5 활동을 양성화시키기 시작한 것으로 평가받고 있다. 리밍턴 국장의 뒤를 이어 1996년 부임한 스티븐 랜더(Stephen Lander) 국장은 북아일랜드 문제에 특히 관심을 많이 두고 있는 것으로 알려지고 있다.

그림 1 보안국(M15)의 편성

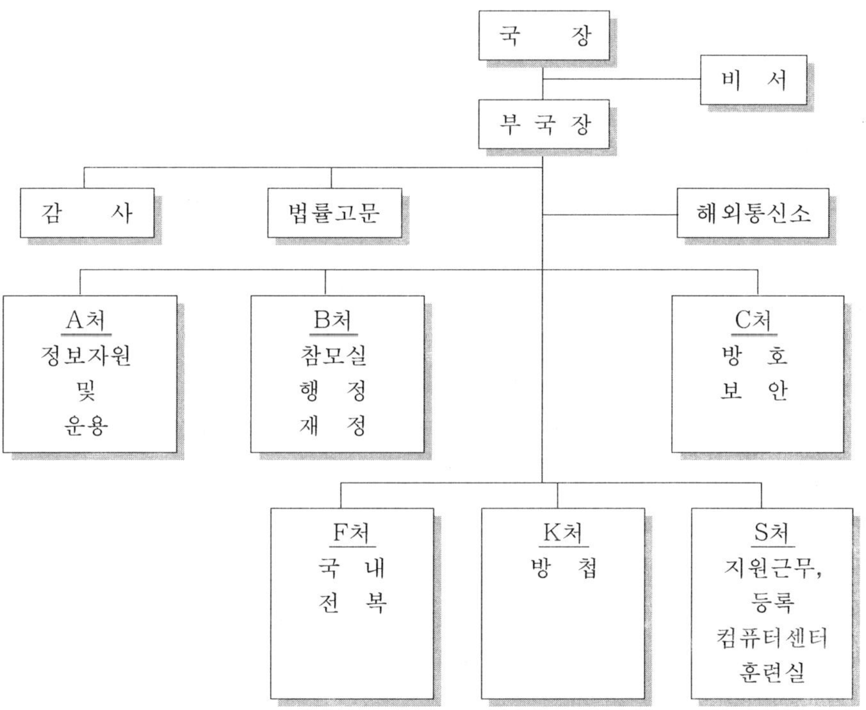

10) "Budget and Staff-Security Service MI5." http://www.fas.org/irp/world/uk/mi5/budget.htm(검색일자 2001. 6. 5)

2) 비밀정보국(MI6-SIS: Secret Intelligence Service)

위에서 소개한 영국의 MI5가 공식 홈페이지를 운영하는가 하면 국장의 신원과 사진까지 언론에 보도될 정도로 냉전 이후 공개적인 활동을 전개하고 있는 반면, 우리에게 잘 알려진 007 제임스 본드 영화 시리즈의 소재가 되고 있는 MI6는 이에 비해 아직 베일에 싸여 있는 기관이다.

1994년 제정된 정보국법(Intelligence Services Act)에 의하면 MI6의 역할은 "(a) 영국의 국토 바깥에 있는 인물들의 행동과 의도에 대한 정보를 수집, 제공하며, (b) 국방 및 외교정책에 관련된 국가안보 이익의 증진, 영국의 경제적 이익의 추구, 범죄의 방지 및 탐지와 관련된 기타 업무를 수행"하는 데 있다고 한다. 이 법안의 제정으로 의회 내에 MI6의 지출, 행정, 정책을 감독하는 정보보안위원회(Intelligence and Security Committee)가 두어지게 되었다.

MI6도 MI5와 마찬가지로 제 1 차 세계대전이 끝나기 이전 시기에는 독일이 주된 첩보활동의 대상이었으나, 전쟁이 진행되는 동안 러시아에서 혁명이 일어나면서 그 이후에는 러시아에서 볼쉐비키가 권력을 장악하는 것을 막기 위해 멘쉐비키를 지원하는 공작을 수행하는 등 소련을 대상으로 하는 첩보활동에 점차 주력하게 된다.[11] 그러나 러시아에서의 공작활동이 실패로 돌아가면서 MI6의 신뢰도가 크게 실추되었고 이와 함께 활동에 필요한 재원 조달이 여의치 않았으며, 그나마 러시아에 너무 집중한 나머지 타지역에서의 정보수집활동이 지나치게 위축되어 결국 1935년 이탈리아의 이디오피아 침공, 독일의 라인란트 점령, 1938년과 1939년 독일에 의한 체코슬로바키아와 폴란드 침공 등 주변국의 움직임을 제대로 감지하지 못하고 있었다. 하지만 MI6는 제 2 차 세계대전의 발발과 함께 제 기능을 발휘하기 시작하여 특히 암호해독에서 큰 성공을 거두어 영국뿐만 아니라 다른 연합국들에게도 독일과 이탈리아의 군사력 및 이들의 의도에 대한 정보를 제공하기도 하였다. MI6는 제 2 차 세계대전이 끝나기 전인 1944년 여름에 소련에 대한 부서를 신설하면서 본격적으로 냉전시대 첩보전의 막을 열게 된다. 그러나 앞서 언급한 바와 같이 MI6는 킴 필비 등의 소련 첩자에 의해 이미 침투 당하고 있었던 관계로 MI6의 많은 활동들이

11) 이러한 공작활동을 수행한 첩보원 중에는 우리에게 작가로 잘 알려진 서머셋 모옴(W. Somerset Maugham)도 포함되어 있다. 또 다른 유명작가로 스파이 활동을 했던 인물로는 1719년에 출판된 「로빈슨 크루소 표류기」를 지은 다니엘 데포(Daniel Defoe)가 있다(Polmar and Allen 1998, p. 161, p. 358).

사전에 소련에게 노출되어 실패로 돌아가기도 하였다.

MI6는 냉전이 종식되면서 공산권의 몰락으로 적성국가가 사라짐으로 인해 활동이 크게 위축되고 있는 형편이다. 과거 MI6의 활동은 주로 소련에 위한 위협에 초점이 맞추어져 있었다. 하지만 지금 이 기능은 대폭 감축되어 구소련 지역에 대한 공작활동은 약 3분의 2가 줄어들었다. 그런데 러시아 정보당국이 런던에서의 정보활동을 활성화시키는 것으로 알려진 1996년에는 MI6의 활동이 다시 되살아나는 기미를 보이면서 그 해 5월 영국과 러시아가 각각 4명씩의 외교관을 추방 및 맞추방시키는 일이 일어나기도 하였다. MI6의 업무영역에 변화가 일어나고 있음은 또 다른 사건에서도 알 수 있다. 냉전 이후 MI6는 유령회사를 설립하여 프랑스의 브레스트 해군기지에서 일하는 기술자로부터 잠수함 추적 기술을 빼내기도 하여 물의를 일으킨 바 있다. 이제 MI6는 '제트기류'(Jet Stream)이라는 공작명 하에 이와 같이 서유럽 내의 친선우호국을 대상으로 공작활동을 수행하고 있다.

MI6는 런던의 복스홀 크로스(Vauxhall Cross)에 위치하고 있으며, 1994년 9월 현재 부장은 원래 중동 전문가였던 데이비드 스페딩(David Spedding)이다. MI6는 1994년 현재 약 2,300여 명의 요원을 고용하고 있으나, 인원과 예산이 과거에 비해 감소 추세에 놓여 있다.

MI6는 초대 부장이었던 맨스필드 스미스-커밍의 성(姓)에서 머리글자를

그림 2 영국 비밀정부(M16)의 조직

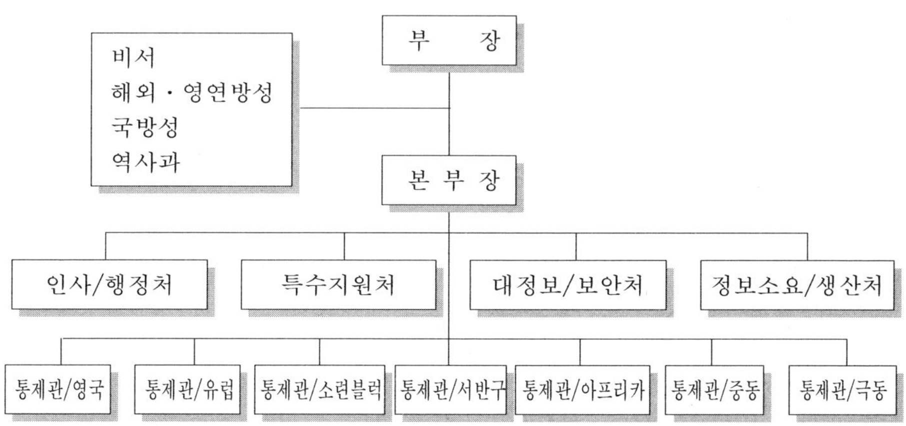

때 'C'라고 불리는 부장에 의해 지휘되고 있다. MI6는 조직의 우두머리인 부장 아래 일상적인 활동을 감독하는 본부장을 두고 있으며, 본부장 밑에는 네 개의 처와 해외작전을 감독하는 통제단이 있다. 4개 처는 인사·행정처, 특수지원처, 방첩·보안처, 그리고 정보수집 소요의 결정과 정보보고서 작성의 책임을 맡고 있는 소요 및 생산처로 나누어져 있다. MI6의 해외공작은 7명의 통제관의 감독하에 있다. 통제관은 영국에 거주하다가 귀국하는 외국인 중 본국 귀환시 영국을 위한 공작원으로 활동할 수 있는 인물을 식별하여 포섭하는 책임을 맡고 있다.

3) 정보통신본부(GCHQ)

정보통신본부는 위에서 언급한 것처럼 그 기원은 제 1 차 세계대전 당시 육해군의 암호해독반인 MI-1(b)와 40호실(Room 40)이다. 제 1 차 세계대전이 종료된 후 이들 기관은 정부암호학교(GCCS: Government Code and Cypher School)로 통합되었고, 1943년에 그 이름을 정보통신본부로 개칭하였다.

정보통신본부는 첼턴햄(Cheltenham)에 위치하고 있으며, 2002년에는 글로우세스터셔(Gloucestershire)로 이전할 계획이다. 냉전말기 근무인원은 6,000명 정도였으며 1997년에는 4,500명으로 축소되었다. 예산은 년간 7억 달러인 것으로 알려지고 있다.

정보통신본부의 역할을 미국의 국가안전국(NSA)의 역할과 흡사하다. 또한 정보통신본부는 에셜론의 한 구성조직으로 간주되고 있다. 정보통신본부의 주요 임무는 외국통신과 정보목적의 전자전송의 수신과 분석이 그 목적이다. 이를 위해 정보통신본부는 홍콩, 키프로스, 서베를린에 주요 감청기지를 운영하고 있으며, 감청 소기지를 말타, 터키 등 전세계에 걸쳐 운영하고 있다. 또한 이런 목적 외에 정보통신본부는 영국정부의 안전한 통신을 위하여 암호개발도 담당하고 있다.[12)]

4) 국방정보참모부(Defense Intelligence Staff)

국방정보참모부는 영국의 주요 군사정보기관이다. DIS의 기원은 1946년 케네스 스트롱(Kenneth Strong) 장군 휘하에 창설된 합동정보국(Joint Intelligence Bureau)가 그 기원이다. 1964년에 각군의 정보조직을 흡수하면서 DIS

12) Richelson and Bell, *The Ties That Bind,* p. 19.

로 이름이 변경된다.[13)]

DIS 부장은 중장으로서 국방참모본부의 정보참모직을 담당하고 있으며, 국방참모총장과 국방부장관에게 보고할 책임을 가지고 있다. 국방참모본부는 4,600명이 요원을 가지고 있으며, 700명이 본부에서 근무하고 있다. 그리고 그 인원의 60%가 군인이며 나머지는 민간인으로 알려지고 있다. DIS는 크게 두 조직으로 구성되어 있다. 하나는 국방정보분석참모부(DIAS: Defence Intelligence Analysis Staff)이며 다른 하나는 정보·지리자원참모부(IGRS: Intelligence and Geographic Resources Staff)이다. 이 밖에 인력 및 재정, 통신 등을 담당하는 부서가 있다. DIAS는 DIS의 민간인 부부장이 담당하고 있으며 전세계적인 국방정보와 전략정보를 담당하고 있다. IGRS의 국장은 소장이 임명되며 주된 임무는 특수정보 및 지리정보를 수집 및 분석하는 것을 임무로 하고 있다.

5) 스코틀랜드 야드(Scotland Yard) & 국가범죄정보부(National Criminal Intelligence Service)

스코틀랜드 야드, 즉 런던 경찰국(Metropolitan Police)은 통상적인 경찰업무를 넘어서는 활동을 전개하고 있다. 런던 경찰국은 1829년 내무부장관 로버트 필(Robert Peel)이 창설하였다. 창설 당시 경찰국의 위치가 런던에 있는 옛 스코틀랜드 국왕의 궁전터에 있었기 때문에 '스코틀랜드 야드'라는 별칭을 갖게 되었다. 영국의 경찰대 중 가장 크고 유일한 국가경찰로서, 중심으로부터 약 15마일 반경의 런던 및 그 주변지대를 담당한다.

특히 정보 및 보안관련 업무를 담당하고 있는 부서는 범죄수사부(Criminal Investigation Department) 밑에 있는 특수지부(Special Branch)이다. 특수지부는 1883년 아일랜드의 폭탄테러를 담당하기 위한 아일랜드 특수지부(Irish Special Branch)에서 출발한다. 그 후 기능을 확장하였다. 특히 IRA와 관련된 업무를 수행하면서 MI5와 경쟁관계를 보이기도 했다.

런던 경찰국은 2000년 현재 2만 6,300명의 경찰과 1만 1,100명의 일반직원, 890명의 교통경찰이 근무하고 있다. 런던 경찰국은 왕실·정부요인·외국고관의 경비를 담당하는 외에 특정한 정치운동(政治運動)이나 개인의 정보사찰(情報査察)을 하는 전국 유일의 정치경찰이며, 다른 경찰, 특히 영국 수송경

13) 육군의 군사정보부(Military Intelligence Department), 해군정보단(Naval Intelligence Division), 공군정보부(Air Intelligence)이 통합되었다.

찰(British Transport Police)과 런던시경(City of London Police)과 긴밀한 협조 속에서 업무를 수행한다. 소재지는 영국 런던이다.

NCIS는 가장 최근에 설립된 기구로서 1992년 4월에 창설되었다. NCIS는 영국내의 주요 핵심범죄집단의 소탕을 목표로 창설되었다. NCIS의 요원은 500명이며 구성은 본부, 영국 담당, 해외 담당부서로 되어 있다. 국내 담당은 런던과 맨체스터(Manchester) 등 5개의 지부를 두고 있다. 주된 정보수집 대상은 범죄정보로서 마약밀매, 돈세탁, 조직범죄, 훌리건 등이 그 대상이다.

6) 관리기구

위에서 언급한 정보·보안기관을 관리하는 기구로 몇 개의 위원회가 존재하고 있다. 먼저 상임차관정보위원회(Permanent Under-secretaries' Committee on Intelligence)가 존재하고 있다. PSIS는 정보기구의 예산을 관리하며, 영국정보공동체 내의 일반적인 감독을 담당하고 있다. 다음으로는 1970년에 설립된 내각정보·보안조정관(Coordinator of Intelligence and Security in Cabinet Office)은 PSIS에 정보보고서를 제출하고, 5년간의 예산에 대한 조사와 예측을 담당하고 있다. 조정관의 주 임무는 정보업무에 대한 일반적인 지침을 제공하는 조언자이다.

합동정보위원회(Joint Intelligence Committee)는 1936년에 각군 참모총장 감독하에 설립되었으나 1957년에 내각사무실로 이전되었다. 그 이유는 JIC의 최종 정보판단이 외무부 및 국방부 등의 영향을 받지 않고서 이루어질 수 있도록 하기 위해서이다. JIC의 구성은 외무부 및 영연방부 대표, 비밀정보국장, 보안국장, 정보통신본부장 등이 참석한다. 의장은 1983년부터 내각정보·보안조정관이 겸임해 오고 있다.

3. 독일의 정보·보안 체계

(1) 기원과 발전

독일의 정보기구, 특히 연방정보국(BND)을 살펴보기 위해서는 먼저 1946년에 만들어진 겔렌 조직(Gehlen Organization)을 알아야 한다. 겔렌 조직은 제2차 세계대전 당시 독일 육군사령부에서 대 소련 정보를 전문으로 다루어 명성을 날린 육군 소장 라인하르트 겔렌(Reinhard Gehlen)에 의해 미국의 승인과 지원을 받아 창설되었다. 전쟁 중 겔렌은 전쟁이 끝난 다음 미국과 소련은 반드시 충돌할 것이라고 예견하고 1944년 말부터 1945년 초까지 소련군 정보활동과 정부 동향에 관한 보고, 연구, 전투기록 등 엄청난 양의 문서를 수집, 마이크로 필름으로 만들어 은닉하여 보관하고 있다가 미군을 상대로 협상카드로 활용하게 된다. 1945년 4월 해임된 이후 은둔생활을 하던 겔렌 준장은 전쟁이 끝난 직후 자신의 보좌진과 함께 미군에게 자수하였다. 일단 독일에서 미군에게 조사를 받은 겔렌은 미국 워싱턴으로 보내지게 되어 거기에서 1년을 지낸 뒤 독일로 되돌아와 미국 정보부와의 협약에 따라 1946년 겔렌 조직을 창설하게 된다. 겔렌은 자신이 가진 정보와 정보망을 활용하여 소련에 대항해서 자신의 독자적 정보기관의 창설을 승인해 줄 것을 미국 당국에게 제의했고 이 제의가 미국에 의해 받아들여진 것이다.

겔렌 조직의 목적은 겔렌의 정보망을 활용하여 소련과 소련의 관리하에 있는 지역에 대한 정보를 미국에게 제공하는 것이었다. 1950년대 미국의 CIA는 겔렌 장군을 통하여 독일의 정보활동을 관리했던 것이다. 겔렌 조직은 1956년 4월 서독 정부 각의의 의결을 거쳐 서독의 연방정보국(BND)으로 명명되었고 그 책임자에 겔렌이 임명되었다. 겔렌은 1968년까지 BND의 국장으로 재직하였고 이후 소련 전문가인 게르하르트 베셀 장군이 국장직을 승계하였다.

(2) 기능과 편제

1) 연방정보국(BND: Bundesnachrichtendienst)

연방정보국(BND)은 독일의 해외 정보담당 기구이다. BND의 활동 영역은 사실상 전세계를 포괄한다. BND는 정보수집을 목적으로 하는 요원들을 세계 100개 이상의 국가에 파견해 놓고 있으며, 대개의 경우 BND의 요원들은 대사관 직원으로 위장하고 있다. 또한 약 천여 명에 달하는 요원들이 24시간 공중전파를 감청하고 있으며 전화나 팩스 등 각종 통신수단을 통해 전달되는 정보를 모니터하고 있다. 냉전이 끝난 오늘날 BND의 활동은 주로 무기나 마약거래, 핵물질의 이동, 테러조직의 움직임과 이들에 의한 위협에 초점이 두어진다. BND는 또한 경찰, 세관, 이민국 등 독일 내의 다른 정보기관과 정보를 교환하기도 하며, 위기상황 발생시에는 자체적으로 보유하고 있는 자원과 타국으로부터의 정보지원을 종합하여 상황을 평가하고 보고서를 작성하기도 한다. BND는 또한 무기거래와 무기밀수를 방지하기 위한 유럽 국가들간의 공조체제에 포함되어 있다.

BND는 독일의 최고정보기관으로서 전세계의 모든 첩보를 수집, 분석하고 국가정책 수립에 기초가 되는 정보 판단서를 작성하여 수상에게 직접 보고하는 주요기관이다. 냉전기간 동안 BND의 주요임무는 적국의 의도, 세계정세, 바르샤바 조약기구 국가들의 동향, 중립국의 움직임 등을 적시에 파악하여 정책입안자에게 제공하는 것, NATO 회원국의 정보기관과 긴밀한 협력을 갖는 일, 그리고 동구권에서 시도해 오는 첩보활동, 사보타지, 침투 등에 대하여 효과적인 방어를 할 수 있도록 국방성 정보국 및 제 정보기관과 공동작업을 추진하는 것 등이었다. BND는 수상의 직속기관으로서 국가수준의 전략정보를 생산하여 정책입안자들에게 제공해 줄 뿐만 아니라, 다양한 군사첩보를 수집하여 국방성 정보국에 통고하여 주는 등 타정보기관에 대한 정보협력 및 지원을 할 수 있는 기능을 수행하여 왔다. 이러한 기능수행의 결과 BND는 냉전 시절 NATO에 제공된 바르샤바 조약기구에 관한 정보 중 약 70%를 기여했다고 한다.

풀락에 사령부를 두고 있는 연방정보국은 4개의 주요 처로 편성되어 있다. 제 1 처인 첩보수집처는 군사, 정치, 경제, 장비, 기술, 방첩 등 6개 분야에 대한 첩보를 수집하는 책임을 맡고 있다. 각 분과는 기능별로 국가 또는 지역에 따라 더욱 세분화되어 있다.

제 2 처인 기술처는 기술을 이용한 정보수집, 기술지원 및 대책업무에 깊이 관여하고 있다. 외국 정부의 3급 비밀 통신은 물론 정보가치가 있는 외국의 공영 라디오 및 텔레비전 프로그램까지 청취하고 있다. 또한 여러 지역에 신호정보 수집소를 유지하면서 타지역에 있는 군 수집소와 주파수를 공유하고 있다. 제 2 처는 사진술, 도청, 도청장치의 설치 및 제거, 비밀 잉크 및 특수 무선장비의 제조를 포함한 다양한 비밀공작 기술에도 관여하고 있다.

제 3 처에서는 전 세계의 관련 국가들에 대한 군사, 경제 및 정치에 관한 분석 연구서와 판단서를 만들어낸다. 여기에서 만들어지는 보고서들은 공개 출처와 비밀 출처로부터 획득된 첩보를 기초로 하여 작성되고 있다. 제 3 처는 7개의 기능별 분과(군사, 정치, 경제, 장비, 기술, 공개정보, 문서류)로 편성되어 있으며, 국가 또는 지역별로 세분화되어 있다. 제 3 처에서는 정보국 정보 리뷰(BND Intelligence Review), 일일 해외 상황보고서(Daily BND Foreign Situation Report), 정보국 주간보고서(BND Weekly Report), 동부 상황보고서(Situation Report East) 및 서부 상황보고서(Situation Report West)를 발간하는 책임을 맡고 있다.

제 4 처에서는 재정, 법률, 보안, 교육 및 인사를 포함하여 다양한 행정 기능에 대한 임무를 수행하고 있다.

BND는 인건비가 전체 예산의 70%를 차지하고 있다. 현재 BND는 약 6천 3백명에 이르는 인원을 4천 5백명으로 감축할 계획이라고 한다. 냉전 시절 BND의 전체 인원수는 본부 근무자 6천여 명과 지부 및 해외 근무자 1,500여 명을 합쳐 약 7천 6백명에 달하기도 하였다. 요원의 반은 민간인 계약직이며 3분의 1은 공무원, 10분의 1은 군인으로 구성되어 있다. 베를린 장벽이 무너진 이후 1997년까지 BND는 총 750명의 인원감축이 있었다. 2000년까지 추가로 15%의 인원감축을 단행할 계획을 수립한 바 있다. 원래는 더 빠른 속도

그림 3 독일 연방정보국의 편성

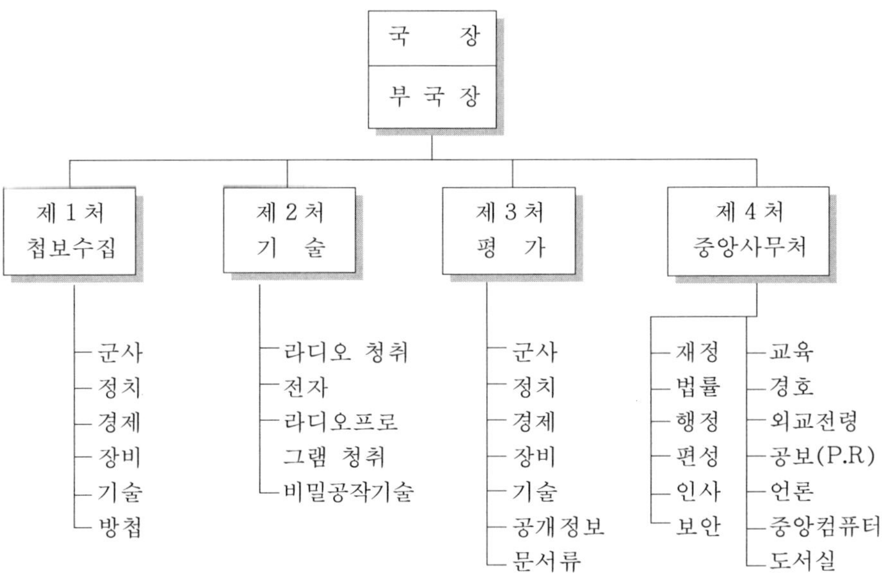

로 인원감축을 단행할 예정이었으나 조기 퇴직에 따른 비용지출의 증가를 초래할 수 있다는 우려로 인해 속도가 조절되고 있는 형편이다. 지금은 정년을 맞이한 민간인 신분의 공무원 및 군인이 퇴직을 하고 나서 더 이상 충원을 하지 않는 방법으로 인원을 감축해 나가고 있다. 총 1,100개의 자리가 없어질 예정이지만, 2000년까지는 180명만이 정년 퇴직하게 된다고 한다.[14)]

2) 헌법수호청(BfV: Budesamt für Vergassungsschutz)

연방헌법수호청(BfV)은 연방정부 내무부의 관할하에 있으며 본부를 쾰른에 두고 있다. BfV는 독일의 국내담당 정보기관으로 제 2 차 세계대전 후 영국과 미국의 정보요원의 도움을 받아 영국의 MI5를 모델로 하여 만들어졌다. 그래서 BfV는 MI5와 마찬가지로 혐의자를 체포하거나 신문할 수 있는 권한이 없으며, 가택수색이나 압수 등의 권한도 없다. 다만 BfV가 수집한 정보는 연방 정부와 주 정부의 다른 기관이 활용할 수 있도록 제공될 뿐이다. 예컨대 BfV가 제공한 정보는 법정에서 중요한 증거의 역할을 한다.

BfV는 국내 보안정보활동을 전담하는 기구이다.[15)] BfV는 헌법수호를 위하여 국내에서의 법질서와 안전에 관한 첩보를 수집, 평가, 배포하는 임무, 즉 국내 보안정보활동의 임무를 수행하고 있으며, 이를 위해 감시, 보안조사, 비밀보전의 기능을 가지고 있다. 독일은 1972년 뮌헨 올림픽 테러사건을 계기로 BfV 법을 확대, 정정하였으며, 외국인 과격단체에 대한 동향, 감시업무를 추가하였다. 수사권은 없기 때문에 혐의자를 감시할 경우에는 검찰 및 범죄수사청과 수시로 정보교환을 하며, 경찰 수사권 발동이 가능하다고 판단될 만큼 증거가 포착되면, 그 때 사건을 검찰이나 범죄수사청에 이관한다.

냉전 기간 동안 BfV의 주요업무는 동독을 위해 서독 내에서 암약하던 이른바 '두더지'(mole)의 추적과 색출이었다. 하지만 "현존하는 사회주의의 실패"로 불리는 동독의 소멸은 독일의 안보상황에 큰 변화를 가지고 와, 이제는 더 이상 동독이나 소련을 포함한 동구권 국가의 첩보활동이 BfV의 주된 관심사가 되지 않고 있다. 대신 국내의 극렬분자들의 동향과 활동이 BfV의 활동

---

14) "BND Budget and Personnel." http://www.fas.org/irp/world/germany/bnd/budget.htm (검색일자: 2001. 6. 5).

15) 참고로 주 수준에서는 주헌법보호국(LfV)이 있다. 이들은 연방헌법수호청과 협조관계에 놓여 있지만 동시에 주헌법보호국의 개별적인 관할과 책임이 있어 주 수준에서 활동하되, BfV에 종속되어 있지는 않다.

대상이 되고 있다. 공산주의 정권이 몰락하고 난 지금도 아직 적군파 등 극좌분자들은 지속적으로 테러활동을 전개하고 있으며, 1990년대 들어 급증한 우익 극렬분자들의 단체의 준동도 위협적이어서, 1990년 이후 극우파에 의해 저질러진 잔혹행위의 빈도는 1980년대 말에 비하여 현저히 높은 실정이다.

독일의 헌법수호청은 이른바 자유 수호를 위한 조기경보 체계라고 할 수 있다. BfV는 과격분자들의 동향과 적대적인 첩보기관들의 활동에 관한 정보를 수집한다. 비판적인 시민이나 '급진적'인 견해는 헌법수호청의 조사 대상이 아니다. 독일의 헌법에 해당하는 기본법(Basic Law)에 의하면 헌법의 수호는 곧 민주주의의 보호를 의미한다. 헌법의 효과적인 수호를 위해 연방정부 및 주 정부는 과격분자의 활동과 국가안보에 위협이 되는 요소에 대한 정보를 수집하고 이를 평가하여 연방정부나 주정부가 정책을 수립할 때 고려사항으로 활용하도록 한다.

독일의 연방법은 BfV의 기능을 첫째, 자유와 민주주의 기본질서 또는 연방정부의 존립에 위협을 가하는 행위와 연방헌법수호청의 기능을 불법적으로 약화시키려는 행위, 둘째, 독일의 안보를 위태롭게 하는 행동 및 정보활동 등의 이적행위, 셋째, 독일의 국제적 이익을 위태롭게 할 수 있는 폭력행위 또는 폭력행사를 위한 준비활동 등에 대한 첩보, 정보 및 기타 데이터가 수집과 평가라고 규정하고 있다.

오늘날의 BfV의 구조는 〈그림 4〉에서 보는 바와 같으며, 1989년 현재 BfV의 전체 인원은 2천 3백 6십명이다.[16] BfV는 총 여덟 개의 국으로 편성되어 있다. 여기에는 총무국, 기본국, 좌익 급진주의자국, 우익 급진주의자국, 방첩국, 비밀보호국, 외국인국, 국제테러국이 포함되며, 이들 부서에서는 하원이 BfV에 부여한 책임을 수행한다. 기본국은 보안감사의 책임을 맡고 있으며, 좌익 급진주의자국과 우익 급진주의자국에서는 과격 단체들의 동향을 파악한다. 방첩국은 동구권 공작원들에 의해 수행되는 대규모 첩보공작에 대항하여 활동한 바 있으며, 외국인국은 독일, NATO, 또는 서방국의 이익을 해치는 적대 행위를 하는 외교관과 기타 외국인들의 동정을 감시한다. 국제테러국은 국내에서 자생적으로 형성된 테러집단들과 해외 테러단체에 대한 공작임무를 수행한다.

---

16) 1989년 현재 각 주의 LfV에서 일하는 총인원은 2천 7백명이다.

그림 4 독일 연방헌법수호청(BfV)의 기구

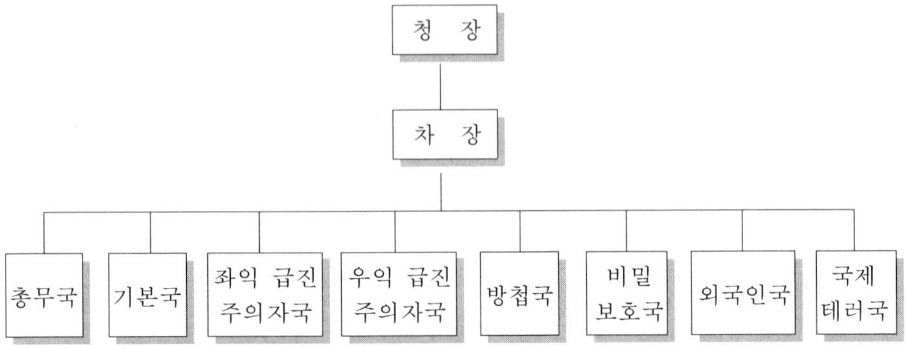

3) 군사보안국(MAD: Militaerischer Abschirmdienst)

군사보안국은 독일의 군 정보기관이다. 군사보안국은 1956년에 창설되었고 1986년까지는 연방군 보안국(ASBw: Amt für Sicherheit der Bundeswehr)로 알려졌다. 그러나 1990년에 이름을 개칭하고 그 활동영역도 확장하였다. 반헌법활동 및 적대적인 정보활동에 대한 정보수집 및 분석, 독일과 동맹국의 안보상황에 대한 평가 등을 담당하고 있다.

총 요원은 1,950명으로 구성되어 있고 그 중 500명이 본부에서 근무하고 있다. 본부조직은 인력보안실, 반헌법세력방위실, 방첩실, 기술지원실 등으로 구성되어 있고 지부는 하노버, 킬, 뮌헨 등에 위치하고 있다.

4. 프랑스의 정보·보안 체계

프랑스는 이미 오래 전부터 음모와 첩보의 나라로 알려져 왔다. 과거 프랑스의 책략과 정보활동은 주로 전통적으로 적대세력으로 간주되었던 영국을 겨냥한 것이 대부분이다. 셰익스피어의 작품 「헨리 V세」에도 이미 1415년 영국의 왕 헨리 5세가 프랑스와의 전투 중에 프랑스를 위해 간첩행위를 한 반역자 3명을 심판하고 처단하는 장면이 소개되고 있을 정도로 프랑스의 정보활동의 역사는 길다. 또 일반적으로 많은 사람들에게 역사지식으로 알려져 있으나 실은 나폴레옹 당시 프랑스 첩보 담당자에 의해 조작되어 유포된 루머가 있다. 러시아 외교정책의 본질을 팽창주의적 성향으로 간주하는 '일반상식'이 그것이다. 러시아라는 나라는 기본적으로 부동항을 획득하기 위하여 남하정책을 추진하는 속성을 가지고 있다고 하는 주장은 이른바 "표트르 대제의 계명"(Testament of Peter the Great)에서 피터 대제가 많은 영토를 점령하여 부동항을 얻고자 하는 계획을 밝히고 있다는 점에 근거를 두고 있다. 그러나 사실은 "표트르 대제의 계명" 자체가 프랑스에서 타국을 혼란시키기 위한 목적을 가진 역정보(disinfor-mation)의 전문가가 지어낸 조작이라고 한다. 이것이 허위조작이라는 것은 오래 전 밝혀졌으나 19세기는 물론 20세기에 이르러서도 이 가짜 계명은 각국의 정치인들이 러시아와 소련을 견제하지 않으면 안 된다는 주장을 합리화하는 근거로 이용되어 왔다.[17]

프랑스는 제 1, 2 차 세계대전을 거치면서 오늘날과 같은 정보기구를 발전시켰는데, 현재는 국무부 산하에서 국외정보와 방첩업무를 담당하는 해외안전총국(DGSE)과 국내 보안정보업무를 관장하는 내무부 산하의 국토감시국(DST)이 정보활동의 주축을 이루고 있다. 이 밖에 각군 정보기관과[18] 외무성 정보과 등이 있다.

(1) 기원과 발전

오늘날 프랑스 국가정보기관의 주축을 이루고 있는 국토감시청과 해외안보총국의 유래는 제 2 차 세계대전을 전후한 시기로 거슬러 올라간다. 제 2 차

17) Douglas Porch, *The French Secret Services: From the Dreyfus Affair to the Gulf War*(London: Macmillan, 1996), p. 16.

18) 프랑스의 군정보기관은 보통 제 2 국(DB: Deuxième Bureau)으로 지칭된다. 제 2 국은 1871년 보불전쟁에서 프랑스가 프러시아에게 패배한 이후 육군 참모국이 프러시아의 편제를 모방하여 재편성되면서 생겨나게 되었다. '드레퓌스 사건'으로 우리에게 잘 알려진 드레퓌스 대위(Alfred Dreyfus)가 1894년 간첩이라는 누명을 쓰고 체포될 당시 바로 이 제 2 국에서 근무고 있었다. 이 드레퓌스 사건의 후유증은 오늘날까지 지속될 정도로 매우 심각하다. 드레퓌스의 결백이 밝혀진 이후에도 은폐, 조작을 통해 실수를 감추려 했던 제 2 국의 공작이 드러나면서 프랑스 국가 정보기관에 대한 신뢰도가 심각한 손상을 받았으며, 이 사건을 계기로 실추된 프랑스 정보기관의 명예는 아직도 회복되지 않고 있다고 한다. 제 2 국이라는 명칭은 프랑스 육군의 참모부 편제에서 비롯된다. 육군 참모부는 크게 네 개의 국으로 편성되어 있다. 제 1 국은 인사, 2 국은 첩보부, 3 국은 작전, 4 국은 병참을 각각 담당하고 있는데 이 중 첩보 담당 참모부서인 제 2 국을 일컫는 말이다. 1992년 이후 제 2 국은 군정보국(Military Intelligence Directorate)에 속하게 되었으며, 육해공군으로부터 올라오는 정보를 취합, 분석하는 기능을 담당하고 있다. Norman Polmar and Thomas. B. Allen, *Spy Book*, p. 166 참조.

세계대전 중이었던 1942년 독일이 프랑스를 점령하게 되자, 영국으로 피신한 프랑스 망명정부는 점령자 독일에 대항해서 조국해방을 위한 레지스탕스와 파괴활동을 수행하기 위하여 특수정보활동을 목적으로 하는 기구를 창설하게 되었다. 이 기구가 바로 중앙정보활동국(BCRA: Bureau Central de Rensegnements et d'Ation)으로서 이는 해외 안보총국(DGSE)의 전신인 해외 정보 및 방첩국(SDECE: Service de Documentation Extérieure et de Contreespionnage)의 모태가 된다. 전쟁이 진행되고 있는 가운데 중앙정보활동국(BCRA)은 드골(Charles DeGaulle)의 구상에 힘입어 알제리에서 지로장군(General Giraud)의 지휘하에서 활동하고 있던 첩보국(SR: Servece de Reseignements)과 병합하여 총특무국(DGSS: Direction Générale des Services Spéciaux)으로 거듭나게 된다. 당시 편제상 군첩보기관인 제 2 국(DB)의 소속하에 있었던 첩보국(SR)은 총특무국(DGSS)의 기술부(Technical Division)로 편입되게 되었다. 이후 1944년 프랑스가 독일의 점령하에서 벗어나고 드골이 임시정부의 수반으로 취임하면서 총특무국(DGSS)은 다시 연구조사총국(DGER: Direction Générale de Éudes et Recherches)으로 명칭을 바꾸어 활동하다가 1946년 드골이 임시정부의 수반직에서 물러나면서 해체되고, 해외 정보 및 방첩국(SDECE)이 새로이 창설되어 그 기능을 수행하게 된다.

연구조사총국(DGER)이 해외 정보 및 방첩국(SDECE)로 바뀌면서 있었던 가장 큰 변화는 과거 연구조사총국은 전화도청과 서신검열 등 프랑스 국내에서 첩보활동을 광범위하게 전개하였던 것을 법령으로 금지하고 해외 정보 및 방첩국(SDECE)은 단지 해외 부문만 전담하게 하였던 것이다. 해외 정보 및 방첩국(SDECE)는 당초 수상직속기구였다. 그러나 알제리와의 전쟁 기간중 요인암살과 폭파공작으로 악명을 떨치던 해외 정보 및 방첩국은[19] 마침내 1965년 모로코 반체제운동가 메디 벤 바르카(Mehdi Ben Barka) 납치 및 살해사건에 깊이 연루된 것이 밝혀진 이후 국방부로 이관되었으며, 프랑소와 미테랑(François Mitterrand) 대통령의 사회당이 집권한 이후 1982년 현재의 해외 안보총국(DGSE)으로 명칭을 바꾸었다.[20]

19) 해외안보 및 방첩국(SDECE)의 비합법적 폭력행사를 통한 공작활동 중 가장 악명이 높았던 것은 '붉은 손'(Red Hand) 공작일 것이다. 이 공작활동으로 인해 알제리 민족주의자, 무기거래상, 친 알제리 지식인 등 많은 사람들이 죽거나 크게 다쳤고, 수 척이 선박이 폭파되기도 하였다. '붉은 손' 공작에 대한 보다 자세한 설명은 박영일 편저, 『강대국의 정보기구』(서울: 현대문예사), 1994, pp. 105-109를 참조할 것.

20) 프랑스의 한 일간지의 보도에 따르면 당시 해외안전 및 방첩국(SDECE)에 고위층

한편 국토감시청(DST)의 전신은 내무성 소속의 사법조사 관리총국으로서 이 기관은 1899년 5월 신설되어, 제 1 차 세계대전 전 방첩업무를 관장하였다고 한다. 이후 1933년 독일에서 히틀러가 정권을 장악하면서 1934년 6월 내무성 사법조사 통감부는 국토감시 관리총국으로 개편되어 국경경비와 통신감청을 관장하게 되었다. 이 기관은 1942년 전쟁 중 프랑스가 독일에 의해 점령되면서 독일군이 해체하였으나 1944년 프랑스의 해방과 더불어 재창설되면서 현재의 명칭인 국토감시청(DST)으로 이름을 바꾸어 현재의 중앙조직과 지방조직의 골격을 형성하게 되었다.

(2) 기능과 편제

1) 해외 안보총국(DGSE: La Direction Générale de la Sécurité Extérieure)

해외 안보총국(DGSE)은 국방부의 관할하에 있으면서 국가가 필요로 하는 해외에서의 정보수집과 더불어 국가안전보장 및 국방에 위협을 가하는 간첩을 비롯하여 반국가사범과 테러범에 대한 수사권을 보유하고 있다.[21] DGSE의 임무는 국외에서의 첩보·파괴활동 및 정보의 종합·분석이며 action homo(국외에서 프랑스의 이익에 반하는 활동을 하는 인물을 물리적으로 말살하는 것)도 포함되는 것으로 보인다. 1982년 4월 3일 발효된 법령에 의하면 DGSE의 역할은 "정부에 유익한 임무를 수행하고 관계기관과 긴밀한 협조를 위하여 프랑스 안보에 유리한 정보를 추구하고 또 이용하며, 국토 전역에 걸쳐 프랑스의 이익에 반대되는 간첩활동을 탐지하고 분쇄하는 것"이라고 한다.[22] 본래 국내 정보 및 수사권은 내무성 산하의 국토감시국에 있으나, 외국공관, 국제공항, 외국인 숙박 호텔, 항만 등에서는 추적권의 필요성에 따라 DGSE의 활동영역으로 인정된다.

DGSE의 초대 국장은 에어 프랑스(Air France)와 SNAS라고 하는 항공우주 회사의 사장을 역임한 바 있는 삐에르 마리옹(Pierre Marion)이었다. 그러나 마리옹 국장은 18개월만에 물러나게 되고 1982년 그 후임으로 삐에르 라꼬스뜨(Pierre Lacoste) 제독이 임명되었다. 라꼬스뜨 국장은 다시 1985년 이른

에 근무하고 있던 우파 강경론자들이 사무실에 미테랑 대통령의 사진을 거는 것을 거부하여 미테랑의 분노를 사 국장이 경질되고 마침내 조직의 이름까지 바뀌게 되었다고 한다 Norman Polmar and Thomas B. Allen, *Spy Book*, p. 498.

21) DGSE의 요원들은 공식적으로는 제44 보병연대 소속의 병사들이다.

22) 박영일 편저, 「강대국의 정보기구」, p. 100.

바 '레인보우 워리어'(Rainbow Warrior) 사건을 계기로 경질되어 앵보 장군(Reme Imbot)이 그 뒤를 잇게 된다. DGSE는 그 전신인 SDECE가 탈법적인 행위로 인하여 얻게 된 오명을 떨쳐 버리기 위해 명칭을 바꾸면서 거듭나려는 시도를 하였으나 DGSE 요원이 레인보우 워리어호를 폭파, 침몰시킨 사건이 발생하면서 그러한 기대는 일거에 수포로 돌아가고 말았다.

'레인보우 워리어' 사건이란 국제환경단체인 그린피스(Greenpeace) 소유의 선박 레인보우 워리어호를 DGSE가 폭파시킨 사건이다. 이 선박은 태평양 상에서의 프랑스의 핵실험에 대한 반대시위를 위해 뉴질랜드 오클랜드항에 정박 중 1985년 7월 10일 DGSE 요원이 설치한 폭탄에 의해 폭파, 침몰되었으며, 이로 인해 승선중이던 사진 기사 페르난도 페이라가 익사하였다. 이 사건이 DGSE에 의해 저질러진 일이라는 것이 알려지고 DGSE의 은폐기도 또한 수포로 돌아가면서 결국 당시 DGSE의 국장 라꼬스뜨와 국방장관 샤를르 에르뉘(Charles Hernu)가 사임하게 된다.

1989년 이후 DGSE는 활동을 위한 자원배분을 냉전종식이라는 환경변화에 맞추어 재조정하게 된다. 그 결과 DGSE 활동의 상당부분이 산업정보의 수집에 할애되었다. 프랑스는 경제정보의 수집에 가장 적극적인 나라 중의 하나인 것으로 알려져 있다. 예를 들어 DGSE는 1979년대 초반부터 1980년대 후반에 이르는 기간 동안 IBM, Texas Instruments, 그리고 코닝(Corning)사 등에 요원을 심어 놓고 기업정보를 수집, 이를 프랑스 회사인 불(Compagnie des Machines Bull)社에게 제공하였던 것으로 알려져 있다. 또 1993년에는 DGSE가 공격적으로 미국 우주항공산업에 대하여 스파이활동을 전개하자 미국의 CIA는 미국 항공기 제작사들에게 매년 개최되는 파리 에어쇼에서 프랑스측의 스파이활동에 각별한 주의를 기울여야 한다는 경고를 전달하기도 했다. 이에 따라 몇몇 항공기 제작사는 심지어 파리 에어쇼 참가 계획자체를 철회하기까지 한바 있다. CIA의 경고는 당시 DGSE가 에어쇼에 참가하기로 한 약 40여개 회사가 보유한 기술정보를 훔치려는 구상을 하고 있다는 증거가 확보됨에 따라 취해진 것이다. 당시 DGSE의 국장은 이 사실을 암묵적으로 인정하였으며 결국 그 자리를 사임하게 되었다. 그러나 그는 끝까지 프랑스의 정보활동을 옹호하면서 오늘날의 정보활동은 "기본적으로 경제, 과학, 기술 그리고 금융분야를 대상으로 하게 됨"을 주장하였다.

뿐만 아니라 DGSE 요원들은 뉴욕을 오가는 에어 프랑스 여객기를 도청하여 미국 사업가들의 대화내용을 녹취하고 있는 것으로 알려져 있다. 아울러 미국측에 의하면, DGSE는 미국 회사의 유럽지사에 이른바 두더지(mole)라고 하는 첩자를 심으려고 시도한 바 있다고 하며, 프랑스 내에서 활동하는 미국 회사의 전화통신 내용을 도청하는가 하면, 인도 정부가 전투기를 구매하려고 했을 때 미국 기업들의 입찰가격을 미리 빼내려는 시도도 했었다고 한다. 심지어는 텍사스에 있는 프랑스 영사관에 근무하는 직원은 미국 기업체 임원의 집에서 배출되는 쓰레기를 뒤져 기술정보와 함께 보잉 747-400 기종의 비행실험 결과 자료를 절취하여 유럽의 합작 항공사인 에어버스사에 넘겨주려 했다고 한다.

DGSE의 조직과 정원은 국방비밀로 규정되어 있으나 알려진 바에 의하면, 관리부문 외에 전략기획국, 정보운영국, 기술지원국, 정보활동국으로 구성되어 있다.

① 전략기획국은 수집된 정보과 정보수요자의 필요에 부합되는지를 판단하는 업무를 수행한다. 아울러 전략부는 외무부와 긴밀한 접촉을 유지하고 있기도 하다. 전략기획국은 프랑스가 취할 수 있는 정치적 선택의 제반 가능성을 검토하기도 한다.

② 정보운영국은 비합법적 요원의 활동을 포함해서 인적자원의 활용을 통한 정보의 수집을 주로 담당한다. 아울러 첩보부는 정보의 수집과 아울러 배분의 기능도 수행하며, 특히 정보활동국과 긴밀한 협조관계를 유지한다. 원래 이 부서는 군사정보 관련활동에 주로 역량을 집중시킨 전통이 있어 1980년대 초반까지는 정치, 경제, 기술 관련 첩보활동에 취약한 면모를 보이기도 하였다. 하지만 1993년 초 미 CIA는 DGSE가 갖고 있던 미국 내의 주요첩보활동 목표 명단을 입수하였다. 이 명단에는 보잉사가 포함되어 있었다. 당시 DGSE 요원은 보잉사가 새로 개발한 점보제트기의 항법시스템을 에어버스사를 비롯한 프랑스 회사측에 넘겨주려는 의도로 활동하고 있었다.

③ 기술장비지원국은 전략적 전자정보 수집의 임무를 맡고 있으며 전세계에 걸쳐 정보수집을 위한 거점을 운영하고 있다. 예컨대 파리 근교에 있는 감청기지에서는 국제전화와 팩스를 모니터할 수 있다.

④ 정보활동국은 비밀공작의 기획과 실행의 임무를 맡고 있다. 앞에서도 소개한 바와 같이 DGSE의 악명을 떨치게 한 '레인보우 워리어' 사건이 바로 정보활동국에 의해 자행되었다.

1996년 현재 DGSE의 인력은 총 2천 5백명에 달하는 것으로 알려져 있으며 이 중 민간인 신분으로 활동하고 있는 요원이 약 천 7백명이라고 한다. 아울러 DGSE의 예산규모는 약 13억 5천만 프랑이며, 이 중 약 반 정도의 액수가[23] 정치 및 외교 관련 정보기능 수행에 소요되고 있으며 나머지 액수는 군사정보활동과 경제첩보활동에 거의 균등하게 분배되고 있다.

그림 5 DGSE의 조직

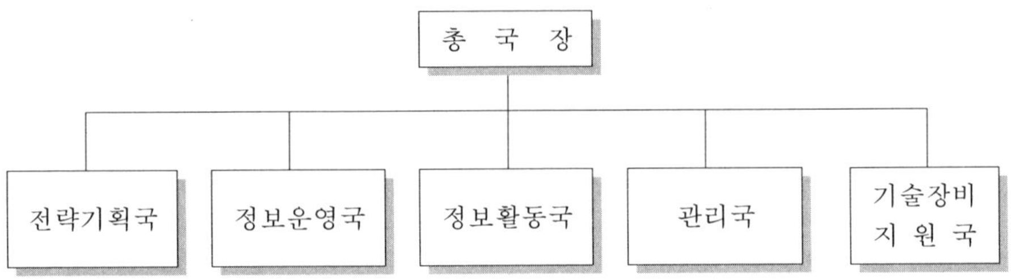

2) 국토감시청(DST: La Direction Surveillance du Territoire)

1944년 창설된 DST의 주 임무는 방첩 및 테러방지로서, 당시 ST(Surveillance du Territoire)로 알려진 Sûreté Générale의 업무를 승계한 것이다. 1982년 12월 22일자 법령에 의하면 DST의 공식업무는 "국가안보에 위협이 되는 외부 세력의 교사, 기도, 지원에 의해 자행되는 공작활동이 프랑스의 영토 내에서 전개되는 것을 조사, 예방, 진압하는 것"으로 명시되어 있다. DST는 국가안전보장을 위한 국내 정보수집 및 부정색출 단속, 외국의 프랑스 첩보활동의 탐지 적발, 테러범죄 마약범죄 등 범죄수사, 그리고 프랑스 국민의 보안시설 및 자료의 보안임무를 수행한다.

냉전 기간 동안 DST의 주요임무는 프랑스 영토 내에서의 소련의 첩보활동 방지와 프랑스 정부, 그 중에서도 특히 정보기관 내에 소련의 첩자가 침투하는 것을 방지하는데 역점이 두어졌다. KGB는 프랑스에 가장 많은 거점을 확보하고 있었던 것으로 알려져 있는데, 소련 대사관의 지휘감독하에 한때 약 700명의 요원이 활동하였다고 한다. 이와 같이 냉전 시대에는 소련과 그 위성국들에 대한 정보활동이 DST의 주 임무였던 것에 반해 동구 공산권이 몰락한

23) Norman Polmar and Thomas B. Allen, *Spy Book*, p. 176.

이후에는 활동의 초점이 이스라엘이나 미국으로 옮겨지고 있는 상황이다.[24)]

하지만 DST의 활동내용은 이미 1970년대 말을 기점으로 하여 변화가 있었다고 한다. 그 이전에는 주로 군사분야 관련 정보활동에 초점이 맞추어졌으나 이 시기부터는 경제 및 과학기술 분야로 활동영역을 확장하였으며, 아울러 이 시기에 즈음하여 다양한 형태로 국내안보를 위협하기 시작한 테러리즘에 대한 적극적인 대처 태세를 갖추게 되었다는 것이다.

DST는 대사관 전화뿐만 아니라 비밀 무선통신도 도청하였으며 프랑스에 공관직원 등으로 가장하여 입국한 첩보요원[25)]들로부터도 정보를 캐내려는 시도를 하고 있다. 이러한 공작활동의 가장 성공적인 작품이 바로 소련 KGB의 과학기술 정보수집 부서인 T국 요원을 포섭하여 암호명 페어웰(Farewell)을 부여하고 이 인물을 통해 KGB의 스파이 계획을 입수, 1983년 40명의 외교관, 5명의 무역대표부 직원, 2명의 타스통신 기자를 간첩행위를 했다는 혐의로 추방하는 성과를 올리기도 한다. 이어서 1987년에도 DST는 5인의 프랑스인을 포함, 우주산업 관련 첩보행위를 하던 간첩단을 색출하여 3명의 소련 외교관을 추방하기도 하였다. 당시 소련은 프랑스의 우주 로켓 아리안(Ariane)에 대한 정보를 수집하려 했다고 한다.

냉전의 종식 이후 프랑스 국가정보기관의 활동이 산업분야로 무게중심이 이동하면서 미국과의 첩보전쟁이 치열해지고 있는 양상이다. 지난 1995년 1월, 미국의 프랑스 대사로 재직하고 있던 파멜라 해리슨 여사는 프랑스의 샤를르 빠스까 내무장관의 통보를 받고 내무장관을 방문한 자리에서 빠스까 장관으로부터 미국이 프랑스의 대외경제정책 및 첨단기술에 대한 첩보행위를 한데 대한 항의를 받았다. 프랑스 일간지 르 몽드(Le Monde)의 보도에 따르면, 외교관 신분으로 근무하고 미국 CIA 요원이 프랑스 국회의원에게 당시 막 창설된 국제무역기구인 WTO 내에서 프랑스가 어떠한 입장을 취하고 있는지에 대한 정보를 대가로 뇌물제공을 제안하였다고 한다. 또 프랑스의 정보통신부 고위관료 한 사람도 프랑스의 정보통신정책에 대한 정보를 팔라는 제안을 받았

24) 냉전 기간 동안 DST가 올린 성과 중 유명한 것으로는 첫째, KGB의 과학기술정보수집 부서인 T국 요원을 포섭하여 암호명 페어웰(Farewell)을 부여하고 이 인물을 통해 KGB의 스파이 계획을 입수, 1983년 4월 소련외교관 47명을 강제 추방시킨 사건, 2) 1975년 6월 DST 소속 경찰관 2명을 살해한 국제 테러리스트 카르로스를 1994년 8월 수단에서 체포한 사건이 있다.

25) 영어 표현으로는 legal이라고 한다. 합법적 신분으로 위장하고 있다는 데서 유래된 말인 것으로 보인다.

으며, 프랑스의 국영회사인 프랑스 텔레콤의 기술자에게도 CIA 요원이 접근한 증거가 포착되었다. 이들 프랑스인 세 사람은 모두 국토감시청에 이 사실을 알렸으며, 국토감시청은 이들에게 증거 확보를 위한 함정수사를 위해 CIA의 제안에 호응하는 제스츄어를 취하도록 요청하였다고 한다.[26] 프랑스 정부는 CIA 요원을 포함하여 혐의가 포착된 다섯 명의 미국인에게 출국요청을 전달하였고 그 중 한 명은 프랑스 정부의 요청이 있고 나서 즉시 본국으로 돌아감으로써 무언 중 혐의를 인정하기도 하였다.

경제 및 과학기술 분야에서의 정보활동과 더불어 DST의 주된 기능은 테러리즘 관련 업무수행이다. 자세한 것은 알 수 없으나 알려진 바로는 DST의 자원 중 약 4분의 1이 프랑스 내에서의 테러행위 대책에 쓰여지고 있다고 한다. DST의 가장 유명한 대 테러활동의 성과는 1972년 뮌헨 올림픽에서 이스라엘 선수단원 수명을 살해한 팔레스타인 테러단 검은 9월단(Black September)의 지도자였던 아부 다우드(Abu Daoud)를 1976년 프랑스에서 검거한 사건이다. 하지만 DST가 아부 다우드를 서독 당국에 인도하려고 하였으나 아부 다우드가 프랑스의 해외 안보총국(DGSE)의 신변보장 약속하에 프랑스에 입국하였기 때문에 뜻을 이루지 못하고 석방할 수밖에 없었다.[27]

DST는 내무부의 관할에 속하며 전통적으로 경찰청장을 역임한 경찰 출신의 인사에게 지휘를 맡겨 왔다. DST의 상세한 조직과 편제는 기밀로 분류되어 있어 자세히 알기는 힘들다. 다만 간략하게 소개한다면 DST는 파리에 본부를 두고 있으며 중앙조직은 관리부문 외에 ① 외국의 첩보활동을 담당하는 방첩부, ② 첨단 기술정보의 보호 및 무기확산 문제를 담당하는 방호, 보안부, ③ 배후에 국가가 관여하는 테러리즘을 담당하는 테러대책부, ④ 위법통신의 단속을 담당하는 전기통신 경찰부로 나누어져 있으며, 현재 전국에 일곱 개 지부를 두고 있다고 한다. DST의 인원은 한때 약 오천명에 달하였다고 하나 최근 인원은 약 천오백명으로 추정된다.

---

26) Peter Schweizer. "The Growth of Economic Espionage: America Is Target Number One." *Foreign Affairs*. vol. 75, no. 1, 1996, p. 10.

27) 이러한 성과와는 달리 DST는 프랑스 정부를 곤혹한 지경에 빠뜨린 적도 있다. 예를 들자면 1973년 DST는 당시 정부에 대해 비판적이던 주간지 르 까나르 앙쉐네(Le Canard Enchainé) 사무실을 도청하였다. 이 사실은 1980년 이 주간지를 발행하는 회사가 새로운 사무실로 이사를 하는 가운데 직원 중 한 사람이 도청장치를 발견함으로써 밝혀지게 되었다.

3) 군 정보기관

프랑스의 군 정보기관은 군사정보부(DRM: La Direction du Renseignement Militaire)와 국방보안국(DPSD: La Direction de la Protection et de la Sécurité de la Defense)이 담당하고 있다. DPSD는 한국의 보안사령부와 같은 역할을 담당하고 있다. 구체적으로는 군 방첩활동 및 군내의 정치동향 감시, 군의 정치적 중립성 등에 대한 감시를 담당하고 있다. DPSD의 요원은 1,620명에 달하는 것으로 알려지고 있다.

DRM은 걸프전 당시 발생한 정보부족 문제를 해결하기 위해 창설되었다. 육군과 공군의 다양한 군 정보기관을 통합하여 발족하였다. 그러나 해군의 경우는 전세계적인 작전의 필요성 때문에 DRM에 통합되지 않았다.

DRM의 주요임무는 군사정보 계획수립, 조정, 조사 및 사용을 담당하고 있다. 그러나 시간이 지날수록 DRM은 활동영역은 DGSE가 담당하고 있는 정치 및 전략정보로까지 확대되는 경향이 있다.

DRM의 요원수는 1995년에 1,600명이었으며 2000년에는 1,900명에 이르는 것으로 알려지고 있다. 예산은 1994년 2억 4,300만 프랑으로 알려지고 있다.

5. 결 론

적성국기에 대한 동향 탐지와 국가 안보이익의 수호를 위하여 창설되고 발전된 영국과 독일, 프랑스의 정보기관들은 냉전이 전개되고 있을 동안에는 소련을 위시한 동구권의 공산국가에 대해 첩보활동의 역량을 집중시켰다. 하지만 냉전이 종식되면서 역설적으로 과거 정보기관의 존재의미가 되어 주었던 적이 사라짐으로 인해 각국의 정보기관은 정체성의 위기를 맞이하게 되고 새로운 역할의 모색에 나서지 않을 수 없게 된다.

사실 국제사회는 냉전 이후 새로이 대두되고 있는 제반 위협들을 맞닥뜨리고 있다. 환경, 이민, 자원, 조직범죄, 테러 등 이른바 포괄적 안보로 개념화되는 새로운 쟁점들이 부상하면서 국가들은 안보목표를 재설정하고 이에 맞추어 안보수단을 새로이 강구하는 전환기를 경험하고 있다. 이러한 변화의 전반적인 추세는 정보기관에 있어서는 인원과 자원의 감축이라는 양상으로 나타나고 있는 것으로 보인다. 무엇보다도 냉전의 종식에 따른 업무의 공동화가 그 원인일 것이다.

그런데 냉전의 종식이 정보활동의 가치와 필요성을 과연 감소시키는지, 만일 그러하다면, 그 정도는 어느 정도인지를 진지하게 생각해 보아야 한다. 예컨대 냉전 수행을 위해 존재하던 정보기관은 냉전이 끝났으므로 이제 더 이상 존재이유가 없다고 하는 논리에는 문제가 있다. 영국의 정보기관만 하더라도 사실 그 기원은 냉전 훨씬 이전으로 거슬러 올라 간다. 냉전이 이들 기관의 설립 동기를 제공한 것은 아니라는 것이다. 아울러 오늘날과 같이 국가들간의 교류가 증가되고 상호의존이 심화되고 있는 시기에는 특히 공개정보의 양이 많아지고 정보의 복잡성이 증대되는 한편, 정보에 대한 수요도 폭발적으로 늘어나 오히려 정보의 수집과 분석업무가 과거에 비해 증가할 수도 있다. 다만 정보기관이 다루게 되는 정보의 종류에 변화가 있을 따름이다. 냉전의 종식이 반드시 정보활동의 위축을 요구하지 않는다는 것이다.

물론 과거 냉전시대 정보기관은 민주적 통제를 받지 않는 비밀의 영역에서 관료조직의 속성에 따라 불필요하게 비대화되는가 하면 권한의 남용 또한 있었을 가능성이 충분히 있다. 그렇다 하더라도 문제의 해결은 정보기관의 활동 위축보다는 감독과 통제의 효율화에서 찾아져야 할 것이다. 정보화와 세계화가 진행되고 있는 오늘날, 국가의 안보와 경제적 번영이라는 국가이익의 실현을 위해서는 새로운 상황에 순발력 있게 대응할 수 있는 유연성, 복잡한 정보의 분석을 위한 전문성, 그리고 필요한 정보를 편견없이 분석, 전달할 수 있는 정확성을 갖춘 정보능력을 요구하게 될 것이기 때문이다.

참고문헌

● 논문 및 서적

박영일 편저, 「강대국의 정보기구」 서울: 현대문예사, 1994.

문정인, "국가안보와 국가정보: 바람직한 정보기구 모색을 위하여," 「국가전략」 2권 1호, 1996.

신유섭, "냉전 종식 이후 미국 정보기구의 개혁 방향," 「국제정치논총」 39집 2호, 1999.

윌리엄 V. 케네디, 「첩보전쟁」 권재상 옮김, 서울: 도서출판 자작나무, 1999.

정순태, 「국가정보론」 서울: 삼보출판사, 1971.

전웅, "국가정보와 안보정책." 「국제정치논총」 36집 3호, 1996.

최명호 편저, 「세계의 정보기관들」 서울: 대왕사, 1988.

Dorril, Stephen, *MI6: Inside the Covert World of Her Majesty's Secret Intelligence Service,* New York: The Free Press, 2000.

Kent, Sherman, *Strategic Intelligence for American World Policy,* Princeton: Princeton University Press, 1949.

Polmar, Norman and Thomas B. Allen, *Spy Book: The Encyclopedia of Espionage,* New York: Random House, 1998.

Schweizer, Peter, "The Growth of Economic Espionage: America Is Target Number One," *Foreign Affairs.* vol. 75, no. 1, 1996. pp. 9-14.

Wolfors, Arnold, *Discord and Collaboration,* Baltimore: Johns Hopkins University Press, 1962.

● 인 터 넷

http://members.tripod.lycos.co.kr/lastcop/dgse.html(검색일자: 2001. 1. 10), "DGSE(대외안보총국)의 첩보활동."

http://members.tripod.lycos.co.kr/lastcop/dst.html(검색일자: 2001. 1. 10), "DGT(국토감시국)의 첩보활동."

http://www.fas.org/irp/world/uk/index.html(검색일자: 2001. 6. 5), "United Kingdom Intelligence Agencies."

http://www.five.org.uk/security/mi5org.htm(검색일자: 2000. 12. 27), "MI5: Security Service."

http://www.five.org.uk/security/mi6org/mi6org.htm(검색일자: 2000. 12. 27), "MI6: Secret Intelligence Service."

http://www.fas.org/irp/world/germany/index.html(검색일자: 2001. 6. 5), "German Intelligence Agencies."

http://www.mi5.gov.uk(검색일 2001. 6. 5), 영국 보안국(Security Service) 공식 홈페이지.

제17장

북한의 정보 · 보안 체계

권 민 웅

1. 북한의 국가안보와 전략

(1) 북한의 국가안보와 국가이익

북한의 국가안보 개념은 전통적 시각에서의 국가이익 즉 생존, 번영, 위신 등과 관련한 국가안보의 일반화 된 개념과는 사뭇 다르다. 북한의 국가안보의 개념과 목표는 자국의 주권적 영역을 넘어 '남조선 혁명'과 공산화 통일에까지 범위를 확대하고 있다.

북한의 국가적 체계와 권력의 기조가 되고 있는 조선노동당은 당 규약 전문에서 "조선노동당의 당면목적은 공화국 북반부에서 사회주의의 완전한 승리를 이룩하며 전국적 범위에서 민족해방과 인민민주주의 혁명의 과업을 완수하는 데 있으며 최종목적은 온 사회의 주체사상화와 공산주의 사회를 건설하는 데 있다"라고 명시하고 있다.

북한이 이처럼 국가안보 목표를 이른바 남조선 혁명과 공산화 통일에까지 확대 설정하고 있는 것은 "조선혁명은 세계혁명의 한 고리"[1]라고 하여 세계

1) 김일성, 「김일성 저작선집」 제 4 권(평양: 조선로동당출판사, 1970), p. 81.

공산화를 위한 '마르크스-레닌주의와 프로레타리아 국제주의 원칙'의 적용이라고 할 수 있겠으나, 북한의 안보환경으로 볼 때 남한과 직접 마주하여 이념적 군사적으로 첨예하게 대결하고 있는 상황에서는 북한의 생존마저 보장될 수 없다는 현실적인 판단에 근거하고 있다고 하겠다.

이와 관련하여 북한은 "남조선 혁명은 전 조선 혁명의 유기적 구성부분으로서 남조선 혁명을 수행하지 않고는 혁명과업을 완수할 수 없다"[2]고 하면서 남조선 혁명을 '사활적인 국가이익'의 범주로 간주하고 있다. 그리고 북한은 남한을 미국의 '식민지'이며 '군사적 침략기지'라고 하면서 "남조선 혁명은 미제를 몰아내는 민족해방혁명인 동시에 지주, 매판자본가, 반동 관료배들의 통치에 반대하는 인민민주주의 혁명"[3]이라고 규정함으로써 남조선 혁명의 당위성을 부여하고 있다.

그리고 북한은 '남조선 혁명과 조국통일'이론에서 "남조선 혁명과 조국통일문제는 분리된 문제가 아니라 상호 연관된 문제로서 조국통일은 남조선 혁명이 수행되는 조건에서만 이룩될 수 있다"[4]고 하여 공산화 통일 이외 어떠한 형태의 통일 방안도 배제하고 있는 것이다.

(2) 북한의 국가안보 전략

북한은 남조선 혁명과 공산화통일이라는 국가안보 목표를 달성하기 위해 국가전략으로서 '3대 혁명역량의 강화'를 내세우고 있다.[5]

북한은 이른바 3대 혁명역량을 강화하기 위해 첫째, 북한을 조선 혁명의 전국적 승리를 위한 '혁명기지'로서 정치, 경제, 군사적으로 역량을 강화시키고 둘째, 남조선 인민들을 정치적으로 각성시키고 혁명적 당을 꾸려 혁명의 기본 계층인 노동자·농민들을 결속시킴으로써 남조선의 혁명역량을 강화시키며 셋째, 공산주의 국가들과 단결하고 세계 반제·반식민주의 세력들과 연대성을 강화하여 국제적 혁명역량을 강화시킨다는 것이다.

북한의 3대 혁명역량 강화 노선은 남한에 강대한 미군이 주둔하고 있고 반공사상이 뿌리박혀 있어 북한 자체의 힘과 노력만으로는 남조선 혁명을 기

2) 위의 글, p. 479.
3) 김일성, 「김일성 저작선집」 제 5 권, p. 479.
4) 위의 글, p. 198.
5) 김일성, 「김일성 저작선집」 제 4 권, p. 79.

대할 수 없다는 정세판단에 기초하고 있다.

이와 관련하여 북한은 "조국해방전쟁(6.25전쟁)시기에 남조선 사람들이 인민군대의 진격에 호응하여 후방에서 폭동을 일으키고 싸웠더라면 적을 쳐부시고 통일문제를 풀었을 것이다"[6]라고 하여 남조선 혁명역량의 필요성을 제기하고 있으며 그리고 "조선에서의 미제국주의자들의 패망은 전 세계적 범위에서 그들의 패망과 밀접히 연결되어 있다"고 하면서 국제 혁명역량과 공동투쟁을 전개해야 한다는 것이다.

2. 북한의 정보·보안 활동의 특성

(1) 북한의 국가정보활동의 목표

북한의 국가 정보활동은 상기 국가안보 목표와 안보전략에 따라 남조선 혁명을 수행하기 위한 실천적인 수단이고 방법이라고도 하겠다. 그리하여 북한의 정보활동 목표는 바로 남조선 혁명을 실천하기 위한 방도(方途)로서 남한에서의 혁명역량을 강화하여 이른바 '결정적 시기'를 조성하는 것이라고 하겠다.

이와 관련하여 북한은 "혁명가들의 과업은 혁명역량을 축적하고 장성시키며 혁명적 대사변을 맞이할 준비를 갖추는 것"이라 하고 '결정적 시기'와 관련해서는 "혁명정세가 조성되면 때를 놓치지 말고 지체 없이 반동통치를 짓부시고 혁명정권을 수립하기 위한 결정적 투쟁에 일어서야 한다"[7]고 밀하고 있다.

이로 볼 때 북한의 국가정보활동의 주된 목표(내용)는 결정적 시기를 맞이할 때까지 혁명의 제반 여건을 성숙시키는 '준비기'의 활동으로서 남조선 혁명역량을 강화하는 것이라고 하겠다.

(2) 북한의 정보공작활동의 내용

북한은 남한에서의 혁명역량을 강화하기 위한 방안으로서 다음의 3가지 요건을 제시하고 있다.

6) 위의 글, pp. 80-81.
7) 김일성, 「김일성 저작선집」 제 5 권, p. 243.

첫째로 남한에는 반공의식이 뿌리박혀 있어 무엇보다 먼저 남한의 인민대중을 정치적으로 각성시키고 혁명사상으로 의식화 해야 한다는 것이다. 이와 관련 북한은 "남조선 혁명은 인민대중을 각성시키는 것으로부터 시작되어야 하며 그러기 위해 미국에 대한 환상과 사대주의 사상을 극복하여 반공사상을 뿌리 뽑아야 하며 그들을 의식화하기 위해서는 김일성의 주체사상으로 무장시켜야 한다"[8]고 말하고 있다. 이를 위해 북한은 대남 선전 · 선동활동에 주력하고 있는바, 막대한 비용을 투입하여 북한체제를 선전하고 남한실정을 비방하는 선전 책자와 전단(傳單)을 제작 살포하고 있으며 대남 전용 TV방송국까지 설치 운용하고 있다.

둘째로 북한은 남한 내 '혁명의 참모부'역할을 담당하는 지하 혁명조직(당)을 건설하고 그 주위에 혁명의 기본계층인 노동자 · 농민들을 결속시켜 이른바 '혁명의 주력군'을 편성해야 한다는 것이다. 이와 관련하여 북한은 "4월 인민봉기(4·19 학생혁명)는 혁명적 당이 없었고 뚜렷한 투쟁 강령이 없었으며 기본군중인 노동자 · 농민이 항쟁에 널리 참가하지 못하였기 때문에 남조선 인민들이 흘린 피의 대가를 미제의 다른 앞잡이들의 손에 빼앗겼다"[9]고 말하고 있다. 이처럼 북한은 4·19혁명의 경험을 교훈으로 삼아 남한에서의 지하당 구축에 역점을 두고 대남공작활동을 전개하였으며 그 결실로 '통일혁명당'을 구축하기에 이르렀다.

셋째로 북한은 노동계급의 주도적 역할아래 각계 각층을 망라하는 '통일전선'을 형성해야 한다는 것이다. 이에 대해 북한은 노동자, 농민들의 계급적 투쟁과 청년, 학생, 지식인들의 민주화 투쟁을 결합시키면서 사회의 각계 각층과 정치세력을 규합하여 '반미 구국 통일전선'을 형성해야 한다고 하고 있다. 통일전선 전략 전술은 마르크스-레닌주의의 기본적인 투쟁조직 전술로서 혁명의 도상에서 공산세력의 힘만으로는 부족하여 혁명에 이해관계를 가지는 각이(各異)한 사회 · 정치세력과 연합하여 혁명의 목적을 달성하는 투쟁기법이다. 북한이 통일전선 전술에서 특히 노동자, 농민들과 청년 학생, 지식인들의 연합을 강조하고 있는 것은 노동자, 농민들이 각성하여 의식적으로 계급혁명 투쟁에 나설 때까지 학생운동을 비롯한 인텔리들의 민주화 운동 등이 '혁명의 씨앗을 뿌리는 매개자'의 역할을 할 수 있다고 보기 때문이다.[10]

---

8) 사회과학출판사편, 「정치사전」(평양, 사회과학출판사, 1973), p. 213.
9) 김일성, 「남조선 혁명과 조국통일에 대하여」(동경, 구월서방, 1969), p. 226.

북한의 대남 통일전선 전술은 크게 2가지 측면에서 전개되고 있다고 볼 수 있는바, 지하공작적 측면과 평화방략적 측면이다.

지하공작적 측면은 이른바 '하층 통일전선 전술'로서 지하 공산당이 불법화된 상태에서 대중적인 기반을 확보하기 위해 외곽에 대중 단체들을 조직하는 대중확보 전술이다. 과거 통일혁명당이 '학사주점'을 경영하면서 이를 근거지로 하여 '조국해방전선'을 조직하였던 사실을 실증적인 예로 들 수 있겠다.[11]

평화방략적 통일전선 전술은, '상층 통일전선 전술'의 일면이기도 하나, 정당 및 사회단체들과의 협상과 연합에 주안을 두고 정치적 공세를 전개하는 일련의 평화통일 공세이다. 실제로 북한은 평화 통일전선 전술로서 1949년 6월 남한의 각 정당 사회단체의 참가를 내세운 '조국통일 민주주의 전선'을 조직하여 오늘날까지 활동중에 있고 1960년대 이후 남한 내 '반미 구국 통일전선'과 '반팟쇼 민주 연합전선'의 형성을 주장한데 이어 1980년대에는 '한국 민족 민주전선'의 조직을 표방하였으며 1990년대 들어와서는 '조국통일 범민족 연합'과 '조국통일 범민족 청년학생연합' 등을 결성하여 해외에서까지 활동을 전개시키고 있다.[12]

북한의 이러한 평화방략적 통일전선 전술은 남북대화에도 적용하고 있다고 보겠다. 먼저 남북대화 기구면에서 노동당의 '통일전선부'가 남북대화 업무를 총괄하는 가운데 산하의 외곽 조직인 '조국평화통일위원회'가 남북대화를 실제 주관하고 있으며, 대화과정에 있어서도 당국자간의 대화를 기피하고 각계각층이 참가하는 폭 넓은 대화를 주장하는가 하면 실질 문제의 해결보다는 남한의 국가보안법 철폐, 안기부(국정원)의 해체, 주한미군 철수 등을 우선 주장하고 있는 것이다.

(3) 북한의 정보공작활동의 양상

북한의 정보공작활동의 내용과 방법은 남조선 혁명을 수행하는 방도와 밀접히 관련되어 있다. 이에 따라 북한의 정보공작활동의 양상에서 나타나고 있는 가장 큰 특징으로서는 폭력을 유효한 수단으로 간주하고 있다는 점이다.

---

10) 김일성, 「김일성 저작선집」 제 5 권, pp. 106-108.
11) 강인덕, 「북한전서」 하권(서울, 극동문제연구소, 1974), p. 88.
12) 통일부, 「북한개요 2000」(서울, 통일부 정보분석국, 1999), p. 573.

이와 관련하여 북한은 "남조선 혁명운동의 역사적 경험은 정권을 위한 투쟁에서 평화적 이행(移行)이란 있을 수 없고 순수 대중운동만으로도 혁명을 승리로 이끌 수 없으며 오직 혁명적 폭력으로써만 정권을 쟁취할 수 있다는 것을 깨닫게 되었다"[13]고 하면서 혁명의 결정적 투쟁시기에서는 폭력 사용만이 유일한 방법이라고 명시하고 있고 또한 "혁명 준비기에 있어서도 폭력투쟁은 적 내부의 동요와 혼란을 조성시키고 혁명역량을 엄호하며 인민 대중의 투쟁기세를 고양시킨다"고 하고 있어 혁명의 준비기에 해당하는 일상적인 대남 정보공작활동에서도 폭력수단의 유용성을 강조하고 있다.

북한의 '남조선 혁명의 폭력 불가피'이론은 "프로레타리아 국가에 의한 부르주아 국가의 대체는 폭력혁명 없이는 불가능하다"[14]는 마르크스-레닌주의를 근본으로 하고 있다.

엥겔스(Friedrich Engels)는 '국가는 조락(凋落)한다'는 명제에서 "부르주아 국가는 조락되는 것이 아니라 혁명 가운데서 프로레타리아트에 의해 청산된다"[15]고 하였으며 마르크스(Karl Heinrich Marx)는 「자본론」에서 "새로운 사회의 탄생의 고통을 단축하기 위해 오직 하나의 수단이 존재하는데 그것은 혁명적 테러리즘이다"라고 기술하였고 레닌(Vladimir Ilich Lenin) 역시 "혁명적 투쟁은 적절하게 테러를 포함할 수 있다"고 생각하였으며 이후 마르크스-레닌주의자들은 "게릴라전이나 정치적 암살 등을 비정상적이고 잘못된 것이라고 생각하는 자는 하나도 없다"라고 했다.[16]

그리고 북한은 남조선 혁명투쟁에서 폭력적 수단의 한계라고 할 수 있는 전쟁수단에 가까운 무장 유격투쟁(게릴라전)까지 혁명적 폭력수단으로 간주하고 있는 것이다. 북한의 이러한 극단적인 폭력투쟁은 과거 김일성의 항일 유격투쟁의 전략전술적 지침이라고 하고 있으나 현 남북한 간의 대치상황에서 무력사용이 제한된 범위 내 북한이 가용할 수 있는 최고의 투쟁형태라고 하겠다.

다음으로 북한의 대남 정보공작활동(양상)의 특징으로서 남한정세 추이에 아주 민감하게 반응하고 이에 적용하는 다양한 투쟁형태와 방법을 구사하고 있다는 점이다.

---

13) 김일성, 「김일성 저작선집」 제 5 권, p. 484.

14) 맑스 · 엥겔스 · 레닌 · 스탈린, 「혁명에 관한 맑스-레닌주의 리론 및 전술에 대하여 (1)」(평양, 조선로동당출판사, 1965), p. 129.

15) 위의 글, p. 124.

16) Cline & Alexander, *Terrorrism: The Soviet Connection*(New York, Cream, Russel & Conpery, 1984), pp. 9-10.

이와 관련하여 북한은 "혁명이 일어나려면 혁명의 주·객관적 정세가 조성되어야 하며 여기에서 중요한 것은 조성된 정세에 알맞은 투쟁구호를 내세우고 투쟁형태와 투쟁방법을 옳게 선택하여 원수들의 내부모순과 약점을 비롯한 온갖 가능성들을 이용하는 것이다"라고 하며, 투쟁형태와 방법으로 '정치투쟁과 경제투쟁', '폭력투쟁과 비폭력 투쟁', '합법투쟁과 비합법투쟁 및 반(半)합법투쟁' 등을 제시하고 있다.[17)]

이에 따라 남한정세가 정치적으로 안정되어 있을 경우에는 노동자들의 임금인상, 노동조건 개선 등의 경제투쟁을 먼저 유발시키고 이를 반미 반정부의 정치투쟁으로 발전시키며, 혁명역량(세력)을 축적하고 보존하기 위해서는 비폭력투쟁을 전개하되 혁명정세에 어려운 국면이 조성되면 폭력투쟁으로 난관을 타개해야 한다는 것이다. 그리고 여기 제시되고 있는 반합법투쟁이란 합법적인 테두리 내에서 비합법적 투쟁을 전개하는 것으로 학원·노동계 등의 합법적인 조직과 대중단체들이 민주화, 자율화 등의 투쟁구호 아래 국가보안법을 비롯하여 제반 민주주의 법질서를 거부하는 비합법적 투쟁을 전개하는 것이라고 하겠다.

3. 국가 정보·보안 체계도

(1) 북한 정보기관의 연혁

북한의 정보보안기관 탄생은 1945년 8월 해방과 더불어 김일성이 북한에서 공산주의 체제를 구축하는 과정에서 함께 시작되었다고 볼 수 있다. 김일성은 북한에 진주한 소련군대의 지원하에 옛 빨치산 동료들을 각지에 파견하여 북한에서 자기중심 체제로 공산당 조직망을 쉽사리 건설할 수 있었던 반면 당시 남한에는 박헌영을 수뇌부로 한 조선 공산당 본부가 있어 자기중심의 공산당 조직을 구축하기가 힘들었다. 그리하여 김일성은 남한에 자신의 세력확장을 위해 1945년 말 평양 근교의 강동에 정치학원(일명 강동학원)을 설립하고 남한 출신들을 중심으로 이른바 '정치 일꾼'을 양성하기 시작하여 6.25전쟁시까지 약 2천명의 공작원과 유격요원을 배출하여 남파시켰다. 이후 6.25전쟁시기

17) 김일성, 「김일성 저작선집」 제 5 권, pp. 242-243.

1951년 초 서울에 재진입한 북한군은 '서울 정치학원'을 설치하여 정치 군사요원을 양성 배출하다가 북한군의 퇴각과 함께 황해도 봉산으로 이동하였으며 1951년 10월 조선노동당 정치위원회의 결정으로 '서울 정치학원'을 노동당 연락부 산하의 '금강 정치학원'으로 개칭함과 동시에 인근 해주에 '송도 정치학원'을 증설하여 본격적으로 대남 정보공작요원을 양성하여 남파시킴으로써 북한의 국가 정보조직의 모태가 된 것이다.[18] 그리고 오늘날 북한의 최고 정보기관으로서 일명 '노동당 3호청사'가 북한의 최고 권력기관인 조선노동당 중앙당의 한 부분을 차지하게 된 배경도 이와 같은 역사적 과정에 연유하고 있다.

(2) 국가 정보·보안 기구의 체계와 운영상의 특성

북한의 국가 정보공작기구는 노동당 산하에 통일전선부, 연락부, 35호실, 작전부 등 4개의 핵심 전문부서가 있고 이와 함께 유관 지원업무를 담당하는 인민무력부 정찰국과 국가안전보위부가 있다. 그리고 국가 보안기구로서는 인민보안성과 국가안전보위부 및 보위사령부가 있다.

북한의 정보·보안기구의 체계와 운영상의 특징은 정보의 사용자 즉 최고 통치권자가 조직과 활동을 직접적으로 관장하고 있다는 점이다. 북한의 국가정보기구의 체계도에서 '대남 사업'[19]은 노동당 비서국의 대남(사업)담당 비서가 총괄하여 관장토록 되어 있으나 산하 관련부서 부장들이 최고 통치권자에게 직접 보고하고 지시를 받아 업무를 집행하고 있으며 특히 중요사안에 대해서는 '친필지시' 형태로 최고 통치권자가 직접 업무에 관여하고 있기도 하다.[20] 그리하여 북한의 정보공작기구는 국가체계상 어느 기관보다 중요시되고 있으며, 정보공작 요원들에 대한 처우도 당, 정, 군의 고위급 수준에 달하고 있어 선망의 대상이 되고 있다. 따라서 정보요원들의 선발에 있어서도 '혁명성'과 함께 체력과 지력 등에 대해 엄밀한 심사과정을 거쳐 정예요원들이 선발되며, 선발된 요원들은 영예와 자부심을 갖고 최선을 다해 직무를 수행하고 있으며 경우에 있어서는 '영생불멸의 정치적 생명'을 위해 목숨조차 기꺼이 바치는 것이 일반적인 현상이다.

18) 강인덕, 「북한전서」, p. 58.
19) 북한의 '대남 사업'이란 대남 정보공작활동을 비롯하여 남북 대화와 교류 협력 등 남한과 관계되는 일체의 업무에 대해 포괄적으로 사용되고 있는 용어이다.
20) 김현희, 「이제 여자가 되고 싶어요」 1부, (서울, 고려원, 1991), pp. 218-219.

그림 1 북한의 국가 정보·보안 기구 체계도[21)]

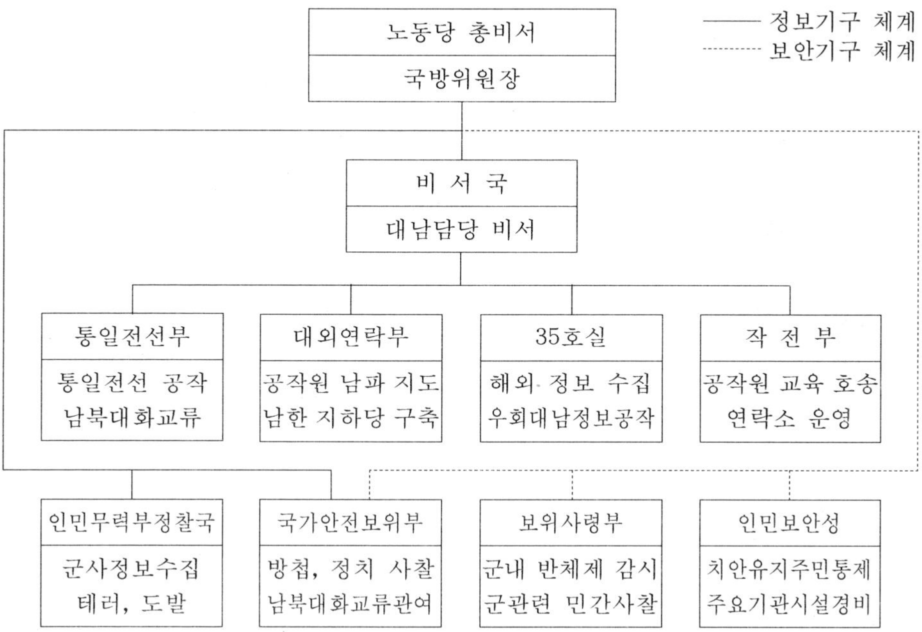

(3) 국가 정보·보안 기구의 조직별 기능과 주요업무

1) 통일전선부

통일전선부는 통일전선 공작과 남북대화 및 교류 업무를 실질적으로 수관하는 대남 사업의 핵심부서로서 1978년 남한의 유신체제에 저항하여 남한 내에서는 물론 해외에서 반체제 민주화 운동이 고조되자 이들 민주화 운동을 통일 혁명역량으로 지도·육성하기 위해 신설된 부서이다. 통일전선부는 산하에 '남조선 연구소'를 두고 남한의 신문·방송·잡지들을 수집하여 남한정세에 관한 분석보고서를 매일 작성하여 최고 통치권자에게 보고하고 있다. 그리고 통일전선부는 외곽단체로서 남북대화와 교류협력 업무를 전담하고 있는 '조국평화통일위원회'를 비롯하여 남한과 해외의 각계각층 인사들을 망라하는 통일전선을 형성하기 위해 '조국통일 민주주의전선', '한국민족 민주전선', '조국통일 범민족연합', '조선아세아 태평양 평화위원회', '민족화해협의회' 등 여러 가지

21) 통일부, 「북한개요 2000」, pp. 137, 422, 576.

통일전선체의 기구들을 두고 있다.[22)]

2) 대외연락부

1947년 북조선 노동당 5과로 창설된 이래 연락부→사회문화부→대외연락부로 개칭되어 왔으며, 남한 내 지하당 구축과 각계각층에 대한 침투·포섭 공작 등 정통적인 정보 공작업무를 담당하고 있다. 그리하여 대외연락부는 공작원들에게 남한정세와 정보수집 및 포섭 공작활동에 관해 장기간에 걸쳐 교육시키고 있으며 공작원들을 남파시킨 후 남한내 활동을 지도하고 있다. 이에 따라 대외연락부는 공작원교육을 위한 초대소와 공작원들의 파견과 귀환을 위한 연락소를 운영하고 있다.[23)] 대외연락부의 주요활동사례로는 1968년 7월 남한 당국에 적발되어 158명의 연루자가 검거된 '통일혁명당 사건'을 대표적으로 들 수 있다.

3) 35호실

1960년대 초 노동당 조사부로 설립되어 활동하다 1980년대 들어 대외정보조사부와 작전부로 분리되었고 그 후 대외정보조사부는 다시 35호실로 개칭되었다. 35호실은 해외에서 주재국의 대남 관련정보를 수집하면서 남한에 대한 우회 침투와 테러공작을 담당하고 있다. 그리하여 35호실은 세계 각국에 태권도 교관, 무역상사원, 학술교류 요원 등으로 가장하여 정보 공작원들을 파견시키고 있으며, 이들은 현지에서 정보수집 활동을 전개하는 가운데 필요한 경우 주재국에 체류하는 한국인은 물론 주재국 인사를 회유 입북시키거나 강제 납북하기도 한다.[24)] 35호실의 대표적 활동사례로서 1987년 8월 KAL 858기의 공중 폭파사건과 아랍계 필립핀인으로 위장하여 침투시킨 공작원 정수일(일명 무하마드 깐수) 사건 등이 있다.

4) 작 전 부

작전부는 남한으로 침투시키는 공작원을 호송하고 남한 내 일정 지점까지 안내하는 역할을 주로 담당하면서 필요에 따라 남한의 주요군사기지와 산업시

---

22) 위의 글, pp. 576-577.
23) 위의 글, p. 577.
24) 안명진, 「북조선 납치공작원」(동경, 덕간서점, 1998), pp. 135-198.

설을 파괴하는 전투적 임무도 부여되고 있다. 작전부는 '김정일 정치군사대학'이라는 공작원 양성소를 설치 운영하고 남파 공작원과 호송 전투원들에 대한 정규의 기본교육 훈련과정을 담당하고 있으며 남파 공작원 파견기지로서 2개의 육상 연락소(개성, 사리원)와 4개의 해상 연락소(남포, 해주, 청진, 원산)를 운영하고 있다.25) 그리고 이러한 기능에 따라 작전부는 훈련중에 있거나 남파를 대기하는 공작원과 호송 전투원 및 교육 훈련요원 등 통상 3,000여 명에 달하는 방대한 인원과 함께 호송 및 침투 안내에 필요한 각종 첨단 개발장비를 보유하고 있어 북한에서 가장 잘 훈련된 당의 무력으로 자부하고 있다.

5) 인민무력부 정찰국

인민무력부 정찰국은 조직체계상 인민무력부 산하 기구로 편성되어 있으나 김정일 국방위원장의 직접적인 관장하에 거의 독자적으로 남한의 군사정보 수집과 정찰활동을 담당하고 있으며, 남한 군부에 침투하여 주요인물을 포섭하고 와해시키는 공작을 전개하는 임무까지 수행하고 있다. 또한 정찰국은 필요시 무장 유격요원을 남파시켜 남한 정부 내 요인암살을 비롯하여 주요군사기지와 산업시설을 파괴하는 임무가 부여되고 있다. 그리고 이를 위해 정찰국은 예하에 인민무력부 총참모부 산하의 경보교도지도국의 특수전 병력(12만여명)을 운용한다.26) 인민무력부 정찰국의 주요활동사례로서는 1968년 1월 청와대 기습사건과 1968월 10월 울진·삼척지역에서의 무장 게릴라 침투사건 및 1983년 10월 미얀마(버마) 아웅산 묘소 폭파사건 등이 있다.

6) 국가안전보위부

국가안전보위부는 남한의 국가정보원(전 국가안전기획부)과 유사한 기능을 가진 기구로서, 북한은 1973년 정무원(행정부 또는 내각에 해당)의 사회안전부로부터 정치보위 기능만 분리시켜 국가정치보위부를 신설하였으며 이후 80년대 초에 정무원 산하에서 독립 분리되면서 국가보위부로 개칭되었다가 90년대 들어 국가안전보위부로 명칭이 다시 바뀌었다. 국가안전보위부는 최고 통치권자의 권력을 보위하는 가운데 반당·반혁명·반사회주의적 요소를 색출하여 제거하는 국가 보안기능을 주 임무로 하고 있으나, 북한에 침투하는 공작원을

25) 통일부, 「북한개요 2000」, p. 578.
26) 국방부, 「국방백서 1999」(서울, 국방부 정책기획관실, 1999), p. 38.

포섭하여 역용공작활동을 전개하기도 하고 남북대화와 교류협력에도 관여하면서 대남정보 공작업무의 일부를 수행하고 있다. 그리고 국가안전보위부는 정치사찰 전담기구로서 정치 사상범에 대한 체포, 구금, 처형 등을 법적 절차 없이 임의대로 결정하는 권한을 가지고 있으며 하부조직체계에 있어서는 지방의 도·시·군(구역) 및 리(동)에 이르기까지 요원을 상주시키며 기관·기업소는 물론 군의 중대 단위까지 요원을 파견하고 있다.[27]

7) 보위사령부

이 기구는 남한의 군 기무사령부(전 보안사령부)와 같은 기능과 역할을 하는 기관으로서 1948년 인민군 창설과 함께 조직되어 정치안전국, 보위국 등으로 개칭되어오다 90년대 중반 보위사령부로 확대 개편되었다.[28] 보위사령부는 군대 내에 반체제 사상과 동향을 감시하고 군과 관련한 민간인들의 동태를 사찰하는데 기본을 두어 왔으나 최근 북한의 통치체제에서 군이 중심 역할을 하게 됨으로써 보위사령부의 활동의 폭이 당과, 정부 그리고 민간분야에까지 깊숙히 확대되고 있는 경향이다.

8) 인민보안성

인민보안성은 한국 정부기관의 내무부(경찰청)에 해당하는 기구로서, 해방과 더불어 보안국으로 설치되어 오랫동안 운영되어오다 98년 사회안전성으로 개칭되었다가 2000년에 들어 인민보안성으로 다시 바뀌었다. 인민보안성은 1차적인 국가 보안기능을 수행하는 기구로서 사회의 안정과 질서를 유지시키고 주민의 생활과 동향을 감시·통제하면서 국가기관과 주요산업시설의 안전을 담당하고 있다.

---

27) 통일부, 「북한개요 2000」, p. 138.
28) 국방부, 「국방백서 1998」, p. 39.

4. 북한의 정보 공작활동 사례

(1) 68년 7월 통일혁명당 사건

1968년 7월 남한 당국에 의해 적발된 '지하당 건설'공작의 대표적 사례로서, 북한 공작원에 포섭된 남한의 젊은 지식인과 남조선 노동당(남로당)계열의 잔여 인물들이 '통일혁명당'을 구축하고 남한의 지식인·학생·청년층을 대상으로 포섭공작을 전개하여 '조선민족 해방통일 전선'을 형성하고자 시도하였던 사건이다. 남한출신 김종태는 동국대학교를 졸업하고 교편생활과 국회의원(친형) 비서를 거쳐 상업에 종사하던 중 남파 공작원(김송무)에게 포섭되어 4차례 북한에 잠입하여 김일성을 비롯한 당의 최고 수뇌부들을 면담하고 공작교육과 지령을 받은 후 귀환하여 지하당(통일혁명당)을 조직하고 활동근거지로서 '학사주점'을 경영하는 한편 대중들의 의식화 공작을 위해 당의 기관지로서 '청맥'이라는 잡지를 발간하였다. 이 사건에 관련되어 검거된 인원이 총 158명에 달했으며, 이들의 성분을 보면 당 지도부의 주요간부는 대다수가 전 남로당계열 출신이었으며 나머지는 유명 대학출신의 젊은 지식계층이었다.

(2) 68년 1월 무장 유격대의 청와대 침투 기도 사건

68년 1월 북한 인민무력부 정찰국 예하의 124군 부대 유격전투원 31명이 서부 휴전선을 통해 서울에 침투하여 청와대 기습을 감행하다 실패하고 30명이 사살되었으며 1명은 생포되었다. 당시 무고한 시민이 사살되고 버스가 폭파되는 등 남한사회에 일대 충격을 주었으며 군 장병의 복무기간이 연장되는 결과를 초래하였다. 북한은 신년 초 동절기의 허점을 이용하여 용이하게 침투하고 청와대를 기습하여 박정희 대통령을 위해함으로써 남한의 정치적·사회적 혼란을 야기시켜 남한혁명의 '결정적 시기'를 조성하려 했던 것으로 판단된다.

이와 유사한 사건으로서 동 사건 발생 후 6개월이 지난 68년 10월 30일~11월 2일 기간 북한은 무장 유격요원 120명을 울진·삼척의 산간지대에 침투시켜 게릴라전의 근거지를 확보하고 부락단위의 공산혁명화를 확대해 나가려고 시도하였으나 실패로 끝나고 말았다. 이와 같은 일련의 사건들은 북한이

'남조선 혁명의 폭력 불가피'론에 입각하여 월남전에서의 게릴라 전법을 남조선 혁명투쟁에 적용해 보려는 시도였다.

(3) 69년 12월 KAL기 납북사건

1969년 12월 11일 강릉발 서울행 대한항공사 소속 YS-11기가 승객 47명과 승무원 4명을 태우고 비행하던 중 북한에 포섭된 남한출신 공작원(조창희)에 의해 북한으로 납치되었다. 이와 관련하여 북한은 동 비행기의 납북은 조종사 2명에 의한 의거 입북이라고 주장하면서 2개월이 지난 70년 2월 14일 피납 승객 47명 가운데 39명을 송환하고 조종사 2명과 여승무원 2명, 그리고 승객 8명은 계속 억류하고 송환을 거부하였다. 당시 북한에 억류된 조종사와 승무원 4명은 북한의 대남 정보공작기관에서 대남정보공작 교육과 심리전 활동에 동원되어 일하고 있는 것으로 알려지고 있다.[29)]

(4) 78년 1월 영화배우 최은희 납북사건

78년 1월 14일 홍콩 영화사(금정영업공사)의 출연제의를 받고 홍콩에 체류중이던 인기배우 최은희가 관광안내원을 가장한 북한 여자공작원(이상희)에 의해 해변가로 유인된 후 노동당 조사부 소속 공작원 3명에게 납치되어 공해상에 정박중이던 북한 화물선(수근호)에 옮겨져 북한 남포항으로 납북되었다. 최은희가 남포항에 도착할 당시 북한의 실권자인 김정일 비서가 노동당 조사부장(이완기)을 대동하고 직접 마중한 사실이 밝혀졌다.[30)] 이와 유사한 사건으로 북한은 최은희 납치사건 발생 6개월 이전 77년 7월 29일 불란서에 체류하던 피아니스트 백건우와 영화배우 윤정희 부부를 만찬 연주회 초청형식으로 유고 베오그라드로 유인한 후 납치를 기도하다 이들 부부의 기지와 현지 미국 영사관의 도움으로 납북에 실패한 사실이 있다. 이처럼 북한이 남한의 인기 연예인과 예술인들을 납북하고자 한 것은 통치권자(김정일)의 예술적 취향에 부응하면서 대남전선에 활용하기 위한 것이라고 할 수 있겠다.

---

29) 오길남, 오길남의 남과북, 「월간조선」, 1992.7, p.408.
30) 최은희·신상옥, 「김정일 왕국」 상권(서울, 동아일보사, 1998), p.26.

(5) 83년 10월 미얀마 아웅산 국립묘지 폭파사건

83년 10월 9일 미얀마(버마)를 친선 방문중인 전두환 대통령과 정부 수행요인들이 아웅산 국립묘지를 참배하는 기회를 이용하여 전 대통령을 암살할 목적으로 인민무력부 정찰국 소속 공작원 3명이 북한 화물선(동건 애국호)으로 미얀마에 잠입하여 아웅산 묘소 천정에 폭탄을 설치하고 원격조정 장치로 폭파시켜 대통령의 도착을 기다리며 현장에서 대기중이던 서석준 부총리 등 정부요인, 기자, 경호원 등 수행원 17명과 미얀마측 인사 4명이 사망하였다. 동 사건직후 미얀마 정부 당국은 북한 공작원 3명 중 2명을 생포하여(1명은 자폭) 1명을 사형에 처하고 다른 1명에 대해서는 무기징역을 선고하여 아직도 복역중에 있다. 그리고 이로 말미암아 미얀마 정부는 북한과 외교관계를 단절하기에 이르렀던 것이다. 이 사건은 북한이 이전의 박정희 대통령 위해 기도사건과 마찬가지로 전 대통령을 살해하려는 것이 주 목적이었음이 분명하나 당시 전 대통령의 아세아순방 국가들이 당시 남북한간에 외교경쟁이 치열하게 전개되던 비동맹 국가들로서 한국과 이들 국가들과의 관계증진을 저해할 필요성도 있었다고 하겠다.

(6) 87년 11월 KAL 858기 폭파사건

87년 11월 북한은 이라크의 바그다드를 출발하여 서울로 향하는 KAL 858기에 노동당 대외정보조사부(현 35호실)소속 남녀 공작원 2명(김승일, 김현희)을 일본인 부녀로 위장 탑승케 하고 시한 기폭제와 액체 폭발물을 라디오와 술로 가장한 휴대품으로 기내에 반입시켜 9시간 후 기내에서 폭발토록 조작하여 기내 선반에 비치한 후 중간 기착지인 아부다비 공항에서 내리도록 하였다. 그리하여 KAL858기는 9시간 이후 87년 11월 29일 14 : 05경 미얀마 안다만 해역 상공에서 폭파되고 당시 중동 취업근로자가 대부분이었던 탑승원 115명 전원이 사망하였으며 기체는 흔적조차 발견되지 않았다. 북한 공작원 2명은 중간 기착지인 바레인 당국에 의해 위조여권 소지관계를 조사받게 되자 남자 공작원(김승일)은 음독 자살하고 여자 공작원 김현희는 자살기도가 실패하여 서울로 압송되었다. 이 사건은 북한이 1988년 서울 올림픽 개최를 앞두고 국제적 고립감이 심화되는 과정에서 KAL기를 폭파함으로써 서울 올림픽

의 안전문제를 제기시켜 서울 올림픽의 개최를 저지하려고 했던 것이다.[31)]

(7) 96년 9월 동해안 잠수함 침투 사건

96년 9월 15일 인민무력부 정찰국 소속 잠수함(350톤)이 동해안 강릉 해상으로 침투하여 공작임무를 수행하고 9월 18일 북한으로 복귀하다가 좌초하여 발견되고, 뒤이은 남한당국의 공작원 소탕작전으로 13명이 사살되고 1명이 생포되었다(1명은 도주로 추정). 당시 이들 공작원들이 소지하고 있던 지도와 필름으로 보아 강릉 비행장과 동해안 고속도로 등 강릉 해안 일대에 대한 전투 정찰이 목적이었던 것으로 판명되었다. 그리고 이와 유사한 사건으로서 98년 6월 노동당 작전부 소속 잠수정이 속초 인근 남방 해안으로 침투하여 임무를 마치고 복귀하다 조업중인 어선의 유자망 그물에 걸려 표류하게 됨으로써 발각되었다. 당시 잠수정 내에서 자폭한 공작원 9명의 사체와 각종 침투장비가 발견됨으로써 남파공작원의 호송 또는 남파 활동중인 공작원들과의 연락지점(무인 포스트) 설치가 임무였던 것으로 추정되었다.

5. 북한 안보체제의 제약과 도전

(1) 북한의 안보환경 변화

1980년대 들어 동구 공산권의 민주화가 진행되는 과정에서 구 소련이 해체되고 동구 공산권이 몰락하면서 반세기 동안 지속되어 온 동서간의 냉전구도가 종식되고 새로운 국제질서가 모색되고 있으며 이에 따라 국제 안보환경에도 커다란 변화가 초래되었다.

북한의 안보환경도 그 어느 나라보다 못지않게 큰 변화를 맞이 하였다. 동구 공산권이 몰락함으로써 안전판의 한 축이 무너졌으며 다른 한 축을 이루고 있는 중국조차 나날이 변화하고 있어 더 이상의 확실한 안전판의 역할을 기대할 수 없는 형편이 되었다.

반면에 남한의 안보환경에는 크게 변함이 없다. 미국과의 안보협력체제는

31) 김현희, 「이제 여자가 되고 싶어요」 1부, pp. 126-131.

다소 이완되기는 하였으나 그대로 유지되고 있으며 특히 북한의 안보목표와 전략에서 주적(主敵)의 개념이 되고 있는 미국은 군사적으로 유일 초강대국 되어 영향력이 증대되었으며 이에 더하여 한국은 과거 북한과 '북방 3각 동맹' 관계를 이루어 왔던 러시아와 중국과의 관계를 개선 증진시켜 나가고 있어 한국의 안보환경에 유리를 더해 주는 반면 북한의 안보환경에는 불리함을 가중시키고 있다.

또한 남북한체제 경쟁관계에 있어서도 이미 실패한 사회주의 체제를 고수할 수밖에 없는 입장에서 심각한 경제난에 직면하고 있어 남북한의 우열은 분명해지고 체제경쟁은 무의미하게 되었다. 그리고 대내적으로도 1인 독재체제의 취약성으로 인해 개혁·개방을 거부하고 폐쇄와 고립의 길을 고집함으로써 식량과 에너지를 비롯하여 전반적인 경제의 어려움에 직면하고, 이로 인해 북한을 이탈하는 주민이 증가하는 등 체제 이완현상이 나타나고 있어 대내적인 안보환경마저 악화되고 있다. 한마디로 오늘날 국제 안보환경의 변화 속에서 북한의 안보환경은 총체적으로 불리하게 변화되고 있다고 하겠다.

(2) 북한 안보체제의 제약과 도전

탈냉전 이후 국제 안보환경의 변화는 개별 국가의 안보개념과 목표 및 전략상황에 근본적인 변화를 초래하고 있다. 그럼에도 불구하고 북한은 아직도 탈냉전의 흐름에 동참하지 못한 채 종래 국가안보의 체제(틀)를 그대로 유지하고 있다. 그러나 북한은 언제까지 '남조선 혁명로선'의 안보전략을 그대로 지속할 수는 없을 것이다. 교조적 사회주의 체제를 고수한 채 체제의 존망을 걸고 사력을 다해 '남조선 혁명'과 공산화 통일로 매진해 나갈 것인가 아니면 체제의 유지와 안정을 위해 개혁·개방과 교류협력의 길로 나갈 것인가를 선택해야 할 것이다.

현실적으로 볼 때 '남조선 혁명'은 그 실현가능성이 더욱 희박해지고 있다. 남한체제 스스로가 몰락하여 붕괴되기를 기다리던가 아니면 미국과 군사적으로 마주하여 일전을 불사할 각오가 없이는 기대할 수 없다. 그런데 이것마저도 언제까지 기다리고 미룰 수 있는 상황은 아니며, 이는 북한체제 스스로가 이대로는 오래 존속해 나가기가 어렵기 때문이다. 이렇게 볼 때 북한의 선택은 개혁·개방의 길로 나아감이 불가피하다고 하겠으나 이를 선뜻 택하기도 쉽지 않을 것이다. 지금 한반도 주변환경의 변화는 개혁·개방으로의 정책전환에 긍정적 요인으로 되고 있다. 한국 정부의 대북관계 개선 노력과 주변 4강(미·일·중·러)의 안보적 시각이 다같이 북한의 개혁·개방으로의 변화와 한반도의 평화 정착을 기대하고 있는 것이다. 그러나 북한으로서 개혁·개방은 주민의 의식을 변화시켜 1인 독재 체제의 유지를 어렵게 할 뿐만 아니라 '남조선 혁명'의 포기와 남북한 간의 교류협력의 확대는 북한체제의 결속을 이완시키고 나아가 남한에 의한 흡수통일의 우려를 갖게 하고 있다. 즉 '남조선 혁명' 노선을 포기하는 것은 북한체제의 정체성을 훼손시키고 체제의 안보마저 위태롭게 할 수 있다는 것이다. 그리고 북한이 지금으로서 양자간의 일방적 선택이 어려워 '개혁·개방정책과 남조선 혁명전략의 병행'이라는 절충적인 방안을 도출한다 하더라도 현실적인 타당성을 갖기는 어렵다. 제한적인 개혁·개방으로는 경제회생에 실효를 거두기가 어려우며 대남 전략의 본질적인 변화가 없이는 남북한간의 긴장은 지속될 것이며 방대한 군사력은 그대로 유지되어야 하기 때문이다. 그리하여 북한은 지금 개혁·개방으로의 정책 전환과 '남조선 혁명'의 안보전략 고수 가운데서 일련의 안보적 딜레마에 빠져 있다고 하겠다.

6. 평가와 전망

북한의 개혁·개방으로의 정책전환은 여러 가지 요인으로 체제에 부정적 측면이 크다 할지라도 지금 북한이 당면하고 있는 대내외적 곤경을 탈피하기 위해서는 정책변화가 불가피하며, 북한 스스로도 이러한 관점에서 점진적인 개혁·개방정책을 모색하고 있는 것으로 보인다. 2000년 6월 김대중 대통령과 김정일 국방위원장의 남북한 정상회담은 남북한 분단사의 획기적 사변이며 2001년 1월 김정일 국방위원장의 중국방문은 개혁·개방으로의 조짐이라고도 볼 수 있겠다. 그러나 아직 북한의 대남 적화통일 노선에 근본적인 변화가 있다는 증거가 없으며 개혁·개방체제로의 본질적인 변화인가에 대해서도 논란의 소지가 많다. 앞으로 북한이 어떠한 선택을 하든간에 탈냉전의 시대적 환경적 변화는 북한의 대남 전략에서도 변화를 가져올 것으로 보인다.

남북한 분단이 지속되는 한 북한은 남한혁명과 공산화 통일의 기대를 결코 버릴 수는 없겠지만, 북한이 당면한 경제난을 극복하고 체제를 유지하기 위해서는 우선적으로 남북한간의 지원 협력이 절대 필요함으로 공격적인 대남 정보공작활동은 보다 자제할 것으로 보인다. 그리하여 북한은 종래 '지하당 건설' 위주로부터 '통일전선 전술'에 보다 역점을 두고 남한의 좌익과 친북세력의 활동입지를 넓혀주는 정책적 고려와 함께 북한체제의 당위성을 선전하고 대북 지원확대를 유도하는 데 중점을 둘 것이며, 가능한 폭력수단은 지양하려 할 것이다. 더 이상의 폭력사용은 이전의 경우와는 비교할 수 없이 남북한 관계를 경색시킴은 물론 국제사회로부터 완전 고립을 자초하게 되어 북한체제의 생존에까지 영향을 줄 것임을 알고 있기 때문이다. 그리고 이러한 대남 전략전술에서의 변화는 북한의 국가 정보·보안 체계에 있어서도 변화를 초래하게 되어 지금의 대남 정보공작활동 중심으로부터 점차 체제유지와 안정을 도모하는 국가 보안활동의 비중을 높여가는 방향으로 전반적인 조직 개편이 이어질 것으로 전망된다.

참 고 문 헌

김일성, 「김일성 저작선집」 1-5권, (평양, 조선로동당출판사, 1968-1972).

김일성, 「남조선 혁명과 조국통일에 대하여」(평양, 인민출판사, 1970).

맑스 · 엥겔스 · 레닌 · 스탈린, 「혁명에 관한 맑스-레닌주의 리론 및 전술에 대하여」 1-3권, (평양, 조선로동당출판사, 1965).

사회과학출판사편, 「정치사전」(평양, 사회과학출판사, 1973).

통일혁명당, 「김일성주의 원리」(평양, 통일혁명당 선전부, 1974).

국방부, 「국방백서」 1998-1999, (서울, 국방부 정책기획관실, 1997-1998).

통일부, 「북한개요」 2000, (서울, 통일부 정보분석국, 1999).

통일부, 「북한문제 이해」 1999, (서울, 통일교육원, 1998).

강인덕, 「공산주의의 통일전선에 관한 연구」 (서울, 극동문제연구소, 1977).

강인덕, 「북한전서」 상·하권, (서울, 극동문제연구소, 1974).

김동성 외 4인, 「신 국가안보전략의 모색」 (서울, 세경사, 1993).

김상덕, 「북한의 대남 테러리즘 전개양상에 관한 연구」 (한국외국어대학교 정책과학대학원, 석사 학위논문, 1997).

김현희, 「이제 여자가 되고 싶어요」 1-2부, (서울, 고려원, 1991).

안명진, 「북조선 납치공작원」(동경, 덕간서점, 1998).

오길남, 오길남의 남과북, 「월간조선」 1992. 7.

최은희 · 신상옥 「김정일 왕국」 상·하권, (서울, 동아일보사, 1988).

황성모 외 5인, 「북한체제 연구」(서울, 정신문화연구원 [고려원], 1987).

황장엽, 「황장엽 비밀파일」(서울, 조선일보사 월간조선, 1997).

에더 B. 보우즈먼(Adda B. Bozeman), 「전략정보와 국가경영」(서울, 국방대학원 안보연구소, 1994).

Cline & Alexander, *Terrorism: The Soviet Connection*(New York, Cream, Russel & Conpery, 1984).

Robert C. Tucker, *The Marx-Engels Reader*(New York, W.W.Norton & Company.Inc, 1972).

제 4 편

한국의 국가정보체계

제18장

한국의 국가정보기관

김 당

1. 서론: 한국의 국가안보와 정보

1961년 중앙정보부가 창설된 이후 정보기관은 정치 분야를 포함한 한국사회 전반에 광범위한 영향력을 행사하여 왔다. 그럼에도 국가정보와 국가정보기관에 대한 학계연구는 매우 빈곤한 실정이다. 정보기관에 대해 관심을 가진 사람은 주로 정치문제를 담당하는 언론계였고, 주 관심분야도 정보기관의 국내정치개입 문제였다. 학계 등에서도 약간의 연구가 있었지만 국가정보 자체에 대한 연구라기보다는 정보기관의 인권침해 문제 등이 주 대상이었다고 할 수 있다.

이처럼 국가정보에 대한 연구가 부진한 이유로는 다음과 같은 점을 지적할 수 있다. 가장 먼저 지적할 수 있는 것이 연구에 대한 외부적 제약 때문이다. 과거 군부권위주의 정권은 국가정보와 정보기관에 대한 민간학자의 연구활동을 제약해 왔다. 이 결과 국가정보에 대한 연구자체가 용이하지 않았을 뿐더러, 설사 연구가 이루어지더라도 심도 있는 연구결과가 나오기 어려웠다.

둘째로는 이용가능한 자료의 부족이다. 정보기관은 비밀주의를 속성으로 하기 때문에 연구를 진행할 수 있는 신뢰성 있는 자료가 부족하기 때문이다.

물론 언론이나 책을 통해 많은 이야기가 나온 것은 사실이지만, 이들 자료에는 신뢰성의 문제가 존재하고 있다. 더구나 이들 자료는 국가정보의 핵심적인 요소를 다룬 것이 아니라 정보기관과 국내 정치의 연계문제에 주로 초점을 맞추고 있다.

과거 국가정보원을 포함한 한국 정보기관들은 정보기관의 본연의 임무에 충실하기보다는 정치개입에 자행했다는 비판을 받아왔다. 정보기관이 정치에 개입하게 된 이유는 정권유지를 위해 대통령 등이 정보기관을 국내 정치에 이용했던 것이 가장 큰 이유라고 할 수 있을 것이다. 그러나 국가정보에 대한 학계의 연구가 부족했고, 이로 인해 사회전반이 국가정보에 대한 이해가 부족한 점도 국가정보기관의 정치개입을 부추겼다고 할 수 있다.

이 장에서는 그 동안 국내 정치와의 관련성에만 논의되었던 한국의 정보기관들을 좀더 객관적인 시각에서 다루어 보고자 한다.

2. 한국의 정보 · 보안 체계의 기원

(1) 대한제국과 독립전쟁시기

한국에서 근대적인 정보기관의 시초는 1902년 6월 고종이 만든 비밀정보기관인 제국익문사(帝國益聞社)라고 볼 수 있다. 제국익문사는 표면적으로는 '매일 사보를 발간해 국민들이 보도록 하고 국가에 긴요한 서적도 인쇄하는' 현대판 통신사 기능을 담당했지만 사실은 수집된 정보를 직보하는 황제 직속의 정보기관 역할을 수행했다. 익문사 수장인 독리(督理)는 '황제가 특별히 신뢰하는 사람'으로 임명했고 독리 아래 현재의 안기부(국정원) 차장급에 해당하는 사무(司務) · 사기(司記) · 사신(司信) 등을 두고 16명의 상임통신원 등 모두 61명의 정보원이 활약했던 것으로 나타났다.

익문사 요원들은 주로 당시 정부 고관과 서울주재 외국 공관원들의 동정, 국사범과 외국인들의 간첩행위 등을 탐지하는 역할을 했으며 서울과 지방은 물론 일본 · 중국 · 러시아에서까지 활동을 한 것으로 나타났다. 특히 규정집 내용중 일본인과 일본 기관을 지칭한 사항이 10개항에 달해 이들의 활동이 일본의 침략을 저지하려는 데 맞춰져 있는 것으로 미루어 1907년 7월 고종이 강제 퇴위 당하기 전까지 황제가 전개했던 을사보호조약 무효화운동을 집중 담당했을 것으로 추정되고 있다.[1)]

한일합방 이후에는 단재 신채호 선생이 주도한 의열단, 대한민국 임시정부, 백범 김구 선생의 한인애국단, 한국 광복군 등 오늘날의 정보기관과 같은 역할을 해왔다고 볼 수 있다. 이런 의미에서 국가정보원은 위에서 언급한 단체들을 오늘날의 정신적 지주로 삼고 있다.[2)]

그러나 제국익문사와 독립운동 단체들의 정신은 본받을 수 있을지는 몰라도 이들 조직이 현재 한국의 정보・보안 체계의 기원이라고 보기는 어렵다. 스스로 해방을 맞이하지 못한 한국은 정부조직 등이 외국으로부터 이식되어 출발했기 때문이다.

(2) 육군본부 정보국

한국의 근대적인 정보・보안 체계의 기원은 창군시에 설치된 육군본부 정보국(G-2)에서 찾을 수 있다. 물론 해·공군도 존재했지만 당시(현재도 마찬가지만) 군의 주력이 육군이라는 점에서 육군 정보국이 중추적인 정보조직이었다고 할 수 있다. 육군 정보국은 전투정보과와 특별조사과 등 3개과로 구성되어 있었다. 전투정보과는 북한반과 남한반을 운영하였다.

육본 정보국을 한국 정보・보안 체계의 기원으로 볼 수 있는 이유는 다음의 두 가지 점 때문이다. 우선 육본 정보국이 한국 군 정보체계의 근간을 형성했기 때문이다. 후술하겠지만 국군기무사령부의 기원은 육본 정보국 특수조사과에서 찾아볼 수 있으며, 정보사령부도 마찬가지이기 때문이다.

둘째는 육본 정보국이 후일 한국 정보・보안 체계의 인력풀을 제공했다는 점이다. 5·16 군사 쿠데타 후 국가정보원을 만든 박정희와 김종필 등이 육본 정보국에서 근무한 바 있다. 김종필은 육본 정보국 전투정보과 북한반장을 근무했으며, 박정희도 숙군 이후에 문관 신분으로 정보국에서 근무하였던 것이다. 이들의 이런 경험이 쿠데타 후 곧바로 국가중앙정보조직을 만드는데 영향을 주었다고 할 수 있다. 또한 이 곳을 거쳐간 많은 사람들이 후일 중앙정보부

1) 「경향신문」, 1998. 11. 7.

2) 국가정보원, "국가정보원의 연원," 국가정보원 인터넷 홈페이지(http://www.nis.go.kr). 서울시 서초구 내곡동 국가정보원(國家情報院) 본관 건물 중앙에는 단재 신채호와 백범 김구의 영정이 모셔져 있다.

창설시 참여하게 되었기 때문이다.

이 시기에 육본 정보국이 북한정보와 대외정보를 담당했다면 국내 보안을 담당한 조직은 육군 특무부대였다. 후술하겠지만 특무부대는 육본 정보국 특별조사과가 한국전쟁을 거치면서 발전한 조직이다. 특무부대장은 김창룡이었고, 그는 이승만의 신임을 받아 군내의 보안뿐만 아니라 일반 정치에까지 깊숙이 개입하고는 했다. 그러나 김창룡의 전횡은 많은 군 간부, 특히 장군들의 반발을 불러일으켰고, 결국 강문봉 중장, 허태영 대령 등의 모의에 의하여 1956년 암살당하였다.

(3) 중앙정보부 창설

한국이 국가수준의 정보기관을 가지게 된 시점은 5·16 군사 쿠데타 후 중앙정보부(中央情報部)가 만들어지면서부터이다. 1961년 5·16 군사 쿠데타 직전 정보기관 현황을 살펴보면 군 조직인 HID·방첩부대·헌병대·육군본부 정보국, 그리고 총리 직속의 중앙정보위원회 등이 있었다. 중앙정보위원회는 총리직속이었으나 그 기능은 미 중앙정보국(CIA)과의 정보교류 수준에 머물렀을 뿐, 경찰과 군의 여러 정보기관을 통합조정하는 국가 정보기관으로서의 고유기능을 행사하지는 못했다.[3)]

쿠데타로 창설된 중앙정보부는 그 이름은 미국의 중앙정보국(CIA)에서 따왔고, 후에는 CIA 교범으로 그 요원을 교육시킨 것으로 알려졌다. 그러나 중앙정보부의 탄생 배경은 소련의 KGB와 유사하다. 즉 쿠데타 이후의, 이른바 '혁명 보위기구'로 출범하였던 것이다.[4)] 또한 조직에서도 KGB처럼 해외와 국내부문을 통합한 것도 유사점이라고 지적할 수 있다.[5)] 중앙정보부는 끊임없이

---

3) 당시 서울 남산에 사무실을 둔 총리 직속 중앙정보위원회의 책임자는 이후락 정보연구실장(예비역 소장)이었다. 이후락은 자유당 시절에도 김정렬 국방장관에게 발탁되어 장관 직속의 '중앙정보부'를 창설하고 이 부대의 이름을 자신의 군번을 따서 79부대로 붙였었다. 물론 그 때의 중앙정보부와 5·16 이후 김종필 중앙정보부는 이름만 같을 뿐 완전히 다른 조직이다. 79부대의 주임무는 미국 CIA와 정보교류를 하는 것이었다.

4) 쿠데타를 기획한 김종필은 쿠데타 전에 혁명정부 기구표를 구상했고 중앙정보부의 창설도 준비했다. 중앙정보는 대통령(최고회의 의장) 직속이었고 그 역할은 혁명과업이 제대로 수행되지 않을 때 이를 조정, 통제, 사정하는 일이었다.

5) 소련의 지원으로 국가구조를 만든 북한이 정보와 대내보안을 분리한 반면, 미국의 영향 아래 국가구조를 만든 한국이 소련의 KGB처럼 정보와 보안기능을 통합한 정보기관을 가졌다는 사실은 매우 아이러니한 일이다. 후일 정보차장보를 지낸 석정선은 김종필에게 중앙정보부의 기능을 미국의 CIA와 FBI처럼 분리하자고 제안했고, 김종필도 여기에 동의했으나 아쉽게도 그 시기를 놓쳤다고 증언한 바 있다. 「조선일보」, 1999. 2. 23.

계속된 반혁명의 위협 속에서 '국가 안전보장과 관계되는 국내외 정보사항 및 범죄수사와 군을 포함한 정부 각부의 정보수사활동을 조정 감독'하는 무소불위(無所不爲)의 국가 정보기관으로 성장했다.

1961년 중앙정보부가 생긴 것은 한국의 국가정보기관 역사에서 크게 두 가지 의의를 갖는다. 첫번째 의의는 중앙정보부의 출범으로 전략적 차원의 국가정보기관이 최초로 생겼다는 점이다. 광복 후 그 동안 군과 경찰을 중심으로 운영되어 온 정보기관은 전술적 차원 혹은 부문 정보기관의 수준을 벗어나지 못한 데 비해 중앙정보부는 명실상부한 국가 정보기관의 형태를 띠었다.

또 다른 의의는 해외 정보수집 기능을 갖춘 중앙정보부의 출범으로 비로소 해외 정보에 대해서 체계적으로 접근할 수 있게 되었다는 점이다. 그 동안 해외 정보(대북정보 포함)에 대한 경험은 군이 전술적 필요성에 의해 정보를 운영한 것이 전부였다. 대북 전술 첩보조직이었던 첩보부대(HID)와 특무대, 그리고 헌병대 정도가 고작이었다.

중앙정보부는 처음 4국 3실로 출발했다. 총무국(1국), 해외정보국(2국), 수사국(3국), 교육발전국(5국) 그리고 통신실, 감찰실 및 비서실. 정보부를 창설한 육사 8기 출신 정보장교는 김종필(부장), 서정순(기획운영 차장), 이영근(행정관리 차장), 강창진(총무국장), 석정선(해외정보국장 — 뒤에 정보차장보), 고제훈(수사국장), 최영택(교육발전국장 — 뒤에 주일대표부 참사관) 등이었다."[6]

그러나 육사 8기 정보·방첩·첩보장교들이 주축이 된 이들은 수사에는 경험이 없었다. 이들은 정보부 창설 요원들을 육군 정보국·방첩부대·첩보부대와 헌병대, 경찰 등 수사기관에서 뽑아왔다. 특히 중앙정보부의 수사국은 헌병, 범죄수사대, 방첩대, 경찰에서 뽑아온 사람들로 구성되었다.[7]

군정기간 동안 그 영향력을 확대한 중앙정보부는 그 조직의 확대를 가져왔다. 4개국으로 출발한 정보부 실무부서는 6개국으로 커지게 되면서 차장보 제도를 두었다. 그리고 조직의 확대로 그만큼 정보역량도 강화되었다. 중앙정보부를 상징하는 남산건물도 이때 자리가 잡혔다.[8] 이 밖에 중앙정보부의 해

---

6) 「조선일보」, 1999. 2. 23.

7) 그러나 이 과정에서 일제시대의 사상경찰인 특고형사 출신으로서 광복 후에는 경찰과 특무대에서 국내 정치사건을 다루면서 고문과 조작을 감행했던 문제 있는 수사관들도 상당수 묻어왔다. 이와 같은 인적 구성은 중앙정보부가 권력남용과 인권탄압으로 원성을 사게 되는 중요한 요인이 되었다.

8) 내곡동 청사로 이전하기 이전에 중앙정보부는 남산(정치·정보·수사)-이문동(해외·대공정보) 청사로 이루어져 있었다. 김충식, 「남산의 부장들 1」(서울:동아일보사, 1992),

외요원이 공사, 참사관, 서기관으로 나갔다. 이들에겐 주로 미국 CIA 교범에 따른 교육을 시켰다. 시-도지부도 갖춰졌는데 그 지부장 상당수를 김종필 부장의 육사 동기인 8기생들이 차지했다. 이미 이때 중앙정보부는 미 CIA를 모방한 '작은 정부'로서의 체제를 갖췄고 국내외에 신경망을 갖춘 조직의 모양새를 갖춘 것이다.

중앙정보부 이외에도 특무부대의 후신인 군 방첩부대도 그 조직과 기능을 확대하기 시작했다. 1·21 사태를 계기로 각 군 방첩부대가 보안부대로 개편되었고, 1977년에 3군으로 병립해 있던 보안부대를 통합하여 국군보안사령부를 창설하였다. 보안사는 군내의 핵심조직으로 부상하였고, 전두환, 노태우 등 하나회 출신 장성들은 보안사를 바탕으로 하여 5공 정권을 출범시킬 수 있었던 것이다.

(4) 보안사의 등장과 안기부

박정희 집권기간 중 중추적인 역할을 하던 중앙정보부는 김재규 부장이 1979년 10·26 사태에 주도적 역할을 함으로써 큰 시련을 맞게 된다. 중앙정보부는 대통령 시해 집단으로 매도되었고 결국 보안사령부에 접수되었고, 그 활동은 보안사에 의해 철저한 통제를 받게 되었다. 또한 약 300명의 직원이 숙청되었다. 그리고 제 5 공이 출범하면서 중앙정보부는 그 명칭을 국가안전기획부로 변경하고 조직도 국내담당 제 1 차장, 해외담당 제 2 차장제로 개편하게 되었다.

보안사는 정권 창출기관이라는 배경으로 군내의 보안뿐만 아니라 1950년대처럼 일반 정치에까지 깊숙이 개입하였다.[9] 1979년 10·26 박정희 대통령 시해사건과 12·12 신군부 쿠데타, 5·18광주민주화항쟁을 거치면서 보안사는 당시 신군부의 핵심이던 전두환 보안사령관이 대통령이 되기까지의 과정에서 충실한 수족 역할을 했다. 야당탄압은 물론이고 언론통폐합에서 행동대 역할을 했다. 당시 보안사 안가였던 서울 용산의 '서빙고 분실'(정식명칭 보안사 대공처 6과 · 일명 서빙고 호텔)은 1990년 헐릴 때까지 간첩사건뿐 아니라 시국사건까지 수사하는 곳으로 활용되었다. 김재규 전 중정부장과 정승화 전 육참총

p. 49 참조.

9) 여기에 대해서는 김병진, 「보안사」(서울: 소나무, 1988) 참조.

장도 10·26, 12·12사태 후 여기서 조사받은 것으로 알려져 있다.

그러나 1987년 민주화 이후 정보기관들은 그 역할을 축소하도록 압력을 받았다. 특히 군 조직인 보안사가 안기부보다는 더 많은 압력을 받게 되었다. 특히 1990년 10월 4일 윤석양 이병이 보안사의 민간인 사찰을 폭로함으로써 보안사의 기능축소는 피할 수 없게 되었다. 이 사건을 계기로 보안사는 이름을 국군기무사령부로 바꾸고 국내 정치에서 손을 떼게 되었던 것이다.

보안사에 눌려 있었던 안기부는 1984년부터 다시금 그 기능을 회복한 것으로 알려지고 있다. 그러나 민주화 이후 정보기관에 통제요구가 높아지면서 김영삼 정부 시절 1994년 6월에 국회 상임위로 정보위원회가 설치되어 사상 처음으로 국회에 의한 정보기관의 통제가 시도되었다.

(5) 국가정보원

1997년 대통령 선거에서 북풍공작에 휘말린 안기부는 다시금 개혁의 물결을 맞이하게 되었다. 제22대 안기부장으로 취임한 이종찬은 국가정보기관의 명칭을 국가안전기획부에서 국가정보원(NIS: National Intelligence Service)으로, 중앙정보부 시절부터 써온 "음지에서 일하고 양지를 지향한다"는 부훈(部訓)을 "정보는 국력이다"라는 원훈(院訓)으로 바꾸고, 총원의 11.1%를 감축하는 등 조직과 기능을 대폭 개편했다. 또한 해외 정보를 강화한다는 취지 아래 제 1 차장이 해외 정보를 담당하도록 하고, 제 2 차장이 국내 정보를 담당하도록 했다. 김대중 정부 들어서 조직축소의 원칙에 따라 북한을 담당하는 제 3 차장을 폐지했으나, 정상회담 이후 늘어나는 북한 정보를 담당하기 위하여 다시 제 3 차장제를 신설하여 지금에 이르고 있다.

3. 한국의 정보 · 보안 체계의 구성

한국 정보 · 보안 체계의 정점에는 대통령이 있다. 그리고 대통령을 보좌하는 기관으로는 국가안전보장회의가 있다. 대통령 직속의 국가정보기관으로 국가정보원이 있으며 원장은 장관급이다. 다음으로 군 정보기관으로는 국방부와 합동참모본부 산하의 정보본부가 있으며, 합동참모본부 산하에 국군정보사

그림 1 한국의 정보 · 보안 체계

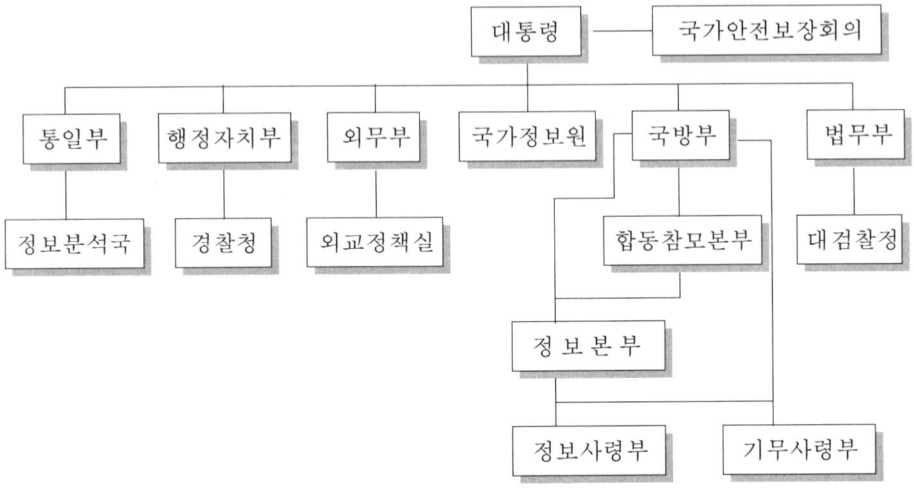

령부가 있다. 군내 방첩을 담당하는 국군기무사령부는 국방장관 직속부대이며 다만 대적군사정보와 보안업무에 관해서만 정보본부의 조정을 받고 있다.

그리고 민간 정부부처 내의 정보 · 보안 관련 부서로는 통일부 정보분석국, 외교통상부의 외교정책실, 행정자치부 경찰청, 법무부 대검찰청 등이 있다.

(1) 국가정보원

국가정보원의 전신인 중앙정보부는 1961년 6월 10일에 공포된 전문 9조의 짧은 법에 기반을 두고 출발했다. 중앙정보부법이 규정한 기능은 "국가안전보장과 관계되는 국내외 정보사항 및 범죄수사와 군을 포함한 정부 각부의 정보수사활동을 조정 감독한다"라고 되어 있다. 현재 국가정보원법은 전문 19조와 부칙으로 규정되어 있다. 국가정보원법이 규정한 국가정보원의 기능은 국외정보 및 국내 보안정보(대공 · 대정부 전복 · 방첩 · 대테러 및 국제 범죄조직)의 수집 · 작성 · 배포, 국가기밀에 속하는 문서 · 자재 · 시설 · 지역에 대한 보안업무, 국가안보관련 범죄수사(내란 · 외환 · 반란죄, 군사기밀보호법 · 국가보안법 위반범죄), 국정원 직원의 직무와 관련된 범죄수사, 정보 및 보안업무의 기획조정 등에 관한 업무를 관장하는 것으로 되어 있다.

국가정보원의 조직 및 예산, 인원 등을 Ⅱ급 및 Ⅲ급 비밀로 규정하여 공개하지 못하도록 하고 있다.[10] 이는 정보기관 본연의 보안·차단의 원칙 때문이다. 이 결과 1961년 중앙정보부 창설에서부터 국가정보원에 이르기까지 국가정보기관 40년 역사에서 그 기구 조직표가 언론에 공개된 적은 없었다.[11]

국가정보원의 전신인 중앙정보부는 4국 3실로 출발한 것으로 알려지고 있다. 국단위로는 총무국(1국), 해외정보국(2국), 수사국(3국), 교육발전국(5국)으로 구성되었고, 여기에 통신실, 감찰실 및 비서실이 존재했다. 박정희 정권이 본궤도에 들어서면서 중앙정보부는 그 업무역량을 확대하기 시작했다. 4개국으로 구성된 실무부서는 6개국으로 확대되었고, 이를 원활히 지휘·통제하기 위해 차장보 제도를 신설하였다. 정보차장보는 1국(정보수집), 2국(정보분석), 3국(통신정보)을 관장하고 보안차장보는 5국(기획보안정보·대공수사), 6국(특수정보활동·특명수사 및 공작), 7국(홍보심리전)을 담당하였다. 이러한 중앙정보부 편제의 뼈대는 70년대까지 유지되었다.

안기부 시절에는 국내를 담당하는 1차장과 해외 정보를 담당하는 제2차장 편제를 기본으로 하여 상황에 따라서 북한을 전담하는 제3차장제를 두곤 하였다. 그리고 안기부의 전반적인 운영을 지원하는 부서로 기조실을 두었다. 1998년 3월 현재 안기부는 부장을 정점으로 그 밑에 차관급인 제1·2·3차장과 역시 정무직인 1·2·3특보관(특별보좌관)을 두고 있다. 그 밑에는 본부 산하의 27개 부서(실·국)와 1차장 산하의 지방 12개 부서(지부) 등 총 39개 부서로 구성되어 있다.

이 39개 부서는 국가정보기관 본연의 임무(정보·수사·공작)를 수행하는 실무부서와 이를 지원하는 지원부서 그리고 부장을 보좌하는 지휘 직할부서(참모부서) 등으로 대별된다. 핵심 조직은 물론 국내외 정보를 생산(수집·분석·판단)하고 남북 관계의 특수성에 입각해 대북 공작 및 수사를 맡고 있는 실무부서이다. 이 실무부서는 정보기관의 보안수칙과 정보차단의 원칙에 따라 숫자로만 표시된다. 101, 202, 303 이런 식이다.

이와 같은 안기부 조직은 김대중 정부 출범 이후 대폭적인 개편을 맞게 된다. 우선 안기부가 북풍공작에 연루되어 있었다는 점과 당시 경제의 위기로

10) 국가정보원 법 제6조(조직등의 비공개) 국정원의 조직·소재지 및 정원은 국가안전보장을 위하여 필요한 경우에는 이를 공개하지 아니할 수 있다.

11) 김 당, “최초공개, 안기부 조직표 안기부 개혁 조감도,” 「시사저널」(1998. 2. 26), pp. 16-20.

사회전반적인 구조조정 분위기 속에서 안기부도 예외일 수 없었기 때문이었다. 우선 명칭과 부훈을 바꾸어 국가안전기획부에서 국가정보원(NIS, National Intelligence Service)으로, 중앙정보부 시절부터 써온 "음지에서 일하고 양지를 지향한다"는 부훈(部訓)을 "정보는 국력이다"라는 원훈(院訓)으로 바꾸고, 총원의 11.1%를 감축하는 등 조직과 기능을 대폭 개편하는 것으로 이어졌다. 또한 직책명칭을 실(室)에서 국(局)으로, 처(處)를 과(課)로 변경하였고 북한 담당인 제 3 차장을 폐지하고 제 1 차장을 해외 담당으로, 제 2 차장을 국내 담당으로 하여 국내 정치보다는 해외 정보수집에 주력하겠다는 의지를 보였다.[12)]

천용택 원장시에 내부적 조직개편 이후에 가장 큰 조직개편은 임동원 원장시에 이루어졌다. 정상회담 준비 및 진행과정에서 국가정보원은 주도적인 역할을 했고 정상회담 이후에 늘어난 북한 업무를 담당하기 위해 2000년 6월말 다시 한번 '기능 조정'을 단행해 대북 3차장제를 부활한 것이다.[13)] 국정원은 외형상으로는 다시 안기부 시절의 1(해외)·2(국내)·3(대북)차장제로 환원했다. 이와 같은 직제는 2001년 3월 26일 제25대 국정원장으로 취임한 신건 국정원장 체제에서도 별 다른 개편 없이 그대로 이어지고 있는 것으로 추정되고 있다.

많은 시민단체들의 요구에도 불구하고 자국 정보기관의 예산을 밝히는 국가는 거의 없다. 미국의 경우도 클린턴 대통령이 CIA의 예산을 밝힌 바 있으나 그 다음부터는 비공개를 원칙으로 하고 있다. 이는 한국의 경우도 마찬가지라 할 수 있다.[14)]

---

12) 이 때의 개혁은 5공 출범 때와 김영삼 정부 때보다 더 큰 폭으로 이루어졌다. 이 국정원 개혁은 북풍공작 수사 그리고 IMF 상황으로 볼 때 매우 적절하고 필요한 개혁이었다고 평가할 수 있다. 그러나 새 정부 출범 이후 한 달 남짓만에 수천 명의 직원을 과연 얼마나 객관적인 기준에 의거해 평가했고, 또 효율적으로 인사개혁을 할 수 있었는지는 불분명하다. 그래서 구조조정에 대한 불만을 제외하고도 대량퇴직으로 인한 국가정보기관 정보역량의 축소를 우려하는 지적이 제기되었던 것 또한 사실이다. 특히 40대 후반~50대 초반의 중견 '정보맨'들의 대량 퇴직으로 조직의 인사 숨통을 트고 신진대사를 원활히 한 측면은 있지만, 대북 정책의 혼선, 우방국과의 대북 공조체제 이완, 대공수사역량 약화, 해외 정보망 손실 등의 대북 정보역량의 위축 가능성이 제기되었다.

13) 정보사령부의 대북 공작-심리전단을 조정-통제하는 국정원의 대북 공작-심리전국의 기능과 역할은 대북 포용(화해협력)정책을 기조로 한 김대중 정부 출범 이후 상대적으로 축소되었다. 이에 비해 대북 협상을 주도하는 대북 전략국의 기능과 역할이 상대적으로 강화되었다. 특히 대북 심리전국은 대북전략국 산하의 일개 단(團)으로 기능과 역할이 축소되었다. 그러나 통일이 된 이후 혹은 미래 정보전(Information warfare)에서는 주변국을 상대로 한 심리전 기능과 역할이 중시될 것으로 보인다.

14) 이재화, "국가안전기획부 정보비 명세서,"「말」(1990. 2), p. 34 참고 바람.

국정원 예산을 포함한 국가정보예산은 크게 세 갈래로 나뉘어 있다. 첫째는 통상 '특수활동비'라는 이름으로 편성된 본예산으로, 주로 인건비, 관리유지비 등 경상비가 대부분이다.

둘째는 예산 당국(기획예산처) 일반 예비비에 포함되는 예산으로, 규모가 공개되지 않는다.

셋째는 국방부, 행정자치부 등 다른 부처의 특수활동비로 편성되어 있는 예산으로, 이는 국정원이 사용하는 예산이 아니라 관련 부처가 대공·방첩활동 등에 쓰는 예산이 중복되지 않도록 국정원이 조정·감독하는 예산이다. 특수활동비는 다른 부처 예산이지만 정보위 심사를 거치기 때문에 해당 부처 소관 상임위 심사단계에선 2중 심사를 피하기 위해 포괄적으로 다룬다.[15] 특히 1994년부터 국회에 정보위원회가 설치되어 국가정보예산에 국회통제가 강화되고 있다.

(2) 군 정보기관

1) 국방정보본부

군사정보를 총괄하는 기관으로는 국방부/합동참모본부 산하의 정보본부가 있다. 정보본부는 1981년 9월 30일에 합동참모본부 제 2 국(J-2)을 확대개편하여 창설하였다. 당시에 합동참모본부는 군령권을 가진 기관이 아니라 단순히 자문기관이었기 때문에 군사정보를 총괄하고 있다고 보기에는 어려웠다. 오히려 육본 정보국을 비롯한 각군 본부 정보국이 더 중요한 역할을 했다고 할 수 있다.

1990년에 국군이 합동군제로 개편되면서 합동참모본부는 군령권을 가지게 되었고 이에 따라 정보본부도 그 위상이 격상되게 되었다. 더욱이 1993년에 발생한 시노하라 사건으로 인해 정보본부는 정보사, 제7235부대, 국군기무사령부에 대한 통제조정권을 보유하게 되었다. 다만 국방장관 직속 기무사는 군내의 방첩업무를 맡고 있어 대적군사정보와 보안업무에 관해서만 정보본부의 조

15) 대한민국 정부 수립 이후 검찰이 국가정보기관(안기부) 예산을 파헤친 것은 이때가 처음이었다. 물론 당시 검찰이 처음부터 안기부 예산을 파헤치려 한 것은 아니었다. 검찰은 당초에 고속철도 로비 의혹 사건을 캐다가 로비자금이 황명수 전 신한국당 사무총장 계좌에 흘러들어간 것을 포착했다. 그런데 이 계좌에는 로비자금 이외에도 정체불명의 돈이 유입되어 있었고 그 자금의 뿌리를 캐다보니 수백명의 의원들에게 총 1,197억원의 자금을 제공한 문제의 '모계좌'가 안기부 계좌임을 발견한 것이다.

정을 받는 것으로 되었다.

국방정보본부는 군사정보의 수집 · 처리 · 전파와 정보발전 등을 기본임무로 가지고 있다. 또한 합동군이나 사령관의 정보요구 중 군사정보를 제외한 정보요구를 관련 정보기관에 전달하는 중계자 역할을 하며, 다른 국가 또는 부서별 정보기관들과 협조하여 아래와 같은 합동작전에 필요한 가용한 정보와 첩보를 획득하여 제공할 책임을 가지고 있다. 그리고 국방정보본부는 각국에 파견되는 무관들에 대한 교육 및 무관들을 통해 수집된 정보와 첩보를 종합하는 기능도 보유하고 있다.

정보본부 산하에는 하부구조로서 각 군별로 정보참모부를 두고 운영하고 있으며, 군 사령관과 정보참모는 주로 전장에 관한 정보를 수집하고 보고하고 전파하는 임무를 수행하도록 규정되어 있다.

육군의 1, 2, 3 군사령부와 해·공·해병 작전사령부에 정보종합실이 설치되어 운영되고 있다. 군사령부 혹은 작전사령부 정보종합실은 군단 및 사단급 정보종합실의 정보업무를 통제하고, 하위 부대에서 수집된 정보에 대한 종합적 분석을 하며, 생산된 정보를 국방부와 합참 정보종합실에 보고하는 한편, 지역별 기상 · 지형 · 해양환경자료를 수집하고 관리한다. 또한 각군 본부에 대하여 군사정보를 지원하는 임무도 수행한다. 작전사령부급에서 생산되는 정보는 대개의 경우 작전정보 수준이라고 할 수 있다.

군단급 정보종합실에서는 전술정보급 수집자산을 운영하여 전술정보를 수집하고 분석하여 사용하는 한편, 생산된 전술정보를 상부기관에 보고하고 사단급 부대에 대한 군사정보를 지원하는 임무를 수행한다.

2) 국군기무사령부

국군기무사령부의 기원은 1948년 5월 27일에 발족한 육본 정보국 산하의 특별조사과이다. 특별조사과 1948년 11월 특별조사대(SIS)로, 다시 1949년 10월 육군본부 정보국 방첩대(CIC: Counterintelligence Corps)로 개편되었다. 한국전쟁중인 1950년 10월에는 육군본부 직속으로 특무부대로 개편되었다. 이때부터 이승만 대통령의 오른팔이었던 김창룡이 특무부대를 장악했고 1956년 암살당할 때까지 특무부대는 군뿐만 아니라 일반정치에까지 깊숙이 개입하였다.[16)]

그러나 특무부대는 4·19혁명 이후에는 기능이 축소되어 1960년 7월 21일

16) 김창룡이 살아 있었다면 4·19는 불가능했다는 평가도 있다.

에 방첩부대로 다시 개편되었다. 그러나 장면 정부하에서 방첩부대는 5·16 군사 쿠데타를 막지 못한 오점을 남기고 말았다.

박정희 정권하에서 방첩부대는 북한 제124군부대의 청와대 기습사건인 1·21 사태를 계기로 1968년 9월 23일에 육군보안사령부로 증편되었고, 1977년 10월 7일 해·공군 보안부대[17]를 통합하여 국군보안사령부로 개편되었다.

보안사는 제5공 시절에 군내의 방첩기능을 넘어서 민간 정치분야까지 개입을 하게 되었다. 1987년 민주화 이후 정보기관에 대한 민주화 압력도 거세졌고, 특히 군 조직의 민간영역에 대한 반발이 심해졌다. 이에 따라 보안사의 민간영역 관여금지에 대한 요구가 높아졌다. 결국 1988년 10월 오자복 국방장관은 국회에서 보안사의 대민간활동을 중단하겠다고 보고하였다. 그러나 그 이후에도 보안사의 민간인 사찰 등은 지속되었다. 그러나 윤석양 이병이 1990년 10월에 민간인 불법사찰을 폭로하게 되자, 이 사건을 계기로 보안사는 이름을 국군기무사령부로 개칭하고 부대규모를 축소하고 군내 방첩에만 주력하게 되었다.

기무사는 국방장관 소속이다.[18] 다만 위에서 언급한대로 대적군사정보와 보안업무에 관해서만 정보본부의 조정을 받고 있다. 기무사의 조직은 국정원과 마찬가지로 극비로 간주되고 있다. 현재 알려진 것은 사령관과 참모장 산하에 활동부서인 기무·보안·방첩 등 3개처와 2개단(방첩단·대공수사단), 감찰실과 기획관리실 그리고 '존안자료'를 관리하는 자료관리실 등 지원부서로 구성되어 있다는 정도이다.[19] 그리고 100부대(국방기무부대), 200부대(합참기무부대)부터 '5××부대' 등 숫자 5로 시작하는 진빙사던 기무부대로 편성된 것으로 알려지고 있다. 또한 그 인원은 약 6,000명에 이르는 것으로 파악된다.

17) 해군은 한국전쟁이 종료된 다음 해인 1954년 1월 3일에 정보참모실 산하에 방첩대를 두었다. 1965년 4월 1일에는 독립적인 방첩대로 창설되었고, 육군과 마찬가지로 1·21 사태 계기로 1969년 6월 25일에 해군 보안부대로 확대되었다. 그리고 해병대가 해군에 통합되면서 1973년 9월 25일에 해병보안부대 업무를 인수하게 되었다. 공군은 1954년 3월 15일에 특별조사대를 창설하였고, 1966년 12월 1일 방첩조사대로 그 명칭을 바꾸었다. 1·21 사태를 계기로 보안부대로 개칭하였다.

18) 그러나 과거 군부정권 시절에는 기무사는 사실상 대통령 직속기관의 역할을 해왔다고 할 수 있다. 국방장관을 건너 뛰어 대통령과 독대하여 보고를 올리고는 했기 때문이다. 이 점은 경찰도 마찬가지였다고 할 수 있다.

19) 기무사는 98년 6월 기구 개편 및 정보통신 업무 현대화를 통해 기존의 자료관리실 등을 '정보통신단'으로 통합해 기획관리실 산하에 두고 있다.

3) 국군정보사령부

국군정보사령부는 북한 군사정보 수집 및 대북침투공작을 담당하고 있다. 정보사의 기원은 1948년에는 대북침투 첩보부대인 HID(Higher Intelligence Department)에서 찾을 수 있다. HID는 한국전쟁 당시 약 30개의 부대를 운영한 것으로 알려지고 있으며, 종전 후에도 이른바 북파공작원을 훈련·침투시킨 부대로 알려지고 있다.[20] 이들 부대를 통합해서 만든 것이 정보사이다.

정보사 이외에도 북한 군사정보를 수집하는 부대로는 제7235부대가 존재하고 있다. 이 부대는 순수히 군사정보만 수집하는 것으로 알려지고 있다. 이 밖에 통신감청업무를 수행하는 9125부대 같은 특수부대들이 존재하고 있다.

4. 한국 정보·보안 체계의 활동

(1) 정보활동

어느 정보기관이나 마찬가지이지만 정보활동은 잘 공개되지 않는다. 특히 한국의 정보·보안 기구의 정보활동은 다른 국가의 정보기관들보다 베일에 싸인 점이 더 많다고 할 수 있다. 또한 공개된 정보활동은 대부분 실패한 사례이다. 왜냐하면 정보활동이 실패해야만 언론에 포착되기 때문이다. 이 점을 고려하여 여기에서는 성공한 정보활동과 대표적 실패사례인 김일성 사망사건을 다루어 보도록 하겠다.

1) 북한 공개처형 공개와 호네커 망명 저지

북한에서는 사형이 광범위하게 집행되고 있으며, 그 중 가장 심각한 문제는 공개처형 문제이다. 국제사면위원회(Amnesty International)에 의하면 1970년부터 1992년 사이에 한 명의 여자를 포함한 23명이 공개처형되었다고 한다.[21] 또한 북한 당국도 1993년 국제사면위원회에 보낸 편지에서 1992년에 함

20) 「한겨레 21」(1999. 8. 5).

21) Amnesty International, *Annual Report 98,* http://www.amnesty.org/ailib/aireport/ar98/asa24.htm; Amnesty International, Korea(Democratic People's Republic of)(North Korea) Pubic Executions: Converging Testimonies, http://www.amnesty.org/ailib/aipub/

홍시에 1건의 공개처형이 있었음을 시인한 바 있다.[22] 또한 1995년 '국제사면위원회'의 방북 기간중에 북한 관리는 1987년에 강원도에서 한 건의 공개처형이 있었음을 시인하였다.[23]

그러나 북한 당국은 1995년 국제사면위원회가 방북하였을 때 함흥에서의 공개처형을 부인하고 이를 통역상의 실수라고 주장하였다. 하지만 안기부는 1994년 8월 27일에 당시의 공개처형 공고문을 언론에 공개한 바 있다. 이 공개문에 따르면 피처형자 이름은 주순남(30세)이고 죄목은 폭력과 사상범이었다. 이처럼 안기부는 공개처형 실상의 물증 확보를 계기로 북한 인권문제에 대한 국제적 주목을 끄는 데 성공했다.

안기부는 1991년 12월 에리히 호네커 전 동독 사회주의통일당 서기장의 망명을 저지한 바 있다. 호네커는 1990년에 소련으로 망명했지만 소련이 붕괴하면서 러시아는 호네커를 부담스러워해 자진출국을 요청했다. 칠레대사관에 망명을 요청했다가 거절당한 호네커는 북한으로의 망명을 시도했다. 그러나 이 정보를 입수한 안기부가 독일의 BND에 이를 통보했고, 이 정보를 바탕으로 독일 정부는 러시아 정부에 항의함으로써 호네커의 북한 망명을 저지할 수 있었다.[24]

2) 미그기 충돌 파악

2000년 12월 13일 밤 북한 모지역 상공에서 야간 근접비행 훈련을 하던 미그 21기 두 대가 충돌하여 추락했고 이 사고 직후 북한 공군은 모든 비행훈련을 중단한 것으로 알려졌다.[25] 이 사실은 국가정보원이 '군사기밀 노출'을 이유로 국방부 대변인실을 통해 타 언론사 기자들에게 보도 자제를 요청하고, 국

1997/ASA/32400197.htm.

22) 그러나 북한당국은 1995년 국제사면위원회가 방북하였을 때 함흥에서의 공개처형을 부인하고 이를 통역상의 실수라고 주장하였다. 하지만 안기부는 1994년 8월 27일에 당시의 공개처형 공고문을 언론에 공개한 바 있다. 피처형자 이름은 주순남(30세)이고 폭력과 사상범이라는 죄목으로 처형되었다.

23) 황장엽 전 로동당 국제비서에 의하면 1995년 영화부문 간부와 배우 7명 등이 외화벌이 명목의 음란영화를 제작한 죄로 30만명이 운집한 가운데 총살되었다고 증언한 바 있다. 또한 최근에는 경제난, 식량난으로 사회일탈현상이 증가하자, 단순절도범에까지 공개처형이 확대되고 있다고 한다. Amnesty International, "Korea(Democratic People's Republic of)(North Korea) Pubic Executions: Converging Testimonies," http://www.amnesty.org/ailib/aipub/1997/ASA/32400197.htm.

24) 「주간조선」(1995. 10. 25), p. 20.

25) 「동아일보」(2000. 12. 18).

방부와 통일부, 청와대 국가안전보장회의(NSC) 등을 상대로 정보 누설자를 추적하는 내사에 들어가면서 후속 보도는 나오지 않았다.

이 정보는 미 제 7 공군과 한국 공군작전사령부가 공동으로 운영하는 중앙방공통제소(MCRC: Master Control & Reporting Center)와 그 휘하에 공군 전투기들을 통합·지휘할 수 있는 '전구항공통제본부'(TACC: Theater Air Control Center)에서 주파수를 분석해 북한 미그기 충돌 사건을 파악한 것으로 알려지고 있다.

또한 이 이외에도 1998년 12월 18일 밤 광명함을 비롯한 해군 함정들은 전남 여수시 돌산읍에 상륙해 고정간첩을 태우고 도주하던 북한 노동당 작전부 소속의 반잠수정을 격침한 적이 있었다. 이 반잠수정을 격침할 수 있었던 데에는 반잠수정과 공작모선의 주파수를 탐지하여 그 움직을 감청할 수 있었기 때문으로 알려지고 있다.[26)]

3) 한국전쟁과 김일성 사망

이 두 사례는 한국 정보·보안 체계의 대표적인 실패사례이다. 한국전쟁은 통상 북한의 기습으로 시작되었다고 인식되고 있다. 물론 북한이 기습에 성공한 것은 사실이지만 그러한 기습이 가능했던 데에는 한국의 정보실패가 있었기 때문이다. 육본 정보국은 당시 북한군의 전력, 편제 등을 다 파악하고 있었고, 6월을 위험한 시기로 보고 있었다. 실제로 전쟁이 일어나기 하루 전까지 한국군은 비상경계상태에 있었다. 그러나 1950년 6월부터 한국군 수뇌부는 이해할 수 없는 조치들을 연속으로 취하게 된다. 전방에 있는 주요 군장비를 수리명목으로 후방으로 이송해 군 전투력을 약화시켰고, 대거 군 지휘관 인사이동을 단행하여 사단장과 육본 참모들이 업무파악을 제대로 하지 못한 상태에서 전쟁에 임하게 만들었던 것이다. 더욱이 이해할 수 없는 것은 전쟁 발발 전날 비상경계조치를 해제하여 많은 장병들이 병영에서 나가게 만들었던 것이다. 이 결과 전쟁 발발시에 부대정원을 유지한 채 전투에 임한 부대는 소수에 불과하게 만들었던 것이다.[27)]

이 한국전쟁 사례는 이스라엘의 10월 전쟁과 마찬가지로 정보부족으로 기

---

26) 「주간동아」(2001. 1. 11).

27) 이런 이유로 당시 일부 장군들과 육사 8기생들은 군 수뇌부에 북한의 첩자가 있었다는 의혹을 제기하고 있다.

습을 받은 것이 아니라 정보는 충분했으나 잘못된 정보판단으로 인한 것이었다. 이 실패를 교훈삼아 그 당시에 국가중앙정보기관을 창설하였다면 한국의 정보・보안 체계는 지금보다 더 발전했을 것이라 판단된다.

1994년 7월 9일 12시에 김일성 사망을 알리는 북한 중앙방송보도는 안기부뿐만 아니라 한국 정부를 큰 충격에 빠뜨렸다. 이른바 죽은 김일성이 산 안기부를 울리는 순간이었다. 특히 당시는 남북정상회담을 앞두고 있었기 때문에 김일성 등 북한 최고위층에 대한 정보가 무엇보다도 중요한 시점이었기 때문이었다. 그러나 김영삼 대통령은 안기부로부터 아무런 보고를 받지 못하고 무심코 라디오에 귀를 기울인 비서관으로부터 김일성 사망소식을 들어야만 했다. 안기부가 김일성 사망을 탐지하지 못한 것은 국회에서 논란이 되어 안기부장은 국회의원들로부터 따가운 질책을 받아야만 했다. 더구나 김일성이 7월 1일에 발병하여 7일 후인 8일에 사망했기 때문에 안기부의 대북정보력 부재는 더욱 논란을 불러일으켰던 것이다. 안기부는 김일성 사망 후에 모든 정보망을 가동하여 김일성 사망과정을 추적했고, 7월 10일에는 북한 노동당 중앙위원과 최고인민회의 대의원 소집령을 내렸다는 사실을 북한 공식발표 이전에 파악하였다. 그러나 이미 엎지러진 물이 되고 말았던 것이다.

(2) 보안활동

1) 무하마드 깐수(정수일) 사건

무하마드 깐수 사건은 북한판 엘리 고헨 사건으로 전형적인 제3국 우회 침투 사례를 보여주고 있다. 필리핀 국적의 단국대 아랍어과 교수인 무하마드 깐수는 1996년 7월 3일에 10여년간 고정간첩활동을 한 혐의로 체포되었다. 원래 그는 조선족 출신이었으며, 1962년에 북한 국적을 취득하였다. 1974년에 노동당에 발탁되어 간첩교육을 받은 후 남한 침투를 목적으로 아랍계 외국인으로 위장, 레바논, 튀니지, 필리핀, 말레이시아 등을 돌며 레바논과 필리핀에서는 국적까지 취득하였다. 1984년에 남한에 침투하였으며 1988년에는 단국대 초빙교수로 임용되면서 간호사 윤씨와 국제결혼을 함으로써 장기 체류할 수 있는 신분을 취득하였다.

안기부는 1995년 2월부터 국내 고급정보가 일반 팩시밀리로 제3국으로 대량 유출되고 있다는 사실을 감지하게 되었다. 그리고 이 팩스 송신은 주로 주말에 시내 중심가 호텔에서 이루어지고 있다는 사실을 파악했다. 1996년 6월에 용의자를 파악하게 되었고 다음 달인 7월에 팩스를 보내려던 무하마드 깐수를 체포할 수 있었다.[28)]

2) 무장간첩 김동식 사건

이 사건은 1995년 4월부터 충남 부여지역에 고정간첩이 활동하고 있다는 첩보에 따라 간첩행적과 은거지를 추적해 오던중 그해 10월초 충남 부여군 석성면에 있는 정각사에서 간첩접선 징후를 포착해 안기부 및 경찰 대공요원 등 10여 명이 정각사 인근에서 잠복 감시하다가 1명(김동식)을 생포하고 다른 1명(박광남)은 사살한 사건이다. 안기부 조사결과에서 드러난 이 사건의 특징은 북한 대남 공작조직이 이른바 '혁명 2세대' 출신들을 엄선해 철저한 이남화 교육을 시켜 이북 사투리를 쓰지 않고 남한 환경에 익숙하게 훈련시킨 이른바 '새세대 공작원'으로 양성한 후 국내 운동권 인물들에게 접근토록 해 북에서 온 공작원이라고 자신의 신분을 밝히면서 포섭을 시도하는 등으로 과감한 공작전술을 구사했다는 점이다.[29)]

3) 부부간첩단 사건

북한 직파 부부간첩 및 연계 고첩망 사건의 개요는 북한에서 공작원으로 선발되어 교육을 받던 중에 결혼한 실제 부부 공작조 최정남-강연정이 남한의 고첩망을 검열하고 대선 동향 등 남한 정세자료를 수집하고 경북대 김순권 교수가 개발한 우량 옥수수(슈퍼 옥수수) 종자를 입수하는 등의 임무를 띠고 남파된 사건이다. 이 사건에서도 북한의 대남 공작부서가 30대 젊은층의 이른바 '새세대 지도핵심 공작원'들을 엄선해 철저한 이남화 교육과 해외 적응훈련을 시켜 남한 사회에 침투시키고 재야 운동권 인사들은 무조건 자기들 편이라는 확신 아래 대남 공작원임을 당당하게 밝히고 월북할 것을 권유할 만큼 대담성

28) 최근 정수일은 전향서를 제출한 후 석방되어 문명교류사에 대한 2권의 책을 집필하는 등 활발한 저술활동을 벌이고 있다. 또한 그는 간첩으로 활동하면서도 유능한 학자로 인정을 받았고 상당한 학술업적을 쌓기도 했다. 이런 점에서 볼 때 첩보활동보다는 오히려 학문연구에 더 몰두했던 것으로 보인다.

29) 그러나 이 사건은 1996년 총선을 앞두고 당시 간첩 김동식이 접촉했거나 접촉을 시도했던 운동권 인사들 가운데 일부가 야당에 입당한 국회의원 후보라는 점에서 간첩 수사결과를 정치적으로 이용했다는 비판을 받았다. 또 최종 수사결과는 안기부가 발표했지만 첩보를 입수해 수사에 착수한 초동단계에서부터 검거에 이르기까지 안기부보다는 경찰의 대공파트의 공이 더 컸다는 지적이 경찰쪽에서 제기되었다.

을 보이고 있는 특징이 드러났다. 또 이 사건 수사의 부수적인 결과로 북한 공작기관들이 그 동안 남한 실정을 잘 아는 남한 출신 인사들과 월북자들이 고령화함에 따라 공작원을 양성하는 과정에서 이른바 '이남화 교육' 교관으로 활용하기 위해 나이 어린 고교생들을 납치해 왔음이 드러났다.

그러나 안기부는 사회문화부 소속 공작원인 최정남-강연정 부부를 체포해 수사하는 과정에서 강연정이 자살용 독약 앰플을 깨물어 자살한 것을 방지하지 못하는 치명적인 실수를 저질렀다. 안기부는 당시 이들을 북한으로 복귀시키기 위해 남파될 공작 모선을 일망타진할 목적으로 이들과 북한 공작지도부와 교신케 하는 과정에서 강연정이 자살했다고 해명했다. 그러나 소지한 독약을 파악하지도 못하고 자살 또한 방지하지 못한 것은 안기부의 실수라고 할 수 있다.

4) 시노하라 사건

이 사건은 우방국 인사에 의한 첩보활동이라고 볼 수 있다. 시노하라 마사토(40·조원창인) 일본 후지텔레비전 서울지국장으로 평소 군사문제에 관심을 가지고 있는 인물로 알려졌다. 그는 국방부 정보본부 소속 고영철 해군소령과 밀접하게 접촉하면서 고 소령으로부터 2급 비밀문건 등을 입수하게 되었다.

시노하라는 1990년 5월부터 3년간 고 소령으로부터 '공군 레이다 탐지거리 도표', '지대공미사일 위치 현황', '방공부대 편제표' 등 50건의 군사기밀 등을 입수하였다. 그리고 이 문건을 일본에서 발간되는 군사평론지에 발표한 논문자료로 활용하였을 뿐만 아니라 일본대사관 항공자위대 무관인 후구야마 가즈유키 대령과 육상자위대 무관인 후쿠야마 다카시에게 전달하였다.

고 소령은 당초 진급부탁을 목적으로 시노하라에게 문건을 제공했으나 진급탈락 후에는 예편 후 일본에서 직장을 구하는데 도움을 받을 목적으로 기밀자료를 제공한 것으로 밝혀졌다.

이 사건의 심각성은 군 정보조직의 중추인 국방정보본부의 보안이 허술했다는 점과 또한 군내의 방첩을 담당하고 있는 기무사가 이를 전혀 탐지하지 못했다는 점이다. 보도에 따르면 일본 주재 한국군 무관이 시노하라가 일본 군사평론지에 쓴 글이 기밀자료와 유사하다는 것을 파악하고 이를 군 당국에 알림으로써 수사가 시작된 것으로 되어 있다. 그러나 실상은 안기부가 이를 탐지해 기무사 등 군 당국에 통보함으로써 수사가 시작되었던 것이다.

(3) 비밀공작

통일벼는 쌀이 부족한 1960-70년대에 식량증산에 기여한 획기적 품종이다. 대다수 국민들은 통일볍씨를 농업진흥청에서 개발한 것으로 알고 있다. 정부의 공식발표가 그랬기 때문이다. 그러나 사실은 통일벼의 탄생은 중앙정보부의 스파이 공작, 산업스파이 공작에 의한 것이었다. 당시 중앙정보부 해외 담당 요원들이 한 외국에서 나다(Nahda) 볍씨를 몰래 들여와 5년 동안 농업진흥청에서 개량하여 통일볍씨가 개발된 것이다. 그러나 그 과정은 자세히 공개되지는 않았다.

황장엽 전 로동당 국제담당 비서의 망명도 안기부의 비밀공작에 의한 것으로 볼 수 있다. 이 공작에서 에이전트로 활약한 사람이 한국전쟁 당시 미국의 대북침투부대인 KLO부대 출신인 이연길(李淵吉)이다. 이연길은 오래 전부터 베이징 등지에서 황장엽을 접촉하며 친밀하게 지내왔다. 황장엽은 1997년 1월 30일 일본을 방문해 북일 국교정상화 교섭재개와 쌀 추가지원 문제를 논의하고, 2월 7일부터 9일 사이 주체사상 국제연구소가 주최한 '21세기와 인간의 지위에 관한 국제세미나'에 참가했다. 이때 이연길 씨도 일본에 머물고 있었다. 일본에서의 일정을 마친 황씨는 2월 11일 오후 2시 55분 중국항공(CA) 926편으로 일본을 출발해 베이징으로 돌아갔다. 황 씨가 도쿄를 떠나기 두 시간 전 이 씨가 먼저 베이징으로 출발했다. 이 씨는 황비서가 올 것을 준비했고, 얼마 후 베이징에 도착한 황 씨는 이연길 씨와 사전 약속한 대로 한국대사관 영사부로 들어와 망명을 신청했던 것이다.

국정원만 비밀공작을 전개하는 것은 아니다. 군 또한 대북비밀공작을 활발히 전개했다. 주로 정보사가 추진한 군의 대북비밀공작은 단순한 정보수집 차원에서 준군사적 활동까지를 포괄하는 것이었다. 북파공작원을 북한에 파견하여 이러한 공작을 수행하도록 해왔다. 하지만 정부는 휴전협정 위반을 자인하게 될까봐 이를 인정하지 않고 있었다. 그러나 국회에서 민주당 김성호(金成鎬·통일외교통상위) 의원이 6·25 전후 북파공작원 366명의 명단을 입수, 공개함에 따라 북파공작원의 실체는 더 이상 부인만 할 수 없는 문제가 됐다. 1953년 2월-1972년 7월 사이 북파공작원 중 북에서 체포·실종·사망한 사람은 모두 7,726명에 달할 정도로 활발한 대북공작이 이루어졌다. 그러나 1972년 7·4 남북공동성명 이후에는 북파공작원 파견은 중단된 것으로 알려지고 있다.

(4) 정치개입 및 정치공작

1) 공직자 사찰

중앙정보부와 안기부 시절에 국가정보기관은 공직자 부패를 감시하는 역할을 해왔다.[30] 특히 경찰의 손길이 미치지 못하는 고위 공직자들의 은밀한 사생활 감시로 인한 직무태세 점검에서부터 비위 근절까지, 그리고 한국 사회에서 일종의 성역이었던 법조계 비리와 군납비리 같은 군 비리 척결에 이르기까지 국가정보기관의 개입이 불가피한 사례는 수없이 많았다.[31] 고위 공직자에 대한 감시 및 부패방지 기능은 안기부에서도 계속되었다.

그와 같은 권한을 뒷받침하는 지렛대는 일반 행정기관에 대한 보안감사권과 고위 공직자에 대한 신상보고를 통해 기록이 누적되는 이른바 존안파일이다. 특히 존안파일의 경우는 공무원의 임면과 승진에 매우 중요한 위력을 발휘했다. 대표적인 것이 공로명 전 외무장관이 한국전쟁 당시 북한 의용군에 끌려간 사실이 밝혀져 장관직을 물러난 사건을 들 수 있다.

정보기관의 이러한 권한이 어느 정도 부정부패 방지, 정부정책 통합에 있어 순기능을 발휘한 것은 사실이다. 그러나 과거 중앙정보부, 안기부가 일반 공무원의 부정부패를 감독한다는 것은 일종의 자가당착이라고 할 수 있다. 중앙정보부는 창설초기부터 공화당 창당자금을 마련하기 위해 4대 의혹사건에 깊이 개입되어 있었고 김형욱 부장은 부장직을 이용하여 축재한 것은 공공연한 사실이기 때문이다.[32] 그리고 안기부 시절에도 자체예산으로 당시 집권당인 신한국당 선거자금을 지원한 것에 볼 수 있듯이 결코 부정부패로부터 자유로운 것은 아니기 때문이다.

정책통합 기능에서 안기부 등이 나설 이유는 전혀 없다고 할 수 있다. 이는 행정부처의 자율적 기능을 침해하고 결국 책임행정이 이루어지지 못하게 하기 때문이다.

30) 전 중앙정보부 감찰실장 방준모는 여기에 대해서 다음과 같이 증언하고 있다. “60년대 어지러운 한국 사회 분위기에서 중정은 부패요소와 조직범죄를 제거하는 데 많은 기여를 했다. 경찰력으로 해낼 수 없는, 때로는 경찰마저 부패되어 사회악을 조장시키는 행위까지도 감시하고 척결하는 기능을 해낸 것이다.” 문일석, 앞의 책, p. 119.

31) 김형욱 중정부장이 보안감사권을 남용해 장기영 당시 경제부총리의 사무실까지 수색해 캐비넷에서 달러와 현금 등을 압수해 박정희 대통령에게 보고했다는 것은 유명한 일화이다.

32) 물론 김형욱 자신은 회고록에서는 자신은 청렴하게 부장직을 수행했다고 쓰고 있기는 하다.

그러나 위와 같은 기능은 국가정보원으로 바뀐 지금 대폭 축소되었다. 이 배경으로는 선거에 의한 최초의 정권 교체와 한국 사회의 민주화, 그리고 국정원 내부개혁 등을 지적할 수 있다. 또한 국가정보기관에 집중된 권한이 분산된 데서 찾을 수 있다. 과거 국가정보기관이 모든 행정기관에 대해 행사했던 보안 감사권은 현재 외교기밀과 군사기밀 및 암호 그리고 대북기밀을 다루는 부처로 한정되는 등 그 권한이 대폭 축소되었기 때문이다.

2) 정치공작

중앙정보부, 안기부가 해외 및 대북 정보수집 및 공작에서 거둔 성과를 제대로 평가받지 못하고 최고 권력의 시녀로 폄하되는 이유가 바로 국내 정치개입 때문이다. 정보기관의 정치개입은 국정원으로 개편된 지금에도 끊이지 않고 제기되는 문제이다. 이는 창설시에 원죄 때문이었다고 할 수 있다. 영국의 SIS, 미국의 CIA, 이스라엘 모사드 등은 대외적 위기에 직면하여 해외 정보를 전담하기 위하여 창설된 조직이었다. 반면 중앙정보부는 대외적 위기에 직면하여 만들어진 것이 아니라 쿠데타 성공 후 반대세력에 대처하기 위하여 만들어졌다. 이 결과 영국, 미국, 이스라엘과는 달리 해외 정보와 국내 보안을 한 기관에 전담하게 되었고, 이 결과 깊숙이 국내 정치에 개입할 수밖에 없었던 것이다.

정치공작의 대표적 예로는 김대중 납치공작(일명 KT공작)과 북풍공작을 들 수 있다. 김대중 납치사건은 김대중 정부가 정식으로 출범하기 얼마 전인 1998년 2월 18일 안기부 내부 비밀문건('KT공작 요원 실태조사보고')과 납치사건 당시 중앙정보부 차장보였던 이철희의 증언으로 더욱 구체적으로 밝혀졌다.[33)]

김대중은 1971년 대통령선거에서 신민당 대통령후보로 나서 100만표의 차이로 패배한 이후 1971년 5월 제 7 대 총선을 앞두고 선거 유세지원에 나섰다가 '의문의 교통사고'를 당한다. 김대중은 이 사고의 후유증으로 얻은 신병 치료차 일본에 머물다가 유신 소식을 듣고 일본과 미국을 오가며 반유신활동을 벌이던중, 1973년 8월 8일 오후 1시 20분경 일본 도쿄 그랜드팔레스호텔에서 중앙정보부 요원들에 의해 납치되었다. 그러나 납치공작을 실행한 요원들

33) 「동아일보」(1998. 2. 18).

은 곧 일본 경찰의 추적을 받게 되었고,[34] 한일간, 한미간 문제로 비화되자 결국 중앙정보는 김대중을 8월 13일 서울 동교동 자택으로 돌려보낼 수밖에 없었다.

'KT공작' 보고서에 따르면, 중앙정보부는 김대중 납치사건 이후에도 이철희 차장과 해외공작국(8국)을 중심으로 특별관리팀을 구성해 공작 가담자 46명의 동향을 정기적으로 파악해 개인별 보고서를 만들어 중정부장에게 특별보고하고, 이들의 입을 막기 위해 자체 예산으로 생계보조금과 보상금을 지급하는 등 1980년까지 이 사건의 가담자를 특별관리해 왔음이 드러났다. 또 1979년 3월 10일 당시 김재규 중앙정보부장이 박정희 대통령에게 보고한 것으로 되어 있는 이 'KT공작' 보고문건의 하단에는 '대통령 각하 보고필'이라고 적혀 있어 최소한 박대통령이 사건발생 뒤에 사건전모를 보고 받았음이 명확해졌다.[35]

정치공작의 두 번째 사례인 이른바 북풍공작[36]은 안기부에 의해서 추진되었다. 안기부는 1997년 12월 대선을 앞두고 야당의 집권을 저지하기 위하여 '아말렉'이란 공작명 하에 ▲ 윤홍준 기자회견사건 ▲ 오익제 편지사건 ▲ 이석현 의원 명함사건 ▲ 한나라당 후보 지원을 위한 안기부 직원들의 귀향활동 등 다양한 활동을 벌여왔다. 이 사건은 권영해 안기부장을 비롯한 안기부 간부·직원 6명이 법원에서 유죄선고를 받는 등으로 상당 부분 그 실체가 파악되었다. 또 총풍사건 또한 재판에서 권영해 안기부장이 직접 공작에 개입한 혐의를 인정하지는 않았지만 오정은·한성기·장석중 등 판문점 총격 요청을 모의한 이른바 '총풍 3인방' 전원에게 유죄를 선고함으로써 당시 안기부가 직간접으로 관여했음을 뒷받침했다. 그러나 그 실체는 아직 불분명하다.

검찰의 '북풍사건 수사결과' 발표자료(1998. 5)는 1997년 대선 전 북풍공작의 실체와 관련해 "북풍사건의 본질은 지난 대선기간중 국민회의 김대중 후보의 당선을 저지하기 위한 북한의 대남 정치공작과 이를 역이용한 안기부의

---

34) 당시 중정요원들이 일본 경찰의 추적을 받게 된 이유는 그들의 공작이 치밀하지 못했기 때문이었다. 요원 중의 한명이 현장에 지문을 남겼기 때문이었다.

35) 김대중 납치사건에는 일본 육상자위대 제 2 부 별반 일명 JCIA라고 불리는 일본 정보기관이 개입하였다는 의혹까지 제기되고 있다. MBC, "이제는 말할 수 있다: KT공작의 실체."

36) 흔히 '북한 변수'를 가리키는 북풍(北風)이라는 용어는 1996년 4·11 총선(15대 국회의원 선거)을 앞두고 언론매체를 통해 널리 유포된 말이다. 총선 바로 며칠 전에 판문점에서 전개된 북한군의 느닷없는 무력시위가 계기가 되었다.

정치공작이 결합된 사건으로 밝혀졌다"고 결론짓고 있다. 1997년 대선 전 북풍사건은 그해 7월부터 북한 당국이 중국 베이징에 노동당 통일전선부와 국가안전보위부 합동으로 구성한 사상 유례없는 '대선 공작반'을 운영해 남한의 대통령 선거에 개입했고, 이와 같은 북한의 의도를 간파한 안기부 수뇌부가 '북풍 공작팀'을 설치해 역이용 공작을 펼쳤고, 또 그와 같은 움직임을 포착한 야당 또한 사상 최초로 '북풍대책팀'을 구성해 그해 10월부터 12월 대선 직전까지 '북한 변수'를 막기 위한 치열한 첩보전을 펼치는 등으로 3자가 얽히고 설킨 복잡한 양태로 전개되었다는 것이다.

5. 국가정보기관의 새로운 제약과 도전

(1) 정치적 중립성의 확보

건국 후 처음인 평화적인 정권교체와 국정원 개혁은 국정원의 정치적 중립성을 보장할 수 있을 것으로 기대되었다. 그러나 현실은 반대로 움직여 국가정보원의 정치적 중립성은 끊임없는 논란이 되고 있다. 현 정부 들어서 국정원장으로는 4명이 거쳐갔다. 하지만 그 때마다 정치적 논란이 제기되었다. 이종찬 원장 시절에는 국회 529호 사건이 발생했다. 국회 529호실 사건은 당시 한나라당 이신범 의원이 "국정원이 국회 529호실에 도-감청 장비를 설치해 놓고 국정원 직원들을 상주시켜 국회를 사찰하고 있다"고 폭로한 데에 비롯되었다. 그러나 529호실에 도-감청 장비는 없었다. 더구나 문제가 되는 것은 한나라당이 여당 때부터 존재한 국회정보위 자료열람실이라는 것은 한나라당 출신 정보위원들이 더 잘 알고 있음에도 불구하고 이러한 논란이 일어났다는 점이다.[37)]

김대중 대통령은 1999년 5·24 개각에서 천용택 국방부장관을 제 2 기 국가정보원장에 임명했다. 천용택 신임 원장은 국정원의 정치적 중립성을 담보하기 위해 국방부장관 시절과는 달리 즉각 의원직을 사퇴하고 국민회의에서 탈당했다. 또한 원장 휘하 차장과 기조실장을 정보전문가들로 임명했다. 그럼에도 불구하고 정치적 논란은 그치지를 않았다. 먼저 일부 언론에서 국정원이 천

37) 이에 대해서는 김 당, "국회 529호 사건의 진실," 「인물과 사상」(제 9 권)(1999. 1) 참조.

원장 취임 이후 단행한 2차 조직개편에서 언론단·정치단을 신설해 언론사찰과 정치공작을 시도하려 한다는 의혹을 제기했다. 한나라당은 또한 여기에 가세하여 2000년 4월 총선을 앞두고 언론과 정치권에 대한 사찰을 강화하기 위한 포석이라고 문제 삼았다. 그러나 지난 총선에서 국정원이 언론 및 정치권을 사찰했다는 의혹은 한번도 제기되지 않았다.

그리고 임동원 국정원장 체제에서는 남북정상회담에 주도적 역할을 한 국정원에 대한 정체성 시비가 발생했다. 신건 국정원장이 취임사에서 국정 예측정보 수집강화 방침을 밝히자 야당이 곧바로 뚜렷한 증거 없이 국정원의 국내정치개입 의혹을 제기하여 논란이 되기도 하였다.

이처럼 정치적 논란이 지속되는 원인은 몇 가지로 나누어 볼 수 있다. 우선 ▲ 취재접근 차단에 따른 언론의 오해 ▲ 야당의 의도적인 정치 공세 ▲ 국정원의 부적절한 대응 등을 들 수 있다.[38)]

그러나 보다 더 중요한 문제는 제도상의 미비라고 할 수 있다. 즉 국정원이 정치적 중립을 지킬 수 있는 내부적 및 외부적 환경은 조성되었지만 이를 뒷받침할 만한 제도적 정비는 아직 덜 되었다고 할 수 있다. 제도적 정비의 핵심이 국정원장 인사청문회와 국정원의 제도적 분리문제라고 할 수 있다.

먼저 국정원장 인사청문회를 볼 것 같으면 현재 야당이 국정원에 제기하는 정치공세의 대부분은 인사청문회를 시행함으로써 해결할 수 있다. 정권교체 전이나 현 정권하에서 야당이 정보기관에 대한 정치공세를 하는 이유는 정보기관장에 별다른 검증절차 없이 대통령의 측근이 임명되고, 이로써 정치기관이 정치에 개입할까 우려하기 때문이었다. 더구나 현 정권은 야당시절에 국정원장 등의 인사청문회를 줄기차게 주장해 왔고 대선공약으로 제시하기도 하였다. 그러나 집권하자 태도를 180도 바꾸어 권력핵심 기관장에 대한 인사청문회를 거부하고 있다. 명목은 인사청문회가 대통령의 고유인사권을 침해할 우려가 있기 때문에 반대한다지만 참으로 궁색한 변명이 아닐 수 없다. 하루 빨리 국정원장에 대한 인사청문회를 실시함으로써 국정원에 대한 정치적 중립성을 확보해야 할 것이다.

둘째로 국정원의 기능을 분리하는 문제를 논의할 때가 되었다. 즉 국내 보안정보의 수집 및 배포 업무와 수사 업무를 국외 정보수집 및 배포 업무와 분

38) 더 자세한 내막은 김 당, "진상추적: 이회창·정형근의 국정원 흔들기,"「신동아」(1999. 8), p. 142 참조.

리해 별개의 기관이 담당하도록 하자는 것이다. 사실 해외 정보와 국내 보안을 함께 가지고 있는 정보기관으로는 소련의 KGB와 주로 후진국 독재국가의 정보기관들이다. 주요 선진국은 이 두 기능을 철저하게 분리하고 있다. 미국의 CIA와 FBI, 영국의 MI6(SIS)와 MI5(SS), 이스라엘의 모사드와 신베트 등이 그 예라고 할 수 있다. 러시아도 소련의 해체 이후 KGB를 국내 보안과 해외 정보를 분리하는 등 5개의 정보기관으로 재편한 바 있다. 하물며 남한하고 대치하고 있는 북한도 국내 보안과 해외 정보 및 대남부서를 분리하여 운영하고 있다.

흔히 분리를 반대하는 의견은 북한과 대치하고 있는 한국의 특수성을 무시하고 해외 국가 정보기관의 모델을 답습해서는 안 된다는 것이다. 특히 국정원 간부들은 여전히 대북관련 업무가 국정원 업무의 70~80%를 차지하는 현실에서 국내·해외 업무의 분리는 국가안보 역량의 치명적인 손실을 가져올 수 있다고 주장한다. 또 북한의 대남공작의 상당부분이 대남 직접 침투 공작보다는 중국, 일본 등지의 해외 거점 공작망을 이용한 우회침투로 선회하고 있어 분리는 곧 안보 역량의 약화로 이어질 수밖에 없다는 것이다. 그리고 분리된 정보기관은 업무협조 지체가 일어나는 등 정보활동이 지연되고 이는 궁극적으로 정보활동의 실패를 가져온다는 것이다.

하지만 분리반대론자들이 전가의 보도로 활용하는 북한의 존재가 더 이상 분리반대 근거로 사용될 수는 없다. 한반도가 전쟁가능성이 높은 지역인 것은 사실이다. 그러나 한국보다 전쟁가능성이 높은 지역은 이스라엘이라고 할 수 있다. 이미 이스라엘은 4번의 전쟁을 겪은 바 있으며, 이스라엘 시민에는 유태인뿐만 아니라 잠재적인 적국으로 간주되는 아랍인도 상당수를 차지하고 있다. 그럼에도 불구하고 이스라엘은 해외 정보와 국내 보안을 철저히 분리하고 있다.

더구나 앞으로 북한은 한국의 경쟁상대가 아니라 관리대상일 뿐이다. 이미 남북한간의 체제경쟁은 끝났기 때문이다. 앞으로 한국의 미래에 영향을 주는 요소는 일본의 침체, 중국의 부상, 미국의 패권유지 정책 등으로 특징지워지는 동북아 정세라고 할 수 있다. 따라서 한국의 정보기관도 북한 일변도에서 벗어나 보다 주변국에 초점을 두어야 할 것이다. 이러기 위해서는 해외 정보를 전담하는 정보기관이 필요하다.

그리고 인권보장의 측면에서도 정보기관의 분리는 필요하다. 정보기관은 그 본질상 비밀주의를 속성으로 하고 있다. 하지만 비밀주의를 속성으로 한 정보기관이 수사권까지 가지고 있을 경우 인권침해의 가능성이 높아진다.[39] 사실 과거 국정원을 둘러싼 인권침해 논란은 이 같은 속성에 비롯되었음을 부인하기 어렵다. 물론 현재 당장 그 기능을 분리하기는 어려울 것이다. 그러나 이에 대한 충분한 논의와 준비가 있어야 할 것이다.

(2) 민주적 통제와 정보공개

1994년 국회에 정보위원회가 구성됨으로써 정보기관에 대한 민주적 통제는 한층 강화되었다. 사실 의회에 정보위원회를 두는 국가는 전세계적으로 미국을 비롯하여 몇 국가 되지 않는다. 그러나 안기부 예산을 선거자금으로 불법 전용한 '국고횡령' 사건은 아직도 국가정보기관에 대한 통제가 미흡하다는 것을 여실히 보여주는 것이라고 할 수 있다.

김기섭 전 차장이 안기부 예산에서 1,000억원 이상을 빼돌릴 수 있었던데에는 우선 안기부 예산집행 시스템 자체의 문제 때문이었다. 예산회계법상에는 "재무관과 지출관, 그리고 출납공무원은 겸임할 수 없다고 되어 있다. 그러나 안기부는 그 휘하에 지출관과 출납공무원이 있었던 것이다. 게다가 1995년 10월 조직개편을 하기 전까지는 안기부 예산을 감사하는 감사관이 기조실장 산하에 있었다.[40] 정부조직이나 일반기업을 보더라도 감사관은 기관장 직속에 있는 것이 일반적이다. 이렇게 볼 때 안기부의 조직운용은 상식을 뒤집는 것이다. 이런 제도상 허점이 예산을 선거자금을 전용할 수 있는 터전을 마련해 주었다고 할 수 있는 것이다.

그러나 이러한 내부상의 문제는 쉽게 고칠 수 있다. 보다 본질적인 문제는 국민의 대표기관인 국회와 감사를 담당하고 감사원이 이러한 불법을 막을 수 없었다는 데 있다. 현재 국정원 예산의 편성·집행·결산 과정이 국가정보원법과 예산회계에 관한 특례법에 따라 아무런 통제를 받지 않고 있다. 이 때문에 '꼬리표'가 없는 불용액의 경우 역대 정권에서 비자금 형태로 모아서 이를 불법 전용했다는 의혹이 제기되고 있다. 물론 국정원으로 바뀐 현 정부에서는

---

39) 조용환, "민주주의와 정보수사기관의 통제 안기부법 날치기통과의 배경과 의미," http://www.humanrights.or.kr/HRLibrary/HRLibrary7-ywcho2.htm

40) 1995년 10월 조직을 개편해 기존 1(국내담당)·2(해외담당)차장제에서 새로 운영차장 직제를 신설해 김기섭 기조실장이 인사·예산을 총괄하는 운영차장으로 승진했다. 따라서 위인설관(爲人設官)이라는 지적이 컸다.

과거 정부에서처럼 예산을 불법 전용한 의혹이 제기된 적은 없다. 그러나 국정원 예산 또한 국가안보를 이유로 2급 비밀로 분류돼 있고, 예산회계에 관한 특례법과 국정원법은 국회 및 감사원의 구체적인 심의와 감사를 봉쇄하고 있다. 물론 정보위는 국정원의 예산을 심사할 수 있다. 다만 관련 법규에 근거해 그 내용을 공개하지 않을 뿐이다. 그러나 정보위의 국정원에 대한 비공개 세입·세출예산 심의는 사실상 수박 겉핥기에 그치고 있다는 점이 문제이다. 정보위는 국정원의 본 예산과 예비비 등의 편성 등에 대해 보고를 받고 있지만 대강의 내용만이 보고될 뿐 구체적 세목에 대한 접근은 어렵다. 특수공작이나 요원의 숫자에 관한 사항 등 비밀 예외조항이 많고 이처럼 기밀유지를 위해 예·결산서에 포괄적으로만 표현하는 대목이 상당히 존재하기 때문이다. 바로 그렇기 때문에 안기부 전 운영차장 김기섭이 정보위를 상대로 다음과 같이 허위보고를 할 수 있었던 것이다.

국회말고 정부 각 부처의 예산집행 및 직무수행을 감시할 수 있는 유일한 기관은 감사원법에 따라 회계감사 및 직무감찰권을 갖는 대통령 직속기관인 감사원이다. 그러나 감사원이 국가정보기관을 감사한 사례는 김영삼 정부 출범 직후인 93년 5월 이른바 '평화의 댐' 건설 의혹과 남북한 총리회담 당시 이동복 대표와 임동원 대표간의 '청와대 훈령조작'에 대한 시비를 가리기 위한 특별감사 2건뿐이었다. 국정원법 상의 "원장은 국회 예산결산 심사 및 안건심사와 감사원의 감사에 있어서 국가의 안전보장에 중대한 영향을 미치는 국가기밀사항에 한하여 그 사유를 소명하고 자료의 제출 또는 답변을 거부할 수 있다"(제13조 1항)는 조항 때문이다.

물론 정보기관의 예산은 공개하지 않는 것이 선진국에서도 지켜온 관례이다. 그러나 막대한 예산을 쓰는 정보기관이 적절한 외부의 감독없이 내부의 감사에만 의존하고 있다는 것은 심각한 문제점이라고 할 수 있다. 따라서 정보기관의 비밀을 지킴과 동시에 보다, 특히 예산분야에서 철저한 감독을 할 수 있는 제도적 장치 마련이 시급하다 하겠다.

1999년 4월 정보공개법 제정 이후 시민단체인 참여연대가 국정원을 상대로 '주요문서목록'에 대한 정보공개를 청구하는 소송을 제기해 국정원이 예산·인사·조직 등을 제외한 정보수집활동 등에 관한 주요문서목록을 제출한 바 있다. 그러나 이것은 시작일 뿐이다. 민주화가 진행될수록 일반 행정기관에 대해서는 물론 국가정보기관에 대한 정보공개 압력 또한 앞으로 더욱더 거세질 것이다.

미국은 비밀해제된 문건을 주기적으로 공개하고 있다. 그러나 한국의 경우는 비밀분류 현황 자체가 베일에 싸여 있어 국정원과 군 그리고 외교통상부 같은 주요비밀 생산부처에서 비밀로 분류한 문건의 양이 어느 정도인지조차 공개되지 않고 있는 실정이다.

정보공개제도는 국민의 알권리를 보장해 주는 차원을 떠나 자유로운 정보의 유통과 선택, 정보의 독점금지를 통해 지식과 사회를 발전시킨다. 이 제도는 또 국정에 대한 주권자로서의 국민의 올바른 판단과 감시를 가능하게 하며 국민의 권리와 이익을 보호하고, 국민에게 봉사하는 행정을 가능하게 한다. 정보공개제도는 결과적으로 공공기관의 부정부패를 방지하고, 투명한 행정을 지향하며, 정치·행정 과정의 비밀주의 폐해를 막고, 책임행정을 정착시킨다는 데 큰 의의가 있는 것이다. 또한 "생산된 정보의 과도한 폐쇄와 통제가 계속되는 한 국민의 사랑과 존경을 받을 수 없다"는 점에서 "국가정보의 선택적 개방화를 통해 정부기구에 대한 국민적 공감대 형성이 필요하다"[41]는 적극적 의미의 정보공개론도 제기된다. 정보공개가 미약한 국가일수록 공무원이 업무부담 등을 이유로 정보공개를 회피하거나 혹은 정치적 행정적 책임을 면하기 위해 중요문서 작성을 기피, 변조할 위험성은 후진국일수록 두드러진다.[42]

이른바 '이대성 파일' 사건이 여기에 해당된다. 국가 정보기관의 대북공작 실무 책임을 맡고 있는 간부가 국가정보기관의 비밀문서를 은폐·조작해 외부에 공개한 대표적 사례이다. 이는 1997년 대선 전 북풍사건과 관련해 처벌받게 될 것을 우려한 전직 안기부 지도부가 정권 교체 후 수사 확대를 차단하기 위해 있지도 않은 정치권의 대북 접촉사실을 조작해 이른바 '이대성 파일'을 만들어 유출한 것이다.[43]

(3) 경제정보 및 테러리즘 대비

제 2 차 세계대전이 끝난 이후 40여년간 냉전시대에 미국이 추구한 절체절명의 목표는 공산주의의 진출을 봉쇄하고 우방국의 안보를 확고히 하는 것이

41) 문정인, "국가안보와 국가정보," 「국가전략」 2권(서울: 세종연구소), 1992, p. 52.
42) 위의 글, pp. 184-185.
43) 이종찬, "국가안전기획부의 새 역할과 위상"(관훈클럽 초청 간담회 기조연설문, 1998. 6. 8), p. 9.

었다. 이와 같은 국가목표를 달성하기 위해 미국의 정보기관들은 무엇보다도 군사적 안보를 가장 중시했다. 그 점은 한국의 정보기관도 마찬가지였다. 그러나 1980년대 말 냉전의 붕괴와 더불어 미국의 정보계는 심각한 도전에 직면해야 했다. 1980년대 미국의 정보계 인사들은 소련과 동구 공산주의 붕괴를 제대로 예측하지 못했다. 특히 CIA의 경우 그 존재 이유였던 소련의 붕괴와 그 이후의 사태 전망을 분석·예측하지 못했다는 비난을 받아야 했다. 당시 한 해 200억 달러에 가까운 예산을 쓰는 미국 정보계(국방정보예산 제외)에 대한 예산삭감 요구는 당연한 것이었다. 미국의 정보기관들은 존립의 근거를 위한 새로운 임무와 정보목표를 찾아야 했다. 그것은 이른바 경제정보전이었다.

미국 정보계가 경제정보수집을 최우선으로 하겠다고 천명한 것은 조지 부시 대통령[44)]이 백악관을 떠나기 한 해 전인, 그러니까 로버트 게이츠가 13대 CIA 국장으로 임명된 지 3일 후인 1991년 11월 백악관에서였다. 언론의 주목도 받지 못한 채, 부시는 게이츠가 지켜보는 가운데 미국 정보계의 역할과 임무, 최우선 사항을 일일이 점검하도록 지시하는 국가안보보고서(NSR-29)에 서명했다. 이 조치는 정보기관뿐만 아니라 정보를 사용하는 모든 연방 정책기관과 부처가 2005년까지 정보활동이 필요한 사항을 확인하도록 지시한 것이다. 연방기관들은 국제적인 환경문제, 천연자원 부족문제, 세계적인 보건문제, 경제정보활동 등의 전통적인 관심영역을 넘어서는 분야에 대한 전망을 세우고, 실행에 옮길 수 있도록 훈련을 하라는 지시를 받은 것이다.[45)]

냉전의 붕괴는 1990년대 들어 한국의 정보기관에도 새로운 도전과 기회를 부여했다. 특히 90년대 들어 이른바 '세계화'의 도전과 함께 출범한 김영삼 정부에서 1993년 12월에 이뤄진 안기부법 개정으로 안기부 수사권이 위축되자 안기부는 직역을 확대하고 새로운 임무와 역할을 찾아야 했다. 세계화 시대의 특징은 세계와 지역 그리고 북한과 대내 문제를 동시에 연계해서 봐야 하는 과제를 안겨주었다. 이를 계기로 안기부의 대테러, 국제범죄, 산업기밀 보호관

---

44) 조지 부시 대통령은 미소 냉전이 치열하게 전개된 1970년대 CIA 국장(1976. 1. 30~1977. 1. 20)을 지낸 인물로서 CIA를 포함한 미국 정보계의 위상과 역할을 강화했던 인물이다. CIA는 1999년 4월 26일 버지니아주 랭글리에 있는 CIA 본부에 조지 부시 정보센터를 개설해 CIA 국장이자 국가정보 최종 소비자인 대통령으로서 부시의 공로를 기념하고 있다. 이에 대해서는 미국 CIA 홈페이지에서 「http://www.cia.gov/cia/information/bush.html」 및 「http://www.cia.gov/cia/public-affairs/speeches/archives/1999/dci-speech-042699.html」 참조.

45) Phillip M. Childs, *American CIA In the Economic Cold War*(「경제전쟁과 미국 CIA」), (서울 고려원, 1994), pp. 102-103.

리 등에 역점을 둔 국가 경쟁력 강화를 위한 국제 경제정보 및 해외 과학기술 정보 수집기능이 강화되었다. 1994년 1월 국가안전기획부법 개정으로 국가보안법 제7·10조 수사권 및 보안감사권이 폐지되는 대신에 방첩 · 대테러·국제범죄조직 업무가 추가되었고, 같은 해 2월에는 국제범죄 신고상담소가 개소되고 1995년에는 국제범죄정보센터로 확대되었다.

1995년 7월 12일 국가안전기획부의 후원으로 '세계화와 국제범죄 대응책' 학술세미나가 열린 것도 정보기관의 직역 확대 및 새로운 임무 수행의 논리를 확산하기 위한 것이었다. 세미나에서는 특히 국제범죄조직의 불법자금 유입과 관련해 국가정보기관의 역할이 강조되었다. 이를테면 지하은행(underground banking system)을 통해서 자금출처를 위장하는 등 국제범죄조직의 불법자금이 국내에 유입되는 것을 효과적으로 차단하는 데는 국제공조가 가장 큰 비중을 차지하는데, 국제공조에서는 특수공작을 통해 정확한 사전정보를 입수하는 활동이 가장 중요하다는 논리였다.

"그러므로 은밀한 경로로 불법자금이 국내에 유입되는 것을 방지하기 위해서는 해외 정보수집활동을 획기적으로 강화할 것이 요구되는 것인데 현실적으로 가장 실효성이 있는 처방으로는 국가안전기획부(이하 '안기부'라 칭함)가 구축하고 있는 해외 정보망을 적극 활용하는 방안을 생각할 수 있을 것이다.

안기부가 국제조직범죄에 관한 해외 정보수집활동을 효과적으로 수행할 수 있으리라고 생각하는 이유는 전공분야가 다양하고 훈련이 잘된 요원들이 오랜 기간 세계 요소요소에 배치되어 근무하면서 풍부한 경험과 기술을 축적해 왔기 때문이다. 뿐만 아니라 현재 안기부 직원들은 개정된 국가안전기획부법 제 3 조에 따라 '국제범죄조직에 관한 국외정보를 수집 · 작성하여 배포'하는 임무를 수행하고 있으며, 특히 '국제범죄정보센터'를 중심으로 마약류 불법유통을 비롯한 각종의 국제조직범죄에 관한 정보를 수집 및 전파하는 데 주력하고 있다

그러므로 국경의 개방으로 상징되는 세계화 추진에 편승한 국제범죄조직의 국내 상륙을 효과적으로 차단하고, 특히 남북한 협력관계의 진전을 틈타 러시아, 중국, 북한 등 북방국가의 불순자금이 국내로 유입될 가능성에 안전하게 대비하기 위해서는 안기부의 범죄정보 수집 및 전파기능을 한층 확대시키는 것이 최선의 대안일 것이다."[46]

46) 조병인, "국제범죄조직의 불법자금 유입 방지대책," 「세계화와 국제범죄 대응책」(서

안기부는 당시 국제범죄정보센터 개설 취지를 "국제범죄 퇴치를 위한 민·관 협력체제 구축 및 국가 차원의 종합 대응책 모색을 위해"서라고 밝혔지만 수사기관의 반발을 사기도 했다. 그러자 안기부는 "국제범죄정보를 수집해서 수사기관에 제공할 뿐 직접 수사에는 관여하지 않는다"는 설립 취지를 강조해 "안기부가 국제범죄 수사까지 하려는 것 아니냐"는 검찰과 경찰 등 수사기관의 반발을 무마했다. 국정원의 국제범죄 정보수집 기능은 현재 마약, 밀수, 무기밀매, 위조화폐, 여권위조, 자금세탁 등으로 확대되는 추세에 있다. 국제범죄정보센터는 현재 국정원 내 대테러 보안을 담당하는 부서에 직제화 되어 있다.[47)]

국정원의 집계에 따르면 1968년 청와대 습격사건과 울진-삼척 무장공비 침투사건, 1983년 미얀마 아웅산 묘소 요인 암살 폭파테러, 1987년 KAL 858기 폭파사건 등 해방 이후 현재까지 북한의 대남 테러 건수는 550여건이나 된다. 그 가운데 국정원과 직접 관련된 테러로 북한의 개입이 의심스러운 것은 블라디보스톡 주재 최덕근 영사 피살사건(1996. 10)과 귀순자 이한영 권총 피살사건(1997. 2)이다. 국정원은 최덕근 영사 피살사건이 1996년 동해안 무장공비 침투사건 이후 발생한 점과 사건 정황, 관련자 증언, 러시아 당국의 수사결과 등에 비추어 북한 공작원이 자행한 테러로 추정하고 있다. 또 이한영 암살사건도 이 씨가 언론을 통해 북한 체제와 김정일의 사생활을 비난해 온 점에 비추어 북한 공작원이나 북한의 사주에 의한 국제범죄조직의 청부살인으로 추정하고 있다. 그러나 국정원은 북한이 1995년 이후 여러 차례에 걸쳐 '테러 반대' 입장을 표명한 바 있고 남북 정상회담을 계기로 상호 화해조처 및 제반 분야의 교류협력이 강화되고 있어 공개적인 테러 개입 및 지원활동을 자제하고 있는 것으로 파악하고 있다.

국정원은 이처럼 대테러 업무뿐만 아니라 산업보안, 즉 기업활동을 위해 보호할 가치가 있는 인원, 문서, 시설, 기술 등 제반 산업기밀의 침해방지 및 관계없는 자에게 누설되지 않도록 보호하는 활동을 새롭게 전개하고 있다. 이는 세계무역기구(WTO) 출범 이후 선진 각국이 상호 시장개방을 표방하면서 자국의 이익 증진을 위한 산업보호 및 산업정보전에 주력하고 있고, 정보화 사

울: 세계국제법협회 한국본부 세미나 자료집, 1995. 7), pp. 83-84.

47) 국정원은 테러의 개념을 "정치적·사회적 목적을 가진 개인이나 집단이 그 목적을 달성하거나 상징적 효과를 얻기 위하여 계획적으로 행하는 불법적 폭력행위"라고 정의한다.

회에 진입하면서 지식과 정보력이 기업의 운명을 좌우하는 현실을 반영한 것이다. 이와 관련해 국정원은 현재 '산업스파이 신고상담소'(02-3412-3800)를 연중무휴로 운영중이다. 이 밖에도 국정원은 21세기 미래전인 정보전(Information Warfare) 대응체계 구축사업의 일환으로 해킹, 컴퓨터 바이러스 감염 등 정보통신망 보안사고 전담반인 '정보보안 119'를 설치해 국가・공공기관 정보통신망 보안사고 발생시 사고접수 및 분석, 복구지원, 예방활동, 정보보안 인증제품 소개, 정보보안 교육・홍보 등의 업무를 수행하고 있다.

이처럼 마약의 확산과 국제적 테러의 증대 그리고 '총성 없는 경제전'에 대처하는 국가정보기관의 역할은 더 복잡해지고 임무의 효율적 수행도 더 어려워지고 있다. 갈수록 세계는 넓고 정보기관이 할 일은 많아진 것이다. 따라서 이와 같은 새로운 위협과 역할에 효과적으로 대처하기 위한 국내외 정보수집이 국가와 국민을 외부의 정치・군사적 위협으로부터 보호하는 대공안보 못지않게 중요한 역할이 되고 있다. 이는 곧 국정원이 군사적 대치관계가 없는 외국의 국가정보기관에 비해 훨씬 더 복잡하고 어려운 임무를 기술적으로 수행해야 한다는 것을 의미한다.

(4) 정보수집 및 분석 능력의 강화

정보환경의 변화와 새로운 도전에도 불구하고 국가정보기관의 '메인 롤'(main role)은 대북 및 해외 정보활동이어야 한다. 따라서 해외 정보수집능력을 강화하고 이에 대한 분석능력 또한 강화하는 것이 무엇보다 절실하다고 할 수 있다. 특히 지금과 같이 동북아 정세가 급변하고 있는 때에 이 점은 아무리 강조해도 지나치지 않을 것이다.

그 동안 국정원을 비롯한 한국의 정보기관들은 기술정보 수집 및 분석 능력이 취약하다는 평가를 받아왔다. 이 결과 과거에는 북한이 최신예 전투기를 도입하거나 미사일 발사시험을 했는데도 불구하고 미국측에서 알려줄 때까지 모르는 경우가 허다했다.[48] 예를 들면 1989년 북한이 소련에서 구매한 MIG-

48) 예를 들어 1989년 북한이 소련에서 구매한 MIG-29 전투기 14대가 소련의 극동군사령부가 있는 하바롭스크 근처의 후아렌카 기지에서 출발해 블라디보스톡과 북한의 서북지역을 따라 비행하여 평양부근 북창기지에 내려앉았으나 오산의 전술항공통제본부에서 신호정보를 분석한 미군이 한미연합사를 통해 관련 자료를 줄 때까지 한국 정보당국은 이를 파악하지 못했다고 한다.

29 전투기 14대가 소련의 극동군사령부가 있는 하바롭스크 근처의 후아렌카 기지에서 출발해 블라디보스톡과 북한의 서북지역을 따라 비행하여 평양 부근 북창기지에 내려앉았으나 오산의 전술항공통제본부에서 신호정보를 분석한 미군이 한미연합사를 통해 관련 자료를 줄 때까지 한국 정보당국은 이를 파악하지 못했다고 한다.

이러한 기술정보 수집능력 부족은 1990년대 초반 북한 핵위기시에 한국이 주도적 역할을 할 수 없게 만들었다.[49] 북한 핵문제는 프랑스의 상업위성인 스포(SPOT)호가 영변지역의 핵시설을 촬영함으로써 공론화되었다. 물론 후에 나온 언론보도 등에 의하면 안기부도 이 시설에 대해 어느 정도 파악을 하고 있었다는 주장도 있다. 그러나 한국이 북한의 핵시설에 대한 명확한 정보가 없어 적절한 정책대응을 할 수 없었던 것이 사실이다.

기술정보 수집 및 분석 능력을 강화하기 위한 방안으로는 다음의 두 가지를 고려할 수 있다. 우선 독자적인 첩보위성 보유를 추진하여야 할 것이다. 현재 미군이 제공하는 북한 항공사진은 미국과 한국이 용산의 미군 영내에서만 해석하도록 되어 있어 한국의 자유로운 정보활용이 어렵다.[50] 그래서 국정원은 독자적으로 사진정보를 수집하기 위해 미국의 위성사진 공급회사와 계약을 맺고 공급받는 것으로 전해진다. 독자적 첩보위성이 없는 경우에는 상업용 위성사진도 많은 도움이 되는 것은 사실이다. 그러나 상업용 위성사진은 전략 목표를 분석하는 데는 한계가 있기 마련이다. 한국보다 경제규모가 작은 이스라엘이 독자적 첩보위성을 보유한 것을 고려한다면 충분히 한국의 정보기관도 독자적인 첩보위성을 보유할 수 있다고 판단된다.

다음으로는 통신정보 수집과 분석강화, 그리고 암호해독력 강화를 위해 영국의 정부통신본부(GCHQ), 미국의 국가안전국(NSA)와 같은 국가수준의 통신정보담당 정보기관을 설립하는 것도 고려할 수 있다.

기술정보 수집능력 배양도 중요하지만 인간정보 수집능력의 배양도 매우

---

49) 북한 핵문제는 프랑스의 상업위성인 스포(SPOT)호가 영변지역의 핵시설을 촬영함으로써 공론화되었다. 물론 뒤에 나온 언론보도 등에 의하면 안기부도 이 시설에 대해 어느 정도 파악을 하고 있었다는 주장도 있다. 그러나 한국이 북한의 핵시설에 대한 명확한 정보가 없어 적절한 정책대응을 할 수 없었던 것은 사실이다.

50) 그래서 국정원은 독자적으로 사진정보를 수집하기 위해 미국의 위성사진 공급회사와 계약을 맺고 공급받는 것으로 전해진다. 독자적 첩보위성이 없는 경우에는 상업용 위성사진도 많은 도움이 되는 것은 사실이다. 그러나 상업용 위성사진은 전략목표를 분석하는 데는 한계가 있기 마련이다.

중요하다. 이스라엘의 모사드가 세계적인 명성을 떨칠 수 있었던 이유는 기술정보보다 정확한 인간정보 수집 및 분석 능력 때문이라는 것은 주지의 사실이다. 이러한 점은 한국 정보기관에 중요한 시사점을 준다고 할 수 있다.

1990년대 들어 국정원의 북한에 대한 인간정보 수집능력은 크게 배양된 것으로 알려지고 있다. 이는 탈냉전으로 인하여 소련과 중국 등 공산권과의 수교로 인하여 북한에 대한 접근통로가 다양해졌기 때문이다. 특히 중국을 중심으로 국정원은 북한에 대한 인간정보 수집능력을 강화한 것으로 알려졌다. 그러나 여기에 안주하지 말고 더 확실한 정보망 구축에 힘써야 할 것이며, 이러한 정보능력을 북한에만 국한하지 말고 보다 광범위한 해외 정보수집에도 활용해야 할 것이다.

기술 및 인간정보 수집과 분석 능력 고양과 더불어 고려할 점은 정보역량의 배분문제이다. 현재 국정원 정보역량이 우선적으로 배분되는 곳은 북한이라고 할 수 있다. 그러나 문제가 되는 분야는 북한을 제외한 해외 정보이다. 한국은 미국과 같은 패권국이 아니기 때문에 전세계적인 정보수집을 할 이유도 없을 뿐더러 그러한 능력도 가지고 있지를 않다. 예를 들어 국정원은 1995년 안기부 시절부터 「해외산업경제정보」라는 자료를 만들어 기업과 민간연구소 등에 배포하고 있으나 정보의 질에 대한 수요자의 평가는 인색하다. 이는 '백화점식 정보목표'와도 밀접한 관련이 있다고 한다. 즉 지나치게 많은 국가들의 정보를 수집하다 보니 그 질적 수준이 떨어진다는 것이다.

또한 현 정부 출범 이후에 발생한 인도 핵실험에 대한 국정원 보고가 언론보다 늦었다는 문제로 논란을 빚은 적이 있다. 하지만 인도 핵실험이 한국의 국가안전보장에 얼마나 위협이 되는지를 고려한다면 이것은 심각한 문제가 아닐 수도 있다. 더구나 인도의 핵실험은 미국의 CIA마저 속이고 이루어졌다는 점을 고려한다면 국정원의 능력을 문제삼을 이유는 없다고 하겠다.

정보는 통상 구체적으로 위협이 되는 것에 목표를 두어야 한다. 그래서 정보수집·분석에 앞서 정보목표의 설정이 중요한 것이다. 해외 정보에 있어서 백화점식의 정보수집은 지양할 필요가 있다. 한국의 국가이익에 크게 관련이 없는 지역의 정보는 외무부에 맡기고 국정원은 사활적 이익과 중요한 국가이익이 달려 있는 국가와 지역에 대한 정보수집에 주력해야 할 것이다.

제19장

한국 국가정보기관의 개혁 방향

문정인 · 이정훈

1. 머 리 말

한국의 국가정보기관, 이대로 좋은가? 이미 18장에서 김당은 한국 국가정보기관의 문제점 등을 비교적 소상하게 지적해 놓았다.[1] 엄격한 의미에서 한국의 국가정보기관은 냉전구도, 군사정권과 권위주의, 그리고 분단의 산물이라 할 수 있다. 그러나 이제 세상은 급격히 변하고 있다. 한반도를 오랫동안 지배해온 냉전구도는 해체되고 탈냉전과 세계화의 새로운 지평이 열리고 있다. 국가정보기관을 정권안보의 도구로 활용했던 권위주의 군사정권도 이미 청산된 지 오래다. 1987년 이래 지속되어 온 민주화의 이행과 공고화는 국가정보와 관련된 국내정치의 판도를 바꾸어 놓았다. 특히 김대중 정부 출범 이후 대북 포용정책의 적극적 추진, 2000년 6월의 남북정상회담, 그리고 6·15 공동선언의 채택은 분단과 대립의 골을 넘어 통일정국의 새로운 지평을 열어 놓고 있다.

과거의 국가정보 파라다임으로 이 같은 변화를 감당하기는 어렵다. 변화하

1) 국가정보원 웹사이트는 http://www.nis.go.kr 이다. 이 사이트에는 국가정보원의 연혁과 역사, 역할뿐만 아니라 북한 관련 정보도 많이 실려 있다. 국가정보원 직원 공채에 관한 정보도 이 사이트를 통해 공개된다. 국가정보원에 대해 알려고 할 때는 가장 먼저 이 사이트를 탐방하고 이어 국가정보원법을 살펴보는 것이 좋다.

는 국내외 추세에 맞추어 한국의 국가정보기관도 미래 지향적으로 전환해야 한다. 이 장은 결론을 대신하여 한국 국가정보기관 개혁의 당위성을 검토해 보고 개혁의 방향을 제시하는 데 그 취지가 있다.

2. 탈냉전, 세계화, 민주화, 그리고 통일정국: 국가정보기관 개혁의 당위

(1) 탈냉전과 세계화의 도전

21세기 한국의 국가정보체계가 직면하고 있는 가장 큰 도전은 탈냉전과 세계화 시대의 도래일 것이다. 미소 대결의 해체를 통한 탈냉전 시대의 도래는 대부분의 국가에 있어 국가안보의 우선순위에 커다란 변화를 가져왔다. 냉전체제하에서 거의 신성시 되었던 군사안보의 위상이 하향 조정되고 비 군사부분의 안보 현안들이 급부상하기 시작했다. 특히 미국을 축으로 한 세계화의 확산은 국가안보에 대한 우선순위의 재조정을 가속화시켰고, 국가정보의 성격도 이와 더불어 급격히 변화해 왔다.

냉전시 한국 국가정보기관의 최우선적 과제는 전쟁의 조기경보 및 재발 방지였다. 때문에 국가정보원(냉전시에는 중앙정보부와 국가안전기획부로 불렸다)은 전쟁 징후를 조기에 포착하는 데 주력했다(전쟁 조기경보). 이 시기 국가정보기관은 북한 공작조직의 침투와 한국에서 자생적으로 생겨나는 공산 조직을 색출하는 방첩활동에도 주력하였다(대북한 방첩활동). 또한 한국의 국가정보와 군사정보가 북한을 비롯한 적성국가로 넘어가는 것을 막는 보안 활동에도 주력할 수밖에 없었다(대공 보안활동).

북한에서 온 귀순자 등을 상대로 북한 관련 첩보를 모으는 등 적성 국가에 관한 첩보를 수집하는 것도 국가정보기관이 해야 하는 중요한 임무 중의 하나였다(첩보수집활동). 국군기무사령부(냉전시에는 특무대 · 방첩대 · 국군보안사령부 등으로 불렸다)와 경찰청의 보안(냉전시에는 주로 '대공'으로 불렸다) 분야는 국가정보기관이 관장하는 방첩과 보안 그리고 첩보활동을 지원했다. 냉전시기 한국 국가정보체계는 주로 북한을 상대로, 전쟁 조기경보와 방첩 · 보안· 첩보 수집활동을 벌여 왔다.

여기서 한가지 역설적 현상은 1989년 베를린 장벽의 붕괴를 계기로 등장한 탈냉전과 그에 따른 세계화의 확산이, 한국에 대해서는 이중적 안보위협을 초래했다는 것이다. 무엇보다 탈냉전 시대의 도래는 한반도에서는 가시적인 평화의 지분을 가져오지 못했다. 비록 한국이 러시아와 중국과 수교를 하면서 준(準) 적대관계를 해소했지만 북한과의 군사적 대립은 그냥 남아 있었다. 이렇게 냉전의 잔재가 남아 있는 상황하에서 세계화라는 새로운 안보 도전이 등장하기 시작한 것이다.

세계화에 따른 안보 위협의 대표적 사례가 바로 국제테러다. 2001년 9월 11일 미국에서는 테러범들이 여객기를 납치해 뉴욕에 있는 세계무역센터와 워싱턴 DC의 국방성 건물을 향해 돌진해 들어가는 사상 초유의 테러가 발생했다. 이러한 테러에 대해 미국은 군사력을 동원해 용의자 오사마 빈 라덴이 은신해 있는 것으로 추정되는 아프가니스탄을 공격하는 저강도 분쟁을 일으켰다. 국제테러가 이처럼 전쟁으로 발전할 수 있다는 것은 냉전시대에는 상상하기 힘들었다. 그러나 9·11 테러는 탈냉전, 세계화 시대에 나타날 수 있는 전쟁의 성격을 압축적으로 보여주는 것이다. 따라서 국가정보기관은 전쟁의 조기 경보뿐만 아니라 국제테러 조직의 움직임을 추적하는 데 촉각을 곤두세워야 한다. 특히 월드컵, 그리고 아시안게임과 같이 국제적 행사를 개최하는 한국에 있어 국제테러는 중차대한 사안이라 할 수 있다.[2)]

국제적인 마약의 유통도 심각한 안보위협 사항이 되고 있다. 마약은 초국가적 범죄조직에 의해 전 세계로 유통되고 있다. 세계적으로 유명한 마약생산지역으로는 네 군데가 꼽히고 있다.[3)] 첫째는 태국과 접하고 있는 미얀마의 동북부 지역이다. 이 곳은 '황금의 삼각지대'로 불리는데 미얀마로부터 독립하기를 바라는 군사 조직 등이 아편을 재배하고 있다. 군사 조직 등은 무력투쟁 자금을 마련하기 위해 아편을 재배해 세계로 유통시키고 있다.

둘째는 파키스탄과 아프가니스탄으로 이어지는 '황금의 초생달 지역'이다. 오랫동안 내전이 반복되고 있는 이 지역에서도 역시 아편을 재배하고 헤로인

---

2) 국가정보원법 제 2 조 1항 1호는 국가정보원의 직무를 '국외 정보 및 국내 보안 정보(對共·對政府顚覆·防諜·對테러 및 국제범죄 조직)의 수집 및 배포'로 밝혀 놓고 있다. 국가정보원은 이 조항에 근거해 對테러 문제를 다루는 실무 부서가 된다. 2001년 9월 11일 미국에서 초대형 테러가 일어난 후 국가정보원이 신속하게 '테러방지법' 초안(草案)을 만든 것은 이런 이유 때문이었다.

3) 국가안전기획부, 「21C 새로운 위협 국제범죄의 실체와 대응」(서울: 국가안전기획부, 1998), 49-114쪽.

을 제작 밀매함으로써 투쟁 자금을 얻는 조직이 많다. 셋째는 콜롬비아·페루·볼리비아로 이어지는 남미의 '코카인 삼각지대'다. 이 곳은 주로 코카인을 만들어 미국 등 북미지역으로 밀수출하고 있다. 넷째로는 북한과 중국 북부지역이 거론된다. 이 곳에서는 주로 필로폰(메스 암페타민)을 제조해 한국과 일본 등으로 수출하고 있다.[4] 경제난이 심각한 북한은 국가기관이 필로폰 등을 제작해 수출하고 있는 것으로 알려져 있다.

국경을 넘어 오고가는 마약유통 조직의 움직임은 국제테러 조직의 움직임만큼 치밀하다. 따라서 국경 안에서만 활동하는 경찰 조직이나 정규전에 대비한 군 조직으로는 적절히 대응할 수가 없다. 이러한 마약유통을 차단하기 위해서는 여러 나라에 요원을 파견해 놓고 있는 국가정보체계가 나서야 한다. 국가정보체계는 다른 나라의 국가정보체계와 인적 네트워크를 갖고 있으므로 초국가적인 범죄정보를 교환할 수가 있다.

탈냉전시대 미국의 달러화는 세계 통용화폐가 되었다. 국제범죄 조직은 이러한 현상을 악용해 위조달러를 만들어 유통시키고 있다. 위조달러의 유통은 국제경제질서는 물론이고 국내 경제질서까지 교란시킨다. 국경을 넘어 유통되는 위조달러의 범람을 막는 것도 국가정보체계만이 할 수 있는 영역이다.

국제테러, 마약, 위조지폐, 조직범죄 등 외사관련 사안들 뿐만 아니라 경제 부분에 있어서도 국가정보기관의 중요성이 과거 어느 때보다 증대하고 있다. 제 8 장에서 심도 있게 다룬 바대로 세계화의 확산은 냉혹한 무한 경쟁이란 새로운 외부 환경을 조성하고 있다. 무한 경쟁에서의 탈락은 곧 바로 국가의 번영과 복지, 삶의 질, 심지어는 국가의 생존 자체를 위태롭게 할 수도 있다. 무한 경쟁은 시장에서 이루어지기 때문에 국가정보기관의 개입에는 한계가 있다. 그러나 제한적이지만 국제경쟁력 제고와 관련, 국가정보기관은 여러 가지 역할을 할 수 있다. 그 대표적 영역으로 첨단과학기술에 대한 첩보수집, 경제 방첩 활동을 통한 주요 과학기술 정보의 해외유출 방지, 주요 전략자원의 안정 공급을 위한 예비조치, 주요 경쟁 대상국가들에 대한 경제 정책 동향 파악, 그리고 세계 경제의 변화에 대한 중장기 예측 등을 들 수 있다.

이상의 논의를 기초로 할 때, 탈냉전, 세계화의 도래는 국가정보기관의 업무 영역을 혁명적으로 확장시켜 주고 있는 것이 된다. 특히 한국의 국가정보기

---

4) 최영재, "세계 4대 마약지대, 韓·中·日 화이트 트라이앵글" 「신동아」(서울: 동아일보사, 2001년 12월 호), 142-151쪽.

관은 냉전시부터 존재해 온 위협은 물론이고 탈냉전 이후 생겨난 새로운 위협 요인에 대해서도 능동적으로 대처할 수 있어야 한다.

(2) 민주화의 도전

한국 정보기관에 대한 두 번째 도전은 민주화 이행 및 공고화와 밀접한 관계를 갖는다. 제 7 장에서 자세히 다루어지고 있지만 과거 권위주의 정권하에서 한국의 정보기관에 대한 민주적 통제는 요원했다. 국가안보를 빌미로 하여 체제안보를 도모하고 그 과정에서 민주적 절차를 무시해도 이를 견제하고 통제할 수 있는 사회적, 정치적 기제가 없었다. 최고통수권자의 전위기구로서 법과 여론 위에 존재했던 것이 한국의 국가정보기관이라 할 수 있다.

그러나 세상은 변했다. 이제 한국의 국가정보기관도 민주화라는 국내 정치적 환경변화에 능동적으로 대처해야 한다. 미국 등 선진국에서는 이미 오래 전부터 국가정보기관은 의회의 통제를 받아왔다. 그러나 한국에서는 민주화가 시작되면서부터, 국회에 정보위원회가 신설돼 국가정보체계를 통제하기 시작했다.[5] 국회에 정보위원회가 없었던 시절 국가정보체계는 국회로부터 예산 작성과 집행에 대해 전혀 통제받지 않았다. 따라서 정보비를 영수증 없이 마구 사용할 수 있었다. 그러나 국회에 정보위원회가 생긴 이후로는 비록 비공개이긴 하지만 국가정보체계는 예산안 작성과 집행 결과에 대해 보고하게 되었다. 이처럼 민주화는 국회에 의한 국가정보체계의 통제를 가져왔다.

민주화는 언론에 의한 국가정보체계의 통제도 가능케 했다. 권위주의 정권 시절 국가정보기관은 언론을 통제할 수 있었다. 물론 이 시절에도 일부 언론은 국가정보체계의 권력 남용을 견제했으나 이때의 견제는 주로 국가정보기구의 정치 관여에 대한 견제라 저항적인 의미가 강했다.[6] 일부 언론의 저항이 있긴 했지만 국가정보기관은 월등히 우월한 위치에서 언론을 조종, 통제할 수 있었

5) 한국국회는 1994년 6월 28일 처음으로 정보위원회를 만들었다. 당시 국회는 '국회법'을 개정해 제37조 1항에 정보위원회를 둔다는 내용을 삽입함으로써 정보위원회를 만들게 되었다. 정보위원회가 없던 시절 국회는, 국방위원회를 통해 국가안전기획부의 업무를 형식적으로 통제했다.

6) 중앙정보부나 국가안전기획부의 권력 남용에 관한 사례를 추적한 언론인의 책으로는 다음과 같은 것이 있다. 김충식, 「남산의 부장들 1·2·3」(서울: 동아일보사, 1992); 문일석, 「秘錄 중앙정보부 1·2·3」(서울: 아침, 1995); 趙甲濟, 「國家安全企劃部」(서울: 조선일보사, 1988).

다. '국익'을 이유로 국가정보기관에 불리한 기사를 차단, 봉쇄하는 등 언론에 대한 다양한 통제를 가할 수 있었다.

그러나 민주화가 시작된 이후로는 상황이 역전돼 국가정보기관은 종종 언론의 취재 대상으로 전락해 집요한 추적을 받아왔다. 언론은 정치공작 같은 전통적인 주제뿐만 아니라, 과거에는 전혀 다루지 못했던 국가정보기관의 조직과 예산, 그리고 공작, 첩보 등 세부적인 업무분야까지도 파 들어가고 있다.[7] 또 진승현, 이용호 사건 등에서 찾아볼 수 있듯이 언론이 국가정보기관 소속 요원들의 부정과 부패를 폭로하는 경우도 현저히 늘어났다.[8]

언론의 이러한 도전은 '국민의 알 권리' 등에 근거를 두고 있다. 그러나 언론의 무절제한 폭로와 공격 때문에 대북 및 해외 공작망이 마비, 와해되고 국가정보기관의 권위가 크게 실추되는 등 피해를 입는 사례도 늘고 있다. 때문에 국가정보기관이 언론공포증에 걸렸다 해도 무리는 아닐 것이다. 이와 같이 언론기관에 의한 국가정보기관의 감시와 통제는 민주화 시대에는 피할 수 없는 대세가 됐다. 국가정보기구는 이러한 민주적 제약을 슬기롭게 극복하고 이러한 제약하서도 국가안보의 첨병으로서의 역할을 다 할 수 있는 방안을 모색해야 할 것이다.

민주화 시대에는 시민단체와 NGO들에 의한 감시와 견제도 크게 활성화되고 있다. 물론 미국이나 기타 선진국처럼 체계적인 감시, 통제는 아직 요원하나 국가정보원 정문 앞에 몰려가 시위를 하는 등 권위주의 정권 시절에는 생각할 수도 없는 현상이 벌어지고 있다. 이와 같이 민주화 이행 및 공고화는 정치사회와 시민사회, 그리고 언론으로부터 과거 유례가 없는 감시, 견제, 통제를 가능케 해 주고 있다. 과거와 같이 이러한 국내 정치적 변화에 소극적이고 반사적으로 대응할 때, 국가정보기관은 존립 그 자체가 위협받을 수 있다. 이제부터는 변화하는 국내 환경에 적극적으로 대응해야 하고, 국민의 신뢰를 받아야 한다. 그러기 위해서는 환골탈태의 대개혁을 안으로부터 시작해야 할 것이다.

7) 언론이 국가정보체계가 국익을 걸고 한 대북 혹은 해외공작에 대해 시비를 제기한 기사로는 다음과 같은 것이 있다. 이정훈, "1998년 7월 16일 신문사로 뛰어든 북한인 崔仁洙" 「新東亞」(서울: 동아일보사, 2001년 12월 호); 우종창, "김정일 본처 成惠琳 일가, 모스크바 탈출 전 과정 4개월" 「月刊朝鮮」(서울: 조선일보사, 1996년 3월 호); 김용삼, "黃長燁 망명, 그 숨가쁜 3백일, 인민이 굶어죽는데 무슨 사회주의냐" 「月刊朝鮮」(서울 조선일보, 1997년 3월 호).

8) 언론이 국가정보체계원의 부정부패를 폭로한 것으로는 2001년 11월 터져 나온 이른바 '진승현-이용호 게이트 사건'이 있다. 이 사건으로 인해 국가정보원의 일부 간부가 구속 되고 사표를 제출했다.

(3) 통일 정국과 새로운 도전

한국의 국가정보체계가 직면하는 또 다른 변화는 대북 포용정책의 추진과 그에 따른 한반도 통일 정국의 새로운 전개이다. 앞에서도 언급했지만 과거 냉전시 한국 국가정보체계는 전쟁의 조기경보, 북한의 대남 침투, 와해 공작의 과감한 차단과 그에 따른 방첩활동의 강화 등 분단과 갈등의 효과적 관리에 그 초점이 맞추어져 왔다. 전쟁예방을 위한 분단의 안정적 관리는 통일 담론과는 거리가 먼 것이었고, 국가정보기관의 역할 분담도 이 같은 맥락에서 이루어져 왔다.

김대중 정부의 출범과 햇볕정책의 추진은 한국 국가정보기관의 기존 패러다임에 충격적 전환의 계기를 가져 왔다. 대북 포용을 전제로 하는 햇볕정책이 결코 새로운 것은 아니다. 이미 노태우 정부는 1989년 9월 한민족 공동체 통일방안의 선언과 1991 남북 기본합의서 체결을 축으로 하는 포용의 대북 정책을 전개한 바 있다. 그러나 김대중 정부하에서의 변화는 가히 혁명적이라 할 수 있다. 특히 2000년 6월 13일부터 15일 사이 김대중 대통령은 평양을 방문해 역사적인 남북정상회담을 가졌다. 남북정상회담은 한반도 분단체제의 종언과 새로운 통일 시대의 전개를 알리는 상징적 의미를 수반하는 것이었다. 냉전체제의 해체, 분단의 종언, 그리고 통일 정국의 전개라는 새로운 한반도 상황의 등장은 한국의 국가정보기관에 이중적이고도 모순적인 임무를 부여하기 시작했다. 즉, 한편으로는 과도기적 차원에서 전쟁의 예방과 분단의 안정적 관리를 유지해 나가되, 다른 한편에서는 한반도 평화통일의 여건을 개척, 형성해 나가라는 임무를 부여하였다. 이러한 이율배반적인 임무 부여가 국가정보기관에 엄청난 혼란을 가져온 것은 주지의 사실이다.

그러나 역설적으로 이러한 통일 정국하에서 국가정보기관의 역할은 더욱 강화될 수밖에 없다. 과거 분단 관리의 논리하에서 국가정보기관의 기능은 조기경보, 방첩 등 비교적 단순했다. 그러나 통일지향의 새로운 시대적 상황 하에서 그 역할과 기능은 다중화, 다변화 할 것으로 예상된다. 우선 시계열로 볼 때, 국가정보기관은 네 가지 상황을 순차적으로 관리해 나갈 수 있는 국가정보의 기반을 구축해야 한다. 즉, 분단을 관리하고, 통일을 준비하는 동시에 통일 과정을 추슬러 나갈 수 있는 국가의 능력을 제공해야 한다. 더 나아가 통일이 이루어졌을 때, 통일한국의 국가안보 기반을 굳건히 하는 것 또한 국가정보기관의 역할이다.

여기서 특히 주목해야 할 점은 이러한 시계열별, 순차적 통일 정국의 관리가 한국 내부, 남북한간, 그리고 주변 4강이라는 맥락에서 종합적으로 조율되어야 한다는 사실이다. 분단 관리와 통일 준비의 동시적 전개는 남한 내부에 통일의 방법을 놓고 보수와 혁신 세력간의 갈등을 유발시킬 수 있다. 이른바 '남남(南南)갈등'으로 불리는 이러한 대립은 어렵게 형성된 통일 분위기에 찬물을 끼얹는 변수가 될 수 있기 때문에, 국가정보기관은 이러한 갈등을 최소화하는 방안도 찾아내야 한다. 뿐만 아니라 분단과 갈등의 관리 차원에서 전쟁의 조기경보와 대북 방첩 등 고유기능도 지속해나가야 하는 것이다.

통일 정국의 전개는 남북한 관계에 있어서도 새로운 다중적 임무를 부여해 주고 있다. 무엇보다 햇볕정책이 지향하고 있는 남북 합의에 의한 평화공존, 교류협력, 남북연합, 그리고 궁극적으로는 한반도 통일이 실현될 수 있도록 노력해야 한다는 것이다. 사실 김대중 정부하에서의 남북관계가 국가정보원에 의해 주도되어 왔다는 점은 이를 극명하게 보여주고 있다. 그러나 합의형 통일이 어려울 수도 있다. 남북한이 모두 원치 않으나 흡수형, 무력형 통일로 전이될 수도 있다. 이 경우, 통일과정이나 통일 이후 대내적 통합과정에 있어서 국가정보기관의 역할은 과거 어느 때보다 중요해질 것이다. 따라서 이러한 개연성을 염두에 두고 국가정보 활동에 임해야 할 것이다.

한반도 재통일 분위기는 국내 및 남북한 관계뿐만 아니라 국외에서도 새로운 문제를 일으킬 수 있다. 한반도의 재통일 분위기가 고양될 경우, 미국은 한반도의 긴장이 삼소됐나고 판단해 주한미군의 철수나 감축을 심각히 검토할 수도 있다. 한국의 가장 중요한 우방인 미국이 주한미군을 감축 또는 철수시킨다고 하면 한반도의 재통일 방정식은 더욱 복잡해질 것이다. 따라서 국가정보기관은 미국 지도부의 판단과 향후 미국의 정책방향까지도 세밀히 예측하여야 한다. 냉전시대 미국은 한국의 최우선적 우방이었고 정보협력이 원활했었기 때문에 미국에 대해서는 필요 이상의 정보 수집노력이 필요하지는 않았다. 그러나 한반도 재통일 분위기가 높아지면 미국이 어떤 선택을 할 것인지에 대해 세밀히 살펴보아야 한다.

한반도의 재통일 분위기가 고양되면 국가정보기관은 일본의 움직임에 대해서도 촉각을 곤두세워야 한다. 일본은 통일 과정이나 그 이후 북한 지역의 부흥에 필요한 자금을 제공할 수 있는 거의 유일한 나라라 해도 과언이 아닐 것이다. 사실 한국도 일본의 식민지배에 대한 보상으로 받은 '대일청구권 자금'으로 수출 주도 산업화의 기반을 마련했다. 마찬가지 맥락에서 북일 관계 개선과 한반도 통일 분위기 조성은 대일청구권 자금의 북한이전을 가능케 할 수 있다. 청구권 자금 외에도 상업차관이나 직접투자 형태로 북한 지역에 투자할 수도 있는 나라가 바로 일본이다. 통일 과정과 그 이후에 있어서 일본의 역할은 경제부문에 국한 되지 않는다. 일본의 보통국가화와 재무장, 우익세력의 정치적 부상, 그리고 일본의 외교 안보정책 등은 한반도의 현재와 미래에 결정적 영향을 미칠 수 있다. 따라서 국가정보기관은 일본에 대한 관심을 소홀히 해서는 안 된다.

한반도 재통일 과제와 관련해 중국은 매우 특수한 존재가 아닐 수 없다. 1950년에 일어난 6·25전쟁 때 중국은 북한을 도와 참전했다. 중국은 이때의 참전을, 조선(북한)을 돕고 세계 최강인 미국과 싸워 이겼다는 뜻으로 '항미원조전'(抗美援朝戰)이라고 부르고 있다. 항미원조전을 감행했던 중국이 한반도 재통일 과정에서 또 다시 역할을 할 것인가는 큰 관심거리가 아닐 수 없다. 따라서 한반도 재통일 분위기가 무르익으면 익을수록, 국가정보체계는 한중 관계 개선에 골몰하여야 한다. 통일 후 한반도에 가장 큰 영향력을 행사할 수 있는 국가도 중국이다. 따라서 중국에 대한 심층적인 동향 파악과 친한 세력의 구축은 국가정보기관의 주요 기능 중 하나라고 평가할 수 있다.

러시아도 무시할 수 없는 나라다. 러시아는 북한 지역을 공산화하는 데 직접 기여한 나라였다. 따라서 러시아 역시 한반도의 통일 과정에 직·간접적으로 개입할 수 있다. 특히 극동 군사력을 바탕으로 한 러시아의 정치, 외교적 개입은 한반도의 평화와 안정에 주요 변수가 될 수 있다. 그러므로 러시아 역시 주요 수집 대상국이 되어야 한다.

국내적으로는 남남갈등이 줄어들고, 남북간에는 교류와 협력이 더욱 공고해질 때, 그리고 대외적으로는 주변 4강이 한국에 우호적일 때 한반도의 재통일 분위기는 더욱 고양될 것이다. 이와 같이 새롭게 전개되는 한반도의 통일 정국은 과거 어느 때보다 국가정보기구의 중요성을 고양시켜 주고 있는 것이다.

이렇게 볼 때, 기존의 국가정보 패러다임으로는 탈냉전, 세계화, 민주화, 그리고 통일정국의 새로운 도전을 체계적으로 관리하기 어렵다. 이제 국가정보기구도 변해야 한다. 그러면 변화와 개혁의 방향을 어디에 두어야 하는가? 우선 개혁의 과제를 10가지 정도로 추려서 살펴보기로 하자.

3. 한국 국가정보기구의 개혁방향: 10대 과제[9)]

(1) 다중적 위협과 국가정보 우선순위

이미 제 1 장에서 비교적 소상히 논의했지만 한국 국가정보기관이 당면하고 있는 가장 큰 과제는 탈냉전, 세계화, 민주화, 그리고 통일 건국이라는 새로운 시대상황하에서 그 위상을 어떻게 정립해야 하느냐 하는 것이다. 재차 강조하지만 국가정보는 국가안보의 하위개념이다. 다시 말해서 국가정보는 국가안보에 대한 투입변수이자 그 목표의 실행을 위한 수단이라고 할 수 있다. 따라서 국가안보전략이란 큰 그림 없이 국가정보의 위상을 설정하기란 쉽지 않다. 바로 여기서 한국의 국가안보전략에 대한 총체적 재평가가 필요한 것이다. 국가안보의 목표를 분명히 하고 그 실현을 위한 정치적 수단을 명시할 때 국가정보기관의 존립 이유가 보다 명백히 부각될 수 있을 것이다. 왜냐하면 국가안보의 우선순위 결정은 국가안보전략에 따른 국가이익의 우선순위에 의해 결정되기 때문이다. 이와 관련하여 미국의 사례는 시사하는 바가 크다. 미국의 대통령은 매년 미 의회에 국가안보에 대한 연차보고서를 제출한다. 그리고 그와 병행하여 CIA 국장은 "미국정보기관의 연차보고서"를 작성하고 동 보고서에서 기능별, 지역별 국가정보 우선순위를 명시한다. 여기에서 설정된 국가정보의 우선순위는 수집과 분석의 우선순위로 곧바로 반영된다.

여기에서 중요한 것은 최고지도자의 지도력과 비전의 제시이다. 국가정보의 소요제기와 궁극적 소비는 대통령에게 달려 있다. 대통령이 국가안보에 대한 분명한 철학과 비전이 있고 국가안보전략이 체계적으로 잘 준비되어 있는 국가라면, 국가정보 우선순위는 쉽게 결정된다. 그러나 반대로 대통령의 철학과 비전이 결여될 경우라면, 국가정보 우선순위는 해당 정보기관에 의해 자의적으로 결정되면서, 국가안보와 국가정보간의 연계가 단절될 수도 있다. 따라서 한국의 경우, 가장 중요한 과제는 최고지도자가 얼마나 체계적으로 국가안보전략을 수립하고 국가정보기관이 이를 어떻게 지원해 줄 수 있느냐 하는 것이다.

9) 여기 제시된 10대 과제에 관해서는 다음 문헌을 참고 바람. 문정인, "국가안보와 국가정보,"「국가전략」2 : 1(1996).

(2) 국가안보와 체제안보

과거 중앙정보부와 안기부가 국민들의 지탄대상이 되어왔던 가장 큰 이유는 국가안보라는 고유의 기능을 소홀히 하고 정권안보의 하수인으로 전락해 왔다는 데 있다. 안기부나 보안사 등의 국가정보 및 보안기구가 정치공작의 제일선에 나서서 정치적 반대세력을 탄압하고 집권층의 세력구축에 협조하는 압제적 수단으로 활용되었다는 것은 주지의 사실이다. 그러나 김영삼 정부 출범 이후 많은 변화가 있어 왔다. 안기부법 개정과 보안감사기능 철폐를 통해 안기부의 권력남용을 제도적으로 방지하였고, 기무사 역시 군내부의 보안기능을 전담하도록 관련 법령을 재정비하였다. 특히 김대중 국민의 정부하에서 국가정보원법 개정 등을 통해 정보기관의 정치개입은 눈에 띄게 줄어들었다.

하지만 대통령중심제하에서 국가정보기구는 공식, 비공식적으로 손쉽게 정치화될 수 있다. 따라서 국가안보사안과 정권안보사안을 제도적으로 보다 분명히 구분할 필요가 있다. 물론 이러한 제도적 구분이 현실적으로 문제가 없는 것은 아니다. 국가안보기능의 효과적 수행을 통한 집권세력의 정치적 정통성 함양은 지극히 바람직하고 권장할 사항이다. 그러나 국가정보기구의 과거 유산과 국민적 이미지 때문에 이러한 순기능적 측면까지도 무시할 경우, 국가정보기구는 크게 위축될 수 있다. 최근 국정원의 위축현상도 이와 같은 현상에 기인한다 할 수 있다. 따라서 정권안보차원을 떠나 국가안보에 전념할 수 있는 제도적 장치의 보완 구축이 시급하다 하겠다.

제10장에서 상술하고 있지만 민주화시대에서 국가정보체계는 국회나 언론·시민단체로부터 강도 높은 제약을 받아오고 있다. 따라서 과거와 같은 국가정보기관의 정치 개입, 정치 사찰, 정치 공작은 현실적으로 어렵다. 특히 국가정보기관의 정치 불개입은 국가정보원법 제 9 조에 명시돼 있는 것이기도 하다.[10]

10) 국가정보원법 제 9 조(정치관여의 금지)

① 원장·차장 및 기타 직원은 정당 기타 정치단체에 가입하거나 정치활동에 관여하는 행위를 하여서는 아니된다.

② 제 1 항에서 정치활동에 관여하는 행위라 함은 다음 각 호의 1에 해당하는 행위를 말한다.

1. 정당이나 정치단체의 결성 또는 가입을 지원하거나 방해하는 행위
2. 그 직위를 이용하여 특정 정당 또는 특정 정치인에 대하여 지지 또는 반대하는 의견을 유포하거나 이러한 여론을 조성할 목적으로 특정 정당 또는 특정 정치인에 대하여 찬양 또는 비방하는 내용의 의견 또는 사실을 유포하는 행위
3. 특정 정당 또는 특정 정치인을 위하여 기부금 모집을 지원하거나 방해하는 행위 또는 국가·지방자치단체 및 정부투자기관의 자금을 이용하거나 이용하게 하는 행위

국가정보원법은 또 18조에서 정치에 관여한 직원들은 처벌하도록 규정하고 있다.[11)]

사실 엄격한 의미에서 국가정보기관은 그 스스로의 존속과 정통성을 위해서도 비정치화 되어야 한다. 왜냐하면 전통적으로 정치 관여는 정권 교체기 때마다 국가정보체계를 뒤흔들어 놓았기 때문이다. 1979년 12·12사태로 권력을 잡은 신군부는 박정희 대통령 시해에 가담한 중앙정보부를 대대적으로 개편하고 이름을 국가안전기획부로 바꿔 버렸다. 1993년 출범한 김영삼 정부도 국가안전기획부에 대해 물갈이를 했다. 1998년 출범한 김대중 정부 또한 국가안전기획부를 국가정보원으로 개칭하면서 대대적인 인적 교체를 단행했다. 이러한 정치적 격랑은 국가정보기관이 총선이나 대통령 선거 등 정치문제에 깊숙이 개입했기 때문에 발생했던 것이다.

따라서 국가정보기관의 정치개입은 국가안보를 위해서 뿐만 아니라 그 자체의 존속과 정통성을 위해서도 과감히 차단되어야 한다. 그러나 국회와 언론·시민단체의 견제가 지나쳐 정치관여 이외의 분야에 대해서도 국가정보기구를 통제한다면, 이는 국가정보기구의 위축으로 인한 국익의 손실로 이어질 수도 있다. 때문에 이 점에 유의하며, 민주적 통제가 국가안보의 대승적 목적을 벗어나는 일이 없도록 해야 할 것이다.

(3) 국내보안 vs 해외정보: 분리와 통합

민수화 시대에 국성원의 조직을 축소, 분할해야 주장이 크게 대두되고 있다. 일부에서는 기존의 조직을 국내 보안기능과 해외/대북 정보기능으로 분리해야 한다고 주장하는가 하면, 다른 일부에서는 국내 · 해외 그리고 통신 등으로 3분할해야 한다는 주장도 있다.[12)] 과거 국내 보안기능이 체제유지의 수단으로 악용되어 왔다는 점을 감안할 때 이 같은 주장은 설득력이 크다. 그러나

4. 특정 정당 또는 특정인의 선거운동을 하거나 선거관련대책회의에 관여하는 행위

5. 소속 직원이나 다른 공무원에 대하여 제 1 호 내지 제 4 호의 행위를 하도록 요구하거나 위 각 호의 행위와 관련하여 보상 또는 보복으로써 이익 또는 불이익을 주거나 이를 약속 내지 고지하는 행위.

11) 국가정보원법 제18조(정치관여죄)

① 제 9 조의 규정에 위반하여 정당 기타 정치단체에 가입하거나 정치활동에 관여하는 행위를 한 자는 5년 이하의 징역과 5년 이하의 자격정지에 처한다.

② 제 1 항에 규정된 죄의 미수범은 처벌한다.

12) 이장춘, "정보기관 환골탈퇴할 때," 「중앙일보」, 2002년 1월 17일.

미국을 포함한 선진국들이 과거 권력분산을 이유로 이 두 기능을 분리시키면서 다양한 형태의 어려움(즉 협력체계의 미비, 관료적 갈등, 유사시 대응체계 미비 등)을 경험하고 있다. 특히 새로운 국가안보개념에서 조망할 때 국제경쟁력, 과학기술, 마약, 조직범죄 등은 국내 보안과 국외정보간에 긴밀하고도 유기적인 협력이 요청된다. 최근 미국과 일본 등에서 예산 및 기능상의 이유로 정보·보안기구들을 일원화하려는 움직임이 있다는 점을 고려할 때, 정보·보안 분리론에 대한 일방적 지지는 문제점이 있다고 보여진다.

국가정보원을 둘로 쪼개, 국내를 전담하는 정보기관과 해외(대북 포함)를 전담하는 정보기관으로 나누자는 주장은 두 가지 이유 때문에 나온 것으로 보인다. 그 첫째는 미국, 러시아 등 정보 분야 선진국들이 정보기관을 국내와 해외로 나눠놓기 때문인 것으로 보인다. 미국은 해외 분야는 CIA가, 국내 수사와 정보는 FBI가 맡고 있다(11장 참조). 러시아는 과거 KGB를 다섯 개 기관으로 쪼개면서 해외는 해외정보부(SVR), 국내는 연방보안부(FSB)가 전담케 했다(12장 참조). 영국도 국외 정보수집은 비밀정보부(SIS), 국내 보안과 방첩은 보안부(SS)로 나눠 놓고 있다(16장 참조). 이스라엘 역시 국외 정보수집과 공작은 모사드(Mossad), 국내 방첩과 보안은 신베스(Shin Beth)로 분리해놓고 있다(13장 참조). 이러한 분리는 한 정보기관의 독점을 막는 효과가 있다.

둘째로는 견제와 균형(check and balance) 때문이다. 국가정보기관을 둘로 나눠 놓으면 두 기관 사이에 견제가 일어나고, 그로 인해 크로스체크(cross-check)가 일어나 보다 정확한 정보를 얻을 수 있게 된다는 것이다. 서방의 민주국가들은 국가권력을 행정·입법·사법으로 나누는 삼권분립체제에 익숙하기 때문에, 국가정보체계도 둘 이상으로 나눠 '견제와 균형'(check and balance)을 얻으려고 하는 경향이 있는 것이다. 국가정보체계를 둘 이상으로 나눠 놓으면 정보 독점을 막고 정치 관여와 권력 남용 같은 국가정보체계가 안고 있는 고질(痼疾)을 줄이는 데 상당한 효과를 기대할 수 있다.

그러나 이러한 긍정적인 효과 이면에는 부정적인 현상도 적지 않게 발생한다. 국가정보체계를 분리할 경우 발생하는 대표적인 문제로는, 정보기관들간의 경쟁으로 인한 협력의 상실이다. 차단의 법칙에서 나타나고 있듯이 남에게 공개되면 정보로서의 가치를 잃어버리게 된다. 때문에 정보기관은 속성상 취득한 정보를 공유하지 않으려 하므로, 국가정보체계가 둘 이상으로 쪼개져 있으면 이러한 기관들 사이의 정보교류 같은 협력은 기대하기 어려워진다. 미국의 CIA, FBI, DIA(국방부 정보본부)간의 과도한 경합 때문에 발생하는 각종 부작용이 이를 반영해 주고 있다.

국가정보체계를 둘 이상으로 쪼갤 때 일어나는 둘째 문제는, 분리된 각각의 정보기관은 금방 쪼개지기 이전에 하나로 있었던 정보기관만큼 조직과 예산이 커져 버린다는 점이다. 이러한 조직의 비대화는 필연적으로 국민 세금의 증가로 이어지기 마련이다. 이러한 경제적인 부담과 분리된 정보기관 사이의 불협화음이 국가정보체계를 분리함으로써 얻게 되는 긍정적인 효과보다 더 크다면 굳이 국가정보체계를 분리할 이유가 없다. 때문에 미국, 이스라엘 등의 일부 학자들은 국내보안, 해외정보 기능을 통합해야 한다는 주장을 하고 있다. 아마 이 문제를 러시아처럼 절실하게 느끼는 국가는 없을 것이다.

마지막으로 탈냉전, 세계화시대의 국가안보 위협은 안과 밖의 구분이 불분명하다. 테러리즘, 마약 밀매, 그리고 국제 조직범죄 등 새로운 성격의 국가안보 위협들은 국내 부문과 해외 부문이 직접적으로 연계되어 있다. 이러한 위협에 효과적으로 대처하기 위해서도 국내 보안과 해외 정보의 인위적 구분을 가급적 피하고 통합체제의 기존 조직을 유지하는 것이 바람직하다. 통합형 조직의 지속적 유지는 거래비용의 최소화라는 신 조직이론의 관점에서도 정당화될 수 있다고 본다.[13)]

이와 더불어 국가정보기관 내부 조직의 확대 개편을 고려해 볼 필요가 있다. 국가정보기관을 단일한 기구로 유지하되 내부적으로는 여러 개로 쪼개는 것도 검토해볼 필요가 있다. 앞에서 언급했듯 탈냉전, 세계화, 민주화, 그리고 통일 징후의 대두에 따라 국가정보체계의 임무 또한 현저히 늘어나기 마련이다. 이를 효과적으로 다루기 위해서는 현재의 3차장제를 5차장제로 확대, 개편하는 것이 바람직하다고 판단된다. 현재 3차장제로는 새롭게 제기되는 업무영역을 관장하기 어렵기 때문이다.

여기서 1차장은 통일과 대북문제를 전담하고, 2차장은 해외를, 3차장은 국내 보안을 전담하게 한다. 이러한 체제는 현재의 체제와 유사한데, 각 차장의 선임 순위가 바뀌는 것뿐이다. 여기에 두 개의 차장제를 추가할 필요가 있다. 그 하나는 제4차장으로 분석업무를 종합 지휘한다. 제4차장은 현재 국

---

13) Oliver Williamson교수는 두 개의 각기 다른 조직을 하나의 조직으로 통합 할 때 거래비용이 현저히 감소한다고 주장하고 있다. Oliver Williamson, *The Mechanisms of Governance*(New York: Oxford University Press, 1996) 참조.

내, 해외, 대북 부서별로 분산되어 있는 분석기능을 하나의 통합된 조직으로 재편성하고 국가정보원 산하 여러 외곽 연구단체들도 여기에 편입시킬 필요가 있다. 분석기능을 총괄, 지휘하는 4차장직 신설은 국가정보기관의 분석, 판단, 예측 분야를 중시한다는 것을 보여주는 의미도 있다. 4차장이 총괄 지휘하는 분석 부서는 국가 전략경영의 중추 신경으로 체계적이고 일관성 있는 정책을 펴게 하는 싱크탱크 역할을 이행할 수 있을 것이다.

마지막으로 과학기술 정보분야를 전담하는 5차장제를 신설하는 것이 바람직하다. 5차장은 기술정보(techint) 수집장치를 개발하고 수집된 기술정보를 분석하는 시스템을 개발하는 업무를 담당한다. 5차장직 신설을 통해 암호정보와 영상정보 두 분야에 있어서 새로운 혁신을 기할 수 있을 것이다. 특히 기술정보부문에 있어 과도한 대미 의존도와 그에 따른 구조적 취약성은 이러한 개편의 필요성을 정당화 시켜 주고 있다.

(4) 국가정보기관과 부문별 정보기관: 집중과 분산

국가정보력이 국정원이란 일개 조직에 너무 과도하게 집중되고 있다는 비판 역시 제기되고 있다. 앞서 지적했지만 국가정보조직의 집중과 분산은 각기 장단점이 있다. 그러나 국가정보조직의 과도한 중앙집권화는 정보생산의 독점구조를 야기시키고 급기야는 효과적인 정보업무의 이행을 어렵게 한다. 1973년 중동전쟁의 사례에서 볼 수 있듯이 이스라엘 '모사드'의 정보독점은 이집트 침공에 대한 조기경보를 어렵게 했다.[14] 하지만 경쟁적 정보체계가 항상 선호되는 것은 아니다. 과잉경쟁, 중복투자와 예산낭비, 그리고 정치적 충성을 위한 정보왜곡현상 등은 국가안보에 해가 될 수도 있다.

여기서 유념해야 할 사항은 국가정보기관은 하나로 유지하더라도 국가정보기관과 부문별 전문정보기관간의 경쟁은 활성화시켜야 한다는 점이다. 부문별 전문정보기관이란 특수한 분야에 소속된 정보기관을 말한다. 국방부에는 국방정보를 전문을 수집하는 국방정보본부(DIA)가 있고 군사기밀을 지키고 대전복(對顚覆)과 군내 스파이를 색출하기 위해 국군기무사령부를 유지하고 있

14) Aviezer Yaari, "An Israeli Perspective on Contemporary Intelligence," in Jin-hyun Kim and Chung-in Moon(eds.), *Post-Cold War, Democratization, and National Intelligence* (Seoul: Yonsei University Press, 1996), pp. 79-100.

다. 국내 치안을 담당하는 경찰청은 내부에 정보국을 운용하고 있다. 그리고 외교통상부 역시 정보분석실을 운영하고 있다. 이러한 기관들을 통칭하여 부문별 전문정보기관이라 한다.

국가정보기관은 특수한 사안을 놓고 이러한 전문정보기관과 경쟁한다. 국방에 관계된 정보는 국방정보본부와 경쟁하고, 국내 치안과 관련된 문제는 경찰청 정보국과 경쟁하기 마련이다. 이러한 경쟁은 정보의 집중으로 인해 발생할 수 있는 정보의 왜곡과 권력의 집중 문제를 해결하는 데 도움이 될 수 있다. 또 이러한 경쟁은 국가 최고지도자로 하여금 정책을 선택하는 데 있어 선택 폭을 넓게 하는 기능도 한다.

1979년 소련이 아프가니스탄을 침공했을 때 미 중앙정보국(CIA)과 미 국방부 국방정보본부(DIA)는 소련이 노리는 것이 무엇인지에 대해 서로 다르게 예측한 보고서를 작성했다. CIA는 소련이 아프가니스탄을 침공한 후 이어 페르시아만까지의 진출할 것으로 예측했다. CIA는 그 근거로 소련의 석유 부족을 들었다(당시는 2차 오일 쇼크 다음이라 안정적인 석유공급원의 확보가 매우 중요했다). CIA는 소련이 석유공급원을 확보하기 위해서라도 페르시아만 지역으로 침공할 것으로 예측했다.

그러나 국방정보본부(DIA)는 소련의 침공은 아프가니스탄 점령에서 멈출 것으로 판단했다. 국방정보본부는 '열쇠구멍'(Key Hole)이라는 별명을 가진 군사첩보위성을 통해 소련 지역을 살펴보았는데, 이때 이들은 카스피해 부근의 소련 영토에서 다수의 유전이 발견된 사실을 포착했다. 때문에 국방정보본부는 소련이 페르시아만 국가까지 침공하지 않으리라고 판단한 것이다. 국방정보본부가 주로 기술정보(techint)에 의존했다면, CIA는 사람을 침투시켜 얻거나 사람을 매수해서 얻는 이른바 인간중심의 정보(humint)로 판단을 내렸다.

각기 다른 보고서를 받아본 카터 대통령은 CIA 안을 채택했다. 채택의 배경에는 정치적 변수가 크게 작용했다. 당시 아프칸 침공과 더불어 소련의 군사력이 급격히 증강되는 상황하에서 그에 효과적으로 대응하기 위해서는 소련을 페르시아만의 새로운 위협으로 간주하는 CIA 보고서가 훨씬 매력적이었다. 사실 CIA 보고서를 빌미로 카터는 국방비 증강에 성공했다. 그러나 실제적으로는 DIA 보고서가 정확했지만 정치적 이유에서 인적 정보에 기초한 CIA 보고서를 채택했던 것이다. 여기서 흥미 있는 현상은 당시 백악관으로서는 인적정보와 기술정보를 모두 보유하고 있었기 때문에 페르시아만 문제를 보다 냉철

하게 다룰 수 있었다는 것이다.

이와 같이 국가정보기관과 부문별 전문정보기관의 경쟁은 반드시 필요하다. 전문정보기관의 능력을 향상시켜 제한된 범위이긴 하지만 정보기관 사이에 견제와 균형이 만들어지도록 해야 한다. 견제와 균형은 바람직하나 이를 빌미로 한 관련기관간의 관료정치 폐단에서는 벗어나야 한다. 물론 관료정치는 유독 한국만의 현상이 아니다. 미국, 이스라엘 등 정보선진국에서도 관료정치는 심각한 문제로 대두되고 있다.

그러나 민주화 이후 한국에서도 이 문제가 점차 가시화되어 효과적인 국가안보정책의 운영에 차질을 가져오고 있다. 관료적 경합, 대립, 알력은 한편으로는 양질의 정보생산을 촉진시킬 수도 있지만 다른 한편으로 정보체계의 저해현상을 가져올 수도 있다. 특히 대북정책운용에서 나타나고 있듯이 부처간 갈등은 첨예화될 수 있다. 따라서 이들 기구간의 효과적인 조정 작업을 위한 제도개선이 있어야 할 것이다.

(5) 정보수집방식의 다양화: HUMINT와 TECHINT

정보수집방식에 있어서도 개선이 있어야 한다(상세한 내용은 4장 참조). 한국의 정보기관은 아직도 공작 또는 공개적 방법을 통한 인간중심의 정보(humint)수집에 치중하고 있는 것으로 알려지고 있다. 최근 기술첩보수집분야의 인원을 확충하는 등 노력을 경주하고 있으나 이미지 분석을 통한 정보수집은 물론이거니와 암호정보분야는 거의 불모지대라 할 수 있다. 통신정보실만으로 기술첩보수집의 수요와 공급을 충족하기 어렵다. 특히 기술정보를 거의 전적으로 미국에 의존하고 있는 실정을 감안할 때 정보수집방식의 개선은 시급하다 하겠다. 물론 기술정보는 막대한 재원을 필요로 한다. 인적 자원을 통한 정보수집, 분석에도 예산이 모자라는 실정에 기술정보분야까지 그 기능을 확대하기란 어려울지 모른다. 그러나 미국이 언제 철수할지 모르는 세계화, 정보화 시대에 기술정보체계의 구축을 통한 자주적 국가안보의 확립은 필수불가결하다.

여기서 인간중심의 첩보수집(humint) 기능이 불필요하다는 것을 의미하는 것은 아니다. 인간첩보와 기술첩보간의 균형 있는 연계가 필요하다는 것이다. 인간첩보의 장점은 상대방의 의도를 파악할 수 있는 미시적 분석이 가능하다는 것이다. 예를 들어 적성국가가 어느 지역에서 지하 동굴을 만들었다고 가정해보자. 군사첩보위성을 통해 적성국가가 비밀리에 지하동굴을 만들었다는 사실은 알아냈는데, 그 용도가 무엇인지 알 수가 없었다. 이 경우 지하동굴을 파는데 참여했던 사람이 귀순해 오거나 그 지역으로 공작원을 파견해 동굴을 파게 된 경위를 파악한다면, 적성국가가 동굴을 파게 된 진정한 의도를 파악할 수 있는 것이다.

1997년 미국은 군사첩보위성 등을 통해 발견한 북한 평안북도 대관군 금창리에서 발견한 지하동굴을 잘못 해석함으로써 톡톡히 망신을 당한 적이 있다. 미국은 금창리에서 발견된 지하동굴이 북한의 핵 관련 시설일 것이라고 의심하고 "북한은 1994년의 제네바 합의를 어겼다"며 사찰을 주장했다. 이에 대해 북한은 "핵 시설이 아니다"라고 주장하다, 사찰의 전제 조건으로 60만t(3억 달러 상당)어치의 식량지원을 요청했다.

미국은 이러한 조건을 받아들여 1999년 5월과 2000년 5월 금창리에 대한 조사에 나섰으나, 아무것도 발견하지 못했다. 반면 북한은 빈 지하터널을 보여주고 3억 달러어치의 식량을 공급받는 데 성공했다. 미국은 군사첩보위성과 고공정찰기가 찍어온 영상정보(imint)에만 매달렸기 때문에 동굴의 의미를 잘못 해석했던 것이다. 영상정보는 기술정보(techint)의 한 종류이다.

금창리 사례에서처럼 기술정보는 잘못 해석될 수 있다는 문제점이 있다. 하지만 기술정보는 인간중심 정보에 비하면 잘못 해석되는 비율이 현저히 낮다. 한국의 국가정보체계는 기술정보수집 수단이 매우 부족하다. 때문에 한국은 기술정보수집 수단을 확보하는 네 전력을 기울여야 한다. 기술정보수집 수단은 매우 다양한데, 기술정보는 크게 영상정보(imint)와 신호정보(sigint)로 나뉘어진다(제 4 장 참조).

영상정보는 KH-12 같은 군사첩보위성이나 U-2 혹은 SR-72 같은 고공정찰기, 그리고 무인정찰기(RPV)를 통해 획득한다. 이러한 비행체는 적성국 상공으로 침투해 다양한 방법으로 촬영해 영상(Image)을 제공한다. 이러한 영상정보를 영어로는 IMINT(Image Intelligence)라고 한다.

한국의 국가정보체계는 이제서야 초보적인 영상정보수집 수단을 마련하고 있다. 1994년 시작된 '금강사업'이 바로 영상정보를 수집하는 시스템을 도입하는 사업이다. 이 시스템을 탑재한 정찰기가 휴전선 인근을 비행하며 금강산 남쪽 지역에 해당하는 휴전선 북방 40～50km 지역을 촬영하기 때문에, 금강사업이라는 별명이 붙었다. 금강사업은 그 성능을 둘러싼 논쟁과 2000년 4월에 터져 나온 린다김 사건으로 인해 큰 소동을 겪기도 했다.[15)]

한국항공우주산업에서 개발해 오고 있는 '비조(飛鳥)사업'은 무인정찰기(RPV) 개발사업이다. 그러나 한국이 개발하고 있는 비조는 성능이 미약해 전략정보 수입에는 동원되지 못할 전망이다. 비조정찰기 개발이 완성되면 이 무인정찰기는 주로 육군에서 활용될 전망이다.[16)] 한국항공우주연구소가 개발한 다목적 인공위성 '아리랑 1호'는 지구를 남북으로 회전하며 촬영하는 상업용 위성이다. 그러나 해상도가 높기 때문에 군사적인 용도로도 쓰일 수가 있다.[17)] 금강정찰기와 비조사업 그리고 아리랑 위성사업이 순차적으로 발전한다면 한국의 국가정보체계의 독자적인 영상정보수집 능력은 현저히 발전할 수 있을 것으로 전망된다.

신호정보(sigint)는 각종 주파수를 잡아내는 것으로 여기에는 무선통신(Communication)을 잡아내는 코민트(comint), 전자(Electric)파를 잡아냄으로써 정보를 얻는 이린트(elint), 장거리(Tele) 통신 등을 잡아내는 텔린트(tellint) 등이 있다. 신호정보는 대개 적성국가 근처에 거대한 안테나를 세우는 방법으로 여러 가지 전파를 잡아내 분석함으로써 얻고 있다. 신호정보는 이렇게 고정 사이트를 이용해 얻기도 하지만 때로는 움직이는 기동 사이트를 이용해 얻기도 한다.

금강사업과 함께 추진한 백두사업이 바로 신호정보를 얻기 위한 기동 사이트다.[18)] 각종 신호정보를 잡아낼 수 있는 장비를 실은 백두정찰기는 휴전선 남쪽을 날며 북한에서 나오는 신호정보를 수집한다. 이 정찰기는 백두산쯤에서 나오는 신호까지도 포착할 수 있다고 하여 '백두'라는 암호명을 얻었다. 영상정보수집 수단의 확보와 더불어 신호정보를 획득하는 수단을 확보할 때 비로소 한국 국가정보체계는 독자적인 정보수집을 하게 될 것이다.

15) 이정훈, "자주국방의 헛꿈, 백두사업" 「신동아」(서울: 동아일보사, 2000년 6월호).

16) 무인정찰기 비조는 서울에어쇼를 통해 여러 차례 공개되었다.

17) 이정훈, "우주로 올라가는 아리랑 1호 위성, 여기는 평양, 탱크가 가고 있다" 「주간동아」(서울: 동아일보사, 1999년 10월 21일자).

18) 위의 신동아 기사 참조.

(6) 정보수집 대상의 다변화

정보수집 대상 역시 다변화되어야 할 것이다. 현재까지 한국 정보기구의 수집 우선순위는 전쟁의 조기경보를 위한 대북한 첩보수집과 북한의 침투, 와해 공작을 저지하기 위한 대공 방첩에 주어지고 있다. 한반도의 안보상황과 관련된 북한의 정치적 불예측성, 그리고 남침의도를 아직 포기하지 않은 북한측 태도 등으로 보아 대북분야에 대한 첩보수집 및 방첩활동은 아무리 강조해도 지나침이 없을 것이다. 그러나 탈냉전과 무한경쟁 시대의 도래와 관련하여 비군사부문에 대한 정보수집, 분석 노력을 강화해야 할 것이다. 마약, 국제 조직범죄, 테러리즘, 환경, 국제 경쟁력의 확보, 과학기술의 혁신, 자원의 안정적 공급확보, 대내적 총화와 단결, 그리고 심지어 문화적 동질성의 확보까지도 국가안보의 새로운 과제로 등장하고 있다. 따라서 이 분야에 대한 새로운 수집노력이 있어야 할 것이다. 최근 국정원은 외사, 방첩실의 운용을 통해 이 분야에 대한 정보수집, 분석을 강화하고 있다. 이는 매우 바람직한 현상이다.

사실 한국의 국가정보기관은 냉전시대에도 안보 이외의 분야, 다시 말해 경제 분야에서 국익을 위한 정보활동을 했었다. 대표적인 경우가 농업용 종자(種子)수집이다.[19] 농업에서 품종개량을 하기 위해서는 이른바 '원종'(原種)이라고 하는 종자가 있어야 한다. 원종은 잡종에 반대되는 개념인데, 이러한 원종을 다양하게 교배시켜 새로운 잡종을 만들어낼 때 품종개량을 했다고 말하게 된다. 유전공학과 같은 농업의 발전을 위해서는 원종의 확보가 매우 중요한데, 원종은 다른 종과의 교배가 거의 일어나지 않은 고립된 지역에서 주로 발견된다.

과거 CIA를 비롯한 미국의 국가정보기관은 원종이 많은 아시아와 아프리카에서 다수의 종자를 수집해 갔다. 이러한 종자수집 덕분에 미국의 농업은 비약적으로 발전했다. '식량 안보' 차원에서라도 다수의 원종을 확보하는 것은 매우 중요한 일이다. 과거 한국의 국가정보기관도 종자수집에 노력한 적이 있다. 1970년대 한국은 주곡인 쌀의 자급자족을 이루기 위해, 통일벼 품종개량에 나섰는데 이때 필요한 종자를 수집해 농촌진흥청 등에 제공해 준 것이 바로 한국의 국가정보기관이었다.[20] 1970년대 중동 지역에 나가 있던 한국의 중앙

19) 이정훈, "종자전쟁" 「시사저널」(서울: 시사저널사, 1997년 5월 8일자).
20) 위의 잡지 기사.

정보부 요원들은 그 지역에서 발주되는 건설정보를 입수해 본국에 알려줌으로써, 한국의 건설업체들이 공사를 따내는 데 큰 도움을 준 바 있었다. 그 뿐만 아니라 과학, 기술 정보수집을 통한 국제경쟁력 제고에도 직·간접적으로 커다란 공헌을 해온 바 있다.

그러나 국가정보기구의 활동 범위를 안보와 경제분야로 제한해서는 곤란하다. 국가정보기구의 활동 영역은 안보와 경제 이외의 주제로 확산되어야 한다. 대표적인 분야가 치안이다. 앞에서도 언급했듯이 해외에서 마약이나 테러조직이 들어오는 것을 차단하는 것도 국가정보기구가 할 수 있는 영역이다. 경찰력은 인터폴을 통한 협력 이외에 독자적인 해외 연계망을 구축하여 마약이나 테러조직을 차단하기 어렵다.[21)]

따라서 해외 정보망과 연계망이 체계적으로 구축되어 있는 국가정보기관을 활용하여 새롭게 등장하고 있는 초국가적 안보위협에 대치해 나가야 한다.[22)] 특히 9·11 미국 테러사태 이후, 월드컵과 아시안게임을 개최해야 하는 한국으로서는 국제 테러리즘의 예방과 퇴치가 중요 관심사가 아닐 수 없다. 이와 더불어 외국에서 AIDS나 전염병 등이 창궐할 때 이에 관한 정보를 입수해 국내 보건 당국에게 알려주는 것도 해외 정보망이 많은 국가의 정보기관이 할 수 있는 분야다.

이처럼 탈냉전, 세계화시대가 전개되고 있는 현상황에서 분단과 전쟁의 관리라는 전통적 임무에 안주해서는 안 된다. 정치, 군사안보 이외에도 경제안보, 생태안보, 사회안보 등의 새로운 분야에서 야기되고 있는 대내외적 국가안보 위협을 효과적으로 대처해 나갈 수 있도록 해야 한다. 그러기 위해서 국가정보기구는 수집 대상의 광역화라는 새로운 방향에서 거듭나야 할 것이다.

특히 이와 관련하여 대공수사와 산업방첩분야에도 정책적 관심을 기울여야 할 것이다. 냉전이 첨예하던 권위주의 정권 시절 국가정보체계에서는 대공(對共)수사 분야가 매우 중요시되었다. 그러나 냉전이 무너지고 한반도에서도 유화 국면이 만들어지자, 대공수사분야의 중요성은 급속히 쇠퇴하고 있다. 그

21) 세계 각국의 경찰은 경찰이 안고 있는 이러한 약점을 줄이기 위해 범죄 정보를 교환하기 위해 인터폴(Interpol)을 만들었다. 유럽 국가들은 경찰 통합에 보다 적극적인데 이들은 EU 출범과 발맞춰 유러폴(Europol)을 만들었다. 그러나 유러폴 역시 범죄정보를 유통하는 기관이지, 수사권을 가진 기관은 아니다.

22) 국가정보원은 국가안전기획부 시절 이러한 국제범죄 조직이 침투해 들어오는 것을 막기 위해 '국제범죄정보센터'를 만들었다. 그러나 이 기관은 아직 국제범죄를 수사하는 수사권까지는 갖지 못하고 있다.

러나 탈냉전시대를 맞았음에도 불구하고 한반도는 여전히 냉전이 계속되는 아주 예외적인 지역이다. 햇볕정책을 표방한 김대중 정부가 출범한 후 국가정보체계의 간첩단 사건수사 발표의 빈도수가 현저히 줄어들었고 국가정보원에서도 대공수사 분야는 등한시되는 것으로 알려지고 있다.[23] 경찰청의 보안분야와 국군기무사령부의 수사 파트 역시 이와 유사한 어려움을 겪고 있다. 한반도는 자유민주주의체제로 재통일되어야 한다. 따라서 통일 이후에도 체제를 위협하는 세력은 차단하고 색출하여야 한다. 남남 갈등을 틈탄 자생적 공산주의의 준동을 막고 통일한국의 토대를 굳건히 하기 위해서도 대공수사분야는 지속적으로 강조되어야 한다.

또한 무한경쟁시대에 있어 국가정보기관은 우리의 소중한 산업정보가 외국에 넘어가는 것을 방지하는 '산업보안'에도 전력을 기울어야 한다. 반도체 등 몇몇 분야에서 한국의 기술수준은 세계 최고에 이르렀다. 1999년 1월 현재 한국에 등록된 산업재산권은 무려 115만 건이다. 때문에 한국의 경쟁력을 빼앗기 위한 외국 산업 스파이는 늘어날 수밖에 없다. 국가정보기관은 이러한 산업보안에도 각별한 관심을 기울어야 할 것이다.[24]

(7) 정보 생산과 배포: 영원한 괴리?

한국의 국가정보기관에서 가장 고질적 병폐 중의 하나로 지적되고 있는 것은 정보의 과잉 생산과 과소 소비이다. 바꾸어 말하면 생산된 정보의 효율적인 배포 및 관리가 제대로 이루어지지 않는다는 것이다. 원론적으로 이야기할 때 국정원 생산정보의 궁극적 소비자는 대통령이다. 사안별로 총리실 등 주요 부서에도 부분적으로 배포되나 그 범위는 극히 제한적인 것으로 알려지고 있다. 이는 엄청난 재원과 인력 그리고 정보의 낭비를 초래할 수 있다. 특히 대북관계정보를 포함한 군사, 경제, 과학, 기술, 환경관계첩보, 정보들은 유관정부부서들과 공유되어야 한다. 그래야 수집, 분석된 정보의 효율이 향상 될 수 있는 것이다. 국민의 세금으로 수집된 정보가 국민을 위해 다양하고 신축성 있

23) 국가정보원 대공수사국이 위축돼 가는 현실을 지적한 기사로는 이정훈, "조선로동당 서울지도부 vs 국가정보원 대공수사국" 「신동아」(서울: 동아일보사, 2001년 2월 호)가 있다.

24) 국가정보원은 온라인으로 간첩·테러·국제범죄·마약과 더불어 산업스파이에 관한 신고를 접수하고 있다. 산업스파이 색출은 이미 국가적으로도 매우 중요한 일이 되었다. http://www.nis.go.kr 참조.

게 활용된다는 것은 지극히 바람직하다 하겠다.

국가정보원법 제 2 조는 '국가정보원은 대통령 소속하에 두며, 대통령의 지시·감독을 받는다'라고 되어 있다. 이 조항에 따라 대통령 직속기관이 된 국정원(국가정보기관)은, 수집된 정보를 대통령에게 보고한다. 그러나 대통령에게 올라가는 보고는, 국정원의 수집관들이 가져온 전체 정보에서 채 1%도 되지 않는 것으로 알려져 있다. 1%도 되지 않는 정보를 활용하고 나머지는 버린다는 것은 엄청난 낭비가 아닐 수 없다. 따라서 국가정보체계가 생산한 정보의 소비자를 대통령 한 사람으로 한정하지 말고 보다 넓힐 필요가 있다.

경제정보는 경제 부처를 통해 유관업체로 전파되도록 하고, 치안정보는 치안기관에게 배포되도록 해야 한다. 이렇게 정보의 배포 대상을 넓힐 때 정보수집관들은 자신들의 노력이 도로(徒勞)가 아니었음을 알고, 보람을 느낄 수 있을 것이다. 그러나 국가정보기관이 수집한 정보를 배포할 때 주의할 것이 있다. 이른바 무한경쟁시대로 들어선 지금 각국은 산업 스파이 색출에 전력을 다하고 있다. 따라서 국가정보기관이 전후방 파급효과가 큰 기술정보를 다른 나라에서 빼내 국내에 전파하면, 국제적으로 산업 스파이 시비가 일어날 수 있다. 따라서 이 점에 각별히 유의할 필요가 있다.[25)]

또한 국가정보기관이 습득한 정보가 일부 업체에게만 전파된다면 이는 위헌(違憲) 시비를 일으킬 수 있다. 반대로 국가정보기관이 습득한 정보가 모든 업체에게 공개적으로 전파된다면 이는 정보로서 가치가 없어졌음을 의미한다. 따라서 경제정보를 전파할 때 예상되는 이러한 문제들을 슬기롭게 피해나가야 한다.

(8) 정보인력 관리와 직업 윤리

국가정보기관의 미래는 우수한 정보인력의 충원과 그 관리에 달려 있다 해도 과언이 아닐 것이다. 사실 최근 국정원 요원들의 자질이 과거 어느 때보다 크게 향상되고 있는 것으로 평가되고 있다. 그 한 예로 100여 명을 선발하는 1996년도 당시 안기부 정규과정 시험에 6,000명 이상이 응시했다고 한다.

25) 미국은 한국을 중국, 러시아, 프랑스, 일본 등과 더불어 국가정보기관이 산업첩보 수집에 관여하는 국가로 분류하고 있다. 따라서 국가정보기관의 직접적 수집활동 참여는 자제되어야 할 것이다.

그리고 최근 정규과정 모집 인원이 50명 수준으로 축소되었는데도 불구하고 거의 비슷한 수의 지원자들이 몰려들고 있는 것으로 추정되고 있다. 100대 1 이상 되는 이 같은 경쟁률은 최소한 두 가지 긍정적 측면을 시사해준다. 그 하나는 국정원이 대학 졸업자들로부터 선망의 직장이 되고 있다는 점이며, 다른 하나는 정규과정 요원들의 엘리트적 성격이 한층 더 강화되고 있다는 사실이다.

국가정보원은 두 가지 방안으로 직원을 충원하고 있다. 첫째는 정규공채 직원이라고 하는 7급 직원 공채이다.[26] 7급 정규공채 요원들은 장차 국가정보원을 끌고나갈 핵심세력이 되는데, 이들은 대개 일반 정보요원(generalist)으로 성장해 간다. 사실 국정원은 이들 정규과정 출신 중심으로 움직여 나간다 해도 과언이 아닐 것이다. 그러나 탈냉전시대의 다양화된 정보수요를 일반 정보요원으로 양성된 정규과정 출신에만 전적으로 의존할 수는 없다. 따라서 국정원은 전문성을 가진 우수한 인력을 특채하고 있다.

그러나 국정원의 특채는 지극히 제한적 범주를 벗어나지 못해 왔으므로 보다 과감히 이 분야의 충원에 신축성을 보여야 할 것이다. 일반 요원 외에도 위성사진을 판독하고 통신 감청한 자료를 분석하는 기술전문가가 있어야 한다. 또 경제 추이를 정확히 분석하는 경제학자와 환경문제를 심도 있게 연구하는 환경학자, 주변국의 정치군사 동향을 세밀하게 분석하는 지역전문학자 등도 있어야 한다. 이러한 전문가들은 대개 석사나 박사 학위를 갖고 있으므로, 7급 공채와는 다른 방법과 대우 조건으로 충원해야 할 것이다.

석·박사 요원들은 대개 분석 파트에 종사하게 되는데, 국가정보체계의 분석분야는 사람으로 말하면 판단을 하는 두뇌와 같은 일을 한다. 그러나 석·박사 전문요원들은 국가정보기관의 경직된 계급구조 등에 잘 적응하지 못하는 경우가 있다. 때문에 이들이 국정원을 이끌어갈 7급 공채직원들과 잘 어울릴 수 있게 하는 훈련 프로그램이 필요하다. 이와 더불어 국정원은 외무고시, 행정고시 등에 합격한 엘리트들의 영입에도 노력해야 한다.

그러나 충원 못지않게 중요한 것은 재임중인 직원들에 대한 효과적 인력관리이다. 여기서 한 가지 짚고 넘어가야 할 것은 계급정년제의 도입과 그에 따른 문제점이다. 국가정보원 직원 대부분은 국가정보원직원법에 규정돼 있는

26) 7급 정규 직원 공채를 포함한 국정원의 직원 채용 공고는 국정원 인터넷 사이트 http://www.nis.go.kr/를 통해 살펴볼 수 있다.

계급정년 때문에 상당한 스트레스를 받고 있다.[27] 계급정년을 피하려면 계급정년에 걸리기 전에 진급을 해야 한다. 때문에 진급은 곧 생존문제가 돼 국정원 직원들은 상당한 진급 스트레스를 받고 있는 것으로 알려져 있다. 때문에 국정원 직원들에게는 정보의 수집과 분석이라는 고유 업무보다는, 진급이 더 중요한 일이 되고 있다.

더욱 심각한 문제는 조기은퇴 현상이다. 막대한 재원을 투자해 양성해 놓은 고급정보요원들이 40대 후반이나 50대 초반이면 계급정년에 묶이거나 인사정체 때문에 자의반 타의반 은퇴하게 된다. 한창 전문적 지식과 경륜을 가지고 일할 시기에 이들을 은퇴시킨다는 것은 국가자원의 낭비라 할 수 있다. 따라서 이 같은 문제점을 해소할 수 있는 신축성 있는 인사관리가 필요하다. 이와 더불어 은퇴정보요원의 활용도 문제시된다. 일본의 경우, 내각조사실 근무 후 은퇴한 대부분의 정보요원들이 주요 종합상사의 간부급으로 스카웃된다고 한다. 왜냐하면 일본의 종합상사들은 이들 요원들의 기능적, 지역적 전문성을 높이 평가하기 때문이다. 미국의 경우도 퇴직정보요원들에 대한 사회적 예우는 각별하다. 그러나 한국에서는 이들의 전문성과 자질이 그냥 사장되는 경우가 허다하다. 이와 관련된 대안마련도 시급하다 하겠다.

국가정보체계는 직원들의 정치 관여뿐만 아니라 부정부패를 막는데도 노력해야 한다. 국가정보체계 직원들의 부정부패를 막기 위해서는 국가정보체계 내부의 감찰체계가 강화되고 내부 징계위원회가 제 역할을 다 해야 한다. 국가정보체계 직원들의 부정부패 사실이 국회나 언론 혹은 시민단체에 의해 터져 나온다면, 국가정보체계의 권위는 땅에 떨어지고, 이 기관은 제 역할을 다 할 수 없게 된다. 따라서 내부 감찰을 강화해 자체적으로 부정부패와 비리를 척결하도록 해야 한다.

내부 감찰기능의 강화는 정치관여 차단과 부정부패 방지뿐만 아니라 국가정보체계가 생산한 정보의 유출을 막는데도 큰 역할을 할 수 있다. 감찰기능을 활성화 하되 엄정성과 공정성을 갖추는 노력을 병행하여야 한다. 국가정보원직원법은 제 7 장(24조부터 29조)에서 업무를 태만히 한 직원들을 징계하는 다양한 조항을 마련해 놓고 있다.[28] 엄정한 감찰과 민주적인 징계절차의 도입은

27) 국가정보원 직원법 22조 1항 2호에 따르면 1급 직원(국장급)은 5년, 2급 직원(단장급)은 7년, 3급 직원(과장급)은 9년, 4급 직원(팀장급)은 13년, 5급 직원은 15년으로 계급정년이 제한돼 있다.

28) 국가정보원법과 국가정보원직원법을 혼동하는 경우가 많은데, 둘은 별개의 법률이

민주화 및 탈냉전시대를 맞아 국가정보체계가 제 역할을 다하며 발전하는 중요한 요소가 될 것이다.

특히 여기서 강조되어야 할 것은 정보요원으로서의 직업윤리와 도덕성 문제이다. 최근 발생하고 있는 각종 비리에 국정원 직원들이 연루되어 있는데 이는 과거의 정치개입과 크게 대조되는 것으로 국정원 직원들의 직업윤리에 심각한 의구심을 제기케 하고 있다. 물론 국정원 스스로가 자정(自淨) 결의를 하는 등 각별한 노력을 하고 있지만 국가에 대한 충성과 비밀유지라는 기존의 덕목 이외에 직업윤리와 도덕성에 대한 강령을 새롭게 만들어 이를 준수할 필요가 있다.

(9) 선택적 개방화와 국민적 공감대

국가정보의 선택적 개방화를 통해 정보기구에 대한 국민적 공감대 형성이 필요하다. 과거 권위주의 정권과 비교할 때 국정원을 포함한 정보기구에 대한 국민적 인상은 크게 개선되었다. 그러나 아직도 국민적 공감대 형성은 미진한 실정이다. 이스라엘과 같이 전 국민의 자발적 정보요원화는 어렵겠지만 혐오와 멸시의 대상이 되어서는 안된다. '힘'이 없는 국정원이 국민의 존경과 사랑을 받는 국가조직으로 변모하기 위해서는 국민에 대한 가시적 서비스가 있어야 한다. 생산된 정보의 과도한 폐쇄와 통제가 계속되는 한 국민의 사랑과 존경을 받을 수 없다. 특히 민주화와 세계화를 지향하는 현 시점에서는 더욱 그렇다. 따라서 정보의 엄격한 생산과 관리도 중요하지만 국가안보에 위배되지 않는 범위 내에서 국민의 알 권리를 선택적으로 충족시켜 줄 의무가 있다.

심지어 KGB까지도 1960년대 초반까지의 KGB문서국 자료를 공개하여 러시아 정보사(情報史)를 작업하고 있다.[29] 하물며 우리가 못할 이유는 없다. 물론 한국의 정보기구가 과거 정치공작에 깊숙히 개입했고, 북한과의 대치상황이라는 안보환경을 감안할 때 정보의 선택적 공개마저도 쉬운 일이 아니다. 그러나 성공사례에 대한 국민적 홍보, 실패사례에 대한 비판적 성찰, 그리고 국민이 공유하여 유익하다고 판단되는 정보의 유포 등은 민주화 시대에 정보기

다. 국가정보원법은 국가정보원의 조직과 구성 등을 규정해 놓은 것이고, 국가정보원직원법은 국가정보원직원의 선발과 자격 임무 징계 등을 규정해 놓은 것이다.

29) Vadim A. Kirpichenko, "Perestrika, Glasnost, and KGB: Surviving Democratic Currents," in Kim and Moon, *Post-Cold War…*, pp. 41-56 참조.

구가 존속할 수 있는 가장 효과적 대안이라 할 수 있다.

사실 민주주의가 심화될수록 국가정보기관에 대한 민주적 통제가 강화되기 마련이다. 언젠가는 국정원도 조직, 예산, 그리고 심지어 활동영역에 대한 부분적 공개를 요청받게 될 것이다. 이러한 시대적 요청을 능동적으로 대처해 나갈 필요가 있다. 조직의 성격과 활동을 잘 알지 못하는 한 국민들의 전폭적인 지지를 얻기가 어렵다. 따라서 기존의 법과 시행세칙들을 일부 수정해서라도 국가정보기관의 활동을 널리 알려야 한다. 기존의 website만으로 이러한 기능을 감당하기는 어렵다.

(10) 정치지도력와 국가정보

국가정보기관은 엄격히 말해 중립적인 컴퓨터와 같다 정보기구의 정보산출은 정보소비자들의 투입변수에 의해 결정된다. 따라서 정보의 소비자가 국가안보에 대한 총체적 비전을 갖고 우리 안보현실에 적합한 정보소요제기를 할 경우, 국가정보기구의 향후 발전은 쉽게 기대될 수 있다. 반면에 소비자 특히 최고정치지도자가 국가정보기구를 자의적으로 다루고, 정보소요제기 또한 지엽적일 때 그 역현상이 발생하게 된다. 한국의 현실에 비추어 볼 때 전자보다 후자가 더 적절한 묘사라 할 수 있다. 이것은 지도자의 자질문제보다 제도적 타성 때문이라 할 수 있다. 전통적으로 국가정보기관의 위상은 대통령과 국정원장의 개인적 친밀도에 의해 크게 좌우되어 왔다. 따라서 최종소비자로서의 대통령과 정보생산자로서의 국정원 관계는 보다 높은 수준의 제도적 안정성을 유지할 필요가 있다고 보여 진다.

특히 여기서 유념해야 할 점은 국가정보기관이 최고지도자의 사적 전유물이 아니라는 것이다. 국가정보기관은 국가와 민족의 대승적 목표를 위한 공적 기관이지 최고지도자의 사적 업무를 대행해 주는 비밀조직이 아니다. 바로 이러한 이유 때문에 국가정보기관은 다른 어떤 조직보다도 비정치화, 비정파화, 중립화되어야 하는 것이다. 지도자의 정권유지를 위한 사적 전위대로서의 위상을 벗어나야 할 것이다. 국정원은 오로지 국민에 의한, 국민을 위한, 국민의 정보기관으로 거듭날 때 국민적 지지와 정통성을 향유할 수 있을 것이다.

4. 맺는 말: 새로운 대안의 모색

이상에서 탈냉전과 세계화, 그리고 민주화 시대의 국가안보와 국가정보를 중심으로 한국의 국가정보기관의 문제점과 과제를 살펴보았다. 그러면 이와 같은 문제점들을 해결하기 위한 정책대안은 무엇인가? 결론을 대신하여 몇 가지 예비적 대안을 제시하고자 한다.

첫째, 국가안보에 대한 새로운 개념정립이 절실하다. 국정원의 존립목적은 국가안보에 있고 이를 위해 전쟁의 조기경보 등 대북한 첩보수집 및 분석평가에 역점을 두어야 한다는 데 이론의 여지가 있을 수 없다. 그러나 앞서 지적한 바와 같이, 탈냉전시대의 국제정치는 우리에게 다양한 형태의 안보위협을 가해오고 있다. 따라서 안보환경의 변화와 그에 따른 다중적 위협구조를 재평가하고, 국가안보목표를 재정립할 필요가 있다. 이를 위해 기존의 국가이익 우선순위를 재조정하는 동시에 변화된 국가안보의 개념을 국민적 차원에서 적극적으로 홍보하여야 할 것이다.

둘째, 탈냉전의 안보환경 변화에 능동적으로 대처하기 위해 정보수집 방법의 다양화와 정보수집 대상의 다변화가 필요하다. 이미 지적했지만 한국의 정보기관은 아직도 인간중심의 정보활동(humint)에 대부분의 첩보수집을 의지하고 있다. 최근 기술첩보수집분야의 발전을 위해 노력을 하고는 있지만 인원 장비 및 know-how의 부족으로 고전을 면치 못하고 있는 실정이다. 따라서 다양한 방법의 정보수집 자산을 확충하여야 할 것이다. 특히 기술정보의 대미종속성을 탈피하기 위해서는 기술정보자산의 개발을 위한 연구비 확충, 전문인력 교육, 한국적 실정에 적합한 정보수집 방법의 개발이 시급하다. 국정원 내에 '21세기 정보발전위원회'가 설치되어 '선진정보발전 5개년 계획'이 추진되고 있어, '10년 목표로 2차에 걸친 5개년 계획'이 끝나는 2003년에는 미국 CIA 수준에 근접하는 정보독립국이 될 것이라고 한다. 하지만 이러한 원대한 계획이 제대로 실행되려면 최고통수권자의 지속적인 관심과 국민들의 비판적 지지가 필요하다고 하겠다. 이와 더불어 비군사 부문의 정보수집 및 분석능력 역시 강화되어야 할 것이다 특히 경제 및 기술정보, 국제범죄(마약 등) 및 조직범죄, 그리고 테러리즘에 관한 정보활동의 강화는 필수적이라 하겠다.

셋째, 국가정보기구가 갖는 관료정치적 한계를 극복하고 새로운 위상을 제고하기 위해 과감한 조직개편이 필요하다. 먼저 인적 자원의 충원과 활용면에서, 새로운 시대전개에 부응하기 위해 국정원은 그 요원들의 전문성을 향상시켜야 한다. 또한 그 조직구조도 현행 업무별 편성 외에 국가안보의 현안문제별 재편성이 필요하다고 하겠다. 이를 위해서는 이미 시행되고 있지만 고도의 전문성을 가진 박사급 요원들의 과감한 특채와 기존 요원들의 재교육 강화를 통해 국정원의 인적·조직적 위상을 고양시켜야 할 것이다.

이와 더불어 정보요원들의 직업윤리를 강화할 필요가 있다. 이 점과 관련하여 미 CIA의 윤리강령은 시사하는 바가 크다. 미 CIA는 7개의 주요 윤리강령을 강조해 왔는데 그 내용은 아래와 같다. (1) CIA 임무의 도덕적 목적에 대한 신념을 가질 것, (2) CIA 내부나 외부의 권력자들에게 오로지 '진리'만을 이야기할 것, (3) 가능한 것과 불가능한 것을 소신을 갖고 솔직하게 그리고 명료하게 구분할 것, (4) 우리가 행동하고 작성하고 말하는 모든 것에 대한 책임을 질 것, (5) 첩보를 수집하고 분석하는데 있어 위험도를 항상 계산할 것, (6) 국민의 세금을 책임성 있고 명예롭게 집행할 것, (7) 요원들에게 공정한 기회를 주고 공헌도에 따라 응분의 보상을 줄 것.[30] 물론 한국의 경우에는 여기에 3가지 덕목을 더 추가해야 할 것이다. 즉, (8) 정치개입을 하지 말 것, (9) 이권개입을 하지 말 것, (10) 지역 및 정치적 연고에 따른 인사정책을 펴지 말 것.

다음으로 조직개편과 관련해 가장 큰 쟁점이 되고 있는 국정원의 국내 보안기능과 해외/대북 정보기능의 분리 문제는 한국적 상황에서 논의하기에 시기상조라고 볼 수 있다. 물론 과거 국내 보안기능이 체제유지의 수단으로 악용되어왔다는 점을 감안할 때 분리하자는 주장이 설득력이 있는 것은 사실이다. 그러나 미국을 비롯한 선진국에서도 이 두 기능의 분리가 가져오는 비능률과 업무상의 애로로 인하여 재통합의 주장이 대두되고 있는 점을 감안할 때 좀더 시간을 두고 연구해보아야 할 과제이다. 특히 세계화, 개방화가 가속화되고 있는 현 시점에서 대공보안, 해외정보, 외사, 방첩, 그리고 대공수사 등의 효율성을 진작시키고 예산절감을 위해서도 두 기능의 통합유지는 필요하다고 생각된다. 민주정부의 공고화, 국회 정보위원회의 제도화, 국정원법 개정에 따른 보안감사기능의 철폐, 그리고 언론자유와 민주의식의 확산 등은 현 통합체제의 정치적 폐해를 충분히 예방할 수 있을 것으로 보인다.

---

30) Kent Pekel, "Integrity, Ethics, and the CIA," *Studies in Intelligence* (Spring 1998), p. 4.

국정원의 조직과 관련하여 가장 비밀스럽고 중요한 문제가 예산이다. 어느 나라건 정보기관의 조직과 인원 예산을 알면 그 총체적인 능력을 산출할 수 있기 때문에 예산은 철저히 비밀에 부쳐지고 있다. 한국에서는 과거 권위주의 정권하에서 이러한 정보기관의 특수성을 이용하여 정치자금을 조성한 사례도 있었다. 그래서 문민정부 이후 국가정보기관의 예산에 대한 심의를 강화할 것을 주장하는 목소리가 커졌던 것도 사실이다. 그러나 앞으로는 민주적 통제라는 시대적 소명에 부응하여 예산부문에 대한 투명성을 제고해야 할 것이다. 이와 더불어 합당한 예산인 경우, 과감하게 지원해 주어야 할 것이다. 특히 기술정보 분야의 투자를 감안할 때 정보예산의 증액을 신중히 고려할 필요가 있다.

예산도 중요하지만 국가정보체제의 조직적 효율성 함양 역시 시급한 현실이다. 미국에 비해서는 그 강도가 훨씬 덜하지만 한국의 정보기구들도 부처간 경합, 대립, 알력에 따른 부작용을 보이고 있다. 현재 이 같은 폐단을 극소화하고 부처간 협력과 정보교환을 도모하기 위해 정보보안협의회'를 운영하고 있다. 그러나 그 활동은 극히 미미하고 명목적 성격을 벗어나지 못하고 있다. 따라서 이 조정기구를 더욱 확대하고 체계화 내실화할 필요가 있다고 보여진다.

넷째, 정보기구에 대한 국민적 공감대를 형성하기 위해 국가정보의 과감한 선별적 공개와 공유가 있어야 한다. 이를 위해 국가정보연수원 산하에 가칭 '국가정보 서비스센터'를 설치, 운영하는 것도 하나의 대안으로 고려해볼 수 있다. 이 같은 제도적 장치를 통해 기업의 해외 투자정보, 해외 개발 신기술의 현황, 각종 환경 및 기후정보, 기타 위험한 지역의 해외 여행에 필요한 정보 등 국민들의 실생활에 필요하지만 다른 곳에서는 접할 수 없는 정보를 제공할 수 있을 것이다. 또한 국민들과의 대화의 채널을 만들어 국민들의 여론수집 정책운영에 대한 아이디어 수집 등 대국민 정보수집활동도 할 수 있다. 현재 국정원에서 기업들에게 해외 경제정보를 제공하고, 컴퓨터 통신을 이용하여 여론을 수렴하는 등 소규모적인 활동을 하고 있는데 이는 국민의 요구수준에 비하면 매우 미흡한 실정이다. 국민들이 국정원에 대한 일체감을 느낄 수 있을 만큼 보다 개방적이고 적극적인 대국민 활동이 필요하다고 본다. 이와 더불어 학계 업계 등의 관련 인사들과의 유기적 협력체계 구축 역시 시급하다. 물론 시민사회의 체질적 거부현상을 감안할 때 이 같은 협력체계 구축이 용이한 일은 아니다. 그러나 인내와 지혜로써 이러한 난관을 극복해야 할 것이다.

마지막으로 국가정보체계의 사활은 최고통수권자의 비전, 지도력, 그리고 의지에 달려 있다 하겠다. 최고통수권자가 국가안보에 대한 확고한 비전이 없을 때 국가정보체계는 무용지물이 된다. 비전이 있다 하더라도 지도력과 의지가 없으면 무력화된다. 이와 더불어 정보소요 제기와 수집, 분석된 정보의 이용에 있어서 합리적 판단능력을 결여할 경우, 국가안보에 부정적 영향을 미칠 수도 있다. 따라서 이 분야에 있어서 최고통수권자를 효율적으로 보좌하기 위해 '국가정보자문회의'를 상설기구로 설치하는 것도 바람직하다고 본다. 이 기구는 단순한 자문위원회가 아니라 자체에 지역별, 기능별로 최고의 전문성을 지닌 상임위원을 두고 국가안보와 관련된 정보소요의 제기와 생산된 정보의 최종판단을 할 수 있도록 해야 한다. 이러한 제도화 작업은 개인적 친분에 따른 국정원의 위상변화라는 기존의 취약점을 극복하게 해주는 동시에 국정원을 포함한 정보보안기구들간의 선의의 경쟁과 전문화를 촉진시킬 수 있다.[31)]

앞의 분석을 통해 한국의 국가정보기관이 당면한 시대 환경과 문제점, 그리고 그 문제점을 풀어나갈 수 있는 여러 방안에 대해 살펴보았다. 탈냉전과 민주화 그리고 한반도 통일지향 시대를 맞은 지금, 국가정보기관은 국민으로부터 신뢰받는 조직으로 자리 잡는데 최선을 다해야 한다. 국민들이 국민을 위한 정보기관이라고 인식할 때 국가정보기관은 최강의 기관으로 비상할 수 있을 것이다.

31) 이와 관련하여 미국의 NIO(국가정보관: National Intelligence Officer) 제도의 도입을 고려할 필요가 있다.

국문색인

영문색인

필자약력(가나다 순)

권민웅, 전 국가정보원 북한정보 국장
김　당, 현 오마이뉴스 정치전문기자
김태호, 현 한림대학교 국제학대학원 교수, 전 한국국방연구원 연구위원
김태환, 현 연세대학교 국제교육교류부 교수
남창희, 현 인하대학교 정치외교학과 부교수, 전 한국국방연구원 선임연구원
문정인, 현 연세대학교 정치외교학과 교수, 국가정보연구회 회장
배종윤, 현 미국 프린스턴대학교 초빙연구원, 전 연세대학교 통일연구원 연구교수
송문홍, 현 동아일보 주간동아 부장
양승함, 현 연세대학교 정치외교학과 교수, 전 연세대학교 국가관리연구원 원장
염돈재, 현 연세대학교 겸임교수, 전 국가정보원 제 1 차장
이정민, 현 연세대학교 국제학대학원 교수
이정훈, 현 동아일보사 편집위원
전병준, 현 SK텔레콤
정영철, 전 국가정보원 해외정보 국장
최　강, 현 외교안보연구원 교수
최운도, 현 연세대학교 동서문제연구원 연구교수
최진우, 현 한양대학교 정치외교학과 교수

국가정보론

2002年　8月　30日　初版發行
2010年　2月　20日　重版發行

共著者　문정인 외
發行人　安　鍾　萬
發行處　(株) 博 英 社
서울特別市 鍾路區 平洞 13-31番地
電話 (733)6771 FAX (736)4818
登錄 1959. 3. 11. 제300-1959-1호(倫)

www.pakyoungsa.co.kr　e-mail: pys@pakyoungsa.co.kr

定　價　32,000원　　ISBN 89-7189-520-9